ANJA HOLZER

»Sachkunde« als Beweisquelle im Strafprozess

Strafrechtliche Abhandlungen · Neue Folge

Begründet von Dr. Eberhard Schmidhäuser (†)
em. ord. Prof. der Rechte an der Universität Hamburg

Fortgeführt durch
Dr. Dres. h. c. Friedrich-Christian Schroeder (†)
em. ord. Prof. der Rechte an der Universität Regensburg

Herausgegeben von
Dr. Andreas Hoyer
ord. Prof. der Rechte an der Universität Kiel
und
Dr. Ingke Goeckenjan
ord. Prof. der Rechte an der Ruhr-Universität Bochum

in Zusammenarbeit mit den Strafrechtslehrern der deutschen Universitäten

Band 340

»Sachkunde« als Beweisquelle im Strafprozess

Defizite der Verteidigungsrechte bei der Gewinnung und Verwertung von außerjuristischem Erfahrungswissen

Von

Anja Holzer

Duncker & Humblot · Berlin

Zur Aufnahme in die Reihe empfohlen von
RiOLG Prof. Dr. Kai Cornelius, LL.M., Hamburg

Die Fakultät für Rechtswissenschaft der Universität Hamburg
hat diese Arbeit im Jahre 2025 als Dissertation angenommen.

Bibliografische Information der Deutschen Nationalbibliothek

Die Deutsche Nationalbibliothek verzeichnet diese Publikation in
der Deutschen Nationalbibliografie; detaillierte bibliografische Daten
sind im Internet über http://dnb.d-nb.de abrufbar.

Satz: 3w+p GmbH, Rimpar
Druck: Prime Rate Zrt., Budapest, Ungarn

ISSN 0720-7271
ISBN 978-3-428-19821-4 (Print)
ISBN 978-3-428-59821-2 (E-Book)

Gedruckt auf alterungsbeständigem (säurefreiem) Papier
entsprechend ISO 9706 ♾

Verlagsanschrift: Duncker & Humblot GmbH, Carl-Heinrich-Becker-Weg 9,
12165 Berlin, Germany | E-Mail: info@duncker-humblot.de
Internet: https://www.duncker-humblot.de

Meinen Eltern

Vorwort

Die vorliegende Arbeit wurde im Wintersemester 2025/26 von der Fakultät für Rechtswissenschaften der Universität Hamburg als Dissertation angenommen. Die Disputation fand am 16.12.2025 statt. Es konnten Gesetzesänderungen, Literatur und Rechtsprechung bis einschließlich März 2025 berücksichtigt werden. So hat die erst im April 2025 erschienene Neuauflage mit der Umbenennung des Meyer-Goßner/Schmitt in Schmitt/Köhler keine Beachtung finden können.

Ein hervorragender Dank gilt meinem Doktorvater RiOLG Professor Dr. Kai Cornelius, LL.M. Neben der erheblichen wissenschaftlichen Freiheit, die er mir während meiner Promotionszeit gewährt hat, blicke ich auf dreieinhalb Jahre als wissenschaftliche Mitarbeiterin an seinem Lehrstuhl zurück. Ich fand dort den notwendigen Rückhalt und die Bestärkung, meinen eigenen Weg zu gehen. Dem gesamten Lehrstuhlteam bin ich für diese schöne Zeit sehr dankbar.

Großer Dank gebührt auch meinem Zweitgutachter, RiOLG Professor Dr. Dr. Milan Kuhli, für die zügige Erstellung des Zweitgutachtens, die Übernahme des Prüfungsvorsitzes und die damit verbundene angenehme Atmosphäre im Prüfungsgespräch. Professorin Dr. Katrin Brettfeld danke ich ebenfalls für die Mitwirkung im Prüfungskolloquium sowie die angeregte Diskussion. Juniorprofessorin Dr. Hannah Ofterdinger hat sich wie selbstverständlich der Korrektur der Rohfassung des Manuskripts angenommen und damit einen wesentlichen Beitrag zum Erfolg dieser Arbeit geleistet, wofür ich ihr sehr verbunden bin.

Entscheidend danke ich von Herzen meiner Familie und meinen Freunden, die an mich und meine Fähigkeiten geglaubt haben. Ohne meine wundervollen Eltern, die mich stets liebevoll und bedingungslos unterstützen, wäre dieses Vorhaben nicht umsetzbar gewesen. Ihnen ist diese Arbeit daher gewidmet.

Bremen, im Februar 2026 *Anja Holzer*

Inhaltsverzeichnis

1. Kapitel

2. Kapitel

5. Kapitel

7. Kapitel

Fazit der Bearbeitung 375

Abbildungsverzeichnis

Abkürzungsverzeichnis

Siehe neben den gängigen Abkürzungen diejenigen in *Kirchner*, Hildebert/*Böttcher*, Eike, Abkürzungsverzeichnis der Rechtssprache, 11. Auflage, Berlin 2024 sowie die hier im 6. Kapitel verwendeten Gesetzesabkürzungen.

öStPO	Österreichische Strafprozessordnung 1975 (Stand der Gesetzgebung: 20.07.2024)
dStPO	Deutsche Strafprozessordnung 1879 (Stand der Gesetzgebung: 14.05.2024)

1. Kapitel

Einleitung

A. Problemstellung

„Alle aus der Erfahrung und aus der Natur des Menschen entnommenen Sätze, welche der reflektierende Verstand bei der Bildung oder Prüfung der Überzeugung beachten muß, sind Regeln für den Beweis."

Friedrich Karl v. Savigny, Goltdammer's Archiv für Strafrecht, 1858[1]

„Auf keinem Rechtsgebiet ragt aber ein einzelnes Problem so hervor, wie auf dem Gebiet des Strafprozesses das Beweisproblem. Es ist schlechthin das Zentralproblem des Strafprozesses und als ein prozessuales Problem zugleich ein einzigartiges. [...] Denn die Frage, die ich hier im Auge habe: Die Frage des Einflusses der Parteien auf die Erstreckung der Beweisaufnahme ist ein spezifisch strafprozessuales Problem; eng verbunden mit der Struktur des Strafprozesses und nur aus ihr zu lösen."

Max Alsberg, Der Beweisantrag, 1930[2]

Der Beweis ist die überzeugende Begründung der Richtigkeit oder Unrichtigkeit von Tatsachen.[3] Damit bildet er die Grundlage für die Schuldfrage und Legitimation der Strafe. Wie Alsberg hervorgehoben hat, ist das Beweisrecht eines der relevantesten Probleme des Strafverfahrens. Ein Beweis kann allerdings nicht ausschließlich auf eine objektivierte, innere Logik gestützt werden, sondern wird vielmehr maßgeblich durch die Sinneswahrnehmung des Beweisempfängers geprägt, wodurch das gesamte Beweisverfahren Subjektivität und Komplexität erlangt.[4]

Obwohl – oder gerade weil – es keine Tatsachenqualität aufweist[5], bildet das Erfahrungswissen der Menschheit und dasjenige der zahlreichen Wissenschaften

---

[1] *v. Savigny*, GA 1858, 469 (476).

[2] *Alsberg*, Der Beweisantrag (1930), Einl. So auch *Fischer*, in: FS Widmaier (2008), 191 (220).

[3] *Peters*, Strafprozeß (1985), S. 286. So auch *Roxin/Schünemann*, Strafverfahrensrecht, § 24 Rn. 1.

[4] *Stein*, Das private Wissen des Richters (1893), S. 5. Ebenso *Keller*, GA 1999, 255; *Toepel*, Sachverständigenbeweis (2002), S. 137 ff.; *Hamm/Pauly*, Beweisantragsrecht Rn. 248; *Köhler*, Inquisitionsprinzip (1979), S. 41; *Mayer*, in: FS Mezger (1954), 455 (463); *Anders*, Beweiserhebungskontrollen (1998), S. 146.

[5] Hierzu *Lagrèze*, Erfahrungssätze (1938), S. 26 ff.; *Bollnow*, Erkenntnis (1970), S. 121 ff., 127 ff.; *Graul*, Offenkundigkeit (1993), S. 147; *Kühne*, Strafprozessrecht, § 49 Rn. 754.

einen besonderen Teil des Beweisrechts ab.[6] Das sog. Erfahrungswissen ist ein wesentliches Erkenntnissubstrat des Gerichts[7] und prozessual als „Sachkunde" (vgl. § 244 Abs. 4 S. 1 StPO) eingekleidet.[8] Aufgrund seiner zahlreichen Anknüpfungspunkte kann sich heutzutage kaum noch ein indizienbeweisrechtlicher Vorgang der Prüfung unter dem Aspekt „Sachkunde" verschließen.[9]

Das Beweisrecht ist die wesentliche Schnittstelle zwischen dem Einfluss der Verfahrensbeteiligten und der Entscheidung des Gerichts.[10] Für ein humanistisches Strafverfahren ist charakteristisch, dass das Beweisverfahren nicht nach „Gutdünken" – oder gar Willkür – der staatlichen Institutionen abläuft.[11] Für die Verteidigung des Angeklagten[12] ist es von unschätzbarer Bedeutung, dass sich die Erforschung, Erhebung, Verwertung und Würdigung von Beweisen, welche zur Grundlage für die Bestimmung der Schuld- und Straffrage gemacht werden, an verpflichtenden und auf dem Rechtsstaatsprinzip beruhenden Vorgaben zu orientieren hat. Im Schrifttum wird von einer notwendigen „Justizförmigkeit"[13] des Strafverfahrens gesprochen, welche sich in der Geltung beweisrechtlicher Grundsätze, Prozessmaximen und Mitwirkungs- und Teilhaberechten des Angeklagten niederschlägt. Es ist von essenzieller Bedeutung, dass auch die Gewinnung und Verwertung von Erfahrungswissen als Beweisquelle diesen rechtsstaatlichen Anforderungen genügen.[14]

Erfahrungswissen kann wiederum verschiedensten Quellen entspringen, so z.B. wissenschaftlichen Theorien, empirischen Daten, der eigenen bzw. fremden Erfahrung oder der allgemeinen Lebenserfahrung.[15] Dabei weisen gerade diejenigen Erfahrungssätze mit wissenschaftlichem Fokus eine hohe praktische Relevanz in den

---

[6] *Eb. Schmidt*, Lehrkommentar, Teil II, 1. Buch, Vorb. Abschn. 6/7 Rn. 8.

[7] *Pieper*, ZZP 84 (1971), 1 (5 f.).

[8] So das grundlegende Verständnis in Rspr. BGH, Urt. v. 18.05.1951 – 1 StR 149/51 = NJW 1951, 771 und Lit. Meyer-Goßner/*Schmitt* StPO Vor § 72 Rn. 3; *Eisenberg*, Beweisrecht StPO Rn. 1501.

[9] So bereits *Peters*, Strafprozeß (1985), S. 364 f.; *Barton*, Psychowissenschaftliche Sachverständige (1983), S. 8; *Dippel*, in: FS Müller (2008), 125 (129).

[10] MüKo-StPO/*Gaede* EMRK Art. 6 Rn. 346.

[11] Dazu *Ignor*, Geschichte des Strafprozesses (2002), S. 155.

[12] Zur sprachlichen Vereinfachung wird im Folgenden der Terminus „Angeklagter" verwendet, auch wenn Bezugspunkt der Bearbeitung verschiedene Verfahrensstadien (Ermittlungs-, Zwischen- und Hauptverfahren) sind. Die Vorschrift des § 157 StPO wird gewahrt, wenn ein Verfahrensstadium im Einzelnen thematisiert wird.

[13] BVerfGE 57, 250 = NJW 1981, 1719 (1722); *Eb. Schmidt*, Lehrkommentar, Teil I, Einl. Rn. 22; *ders.*, JZ 1961, 585 (588); LR-StPO/*Kühne* Einl. H Rn. 19 ff.; *Roxin/Schünemann*, Strafverfahrensrecht, § 1 Rn. 2 f. verwenden synonym den Begriff „prozessordnungsgemäß".

[14] *Freund*, Tatsachenfeststellung (1987), S. 15; *Bockelmann*, GA 1955, 321 (324); *Eb. Schmidt*, Lehrkommentar, Teil II, 1. Buch, Vorb. Abschn. 6/7 Rn. 8.

[15] *Schweizer*, Beweiswürdigung und Beweismaß (2015), S. 378 ff.

Gerichtssälen der Republik auf.[16] Außerjuristisches Wissen in Form der Human-, Geistes-, Naturwissenschaften u.v.w. ist im Strafprozess mittlerweile allgegenwärtig[17], weil es im praktischen Anwendungsbereich des Personal- und Sachbeweises von kriminaltechnischen, aussagepsychologischen und medizinischen – sowie unzähligen weiteren – Erfahrungssätzen nur so wimmelt.[18] War das Tatmittel eine Schusswaffe, ergeben sich Fragen der Ballistik; waren die Tatobjekte Betäubungsmittel, ergeben sich Fragen der Toxikologie; war der Täter womöglich eingeschränkt steuerungsfähig, ergeben sich Fragen der Psychologie. Insbesondere aufstrebende Forschungstätigkeiten des vergangenen 20. Jahrhunderts und des weiterführenden 21. Jahrhunderts haben zu einer „Verwissenschaftlichung"[19] des menschlichen Lebens geführt, die sich in der Strafverfahrenspraxis spiegelbildlich niederschlägt.[20]

Mit zunehmender inhaltlicher Komplexität der Strafverfahren erhöhen sich linear die Anforderungen an die Legitimität richterlicher Entscheidungen[21]; diese müssen sachgerecht sein und dem aktuellen Stand der Wissenschaft entsprechen.[22] Veraltete wissenschaftliche Erkenntnisse vermögen eine verhängte Strafe keineswegs zu legitimieren. Aus diesem Grund ist stets die größtmögliche Kongruenz zwischen den Gedankengängen der jeweiligen Wissenschaft und dem Begründungsinhalt eines juristischen Urteils anzustreben.[23] Die wissenschaftliche Komplexität der Abläufe in einer durchrationalisierten und technischen Welt[24] stellt die potenziell sachkundigen Entitäten jedoch vor erhebliche Herausforderungen, denn

---

[16] *Kronenberger*, Überzeugungsbildung (2010), S. 46.

[17] *Dippel*, in: FS Müller (2008), 125 (129).

[18] So *Fezer*, in: Tagungsband 18. StV-Tag (1994), 87 (91). Ähnlich auch *Peters*, Strafprozeß (1985), S. 364; *Bender/Häcker/Schwarz*, Tatsachenfeststellung, Rn. 647; *Arzt*, in: FS Volk (2009), 19 (27); *Hoyer*, ZStW 105 (1993), 523 (530); *Barton*, StV 1988, 124; *Brüning*, Die Revisibilität der Erfahrungssätze (1954), S. 2; *Wolschke*, Sachverständigenhinzuziehung (1973), S. 206.

[19] Begriff bei *Keller*, GA 1999, 255; *Brammsen*, ZStW 119 (2007), 93. Ähnlich *Geppert*, DAR 1980, 315 (322 f.). Als „Rationalisierung" bezeichnend *Fezer*, in: Tagungsband 18. StV-Tag (1994), 87 (93). Speziell zur „Psychologisierung" des Strafverfahrens bei *Bockelmann*, GA 1955, 321 ff.; *Eb. Schmidt*, JZ 1961, 585 (587); *ders.*, in: FS Schneider (1962), 258 (264); *A. Kaufmann*, JZ 1985, 1065.

[20] *Koch*, JR 1956, 369; *Arbab-Zadeh*, NJW 1970, 1214 (1215); *Hagedorn*, StV 2004, 217 (220); *Böttger*, in: SV-HdB § 1 Rn. 13; *Foth/Karcher*, NStZ 1989, 166; LR-StPO/*Krause* Vor § 72 Rn. 4; *Dippel*, in: FS Müller (2008), 125 (144); *Erb*, ZStW 121 (2009), 882; *Roxin/Schünemann*, Strafverfahrensrecht, § 27 Rn. 9; *Barton*, StV 1988, 124; *Franzki*, DRiZ 1974, 305; *Eb. Schmidt*, in: FS Schneider (1962), 258 (260).

[21] *Blomeyer*, ZRP 1970, 153 (154).

[22] LR-StPO/*Krause* Vor § 72 Rn. 4; *Toepel*, Sachverständigenbeweis (2002), S. 58; *Foth/Karcher*, NStZ 1989, 166 (168, 172 f.); *Gerchow*, ArchKrim 134 (1964), 125 (127).

[23] *Hamm/Pauly*, Beweisantragsrecht, Rn. 518.

[24] So bereits damals *Peters*, Strafprozeß (1985), S. 365.

Erfahrungssätze können rasant entstehen, sich fortentwickeln oder werden verworfen.[25]

B. Eingrenzung der Forschungsfrage und Forschungsbedarf

Die vorliegende Bearbeitung widmet sich dem *außer*juristischen und strafrechtsnahen[26] Erfahrungswissen. Bezugspunkt der Bearbeitung ist das Forum des Strafverfahrens[27], weil sich aus der generellen Unsicherheit von Erfahrungssätzen vor dem Hintergrund der objektiven Wahrheitserforschung ein großes Spannungsfeld eröffnet und mit potenziellen Freiheitsstrafen am Ende des Verfahrens für den Betroffenen der praktisch intensivste staatliche Eingriff droht.[28] Dabei geht es ausschließlich um Erfahrungswissen, das auf einer abgrenzbaren Fachwissenschaft beruht und gerade nicht der sog. allgemeinen Lebenserfahrung entspringt.[29] Da Produkte allgemeiner Lebenserfahrung für die Bevölkerung grundsätzlich erkennbar sind[30], kommt ihnen keine Partikularität wie örtlich, zeitlich, inhaltlich oder personell begrenzten Erfahrungssätzen zu.[31] Ob ein Erfahrungssatz auf allgemeiner Lebenserfahrung beruht oder wissenschaftlicher Natur ist, lässt sich dennoch nicht stets trennscharf abgrenzen.[32]

---

[25] MüKo-StPO/*Bartel* § 261 Rn. 98.

[26] So auch als „Hilfswissenschaften“ bezeichnet von *Glaser*, Hdb. des Strafprozesses Bd. I (1883), S. 332 ff. z. B. für „gerichtliche Medicine und Psychologie“; *Rasch*, MSchrKrim 1982, 257 (266) z. B. für forensische Psychiatrie.

[27] Obwohl Erfahrungswissen ebenso Gegenstand in Zivil- und Verwaltungsverfahren sein kann.

[28] Dazu näher 2. Kapitel C. II., III.

[29] *Pieper*, ZZP 84 (1971), 1 (6) spricht von „Fach- und Erfahrungswissen außerrechtlicher Art“.

[30] Hierzu *Bollnow*, Erkenntnis (1970), S. 142 ff.; *Freund*, Tatsachenfeststellung (1987), S. 16. Krit. zur allgemeinen Lebenserfahrung *Sommer*, in: FS Rieß (2002), 585 ff.; *Malek*, StV 2011, 559 (563); *Boehme-Neßler*, RW 2014, 189 (205 f.); *Bender/Nack*, DRiZ 1980, 121 (124); *Bender/Häcker/Schwarz*, Tatsachenfeststellung, Rn. 647 ff.

[31] Differenzierung z. B. bei *Goldschmidt*, Der Prozess als Rechtslage (1925), S. 441; *Eb. Schmidt*, Lehrkommentar, Teil II, § 261 Rn. 22; *Pieper*, ZZP 84 (1971), 1 (7); *Käßer*, Wahrheitserforschung (1974), S. 96; MüKo-StPO/*Bartel* § 261 Rn. 98; LR-StPO/*Sander* § 261 Rn. 58; *Sommer*, Effektive Strafverteidigung, Kap. 3 Rn. 1440; *Fezer*, in: Tagungsband 18. StV-Tag (1994), 87 (92).

[32] So bereits RGSt 25, 326 (327); BGH, Beschl. v. 12. 03. 2014 – 1 StR 605/13 = NStZ-RR 2014, 251 (252 f.); *Stein*, Das private Wissen des Richters (1893), S. 26; *Goldschmidt*, Der Prozess als Rechtslage (1925), S. 441; *Sarstedt*, JR 1958, 350 (351); *Eb. Schmidt*, JZ 1959, 129 (132); *Pieper*, ZZP 84 (1971), 1 (13); *Döhring*, Erforschung des Sachverhalts (1964), S. 346; *Wolschke*, Sachverständigenbeiziehung (1973), S. 204 f.; *Käßer*, Wahrheitserforschung (1974), S. 96; *Kraatz*, Einfluss der Erfahrung (2011), S. 380; SK-StPO/*Velten* Vor § 261 Rn. 22.

Soweit es um die Tatsachenfeststellung geht, können Erfahrungssätze sowohl durch privat bzw. amtlich erlangtes Wissen der Gerichte als auch durch den in der StPO verankerten, aber mit etlichen Konflikten behafteten Sachverständigenbeweis[33] zum Bestandteil der Entscheidungsgrundlage werden. Erfahrungssätze hängen systemisch untrennbar mit der Beweisgewinnung und -würdigung zusammen.[34] Sofern der vorgeworfene Sachverhalt in vielen Teilen ungeklärt ist und bleibt, ist die Nutzung von Erfahrungswissen sogar häufig unabdingbar, um von bereits festgestellten Anknüpfungstatsachen auf (noch) unbekannte Tatumstände schließen zu können. In Wissenschaftsbereichen, die der juristischen Ausbildung grundsätzlich fremd sind, eröffnen sich naturgemäß richterliche Wissensdefizite.[35] Aus der systemimmanenten Endlichkeit richterlichen Wissens folgt, dass die Nutzung von Sachverständigen im Strafverfahren zwingend ist.[36]

Der Sachverständigenbeweis ist *das* Beweismittel zur Gewinnung von Erfahrungssätzen.[37] Viele strafrechtliche Sachverhalte sind kaum mehr ohne Sachverständige zu lösen[38], weshalb ihnen mittlerweile gar eine überragende Bedeutung im Strafprozess nachgesagt wird.[39] Diese Behauptung wird durch die Strafverfahrens-

---

[33] *Karpinski*, NJW 1968, 1173 behauptete sogar, der Sachverständigenbeweis sei eines „der schwierigsten Teilgebiete des Strafverfahrensrechts, das weder durch das geltende Recht noch dessen praktische Handhabung zufriedenstellend gelöst ist“. *Krauß*, ZStW 85 (1973), 320 (323) meint, dass die Bestrebung des Gesetzgebers, den Sachverständigen in das „vom Richter beherrschte, auf die komplexe Hauptverhandlung zugeschnittene Strafverfahren einzufügen“, gescheitert ist. Ähnlich *Tondorf/Waider*, StV 1997, 493 (494).

[34] *Keller*, ZStW 101 (1989), 382 (411).

[35] *Arbab-Zadeh*, NJW 1970, 1214 (1215 f.); *Bockelmann*, GA 1955, 321 (323); *Bohne*, JW 1932, 3359; *Keller*, GA 1999, 255 (258); *Kohlhaas*, NJW 1962, 1329 (1330); *Albrecht*, NStZ 1983, 486 (490 f.); *Erb*, ZStW 121 (2009), 882 (887).

[36] *Kühne*, Strafprozessrecht, § 53 Rn. 873; *Peters*, Strafprozeß (1985), S. 364.

[37] *Pieper*, ZZP 84 (1971), 1 (6). Neben dem – weniger relevanten – sachverständigen Zeugen (§ 85 StPO), der Verlesung von Gutachten (§ 256 StPO) und Niederschriften über die Vernehmung (§ 251 StPO).

[38] *Peters*, Fehlerquellen Bd. I (1970/1974), S. 176; *Brammsen*, ZStW 119 (2007), 93; *Erb*, ZStW 121 (2009), 882; *Boehme-Neßler*, RW 2014, 189 (193); *Rössner*, in: FS Widmaier (2008), 941 bezeichnet den Sachverständigen als „notwendigen Subsumtionspartner“ des Gerichts.

[39] *Müller*, NJW 1976, 1063 (1067); *Bleutge*, DRiZ 1977, 170; *Eb. Schmidt*, JZ 1961, 585; *A. Kaufmann*, JZ 1985, 1065 ff.; *Detter*, NStZ 1998, 57; MAH-Strafverteidigung/*Deckers* § 80 Rn. 7; *Dölp*, ZRP 2004, 235; *Eisenberg*, Beweisrecht StPO Rn. 1507 f.; *ders.*, NStZ 2006, 368 (369); *ders.*, HRRS 2012, 466 (474); *Erb*, ZStW 121 (2009), 882 (883); *Fischer*, NStZ 1994, 1 (2); *Franzki*, DRiZ 1991, 314 (315); *Geppert*, Jura 1993, 249 (256); *Gleß*, Beweisrechtsgrundsätze (2006), S. 246; *Hagedorn*, StV 2004, 217; *Krauß*, ZStW 85 (1973), 320 (337); LR-StPO/*Krause* Vor § 72 Rn. 4; *Kühne*, Strafprozessrecht, § 53 Rn. 862; *Lehmann*, GA 2005, 639; *Sommer*, Effektive Strafverteidigung, Kap. 3 Rn. 1225; HK-StPO/*Beckemper/Julius* § 261 Rn. 37; *Roxin/Schünemann*, Strafverfahrensrecht, § 27 Rn. 9; *Geerds*, ArchKrim 137 (1966), 61 (66); *Pfister*, in: FS Kröber (2923), 245 (257); *Geppert*, DAR 1980, 315; *Hörner/Liebau/Förster*, MSchKrim 1988, 395 ff.; *Gerhold*, in: Hilgendorf/Kudlich/Valerius, HdBStR Bd. VIII (2022), § 51 Rn. 1; *Wolschke*, Sachverständigenbeiziehung (1973), S. 256.

statistik quantitativ bestärkt. Im Jahr 2023 wurden vor den Landgerichten in erster Instanz bundesweit 11.406 Strafverfahren erledigt, wovon in 6.068 dieser Verfahren am letzten bzw. einzigen Hauptverhandlungstag ein oder mehrere Sachverständige(r) teilgenommen hat bzw. haben.[40] Demnach war in mehr als jeder zweiten strafrechtlichen Hauptverhandlung vor einem Landgericht ein Sachverständiger beteiligt. Der Satz von ca. 53 % ist durchaus beachtlich.

Im Vergleich dazu waren es im selben Jahr vor den Amtsgerichten hingegen bei 424.689 erledigten Strafverfahren nur 10.587 hinzugezogene Sachverständige, d. h. insgesamt 2,4 %.[41] Sofern gegen die Entscheidungen der Amtsgerichte Berufung eingelegt wurde und die kleine Strafkammer am Landgericht in zweiter Instanz zu entscheiden hatte, ist der Satz auf gerade einmal ca. 10 % angestiegen.[42] Der Einsatz von Sachverständigen in landgerichtlichen erstinstanzlichen Strafverfahren ist mittlerweile gängige und nicht mehr wegzudenkende Praxis.[43]

Die rechtswissenschaftliche Literatur hat sich bis zum Ende des 20. Jahrhunderts eingehend mit den Herausforderungen der Sachverständigentätigkeit[44] und des zugrunde liegenden Erfahrungswissens[45] beschäftigt[46], doch seit ca. zwanzig Jahren ist das Interesse an der Thematik – zu Unrecht – weitgehend abgeebbt.[47] Die Einbeziehung von Erfahrungswissen in die Entscheidungsfindung stellt die Grundsätze des Strafverfahrens allerdings weiterhin vor dogmatische und praktische Herausforderungen.[48] Das liegt nicht nur daran, dass die zugrunde liegenden Hypothesen

---

[40] DESTATIS – Statistisches Bundesamt, Statistischer Bericht – Strafgerichte – 2023, ersch. am 25.07.2024, Nr. 24221–17; online abrufbar unter: https://www.destatis.de/DE/Themen/Staat/Justiz-Rechtspflege/Publikationen/_publikationen-innen-gerichte-straf-anwaltschaft.html.

[41] Ebd., Nr. 24221–07.

[42] Ebd., Nr. 24221–22.

[43] So bereits *Detter*, in: Reform oder Roll-Back – 21. StV-Tag (1997), 283; *ders.*, NStZ 1998, 57; *Lürken*, NJW 1968, 1161 ff.; *Plewig*, Rolle des Sachverständigen (1982), S. 2 f.; *Barton*, Psychowissenschaftliche Sachverständige (1983), S. 13; *ders.*, StV 1983, 73 f.; *A. Kaufmann*, JZ 1985, 1065 f.; *Schreiber*, in: FS Wassermann (1985), 1007 (1010); *Böttger/Kury/Martens/Pelster*, MSchrKrim 1991, 369 ff.; *Rasch*, NStZ 1992, 257 ff.; *Täschner*, NStZ 1994, 221 ff.; *Geerds*, ArchKrim 162 (1991), 28 ff.

[44] Ausgewählte Monografien: *Wolschke*, Sachverständigenbeiziehung (1973); *Plewig*, Rolle des Sachverständigen (1983); *Barton*, Psychowissenschaftliche Sachverständige (1983); *Dippel*, Stellung des Sachverständigen (1986); *Pawlak*, Ablehnung des Sachverständigen (1998); *Zwiehoff*, Das Recht auf den Sachverständigen (2000); *Toepel*, Sachverständigenbeweis (2002).

[45] Ausgewählte Monografien und gleichwertige Beiträge: *Lagrèze*, Erfahrungssätze (1938); *Brüning*, Revisibilität der Erfahrungssätze (1954); *Schweling*, ZStW 83 (1971), 435 ff.; *Mummenhoff*, Erfahrungssätze im Beweis der Kausalität (1997); *Kraatz*, Einfluss der Erfahrung (2011).

[46] Treffend ist wohl die Feststellung von *Riffel*, RZ 2013, 232 (236): „Die Kritik am Einsatz des Sachverständigenbeweises ist wahrscheinlich so alt wie der Beweis selber“.

[47] So bereits die Feststellung von *Sass*, DS 2007, 256.

[48] *Gössel*, DRiZ 1980, 363; *Krauß*, ZStW 85 (1973), 320.

wegen des wissenschaftlichen Fortschritts vielfältiger werden, sondern auch, dass sie in theoretischer Hinsicht stets nur einen vorläufigen und widerlegbaren Stand der aktuellen Wissenschaft abbilden.[49] Mitunter kann die frappierende Entwicklung beobachtet werden, dass in manchen Strafverfahren – in ihrer Validität mehr als fragwürdige – Hypothesen zugrunde gelegt werden.[50]

Die Anwendung von nicht validen Erfahrungssätzen steht allerdings in Friktion zum Postulat der objektiven Wahrheitserforschung. Die Problematik lässt sich umgekehrt als „Frage nach dem legitimierbaren Zurückbleiben hinter dem Ideal des absolut verbürgten Erfassens der materiellen Wahrheit"[51] beschreiben. Die größtmögliche Annäherung an die materielle Wahrheit zu erreichen, ist oberstes Ziel des Strafverfahrens[52] und ebenso eine Aufgabe der Verteidigung, um das stets latent drohende Fehlverurteilungsrisiko auf das mögliche Minimum zu reduzieren.[53] Dieser Risikofaktor muss sich im Prozess der Gewinnung, Verwertung und Kontrolle von Erfahrungswissen niederschlagen. Die vorliegende Bearbeitung legt in diesem Rahmen den Schwerpunkt auf die Untersuchung der menschen- sowie verfassungsrechtlichen Sicherstellung und Effektivität einfachgesetzlicher Partizipationsrechte des Angeklagten.

Es besteht Anlass für diese Untersuchung, da trotz zunehmender Vielzahl und Relevanz von Erfahrungssätzen die Rechtslage und Rechtsprechung seit Inkrafttreten der RStPO[54] im Jahr 1879 und Neufassung der StPO[55] im Jahr 1987 in diesem Bereich nur vereinzelt Änderungen erfahren haben. Die prozessualen Möglichkeiten des Angeklagten, Erfahrungswissen in den Prozess einzubringen oder sich gegen solches zu verteidigen, befinden sich damit weitgehend auf einem vorkonstitutionellen Stand.[56] Bisherige Reformbegehren[57] fanden beim Gesetzgeber keinen durchschlagenden Anklang, dürfte es doch auch daran liegen, dass viele Vorschläge

---

[49] Siehe hierzu näher 2. Kapitel C. III. 1.

[50] So die exemplarische Aufzählung bei *Eisenberg*, Beweisrecht StPO Rn. 103.

[51] *Freund*, Tatsachenfeststellung (1987), S. 46.

[52] So in st.Rspr. BVerfGE 57, 250 (257) = NJW 1981, 1719.

[53] *Sommer*, Effektive Strafverteidigung, Kap. 1 Rn. 99 ff.; *Kleinknecht*, GA 1961, 45 (51).

[54] Reichsstrafprozeßordnung v. 01. 02. 1877 (DRGBl. 8, S. 253 ff.), in Kraft getreten am 01. 10. 1879.

[55] Neufassung der Strafprozessordnung v. 07. 04. 1987 (BGBl. I, S. 1074 ff.).

[56] Damals wurden – freilich vor Entstehung einer umfassenden Literatur und Rechtsprechung – bereits Missstände beklagt, so *Mittermaier*, AcP 2 (1819), 119: „Es ist eine bekannte Klage der Rechtsgelehrten und Richter, daß die Gesetze so lückenhaft die bei den Gerichtshöfen so häufig vorkommende Lehre vom Beweis durch Sachverständige behandeln, und daß auch die Rechtslehrer ihr nicht die verdiente Aufmerksamkeit geschenkt haben."

[57] Nennenswert insbesondere *Dippel*, Stellung des Sachverständigen (1986), S. 62 ff.; *Tondorf/Waider*, StV 1997, 493; *Krekeler*, AnwBl. 2/1986, 62; *ders.*, NStZ 1991, 367. Zusammengefasst bei *Franzki*, DRiZ 1991, 314 (316 ff.): Richterliches Zusatzstudium, Sachverständigenbeiräte, Eingliederung des Sachverständigen in die Richterbank, Mitwirkung des Sachverständigen an Beratung und Urteilsabfassung, Alleinverantwortung des Sachverständigen und Zustimmungszwang des Gerichts.

eine Änderung des inquisitorisch-reformierten Strafprozesses, wie er in Deutschland praktiziert wird[58], mit sich gebracht hätten.

Ein gesellschaftlich liberalisiertes Weltbild hat in den vergangenen Jahren dazu geführt, dass der Gesetzgeber – wenn auch teilweise durch harmonisierende EU-Rechtsetzung verpflichtet – die allgemeinen Rechte des Angeklagten als Subjekt des Strafverfahrens stetig ausbaut und verstärkt.[59] Vor dem Hintergrund müsste man vermuten, dass der Angeklagte auch im Beweisverfahren mithilfe von Erfahrungswissen eine stärkere, selbstbestimmte Stellung erlangt hat. Ob die ursprünglichen Strukturen im Rahmen der Gewinnung und Verwertung von außerjuristischem Erfahrungswissen den Bedürfnissen der Verfahrenswirklichkeit des 21. Jahrhunderts gerecht werden, wird einer umfassenden Analyse unterzogen.[60] Die vorliegende Arbeit bemüht sich daher um eine Analyse der Mitwirkungsrechte des Angeklagten und der Entwicklung von Änderungsvorschlägen, welche sich in der geltenden StPO realisieren lassen.

C. Gang der Bearbeitung

Die Bearbeitung gliedert sich in sieben Kapitel.

Nach dieser Einleitung wird die Dogmatik von außerjuristischem Erfahrungswissen im Strafprozess beleuchtet (2. Kapitel). Erfahrungssätze spielen – wie bereits v. Savigny festgestellt hat – im strafprozessualen Alltag eine nicht zu unterschätzende Rolle. Sie schlagen sich in einer verfahrensrelevanten Beweisfrage, quasi einer der Schuld- oder Straffrage inzidenten Vorfrage[61], nieder.

Es soll ein universelles Verarbeitungssystem von Erfahrungswissen für dessen Herkunft, Erwerb, Vermittlung, Erörterung, Verwertung und Würdigung nachvoll-

---

[58] *Ignor*, Geschichte des Strafprozesses (2002), S. 216; *Koch*, in: Hilgendorf/Kudlich/Valerius, HdBStR Bd. VII (2020), § 4 Rn. 19.

[59] Beispielhaft sind an dieser Stelle die Erweiterung der Belehrungspflichten gem. §§ 136 Abs. 1, 163a Abs. 4 StPO, z. B. bzgl. anwaltlicher Notdienste und der Teilnahmerechte im Ermittlungsverfahren gem. §§ 168b, 168c StPO (Änderung durch Art. 1 des zweiten Gesetzes zur Stärkung der Verfahrensrechte von Beschuldigten v. 27.08.2017, BGBl. I, 3296 Nr. 60) aufgrund der Richtlinie 2013/48/EU sowie der Ausbau der Fälle der notwendigen Verteidigung gem. §§ 140 ff. StPO (Änderung durch Art. 1 des Gesetzes zur Neuregelung des Rechts der notwendigen Verteidigung v. 10. 12. 2019, BGBl. I, 2128 Nr. 46) aufgrund der Richtlinie (EU) 2016/1919 zu nennen.

[60] Eine ähnliche Frage haben bereits *Tondorf*, R&P 1984, 155; *ders./Waider*, StV 1997, 493 (494) aufgeworfen.

[61] Begriff bereits bei *Mittermaier*, AcP 2 (1819), 119 (125); *ders.*, Die Lehre vom Beweis (1834), S. 185 f. Diese Art von *außerstrafrechtlicher* Vorfrage ähnelt derjenigen in § 262 Abs. 1 StPO, da auch in diesem Fall i. w. S. die Entscheidung des Gerichts von der Beurteilung dieser Frage abhängt.

zogen und vor dem Hintergrund des dualen Entitäten-Systems der StPO in Literatur und Rechtsprechung kritisch in den Blick genommen werden (3. Kapitel).

Die für die Analyse notwendige Basis stellen die maßgeblichen menschen- und verfassungsrechtlichen Rechtspositionen des Angeklagten dar (4. Kapitel), welche den Ausgangspunkt für die einfachgesetzlichen Verteidigungsrechte bilden.

Um einen die Verfahrenspraxis erschöpfenden Blick zu erlangen, bietet sich zunächst eine Systematisierung der realen Gefahren, Herausforderungen und Hindernisse bei der Anwendung von Erfahrungswissen an (5. Kapitel).

Das eingangs ausgewählte Zitat Alsbergs hebt hervor, dass die Beeinflussung der Beweisaufnahme – somit auch der Gewinnung und Verwertung von Erfahrungswissen – durch die Verteidigung nur im Kontext der maßgebenden prozessualen Verfahrensgrundsätze gelöst werden kann. Dieser Leitsatz soll den Weg für die Analyse der in der StPO für den Bereich des Erfahrungswissens verankerten Verteidigungsmöglichkeiten *de lege lata* des Angeklagten ebnen, „*in concreto*" mit der Fragestellung, ob diese dem jeweiligen Geltungsgehalt der übergeordneten Rechtspositionen genügen und angesichts der rasanten Wissenschaftsentwicklung noch zeitgemäß sind. Aufgrund etwaiger Defizite entwickelte Änderungsvorschläge *de lege ferenda* werden schlussendlich auf ihre Vereinbarkeit mit wesentlichen strafprozessualen Prinzipien überprüft (6. Kapitel).

Es wird der Versuch zur Entwicklung von Lösungsansätzen innerhalb des geltenden Strafprozesssystems unternommen. Die Bearbeitung endet mit einer Zusammenfassung der Thesen und Änderungsvorschläge sowie einer Schlussbetrachtung (7. Kapitel).

2. Kapitel

Gesetzliche Verankerung von „Sachkunde“ im Strafprozess

A. Grundlagen: Dualismus sachkundiger Entitäten

Die dem Tatgericht grundsätzlich eingeräumte Befugnis und Pflicht, seine eigene Sachkunde anzuwenden (§ 244 Abs. 4 S. 1 StPO) bzw. einen Sachverständigen als Beweismittel (§§ 72 ff. StPO) hinzuzuziehen, ist gesetzgeberischer Ausgangspunkt der Tatsachenfeststellung (§§ 244 Abs. 2, 261 StPO)[1], denn grundsätzlich muss ein Tatgericht nicht nur Rechts-, sondern auch Fachfragen beurteilen[2]. Die Entitäten Gericht und Sachverständiger sind in Bezug auf „Sachkunde“ zwar theoretisch *parallel* ausübungs*befähigt*, allerdings praktisch *exklusiv* ausübungs*befugt*. Die Ausübung von Sachkunde ist die Fähigkeit, Erfahrungswissen zu kennen und es anzuwenden.[3]

I. Maßstab der Amtsaufklärungspflicht (§ 244 Abs. 2 StPO)

Auf dem Weg zum Beweis ist die Amtsaufklärungspflicht[4] das für die Beweiserforschung und -erhebung maßgebliche Prinzip, welches sich durch das gesamte Strafverfahren wie ein roter Faden zieht. Laut BGH handelt es sich hierbei um einen „die Handhabung aller Verfahrensvorschriften [...] beherrschenden Grundsatz“.[5] Von zentraler Bedeutung ist die Wahrheitserforschung von Amts wegen, die das

---

[1] So *Stein*, Das private Wissen des Richters (1893), S. 74 ff.; *Mayer*, in: FS Mezger (1954), 455 (461); *Döhring*, JZ 1968, 641; *Mösl*, DRiZ 1980, 110 (111); a. A. *Bockelmann*, GA 1955, 321 (324); *Goldschmidt*, Der Prozess als Rechtslage (1925), S. 439 ff.

[2] In st.Rspr. BGH, Urt. v. 26.04.1955 – 5 StR 86/55 = NJW 1955, 1642 (1643); LR-StPO/*Krause* Vor § 72 Rn. 5; *Kühne*, Strafprozessrecht, § 49 Rn. 753, § 53 Rn. 856.1; *Wolschke*, Sachverständigenbeiziehung (1973), S. 165.

[3] Alsberg/*Güntge*, Der Beweisantrag, Kap. 6 Rn. 6.

[4] Es werden Inquisitions- oder Instruktionsmaxime, Ermittlungs- oder Untersuchungsgrundsatz, Amtsermittlungsgrundsatz synonym verwendet, vgl. KK-StPO/*Fischer* Einl. Rn. 12; MüKoStPO/*Kudlich* Einl. Rn. 139; Meyer-Goßner/*Schmitt* StPO § 244 Rn. 11; *Kühne*, Strafprozessrecht, § 17 Rn. 299.

[5] BGHSt 1, 94 (96) = BeckRS 1951, 31399770; BGHSt 23, 176 (187) = NJW 1970, 523 (525).

jeweils mit der Sache befasste Strafverfolgungsorgan verpflichtet, den entscheidungserheblichen Sachverhalt durch eigene Ermittlungstätigkeit aufzuklären, ohne hierbei durch das Prozessverhalten und den Sachverhaltsvortrag der anderen Prozessbeteiligten oder der von diesen benannten Beweismitteln gebunden zu sein.[6]

Die Aufklärungspflicht gebietet insbesondere eine vollständige bzw. erschöpfende, bestmögliche und nicht überschießende Beweiserforschung.[7] Für die zuständigen Justizorgane Staatsanwaltschaft und Gericht bezieht sich die aufklärende Tätigkeit auf entschließungs- bzw. entscheidungserhebliche (vgl. §§ 160 Abs. 1, 244 Abs. 2 StPO) und beweisbedürftige Tatsachen sowie Erfahrungssätze.[8]

1. Erschöpfende Beweiserhebung

Nach älterer Rechtsprechung war das Gericht zu Beweiserhebungen nur verpflichtet, soweit bekannt gewordene Tatsachen dazu „drängten" oder dies „nahelegten".[9] In der neueren Rechtsprechung wurde die Verpflichtungsgrad aufgeweicht.[10] Mittlerweile wird für eine weitergehende Erforschungspflicht übereinstimmend darauf abgestellt, ob „aus den Akten oder aus dem Stoff der Verhandlung noch Umstände oder Möglichkeiten bekannt sind, die bei verständiger Würdigung der Sachlage begründete Zweifel an der Richtigkeit der (auf Grund der bisherigen Beweisaufnahme erlangten) Überzeugung wecken müssen".[11] Die Aufklärungspflicht beschränkt sich auf erkennbare, sinnvolle und nicht von vornherein aussichtslose Möglichkeiten zur Sachverhaltsermittlung.[12] Bezogen auf Erfahrungssätze bedeutet dies, dass das jeweilige Justizorgan diese in Betracht zu ziehen bzw. sich mit ihnen auseinanderzusetzen hat, soweit sie unter Berücksichtigung der bisherigen Beweislage nach verständiger Würdigung für die weitere Tatsachenfeststellung relevant sein können.

---

6 LR-StPO/*Kühne* Einl. I. Rn. 30; *ders.*, Strafprozessrecht, § 17 Rn. 299.

7 *Eisenberg*, Beweisrecht StPO Rn. 11 ff.

8 Diese werden als eigenständige Kategorie neben den Tatsachen erfasst, so z.B. *Eisenberg*, Beweisrecht StPO Rn. 6 ff.; MüKo-StPO/*Trüg/Habetha* § 244 Rn. 21 f.; LR-StPO/*Becker* § 244 Rn. 5 ff.

9 So die ältere Rspr. z.B. BGHSt 1, 94 = BeckRS 1951, 31399770; BGHSt 3, 169 (175) = NJW 1952, 1343 (1344); BGHSt 10, 116 (118) = NJW 1957, 598 (599).

10 So auch Alsberg/*Dallmeyer*, Der Beweisantrag, Kap. 1 Rn. 6.

11 So die neuere Rspr. in BGH, Beschl. v. 09.05.1996 – 1 StR 175/96 = NStZ-RR 1996, 299; BGHSt 40, 3 = NStZ 1994, 247 (248); BGH, Urt. v. 27.08.1997 – 3 StR 331/97 = NStZ 1998, 50 (51).

12 BGH, Urt. v. 27.10.1981 – 1 StR 496/81 = NStZ 1982, 79; BGH, Urt. v. 17.05.2001 – 4 StR 412/00 = NStZ-RR 2002, 65 (68); BGH, Urt. v. 23.06.2004 – 2 StR 491/03 = NStZ 2005, 44 (45).

2. Bestmögliche Beweiserhebung

Nach Ansicht des BVerfG ist die Ermittlung des wahren Sachverhalts das „zentrale Anliegen des Strafprozesses“[13], welches der Durchsetzung des staatlichen Strafanspruchs – in Form der Verwirklichung des materiellen Schuldprinzips und der Vermeidung von Fehlurteilen – dient.[14] Aus diesem Leitgedanken wurde das Prinzip der „materiellen Wahrheit“ als strafprozessuales Idealbild entwickelt.[15] Dogmatisch umfasst das Prinzip der materiellen Wahrheit das Gebot bestmöglicher Sachverhaltsaufklärung[16], welches wiederum sicherstellen soll, dass der Überzeugungsbildung des Gerichts die Ausschöpfung der erreichbaren Erkenntnismittel vorausgeht.[17] Erfahrungssätze sollen aus der bestmöglichen Quelle geschöpft werden, sodass eine entsprechende qualitative Eignung der wissensanwendenden Person vorausgesetzt werden muss.[18] Gesetzessystematisch ist die Feststellung von Erfahrungssätzen Kern des einem Sachverständigen auferlegten Gutachtenauftrags (§ 75 Abs. 1 StPO). Diese Aufgabe kann kein anderes Beweismittel leisten.[19]

3. Verbot der überschießenden Beweiserhebung

Ihre Grenzen findet die Amtsaufklärungspflicht naturgemäß in der Entscheidungsreife des Sachverhalts[20], sodass eine hierüber hinausgehende Sachverhaltserforschung nicht bloß fehl am Platz wäre, sondern sogar gegen den Grundsatz der Prozessökonomie bzw. Wirtschaftlichkeit des Strafverfahrens verstoßen würde. Das Gericht ist nicht zu einer „ausufernden“ oder „überschießenden“ Aufklärung verpflichtet.[21] Darüber hinaus kennt die StPO keinen Grundsatz der Wahrheitserforschung „um jeden Preis“[22], weshalb die Amtsaufklärungspflicht u. a. durch Beweiserhebungsverbote und die gesetzlichen Ablehnungsgründe für Beweiserhebungsbegehren begrenzt wird. Für Erfahrungssätze bedeutet dies, dass sie nicht angewendet werden dürfen, wenn der Sachverhalt aus anderen prozessualen Um-

---

[13] BVerfGE 57, 250 (275) = NJW 1981, 1719 (1723); BVerfGE 63, 45 (61) = NJW 1983, 1043.

[14] *Eisenberg*, Beweisrecht StPO Rn. 2.

[15] So LR-StPO/*Kühne* Einl. I. Rn. 30. Die rechtswissenschaftliche Diskussion um die verschiedenen Wahrheitsbegriffe kann an dieser Stelle aus Kapazitätsgründen nicht vertieft werden, so hält *Hassemer*, Tatbestand und Typus (1968), S. 128 zutreffend fest: „Der Richtigkeitsbegriff eines sachhaltig notwendig wirklichkeitsbezogenen Systems ist kompliziert und grundsätzlich uneinheitlich“.

[16] MüKo-StPO/*Trüg/Habetha* § 244 Rn. 59.

[17] KK-StPO/*Krehl* § 244 Rn. 28; LR-StPO/*Becker* § 244 Rn. 46.

[18] Statt vieler Meyer-Goßner/*Schmitt* StPO § 244 Rn. 1.

[19] *Keller*, ZStW 101 (1989), 382 (413).

[20] *Eisenberg*, Beweisrecht StPO Rn. 14; LR-StPO/*Becker* § 244 Rn. 43.

[21] BGHSt 40, 3 = NStZ 1994, 247 (248); Meyer-Goßner/*Schmitt* StPO § 244 Rn. 13.

[22] So z. B. die Formulierung bei BGHSt 14, 358 (365) = NJW 1960, 1580 (1582).

ständen bereits entscheidungsreif ist. Die Beweiserhebung mittels eines Sachverständigen findet ihre gesetzliche Schranke in den Ablehnungsgründen des § 244 Abs. 3, Abs. 4 StPO, so z. B., wenn die zu ermittelnde Tatsache offenkundig ist oder das Gericht sie mittels „eigener Sachkunde" feststellen kann.[23]

II. Beweisverwertung und -würdigung (§ 261 StPO)

Im Anschluss an ihre Erhebung werden die Beweise vom erkennenden Tatgericht in einem zweiten Schritt gewürdigt und für die Entscheidungsfindung verwertet (§ 261 StPO). Die Beweiswürdigung gilt als „ureigene Aufgabe des Tatgerichts"[24] und kennzeichnet sich heutzutage dadurch aus, dass sie „frei", d. h. das Gericht grundsätzlich an keinerlei Beweisregeln gebunden, ist.[25] Die richterliche Überzeugungsbildung ist letztlich ein individuelles Ergebnis aufgrund von Faktenkenntnis, Erfahrungswissen, Wahrscheinlichkeitsannahmen und logisch-analytischen Erwägungen.[26] Naturgemäß verbleibt als Produkt dieses Prozesses ein argumentativ nicht vermittelbarer („irrationaler") Anteil.[27]

Da die persönliche Gewissheit des Gerichts („*conviction intime*") für die Prozessbeteiligten nachvollziehbar dargestellt werden muss, ist die Darstellung der objektiven Tatsachengrundlage („*conviction raisonée*") entscheidend.[28] Das Gericht muss zur Beantwortung der Schuld- und Straffrage ausreichend tragfähige Tatsachen mit lückenlosen Schlussfolgerungen verknüpfen[29], welche sich nicht bloß als Vermutung erweisen.[30] Für die richterliche Überzeugung von einem Tatumstand

---

[23] Siehe hierzu später im 2. Kapitel B. III.

[24] Diese Formulierung entwickelte sich fort, so zunächst BGHSt 3, 52 (53) = NJW 1952, 1064 als „Recht und Pflicht des Tatrichters"; BGHSt 8, 38 = NJW 1955, 1644 als „Wesen richterlicher Rechtsfindung"; BGHSt 29, 18 (20) = NJW 1979, 2318 als „ihm allein übertragene Aufgabe". „Ureigene Aufgabe" laut *Fischer*, NStZ 1994, 1.

[25] BGH, Urt. v. 09.02.1957 – 2 StR 508/56 = NJW 1957, 1039; BGHSt 29, 18 ff. = NJW 1979, 2318; *Sarstedt*, in: FS Hirsch (1968), 171; MüKo-StPO/*Bartel* § 261 Rn. 84; KK-StPO/*Tiemann* § 261 Rn. 49; *Beulke/Swoboda*, Strafprozessrecht, § 2 Rn. 22; *Roxin/Schünemann*, Strafverfahrensrecht, § 45 Rn. 42; LR-StPO/*Sander* § 261 Rn. 47 ff.

[26] *Mezger*, Psychiatrische Sachverständige (1918), S. 81; SK-StPO/*Velten* § 261 Rn. 3; *Fincke*, GA 1973, 266 (272); *Heinsheimer*, in: FS Klein (1914), 133 (142).

[27] *Hamm*, in: FS Fezer (2008), 393 (402).

[28] So BGH, Urt. v. 09.02.1957 – 2 StR 508/56 = NJW 1957, 1039; BGH, Beschl. v. 07.06.1979 – 4 StR 441/78 = NJW 1979, 2318; *Sarstedt*, in: FS Hirsch (1968), 171; MüKo-StPO/*Bartel* § 261 Rn. 57 f.; KK-StPO/*Tiemann* § 261 Rn. 49; *Beulke/Swoboda*, Strafprozessrecht, § 2 Rn. 22; *Roxin/Schünemann*, Strafverfahrensrecht, § 45 Rn. 42; LR-StPO/*Sander* § 261 Rn. 14, 47 ff.; *Eisenberg*, Beweisrecht StPO Rn. 91; *Bender/Häcker/Schwarz*, Tatsachenfeststellung, Rn. 611. Zur historischen Entwicklung *Vormbaum*, Strafrechtsgeschichte (2019), S. 100 f.

[29] LR-StPO/*Sander* § 261 Rn. 47–71; Meyer-Goßner/*Schmitt* StPO § 261 Rn. 6 ff.

[30] BGH, Beschl. v. 27.10.2015 – 2 StR 4/15 = NStZ-RR 2016, 144 (145).

genügt „ein an Gewissheit bzw. Sicherheit grenzender Grad von Wahrscheinlichkeit“[31] oder „ein nach der Lebenserfahrung ausreichende(s) Maß an Sicherheit, demgegenüber vernünftige Zweifel nicht mehr aufkommen“.[32] Ob dieser Maßstab gleichermaßen auf Erfahrungssätze anwendbar ist, bedarf nachdem deren Struktur beleuchtet wurde, einer näheren Betrachtung.[33]

III. Verhältnis der Entitäten zueinander

Die Grenzen der Sachkunde des Gerichts (§ 244 Abs. 4 S. 1 StPO) und die Voraussetzungen des Sachverständigenbeweises (§§ 72 ff. StPO) gehen nach dem gesetzgeberischen Leitbild nahtlos ineinander über.[34] Es liegt im Ermessen des Gerichts, einen Sachverständigen zu beauftragen[35], denn die StPO kennt keine generelle Pflicht zur Bestellung eines Sachverständigen.[36] Auf Ebene der Beweiserforschung und -erhebung zwingt die Amtsaufklärungspflicht (§ 244 Abs. 2 StPO) das Gericht zur Erstreckung der Beweisaufnahme auf alle entscheidungserheblichen Beweismittel, d.h. auch Sachverständige (§§ 72 ff. StPO), derer es wegen des Wissensdefizits des Gerichts bedarf. Aus diesem Regelungszusammenhang ergibt sich, dass das Tatgericht nach der gesetzgeberischen Vorstellung qua Amtsaufklärungspflicht bereits ausreichend sachkundig sein soll.[37] Zwischen den vom Gericht durchzuführenden Prüfungen, ob die eigene Amtsaufklärungspflicht oder ein entsprechender Beweisantrag des Angeklagten die Hinzuziehung eines Sachverständigen gebietet, besteht „kein durchgreifend rechtlicher Unterschied“.[38]

---

[31] So bereits bei RGSt 15, 151 (153); RGSt 61, 202 (206); RGSt 66, 163 (164).

[32] Den Gedanken des RG weiterentwickelt in st.Rspr. z. B. durch BGHSt 21, 152 = BGH NJW 1967, 359 (360); BGH, Urt. v. 10.07.1980 – 4 StR 303/80 = NJW 1980, 2423 (2424); BGH, Urt. v. 08.01.1988 – 2 StR 551/87 = NStZ 1988, 236 (237); *Herdegen*, NStZ 1987, 193 (196); *ders.*, NStZ 1999, 176 (177 ff.).

[33] Siehe hierzu 2. Kapitel C. III. 2. c).

[34] Meyer-Goßner/*Schmitt* StPO Vor § 72 Rn. 1.

[35] So in st.Rspr. BGHSt 2, 25 = BeckRS 1951, 31195451; BGHSt 3, 27 = NJW 1952, 899; BGH, Urt. v. 20.11.1952 – 5 StR 733/52 = BeckRS 1952, 103521.

[36] Bis auf die speziellen Ausnahmen in §§ 80a, 81, 246a StPO und § 73 JGG.

[37] BGH, Urt. v. 26.04.1955 – 5 StR 86/55 = NJW 1955, 1642 (1643): „Der verfahrensrechtliche Ausgangspunkt für die Beurteilung liegt darin, daß der Tatrichter zu einem eigenen Urteil auch in schwierigen Fachfragen verpflichtet ist. Er hat die Entsch. auch über diese Fragen selbst zu erarbeiten, ihre Begründung selbst zu durchdenken. Er darf sich dabei vom Sachverständigen nur helfen lassen“; so auch LR-StPO/*Geier* (20. Aufl. 1958) § 244 Rn. 25; LR-StPO/*Becker* § 244 Rn. 322; *Foth/Karcher*, NStZ 1989, 166 (172); *Eisenberg*, Beweisrecht, StPO Rn. 1518; *Trück*, NStZ 2007, 377 (379); KK-StPO/*Krehl* § 244 Rn. 45.

[38] So LR-StPO/*Geier* (20. Aufl. 1958) § 244 Rn. 25; LR-StPO/*Becker* § 244 Rn. 322; *Foth/Karcher*, NStZ 1989, 166 (172); *Wolschke*, Sachverständigenbeiziehung (1973), S. 285; *Kühne*, Strafprozessrecht, § 53 Rn. 860.

Daher sind *theoretisch* beide Entitäten *parallel sachkundig*, obwohl ihre Sachkunde nur *praktisch alternativ* zum Zuge kommt, da das Gericht selbst Erfahrungssätze anwenden kann – bzw. dazu wegen deren empirisch-wissenschaftlicher Geltung sogar verpflichtet ist[39] – *oder* einen Sachverständigen hinzuziehen muss. Sachverständigengutachten (§§ 72 ff. StPO) unterliegen im Rahmen des richterlichen Entscheidungsprozesses als Beweise der abschließenden richterlichen Würdigung.[40]

B. Begriff der „Sachkunde“ – eine definitorische Annäherung

I. Auslegung des Begriffs „Sachkunde“

In der StPO existiert keine Legaldefinition der „Sachkunde“. Der Duden verweist unter dem Begriff weiter auf „Sachkenntnis“, was wiederum mit „Kenntnissen oder Wissen auf einem bestimmten Sachgebiet“ definiert wird.[41] Bereits im 19. Jahrhundert wurde von „Kunst- und Sach-Verständigen“ gesprochen.[42] Dies mündete in den Begriff des „Sachverständigen“[43], der sich nach heutigem Rechtsverständnis als solcher per se durch einen hohen Wissensstand auszeichnet[44]. Damit sollen aus der breiten Masse herausragende Qualifikationen als geeignete und zuverlässige Erkenntnisquelle klassifiziert werden, sodass sich auch synonyme Begriffe wie Fachkunde, Fach- oder Spezialkenntnisse[45], Sachkompetenz, Sonderwissen[46] oder Expertise[47] verwenden lassen.

---

[39] *Gössel*, Strafverfahrensrecht (1977), S. 263; LR-StPO/*Sander* § 261 Rn. 58.

[40] *Mittermaier*, Lehre vom Beweis (1834), S. 220 f.; Meyer/Goßner/*Schmitt* StPO § 261 Rn. 8.

[41] Wörterbuch Duden online, Stichwort: Sachkunde (online abrufbar unter: https://www.duden.de/rechtschreibung/Sachkunde); Sachkenntnis (online abrufbar unter: https://www.duden.de/rechtschreibung/Sachkenntnis). So auch *Gössel*, DRiZ 1980, 363.

[42] *Mittermaier*, AcP 2 (1819), 119 (121); *Walter*, AcP 26 (1843), 249 ff.; ähnlich in RGSt 51, 42; RGSt 61, 273; RGSt 67, 180.

[43] Der Begriff „sachverständig“ wurde erstmals in Art. 173 Bambergensis und Art. 147 CCC verwendet; zur historischen Entwicklung der Sachverständigen bei *Hegler*, AcP 104 (1909), 151 ff.; *Mezger*, Psychiatrische Sachverständige (1918), S. 2 ff.; *Dippel*, Stellung des Sachverständigen (1986), S. 5 ff.

[44] So z. B. BGHSt 3, 27 = NJW 1952, 899; *Mezger*, Psychiatrische Sachverständige (1918), S. 3.

[45] Bereits bei BGH, Urt. v. 07. 02. 1980 – 4 StR 680/79 = BeckRS 1980, 108909; *Döhring*, JZ 1968, 641.

[46] Bereits bei *Lifschütz*, NJW 1969, 305; *Gössel*, DRiZ 1980, 363; *Pfeiffer*, NStZ 1982, 188 (189); MüKo-StPO/*Trüg/Habetha* § 244 Rn. 62 f.; LR-StPO/*Becker* § 244 Rn. 68.

[47] *Keller*, ZStW 101 (1989), 382 (412).

II. Außerjuristisches Spezial- und Sonderwissen

Im strafprozessualen Gefüge nehmen das Tatgericht und die Sachverständigen strukturell unterschiedliche Rollen ein[48], weshalb es sich aus wissenssoziologischer Perspektive anbietet, zwischen den Begriffen Experten-, Spezial- und Sonderwissen[49] zu differenzieren. *Experten- bzw. Spezialwissen* wird einem einschlägigen Experten in der fachbezogenen Berufsausbildung und -einübung vermittelt (Bsp.: Ein Kriminaltechniker erlernt im Hochschulstudium Fähigkeiten zur Spurensicherung und -auswertung), wohingegen *Sonderwissen* auch von fachlichen Nicht-Experten aus individuell-biographischen Motiven gesammelt werden kann (Bsp.: Ein Strafrichter eignet sich die kriminalistischen Fähigkeiten zur anthropologischen Personenidentifizierung an).[50] Als Kriterium für die Differenzierung ist die Herkunft der Sachkunde bzw. der Anlass der Wissenserlangung maßgeblich[51], da diese zunächst eine Vermutungswirkung für die Qualität der Sachkunde entfaltet. Ein Experte und ein Nicht-Experte können dennoch über einen qualitativ gleichwertigen Wissensstand verfügen.[52]

Unter dem Spezialwissen von Sachverständigen kann man primär-beruflich institutionalisierte Kenntnisse verstehen[53], denn der Sachverständige hat diese sowohl durch Berufsausbildung als auch -einübung gewonnen. Da die juristische Berufsausbildung grundsätzlich nur rechtliche und mediatorische Inhalte (§ 5a Abs. 3 DRiG), aber – nach der gesetzlichen Vorgabe des DRiG – keine fremdwissenschaftlichen Inhalte umfasst, kann das Sonderwissen von Richtern allenfalls durch wiederkehrende dienstliche Befassung mit der Fachmaterie (d. h. sekundär-beruflich) oder im außerdienstlichen Rahmen (d. h. privat, z. B. durch individuelle Interessen oder Freizeitaktivitäten) erlangt werden.

Darüber hinaus sind zwei Sonderfälle zu betrachten: Sofern ein Berufsrichter zuvor eine einschlägige Berufsausbildung in dem jeweiligen Fachbereich durchlaufen hat, welche Expertenäquivalenz aufweist, verfügt er grundsätzlich über beruflich institutionalisiertes Spezialwissen, welches ggf. gar nicht oder lange nicht beruflich eingeübt wurde. Falls in einem Kollegialgericht die Beweisfrage aus dem aktiven Berufsfeld eines Laienrichters („Schöffe“, vgl. § 30 GVG) stammt, verfügt dieser – parallel zum Sachverständigen – über ausgebildetes und eingeübtes Spezialwissen; stammen seine Kenntnisse jedoch aus einem für ihn außerberuflichen Bereich, ist dies als Sonderwissen zu qualifizieren.

---

[48] Siehe hierzu tiefergehend im 3. Kapitel B. V. 2.

[49] Diese Begriffe wurden teilweise adaptiert, so z. B. bei SSW-StPO/*Sättele* § 244 Rn. 47.

[50] *Barton*, Psychowissenschaftliche Sachverständige (1983), S. 86.

[51] Zum freien Quellengrundsatz siehe näher 3. Kapitel A. II. 1.

[52] *Barton*, Psychowissenschaftliche Sachverständige (1983), S. 86.

[53] *Barton*, Psychowissenschaftliche Sachverständige (1983), S. 87; MüKo-StPO/*Trüg/Habetha* § 244 Rn. 352.

III. Nutzung von Erfahrungswissen

In der rechtswissenschaftlichen Literatur wird „Sachkunde“ generell als die Beherrschung, Anwendung und Vermittlung von Erfahrungswissen definiert.[54] Dies erstreckt sich auf Erfahrungssätze als solche, aber wegen des ihnen zukommenden Bindungscharakters auch auf die zugrundeliegenden Tatsachen.[55]

1. Kausalkette: Tatsachen, Hypothesen und Konklusionen

a) Indizienbeweis

Im Beweisrecht sind Schlussfolgerungen („Wenn x, dann y“) nicht wegzudenken. Dabei handelt es sich in dogmatischer Hinsicht um Gedankentransferprozesse, die (Geltungs-)Bedingungen zwischen einzelnen Tatsachenfaktoren ziehen. Eine Schlussfolgerung tatsächlicher Art ist der (indirekte bzw. mittelbare) Indizienbeweis.[56] Diesem ist immanent, dass das Tatgericht von der bloßen Existenz einer für es unmittelbar wahrnehmbaren Tatsache auf das Gegebensein einer für es *nicht* unmittelbar wahrnehmbaren Haupttatsache schließt.[57] Dagegen liegt ein sog. direkter bzw. unmittelbarer Vollbeweis vor, wenn das Tatgericht den jeweiligen tatbestandsrelevanten Umstand selbst wahrnehmen kann.[58] Ausgehend von der Sichtweise, dass „Beweismittel im üblichen Sinne […] nur die Träger und Produzenten der Indizien“[59] sind, erlangt jede Art von Beweis zwangsläufig eine mittelbare Natur.[60] Demnach handelt es sich beim Indizienbeweis faktisch um die Grundform des Beweises[61].

---

[54] So z. B. Meyer-Goßner/*Schmitt* StPO Vor § 72 Rn. 3, § 244 Rn. 73 ff.; *Gössel*, DRiZ 1980, 363: die Kenntnis und Anwendung „allgemeine(r) Erfahrungssätze auf dem Gericht insoweit unbekannten Spezialgebieten (z. B. über Bräuche und Gewohnheiten im Handel oder sonstigen Wirtschaftsleben, über die Wirkungsweise bestimmter Medikamente), Forschungsergebnisse (z. B. aus dem Bereich der Medizin) und technisches Wissen (z. B. über die Arbeitsweise eines Fahrtenschreibers)“.

[55] So MüKo-StPO/*Trüg/Habetha* § 244 Rn. 62; LR-StPO/*Becker* § 244 Rn. 5 f.; *Eisenberg*, Beweisrecht StPO Rn. 1501; LR-StPO/*Ignor/Bertheau/Krause* Vor § 72 Rn. 7 ff.; Meyer-Goßner/*Schmitt* StPO Vor § 72 Rn. 3.

[56] So bereits die Ausführungen bei *Glaser*, Hdb. des Strafprozesses Bd. I (1883), S. 736 ff.

[57] *Kühne*, Strafprozessrecht, § 50 Rn. 755; *Bender/Nack*, DRiZ 1980, 121; *Bender/Häcker/Schwarz*, Tatsachenfeststellung, Rn. 624.

[58] *Kühne*, Strafprozessrecht, § 50 Rn. 755; *Kraatz*, Einfluss der Erfahrung (2011), S. 327.

[59] *Engisch*, Gesetzesanwendung (1963), S. 66.

[60] *Engisch*, Gesetzesanwendung (1963), S. 66; *Bender/Nack*, DRiZ 1980, 121 (124); *Arzt*, in: FS Volk (2009), 19 (23 ff.); *Kraatz*, Einfluss der Erfahrung (2011), S. 327 f.

[61] So *Engisch*, Gesetzesanwendung (1963), S. 60 ff.; *Larenz*, Methodenlehre (1991), S. 305; *Dencker*, ZStW 102 (1990), 51 (69); *Bender/Häcker/Schwarz*, Tatsachenfeststellung, Rn. 621; *Frister*, in: FS Grünwald (1999), 169 (170); *Gleß*, Beweisrechtsgrundsätze (2006), S. 383; *Kühne*, Strafprozessrecht, § 50 Rn. 756.

Trotz der Selbstverständlichkeit, mit welcher Indizienbeweise im Strafprozessrecht Anklang und Anwendung gefunden haben[62], geht hiermit eine – wenn auch zulässige – Einschränkung des Unmittelbarkeitsgrundsatzes einher. Daher kommt dem Indizienbeweis stets ein Momentum der Vermutung zu, man könnte ihn gar als eine Art künstlichen Beweis beschreiben.[63] Der Struktur des Indizienbeweises entspricht im Wesentlichen – wenn auch mit dem entscheidenden Unterschied der wissenschaftlich-empirischen Generalisierung – diejenige des Erfahrungssatzes.[64]

b) Dogmatische Aufspaltung

Erfahrungssätze dienen der Tatsachenermittlung und fachlichen Bewertung von bereits festgestellten Tatsachen. Innerhalb der beweisrechtlichen Kausalkette „Tatsache – Erfahrungssatz – Konklusion“ ist zwischen verschiedenen Begriffen zu differenzieren. Die für die Beweiswürdigung (§ 261 StPO) maßgeblichen Beweistatsachen sind konkrete Geschehnisse, Umstände und Zustände der äußeren Welt, innerpsychische Vorgänge und Gegebenheiten sowie das (Nicht-)Bestehen von Zusammenhängen.[65] Dabei wird zwischen *äußeren Tatsachen*, d.h. die von Dritten unmittelbar wahrnehmbaren Zustände der Außenwelt, sowie *inneren Tatsachen*, d.h. subjektiven Zuständen einer Person, differenziert.[66] Tatsachen sind räumlich-zeitlich bestimmt, während Erfahrungssätze von einem Einzelfall losgelöst und unabhängig sind.[67] Tatsachen bilden stets den Anknüpfungs- und Schlusspunkt für die Anwendung von Erfahrungssätzen. Hiervon ist das hinter der jeweiligen Beweisfrage stehende *Beweisergebnis* bzw. *-ziel* abzugrenzen, welches zwar für das Verfahrensergebnis praktisch entscheidend ist, in der beweisrechtlichen Methodik jedoch keine eigenständige Bedeutung hat.[68] Das Beweisergebnis kann nur im weiteren Sinn als Bezugspunkt des Erfahrungssatzes betrachtet werden, da es von zusätzlichen Tatsachen bzw. (Beweis-)Schlüssen abhängig und ein in der Gesamtbetrachtung des Verfahrens gezogenes Resümee für den Tatvorwurf darstellt.

Hieraus ergibt sich anhand eines Beispiels aus der kriminalistischen Ballistik für die Beweisfrage, ob der Angeklagte die ihm vorgeworfene Tötungshandlung begangen hat, folgende Kausalkette:

---

[62] So z.B. Indizienring, Indizienkette, vgl. Meyer-Goßner/*Schmitt* StPO § 261 Rn. 25; *Bender/Häcker/Schwarz*, Tatsachenfeststellung, Rn. 665 ff.

[63] So die Beweissysteme von *Feuerbach*, Lehrbuch des gemeinen in Deutschland gültigen peinlichen Rechts (1826), S. 477; *Mittermaier*, Lehre vom Beweis (1834), S. 405 f. Siehe dazu *Ignor*, Geschichte des Strafprozesses (2002), S. 187.

[64] So auch *Döhring*, Erforschung des Sachverhalts (1964), S. 339; *Hamm/Pauly*, Die Revision in Strafsachen, Rn. 1106; LR-StPO/*Sander* § 261 Rn. 61.

[65] BayObLG, Beschl. v. 30.07.2002 – 1 St RR 71/2002 = NStZ 2003, 105; *Lagrèze*, Erfahrungssätze (1938), S. 7; KK-StPO/*Krehl* § 244 Rn. 69.

[66] *Kühne*, Strafprozessrecht, § 49 Rn. 752; *Peters*, Strafprozeß (1985), S. 293.

[67] *Döhring*, JZ 1968, 641; *Korte*, Gerichtskundigkeit (2007), S. 30.

[68] Meyer-Goßner/*Schmitt* StPO § 244 Rn. 20b.

Beispiel für eine bekannte Tatsache: *An Händen und Oberbekleidung des Angeklagten werden kurz nach dem Tatzeitpunkt mikroskopische Partikelrückstände festgestellt.*

Beispiel für einen Erfahrungssatz: *Nach den Erkenntnissen der Ballistik verursacht das Abfeuern einer Schusswaffe mikroskopische Partikelrückstände (sog. Schmauchspuren) in direkter Körpernähe des Schießenden.*[69]

Beispiel für die bislang unbekannte Tatsache: *Aufgrund der festgestellten Schmauchspuren am Körper des Angeklagten lässt sich der Rückschluss ziehen, dass dieser im Tatzeitpunkt mit einer Waffe geschossen hat.*

Beispiel für das Beweisergebnis: *Der Angeklagte hat die ihm im Rahmen des Strafverfahrens vorgeworfene Tötungshandlung i. S. v. § 264 StPO begangen.*

Falls mangels Existenz kein direkter Beweis über den Geschehensablauf erhoben werden kann (z. B. Zeuge A hat den Tathergang unmittelbar selbst wahrgenommen oder Augenscheinsobjekt B [Licht- oder Bewegtbilder] belegt den Tathergang) oder die vorhandenen Beweistatsachen isoliert keine hinreichende Aussagekraft bieten können[70], ist es ausschließlich mittels Erfahrungssatzes möglich eine ansonsten unbekannt bleibende Tatsache zu erschließen.

c) Induktive Struktur

Bei näherer Betrachtung des Beispiels wird ersichtlich, dass der Dreh- und Angelpunkt des Erfahrungssatzes auf dem Konnex zwischen Tatsache und Hypothese liegt. Entscheidendes Merkmal eines Erfahrungssatzes ist, dass er auf einem Tatsachenfundament (p) ruht, wobei mittels einer Hypothese (q) eine neue Aussage (r), die wiederum dogmatisch eine Tatsache darstellt (r = p), generiert wird.[71] Die Bezeichnung der Konklusion als Tatsache (r = p) verdeutlicht, dass diese denselben dogmatischen Ursprung haben.

---

[69] Erklärung des BKA zum Aufgabengebiet der „Kriminaltechnik“, konkret Schmauchspuren (online abrufbar unter: https://www.bka.de/DE/UnsereAufgaben/Ermittlungsunterstuetzung/Kriminaltechnik/SchusswaffenUndFormspuren/Schmauchspuren/schmauchspuren_node.html).

[70] So der Grund für die Notwendigkeit des Erfahrungssatzes bei *Mittermaier*, Lehre vom Beweis (1834), S. 402, 428; *Stein*, Das private Wissen des Richters (1893), S. 120; *Kühne*, Strafprozessrecht, § 49 Rn. 754.

[71] SK-StPO/*Velten* Vor § 261 Rn. 22; *Keller*, ZStW 101 (1989), 382 (410).

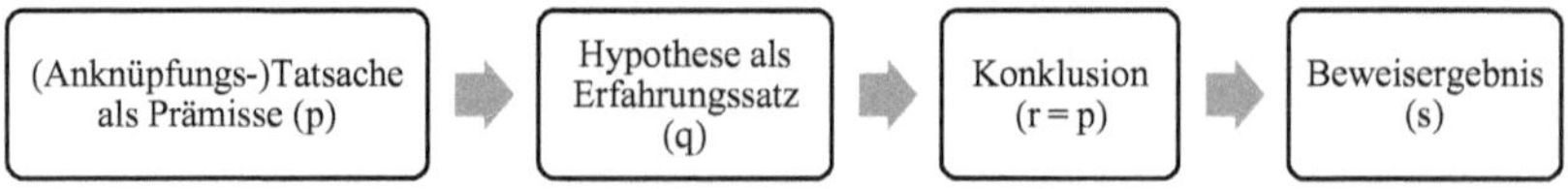

Abbildung 1: Kausale Wirkung von Erfahrungssätzen[72]

Die Anknüpfungstatsache (p) stellt die Prämisse dar. Die Hypothese[73] (q) ist der dynamische Faktor, welcher der jeweiligen Wissenschaft entnommen wird. Die Konklusion (r=p) stellt das Produkt des Wissenstransfers dar. In Anwendung auf den Sachverhalt folgt das Beweisergebnis (s). Ein Erfahrungssatz wird gebildet, wenn aus einem konkret-empirisch beobachteten Sachverhalt eine abstrakt-pauschalisierende Theorie abgeleitet wird, d.h. es wird vom Speziellen ins Allgemeine abstrahiert (sog. Induktion von *inductio* [lat. für „zuleiten“]).[74]

Der so entwickelte Erfahrungssatz wird angewendet, wenn – nun umgekehrt – mittels der abstrakt-pauschalisierenden Theorie auf einen konkreten Sachverhalt geschlossen werden soll, d.h. es wird vom Allgemeinen ins Spezielle geschlussfolgert (sog. Deduktion von *deductio* [lat. für „ableiten“]).[75] Aufgrund der Entwicklungs- und Anwendungsstrukturen von Induktion und Deduktion stellen Erfahrungssätze sowohl den theoretischen Ausgangspunkt als auch das theoretische Ergebnis empirischer Methoden dar.[76] Erfahrungssätze bilden demnach das Bindeglied zwischen tatsächlichen Beobachtungen (Empirie) und den daraus resultierenden Schlussfolgerungen (Theorie)[77] und sind quasi ein abstrahiertes und generalisiertes Produkt des Seienden.[78]

Die wesentlichen Elemente des Erfahrungssatzes wurden von Stein, der im Jahr 1893 mit seiner grundlegenden Bearbeitung zur Dogmatik von Erfahrungswissen im Prozessrecht bis heute zitiert wird, wie folgt analysiert und zusammengefasst:

„Sie sind *Definitionen oder hypothetische Urtheile allgemeinen Inhaltes*, vom concreten in diesem Prozesse abzuurtheilenden *Falle* und seinen einzelnen Thatsachen unabhängig, *aus*

---

[72] Angelehnt an die Darstellungen bei *Korte*, Gerichtskundigkeit (2007), S. 30; *Engisch*, Gesetzesanwendung (1963), S. 60; *Essler*, Induktive Logik (1970), S. 16.

[73] *Feuerbach*, Lehrbuch des gemeinen in Deutschland gültigen peinlichen Rechts (1826), S. 477; *Mittermaier*, Lehre vom Beweis (1834), S. 412 ff. bezeichneten diese als „Vermuthungen“.

[74] *Stein*, Das private Wissen des Richters (1893), S. 19, 41 f.; *Mezger*, Psychiatrische Sachverständige (1918), S. 12 f.; *Essler*, Induktive Logik (1970), S. 14 f.; *Popper*, Erkenntnistheorie (1994), S. 9 ff.; SK-StPO/*Velten* Vor § 261 Rn. 22.

[75] *Popper*, Erkenntnistheorie (1994), S. 7 f.; *Essler*, Induktive Logik (1970), S. 15.

[76] *Eisenberg*, NStZ 2010, 125 (127).

[77] *Fezer*, in: Tagungsband 18. StV-Tag (1994), 87 (91); KK-StPO/*Krehl* StPO § 244 Rn. 7.

[78] *v. Savigny*, GA 1858, 469 (476); *Ortloff*, GA 1860, 461 (472) zit. nach *Sommer*, in: FS Rieß (2002), 585 (593 f.); *Käßer*, Wahrheitserforschung (1974), S. 94.

der Erfahrung gewonnen, aber selbständig gegenüber den Einzelfällen, aus deren Beobachtung sie abgezogen sind, und über die hinaus sie *für neue Fälle Geltung beanspruchen.*“[79]

Der strukturelle Ursprung eines Erfahrungssatzes ist – wenn man v. Savigny und Stein folgt – die in ihrem Umfang und ihrer Legitimität nicht unumstrittene „Erfahrung“.[80] Der Erfahrungsbegriff ist wegen seiner Komplexität und Vielschichtigkeit Gegenstand zahlreicher philosophischer Diskussionen.[81] Die Erfahrung an sich, freilich ein interpretationsbedürftiger Begriff[82], umfasst aus wissenschaftstheoretischer Perspektive dasjenige Wissen, welches durch menschliche Sinnesorgane (und nicht durch reine Denkleistung) infolge der Begegnung des Einzelnen mit seiner Umwelt und sich selbst entsteht.[83]

Das Gewinnen von Erfahrung gliedert sich in mehrere erkenntnistheoretische Akte, die von bloßer Beobachtung oder Wahrnehmung einer Tatsache über deren sinnliches Aufnehmen und ihre Bewahrung bis hin zur Verallgemeinerung reichen.[84] Die Erfahrungsgenese wird daher als Lernprozess verstanden, welcher von verschiedensten menschlichen Trieben, Reizen, Bekräftigungen und Konditionierungen abhängig ist.[85] Es handelt sich damit um einen Schmelztiegel verschiedenster Eindrücke, welche miteinander verknüpft einen Versuch des Wahrnehmenden darstellen, Geschehensabläufe rational zu erklären.[86]

---

[79] *Stein*, Das private Wissen des Richters (1893), S. 20 f. (Hervorhebungen d. Verf.). So auch *Eisenberg*, Beweisrecht StPO Rn. 7, 103; LR-StPO/*Sander* § 261 Rn. 58; *Keller*, ZStW 101 (1989), 382 (408); *Korte*, Gerichtskundigkeit (2007), S. 20 f.; KMR-StPO/*Paulus* § 244 Rn. 169; SK-StPO/*Velten* Vor § 261 Rn. 22; MüKo-StPO/*Bartel* § 261 Rn. 94.

[80] Vgl. Zitat *v. Savignys* in der Einleitung. Zur historischen Entwicklung des Begriffes „Erfahrung“ siehe *Lagrèze*, Erfahrungssätze (1938), S. 10 ff.; *Kraatz*, Einfluss der Erfahrung (2011), S. 16 ff., 115 ff.

[81] Begründet wurde der Begriff bei *Hume*, Ein Traktat (1739; Reprint 2013), Buch I, Teil III, Abschn. VI, S. 111 ff.; *Bollnow*, Erkenntnis (1970), S. 17 f., 127 ff. Auf eine vertiefende philosophische Betrachtung muss an dieser Stelle aus Kapazitätsgründen verzichtet werden.

[82] *Gerchow*, ArchKrim 134 (1964), 125 (126).

[83] So *Schweling*, ZStW 83 (1971), 435 (436); *Stein*, Das private Wissen des Richters (1893), S. 20; *Schünemann*, JuS 1976, 560 (561).

[84] *Schweling*, ZStW 83 (1971), 435 (436); *Mittermaier*, Lehre vom Beweis (1834), S. 422; *Müller*, Anscheinsbeweis (1998), S. 72; SK-StPO/*Velten* Vor § 261 Rn. 22; *Bender/Häcker/Schwarz*, Tatsachenfeststellung, Rn. 31 ff.

[85] *Käßer*, Wahrheitserforschung (1974), S. 100 ff.; *Schweling*, ZStW 83 (1971), 435 (436 ff.).

[86] Ähnlich bereits *Esser*, Vorverständnis (1970), S. 10; *Popper*, Logik der Forschung (Reprint 2002), S. 3 f.; *Kraatz*, Einfluss der Erfahrung (2011), S. 360.

2. Beweisbedürftigkeit der Konklusion

Der Grad der Erkennbarkeit eines Erfahrungssatzes hat Auswirkungen auf die Beweisbedürftigkeit der Konklusion. Tatsachen, welche offenkundig und damit entweder allgemein- oder gerichtskundig sind, bedürfen keines Beweises (vgl. § 244 Abs. 3 S. 3 Nr. 1 StPO).[87] Offenkundige Tatsachen können jederzeit aus zuverlässigen Quellen (z.B. Lexika, Zeitungen, wissenschaftlichen Werke oder Landkarten) festgestellt werden, ohne dass hierzu besondere Fachkenntnisse erforderlich sind.[88] Sie können durch gerichtlichen Hinweis, Vorhalt oder durch die verpflichtende Erörterung in der Hauptverhandlung, d.h. ohne förmliche Beweisaufnahme, Teil der Urteilsgrundlage werden.[89] Sofern die einem Erfahrungssatz zugrunde liegende Hypothese offenkundig ist, ist die induktiv daraus erschlossene Tatsache ebenfalls offenkundig und damit nicht beweisbedürftig. Nicht offenkundige Erfahrungssätze sind im Umkehrschluss beweisbedürftig.[90] Die wissenschaftliche Hypothese und die Konklusion bedingen sich in der Gestalt ihrer äußerlichen Erkennbarkeit.

Als *allgemeinkundig* gelten Tatsachen, die dem durchschnittlichen Kenntnisstand eines verständigen und erfahrenen Menschen entsprechen sowie darüber hinaus solche Kenntnisse, über die sich dieser aus allgemein zugänglichen, zuverlässigen Quellen ohne besondere Fachkunde unterrichten kann.[91] Daneben können – zeitlich, örtlich oder persönlich – *beschränkt allgemeinkundige* Tatsachen solche sein, die nur innerhalb eines bestimmten Zeitraums bzw. einer bestimmten Epoche, eines bestimmten Territoriums oder einer bestimmten Personengruppe bekannt sind (z.B. die besonderen Verkehrsverhältnisse in einer Gemeinde).[92] Die Abgrenzung zum sog. privaten Wissen des Gerichts ist an dieser Stelle mitunter unscharf[93] und eine Überschneidung nahezu unumgänglich. *Allgemeinkundige Erfahrungssätze* sind solche, von denen ein verständiger und erfahrener Mensch in aller Regel si-

---

[87] RGSt 28, 171 (172); *Hamm/Pauly*, Beweisantragsrecht Rn. 457; Meyer-Goßner/*Schmitt*, StPO § 244 Rn. 50 ff.

[88] So bereits *Nüse*, GA 1955, 72.

[89] BGH, Urt. v. 07.09.1988 – 2 StR 390/88 = StV 1988, 513; BGH, Urt. v. 03.11.1994 – 1 StR 436/94 = NStZ 1995, 246 (247); BGH, Beschl. v. 21.10.1997 – 5 StR 356/97 = StV 1998, 251; BGH, Beschl. v. 27.06.2012 – 1 StR 68/12 = StV 2012, 710; OLG Brandenburg, Beschl. v. 08.09.2009 – 1 Ss 60/09 = NStZ 2010, 294 (295).

[90] *Nüse*, GA 1955, 72; KK-StPO/*Krehl* § 244 Rn. 7.

[91] BVerfGE 10, 177 (183) = NJW 1960, 31; BGHSt 6, 292 (293) = NJW 1954, 1656; BGHSt 56 (59) = MDR 1975, 508; BGH, Urt. v. 16.04.2008 – 2 StR 95/08 = BeckRS 2008, 8092; BGH, Urt. v. 17.05.2018 – 3 StR 508/17 = NJW-Spezial 2018, 473; *Hamm/Pauly*, Beweisantragsrecht Rn. 459; *Nüse*, GA 1955, 72; *Kraatz*, Einfluss der Erfahrung (2011), S. 379.

[92] BGHSt 6, 292 (293) = NJW 1954, 1656; *Graul*, Offenkundigkeit (1993), S. 35 ff.; *Nüse*, GA 1955, 72 (73).

[93] *Wolschke*, Sachverständigenbeiziehung (1973), S. 204 f.; *Korte*, Gerichtskundigkeit (2007), S. 63 f.

chere Kenntnis hat oder sich jedenfalls aus allgemein zugänglichen Quellen eine zuverlässige Kenntnis verschaffen kann (so z. B. die allgemeine Lebenserfahrung).

Gerichtskundig sind dagegen Tatsachen, die die Gerichtsmitglieder im Zusammenhang mit ihrer amtlichen Tätigkeit zuverlässig erlangt haben.[94] Dies kann z. B. durch die vorherige oder parallele Befassung mit der Materie aus anderen Verfahren der Fall sein.[95] Die Gerichtskundigkeit ist derart zeitlich auf die Amtstätigkeit beschränkt, dass hierzu nicht solche Erkenntnisse, die in demselben Verfahren erst erworben wurden, zählen.[96] Nur dasjenige, was das Gericht bereits mit in die Hauptverhandlung bringt, kann gerichtskundig sein.[97] Ein *gerichtskundiger Erfahrungssatz* erlangt diese Qualität, wenn das Gerichtsmitglied ihn kennt, gerade weil es zum jeweiligen Spruchkörper gehört.[98] Ein Beispiel hierfür sind solche Kenntnisse, die eine Spezialkammer (§§ 74a–c GVG) oder -abteilung oder ein Gericht aufgrund einer Sonderzuständigkeit beherrscht.

Der wesentliche Unterschied zwischen der Allgemein- und Gerichtskundigkeit liegt mithin im Umfang des Personenkreises, welchem die Tatsachen oder Erfahrungssätze bekannt sind. Während allgemeinkundige Tatsachen einer Vielzahl von Personen bekannt sind, gilt dies bei gerichtskundigen Tatsachen nur für die Mitglieder des jeweiligen Spruchkörpers, sodass sich bei letzterem bereits eine geringere Legitimationsbasis ergibt.[99]

3. Gültigkeitsgrad der Hypothese

Eine weitere Unterscheidung innerhalb der Erfahrungssätze gelingt hinsichtlich des Gültigkeitsgrades. Es hat sich zum Konsens herausgeformt, dass sog. probabilistische Erfahrungssätze eine statistische Wahrscheinlichkeitsaussage (unabhängig davon, ob z. B. 50 %, 90 % oder 95 %)[100] treffen, mit welchem Grad man von einer bestimmten Tatsache auf das Vorhandensein oder Nichtvorhandensein anderweitiger Umstände sowie auf künftige Entwicklungen schließen kann[101], während sog.

---

[94] BVerfGE 10, 177 (183) = NJW 1960, 31; RGSt 28, 171 (172); RGSt 65, 125 (128); BGHSt 6, 292 (293) = NJW 1954, 1656; LR-StPO/*Geier* (20. Aufl., 1958) § 244 Rn. 23a.

[95] BGHSt 26, 56 (59) = NJW 1975, 788 (789).

[96] BGHSt 6, 292 = NJW 1954, 1656; BGHSt 26, 56 (59) = GRUR 1976, 37 (38); BGH, Urt. v. 22.02.2012 – 1 StR 378/11 = NStZ 2013, 120; *Stein*, Das private Wissen des Richters (1893), S. 159; *Peters*, Strafprozeß (1985), S. 309; *Eisenberg*, Beweisrecht StPO Rn. 28; SK-StPO/*Velten* Vor § 261 Rn. 24; *Kraatz*, Einfluss der Erfahrung (2011), S. 382.

[97] *Nüse*, GA 1955, 72.

[98] *Kraatz*, Einfluss der Erfahrung (2011), S. 382.

[99] *Korte*, Gerichtskundigkeit (2007), S. 117.

[100] *Bender/Nack*, DRiZ 1980, 121 (122); *Hoyer*, ZStW 105 (1993), 523 (542 ff.).

[101] So z. B. *Fezer*, in: Tagungsband 18. StV-Tag (1994), 87 (91); *Stein*, in: Symposium Rudolphi (1995), 233 (241); *Hirschberg*, Das Fehlurteil (1960), S. 136; *Greuel*, MSchKrim 2000, 59 (60); *Kraatz*, Einfluss der Erfahrung (2011), S. 363.

deterministische Erfahrungssätze als allgemeingültig betrachtet werden.[102] Soweit einem Erfahrungssatz keine Allgemeingültigkeit zukommt, ist er ein bloßer Indizienbeweis.[103] Ein Erfahrungssatz entbehrt aber nicht automatisch jeder Sicherheit, bloß weil er nur ein Wahrscheinlichkeitsurteil darstellt.[104]

In der Rechtswissenschaft wird abstufend zwischen Naturgesetzen, Erfahrungsgrundsätzen, einfachen Erfahrungssätzen und Vorurteilen unterschieden.[105] Der jeweilige Gültigkeitsgrad beurteilt sich grundsätzlich anhand des Zustimmungsgrades innerhalb der jeweiligen Fachwissenschaft.[106] Dieses Klassifizierungssystem rührt insbesondere aus dem Schrifttum her, während die Rechtsprechung hauptsächlich vom Kriterium der Allgemeingültigkeit ausgeht und danach abgrenzt.[107]

Deterministische Erfahrungssätze werden als *Naturgesetze*, d. h. „wissenschaftlich gesicherte“ und ausnahmslos geltende Erkenntnisse, bezeichnet. Diese entfalten eine ausschließliche Beweiskraft und sind einem Gegenbeweis nicht zugänglich.[108] Nach Ansicht des BGH dürfe ein Gericht von einem solchen Satz nur abweichen, „wenn es sich auf sorgfältig vorgenommene und wissenschaftlich begründete Gegenuntersuchungen oder anerkannte Autoritäten stützen kann“.[109] Für den deterministischen Erfahrungssatz existiert ein einstimmiger oder zumindest weit überwiegender Konsens in der jeweiligen Fachwissenschaft, sodass er quasi zum apodiktischen Beweis wird.[110]

Beispiel für ein Naturgesetz bzw. eine wissenschaftlich gesicherte Erkenntnis: *Physikalisch betrachtet erzeugt Reibung Wärme.*[111] *Physikalisch betrachtet*

---

[102] Differenzierung bei BGHSt 31, 86 (89) = NJW 1982, 2455 (2456); *Larenz*, Methodenlehre (1991), S. 305; *Kühne*, Strafprozessrecht, § 64 Rn. 1072 f.; *Eisenberg*, Beweisrecht StPO Rn. 103 ff.; *ders.*, NStZ 2010, 125 (127); MüKo-StPO/*Trüg/Habetha* § 244 Rn. 23; *Hoyer*, ZStW 105 (1993), 523 (528); MüKo-StPO/*Bartel* § 261 Rn. 94 ff.; LR-StPO/*Becker* § 244 Rn. 6; KK-StPO/*Krehl* § 244 Rn. 7; BeckOK-StPO/*Eschelbach* § 261 Rn. 39 ff.; *Hilgendorf*, in: FS Lenckner (1998), 699 (702); *Fezer*, in: Tagungsband 18. StV-Tag (1994), 87 (91); *Meurer*, in: FS Wolf (1985), 483 (494 f.); *Stein*, in: Symposium Rudolphi (1995), 233 (241 f.); *Freund*, Tatsachenfeststellung (1987), S. 17 f.; *Kraatz*, Einfluss der Erfahrung (2011), S. 121 ff.; *Mummenhoff*, Erfahrungssätze im Beweis der Kausalität (1997), S. 39 ff., 48 ff.

[103] So in st.Rspr. z. B. BGHSt 31, 86 (89) = NJW 1982, 2455 (2456). Ebenso *Wagner*, ZStW 106 (1994), 259 (296).

[104] *Eb. Schmidt*, Lehrkommentar, Teil II, § 261 Rn. 25.

[105] Überblick bei *Korte*, Gerichtskundigkeit (2007), S. 27 ff.; KK-StPO/*Krehl* § 244 Rn. 7.

[106] *Hoyer*, ZStW 105 (1993), 523 (542). Hierzu näher 5. Kapitel A. V. 1.

[107] So bereits das Ergebnis bei *Meurer*, in: FS Wolf (1985), 483 (498).

[108] *Dahs*, Die Revision im Strafprozess (2012), Rn. 451; *Eisenberg*, Beweisrecht StPO, Rn. 106; *Albrecht*, NStZ 1983, 486 (489).

[109] BGH, Urt. v. 01.02.1952 – 3 StR 1059/51 (unveröffentlicht) zitiert nach *Marmann*, GA 1953, 136 (149).

[110] Ähnlich *Eisenberg*, Beweisrecht StPO, Rn. 106.

[111] *Grossam*, in: SV-HdB § 16 Rn. 21.

fließt Wasser abwärts und nicht aufwärts.[112] *Biologisch betrachtet kann ein Kind nur Blutfaktoren besitzen, die auch seine Erzeuger tragen.*[113]

Demgegenüber sind rein probabilistische Erfahrungssätze z.B. solche *Erfahrungsgrundsätze*, die zwar nicht allgemeingültig und damit quasi unumstößlich, aber – unter gewissen Toleranzgrenzen[114] – hochwahrscheinlich sind.

Daran anschließend existieren auch *einfache Erfahrungssätze*, die mit einer wesentlich niedrigeren statistischen Wahrscheinlichkeit zutreffende Regel-Aussagen bilden.[115] Die Differenzierung zwischen Erfahrungsgrundsätzen und einfachen Erfahrungssätzen beruht auf der Entwicklung, dass sich die Hypothesen mancher Erfahrungssätze in der Vergangenheit durch fortlaufende Experimente stärker bewährt haben als andere und aus diesem Grund auch eine höhere Akzeptanz in der Wissenschaft erlangt haben.[116]

Beispiel für einen Erfahrungsgrundsatz: *Eine DNA-Analyse der vom Tatmittel entnommenen Spuren mit einer Übereinstimmungswahrscheinlichkeit von 99,986 % lässt den Schluss der Täterschaft zu.*[117] *Die technische Messung von im Straßenverkehr genutzten Radargeräten lässt den Schluss einer bestimmten Fahrgeschwindigkeit zu.*[118] *Eine Blutalkoholkonzentration von mindestens 2 Promille lässt den Schluss auf eine erhebliche Verminderung des Steuerungsvermögens des Angeklagten zu.*[119]

Beispiel für einen einfachen Erfahrungssatz: *Eine inhaltlich konstante, nicht widersprüchliche Aussage lässt den Schluss der Glaubhaftigkeit zu.*[120] *Die Abgabe eines Geständnisses lässt den Schluss der Täterschaft zu.*[121] *Der sog. erbkundliche Vergleich der Ähnlichkeit von Personen lässt den Schluss ihrer Verwandtschaft zu.*[122]

---

[112] Nach *Kohler*, Der Prozess als Rechtsverhältnis (1888), S. 26.

[113] Nach BGHZ 2, 6 = NJW 51, 558; BGHZ 12, 22 = NJW 1954, 550; BGHSt 6, 70 (72) – NJW 1954, 1336.

[114] BGHSt 21, 157 (159) = NJW 1967, 116 (118); KMR-StPO/*Paulus* § 244 Rn. 170.

[115] *Dahs*, Die Revision im Strafprozess (2012), Rn. 451; KK-StPO/*Krehl* § 244 Rn. 7; *Hilgendorf*, in: FS Lenckner (1998), 699 (702); SK-StPO/*Velten* Vor § 261 Rn. 21.

[116] *Kraatz*, Einfluss der Erfahrung (2011), S. 366. Siehe hierzu 2. Kapitel C.III.2.a).

[117] Nach BGHSt 38, 320 = NJW 1992, 2976 f.

[118] Nach OLG Celle, Urt. v. 15.09.1966 – 1 Ss 8/65 = NJW 1967, 588.

[119] Nach BGH, Urt. v. 22.11.1990 – 4 StR 117/90, wo dieser als „wissenschaftlich gesicherter Erfahrungssatz“ eingestuft wurde. *Schewe*, Blutalkohol 1991, 264 (266) führt aus rechtsmedizinischer Sicht aus, dass ein solcher Schluss nur „(sehr) häufig“ möglich sei, d.h. keineswegs i.S.e. Naturgesetzes gesichert ist.

[120] Nach BGH, Urt. v. 12.06.1997 – 5 StR 58/97 = NStZ 1997, 503 (506); KK-StPO/*Krehl* § 244 Rn. 7.

[121] *Freund*, Tatsachenfeststellung (1987), S. 17. Nach OLG Frankfurt a.M., Urt. v. 30.06. 1948 – Ss 131/48 = SJZ 1948, 617 (619) noch ein Erfahrungsgrundsatz.

[122] Nach BGHSt 5, 34 = NJW 1954, 83.

Abzugrenzen hiervon sind für die objektive Wahrheitsfindung gänzlich ungeeignete *Vorurteile*, welche lediglich sachkenntnisferne Meinungen und persönliche Einstellungen ausdrücken.[123] Auch bloße *Vermutungen* über empirische Zusammenhänge, denen eine abwegige Hypothese zugrunde liegt, weisen nicht die Qualität eines Erfahrungssatzes auf.[124]

Beispiel für eine Vermutung bzw. ein Vorurteil: *Der „heruntergekommene Eindruck“*[125] *bzw. das „ehebrecherische Verhalten“*[126] *des Angeklagten lassen den Schluss seiner Täterschaft zu.*

4. Verhältnis gerichtskundiger Erfahrungssätze zu „eigener Sachkunde“

Eine wesentliche Ähnlichkeit ergibt sich zwischen den zuvor dargestellten gerichtskundigen Erfahrungssätzen und der Sachkunde des Tatgerichts. Sofern die Anwendung von Sachkunde nach der allgemeinen Meinung die Anwendung von Erfahrungssätzen umfasst und gerichtskundige Erfahrungssätze solche sind, die das Gericht in seiner amtlichen Tätigkeit erworben hat, bestünde gar eine inhaltliche Identität der Ablehnungsgründe § 244 Abs. 3 S. 3 Nr. 1 StPO (Gerichtskundigkeit in der Form der „Offenkundigkeit“) und § 244 Abs. 4 S. 1 StPO („eigene Sachkunde“). Das Verhältnis der Ablehnungsgründe zueinander ist jedoch nicht eindeutig, was darauf zurückzuführen ist, dass das Gesetz darüber schweigt, ob die Offenkundigkeit i. S. v. § 244 Abs. 3 S. 3 Nr. 1 StPO überhaupt Erfahrungssätze erfassen kann oder nicht vielmehr ausschließlich Tatsachen.

Der Wortlaut des § 244 Abs. 3 S. 3 Nr. 1 StPO geht lediglich von der „Offenkundigkeit der Beweiserhebung“ aus und grenzt nicht auf einen bestimmten Beweisgegenstand ein. Hingegen ließe sich eine ausschließliche Anwendbarkeit auf Tatsachen plausibel begründen[127], denn die einem Beweisantrag zugrunde liegende Beweisbehauptung ist eine (noch nicht bewiesene) Tatsache.[128] Ein Blick ins Zivilprozessrecht ergibt, dass die verwandte Norm des § 291 ZPO ausschließlich auf Tatsachen angewendet wird.[129] Eine förmliche Beweiserhebung erfasst jedoch zwingend die Verwendung eines der normierten Beweismittel („*numerus clausus*“), während das Gericht Erfahrungssätze selbständig – eben ohne Erhebung eines Be-

---

[123] KK-StPO/*Krehl* § 244 Rn. 7.

[124] *Freund*, Tatsachenfeststellung (1987), S. 16.

[125] Nach OLG Oldenburg, Beschl. v. 04. 10. 2011 – 1 Ss 166/11 = BeckRS 2011, 24815.

[126] Nach OLG Hamm, Urt. v. 28. 06. 1968 – 3 Ss 556/68 = GA 1969, 26 = JZ 1970, 338.

[127] *Graul*, Offenkundigkeit (1993), S. 166 ff., 219 ff.; *Kühne*, Strafprozessrecht, § 52 Rn. 773.

[128] Alsberg/*Dallmeyer*, Der Beweisantrag, Kap. 1 Rn. 56 f.; *Hamm/Pauly*, Beweisantragsrecht Rn. 163 f.; *Eisenberg*, Beweisrecht StPO Rn. 145; MüKo-StPO/*Trüg/Habetha* § 244 Rn. 107.

[129] BGH, Urt. v. 02. 10. 2003 – I ZR 150/01 = NJW 2004, 1163 (1164); MüKo-ZPO/*Prütting* § 291 Rn. 9 ff.

weises – zugrunde legt. Daraus resultieren Zweifel, ob für Erfahrungssätze die gleichen Rechtsnormen wie für offenkundige Tatsachen gelten können, da eine Analogie bereits wegen der regelhaften Existenz des § 244 Abs. 4 S. 1 StPO für („sachverständige“) Erfahrungssätze fraglich ist. Es erscheint sinnentleert, dass mit dem speziell für den Sachverständigenbeweis geltenden Ablehnungsgrund des § 244 Abs. 3 S. 3 Nr. 1 StPO ein universell auf alle Beweismittel anwendbarer Ablehnungsgrund für Erfahrungssätze existiert, wenn zur Einführung – sich als gerichtskundig herausstellender – Erfahrungssätze mittels Beweisantrags ausschließlich der Sachverständigenbeweis geeignet ist.[130]

Die überwiegende Meinung geht dennoch – wie selbstverständlich – von einer Anwendbarkeit des § 244 Abs. 3 S. 3 Nr. 1 StPO auf Erfahrungssätze aus.[131] Dies ist nach dem „*telos*“ des Beweisantragssystems als Gesamteinheit einleuchtend, da der Erfahrungssatz als Bindeglied zwischen Tatsachen fungiert. Statt einer Identität beider Ablehnungsgründe wird im Schrifttum teilweise davon ausgegangen, die Sachkunde sei ein Unterfall der Gerichtskundigkeit[132] oder gar eine eigenständige Sonderreglung des Erfahrungswissens neben der Gerichtskundigkeit[133]. Ohne nähere Konkretisierung wird auch von einer bloßen Überschneidung, Überlagerung oder Verschränkung der Anwendungsbereiche gesprochen.[134]

Gerichtskundige Erfahrungssätze und die „eigene Sachkunde“ des Tatgerichts ähneln sich zunächst offensichtlich darin, dass sich beide Anwendungsbereiche auf Erfahrungssätze als Ausfluss von Anwendungs- bzw. Auswertungswissen beziehen. Damit stellen sich bei der Verwertung von gerichtskundigen Erfahrungssätzen und „eigener Sachkunde“ des Tatgerichts die gleichen Folgefragen, nämlich zur not-

---

[130] So z. B. *Graul*, Offenkundigkeit (1993), S. 143; *Mayer*, in: FS Mezger (1954), 455 (461); *Keller*, ZStW 101 (1989), 382 (408). Die Verlesung einer Urkunde (z. B. Lehrbuch), welche spezielle Erfahrungssätze verkörpert, stünde – unabhängig von § 251 StPO – dem Grundsatz der Unmittelbarkeit (§ 250 S. 1 StPO) entgegen, da Erfahrungssätze primär durch einen Sachverständigen vermittelt werden und somit ein genaueres und qualitativ hochwertigeres Ergebnis sowie effektivere Kontrollmöglichkeiten garantiert würde.

[131] So BGHSt 26, 56 (59) = GRUR 1976, 37 (38); BGH, Urt. v. 22.02.2012 – 1 StR 378/11 = NStZ 2013, 120; *Eisenberg*, Beweisrecht StPO Rn. 28; *Wolschke*, Sachverständigenbeiziehung (1973), S. 204; *Rüping*, Grundsatz des rechtlichen Gehörs (1976), S. 154; *Graul*, Offenkundigkeit (1993), S. 137 ff.; SK-StPO/*Velten* Vor § 261 Rn. 24; Meyer-Goßner/*Schmitt* StPO § 244 Rn. 2, 52; Alsberg/*Güntge*, Der Beweisantrag, Kap. 5 Rn. 403 ff.; *Keller*, ZStW 101 (1989), 381 (408 ff.); KK-StPO/*Krehl* § 244 Rn. 138; LR-StPO/*Becker* § 244 Rn. 211; *Hamm/Pauly*, Die Revision in Strafsachen, Rn. 876.

[132] *Kühne*, Strafprozessrecht, § 52 Rn. 774; *Gössel*, Strafverfahrensrecht (1977), S. 257.

[133] *Korte*, Gerichtskundigkeit (2007), S. 61.

[134] Im Kern für ineinander übergreifende Anwendungsbereiche auch BGHSt 26, 56 (59) = GRUR 1976, 37 (38); BGH, Beschl. v. 21.10.1997 – 1 StR 578/97 = NStZ 1998, 98; SK-StPO/*Frister* § 244 Rn. 127. „Überschneidung“ nach *Keller*, ZStW 101 (1989), 382 (408); „Verschränkung“ nach LR-StPO/*Becker* § 244 Rn. 211; „Überlagerung“ nach *Wolschke*, Sachverständigenbeiziehung (1973), S. 209, 235.

wendigen Anzahl der Wissensinhaber sowie Erörterungs- und Protokollierungspflichten.[135]

Die Funktion der Ablehnungsgründe ist ebenfalls identisch, denn sie stellen eine Ausnahme der ansonsten greifenden Beweiserhebungspflicht dar, um im prozessökonomischen Sinne die Beweisaufnahme nicht dysfunktional auf Umstände, die das Tatgericht bereits kennt bzw. beherrscht, zu erweitern.[136] Der wesentliche Unterschied liegt nun darin, dass der Ablehnungsgrund der Offenkundigkeit für alle Beweismittel greift, während die Sachkunde ausschließlich für den Sachverständigenbeweis gilt.[137] Dies bedeutet hingegen nicht zwingend, dass § 244 Abs. 3 S. 3 Nr. 1 StPO demgegenüber weiter („*lex generalis*") reicht, denn der hiesige Vergleichsgegenstand ist lediglich § 244 Abs. 3 S. 3 Nr. 1 StPO in Form der gerichtskundigen Erfahrungssätze und nicht die Offen- oder Gerichtskundigkeit allgemein.

Der Anwendungsbereich der Gerichtskundigkeit ist vielmehr funktionell enger als derjenige der „eigenen Sachkunde", weil die Gerichtskundigkeit zwingend qua *amtlicher Tätigkeit* eingetreten sein muss.[138] Der Aspekt der Gerichtskundigkeit trifft damit lediglich eine Aussage über die Herkunft bzw. den – im Strengbeweisverfahren restriktiven[139] – Erwerbsvorgang des Erfahrungssatzes. Es wird damit in prozessualer Hinsicht eine Trennung zwischen privatem und tätigkeitsbegründetem Sonderwissen des Gerichts vollzogen. Da der Erwerb des Erfahrungswissens in Ausübung der amtlichen Tätigkeit ein zusätzlich einschränkendes Merkmal verkörpert, ist es vielmehr plausibel, dass die Gerichtskundigkeit einen dogmatischen Unterfall („*lex specialis*") der Sachkunde darstellt.[140] Die hiesige Abgrenzung ist mittlerweile rein dogmatischer Natur. In Theorie und Praxis kommt dem Ablehnungsgrund des § 244 Abs. 3 S. 3 Nr. 1 StPO für gerichtskundige Erfahrungssätze kaum noch ein Anwendungsbereich zu.[141]

---

[135] Vgl. Übersicht MüKo-StPO/*Trüg/Habetha* § 244 Rn. 231 ff.; *Eisenberg*, Beweisrecht StPO Rn. 29 ff.

[136] Alsberg/*Güntge*, Der Beweisantrag, Kap. 5 Rn. 363; *Hamm/Pauly*, Beweisantragsrecht Rn. 456; *Keller*, ZStW 101 (1989), 382; MüKo-StPO/*Trüg/Habetha* § 244 Rn. 206.

[137] So nicht für den sachverständigen Zeugen BGH, Urt. v. 04.11.1981 – 2 StR 309/81 = StV 1982, 102 (103); BGH, Urt. v. 21.02.1985 – 1 StR 812/84 = StV 1985, 314; LR-StPO/*Becker* § 244 Rn. 321.

[138] Siehe hierzu bereits 2. Kapitel B. III. 2.

[139] Siehe hierzu näher 3. Kapitel A. II. 2.

[140] Ähnliche Formulierungen bei *Alsberg*, JW 1923, 758; KK-StPO/*Krehl* § 244 Rn. 145; *Eisenberg*, Beweisrecht StPO Rn. 28; LR-StPO/*Sander* § 261 Rn. 28.

[141] So die Beobachtungen bei *Graul*, Offenkundigkeit (1993), S. 175 f.; *Kraatz*, Einfluss der Erfahrung (2011), S. 383 ff.; KK-StPO/*Krehl* § 244 Rn. 146; SK-StPO/*Frister* § 244 Rn. 127.

C. Erfahrungswissen auf der Metaebene

Für die weitere Bearbeitung ist relevant, wie sich Erfahrungswissen auf der Metaebene auswirkt. Der Sachverständigenbeweis zeichnet sich speziell durch eine verfahrensausschlaggebende Relevanz und hohe Sanktionsandrohungen aus. Bei außerjuristischem Erfahrungswissen ist zudem der epistemologische Hintergrund zu berücksichtigen.

I. Verfahrensausschlaggebende Relevanz

Dass außerjuristisches Erfahrungswissen im Strafprozess eine nicht zu unterschätzende, gar fundamentale Rolle einnimmt, zeigt sich zunächst insbesondere an der Bedeutung des Sachverständigenbeweises. Die Entscheidungserheblichkeit ist stets Voraussetzung für eine Beweiserhebung (§ 244 Abs. 2 StPO) und der Anlass, zum Strafverfahren einen Sachverständigen hinzuziehen, ist gerade die Erkenntnis mangelnden eigenen Wissens des Gerichts.[142]

Zwar wird auch das Sachverständigengutachten als Beweismittel gewürdigt, dennoch gelingt dies wegen des begrenzten Kontrollwissens des Gerichts nicht auf eine derart umfassende Weise wie bei anderen Beweismitteln[143], sodass sich aus der Erhebung des Sachverständigenbeweises automatisch eine verfahrensausschlaggebende Relevanz der jeweiligen Beweisfrage ergibt.[144] Es ist mittlerweile eine Binsenweisheit, dass je nachdem wie das Gutachtenergebnis ausfällt, in der Mehrzahl der Fälle eine prozessentscheidende Richtung in Form der Be- oder Entlastung des Angeklagten eingeschlagen wird.[145] Es ist nicht selten, dass aufgrund eines Sach-

---

[142] *Kühne*, Strafprozessrecht, § 53 Rn. 859; *Geppert*, Jura 1993, 249; *Ulrich*, Der gerichtliche Sachverständige (2007), Rn. 129; LR-StPO/*Krause* Vor § 72 Rn. 2.

[143] Siehe hierzu näher 5. Kapitel A. IV.

[144] LR-StPO/*Krause* Vor § 72 Rn. 4 ff.

[145] So für die Ergebnisse von Sachverständigengutachten *Koch*, JR 1956, 369 („Zünglein an der Waagschale"); *Bleutge*, DRiZ 1977, 170; *Eb. Schmidt*, JZ 1961, 585; *A. Kaufmann*, JZ 1985, 1065 ff.; *Detter*, NStZ 1998, 57; *ders.*, in: Reform oder Roll-Back – 21. StV-Tag (1997), 283; Bockemühl/*Detter*/*Becker*, Hdb. des FAStrafR, Abschn. 8, Kap. 37 Rn. 1; *Boehme-Neßler*, RW 2014, 189 (219); MAH-Strafverteidigung/*Deckers* § 80 Rn. 7; *Dippel*, in: FS Müller (2008), 125; *Dierlamm*, in: FS Müller (2008), 117; *Dölp*, ZRP 2004, 235; *Eisenberg*, Beweisrecht StPO Rn. 1507 f.; *ders.*, NStZ 2006, 368 (369); *ders.*, HRRS 2012, 466 (474); *Erb*, ZStW 121 (2009), 882 (883); *Fischer*, NStZ 1994, 1 (2); *Gatzweiler*, StV 1989, 167; *Geppert*, Jura 1993, 249 (256); *Gleß*, Beweisrechtsgrundsätze (2006), S. 246; *Grünwald*, Gutachten zum 50. DJT (1974), C 40; *Hagedorn*, StV 2004, 217; *Krauß*, ZStW 85 (1973), 320 (337); LR-StPO/*Krause* Vor § 72 Rn. 4; *Lehmann*, GA 2005, 639; *Leithoff*, in: BKA-Vortragsreihe, Bd. 24 (1979), S. 45; *Müller*, NJW 1976, 1063 (1067); *Sass*, DS 2007, 256; *Satzger*, Gutachten zum 65. DJT (2004), C 71; *Schreiber*, in: FS Baumann (1992), 383 (393); *Schwenn*, in: FS Kröber (2023), 259 (260); *Sommer*, Effektive Strafverteidigung, Kap. 3 Rn. 1225; HK-StPO/*Beckemper*/*Julius* § 261 Rn. 37; *Pieper*, ZZP 84 (1971), 1; *Rasch*, MSchrKrim 1982, 257; *Roxin*/*Schünemann*, Strafverfahrensrecht, § 27 Rn. 9; MAH-Straf-

verständigengutachtens eine Verurteilung oder ein Freispruch stehen oder fallen. Dies hat jüngst der EGMR anklingen lassen, als er die Bedeutsamkeit des Sachverständigenbeweises hervorhob:

> „However, the *opinion of an expert* who has been appointed by the competent court to address issues arising in the case *is likely to carry significant weight in that court's assessment of those issues.* For example, the Court has already held that an opinion of a medical expert, as it falls outside the judges' probable area of expertise, is likely to have a *dominant influence on the assessment of the facts* and to be considered an *essential piece of evidence.*“[146]

Ebenso hat das BVerwG im Rahmen einer Entscheidung zur öffentlichen Bestellung von Sachverständigen (§ 36 GewO) bereits dreißig Jahre zuvor festgestellt:

> „Da der (gerichtliche) Sachverständige die Aufgabe hat, anderen Personen das ihnen fehlende Wissen zu vermitteln oder deren nicht hinreichende Kenntnisse zu ersetzen, hat sein *Gutachten einen erheblichen, oft ausschlaggebenden Einfluß auf fremde Entscheidungen,* die unter Umständen *schwerwiegende Folgen für die Betroffenen* haben. Das gilt auch unbeschadet dessen, daß nach §§ 441 f. ZPO, §§ 93 und 261 StPO und § 98 VwGO das Gericht über das Ergebnis […] nach freier Überzeugung zu entscheiden hat.“[147]

In scheinbar ähnlicher Weise wird dem Sachverständigen im Strafprozess von vielen Stimmen aus dem Schrifttum eine faktische Entscheidungshoheit nachgesagt.[148] Aus der Befugnis des Tatgerichts, anstelle des Spezialwissens des Sachverständigen sein eigenes Sonderwissen zu setzen (theoretische Parallelität), kann daher als Kehrseite des Sachverständigenbeweises ein ebenso großer Einfluss nichtjuristischer Art auf die Sachverhaltslage genommen werden.

---

verteidigung/*Neuhaus* § 61 Rn. 12; *Dahs*, Hdb. des Strafverteidigers Rn. 221; *Thielmann*, StraFo 2004, 5; *Wagner*, StV 2000, 544 (546); *Geppert*, DAR 1980, 315 (321); *Krekeler*, AnwBl. 2/1986, 62 (64); *Kuhn*, Sachverständige als Fremdkörper (1977), S. 69; *Kühne*, Strafprozessrecht, § 53 Rn. 862; *Hörner/Liebau/Förster*, MSchKrim 1988, 395 ff.; a. A. *Geerds*, ArchKrim 137 (1966), 61 (66); *ders.*, ArchKrim 162 (1991), 28 (37).

[146] EGMR, Urt. v. 11. 10. 2022 – 81415/12 Rn. 54 (*Çöçelli/Türkei*) = BeckRS 2022, 26771 (Hervorhebungen d. Verf.). So bereits EGMR, Urt. v. 13. 01. 2022 – 24315/13 Rn. 60 (*Tabak/Kroatien*) = BeckRS 2022, 133.

[147] BVerwGE 45, 235 = BeckRS 1974, 30438589 (Hervorhebungen d. Verf.). Ähnlich BVerfG, Beschl. v. 25. 03. 1992 – 1 BvR 298/86 = NJW 1992, 2621 (2623). Die Relevanz des Sachverständigenbeweises – und der zivilrechtlichen Haftungsfragen – hat auch der Gesetzgeber mit Einführung des § 839a BGB durch das Zweite Gesetz zur Änderung schadensersatzrechtlicher Vorschriften v. 19. 07. 2022 (BGBl. I S. 2674) erkannt.

[148] *Dahs*, Hdb. des Strafverteidigers Rn. 221; *Sendler*, NJW 1986, 2907 (2909); *Krauß*, ZStW 85 (1973), 323 (334); *Eb. Schmidt*, in: FS Schneider (1962), 262 (265); *Maisch*, MSchKrim 1973, 189 (194). Dazu 5. Kapitel A. III.

II. Hohe Sanktionsandrohungen

Strafrechtliche Verurteilungen verkürzen stets Grundrechtspositionen.[149] Insbesondere Sachverständige sind qua ihrer Funktion als Wissensvermittler der ständigen Gefahr ausgesetzt, mittelbar verfahrensrechtliche Freiheitsgarantien des Angeklagten zu verletzen.[150] Das Strafverfahren ist nicht nur geeignet, fremde Rechtsgüter und -werte zu schützen, sondern enthält gleichsam eine Gefahr für persönliche Rechtsgüter und -werte[151] des Angeklagten. Freiheits-, Geld- oder Nebenstrafen bzw. Nebenfolgen können mitunter irreparable oder nur schwerlich wiederherzustellende Umstände mit sich bringen und tangieren wesentliche Grundrechte wie z. B. die Freiheit der Person (Art. 2 Abs. 2 S. 2 GG, Art. 104 GG).

Sachverständiges Spezialwissen ist angesichts der einleitend dargestellten Statistik primär an Landgerichten, d. h. in umfangreicheren Verfahren mit schwereren Tatvorwürfen, notwendig. Dies betrifft z. B. erstinstanzliche Verfahren vor dem Landgericht, in denen eine Mindeststrafe von vier Jahren Freiheitsstrafe zu erwarten (vgl. §§ 24 Abs. 2, § 74 Abs. 1 S. 2 GVG) oder eine generell schwerwiegende Katalogstraftat (vgl. §§ 74 Abs. 2 S. 1, 120 Abs. 1 GVG) Tatvorwurf ist. Die stark grundrechtstangierende Unterbringung in einem psychiatrischen Krankenhaus (§ 63 StGB) und die Sicherungsverwahrung (§§ 66–66b StGB), bei denen stets ein Sachverständigengutachten einzuholen ist[152], fallen gar in die ausschließliche Zuständigkeit der Landgerichte und Oberlandesgerichte (§ 24 Abs. 1 Nr. 2, Abs. 2 GVG). Im Rahmen komplexer Sachverhalte, für deren Beurteilung außerjuristisches Erfahrungswissen – z. B. in Form eines Sachverständigen – erforderlich ist, steht mithin regelmäßig ein hoher Mindeststrafrahmen im Raum. Mit steigender Sanktionsempfindlichkeit vertieft sich der staatliche Eingriff in die o. g. Grundrechtspositionen.

III. Epistemologischer Hintergrund

Das Konstrukt des Erfahrungssatzes resultiert aus subjektiver Erfahrung, welche wiederum ein Produkt subjektiver Wahrnehmungen bzw. Erkenntnisse ist.[153] Der Ursprung und die Entwicklung von Erfahrung wurden zwar in der Wissenschafts-

[149] KK-StPO/*Fischer* Einl. Rn. 4.

[150] So konkret *Bendler*, in: Reform oder Roll-Back – 21. StV-Tag (1997), 297 (299); *Bockelmann*, GA 1955, 321 ff.; *Eb. Schmidt*, in: FS Schneider (1962), 258 (264); *Heinitz*, in: FS Engisch (1969), 693 ff.; *Friederichs*, NJW 1972, 1114; *Krauß*, ZStW 85 (1973), 320 (327 ff.); *Tondorf/Tondorf*, Psychologische Sachverständige, Rn. 12.

[151] *Peters*, Strafprozeß (1985), S. 295.

[152] Siehe hierzu näher 3. Kapitel A. III. 1. c).

[153] Siehe hierzu bereits 2. Kapitel B. III. 1. b).

theorie erforscht, sind aber relativ undurchsichtig und damit schwer greifbar.[154] Die Anwendung desselben Erfahrungssatzes durch verschiedene Entitäten kann durchaus zu zwei verschiedenen Ergebnissen führen.[155] Die Strafrechtswissenschaft hat diese Problematik erkannt und akzeptiert, dass es im Strafprozess nicht *die* einzigartige und optimale Erkenntnis gibt.[156] Im stark objektivierten Strafprozess auf die Beweisquelle der subjektivierten Erfahrung zu treffen, überrascht zunächst, da sie auf den ersten Blick eine Friktion der Pflicht zur objektiven Sachverhaltserforschung (§§ 160 Abs. 1, 244 Abs. 2 StPO) darstellt.[157] Denn der Erfahrung als solcher ist immanent, dass sie sich von der Person des Erfahrenden nicht ablösen lässt[158] und damit einen stark individuellen, wenn nicht gar höchstpersönlichen Charakter aufweist[159]. Da außerjuristisches Erfahrungswissen – fern ab der allgemeinen Lebenserfahrung – partikular ist[160], ist es nicht allen Prozessbeteiligten im selben Umfang bekannt.

1. Wahrheitsnähe: Die Bedeutung von Poppers Induktionsproblem für die Tatsachenfeststellung im Strafprozess

Das zentrale Dilemma des Erfahrungswissens – von Popper[161] als sog. Induktionsproblem bezeichnet – besteht darin, für die in der Vergangenheit getätigten Einzelbeobachtungen einen zukünftigen Geltungsanspruch zu legitimieren.[162] Er-

---

[154] *Schünemann*, JuS 1976, 560 (561 ff.); *Gadamer*, Wahrheit und Methode (1986), S. 352: „Der Begriff der Erfahrung scheint mir – so paradox es klingt – zu den unaufgeklärtesten Begriffen zu gehören, die wir besitzen“.

[155] *Eb. Schmidt*, Lehrkommentar, Teil II, § 261 Rn. 25.

[156] Statt vieler z. B. die Ausführungen bei LR-StPO/*Sander* § 261 Rn. 59; SK-StPO/*Velten* Vor § 261 Rn. 22; *Hamm/Pauly*, Beweisantragsrecht Rn. 521 ff.; *Stein*, in: Symposium Rudolphi (1995), 233 (242); *Kraatz*, Einfluss der Erfahrung (2011), S. 223; *Mergen*, in: FS Middendorff (1986), 193 (196).

[157] So bereits *Geerds*, in: FS Peters (1974), 267 ff.; *Meurer*, in: FS Wolf (1985), 483 (485).

[158] *Sommer*, in: FS Rieß (2002), 585; *Bollnow*, Erkenntnis (1970), S. 143.

[159] *Käßer*, Wahrheitserforschung (1974), S. 100 ff.

[160] *Köhler*, Inquisitionsprinzip (1979), S. 33; *Anders*, Beweiserhebungskontrollen (1998), S. 151.

[161] Grundlegend *Popper*, Erkenntnistheorie (1994), S. 9 ff., 33 ff.; *ders.*, Logik der Forschung (Reprint 2002), S. 3 ff.; *ders.*, Vermutungen und Widerlegungen Teilbd. I (1994), S. 59 f., der hieraus einen „unendlichen Regreß“ des Erfahrungswissens begründet. Auch als „*Humes* Argument, unendlicher Regreß bzw. Herausforderung“ bekannt, da zurückgehend auf *Hume*, Ein Traktat (1739; Reprint 2013), Buch I, Teil III, Abschn. VI, S. 111 ff. *Hassemer*, Tatbestand und Typus (1968), S. 143 bezeichnet es als „Richtigkeitsfrage“ bzw. „Verifizierungsproblem“. Im Rahmen der Kausalität von Geschehensabläufen spricht *Puppe*, ZStW 95 (1983), 293 ff.; *dies.*, in: FS Roxin (2001), 302 f. in ähnlicher Weise von einem „undeterminierten Weltbild“.

[162] *Gadamer*, Wahrheit und Methode (1986), S. 356; *Larenz*, Methodenlehre (1991), S. 288; *Kraatz*, Einfluss der Erfahrung (2011), S. 360 f. Angerissen bei SK-StPO/*Velten* Vor § 261 Rn. 22.

fahrungssätze sind nach kritisch-rationalistischer Ansicht[163] keine verifizierbaren Hypothesen, da der Umstand, dass sie aus einem einzelnen Phänomen generalisiert werden, ihre potenzielle Einschränk- bzw. Falsifizierbarkeit unberührt lässt.[164] Eine bloße Mehrheit von Einzelbeobachtungen (z. B. nach dem von Popper verwendeten populären Beispiel, dass alle in Europa lebenden Schwäne weiß seien) kann nicht zweifelsfrei den Rückschluss zulassen, dass ihnen eine (all-)umfassende Gültigkeit zukommt (z. B. dass weltweit alle Schwäne weiß sind und keine andersfarbigen Schwäne existieren[165]), sofern nicht alle auf die Hypothese zeitlich-örtlich begrenzten Beobachtungen erschöpfend durchgeführt wurden.[166] Erfahrungssätze bilden daher lediglich Regelmäßigkeiten ab und können bloß noch-nicht-widerlegte, niemals jedoch zweifelsfreie Informationen liefern.[167] Es kann der Tatsachenfeststellung in Form von Erfahrungswissen damit nur zugrunde gelegt werden, was im Zeitpunkt t bekannt ist, aber nicht dasjenige, was sich in Zukunft (t+1) ändern könnte.

Die Ansicht der sog. Falsifikationisten gilt aus (straf-)rechtswissenschaftlicher Sicht mittlerweile als Konsens[168], während von den Vertretern des Positivismus an der Möglichkeit der Verifikation einer Hypothese festgehalten wird.[169] Dennoch sah sich diese Strömung in der Vergangenheit erheblichen Einwänden gegenüber[170],

---

[163] Begründer des kritischen Rationalismus ist *Popper*, Logik der Forschung (Reprint 2002), passim; *ders.*, Die Grundprobleme der Erkenntnistheorie (1994), passim.

[164] *Eisenberg*, NStZ 2010, 125 (127).

[165] Beispielshafte Falsifikation eines naturwissenschaftlichen Erfahrungssatzes: Wie *Bauer/Bezzel/Fiedler*, Das Kompendium der Vögel Mitteleuropas (2005), S. 39 festgestellt haben, existierte im Jahr 2000 in Europa eine seltene Population von ca. 60–70 sog. Trauer- bzw. Schwarzschwänen (*cygnus atratus*).

[166] *Popper*, Logik der Forschung (Reprint 2002), S. 3 f.; *Essler*, Induktive Logik (1970), S. 31.

[167] *Kühne*, Strafprozessrecht, § 49 Rn. 754; *Freund*, Tatsachenfeststellung (1987), S. 13 Fn. 4.

[168] Folgende – beispielshaft ausgewählte – Stimmen in Literatur und Rspr. halten Erfahrungssätze für widerlegbare Hypothesen: BVerfG, Beschl. v. 03. 11. 1959 – 1 BvR 13/59 = NJW 1960, 31; BayObLG, Urt. v. 12. 01. 1966 – RReg. 1b St 278/65 = JR 1966, 227; *Stein*, Das private Wissen des Richters (1893), S. 16; *Manigk*, in: FG für RG Band VI (1929), 94 (142); *Brüning*, Die Revisibilität der Erfahrungssätze (1954), S. 101; *Hassemer*, Tatbestand und Typus (1968), S. 129; *A. Kaufmann*, JZ 1985, 1065 (1072); *Eisenberg*, NStZ 2010, 125 (127); *Hilgendorf*, in: FS Lenckner (1998), 699 (712); LR-StPO/*Sander* § 261 Rn. 59; *Schweling*, ZStW 83 (1971), 435 (449); *Sommer*, in: FS Rieß (2002), 585 (608); *Bender/Häcker/Schwarz*, Tatsachenfeststellung, Rn. 653 ff.; Dürig/Herzog/Scholz/*Gärditz*, GG Art. 5 Abs. 3 Rn. 68; *Hoyer*, ZStW 105 (1993), 523 (542); *Schünemann*, JuS 1976, 560 (563); *Frister*, in: FS Grünwald (1999), 169; *Mummenhoff*, Erfahrungssätze im Beweis der Kausalität (1997), S. 82.

[169] So z. B. vertreten bei *Carnap/Stegmüller*, Wahrscheinlichkeit (1959), S. 25 f.; dazu *Mezger*, Psychiatrische Sachverständige (1918), S. 26 ff.; *Dippel*, in: FS Müller (2008), 125 (129).

[170] Der „Positivismusstreit" wurde als Diskussion in den 1960er Jahren zwischen *Popper* (kritischer Rationalismus) und *Adorno* (kritische Theorie der Frankfurter Schule) geführt,

was die Verbreitung des (kritischen) Rationalismus und die Absage an ein rein materiales Wahrheitskriterium zur Folge hatte. In Übereinstimmung mit der gefestigten Ansicht des BVerfG, dass der wissenschaftliche Erkenntnisprozess von Unvollständigkeit und Unabgeschlossenheit geprägt ist[171], kann Wissenschaft keine Wahrheits*erkenntnis*, sondern allenfalls eine Wahrheits*annäherung* abbilden.[172] Dies gilt für probabilistische Erfahrungssätze umso mehr, da aufgrund der faktischen Unerschöpfbarkeit weiterer Experimentiervorgänge die Verifikation der zugrunde liegenden Hypothesen faktisch unmöglich ist.[173] Doch selbst die den deterministischen Erfahrungssätzen zugesprochene Allgemeingültigkeit kann bei Wegfall einer Ausgangsprämisse theoretisch falsifiziert werden.[174] Als exemplarische Negativbeispiele für eine wissenschaftliche Fehlerkultur gelten früher vertretene, aber mittlerweile überholte Grundsätze, die aus heutiger Sicht gänzlich bizarr wirken, z. B. dass der Planet Erde eine Scheibe sei, es Hexen mit magischen Kräften gebe oder der Tabakkonsum gesundheitlich unschädlich bzw. sogar gesundheitsfördernd sei.

Daraus folgt, dass wissenschaftliche Hypothesen, die zu einem Zeitpunkt *t* aufgestellt worden sind, keineswegs für die Ewigkeit gelten, da sie dem steten Wandel von Zeit, Gesellschaft und Falsifikationsversuchen unterliegen.[175] Es wird zwar festgehalten, dass z. B. die Naturwissenschaft eine „besonders sichere Wahrheit“ schaffe[176], dennoch sind auch wissenschaftliche Möglichkeiten begrenzt. Dies ist am Beispiel der Aussagepsychologie zu erkennen, welcher es (lange bzw. noch) nicht gelungen ist, valide Erfahrungssätze für die Würdigung von Zeugenaussagen zu entwickeln.[177] Mit diesen Lücken angemessen umzugehen, ist eine inzidente Aufgabe des Straf(prozess)rechts.

2. Erfahrungswissen im Spannungsverhältnis zur Wahrheitsfindung

Als fundamentale Frage im Bereich des Erfahrungswissens stellt sich diejenige nach der Legitimation induktiver Schlüsse und damit – nach heutigem Prozessver-

---

siehe z. B. *Adorno/Albert/Dahrendorf/Habermas/Pilot/Popper*, Der Positivismusstreit in der deutschen Soziologie, passim.

[171] So z. B. BVerfGE 35, 79 (113) = NJW 1973, 1176; BVerfGE 90, 1 (12) = NJW 1994, 1781 (1782).

[172] *Schünemann*, JuS 1976, 560 (562). Zu den Begriffen der Wahrheitsähnlichkeit bzw. -nähe bereits *Popper*, Vermutungen und Widerlegungen Teilbd. I (1994), S. 332 ff.; *ders.*, Auf der Suche nach einer besseren Welt (1984), S. 220, der diese auf den griechischen Philosoph *Xenophanes* (ca. 560 v. Chr. bis 478 v. Chr.) zurückführt.

[173] Instruktiv *Kraatz*, Einfluss der Erfahrung (2011), S. 365 ff.

[174] Instruktiv *Kraatz*, Einfluss der Erfahrung (2011), S. 361 ff.

[175] MüKo-StPO/*Bartel* § 261 Rn. 97.

[176] So z. B. *Arzt*, in: FS Volk (2009), 19 (25); *Kronenberger*, Überzeugungsbildung (2010), S. 38, 46.

[177] *Hoyer*, ZStW 105 (1993), 523 (530 f.); *Peters*, Fehlerquellen Bd. II. (1972), S. 53 ff.

ständnis – auch der Legitimation von Erfahrungssätzen. Die Frage nach der Feststell- und Belastbarkeit[178] der dem Erfahrungssatz zugrunde liegenden wissenschaftlichen Hypothese ist gleichzeitig die seiner „optimalen Richtigkeitsgewähr“.[179] Die bloße Möglichkeit eines alternativen Tatgeschehensablaufs stellt bereits eine Gefahr für die objektive Wahrheitsfindung (§§ 160 Abs. 1, 244 Abs. 2 StPO) dar, denn auf die unzweifelhafte Verifikation einer Konklusion muss hierbei verzichtet werden.[180]

Die strafprozessuale Funktion von Erfahrungssätzen ist demnach ambivalent: Sie sollen zwar einerseits Hilfsmittel für die Erforschung der materiellen Wahrheit (i. S. v. § 244 Abs. 2 StPO) darstellen[181], können aber andererseits hierfür keine absolute Gewähr bieten[182]. Diese Gefahr für die Ermittlung der materiellen Wahrheit – auch als „Erkenntnisskepsis“[183] bezeichnet – kann nicht dazu führen, Erfahrungssätze aus dem Feld der Tatsachenermittlung auszuschließen. Es wird schlichtweg unmöglich sein, für jedweden Sachverhaltsumstand einen direkten bzw. unmittelbaren Beweis zu führen. Da allerdings im Sinne einer funktionstüchtigen Strafrechtspflege (Art. 20 Abs. 3 GG)[184] das Beweisrecht effektiv ausgestaltet sein muss, kann auf wissenschaftlich-basierte Indizienbeweise nicht verzichtet werden.[185]

Es ist mithin – entsprechend der herrschenden Praxis – unerlässlich, im Strafprozess Erfahrungswissen als Beweisquelle heranzuziehen.[186] In den meisten Fällen

---

[178] *Bender/Häcker/Schwarz*, Tatsachenfeststellung, Rn. 653: „Belastungswahrscheinlichkeit“.

[179] So der gewählte Begriff bei *Freund*, Tatsachenfeststellung (1987), S. 14.

[180] In diese Richtung *Döhring*, Erforschung des Sachverhalts (1964), S. 357: „Die Erfahrung kann, obwohl sie in vielen Fällen zur Entdeckung des wahren Sachverhalts führt, nicht die alleinige Richtschnur für die Wahrheitsfindung bilden. Das Erfahrungswissen vermag oft nur den allgemeinen Rahmen zu geben, innerhalb dessen den Besonderheiten des Falles, die nicht im Erfahrungsmaterial enthalten sind, Rechnung getragen werden“; ähnlich *Geerds*, in: FS Peters (1974), 267 ff.

[181] *Manigk*, in: FG für RG Band VI (1929), 94 (145); KMR-StPO/*Paulus* § 244 Rn. 157.

[182] *Hanack*, JR 1966, 425 (427); *Keller*, ZStW 101 (1989), 382 (410 f.).

[183] *Hilgendorf*, in: FS Lenckner (1998), 699 (712).

[184] Begründet durch BVerfGE 33, 367 (383) = NJW 1972, 2214 (2216); BVerfGE 38, 105 (115) = NJW 1975, 103 (104); BVerfGE 34, 238 (248) = NJW 1973, 891 (893); näher zum Umfang des Begriffes bei *Jarass*/Pieroth, GG Art. 20 Rn. 142; *Landau*, NStZ 2007, 121 (124 ff.).

[185] So hielt bereits *Mittermaier*, Lehre vom Beweis (1834), S. 402 fest: „In der Mehrzahl der Fälle fehlt es an den Beweismitteln, durch welche die gewöhnliche Ansicht den natürlichen Beweis herstellen zu können glaubt, also an Augenschein, am Geständniss und Zeugniss. Dagegen eröffnet sich dem prüfenden Geiste eine reichhaltige Quelle der Erforschung der Wahrheit durch die Anwendung unserer auf lange Erfahrung gestützten Reflexion, und durch die Gewandtheit, mit welcher wir die Kette von Nebenumständen und Thatsachen betrachten, welche dies Verbrechen, an dessen Entdeckung uns liegt, umgeben.“

[186] So auch *Mittermaier*, Lehre vom Beweis (1834), S. 402; *Stein*, in: Symposium Rudolphi (1995), 233 (252) Fn. 38; *Eb. Schmidt*, Lehrkommentar, Teil II, 1. Buch, Vorb. Abschn. 6/

sind probabilistische – und seltener deterministische – Erfahrungssätze Verfahrensgegenstand.[187] Deterministische Erfahrungssätze, daher die Bezeichnung als Natur*gesetze*, werden kaum noch als Erfahrungssätze klassifiziert, weil ihre Konklusionen vielmehr als feststehende bzw. offensichtliche Tatsachen anerkannt sind.[188] Dies führt zu dem Ergebnis, dass es sich bei der Mehrheit der in Strafverfahren angewendeten Erfahrungssätze ohnehin um Wahrscheinlichkeitsurteile handelt. Für deren Geltung im Strafprozess darf man keinen naturwissenschaftlichen Beweismaßstab anlegen, denn dann dürften nur noch Naturgesetze zulässig angewendet werden und es ergäben sich große Lücken in der Beweisrechtsdogmatik.[189]

Um die Gefahren für die Wahrheitsfindung nachträglich abzusichern, müssen Wahrscheinlichkeitsurteile im Rahmen einer Gesamtwürdigung (§ 261 StPO) durch weitere Beweistatsachen bzw. -anzeichen relativiert oder ausgeglichen werden.[190] Dennoch muss vorrangig der „Frage nach dem legitimierbaren Zurückbleiben hinter dem Ideal des absolut verbürgten Erfassens der materiellen Wahrheit“[191] nachgegangen werden, d.h. unter welchen Voraussetzungen ein Erfahrungssatz entsprechend den rechtsstaatlichen Grundsätzen als ausreichend tragfähig für die gerichtliche Entscheidungsgrundlage gelten kann. Im Schrifttum haben sich verschiedene Lösungsansätze herausgebildet.

a) Bewährungsgrad

Es wird von Popper vertreten, Hypothesen anhand ihres Bewährungsgrades zu messen, d.h. dem Zeitraum, in welchem sie einer adäquaten Anzahl von ernstzu-

---

7 Rn. 8; *Peters*, Fehlerquellen Bd. I (1970/1974), S. 163; *Kühne*, Strafprozessrecht, § 49 Rn. 754; *Heinitz*, in: FS Engisch (1969), 648 (707); *Geppert*, in: FS Lübtow (1980), 773 (774); *Gerchow*, ArchKrim 134 (1964), 125 (128); *Freund*, Tatsachenfeststellung (1987), S. 14, 18; *Käßer*, Wahrheitserforschung (1974), S. 106; *Arzt*, in: FS Volk (2009), 19 (25); *Kraatz*, Einfluss der Erfahrung (2011), S. 189.

[187] *Stein*, in: Symposium Rudolphi (1995), 233 (241); *Hirschberg*, Das Fehlurteil (1960), S. 136; *Kraatz*, Einfluss der Erfahrung (2011), S. 363.

[188] *Käßer*, Wahrheitserforschung (1974), S. 96; *Stein*, Das private Wissen des Richters (1893), S. 15: „Der Sprachgebrauch pflegt Etwas sehr Sicheres als Thatsache zu bezeichnen, um die Wirklichkeit gegen das blos Vermuthete oder Erlogene scharf abzugrenzen“.

[189] So auch *Lagrèze*, Erfahrungssätze (1938), S. 8; *Peters*, Fehlerquellen Bd. I (1970/1974), S. 163; *Stein*, in: Symposium Rudolphi (1995), 233 (252) Fn. 38; *Heinitz*, in: FS Engisch (1969), 648 (707); *Geppert*, in: FS Lübtow (1980), 773 (774); *Gerchow*, ArchKrim 134 (1964), 125 (128); *Freund*, Tatsachenfeststellung (1987), S. 14, 18; *Käßer*, Wahrheitserforschung (1974), S. 106; *Arzt*, in: FS Volk (2009), 19 (25); *Kraatz*, Einfluss der Erfahrung (2011), S. 189.

[190] So die Gesamtwürdigungslösung bei BGHSt 31, 86 = NJW 1982, 2455 (2456); BGH, Beschl. v. 04.03.1988 – 3 StR 518/87 = BeckRS 1988, 31098578; BGHSt 60, 227 (231) = NJW 2015, 1834 (1835); BGH, Beschl. v. 24.06.1982 – 4 StR 183/82 = NJW 1982, 2882 f.; *Bender/Häcker/Schwarz*, Tatsachenfeststellung, Rn. 647; KMR-StPO/*Paulus* § 244 Rn. 175.

[191] *Freund*, Tatsachenfeststellung (1987), S. 46.

nehmenden Widerlegungsversuchen widerstehen konnten.[192] Je länger der Zeitraum des Bestehens ohne Einschränkung oder gar Falsifikation der wissenschaftlichen Hypothese andauert, desto tragfähiger sei ein Erfahrungssatz. Daraus soll sich kein numerischer, sondern ein positiver bzw. negativer Bewährungsgrad ergeben.[193] Hypothesen, die bislang jedem Falsifikationsversuch standgehalten, d. h. sich bewährt haben bzw. in der jeweiligen Wissenschaft einheitlich anerkannt sind, sollen vom Gericht unbedenklich angewendet werden können.[194]

Eine solche Wertungsweise schlägt sich bereits in der Differenzierung zwischen deterministischen und probabilistischen Erfahrungssätzen nieder.[195] Dies bedeutet allerdings im Umkehrschluss nicht, dass ein junger Erfahrungssatz nicht tragfähig ist, bloß weil er erst vor kurzer Zeit entwickelt wurde. Ausnahmen vom Grundsatz sind auch dort möglich, wo keine Widerlegungsversuche seitens der Wissenschaft unternommen wurden.

b) „Alternativenausschlussmodell"

Freund schlägt vor, dass Gerichte bei einer auf Erfahrungswissen basierenden Entscheidung mit einem „Alternativenausschlussmodell" arbeiten sollen, um am konkreten Sachverhalt auf der Grundlage des nicht zwingenden Erfahrungssatzes sämtliche andere hypothetisch-denkbaren und naheliegenden Alternativhypothesen auszuschließen.[196] Ziel ist es, ein Rangverhältnis zwischen den jeweiligen Alternativhypothesen aufzustellen, um sich in einem Ausschlussverfahren der „Richtigkeit" einer Hypothese zu nähern.[197] Auf diese Weise sollen sich drei Beweisergebnisse ermitteln lassen: Ein Ergebnis als Resultat des Erfahrungswissens, ein weiteres Ergebnis unter dem Vorbehalt des Nichtgegebenseins weiterer Umstände und ein letztes Ergebnis, welches verschiedene Sachverhaltsoptionen vereint.[198] Der Kern des Modells besteht darin, zu filtern, auf welche Wahrheitsbedingungen verzichtet werden kann und auf welche nicht.

---

[192] *Popper*, Logik der Forschung (Reprint 2002), S. 198 ff., 213 f. So auch *Gadamer*, Wahrheit und Methode (1986), S. 352 f.; *Mummenhoff*, Erfahrungssätze im Beweis der Kausalität (1997), S. 39 ff.; *A. Kaufmann*, JZ 1971, 574; *Puppe*, JZ 1994, 1147 (1151); *Kraatz*, Einfluss der Erfahrung (2011), S. 364 f., 367 ff.

[193] *Popper*, Logik der Forschung (Reprint 2002), S. 213; *Mummenhoff*, Erfahrungssätze im Beweis der Kausalität (1997), S. 42 f.; *Kraatz*, Einfluss der Erfahrung (2011), S. 363 f.

[194] *Käßer*, Wahrheitserforschung (1974), S. 95; *Kraatz*, Einfluss der Erfahrung (2011), S. 364 f.

[195] Eine weitere überzeugende Differenzierung erfolgt bei *Kraatz*, Einfluss der Erfahrung (2011), S. 360 ff.

[196] *Freund*, Tatsachenfeststellung (1987), S. 22 ff., 44 ff. Ähnliche Ansätze bereits bei *Dencker*, ZStW 102 (1990), 51 (71); *Müller*, Anscheinsbeweis (1998), S. 186, 219 ff.; *Kraatz*, Einfluss der Erfahrung (2011), S. 412 ff.

[197] So z. B. bei *Greuel*, MSchKrim 2000, 59 (61 ff.).

[198] *Freund*, Tatsachenfeststellung (1987), S. 45 f.

c) Numerische Wahrscheinlichkeitsangabe

Demgegenüber wird stets der Versuch unternommen, für die Gültigkeit wissenschaftlicher Hypothesen eine numerische Wahrhscheinlichkeitsangabe zu produzieren. Bekannte Prinzipien sind z. B. das „*Likelihood ratio*"-Verfahren[199] oder das „*Bayes*-Theorem"[200]. Derartige Wahrscheinlichkeitsmethoden arbeiten mit einem Maßstab, welcher mathematisch die erfolgreiche und nicht-erfolgreiche Zuweisung von Bedingung und Bedingtem feststellen soll.[201] Eine numerische Wahrscheinlichkeit ist kein qualitatives Äquivalent zur materiellen Wahrheit (i. S. v. § 244 Abs. 2 StPO), da sie stets nur eine prozentuale Annäherung symbolisiert.[202]

Je niedriger der prozentuale Wahrscheinlichkeitsgrad eines Erfahrungssatzes ist, desto „unsicherer" ist die sich ergebende Tatsachenkonklusion, während umgekehrt mit steigendem prozentualen Wahrscheinlichkeitsgrad die „Sicherheit" einer Tatsache zunimmt.[203] Ergibt z. B. ein einfacher Erfahrungssatz eine fünfzigprozentige Wahrscheinlichkeit, bedeutet dies im Umkehrschluss, dass es keine überwiegende „Sicherheit" für den (Beweis-)Schluss gibt, d. h. auch abweichende Umstände bzw. Geschehensabläufe einschlägig sein können.[204] Es ist nicht üblich und je nach Wissenschaft auch unter Umständen nicht möglich, numerisch exakte Wahrscheinlichkeitswerte, sondern bestenfalls grobe Abschätzungen zu liefern.[205]

---

[199] MAH-Strafverteidigung/*Bastisch/Banemann* § 70 Rn. 56, wobei zwei sich ausschließende Hypothesen betrachtet werden und die „Likelihood ratio" ergibt, wieviel wahrscheinlicher es ist, die Untersuchungsergebnisse zu erhalten, wenn die eine Hypothese zutrifft gegenüber der Annahme, dass die andere zutrifft.

[200] *Bender/Nack*, DRiZ 1980, 121 (124); *Bender/Häcker/Schwarz*, Tatsachenfeststellung, Rn. 713 ff. schlagen für die Beurteilung der allgemeinen „Lebenserfahrung" eine mathematische Herangehensweise mithilfe des sog. *Bayes*-Theorems vor, um zu ermitteln, wie wahrscheinlich eine einzelne Hypothese ist: 0,50 – 0,65 = gleich wahrscheinlich wie unwahrscheinlich; 0,66 – 0,79 = ziemlich wahrscheinlich; 0,80 – 0,89 = wahrscheinlich; 0,90 – 0,94 = sehr wahrscheinlich; 0,95 – 0,97 = hoch wahrscheinlich; 0,98 – 1 = (so gut wie) deterministisch.

[201] *Simmert*, Probabilismus und Wahrheit (2017), S. 298. Vertieft im juristischen Kontext bei *Nell*, Wahrscheinlichkeitsurteile (1983), S. 21 ff., 27 ff., 32 ff.; *Bender/Häcker/Schwarz*, Tatsachenfeststellung, Rn. 718 ff.

[202] *Kraatz*, Einfluss der Erfahrung (2011), S. 363; *Stein*, in: Symposium Rudolphi (1995), 233 (241); *Sommer*, in: FS Rieß (2002), 585 (608).

[203] Für Beweissätze wird im Rahmen des „logischen Wahrscheinlichkeitsbegriffs" eine quantitative Zustimmung innerhalb der jeweiligen Fachwissenschaft gefordert, so *Carnap/ Stegmüller*, Wahrscheinlichkeit (1959), S. 39 ff.; *Essler*, Induktive Logik (1970), S. 68; *Hoyer*, ZStW 105 (1993), 523 (546).

[204] *Hilgendorf*, in: FS Lenckner (1998), 699 (712); *Freund*, Tatsachenfeststellung (1987), S. 22.

[205] So auch *Stein*, in: Symposium Rudolphi (1995), 233 (241 f.); *Freund*, Tatsachenfeststellung (1987), S. 19 ff.; für Sachverständige *Nedopil*, in: FS Kröber (2023), 321 (324).

Gegenüber numerischen Wahrscheinlichkeitsangaben liegt in den – wohl von Gerichten bevorzugten[206] – deskriptiven Wahrscheinlichkeitsangaben ein Nachteil darin, dass vielfach verwendeten Termini und Formulierungen[207] wie z.B. „sehr wahrscheinlich“, „im Allgemeinen“ oder „erfahrungsgemäß“ keine einheitliche Bezeichnung zukommt, die einem klaren Gültigkeitsgrad (z.B. 50–60 %) des zugrunde liegenden Erfahrungssatzes entspricht.[208] Bestimmte deskriptive Formulierungen können mitunter (unbewusst oder beliebig) für abweichende Wahrscheinlichkeitsgrade verwendet[209] und dadurch fehlerhaft transferiert oder verzerrt wahrgenommen werden.[210]

Die Verwendung von Wahrscheinlichkeitswerten zur Beurteilung von Erfahrungssätzen im Strafprozess erscheint dennoch unumgänglich. Viele strafrechtsnahe Wissenschaften arbeiten bereits seit langer Zeit mit numerischen Wahrscheinlichkeitsgraden.[211] Das Gericht kann deswegen im Rahmen der Nutzung von Erfahrungssätzen auf solche nicht generell verzichten.[212] Der Nutzung o.g. Prinzipien könnte entgegenstehen, dass die richterliche Überzeugungsbildung von der Tatbegehung bzw. Schuld des Angeklagten (§ 261 StPO), die sich an subjektiv-objektiven Maßstäben zu orientieren hat, grundsätzlich keine mathematischen Annäherungen (z.B. eine Begehungswahrscheinlichkeit von 70 %) zulässt.[213] Zu beachten ist jedoch, dass es sich bei der für die Tatbegehung relevanten Schuldfrage als Ausfluss der Beweiswürdigung um eine deskriptive *Ereignis*wahrscheinlichkeit und nicht um eine für Erfahrungssätze einschlägige numerische *Hypothesen*wahrscheinlichkeit handelt.[214] Der richterlichen Überzeugung und der wissenschaftli-

---

[206] So die Angaben von regelmäßig als Gerichtssachverständigen tätigen Rechtsmedizinern, eingeholt auf einer Veranstaltung zur Nutzung von 3D-Techniken im Strafprozess am 23./24.10.2024 (veranstaltet von AGFB und DGRM), auf welcher d. Verf. einen Vortrag zum Sachverständigenbeweis gehalten hat.

[207] Laut KMR-StPO/*Paulus* § 244 Rn. 169 z.B. selten, manchmal, häufig, überwiegend, grundsätzlich, typischerweise, zumeist, regelmäßig, fast stets, mit an Sicherheit grenzender Wahrscheinlichkeit bzw. ausnahmslos; *Stein*, in: Symposium Rudolphi (1995), 233 (241 f.): nicht ausgeschlossen, gut möglich, höchst wahrscheinlich.

[208] So *Foth/Karcher*, NStZ 1989, 166 (171); *Stein*, in: Symposium Rudolphi (1995), 233 (241 f.); *Bender/Häcker/Schwarz*, Tatsachenfeststellung, Rn. 653; *Eisenberg*, Beweisrecht StPO, Rn. 1620c; *Toepel*, Sachverständigenbeweis (2002), S. 211 ff.; *Westphal*, in: SV-HdB § 28 Rn. 9 ff.

[209] *Kühne*, Strafprozessrecht, § 50 Rn. 759; *Westphal*, in: SV-HdB § 28 Rn. 9 ff.

[210] *Bender/Häcker/Schwarz*, Tatsachenfeststellung, Rn. 653 ff.; *Westphal*, in: SV-HdB § 22 Rn. 6, 10.

[211] Siehe z.B. für die DNA-Analyse MAH-Strafverteidigung/*Bastisch/Banemann* § 70 Rn. 45 ff.

[212] So auch *Freund*, Tatsachenfeststellung (1987), S. 18.

[213] So bereits *Heinsheimer*, in: FS Klein (1914), 133 (142); KK-StPO/*Tiemann* § 261 Rn. 12.

[214] Zum Unterschied *Popper*, Erkenntnistheorie (1994), S. 139 ff., 145 ff.

chen „Wahrheit“ liegen daher – wie der BGH einst betont hat – auf unterschiedlichen Perspektiven beruhende Wahrscheinlichkeitsmaßstäbe zugrunde.[215]

Der erkenntnistheoretisch-wissenschaftliche Zweifel, welcher bereits aus der fehlenden Verifizierbarkeit von Hypothesen resultiert, ist daher – anders als der prozessrelevante Zweifel des Tatgerichts dahingehend, ob „vernünftige Zweifel bestehen, die nicht rein theoretisch sind und andere Möglichkeiten [...], die nicht nur gedanklicher Art sind“[216] – stets vorhanden und niemals ausräumbar.[217] Aus den unterschiedlichen Geltungsmaßstäben muss folgen, dass ein rein erkenntnistheoretisch-wissenschaftlicher Zweifel keineswegs automatisch zu einem prozessrelevanten Zweifel i. S. v. § 261 StPO führt. Daher steht die anti-mathematische Vorgehensweise der tatrichterlichen Beweiswürdigung nicht der Nutzung numerischer Wahrscheinlichkeitsangaben entgegen, sondern muss in diese angemessen transferiert werden.

Dabei ist jedoch zu berücksichtigen, dass Hypothesen- und Ereigniswahrscheinlichkeiten nicht vermischt werden. Sofern das Tatgericht den Sachverständigen befragt, „ob noch Zweifel bestehen“, wird es zumeist – aus seiner Sichtweise – die prozessrelevanten Zweifel meinen.[218] Ein Sachverständiger, der um die fehlende Verifizierbarkeit seiner Hypothesen weiß und eine Haftung scheut, wird zumeist antworten, dass „nichts vollständig auszuschließen ist“, womit er sich auf die erkenntnistheoretischen Zweifel bezieht.

d) Zwischenergebnis

Die dargestellten Lösungsansätze verfolgen grundverschiedene Herangehensweisen. Während die Theorie des Bewährungsgrads das gesetzesmäßige Bestehen der wissenschaftlichen Hypothese positiv zu definieren versucht, will das „Alternativenausschlussmodell“ im negativen Wege der Dezimierung von Alternativhypothesen für den konkreten Sachverhalt die naheliegendste der möglichen Optionen finden. Mittels Angabe eines numerischen Wahrscheinlichkeitsgrads wird dagegen versucht, punktuell die Geltung der wissenschaftlichen Hypothese zu erfassen.

Nach den bisherigen Ausführungen kann für die wenigsten – wenn nicht sogar für keinen – der wissenschaftlichen Erfahrungssätze festgestellt werden, dass sie absolut „sicher“ oder „richtig“ sind. Sie legitimieren sich dadurch, dass die Kon-

---

[215] BGH, Urt. v. 28.11.1950 – 2 StR 42/50 = NJW 1951, 122: Die Überzeugung „beruht, der Eigenart geisteswissenschaftlichen Erkennens gemäß, anders als das Ergebnis exakter, naturwissenschaftlicher Forschung nicht auf einem unmittelbar einsichtigen Denken, sondern auf dem Gewicht eines die Gründe klar abwägenden Urteils über den Gesamtzusammenhang eines Geschehens“. Ähnlich bereits RGSt 61, 202 (202); RGSt 66, 164.

[216] So z. B. anschaulich bei BGH, Beschl. v. 24.06.1982 – 4 StR 183/82 = NJW 1982, 2882 (2883); BGH, Urt. v. 05.12.1950 – 3 StR 27/50 = NJW 1951, 83.

[217] *Rieß*, in: BKA-Vortragsreihe, Bd. 24 (1979), S. 157.

[218] *Rieß*, in: BKA-Vortragsreihe, Bd. 24 (1979), S. 157.

klusion als ihr Produkt eine Wahrheitsnähe aufweist. Die skizzierten Modelle stellen praktisch – mehr oder weniger – handhabbare Wege dar, eine solche Wahrheitsnähe zu erreichen. Es muss bei dem Appell verbleiben, die ermittelten Wahrscheinlichkeitsgrade nicht unkritisch zu übernehmen.

Um im Strafprozess mit wissenschaftlichen Hypothesen umgehen zu können, muss ihr „Richtigkeitsgrad" – wenn nicht nummeriert, dann aber – verbalisiert werden. Das Kriterium der Validität eröffnet eine Skala, auf welcher die wissenschaftliche Hypothese aufsteigend als „nicht valide" bis „valide" erfasst wird.[219] Der Bewährungsgrad einer wissenschaftlichen Hypothese ist ein primärer Indikator für die Validität einer bestimmten Hypothese, weshalb im Rahmen der Wahrscheinlichkeitsfindung trotz dessen etwaige Alternativhypothesen zu berücksichtigen sind.

3. Unbeweisbarkeit von wissenschaftlichen Hypothesen im Strafprozess

Die dargestellte Problematik wirft die Frage auf, ob der Inhalt der wissenschaftlichen Hypothese aus *strafprozessualer* – nicht wissenschaftlicher (!) – Sicht überhaupt als „richtig" bzw. „wahr" nachgewiesen werden kann. Es muss erneut zwischen dem Erfahrungssatz als solches (Hypothese) und der Konklusion (Tatsache) differenziert werden. Im Strafprozess sind nach allgemeiner Ansicht ausschließlich Tatsachen beweisbar.[220] Anders als die Beweisbarkeit einer singulären Tatsache (z.B. mittels Augenscheins, Zeugenaussage oder Urkunde) wird durch eine dem Erfahrungssatz zugrundeliegende wissenschaftliche Hypothese (d.h. durch ein Sachverständigengutachten) lediglich der aktuelle Stand der Wissenschaft in den Kontext des strafrechtlichen Tatvorwurfs gesetzt.

Ausgehend von dem dargestellten Induktionsproblem Poppers können Hypothesen per se nicht verifiziert werden. Dementsprechend kann auch das strafprozessuale Beweisverfahren funktionell nicht geeignet sein, allgemeine empirisch-wissenschaftliche Hypothesen zu verifizieren oder zu falsifizieren, d.h. ihren Inhalt zu beweisen oder widerlegen.[221] Erfahrungssätze bilden im Strafprozess daher eine gewisse Art von Fremdkörper ab, da der urteilsbildende Stoff – losgelöst von Indizien – eine Summe der primär wahrnehm- und sekundär beweisbaren Umstände ist. Trotz dessen stellen Erfahrungssätze im weiteren Sinne einen Beweisgegenstand im Strafprozess dar[222], weil der Zustand der Beweisbarkeit sich nicht ausschließlich

---

[219] Ähnlich *Dahs*, Hdb. des Strafverteidigers Rn. 314.

[220] Statt vieler *Peters*, Strafprozeß (1985), S. 286; *Kühne*, Strafprozessrecht, § 49 Rn. 752.

[221] So z.B. BGH, Urt. v. 02.08.1995 – 2 StR 221/94 = NStZ 1995, 590 (591); *Puppe*, JZ 1994, 1147 (1150); *A. Kaufmann*, JZ 1985, 1065 (1067); *Keller*, GA 1999, 255 (259); *ders.*, ZStW 101 (1989), 382 (411); SK-StPO/*Frister* § 244 Rn. 206; SK-StPO/*Velten* Vor § 261 Rn. 22; *Dahs*, Hdb. des Strafverteidigers Rn. 221; *Anders*, Beweiserhebungskontrollen (1998), S. 155.

[222] So Alsberg/*Dallmeyer*, Der Beweisantrag, Kap. 1 Rn. 69. Ähnlich *Toepel*, Sachverständigenbeweis (2002), S. 94 differenziert nicht zwischen den Elementen des Erfahrungssatzes, siehe hierzu Abbildung 1.

auf die wissenschaftliche Hypothese, sondern eben auch die Konklusion, d. h. eine – grundsätzlich verifizierbare – Tatsache, bezieht. Der Zweck eines Erfahrungssatzes liegt allein darin, als prozessuales Instrument zur Tatsachenfeststellung zu fungieren.[223]

Die Forderung nach dem aktuellen Stand der Wissenschaft verdeutlicht, dass wissenschaftliche Hypothesen stets vorläufig sind[224] und sich das Narrativ der „absoluten Sicherheit“ als überholt erweist.[225] Nach allgemeiner Meinung bildet den „aktuellen“ Stand der Wissenschaft die jeweilige Mehrheitsmeinung der führenden Experten ab.[226] Eine Hypothese lässt sich bloß durch einen neueren, überzeugenderen Stand der Wissenschaft mit anderen oder moderneren Methoden verwerfen und der Erfahrungssatz dadurch falsifizieren (vgl. die prozessuale Konstellation des § 244 Abs. 4 S. 2 Hs. 2 StPO).[227] Dagegen könnte sich eine Hypothese theoretisch durch neutralisierende und kontrollierende Experimente bestätigen lassen und den Erfahrungssatz dadurch (bloß) vorläufig verifizieren.[228] Allerdings ist das Strafverfahren für die Verifikation empirischer Hypothesen in praktischer Hinsicht nicht die geeignete Plattform.[229] Die dafür notwendigen Messungen, Experimente oder ähnliche Prozeduren sind in ihrer Anzahl schlicht unendlich[230] und würden die gebotenen Verfahrensgrundsätze herausfordern. Das Ziel des Strafprozesses ist – losgelöst von der Beurteilung der wissenschaftlichen Fachfrage – auf die objektive Ermittlung des Tatgeschehens sowie weitere Strafzwecke – und gerade nicht den wissenschaftlichen Erkenntnisgewinn – gerichtet. Da im gesetzeskonzeptionellen Strafverfahren tatsachenbasiertes „Recht“ gesprochen und nicht etwa eine empirisch-verifizierte Theorie gefunden werden soll, sind wissenschaftliche Hypothesen dem strafprozessualen Beweis unzugänglich.[231]

D. Ergebnis des 2. Kapitels

Der Begriff „Sachkunde“ hat für den Strafprozess zwar keine Legaldefinition erfahren, er spiegelt sich allerdings in wesentlichen prozessualen Normen (§§ 72 ff.,

---

[223] So auch *Manigk*, in: FG für RG Band VI (1929), 94 (142).

[224] *Popper*, Logik der Forschung (Reprint 2002), S. 225; *Kraatz*, Einfluss der Erfahrung (2011), S. 367.

[225] *Friederichs*, NJW 1972, 1114; *Popper*, Auf der Suche nach einer besseren Welt (1984), S. 220; *Herdegen*, StV 1992, 527 (530); *Puppe*, JZ 1994, 1147 (1151); *Sommer*, in: FS Rieß (2002), 585 (593).

[226] *Franzki*, DRiZ 1991, 314 (319); *Kraatz*, Einfluss der Erfahrung (2011), S. 364, 367.

[227] *Popper*, Logik der Forschung (Reprint 2002), S. 47 ff.

[228] *Käßer*, Wahrheitserforschung (1974), S. 107 ff.

[229] *Puppe*, JZ 1994, 1147 (1150); *Fischer*, in: FS Widmaier (2008), 191 (220).

[230] So *Schünemann*, JuS 1976, 560 (563); *Kraatz*, Einfluss der Erfahrung (2011), S. 361.

[231] So auch *Essler*, Induktive Logik (1970), S. 14 ff.

244 Abs. 2, Abs. 4 S. 1, 261 StPO) wider und wird im juristischen Sprachgebrauch als eine Form des außergewöhnlichen Wissens- bzw. Kenntnisstandes von Personen verstanden. Hierunter fällt aus prozessualer Sicht die Anwendung von Erfahrungssätzen, d.h. die induktive Erschließung einer noch unbekannten Beweistatsache mittels generalisierter Hypothesen. Erfahrungssätze sind nicht beweisbedürftig, wenn ihre Konklusion allgemein- oder gerichtskundig ist. Ihr Gültigkeitsgrad reicht von einer zwingenden Anwendung durch das Gericht (für deterministische Naturgesetze) bis zu einer möglichen Anwendung (für probabilstische Erfahrungssätze).

Die Rolle von außerjuristischem Erfahrungswissen im Strafprozess ist auf der Metaebene diffizil. Aufgrund der nicht zu erreichenden Verifizierbarkeit stellen probabilistische Erfahrungssätze als Teil der strafrechtlichen Entscheidungsgrundlage stets einen latenten Unsicherheitsfaktor für die objektive Wahrheitsermittlung dar.[232] Die Tatsachenermittlung durch Erfahrungssätze im Strafprozess bleibt – unabhängig von den dargestellten Lösungsansätzen, die bloß eine Annäherung an die Wahrheit bewirken können –, stets (rest-)risikobehaftet.

Aus diesen Gründen dürfen wissenschaftliche Erfahrungssätze der Nachprüfung durch die Prozessbeteiligten keineswegs unzugänglich sein, sondern es muss eine angemessene prozessuale Einflussmöglichkeit auf den Gewinnungsprozess gewährleistet werden.[233] Angesichts der verfahrensausschlaggebenden Bedeutung einer außerjuristischen Beweisfrage müssen die Verteidigungsmöglichkeiten des Angeklagten umso ausgeprägter und effektiver sein, je gravierender die zu erwartende Sanktion ist.[234]

[232] So *Hilgendorf*, in: FS Lenckner (1998), 699 (707); *Kraatz*, Einfluss der Erfahrung (2011), S. 432 ff.

[233] So BayObLG, Urt. v. 12.01.1966 – RReg. 1b St 278/65 = JR 1966, 227; LR-StPO/*Krause* Vor § 72 Rn. 6; HK-StPO/*Julius/Engelstätter* § 244 Rn. 60; SK-StPO/*Velten* Vor § 261 Rn. 24.

[234] So *Weigend*, ZStW 113 (2001), 271 (276).

3. Kapitel

Einführung von Erfahrungswissen in den Strafprozess durch das Tatgericht und Sachverständige

A. Sachkunde des Tatgerichts für Beweisfragen

I. Der Wissensumfang des Tatgerichts

Im 2. Kapitel wurde festgestellt, dass das Gericht, wenn es mit außerjuristischen Beweisfragen konfrontiert wird, befugt ist, sein eigenes Sonderwissen anzuwenden. Aufgrund „eigener Sachkunde" (§ 244 Abs. 2, Abs. 4 S. 1 StPO) erworbene Tatsachen und Schlussfolgerungen darf das Gericht zur Grundlage seines Urteils (§ 267 Abs. 1 StPO) machen.[1] Es entspricht nach der Rechtsprechung dem Sinn und Zweck des Gesetzes, dass das Tatgericht mithilfe seiner „Lebenserfahrung" und „Menschenkenntnis" Sachverhaltsermittlung betreibt, da dies ein essenzieller Teil der Erfüllung des Richteramtes und der sachgemäßen Rechtspflege sei.[2]

1. Das allwissende Gericht? – Eine gesetzlich begrenzte Utopie

Die Gesetzeskonzeption konstatiert mit dem Sachverständigenbeweis (§§ 72 ff. StPO) eine Alternative, welche in Interaktion mit dem Gebot bestmöglicher Sachaufklärung die dem Gericht vermeintlich eingeräumte Allwissenheit begrenzt.[3] Durch die Erhebung des Sachverständigenbeweises wird eine vom Gericht unabhängige Entität tätig.[4] Die Rechtsprechung hat anerkannt, dass die Anwendung richterlicher Sachkunde nicht voraussetzt, „daß der Richter das Fach, in das die Beweisfrage einschlägt, allgemein und umfassend beherrscht, sondern nur, daß er

[1] So in st.Rspr. statt vieler BGHSt 3, 27 ff. = NJW 1952, 899.

[2] BGHSt 3, 27 (28) = NJW 1952, 899.

[3] *Peters*, Strafprozeß (1985), S. 364. Dagegen kritisiert *Krauß*, ZStW 85 (1973), 320 (323 ff.) die Einfügung des Sachverständigen als Personalbeweis durch den Gesetzgeber – und von der Rechtsprechung gebilligt – als mit den geltenden Prozessmaximen unvereinbar und damit „fehlgeschlagen".

[4] *Keller*, ZStW 101 (1989), 382 (413).

über das Wissen verfügt, das die Beantwortung gerade dieser Beweisfrage erfordert.“[5]

Daraus folgt, dass höhere Sachkundeanforderungen an Sachverständige denn an Tatgerichte gestellt werden. Ein Sachverständiger wird innerhalb seiner Fachwissenschaft naturgemäß über einen höheren Sachverstand als ein durchschnittliches Strafgericht verfügen.[6] Dies gilt generell für die der Rechtswissenschaft gänzlich fremden und komplexen Fachbereiche.[7] Dies gilt auch, soweit der Grund zur Ablehnung eines Beweisantrags auf Vernehmung eines Sachverständigen gem. § 244 Abs. 4 S. 1 StPO Gegenteiliges vermuten lässt, da „*die* erforderliche Sachkunde“, d.h. diejenige eines parallel ausübungsbefähigten Sachverständigen, auch vom Gericht selbst besessen werden kann.[8] Damit wird der Anforderungsmaßstab für Gerichte auf einen wesentlich kleineren Wissensbereich beschränkt, wohingegen Sachverständige grundsätzlich umfassendes Wissen der Fachmaterie aufweisen müssen.

2. Natürliche Grenzen des außerjuristischen Sonderwissens

Ein nicht unerhebliches Risiko besteht naturgemäß dort, wo Juristen ihnen fachfremde, d.h. außerjuristische, Beweisfragen beantworten sollen. Getreu dem altrömischen Grundsatz „*iura novit curia*“[9] sowie der verfassungsmäßigen Bindung an Recht und Gesetz (Art. 20 Abs. 3, 97 Abs. 1 GG) sollen ausschließlich die Rechtsfindung, Rechtsfortbildung und Rechtsprechung wesentliche Aufgaben des Gerichts sein. Die Inhalte des juristischen Studiums und Vorbereitungsdienstes beschränken sich daher auf den Erwerb von rechtlichen Kenntnissen und Schlüsselqualifikationen wie Verhandlungsmanagement, Gesprächsführung, Rhetorik, Streitschlichtung, Mediation, Vernehmungslehre und Kommunikationsfähigkeit (§§ 5, 5a Abs. 3 S. 1, 5b DRiG). Im Rahmen des Schwerpunktstudiums kann die Möglichkeit bestehen, interdisziplinäre Kenntnisse zu erlangen.[10] Allerdings ver-

---

[5] BGHSt 8, 130 f. = NJW 1955, 1644; OLG Hamm, Urt. v. 30.10.1969 – 2 Ss 594/69 = NJW 1970, 907 (908).

[6] So bereits die Vermutung bei *Wolschke*, Sachverständigenbeiziehung (1973), S. 180; *Niemöller*, NStZ 2015, 15 (18); *Ulrich*, Der gerichtliche Sachverständige (2007), Rn. 130.

[7] BGHSt 7, 82 = NJW 1955, 599 f.; *Eisenberg*, Beweisrecht der StPO Rn. 1868; *Blau*, StV 1991, 406 f.; *Fabian/Greuel/Stadler*, StV 1996, 347 ff.

[8] So auch *Niemöller*, NStZ 2015, 16 (19).

[9] Übersetzt: „Das Gericht kennt das Recht“, was laut *Graul*, JZ 1995, 596 (601) keine Allwissenheit der Richter fingiert, sondern klarstellen, dass die Schritte, die das Gericht zur Ermittlung des anzuwendenden Rechts unternimmt – nämlich insbesondere das Studium von Gesetzestexten, Rechtsprechung und Literatur –, Maßnahmen zur Erfüllung der dem Gericht obliegenden ureigensten Pflicht, das Recht zu kennen, sind.

[10] *Schmidt-Räntsch* DRiG § 5a Rn. 23 ff.; für eine Ausweitung *Göppinger*, in: FS Peters (1974), 519 (525).

fügen zumeist die wenigsten Berufsrichter über vertieftes Sonderwissen in außerjuristischen Bereichen.

Ein Jurist zeichnet sich primär durch Rechtsanwendungskenntnis und gerade nicht durch außerjuristisches (z. B. medizinisches, naturwissenschaftliches oder wirtschaftliches) Anwendungswissen aus.[11] Auf Sachkunde basierendes Erfahrungswissen ist aber regelmäßig ein solches, das nur aufgrund einer mehrjährigen, hinreichend qualifizierten Aus- oder Weiterbildung erworben und aufgrund regelmäßiger Anwendungspraxis aufrechterhalten wird.[12] Selbst das Erlangen eines groben Überblicks über außerjuristische Forschungsstände verlangt eine eingehende zeitliche Befassung mit dem jeweiligen Thema, die der „Durchschnittsrichter" nicht leisten (können) wird.[13] Nicht einmal der gebildetste Berufsrichter – freilich als Idealtypus – kann alle existierenden Erfahrungssätze beherrschen.[14] Insbesondere die Wissensanwendung auf den konkreten Fall ist komplexer als der hiervon losgelöste abstrakte Wissenserwerb.[15]

Der entscheidende Aspekt liegt darin, dass Berufsrichter – mittels formellen Nachweises durch die Befähigung zum Richteramt (§ 5 DRiG) – zwar grundsätzlich die objektive Gewähr für die Rechtsanwendung *„de lege artis"* erbringen, umgekehrt eine objektive Gewähr für die Anwendung außerjuristischer Wissensgebiete *„de lege artis"* hingegen nicht erbringen.[16] Ihr außerjuristisches Wissen wurde – anders als das juristische – nicht durch eine staatliche Anerkennung legitimiert.[17] Der Umstand, dass ein Berufsrichter über Kenntnisse auf anderen Gebieten verfügt, ist vielmehr ein Zufall, von dem das Gesetz nicht ausgehen kann.[18] Sofern der jeweilige Berufsrichter nicht wiederkehrend mit der jeweiligen Wissenschaft befasst ist, spricht nicht einmal eine Anscheinsvermutung für seine Sachkunde.[19] Anders kann es sich nur bei Laienrichtern verhalten, da deren Situation ggf. der Kategorie des Spezialwissens entspricht.[20]

---

[11] So z. B. *Barton*, Psychowissenschaftliche Sachverständige (1983), S. 84 f.

[12] LR-StPO/*Becker* § 244 Rn. 70; KK-StPO/*Krehl* § 244 Rn. 45; *Böttger*, in: SV-HdB § 2 Rn. 18 ff.; MüKo-StPO/*Trüg/Habetha* § 244 Rn. 67.

[13] So *Koch*, JR 1956, 369; *Arbab-Zadeh*, NJW 1970, 1214 (1215 f.); *Bockelmann*, GA 1955, 321 (323); *Bohne*, JW 1932, 3359; *Keller*, GA 1999, 255 (258); *Kohlhaas*, NJW 1962, 1329 (1330); *Albrecht*, NStZ 1983, 486 (490 f.); *Erb*, ZStW 121 (2009), 882 (887); *Barton*, StV 1988, 124; *Pieper*, ZZP 84 (1971), 1 (15).

[14] So *Bohne*, JW 1932, 3359; *Sendler*, NJW 1986, 2907 (2908); *Peters*, Strafprozeß (1985), S. 364.

[15] Alsberg/*Nüse*, Der Beweisantrag, 2. Aufl. (1956), S. 250; *Blau*, GA 1959, 293 (297).

[16] Ähnlich *Mergen*, in: FS Middendorff (1986), 193 (194).

[17] *Walter*, AcP 26 (1843), 249 (255).

[18] So *Mittermaier*, AcP 2 (1819), 119 (125).

[19] *Wolschke*, Sachverständigenbeiziehung (1973), S. 180.

[20] *Wolschke*, Sachverständigenbeiziehung (1973), S. 180 f.

Dieses Defizit hat allerdings nicht zur Folge, dass außerjuristische Wissenschaften von der richterlichen Tätigkeit ausgenommen sind. Im Prozessalltag des 21. Jahrhunderts treffen Gerichte häufig auf komplexe Fachfragen, mit denen der historische StPO-Gesetzgeber keinesfalls rechnen konnte.[21] Hintergrund ist der exponentielle Anstieg von Globalisierung, Modernisierung und Digitalisierung, der nicht nur im Wirtschaftsleben, sondern auch im menschlichen Alltag omnipräsent ist.[22] Wissenschaften sind durch den stetigen Fortschritt komplexer geworden, woraus zugleich die wesentliche Herausforderung von sich ausdifferenzierenden Spezialisierungen folgt.[23] Während es einerseits möglich ist, mittels neuer Forschungserkenntnisse zuverlässigere Beweisgrundlagen zu generieren[24], gelangen Gerichte andererseits bei außerjuristischen Beweisfragen mit ihrem vorhandenen Wissensstand heutzutage schneller an die Grenzen der geforderten Legitimität ihrer Entscheidung als früher.[25] Diese Entwicklung vollzieht sich bereits seit einigen Jahrzehnten[26] und droht sich weiter zuzuspitzen.

Bereits seit den 1950er-Jahren wird in der strafprozessualen Literatur beklagt, dass Gerichte wegen des im vergangenen Jahrhundert enorm erweiterten Abstandes zwischen dem menschlichen Allgemeinwissen und dem Erfahrungsgut der Wissenschaften in immer größerem Umfang gezwungen sind, Sachverständige hinzuzuziehen.[27] Aufgrund zunehmender Komplexität und wachsender Anforderungen besteht zudem die latente Gefahr der Anwendung von unzulänglichem „Halbwis-

---

[21] *Sarstedt*, NJW 1968, 177; *Geppert*, DAR 1980, 315 (322 f.); *ders.*, in: FS Lübtow (1980), 773 (774). Bereits im 19. Jahrhundert gab es laut *Glaser*, Hdb. des Strafprozesses Bd. I (1883), S. 679 „grosse Fortschritte in der Specialisierung der Fächer", speziell in der „gerichtlichen Medicin".

[22] *Koch*, JR 1956, 369; *Arbab-Zadeh*, NJW 1970, 1214 (1215); *Stober*, Der öffentlich bestellte Sachverständige (1991), S. 1; *Hagedorn*, StV 2004, 217 (220); *Böttger*, in: SV-HdB § 1 Rn. 13; *Foth/Karcher*, NStZ 1989, 166; *Geppert*, in: FS Lübtow (1980), 773 (774); LR-StPO/*Krause* Vor § 72 Rn. 4; *Dippel*, in: FS Müller (2008), 125 (129, 144); *Erb*, ZStW 121 (2009), 882; *Roxin/Schünemann*, Strafverfahrensrecht, § 27 Rn. 9; *Barton*, StV 1988, 124; *Pieper*, ZZP 84 (1971), 1; *Blomeyer*, ZRP 1970, 153 (154).

[23] *Peters*, Fehlerquellen Bd. I (1970/1974), S. 169; *Ehricke*, NJW 1996, 812 (814); *Oberlander/Wießner*, DS 2006, 176 ff.; *Dippel*, in: FS Müller (2008), 125 (144); *Braun*, DS 2014, 52 (53); LR-StPO/*Krause* Vor § 72 Rn. 4; *Bockelmann*, GA 1955, 321 (323); *Geerds*, ArchKrim 162 (1991), 28 (35); *Pieper*, ZZP 84 (1971), 1 (28); *Blomeyer*, ZRP 1970, 153 (154); *Witter*, in: 18. Tagung d. Ges. für d. Gesamte Kriminologie – Bericht (1976), 116; *Eb. Schmidt*, in: FS Schneider (1962), 258 (260).

[24] *Peters*, Fehlerquellen Bd. I (1970/1974), S. 163.

[25] *Keller*, GA 1999, 255 (257); *Dölp* ZRP 2004, 235. *Kronenberger*, Überzeugungsbildung (2010), S. 38 formuliert pointiert: „Die […] Würde des Richters […] ist heute unter der Last vielfältiger Wissenschaftszweige zusammengebrochen".

[26] *Bockelmann*, GA 1955, 321 (323); *Peters*, Fehlerquellen Bd. I (1970/1974), S. 178.

[27] *Koch*, JR 1956, 369; LR-StPO/*Meyer* (23. Aufl. 1976) Vor § 72 Rn. 10 ff.; *Geerds*, ArchKrim 137 (1966), 61 (64 f.); *Franzki*, DRiZ 1991, 314 (315).

sen“[28]. Dennoch wird Gerichten zugebilligt – bzw. vielmehr von ihnen gefordert[29] –, hinsichtlich strafrechtsnaher Materien (z.B. Blutalkoholgutachten oder Aussagepsychologie) über einen entsprechenden Sonderwissensstand zu verfügen.[30] Hierzu wird ihnen im Rahmen der Anwendung von außerjuristischen Erfahrungssätzen (§§ 244 Abs. 4 S. 1, 261 StPO) grundsätzlich ein weiter Beurteilungsspielraum eingeräumt.[31]

Trotz dessen existieren prozessuale Grenzen für die Anwendung des Sonderwissens. Dem liegt insbesondere der Umstand zugrunde, dass die Annahme, das Tatgericht sei sachkundig, zu einer Entbehrlichkeit des Sachverständigenbeweises führt und damit die Vorwegnahme eines hypothetischen Beweisergebnisses darstellt.[32] Eine solche „sachkundige Beweisantizipation“[33] ist zur Vermeidung einer strukturellen Voreingenommenheit des Gerichts allerdings grundsätzlich untersagt[34], um zu verhindern, dass die Beweiswürdigung des erkennenden Gerichts bereits vor dem Ende der Hauptverhandlung abgeschlossen wurde und nicht mehr aus dessen unvoreingenommenem Inbegriff geschöpft werden kann.[35] Das Verbot der Beweisantizipation wird als Kernstück des Beweisantragsrechts zwar durch die Ablehnungsgründe des § 244 Abs. 3–5 StPO statuiert, jedoch durch dessen objektive Voraussetzungen in zulässiger Weise durchbrochen.[36]

II. Anknüpfungspunkte für Sachkunde des Tatgerichts

Wann und unter welchen Voraussetzungen ein Gericht über außerjuristisches Sonderwissen verfügt, d.h. sachkundig ist bzw. werden kann, bestimmt sich im

[28] So bereits *Lobe*, DRiZ 1913, 362 f.; LR-StPO/*Sarstedt* (22. Aufl. 1971) § 73 Rn. 1; *Kohlhaas*, NJW 1962, 1329 (1330); *Tröndle*, JZ 1969, 374; *Ulrich*, Der gerichtliche Sachverständige (2007), Rn. 130; *Peters*, Strafprozeß (1985), S. 312; Alsberg/*Güntge*, Der Beweisantrag, Kap. 6 Rn. 9; *Hamm/Pauly*, Beweisantragsrecht Rn. 526; *Franzki*, DRiZ 1976, 97 (98).

[29] BGH, Urt. v. 26.04.1955 – 5 StR 86/55 = NJW 1955, 1642 (1643); *Tröndle*, JZ 1969, 374 (375).

[30] Instruktiv BGH, Urt. v. 24.06.1952 – 1 StR 130/52 = NJW 1952, 899.

[31] Siehe hierzu näher 3. Kapitel A.II.1. Kritik hieran bei *Kühne*, Strafprozessrecht, § 52 Rn. 786.2: Die Rechtsprechung sei „mitunter allzu großzügig bei der Anerkennung solchen Sonderwissens und des Ausmaßes seines Nachweises“; ähnlich *Malek*, StV 2011, 559 (563); *Sommer*, in: FS Rieß (2002), 585 (586).

[32] Alsberg/*Güntge*, Der Beweisantrag, Kap. 6 Rn. 2; MüKo-StPO/*Trüg/Habetha* § 244 Rn. 350; SK-StPO/*Frister* § 244 Rn. 206.

[33] Begriff bei *Wolschke*, Sachverständigenbeiziehung (1973), S. 45, 165 ff.

[34] MüKo-StPO/*Trüg/Habetha* § 244 Rn. 13.

[35] So statt vieler die das Beweisantizipationsverbot anerkennende Entscheidung des RGSt 1, 189.

[36] MüKo-StPO/*Trüg/Habetha* § 244 Rn. 13; Alsberg/*Güntge*, Der Beweisantrag, Kap. 5 Rn. 82 ff.; *Hamm/Pauly*, Beweisantragsrecht Rn. 246.

Zusammenspiel der Grundsätze von § 244 Abs. 2, Abs. 4 S. 1 StPO.[37] Es existieren drei wesentliche Anknüpfungspunkte für verschiedene Stadien des Strafverfahrens: Das Tatgericht kann das erforderliche außerjuristische Sonderwissen vor Beginn der Hauptverhandlung bereits *besitzen*, es im Laufe der Hauptverhandlung eigenständig *erwerben* oder es sich während der Hauptverhandlung unter den Mitgliedern des Spruchkörpers *vermitteln*.

1. Besitz von Sachkunde vor Beginn der Hauptverhandlung

Das Tatgericht kann vor Beginn der Hauptverhandlung (vor dem Aufruf zur Sache gem. § 243 Abs. 1 S. 1 StPO) davon ausgehen, bereits *sachkundig zu sein*. Diese Einschätzung der „Kompetenzkompetenz"[38] ist durchaus komplex. In der älteren Rechtsprechung des Reichsgerichts wurde den Tatgerichten hinsichtlich der Einschätzung des Umfangs eigener Sachkunde ein sehr weiter Ermessensspielraum eingeräumt.[39] Nach einem Rechtsprechungswandel[40] entwickelte sich ein – überwiegend beweisantizipationsverbietendes – Verständnis der Amtsaufklärungspflicht (§ 244 Abs. 2 StPO), welches die Einschätzungsprärogative des Tatrichters deutlich einschränkt. Mit Einführung der aktuellen Fassung des § 244 Abs. 4 S. 1 StPO[41] fand eine Abkehr von der subjektiven zur objektiven Einschätzungsprärogative statt: Das Gericht darf „eigene Sachkunde" nur noch anwenden, wenn es selbst über diese *verfügt* und nicht mehr bereits dann, wenn es diese nur *zu haben*

---

[37] *Eb. Schmidt*, Lehrkommentar, Teil II, § 73 Rn. 1.

[38] *Eb. Schmidt*, in: FS Schneider (1962), 258 (260).

[39] So RGSt 14, 276 (278): „Der § 73 StPO beruht auf dem Gedanken, dass nach dem Grundsatze der freien Beweiswürdigung dem Ermessen des Gerichts überlassen bleiben muss, ob es Sachverständige vernehmen will oder nicht"; RGSt 25, 326 (327): „Angesichts der §§ 73 ff. StPO, ihres Wortlauts, wie ihrer Motive, kann aber darüber kaum ein Zweifel obwalten, dass das Gesetz […] es frei in das gewissenhafte Ermessen des Thatrichters hat stellen wollen, inwieweit er bei der Entscheidung besondere Fachkenntnisse, wissenschaftliche Erfahrungen, künstlerische oder gewerbliche Übung voraussetzender Fragen den Sachverstand von Experten heranzuziehen für notwendig hält oder solcher Hilfe entbehren zu können glaubt."; RGSt 47, 100 (108): „Bezüglich des Sachverständigenbeweises hat aber das Reichsgericht in ständiger Rechtsprechung aus den Vorschriften der §§ 73, 83 StPO die Rechtsregel hergeleitet, dass die Entscheidung darüber, ob überhaupt ein Sachverständigenbeweis erhoben werden soll […] ganz in das pflichtgemäße Ermessen des Tatrichters gestellt ist."; RGSt 51, 42: „Die Zuziehung von Sachverständigen steht zwar im richterlichen Ermessen und kann unterbleiben, wenn das Gericht sich selbst Sachkunde zutraut"; RGSt 52, 61 (62): „Sachverständige zu hören, ist das Gericht selbst dann nicht verpflichtet, wenn zur Erforschung der Wahrheit eine besondere Sachkunde gehört".

[40] RGSt 61, 273 brachte die entscheidende Änderung: „Das Gericht kann die Zuziehung eines Sachverständigen unterlassen, wenn es sich selbst die nötige Sachkunde zutraut und diese *nach der Erfahrung des Lebens auch haben kann*".

[41] Gesetz zur Wiederherstellung der Rechtseinheit auf dem Gebiete der Gerichtsverfassung, der bürgerlichen Rechtspflege, des Strafverfahrens und des Kostenrechts v. 12.09.1950 (BGBl. 1950 Nr. 40, S. 455, 491 f.).

glaubt.[42] Zur Beurteilung der „eigenen Sachkunde" im Rahmen von §§ 244 Abs. 2, 4 S. 1 StPO hat der BGH folgenden Grundsatz entwickelt:

„Dabei stellt erfahrungsgemäß gerade die *Beurteilung des tatsächlichen Wertes der eigenen Sachkunde hohe Anforderungen an den Richter.* Solange er insoweit auch *nur geringe Zweifel* hat, solange er *nicht die unbedingte Sicherheit besitzt, daß seine Sachkunde [nunmehr] zur Entscheidung ausreicht*, darf er sich nicht mit ihr begnügen. Nur dann wird er seiner Pflicht zur Aufklärung des wahren Sachverhalts, der allein Entscheidungsgrundlage sein darf, gerecht. In *Grenzfällen* wird er daher eher ein *Zuviel als ein Zuwenig* tun müssen."[43]

So kann bereits die Beurteilung, ob die Feststellung entscheidungserheblicher Umstände überhaupt außerjuristisches Spezial- oder Sonderwissen voraussetzt, mindestens über das Allgemeinwissen hinausgehende Kenntnisse erfordern.[44] Die Beurteilung des eigenen Wissensstandes und ob dieser für die Beantwortung der Beweisfrage ausreicht, ist ungleich schwieriger.[45] Dies erfordert vom Gericht ein konsequentes Vorgehen: Die Frage des Zuziehungsermessens ist eine einzelfallbedingte Entscheidung anhand der konkreten Beweissituation[46], die von verschiedenen Faktoren der Gerichtsmitglieder (z.B. persönlicher Erfahrungshorizont, Vorbildung, Art des Wissensgebiets und der Beweisfrage) abhängig ist.[47] Aus diesem Grund wird vom Tatrichter im Schrifttum eine objektive, normativ-reduzierte und rationale[48] Herangehensweise sowie ein entsprechendes Maß an strenger Gewissenhaftigkeit[49] und äußerst behutsamer und kritischer[50] Selbstreflexion verlangt. Die Amtsaufklärungspflicht (§ 244 Abs. 2 StPO) stellt zudem das Gebot bestmöglicher Sachaufklärung auf.[51] Da die Nutzung von Sonderwissen durch das Tatgericht kei-

---

[42] Klarstellend *Eb. Schmidt*, in: FS Schneider (1962), 258 (159); *Bockelmann*, GA 1955, 321 (326); *Marmann*, GA 1953, 136 (138 f.).

[43] BGHSt 23, 8 (12) = BGH NJW 1969, 2293 (2295 f.) (Hervorhebungen d. Verf.). Ebenso bereits BGHSt 3, 27 (28) = NJW 1952, 899; BGH, Beschl v. 24.10.1989 – 4 StR 527/89 = JZ 1990, 52; BGH, Beschl. v. 13.12.1996 – 3 StR 543/96 = NStZ-RR 1997, 171 (172); BGH, Urt. v. 22.01.1998 – 4 StR 100/97 = NStZ 1998, 366 (367).

[44] *Rauch*, NJW 1968, 1173 (1175); KK-StPO/*Krehl* § 244 Rn. 43; *Geerds*, ArchKrim 137 (1966), 155 (162 f.); *Keller*, GA 1999, 255 (261 f.); *Bockelmann*, GA 1955, 321 (323 f.); *Peters*, Strafprozeß (1985), S. 365; *Franzki*, DRiZ 1991, 314 (315); *Dippel*, Stellung des Sachverständigen (1986), S. 35; *Wolschke*, Sachverständigenbeiziehung (1973), S. 96 f., 105.

[45] Dazu *Wolschke*, Sachverständigenbeiziehung (1973), S. 174 ff.

[46] *Wolschke*, Sachverständigenbeiziehung (1973), S. 105.

[47] *Keller*, ZStW 101 (1989), 382 (415); *Stein*, in: Symposium Rudolphi (1995), 233 (242); LR-StPO/*Sander* § 261 Rn. 59; SK-StPO/*Velten* Vor § 261 Rn. 22; *Hamm/Pauly*, Beweisantragsrecht Rn. 521 ff.

[48] *Schünemann*, JuS 1976, 560 (564 ff.).

[49] LR-StPO/*Geier* (20. Aufl. 1958) § 244 Rn. 25b.

[50] Alsberg/*Güntge*, Der Beweisantrag, Kap. 6 Rn. 8; LR-StPO/*Becker* § 244 Rn. 68 ff.; *Eb. Schmidt*, in: FS Schneider (1962), 258; *Kühne*, Strafprozessrecht, § 52 Rn. 768.2.

[51] BVerfGE 57, 250 (275) = NJW 1981, 1719 (1723); BVerfGE 63, 45 (61) = NJW 1983, 1043; MüKo-StPO/*Trüg/Habetha* § 244 Rn. 59; LR-StPO/*Kühne* Einl. I. Rn. 30.

nesfalls auf eine optimale Erkenntniserlangung ausgelegt ist[52], verwirklicht ein Sachverständigengutachten bei Zweifeln an der Existenz richterlicher Sachkunde dieses Gebot besser.[53] Daher sollte die Ersetzung des Sachverständigen durch den Richter ein „besonderer Ausnahmefall" bleiben.[54]

Die Herkunft der Sachkunde ist nach herrschender Ansicht grundsätzlich nicht von Relevanz[55], sodass viele verschiedene Quellen, denen die Sonderkenntnisse entspringen, denkbar sind. Der hier sog. freie Quellengrundsatz wurde bereits von Stein vertreten:

> „... die *Quelle seines Wissen[s] [ist] unerheblich* und es [ist] folgeweise gleichgültig, ob er den Erfahrungssatz schon früher als Richter gebraucht oder als Privatmann kennen gelernt hat, oder ob er ihn erst im Augenblicke durch Erinnerung an früher erlebte oder gehörte Beobachtungsfälle bildet."[56]

Dies ist insbesondere zulässig, weil die StPO zur Herkunft der Sachkunde eines Gerichts keinerlei Vorschriften enthält. Möglich ist es, dass das Tatgericht die entsprechenden Sonderkenntnisse *beruflich* (z.B. aufgrund der Tätigkeit in einer Spezialkammer[57], vorangegangener Sachverständigengutachten im selben Verfahren[58], ähnlicher Art in anderen Verfahren[59] oder der Ableistung einer Ausbildung bzw. eines Studiums) oder *außerberuflich* (z.B. durch eigene Fachlektüre[60]) erlangt hat. Es hat nicht jede dienstliche oder private Befassung des Tatgerichts mit einem Themenkomplex zur Folge, dass es kraft dessen zu einer umfassenden wissenschaftlichen Beurteilung des Stoffes fähig ist.[61] Hierdurch könnte es gar zu einer substanziellen Herabwürdigung von sehr ausbildungsintensiven Professionen kommen. Während die Erlangung theoretischen Wissens zur bloßen Kontrolle eines

---

[52] SK-StPO/*Velten* Vor § 261 Rn. 22.

[53] *Niemöller*, NStZ 2015, 16 (19).

[54] *Wolschke*, Sachverständigenbeiziehung (1973), S. 177.

[55] *Mezger*, Psychiatrische Sachverständige (1918), S. 154 f.; Meyer-Goßner/*Schmitt* StPO § 244 Rn. 71, 72; *Mayer*, in: FS Mezger (1954), 455 (461); *Döhring*, JZ 1968, 641 ff.; *Graul*, Offenkundigkeit (1993), S. 164 ff., 275 ff.; *Pieper*, ZZP 84 (1971), 1 (15); *Wolschke*, Sachverständigenbeiziehung (1973), S. 207.

[56] *Stein*, Das private Wissen des Richters (1893), S. 85 f. (Hervorhebungen d. Verf.).

[57] Vgl. BGH, Urt. v. 15.12.1982 – 2 StR 83/82 = NStZ 1983, 325; BGH, Urt. v. 19.02. 1997 – 5 StR 621/96 = NStZ 1997, 355 (356); BGH, Beschl. v. 08.01.2013 – 1 StR 602/12 = NStZ 2013, 672.

[58] Vgl. BGH, Urt. v. 18.04.1984 – 2 StR 103/84 = NStZ 1984, 467 (468); BGH, Urt. v. 13.03.1985 – 3 StR 8/85 = NStZ 1985, 421 f.; BGH, Urt. v. 22.01.1998 – 4 StR 100/97 = NJW 1998, 2753 (2754 f.); BGH, Beschl. v. 10.01.2000 – 5 StR 638/99 = NStZ 2000, 437.

[59] Vgl. BGH, Urt. v. 15.12.1982 – 2 StR 83/82 = NStZ 1983, 325; BGH, Beschl. v. 21.10. 1997 – 1 StR 578/97 = NStZ 1998, 98; *Wolschke*, Sachverständigenbeiziehung (1973), S. 206.

[60] *Mayer*, in: FS Mezger (1954), 455 (461).

[61] So das treffende Beispiel von LR-StPO/*Sarstedt* (22. Aufl. 1971) § 73 Rn. 1, welches die Differenz zwischen „Laienwissen" und „Expertenwissen" verdeutlicht: „Der bloße Erwerb des Führerscheins macht den Richter noch nicht zum Kraftfahrzeugsachverständigen; [...] Eigene Kinder zu haben, macht ihn nicht zum Jugendpsychologen".

Sachverständigengutachtens auf Plausibilität, Schlüssigkeit und Widerspruchsfreiheit[62] noch denkbar erscheint, ist die Erlangung praktischen Wissens zur *eigenen* Anwendung auf den konkreten Sachverhalt hingegen ungleich schwerer und in den meisten Fällen fraglich.[63]

Daher verbleiben stets berechtigte Zweifel an der gesetzlichen Kompetenz der Tatgerichte zur eigenen Beurteilung ihnen fremder Wissenschaften.[64] Aus diesem Grund wird im Schrifttum gefordert, den Umfang der den Strafgerichten zu attestierenden Sachkunde auf „einfach gelagerte Beweisfrage(n)" zu beschränken.[65] Sofern die jeweilige Beweisfrage jedoch ein „besonderes Anwendungs- bzw. Auswertungswissen"[66] erfordert oder „es sich um eine [...] präjudizielle Frage handelt, für die ein spezialisiertes Fachwissen eine eigenständige und allein maßgebliche Beantwortung verfügbar"[67] hat, wird der Beurteilungsspielraum des Gerichts zumeist überschritten sein.

2. Erwerb von Sachkunde während der Hauptverhandlung

Die Erkenntnisquellen der Sachkunde sind je nach Geltung zwingender Prozessgrundsätze innerhalb der Hauptverhandlung beschränkt. Die Zulässigkeit des Erwerbs von Sachkunde *während* der Hauptverhandlung ist nach der jeweiligen Verfahrenskonstellation zu bestimmen. Das „Drei-Stadien-Modell" Niemöllers[68] differenziert innerhalb des Hauptverfahrens zwischen den drei Stadien vor Beginn der Hauptverhandlung, während der Hauptverhandlung und während der Hauptverhandlung nach Stellung eines ordnungsgemäßen Beweisantrags, welche durch die zwingenden Eckpfeiler des Streng- und Freibeweisverfahrens abgegrenzt werden.

Vor Beginn der Hauptverhandlung, d.h. zu dessen Vorbereitung (§§ 212–225a StPO), steht es dem Tatgericht völlig frei, wie es sich Sachkunde bzgl. bestimmter Beweisfragen verschaffen möchte. Entsprechend des freien Quellengrundsatzes sind alle denkbaren Sachkundequellen einschränkungslos ausschöpfbar.

---

[62] Siehe hierzu näher 5. Kapitel A. IV. 2.

[63] *Bohne*, JW 1932, 3359; *Kohlhaas*, NJW 1962, 1329 (1330); *Rauch*, NJW 1968, 1173 (1175); MüKo-StPO/*Trüg/Habetha* § 244 Rn. 67; LR-StPO/*Becker* § 244 Rn. 70; KK-StPO/*Krehl* § 244 Rn. 45; *Wolschke*, Sachverständigenbeiziehung (1973), S. 266; *Grossam*, in: SV-HdB § 12 Rn. 3; *Keller*, GA 1999, 255 (258); LR-StPO/*Sarstedt* (22. Aufl. 1971) § 73 Rn. 1.

[64] So ähnlich auch *Keller*, GA 1999, 255 (261).

[65] KK-StPO/*Krehl* § 244 Rn. 45; SK-StPO/*Frister* § 244 Rn. 32; MüKo-StPO/*Trüg/Habetha* § 244 Rn. 67.

[66] KK-StPO/*Krehl* § 244 Rn. 45; LR-StPO/*Becker* § 244 Rn. 70; MüKo-StPO/*Trüg/Habetha* § 244 Rn. 67.

[67] *Eb. Schmidt*, in: FS Schneider (1962), 258 (260).

[68] Die Ausführungen des Unterpunktes basieren im Wesentlichen auf den Darstellungen von *Niemöller*, NStZ 2015, 16–20 = Bespr. von BGH, Beschl. v. 26.03.2014 – 2 StR 274/13.

Im Stadium der Hauptverhandlung, d.h. *nach* dem Aufruf zur Sache (§ 243 Abs. 1 S. 1 StPO) und *vor* Stellung eines Beweisantrags auf Hinzuziehung eines Sachverständigen durch den Angeklagten bzw. die Verteidigung, ist das Tatgericht angesichts des Grundsatzes, dass nur Tatsachenstoff verwertet werden darf, welcher Gegenstand der Hauptverhandlung war (§ 261 StPO), an die Vorschriften des Strengbeweisverfahrens (§§ 244–256 ff. StPO) gebunden.[69] Die Erhebung urteilsbildenden Stoffes darf grundsätzlich nur durch die Nutzung eines Beweismittels erfolgen.[70] In diesem Rahmen hat das Gericht die Prozessmaximen der Unmittelbarkeit[71], Mündlichkeit[72] und Öffentlichkeit[73] zu beachten. Zwar ist die Erlangung tatrichterlicher Sachkunde dogmatisch nicht als Beweiserhebung zu qualifizieren[74], weil keines der abschließenden Beweismittel herangezogen wird, sie sei aber nach Ansicht Niemöllers eine hierzu funktionell eng zugehörige Vorstufe. Dies wird darauf gestützt, dass die erworbene Sachkunde zur Beantwortung einer urteilsrelevanten Beweisfrage genutzt werden soll und somit notwendige und hiermit verknüpfte Voraussetzung für die beabsichtigte Beweisgewinnung sei.[75]

Der Erwerb von Sachkunde *außerhalb* der förmlichen Hauptverhandlung (z.B. durch ein Telefonat mit einem Sachverständigen[76]) ist in diesem Verfahrensstadium nicht mehr zulässig[77], weil dies nicht im öffentlichen und mündlichen Plenum der Hauptverhandlung stattfindet. Ein *in* der Hauptverhandlung förmlich vernommener Sachverständiger kann dem Tatgericht allerdings Sachkunde vermitteln, auf welche sich dieses anschließend im Rahmen von § 244 Abs. 4 S. 1 StPO berufen kann. § 244 Abs. 4 S. 1 StPO sieht vor, dass richterliche Sachkunde ausschließlich dort genutzt werden kann, wo sie bereits vorhanden *ist.* Wo sich das Tatgericht erst

---

[69] Dazu *Kühne*, Strafprozessrecht, § 50 Rn. 760; Meyer-Goßner/*Schmitt* StPO § 244 Rn. 6; MüKo-StPO/*Kudlich* Einl. Rn. 411; LR-StPO/*Kühne* Einl. H. Rn. 34; *Roxin/Schünemann*, Strafverfahrensrecht, § 24 Rn. 2 ff.; *Sommer*, Effektive Strafverteidigung, Kap. 3 Rn. 772 ff.

[70] LR-StPO/*Becker* § 244 Rn. 17.

[71] Hierzu BVerfGE 57, 250 (277) = NJW 1981, 1719 (1722); *Beulke/Swoboda*, Strafprozessrecht, § 2 Rn. 24; *Kühne*, Strafprozessrecht, § 55 Rn. 914; LR-StPO/*Kühne* Einl. I. Rn. 63 f.; *Peters*, Strafprozeß (1985), S. 295; SSW-StPO/*Kudlich/Schuhr* § 250 Rn. 2.

[72] Hierzu *Beulke/Swoboda*, Strafprozessrecht, § 2 Rn. 23; *Roxin/Schünemann*, Strafverfahrensrecht, § 46 Rn. 1; Meyer-Goßner/*Schmitt* StPO § 261 Rn. 7; *Kühne*, Strafprozessrecht, § 41 Rn. 710.

[73] Die Öffentlichkeitsmaxime leitet sich nach BVerfGE 70, 324 (358) = NJW 1986, 907 (909); BVerfG, Urt. v. 24.01.2001 – 1 BvR 2623/95 = NJW 2001, 1633 (1635) aus dem Rechtsstaats- und Demokratieprinzip (Art. 20 Abs. 3 GG) ab. Hierzu BGHSt 5, 75 (83) = NJW 1954, 281 (283); BGHSt 27, 13 = NJW 1977, 157; *Eisenberg*, Beweisrecht StPO Rn. 64.

[74] LR-StPO/*Becker* § 244 Rn. 69; BGH, Beschl. v. 12.03.2014 – 1 StR 605/13 = NStZ-RR 2014, 251 (252).

[75] So auch *Wolschke*, Sachverständigenbeiziehung (1973), S. 191.

[76] So in BGH, Urt. v. 15.03.1995 – 2 StR 702/94 = StV 1995, 339.

[77] BGH, Beschl. v. 26.03.2014 – 2 StR 274/13 = StV 2015, 84; *Roxin/Schünemann*, Strafverfahrensrecht, § 46 Rn. 27, § 44 Rn. 34, wo die Beratung des Gerichts außerhalb der Hauptverhandlung durch einen Sachverständigen als Gesetzesumgehung bezeichnet wird.

Sachkunde verschaffen müsste, hat gesetzessystematisch die Wissensvermittlung durch die Erhebung des Sachverständigenbeweises (§§ 72 ff. StPO) Vorrang.

Wurde *in der Hauptverhandlung* ein ordnungsgemäßer *Beweisantrag* auf Vernehmung eines Sachverständigen gestellt und fehlt dem Tatgericht die „erforderliche Sachkunde" (d. h. kein Fall des § 244 Abs. 4 S. 1 StPO), *muss* der beantragte Beweis nach allgemeiner Meinung erhoben werden, d. h. das Tatgericht ist nicht befugt, sich stattdessen die notwendige Sachkunde als Surrogat des beantragten Beweises zu verschaffen. Dem liegt die Symbiose zwischen der Amtsaufklärungspflicht (§ 244 Abs. 2 StPO) und dem Beweisantragsrecht (§ 244 Abs. 3–6 StPO) zugrunde: Deren rechtsdogmatisches Verhältnis fußt auf der Diskussion, ob die Existenz einer gerichtlichen Beweiserhebungs*pflicht* einen Beweiserhebungs*anspruch* des Angeklagten herbeiführt.

Aus der Amtsaufklärungspflicht resultiere für die Prozessbeteiligten nach mittlerweile herrschender Inkongruenzthese[78] bei Abwesenheit gesetzlicher Ablehnungsgründe i. S. d. § 244 Abs. 3–5 StPO ein (nicht abdingbarer) *Anspruch* auf Beweiserhebung, welcher in Folge der Stellung eines ordnungsgemäßen Beweisantrages realisiert wird.[79] Dies entspricht dem epistemologisch begründeten Verständnis, die bloße Pflicht des Gerichts zur Ermittlung des entscheidungserheblichen Beweisstoffs biete nicht gleichzeitig ausreichend Gewähr für dessen tatsächliche Erfassung.[80]

Die konträr entgegenstehende dogmenhistorische Identitätsthese[81] geht davon aus, dass die Reichweite eines Beweisantrags nur so weit ginge wie auch die Amtsaufklärungspflicht das Gericht zur Beweiserhebung verpflichte. Praktisch hätte dies zur Folge, dass die Erhebung eines Beweises, welche das Gericht qua Amtsaufklärungspflicht nicht vorgenommen hat, auch nicht mit den Instrumenten

---

[78] Alsberg/*Dallmeyer*, Der Beweisantrag, Kap. 1 Rn. 26; *Anders*, ZStW 129 (2017), 82 (88); stellvertretend für die st.Rspr. BGHSt 21, 118 (124) = NJW 1966, 2174 (2176); BGH, Beschl. v. 31.03.1989 – 3 StR 486/88 = NStZ 1989, 334 (335); *Eisenberg*, Beweisrecht StPO Rn. 5; KK-StPO/*Fischer* Einl. Rn. 13; SK-StPO/*Frister* § 244 Rn. 16 ff.; *ders.*, ZStW 105 (1993) 340, 360; *Fezer*, in: 50 Jahre BGH Band IV (2000), 847 (876); *Foth*, JR 1996, 99 (100); *Herdegen*, in: GS Meyer (1990), 187 (190, 195); *Habetha/Trüg*, GA 2009, 407 (409); *Habetha*, StV 2011, 239; *Hamm/Pauly*, Beweisantragsrecht Rn. 20 ff.; *Herzog*, StV 1994, 166 (168); HK-StPO/*Julius* § 244 Rn. 2; KK-StPO/*Krehl* § 244 Rn. 34; für „außergewöhnliche Fälle" KMR-StPO/*Paulus* § 244 Rn. 234 ff.; *Quedenfeld*, in: FS Peters (1984), 215 (225); *Roxin/Schünemann*, Strafverfahrensrecht, § 45 Rn. 5 ff.; Meyer-Goßner/*Schmitt* StPO § 244 Rn. 11 f.; *Schneider*, NStZ 2019, 489; *Schulz*, StV 1985, 311 (313); *Widmaier*, NStZ 1994, 414 (415) als Antwort auf das Gutachten *Gössels* zum 60. DJT; *Wolschke*, Sachverständigenbeiziehung (1973), S. 72, 163.

[79] Alsberg/*Dallmeyer*, Der Beweisantrag, Kap. 1 Rn. 11: „Aktualisierung" der Aufklärungspflicht.

[80] *Hamm*, StV 2018, 525 (526); *Hamm/Pauly*, Beweisantragsrecht Rn. 20 ff.

[81] *Bergmann*, MDR 1976, 888 (891); *Engels*, GA 1981, 21 (22); *Gössel*, in: Gutachten zum 60. DJT (1994), C 57 (C 66 ff.); *ders.*, in: FS Nishihara (1998), 215 (221); diff. *Anders*, Beweiserhebungskontrollen (1998), S. 133; *Wessels*, JuS 1969, 1 (4).

des Beweisantragsrechts forciert werden könne. Diese Annahme gründen die Vertreter darauf, dass die Amtsaufklärungspflicht und das Beweisantragsrecht in ihrem Umfang vermeintlich identisch seien. Bei den Ablehnungsgründen des § 244 Abs. 3–5 StPO handele es sich um eine konkretisierende Enumeration der Pflicht zur materiellen Wahrheitsforschung, die jene Regeln darstelle, die das Reichsgericht „zur (willkürverhindernden) Begrenzung der richterlichen Freiheit der Beweisaufnahme entwickelt hatte".[82]

Diese Diskussion knüpft an einer praktisch äußerst relevanten Stelle an[83]: Sofern Gericht und Antragsteller die Notwendigkeit einer Beweiserhebung unterschiedlich beurteilen, verfügt der Antragsteller (im Rahmen des § 244 Abs. 3–5 StPO) nach der herrschenden Inkongruenzthese über ein prozessuales Instrument, die Beweisanordnung und -erhebung entgegen der Beweisprognose des Gerichts zu „erzwingen". Sogar der BGH hat festgehalten, dass Zweck des Beweisantragsrechts sei, das Gericht „zu nötigen, über das von ihm zur Aufklärung des Sachverhalts für erforderlich Gehaltene hinauszugehen".[84] Die dynamische Amtsaufklärungspflicht und das formalisierte Beweisantragsrecht stehen nach dieser Betrachtungsweise funktionell in einem Verhältnis mit Wechselwirkung.[85]

Mit Stellung des Beweisantrags wird grundsätzlich eine Bescheidung fällig (§ 244 Abs. 6 S. 1 StPO). Der Antrag kann zwar theoretisch zurückgestellt werden[86], falls das Gericht sich noch Sachkunde verschaffen will[87], denn maßgeblicher Beurteilungszeitpunkt für einen Ablehnungsgrund ist die Bescheidung, nicht die Antragstellung.[88] Zielt diese Praktik jedoch lediglich auf eine Zeitgewinnung zur Vermeidung der Beweiserhebung ab, ist sie unzulässig, denn das Beweiserhebungsbegehren hat sich zu einer Beweiserhebungs*pflicht* verdichtet. Einer richterlichen Verschaffung von Sachkunde *außerhalb* der Hauptverhandlung oder innerhalb der Hauptverhandlung *freibeweislich* wäre in diesem Verfahrensstadium der Weg abgeschnitten[89], da sie einen eklatanten Verstoß gegen die Vorschriften des Strengbeweisverfahrens (§§ 244–256 ff. StPO) und das Inbegriffserfordernis (§ 261 StPO) darstellt.[90] Das Freibeweisverfahren ist dagegen nur möglich, wenn die Beweiserhebung nicht zur Feststellung von Tatsachen und Erfahrungssätzen auf

---

[82] *Gössel*, in: FS Nishihara (1998), 215 (219).

[83] So *Foth*, JR 1996, 99. *Kühne*, Strafprozessrecht, § 51 Rn. 761.1 findet die Diskussion hingegen „wenig ertragreich" und verweist auf die heutige unbestrittene Anwendungspraxis der Ablehnungsgründe.

[84] BGHSt 21, 118 (124) = NJW 1966, 2174 (2176) (Hervorhebungen d. Verf.).

[85] *Hamm*, StV 2018, 525 (526).

[86] BGH, Beschl. v. 17.11.2010 – 1 StR 145/10 = NStZ 2011, 168; *Schulz*, StV 1983, 342.

[87] Alsberg/*Güntge*, Der Beweisantrag, Kap. 6 Rn. 12.

[88] MüKo-StPO/*Trüg/Habetha* § 244 Rn. 179 f.

[89] BGH, Beschl. v. 23.05.2013 – 2 StR 555/12 = wistra 2013, 389 (390); a. A. OLG Hamm, Beschl. v. 06.01.1978 – 4 Ss OWi 1961/77 = NJW 1978, 1210.

[90] SSW-StPO/*Sättele* § 244 Rn. 20 f.; HK-StPO/*Julius* § 244 Rn. 6.

Schuld- und Rechtsfolgenebene in der Hauptverhandlung erfolgt, sondern z. B. außerhalb der Hauptverhandlung sowie während der Hauptverhandlung für Prozessvoraussetzungen und sonstige prozesserhebliche Tatsachen.[91]

3. Vermittlung von Sachkunde innerhalb des Kollegialgerichts

Der Besitz von Sachkunde bezieht sich auf die Institution des „*Gerichts*" der Hauptsache in seiner Gesamtheit. In der Strafgerichtsbarkeit existiert nicht ausschließlich der Strafrichter am Amtsgericht (§ 25 GVG) als urteilende Einzelperson. Kollegialgerichte, die erstinstanzlich in Strafsachen zuständig sind, können mindestens drei (Schöffengericht am Amtsgericht, § 29 Abs. 1 S. 1 GVG) bis höchstens fünf Mitglieder (z. B. große Strafkammer am Landgericht, § 76 Abs. 1 S. 1 GVG oder Senat am Oberlandesgericht, § 122 Abs. 2 S. 1 GVG) haben.

Da es um *außerjuristisches* Erfahrungswissen geht, ist einerseits nicht auszuschließen, dass ehrenamtliche Laienrichter aufgrund ihrer eigenen außerjuristischen Berufsausbildung bzw. -ausübung über Sachkunde auf einem bestimmten Fachgebiet verfügen.[92] Andererseits kann auch ein Berufsrichter außerjuristische Kenntnisse besitzen, seine Kollegen hingegen nicht. Innerhalb von Kollegialgerichten stellt sich mithin die Frage, ob *alle Mitglieder insgesamt*, also alle Berufs- und Laienrichter, sachkundig sein müssen, damit das Gericht auf die Erhebung des Sachverständigenbeweises (§§ 72 ff. StPO) verzichten darf (§ 244 Abs. 4 S. 1 StPO). Die parallele Problematik ergibt sich – wegen der Ähnlichkeit zur Sachkunde[93] – auch bei gerichtskundigen Tatsachen und Erfahrungssätzen.[94]

a) Rechtsprechung des BGH: Zulässige Wissensvermittlung

Die obergerichtliche Rechtsprechung verfolgt hierbei einen prozessökonomisch intendierten Ansatz. Für die Frage der Hinzuziehung eines Sachverständigen oder der Ablehnung eines hierauf gerichteten Beweisantrags soll es innerhalb eines Kollegialgerichts ausreichen, wenn mindestens *ein einzelner* Berufs- oder Laienrichter sachkundig ist. Es wird davon ausgegangen, dass dieser Richter den übrigen

---

[91] SSW-StPO/*Sättele* § 244 Rn. 12, 17 f.; Meyer-Goßner/*Schmitt* StPO § 244 Rn. 6 f.

[92] Dabei handelt es sich um einen Sonderfall des beruflich institutionalisierten Spezialwissens. Hat der Schöffe seine Kenntnisse außerberuflich, d. h. privat, erworben, verfügt er über Sonderwissen, siehe hierzu 2. Kapitel B. II.

[93] Siehe hierzu bereits 2. Kapitel B. III. 4.

[94] *Nüse*, GA 1955, 72 ff.; *Keller*, ZStW 101 (1989), 382 (415); *Geppert*, Grundsatz der Unmittelbarkeit (1979), S. 155; *Eisenberg*, Beweisrecht StPO Rn. 31; *Peters*, Strafprozeß (1985), S. 313; *Sarstedt/Hamm*, Die Revision in Strafsachen (1983), S. 295; *Kühne*, Strafprozessrecht, § 52 Rn. 773; *Roxin/Schünemann*, Strafverfahrensrecht, § 24 Rn. 10; LR-StPO/*Sander* § 261 Rn. 28; *Graul*, Offenkundigkeit (1993), S. 122 ff.; *Schmidt-Hieber*, JuS 1985, 291 (296); *Meyer-Goßner*, in: FS Tröndle (1989), 551 (558 f.); *Kraatz*, Einfluss der Erfahrung (2011), S. 383.

Gerichtsmitgliedern seine Sachkunde *vermitteln könne*, sodass im Entscheidungszeitpunkt (§§ 260, 263 StPO) das gesamte Gericht sachkundig sei.[95] Der BGH führt dazu aus:

> „Ebenso wie das Gericht sich die Sachkunde von einem Gehilfen, der nicht zum Gericht gehört [Anm.: ein Sachverständiger], vermitteln lassen kann, darf es sich die *besondere Sachkunde eines oder mehrerer zum Spruchkörper gehörender Richter* zunutze machen."[96]

> „Er [Anm.: der Tatrichter] muß sich der Gefahr aber bewußt bleiben und prüfen, ob die *Sachkunde des Gerichts, die nicht notwendig bei allen Richtern in demselben Maße vorhanden zu sein braucht,* [...]."[97]

Diese Auffassung stützt die Rechtsprechung einerseits auf die Parallelität zum Sachverständigenbeweis, dessen primäre Aufgabe es sei, dem Gericht abstrakte Sachkunde zu vermitteln, sowie andererseits auf das Wesen des Kollegialgerichts an sich, bei welchem zwangsläufig ein Austausch von (außer-)juristischen Kenntnissen durch die Berufsrichter an die Laienrichter und umgekehrt erfolgen würde.[98] Bei einem Kollegialgericht sei das Phänomen der Wissenskumulation und -kommunikation gesetzlich intendiert. Entscheidend sei zwar, dass das Urteil auf dem Sonderwissen aller Gerichtsmitglieder beruhe, ausreichend sei jedoch dafür, dass ein singuläres Mitglied den anderen Mitgliedern dieses Fachwissen transferiere.[99] Die derartige „Sachkunde"-Vermittlung müsse auch nicht in öffentlicher Verhandlung und Anwesenheit der Prozessbeteiligten durchgeführt werden, sondern könne gerichtsintern im Rahmen der geheimen Beratung (§ 260 Abs. 1 StPO) erfolgen.[100] Der Gefahr einer fehlerhaften Annahme von Sachkunde sei durch die Existenz der Revisionsinstanz, in der etwaige Inhalts- oder Vermittlungsfehler behoben werden können, gesichert.[101] Dieser Auffassung haben sich die übrige Rechtsprechung und ein großer Teil des Schrifttums angeschlossen.[102]

---

[95] BGHSt 2, 163 (165) = NJW 1952, 554 (555); BGHSt 12, 18 = NJW 1958, 1596; BGH, Urt. v. 15.12.1982 – 2 StR 83/82 = NStZ 1983, 325; BGH, Beschl. v. 21.10.1997 – 1 StR 578/97 = NStZ 1998, 98.

[96] BGHSt 12, 18 = NJW 1958, 1596 (Hervorhebungen d. Verf.).

[97] BGHSt 2, 163 (165) = NJW 1952, 554 (555) (Hervorhebungen d. Verf.).

[98] BGHSt 12, 18 (19 f.) = NJW 1958, 1596. So auch *Keller*, ZStW 101 (1989), 382 (416).

[99] BGHSt 12, 18 (19 f.) = NJW 1958, 1596.

[100] BGHSt 12, 18 (19 f.) = NJW 1958, 1596. So auch *Eb. Schmidt*, JZ 1959, 129 (130).

[101] Dazu insb. *Eb. Schmidt*, JZ 1959, 129 (132).

[102] So z.B. OLG Hamburg, Urt. v. 26.11.1963 – 2 Ss 90/63 = NJW 1964, 559 (560); OLG Stuttgart, Beschl. v. 25.08.1975 – 1 Ss 346/75 = DAR 1976, 23; Alsberg/*Güntge*, Der Beweisantrag, Kap. 6 Rn. 34; Meyer-Goßner/*Schmitt* StPO § 244 Rn. 71, 72; *Eb. Schmidt*, JZ 1959, 130; *Meyer-Goßner*, in: FS Tröndle (1989), 551 (559); LR-StPO/*Becker* § 244 Rn. 72; BeckOK/*Bachler* StPO § 244 Rn. 100; *Mösl*, DRiZ 1980, 110 (112); *Jessnitzer*, StV 1982, 177; *Kühne*, Strafprozessrecht, § 52 Rn. 786.1; *Graul*, Offenkundigkeit (1993), S. 126; *Trück*, NStZ 2007, 377 (380 f.); *Pawlak*, Ablehnung des Sachverständigen (1998), S. 36 f.; *Sarstedt*, JR 1958, 350 (352); *Eb. Schmidt*, JZ 1959, 129 (131).

b) Teile des Schrifttums: Unzulässige Wissensvermittlung

Die angesichts justizieller Wirtschaftlichkeit, Sparsamkeit und Prozessökonomie praktizierte Rechtsprechung des „Sachverständigenbeweis(es) durch Richter im Beratungszimmer“[103] begegnet indes durchgreifenden tatsächlichen und rechtlichen Bedenken. Zunächst ist der vorstehenden Ansicht darin zuzustimmen, dass innerhalb eines Kollegialgerichts naturgemäß unterschiedliche Wissensstände existieren, denn diese sind stets individuell.[104]

Dieser Umstand kann hingegen – nach Ansicht eines durchaus beachtlichen Teils des Schrifttums[105] und eines älteren Judikats des OLG Köln[106] – nicht legitimieren, eine faktisch singulär basierte Beurteilungsgrundlage unter Ausschluss der übrigen Prozessbeteiligten zu schaffen. Aus dem Charakter des Kollegialgerichts gehe bereits hervor, dass die „Gerichtsmehrheit (nicht) aus Erkenntnisquellen schöpfen (darf), die *nicht jedem einzelnen Richter* offenstehen“.[107]

aa) Künstliche Umgehung einer homogenen Beurteilungsgrundlage

(1) Würdigung fremden Wissens und Anwendung eigenen Wissens

Fraglich ist zunächst, ob an die „Sachkunde“-Vermittlung von der Ansicht der Rechtsprechung überhaupt die Voraussetzung des vollständigen Gelingens gestellt wird. Die Vermittlung von Sachkunde stellt eine Art Kunstgriff dar, der zur Fiktion eines vollständig sachkundigen Tatgerichts führen soll. Eine solche Vermittlung von tiefgehendem Spezialwissen an einen Nichtsachkundigen sei laut Schrifttum aber bloße Fiktion und nicht realisierbar.[108]

---

[103] So *Hanack*, JZ 1972, 114 (116). Ähnlich *Gössel*, Strafverfahrensrecht (1977), S. 257: „im stillen Kämmerlein“.

[104] *Kohlhaas*, NJW 1962, 1329 (1330); *Keller*, ZStW 101 (1989), 382 (415); *Stein*, in: Symposium Rudolphi (1995), 233 (242); LR-StPO/*Becker* § 244 Rn. 72; KK-StPO/*Krehl* § 244 Rn. 35.

[105] So z.B. *Bohne*, JW 1932, 3359; LR-StPO/*Tillmann* (20. Aufl., 1958) § 73 Rn. 4; *Eisenberg*, Beweisrecht StPO Rn. 32; *Hanack*, JZ 1972, 114 (116); *Peters*, Strafprozeß (1985), S. 313; *Gössel*, Strafverfahrensrecht (1977), S. 257; *Geppert*, Jura 1993, 249 (251); MüKo-StPO/*Trüg/Habetha* § 244 Rn. 72; *Kraatz*, Einfluss der Erfahrung (2011), S. 383 (Fn. 316); diff. KK-StPO/*Krehl* § 244 Rn. 46; SK-StPO/*Frister* § 244 Rn. 35; *Wolschke*, Sachverständigenbeiziehung (1973), S. 199; KMR-StPO/*Paulus* § 244 Rn. 467.

[106] OLG Köln, Urt. v. 03.01.1958 – Ss 434/57 = NJW 1958, 881.

[107] So bereits Alsberg/*Nüse*, Der Beweisantrag (3. Aufl. 1967), S. 130 (Hervorhebungen d. Verf.).

[108] *Franzki*, DRiZ 1976, 97 f.; *Gössel*, DRiZ 1980, 262; *Pieper*, ZZP 84 (1971), 1 (28); *Dippel*, Stellung des Sachverständigen (1986), S. 32 f.; *ders.*, in: FS Müller (2008), 125 (144); *Zwiehoff*, Das Recht auf den Sachverständigen (2000), S. 44 ff.; *Karpinski*, NJW 1968, 1173; *Koch*, JR 1956, 369; *Krauß*, ZStW 85 (1973), 320 (334) Fn. 34; *Kühne*, Strafprozessrecht, § 53 Rn. 872; *Gerchow*, ArchKrim 134 (1964), 125 (136).

Im Rahmen der Rechtsfindung sind die Aufgabe, Leistung, Verantwortung und Stimmberechtigung aller Mitglieder eines erkennenden Gerichts völlig gleichwertig, was voraussetzt, dass alle zur Entscheidung berufenen Mitglieder des jeweiligen Spruchkörpers Kenntnis des gesamten Verfahrensstoffs haben müssen.[109] Dazu gehören primär die entscheidungserheblichen Tatsachen. Aufgrund der Struktur wissensbasierter Erfahrungssätze, die an (Beweis-)Tatsachen anknüpfen[110], ist auch für Erfahrungswissen eine umfassende Kenntnis des gesamten Entscheidungsorgans zu fordern, da dieses eine maßgebliche Erkenntnisquelle darstellt.

Stark bezweifelt werden sollte, ob dem vermeintlich sachkundigen Mitglied – ähnlich wie dem Sachverständigen – tatsächlich eine objektiv-basierte Wissensvermittlung erfolgreich gelingen kann, wozu naturgemäß ein breites Fachwissen erforderlich ist, oder ob es nicht vielmehr bloß eine intersubjektive Überzeugungsarbeit hinsichtlich des von ihm antizipierten Beweisergebnisses leistet.[111] Letzteres hat den qualitativen Wert einer Selbstbindung und Voreingenommenheit gegenüber der Beweislage.[112] Grundsätzlich sind gerichtsinterne Diskussionen erwünscht. So kann z. B. die verfahrensabschließende Beratung des Gerichts eine Diskussion zwischen den Gerichtsmitgliedern umfassen, da Ziel dieser ist, dass sich die Mitglieder „einigen“ bzw. „zusammenraufen“.[113] Solchen Debatten ist der Versuch, andere Personen mit eigenen Argumenten zu überzeugen, immanent. Bei der „Sachkunde“-Vermittlung besteht allerdings die Gefahr, dass das vermittelnde Mitglied – wenn auch unbewusst – bloß einseitig informiert oder abweichende Auffassungen vorenthält.[114] Dies würde von den anderen Mitgliedern, die gerade nicht sachkundig sind, kaum bemerkt werden können.

Sofern es sich um komplexes Spezial- oder Sonderwissen handelt, welches ausschließlich aufgrund einer langjährigen Ausbildung bzw. regelmäßiger Anwendung erlernt werden konnte, greift die – gar illusorische – Vorstellung der Rechtsprechung, dieses könne „*ad hoc*“ in einer Beratung der Gerichtsmitglieder untereinander vollständig vermittelt werden, zu kurz.[115] Insbesondere der „*ad-hoc*“-Er-

---

[109] BVerfGE 26, 72 (76) = NJW 1969, 2191; BVerfG, Beschl. v. 23.05.2012 – 2 BvR 610/12, 2 BvR 625/12 = NJW 2012, 2334 (2336).

[110] Siehe hierzu Abbildung 1.

[111] *Pieper*, ZZP 84 (1971), 1 (18). So auch *Eb. Schmidt*, JZ 1961, 585 (586 f.) für das Konstrukt des „Sachverständigen auf der Richterbank“ (siehe hierzu näher 5. Kapitel A. I. 2.), aber – widersprüchlich – gerade nicht für das vermittelnde Gerichtsmitglied.

[112] *Wolschke*, Sachverständigenbeiziehung (1973), S. 218.

[113] Meyer-Goßner/*Schmitt* StPO GVG § 193 Rn. 1; *Kleinknecht*, GA 1961, 45 (49).

[114] *Pieper*, ZZP 84 (1971), 1 (18).

[115] So auch *Keller*, ZStW 101 (1989), 382 (416): „Das bloße Zurkenntnisnehmen des Satzes als solchen reicht nicht aus, um beurteilen zu können, ob der Satz richtig ist und was seine Geltungsbedingungen sind. Dafür müssen oft der fachwissenschaftliche Kontext des Erfahrungssatzes und seine methodische Ableitung vermittelt worden sein“; *Hamm/Pauly*, Beweisantragsrecht Rn. 581: „Dieser Systematik (Anm.: § 244 Abs. 4 S. 1 StPO) liegt freilich ein überkommenes Bild von der Fähigkeit von Juristen (und Laienrichtern!) zugrunde, sich in

werb von Spezialkenntnissen ist diffizil bzw. gar unmöglich.[116] Die realistische Konsequenz dieser Situation wäre vielmehr, dass nach einer versuchten Vermittlung des Erfahrungswissens die übrigen Gerichtsmitglieder die Darstellung des sachkundigen Mitglieds als „plausibel", „nachvollziehbar" oder „schlüssig" erachten und sich allein aus diesem Grund der Beurteilung inhaltlich uneingeschränkt anschließen.[117] Dieser tatsächliche Prozess stellt allerdings gerade keine *eigene Anwendung eigens erworbener Sachkunde* dar, sondern lediglich eine *Würdigung der Anwendung fremden Sonderwissens.* Das Sonderwissen wird dann nicht vom *„Gericht selbst"* – wie § 244 Abs. 4 S. 1 StPO es fordert – besessen, sondern nur von einem Bruchteil der Gerichtsmitglieder.

Die Würdigung fremden Erfahrungswissens muss jedoch dogmatisch dem Sachverständigenbeweis vorbehalten bleiben, weil dieser bereits eine höhere „Richtigkeitsgewähr" bietet.[118] Auch wenn Einzelfälle denkbar sind, in denen – wohl ausschließlich bei inhaltlich einfach gelagerten Erfahrungssätzen[119] – eine Vermittlung der Sachkunde an alle übrigen Gerichtsmitglieder erfolgreich gelingt, ist es aus dogmatischer Sicht unzulässig, wenn ein Tatgericht versucht, sich *„ad hoc"* komplexes Erfahrungswissen zu verschaffen, um dieses ohne Zeitverlust in der Hauptverhandlung anwenden zu können.[120]

Während an der regelhaften Vermittlung von Rechtskunde durch Berufsrichter an Laienrichter kaum Kritik besteht, da die Berufsrichter für die Rechtsanwendung qua Gesetz (Art. 92 GG) zuständig sind und hierfür die entsprechende Gewähr (vgl. §§ 5, 5a, 5b DRiG) bieten[121], gilt dies nicht für die Vermittlung von Sachkunde. Es bleibt aus den dargestellten Gründen selbst die Situation kritisch, in welcher ein vermeintlich sachkundiger Laienrichter anderen Laien- und Berufsrichtern Sach-

---

die zur Lösung von Kriminalfällen notwendigen Hilfswissenschaften so einführen zu lassen, dass die volle Verantwortung für das Urteil vom Tatgericht getragen werden kann. Die in § 244 Abs. 4 StPO enthaltene Regelung trägt der heutigen Bedeutung des Sachverständigenbeweises nicht mehr ausreichend Rechnung".

[116] *Barton*, StV 1988, 124 (128 ff.); *Thielmann*, StraFo 2004, 5.

[117] Ähnlich *Eb. Schmidt*, JZ 1961, 585 (586 f.); KMR-StPO/*Paulus* § 244 Rn. 466. BGHSt 12, 18 (19 f.) = NJW 1958, 1596: „Wenn die Fachkenntnisse eines Mitgliedes *überzeugend auf die anderen Mitglieder gewirkt haben*, die sich auf diesem Wege die erforderliche Sachkunde verschafft haben". Bezeichnend für diese Simplifizierung des Erkenntnisvorgangs ist eine Passage bei *Stein*, Das private Wissen des Richters (1893), S. 161 f. zu offenkundigen Tatsachen: „Im Collegium entscheidet auch hier die Mehrheit, die indessen *in der Praxis regelmäßig kurzerhand* durch die Erklärung eines Mitglieds hergestellt werden wird. *Die Anderen werden ihm einfach glauben*" (Hervorhebung d. Verf.).

[118] Siehe hierzu bereits 3. Kapitel A. I. 2.

[119] KK-StPO/*Krehl* § 244 Rn. 45; SK-StPO/*Frister* § 244 Rn. 32; MüKo-StPO/*Trüg/Habetha* § 244 Rn. 67.

[120] So auch *Keller*, ZStW 101 (1989), 382 (416).

[121] Siehe hierzu bereits 3. Kapitel A. I. 2.

kunde vermitteln will, soweit er nicht die formalen Anforderungen an Sachverständige[122] erfüllt.

(2) Sachkundige Mehrheit oder Entscheidung der Mehrheit über die Sachkunde?

Grundsätzlich genügt aus Sicht eines Kollegialgerichts für die Ablehnung eines Beweisantrags – so auch gem. § 244 Abs. 4 S. 1 StPO auf Vernehmung eines Sachverständigen – eine absolute Mehrheit der Stimmen (§ 196 Abs. 1 GVG).[123] Hieran anknüpfend wird teilweise davon ausgegangen, dass es entweder ausreiche, wenn der absoluten Mehrheit des Spruchkörpers Sachkunde verschafft werden könne oder eine Abstimmung über das Vorhandensein von Sachkunde des Spruchkörpers mit absoluter Mehrheit durchgeführt würde.[124] Die Geltung der Mehrheitsvorschriften im Rahmen der „Sachkunde"-Vermittlung wird dagegen von anderen Stimmen vehement abgelehnt.[125] Die Rechtsprechung musste sich an dieser Stelle (noch) nicht eindeutig festlegen[126], da sie ohnehin nicht an dem – praktisch fraglichen – Erfolg der Vermittlungstätigkeit zu zweifeln scheint.

Es genügt jedoch nicht, wenn der absoluten Mehrheit des Spruchkörpers Sachkunde verschafft werden könnte, da die Mehrheitsvorschriften (§§ 192 ff. GVG) auf die „Sachkunde"-Vermittlung nicht direkt anwendbar sind. Eine Anwendbarkeit würde erfordern, dass es sich bei der „Sachkunde"-Vermittlung um eine Beratung oder Abstimmung i. S. d. sechzehnten Titels des GVG handelt. Die Beratung des Gerichts (§ 260 Abs. 1 StPO, § 193 GVG) umfasst die gründliche Prüfung und Abwägung aller tatrelevanten Umstände zum Zweck der Entscheidungsfindung.[127] Sie ist mithin Bestandteil der Beweiswürdigung (§ 261 StPO).

Daran schließt sich die Abstimmung des Gerichts (§ 263 Abs. 1 StPO) über die Schuld- und Rechtsfolgenfrage an.[128] Demgegenüber sind „Sachkunde"-Erwerb und damit folglich auch die substanzielle „Sachkunde"-Vermittlung gerade kein Be-

[122] Siehe hierzu näher 3. Kapitel B. I.

[123] MüKo-StPO/*Bartel* § 263 Rn. 1. Bei einem fünfköpfigen Spruchkörper (z. B. große Strafkammer als Schwurgericht) mithin das Stimmenverhältnis von 3:2. Eine qualifizierte Stimmenmehrheit – wie z. B. für § 263 StPO – wird nicht vorausgesetzt.

[124] Meyer-Goßner/*Schmitt* StPO § 244 Rn. 53; LR-StPO/*Becker* § 244 Rn. 72; *Keller*, ZStW 101 (1989), 382 (416); *Schmidt-Hieber*, JuS 1985, 291 (296); *Trück*, NStZ 2007, 377 (381); *Eb. Schmidt*, JZ 1959, 129 (132); *Pieper*, ZZP 84 (1971), 1 (18); *Wolschke*, Sachverständigenbeiziehung (1973), S. 231.

[125] *Hanack*, JZ 1972, 114 (116); *Gössel*, Strafverfahrensrecht (1977), S. 257; KK-StPO/*Krehl* § 244 Rn. 46; SK-StPO/*Frister* § 244 Rn. 35; MüKo-StPO/*Trüg/Habetha* § 244 Rn. 72; für offenkundige Erfahrungssätze *Nüse*, GA 1955, 72 (74 f.); Alsberg/*Nüse*, Der Beweisantrag (3. Aufl. 1967), S. 131; *Geppert*, Grundsatz der Unmittelbarkeit (1979), S. 156.

[126] Bewusst offen gelassen bei BGH, Urt. v. 30. 11. 1959 – III ZR 157/58 = BeckRS 1959, 31205345.

[127] Meyer-Goßner/*Schmitt* StPO GVG § 193 Rn. 1; BeckOK-StPO/*Graf* GVG § 193 Rn. 4; LR-StPO/*Simon* § 193 Rn. 3; MüKo-StPO/*Kulhanek* GVG § 194 Rn. 1.

[128] Meyer-Goßner/*Schmitt* StPO GVG § 194 Rn. 1; BeckOK-StPO/*Graf* GVG § 193 Rn. 4.

standteil der Beweiswürdigung, sondern vielmehr eine Vorstufe dieser, d.h. ein zeitlich und hermeneutisch vorgelagerter Erkenntnisgewinn[129], und damit im Ergebnis der Tatsachenfeststellung zuzuordnen. Die Vorschriften über die Beratung und Abstimmung erfordern aber eine „Entscheidung" (vgl. Wortlaut des § 192 GVG), d.h. eine solche, die als rechtlicher Akt zu qualifizieren ist, wie z.B. eine das Verfahren einleitende, fortführende oder abschließende Entscheidung.[130] Die „Sachkunde"-Vermittlung weist jedoch als eine Art Realakt einen tatsächlichen Charakter auf, da durch sie – anders als im Fall des § 263 Abs. 1 StPO – keine unmittelbare Rechtswirkung eintritt.

Andernfalls drohen die Grundsätze von Chronologie und innerer Logik des Beweisgewinnungs- und Beweiswürdigungsvorgangs missachtet zu werden. Aufeinanderfolgend und denklogisch muss ein (urteilender) Mensch zunächst Erfahrungswissen erwerben (z.B. durch Selbst- oder Dritterwerb), um dieses anwenden zu können. Die Nutzung von Sachkunde teilt sich in die zeitlich voneinander getrennten Vorgänge des Wissenserwerbs und der -anwendung. Die Grundsätze der §§ 244 Abs. 2, 261 StPO erfordern, dass jedes Mitglied des Spruchkörpers selbständig den entscheidenden Erfahrungssatz anwenden können muss, um zu einer eigenständigen Beurteilung der Beweisfrage zu gelangen[131], an welche sich erst darauffolgend die Beratung (§ 260 Abs. 1 StPO) und Abstimmung (§ 263 Abs. 1 StPO) im Kollegialgericht anschließen. Andernfalls könnte das Beweisergebnis von jedem Mitglied selbst schlichtweg nicht kritisch reflektiert werden und es entstünden Zweifel an der Legitimation der Entscheidungsgrundlage.[132]

Mangels direkter Anwendbarkeit der Mehrheitsvorschriften könnte eine – im Strafprozessrecht grundsätzlich umstrittene[133] – analoge Anwendung erfolgen, welche eine planwidrige Regelungslücke und die Vergleichbarkeit der Interessenslage voraussetzen. Die Regelungslücke besteht darin, dass das Gesetz zu etwaigen Vorrausetzungen der „Sachkunde"-Vermittlung schweigt. Ob dies planwidrig ist, kann anhand anderer systematischer Normen festgestellt werden. Den Besitz von Sachkunde regeln z.B. § 244 Abs. 2, Abs. 4 S. 1 StPO und nehmen dabei ausdrücklich „*das Gericht*" in Bezug. Sofern hierbei Entscheidungen Gegenstand der Norm sein sollen, gilt grundsätzlich die absolute Stimmenmehrheit.

Allerdings ist i.R.v. § 244 Abs. 4 S. 1 StPO zwischen der gerichtlichen Entscheidung darüber, ob sich das Gericht als sachkundig *betrachtet* (z.B. als Ablehnung des Beweisantrages) und dem Umstand, ob das gesamte Gericht *tatsächlich* sachkundig *ist*, zu differenzieren. § 244 Abs. 4 S. 1 StPO bezieht sich – so hat es das

---

[129] Siehe hierzu bereits 3. Kapitel A. II. 2.

[130] BeckOK-StPO/*Graf* GVG § 192 Rn. 4; KK-StPO/*Diemer* GVG § 192 Rn. 2.

[131] *Eisenberg*, Beweisrecht StPO Rn. 31; *Peters*, Strafprozeß (1985), S. 313.

[132] *Eisenberg*, Beweisrecht StPO Rn. 31; MüKo-StPO/*Trüg/Habetha* § 244 Rn. 233.

[133] Siehe ausführlichen Streitstand bei LR-StPO/*Lüderssen/Jahn* Einl. M. Rn. 57 ff., die für ein Analogieverbot im Verfahrensrecht votieren; a.A. KG, Beschl. v. 04.05.1979 – (1) 1 StE 2/77 = NJW 1979, 1668 (1669).

Reichsgericht bereits festgestellt[134] – auf den Besitz der Sachkunde als solches und nicht bloß auf die Entscheidung darüber, wer diese zu besitzen glaubt. Insofern verbietet sich eine analoge Anwendung der Mehrheitsvorschriften mangels planwidriger Regelungslücke, da der Wortlaut („das Gericht“) für die Anforderungen an die Sachkunde des Tatgerichts eindeutig das vollständige Kollegialgericht erfasst.[135] Hieran docken systematisch die §§ 72 ff. StPO an, welche im Falle eines nicht vollständig sachkundigen Gerichts zwingend die Hinzuziehung eines Sachverständigen fordern.

Andererseits ist auch – wie bereits angedeutet – eine Abstimmung über das Vorhandensein von Sachkunde des Spruchkörpers mit absoluter Mehrheit nicht ausreichend. Die Ansicht, welche an dieser Stelle schlichtweg die Mehrheitsvorschriften auf den ablehnenden Beschluss i. S. d. § 244 Abs. 6 S. 1 StPO – also eine Entscheidung i. S. d. § 196 Abs. 1 GVG – anwenden will, verkennt indes die herausragende Besonderheit des § 244 Abs. 4 S. 1 StPO. Während die übrigen Ablehnungsgründe (§ 244 Abs. 3, Abs. 5 StPO) lediglich eine vorläufige *Prognose* der Gerichtsmitglieder im Hinblick auf die Beweislage fordern[136], fordert die Ablehnung aufgrund „eigener Sachkunde“ das *Vorhandensein von Kenntnissen bzw. Qualifikationen.* Herin liegt ein gewichtiger Unterschied: Es lässt sich im Kollektiv zwar über eine subjektive Bewertung (Prognose) beraten oder abstimmen, hingegen nicht über objektive Umstände (Kenntnisse bzw. Qualifikationen), die entweder vorhanden sind oder eben nicht.

Ließe man das Kollegialgericht abstimmen, ob es in seiner Gesamtheit bzw. jedes einzelne Mitglied ausreichend „sachkundig“ sei, entstünde statt einer individuellen eine Art subjektiv-institutionell geprägte Selbsteinschätzung.[137] Dies kann zu dem bizarren Ergebnis führen, dass ein Gerichtsmitglied, welches sich selbst *nicht* für ausreichend sachkundig hält und damit offenbart, dass die – von der herrschenden Ansicht für zulässig erachtete – „Sachkunde“-Vermittlung fehlgeschlagen ist, durch andere Gerichtsmitglieder überstimmt werden kann. Dadurch wird das nicht sachkundige Gerichtsmitglied faktisch von der Anwendung des Erfahrungswissens ausgeschlossen. Das von der Rechtsprechung für selbstverständlich eingestufte Gelingen der „Sachkunde“-Vermittlung wird hierdurch faktisch ausgehebelt. Die Befürchtung, auf andere Weise könne ein einzelnes Mitglied, das sich nicht für ausreichend sachkundig hält, die Einholung eines „überflüssigen

---

[134] Siehe hierzu bereits 3. Kapitel A. II. 1.

[135] So auch *Eb. Schmidt*, JZ 1961, 585 (586); *Gössel*, Strafverfahrensrecht (1977), S. 257.

[136] Die sog. Beweisantizipation. Auch als Bedeutsamkeitsurteil von *Köhler*, Inquisitionsprinzip (1979), S. 51 oder Präsumtion von *Anders*, Beweiserhebungskontrollen (1998), S. 115 bezeichnet.

[137] *Keller*, ZStW 101 (1989), 382 (416).

Sachverständigengutachtens erzwingen"[138], beruht auf den rein ökonomischen Gesichtspunkten der Sparsamkeit und Arbeitsteilung.[139]

Zwar ist ein Kollegialgericht die Summe der ihm angehörenden Mitglieder, dennoch belegt die Existenz der singulären Stimmberechtigung als hohes verfassungsrechtliches Gut (Art. 97 Abs. 1 GG)[140], dass hierin jeweils ein selbst- und vollständiger Vorgang des Erkenntnisgewinns und der Beweiswürdigung sowie eine individuelle Selbsteinschätzung des jeweiligen Richters liegen soll. Insgesamt droht die gesetzlich gewollte persönliche Entscheidung jedes Gerichtsmitglieds durch die „Sachkunde"-Vermittlung zu einer unpersönlichen Entscheidung zu werden.[141]

bb) Verschiebung der Funktionen von Gericht und Sachverständigen

Die Ansicht der Rechtsprechung verkennt ferner, dass durch die „Sachkunde"-Vermittlung eine funktionelle Rollenvermischung[142] zwischen Gericht und Sachverständigen herbeigeführt wird. Das sachkundige Gerichtsmitglied soll ähnlich einem Sachverständigen – auf diese Parallele weist die Rechtsprechung selbst ausdrücklich hin – außerjuristische Fachkenntnisse an die übrigen Gerichtsmitglieder vermitteln. Hierdurch kommt es jedoch zum Eintritt derjenigen Situation, welche der „*telos*" des gesetzlichen Ausschlussgrundes in § 22 Nr. 5 Alt. 2 StPO gerade verhindern will, nämlich dass durch paralleles Innehaben der Richter- und Sachverständigenfunktion (quasi einer Zwitterstellung[143]) die unwiderlegbare Vermutung einer Voreingenommenheit in der Ausübung des Richteramtes erweckt und damit die objektive Wahrheitsfindung gefährdet wird.[144] Dieser Ausschluss dient gerade dem Ziel, das erkennende Gericht von Richtern freizuhalten, die dem

---

[138] So *Trück*, NStZ 2007, 377 (381); *Sarstedt*, JR 1958, 350 (352). In eine ähnliche Richtung bereits *Köhler*, Inquisitionsprinzip (1979), S. 48; *Anders*, Beweiserhebungskontrollen (1998), S. 168.

[139] *Wolschke*, Sachverständigenbeiziehung (1973), S. 201.

[140] So *Keller*, ZStW 101 (1989), 382 (415) mit einem treffenden Vergleich zu § 74 StPO: „Es hat auch noch niemand vertreten, die Befangenheit einer Minderzahl von Richtern im Kollegium schade nicht. *Jeder einzelne* muß unbefangen sein" (Hervorhebung d. Verf.).

[141] Ähnlich *Kronenberger*, Überzeugungsbildung (2010), S. 139.

[142] *Wolschke*, Sachverständigenbeiziehung (1973), S. 217; *Perron*, Beweisantragsrecht des Beschuldigten (1995), S. 261; *Mayer*, in: FS Mezger (1954), 455 (460); *Hamm/Pauly*, Beweisantragsrecht Rn. 518.

[143] *Wolschke*, Sachverständigenbeiziehung (1973), S. 222; *Leithoff*, in: BKA-Vortragsreihe, Bd. 24 (1979), S. 46.

[144] BGHSt 14, 219 (221) = NJW 1960, 301; BGHSt 31, 358 (359) = NJW 1983, 2711; *Arzt*, Der befangene Strafrichter (1969), S. 89 f.; *Perron*, Beweisantragsrecht des Beschuldigten (1995), S. 261; *Eisenberg*, Beweisrecht StPO Rn. 1518; *Wolschke*, Sachverständigenbeiziehung (1973), S. 165, 212 ff.

rechtlich zu würdigenden Sachverhalt und den daran Beteiligten nicht mit der erforderlichen Distanz des unbeteiligten Dritten gegenüberstehen.[145]

Obwohl § 22 Nr. 5 Alt. 2 StPO im Fall der „Sachkunde"-Vermittlung nicht greift, weil in dogmatischer Hinsicht kein Richter „in der Sache als [...] Sachverständiger *vernommen* ist"[146], wird dennoch in funktioneller Hinsicht eine ähnliche Situation herbeigeführt, da das einzelne Gerichtsmitglied den anderen Gerichtsmitgliedern sein Wissen erläutert und für etwaige Rückfragen bereitsteht. Damit ist das Gerichtsmitglied nicht mehr bloßer Entscheidungsträger, sondern wird zur Erkenntnisquelle. In zumindest sinngemäßer Anwendung der Vorschrift § 22 Nr. 5 Alt. 2 StPO müsste die Ansicht der Rechtsprechung zu einem Ausschluss der sich als sachkundig bezeichnenden Gerichtsmitglieder führen.[147] Es ist bereits aufgrund der dogmatischen und systematischen Unterschiede zwischen der Rolle des Gerichts und des Sachverständigen[148] abzulehnen, eine irgendwie geartete Vermengung der Tätigkeiten zu tolerieren.

Die Ansicht der Rechtsprechung kann auch einer gewissen „Abhängigkeit"[149] der sachkundig gewordenen Gerichtsmitglieder von dem von Beginn an sachkundigen Gerichtsmitglied des Spruchkörpers nicht vorbeugen. Die Frage, ob eine Person sachkundig ist, ist mit dem Ergebnis der angewendeten Sachkunde, d.h. der Konklusion (r = p) bzw. dem Beweisergebnis (s), derart eng verbunden, dass eine Verantwortungsdelegation[150] auf das einzelne Gerichtsmitglied droht. Dadurch wären insbesondere die richterliche Unabhängigkeit (Art. 97 Abs. 1 GG) und die tatsächliche Freiheit der richterlichen Beweiswürdigung gefährdet, denn das Beweisergebnis wäre möglicherweise durch einzelne Gerichtsmitglieder (teil-)determiniert und würde nicht in der geforderten Eigenständigkeit von den übrigen Gerichtsmitgliedern beurteilt werden.

Ein Spannungsverhältnis baut sich zur Garantie des gesetzlichen Richters (Art. 101 Abs. 1 S. 2 GG) auf[151], da ein gewisser Teil des Gerichts faktisch einen größeren Einfluss auf die bzw. eine gar „überragende Stellung"[152] hinsichtlich der

---

[145] So statt vieler BVerfGE 46, 34 (37) = NJW 1978, 37.

[146] Eine förmliche Vernehmung ist eine Anhörung durch ein Strafverfolgungsorgan in irgendeinem Verfahrensabschnitt, so Meyer-Goßner/*Schmitt* StPO § 22 Rn. 20. Darunter fällt die „Sachkunde-Vermittlung" innerhalb des Kollegialgerichts nicht, obwohl es in diesem Fall einer solchen Transparenz- und Kontrollmöglichkeit gerade bedürfte, siehe näher 4. Kapitel B.III.3.b).

[147] So *Goldschmidt*, Der Prozess als Rechtslage (1925), S. 440; *Mayer*, in: FS Mezger (1954), 455 (460); *Bockelmann*, GA 1955, 321 (324 f.); *Wolschke*, Sachverständigenbeiziehung (1973), S. 220.

[148] Siehe hierzu tiefergehend 3. Kapitel B.V.2.

[149] *Eisenberg*, Beweisrecht StPO Rn. 1518.

[150] *Eisenberg*, Beweisrecht StPO Rn. 1518.

[151] Lediglich thematisch angeschnitten bei MüKo-StPO/*Trüg/Habetha* § 244 Rn. 71.

[152] LR-StPO/*Geier* (20. Aufl. 1958) § 244 Rn. 25b; *Peters*, Strafprozeß (1985), S. 285. Dagegen die Feststellung, dass dadurch der betroffene Richter „von der allseitigen Kognition

Entscheidung der Beweisfrage innehat und die ungebundenen Stimmen der restlichen Gerichtsmitglieder dem Angeklagten quasi entzogen werden. Da die gegenständlichen Beweisfragen eine verfahrensausschlaggebende Relevanz aufweisen[153], ist hierdurch in nicht unerheblichem Maße die Schuld- und Straffrage tangiert.

cc) Missachtung der Verfahrensgrundsätze und Entfall von hypothetischen Mitwirkungsrechten

Die Gefahren einer defizitären „Sachkunde"-Vermittlung können vom Angeklagten bzw. der Verteidigung mangels gerichtlicher Dokumentationspflichten kaum angemessen kontrolliert und unterbunden werden, weil dieser Vorgang nach Ansicht der Rechtsprechung gerade *nicht* in öffentlicher Verhandlung bzw. in Anwesenheit oder unter Anhörung der übrigen Prozessbeteiligten erfolgen müsse.[154] Da es sich bei der „Sachkunde"-Vermittlung für die bislang nicht sachkundigen Gerichtsmitglieder dogmatisch allerdings erst um den „Sachkunde"-Erwerb handelt, ist ein solcher *nach* Beginn der Hauptverhandlung ausschließlich unter Wahrung entsprechender Grundsätze des Strengbeweisverfahrens zulässig.[155] Eine „Sachkunde"-Vermittlung im gerichtlichen Beratungszimmer durch andere Gerichtsmitglieder beschränkt in unzulässiger Weise die Grundsätze der Öffentlichkeit und Mündlichkeit.[156]

So überrascht es, dass die wohl herrschende Ansicht einerseits davon ausgeht, ein Richter dürfe solches Tatsachenwissen nicht als gerichtskundig verwerten, welches er sich „für die Entscheidung eines Falls erst aneignet oder verschafft (hat)", andererseits aber die „Sachkunde"-Vermittlung außerhalb der laufenden Hauptverhandlung als zulässig erachtet.[157] Die „Sachkunde"-Vermittlung nach dem Beginn der Hauptverhandlung stellt eine Form des unzulässigen Wissenserwerbs dar, weil diese womöglich erst im Rahmen der Beratung i. S. v. § 260 Abs. 1 StPO, d. h. lange nach dem Eintritt in die Hauptverhandlung, geschehen würde. Da die Beratung des Gerichts geheim erfolgt (§ 193 Abs. 1 GVG), liefe die „Sachkunde"-Vermittlung ebenfalls geheim und unter Verstoß gegen das dargestellte „Drei-Stadien-Modell" zum Strengbeweisverfahren ab.

---

und Würdigung des Entscheidungsmaterials ausgeschlossen, seine Mitwirkung genauso eine fiktive wie es die des ‚schlafenden Richters' ist", so Alsberg/*Nüse*, Der Beweisantrag (3. Aufl. 1967), S. 131; *Geppert*, Grundsatz der Unmittelbarkeit (1979), S. 156.

[153] Siehe hierzu bereits 2. Kapitel C. I.

[154] BGHSt 12, 18 (20) = NJW 1958, 1596.

[155] Siehe hierzu bereits 3. Kapitel A. II. 2.

[156] *Gössel*, Strafverfahrensrecht (1977), S. 257. *Peters*, Strafprozeß (1985), S. 313 beschreibt es so: „Die Überzeugungsgewinnung würde dann in Verwertung *außerhalb der Hauptverhandlung* erworbener Sachkunde der *bis dahin nicht sachkundigen Richter* erfolgen" (Hervorhebungen d. Verf.).

[157] So z. B. *Meyer-Goßner*, in: FS Tröndle (1989), 551 (553, 559).

Sieht man mit der überzeugenden Auffassung Niemöllers im Erwerb von Sachkunde lediglich eine Vorstufe der Beweiserhebung[158], ist ihr auch kein Schutz durch das für die Beratung und Abstimmung geltende Beratungsgeheimnis (§ 260 Abs. 1 StPO, §§ 43, 45 Abs. 1 S. 2 DRiG i.V.m. § 353b Abs. 1 Nr. 1 StGB) zuzuschreiben.[159] Das Beratungsgeheimnis erstreckt sich bloß auf die Entscheidung über den Schuld- und Rechtsfolgenausspruch der angeklagten Tat.[160] Der „Sachkunde"-Erwerb ist jedoch dem vorgelagerten Bereich der Tatsachenfeststellung zuzuordnen und damit faktisch ein Beweiserhebungssurrogat. Die „Sachkunde"-Vermittlung kann daher kein struktureller Bestandteil der Beweiswürdigung (§ 261 StPO) sein, da die Beweis*würdigung* denknotwendig das Vorhandensein eines Beweises voraussetzt, während mittels Sachkundeanwendung überhaupt erst ein Beweisergebnis (s) produziert wird.

Aus der Ansicht der Rechtsprechung resultiert außerdem eine erheblich negative Rechtsfolge für die dem Angeklagten zustehenden Verteidigungsrechte. Die nach der Rechtsprechung zugelassene „Sachkunde"-Vermittlung führt dazu, dass ein tatsächlich lediglich partiell sachkundiges Gericht, welches mangels Homogenität des relevanten Anwendungs- oder Auswertungswissens entsprechend der Amtsaufklärungspflicht (§ 244 Abs. 2 StPO) einen Sachverständigen bestellen *müsste*[161], hierauf verzichten darf.

Durch den Verzicht auf den Sachverständigenbeweis besteht die Gefahr, dass dem Angeklagten „objektiv wichtige Beweise abgeschnitten"[162] werden, denn die Anwesenheits-, Frage-, Erklärungs- und Ablehnungsrechte (§§ 74, 168c Abs. 2 S. 1, 168d Abs. 2 S. 2, 240 Abs. 2 S. 1, 257 Abs. 1 StPO), die den Prozessbeteiligten gegenüber dem Sachverständigen grundsätzlich zustehen, fallen als Resultat der „Sachkunde"-Vermittlung gänzlich und ersatzlos weg.[163] Das Erfahrungswissen kann auf diese Weise innerhalb der Hauptverhandlung, wo noch eine Beeinflussung der Entscheidungsbildung des Gerichts möglich ist, durch die Verteidigung nicht inhaltlich substantiiert, seine Validität nicht überprüft und qualitativ nicht angegriffen werden[164], da dem Angeklagten gegenüber dem vermeintlich sachkundigen Gericht solche Rechte nicht eingeräumt werden.

---

[158] *Niemöller*, NStZ 2015, 16 (18). Siehe hierzu bereits 3. Kapitel A.II.2.

[159] So auch LR-StPO/*Geier* (20. Aufl. 1958) § 244 Rn. 25b; *Peters*, Strafprozeß (1985), S. 313; a.A. *Trück*, NStZ 2007, 377 (380 f.); LR-StPO/*Becker* § 244 Rn. 72.

[160] Meyer-Goßner/*Schmitt* StPO § 260 Rn. 10; BeckOK-StPO/*C. Graf* GVG § 193 Rn. 1.

[161] MüKo-StPO/*Trüg/Habetha* § 244 Rn. 72; SK-StPO/*Frister* § 244 Rn. 35.

[162] So *Perron*, Beweisantragsrecht des Beschuldigten (1995), S. 262.

[163] So *Sarstedt*, JR 1958, 350 (351); *Wolschke*, Sachverständigenbeiziehung (1973), S. 213; *Franzki*, DRiZ 1976, 97 (98); *Gössel*, Strafverfahrensrecht (1977), S. 257; SK-StPO/*Velten* Vor § 261 Rn. 24.

[164] OLG Köln, Urt. v. 03.01.1958 – Ss 434/57 = NJW 1958, 881, welches „fundamentale Grundsätze des deutschen Strafprozessrechts verletzt" sieht; MüKo-StPO/*Trüg/Habetha* § 244 Rn. 71; *Hanack*, JZ 1972, 114 (116); *Wolschke*, Sachverständigenbeiziehung (1973), S. 212 f., 285.

Damit kommt es quasi einem Zufall gleich, ob ein Gerichtsmitglied ggf. Sonderwissen in einem Fachgebiet aufweist[165] und den Prozessbeteiligten im Ergebnis keine Mitwirkungsrechte zustehen oder ob das unsachkundige Tatgericht – entsprechend der Amtsaufklärungspflicht – „notgedrungen" einen Sachverständigen hinzuziehen muss und dem Angeklagten daraufhin Mitwirkungsrechte offenstehen. Die Wahrnehmung von derart relevanten Art. 6 Abs. 1, Abs. 3 lit. d EMRK entspringenden Verfahrensrechten[166] darf jedoch nicht von Unwägbarkeiten abhängen bzw. gänzlich ausgehöhlt werden. Unter diesem Gesichtspunkt verfängt auch nicht das Argument, die „Sachkunde"-Vermittlung innerhalb des Kollegialgerichts sei qualitativ gleichwertig mit dem Sachverständigenbeweis, weil „ebenso wie das Gericht sich die Sachkunde von einem Gehilfen, der nicht zum Gericht gehört, vermitteln lassen kann, […] es sich die besondere Sachkunde eines oder mehrerer zum Spruchkörper gehörender Richter zunutze machen (darf)"[167]. Die Gesetzeskonzeption beruht gerade auf der Ergänzung fehlenden richterlichen Erfahrungswissens durch Sachverständige und nicht durch übrige Gerichtsmitglieder. Eine qualitative Gleichwertigkeit zwischen der „Sachkunde"-Vermittlung (fingiertem Sonderwissen) und der Hinzuziehung eines Sachverständigen (bewährtem Spezialwissen) muss insbesondere hinsichtlich der Rechtsfolgen abgelehnt werden, da diese für den Angeklagten erheblich nachteilhaft voneinander abweichen.

III. Kasuistik der Rechtsprechung zum Umfang richterlicher Sachkunde

Es hat sich für strafrechtsnahe Wissenschaften eine Rechtsprechungskasuistik herausgebildet, unter welchen Voraussetzungen richterliches Anwendungswissen grundsätzlich ausreicht und ab welcher Grenze die Amtsaufklärungspflicht (§ 244 Abs. 2 StPO) die Hinzuziehung eines Sachverständigen (§§ 72 ff. StPO) gebietet.

1. Personalbeweis

a) Aussagepsychologie

Im Bereich der Aussagepsychologie hat das Tatgericht die Glaubhaftigkeit von Aussagen und die Glaubwürdigkeit von Personen festzustellen.[168] Hierbei handelt es sich um die im Strafprozess wohl am häufigsten auftretende außerjuristische

[165] So *Mittermaier*, AcP 2 (1819), 119 (125).

[166] Siehe hierzu tiefergehend 4. Kapitel C, 4. Kapitel D.

[167] BGHSt 12, 18 (19 f.) = NJW 1958, 1596.

[168] Zur Methodik aussagepsychologischer Gutachten z. B. bei *Greuel*, MSchrKrim 2000, 59 ff. Zu den Anforderungen der Rspr. an Glaubhaftigkeitsgutachten (sog. Nullhypothese) grundlegend BGHSt 45, 164 = JZ 2000, 262 ff. Zum Erfordernis im Strafprozess *Fischer*, NStZ 1999, 1 ff.; *Cabanis*, NJW 1978, 2329 ff.

Beweisfrage.[169] Die Anwendung aussagepsychologischer Grundsätze soll primär zum „Wesen richterlicher Rechtsfindung" gehören und dementsprechend „genuine Aufgabe" des Tatgerichts sein.[170] Danach verfügt das Gericht über ein ausreichendes Maß an Fähigkeiten und Menschenkenntnis, um Aussagen und Einlassungen auf ihren Wahrheitsgehalt[171] sowie Personen auf ihre Ehrlichkeit und Zuverlässigkeit zu überprüfen, sofern nicht „besondere Umstände" vorliegen, welche die Beiziehung eines besonders erfahrenen Fachmannes ratsam bzw. gar notwendig erscheinen lassen[172]. Es existieren jedoch keine allgemeinen Maßstäbe, unter welchen Voraussetzungen zwingend ein Sachverständiger zur Erstellung eines aussagepsychologischen Gutachtens hinzuziehen ist.

Grundsätzlich ist die Beurteilung der Glaubwürdigkeit und -haftigkeit bei volljährigen Personen ausschließlicher Kompetenzbereich des Tatgerichts.[173] Nach ständiger Rechtsprechung des BGH bedarf es der Hinzuziehung eines Sachverständigen, wenn „die Eigenart und besondere Gestaltung des Falles seine Sachkunde erfordern, die ein Richter (auch mit speziellen forensischen Erfahrungen) normalerweise nicht hat" (vgl. Nrn. 19 Abs. 5, 222 Abs. 1 RiStBV).[174] Solche Ausnahmen bestehen laut der Rechtsprechung bei schwierigen Beweislagen[175] (so z.B. widersprüchlichen Aussagen[176]), Bedenken hinsichtlich der Aussagetüchtigkeit[177] und anderen Auffälligkeiten[178] (z.B. besonderen pathologische Zustände[179] oder Suchterkrankungen[180]).

---

[169] *Barton*, Die Fragwürdigkeit des Zeugenbeweises (1995), S. 23; *Peters*, Fehlerquellen Bd. I (1970/1974), S. 141.

[170] So in st.Rspr. z.B. BGHSt 3, 52 (53) = NJW 1952, 1064; BGHSt 23, 8 (12) = NJW 1969, 2293 (2294); BGH, Beschl. v. 17.11.1999 – 3 StR 438/99 = NStZ 2000, 214; BVerfG, Beschl. v. 16.12.2002 – 2 BvR 2099/01 = NJW 2003, 1443 (1444); BGH, Urt. v. 27.01. 2005 – 3 StR 431/04 = NStZ 2005, 394.

[171] BGHSt 3, 52 (53) = NJW 1952, 1064.

[172] BGHSt 8, 130 (132) = NJW 1955, 1526; *Geppert*, Jura 1993, 249 (252).

[173] BGHSt 8, 38 = NJW 1955, 1644; BGHSt 8, 130 (131) = NJW 1955, 1526; BGH, Urt. v. 03.06.1982 – 1 StR 184/82 = NStZ 1982, 432; *Bockelmann*, GA 1955, 321 (327).

[174] BGH, Urt. v. 19.02.1997 – 5 StR 621/96 = NStZ 1997, 355 (356) (Hervorhebungen d. Verf.).

[175] BGH Beschl. v. 14.01.1982 – 1 StR 640/81 = NStZ 1982, 170; BGH, Beschl. v. 20.03. 1990 – 1 StR 654/89.

[176] BGH, Urt. v. 15.11.1995 – 2 StR 347/95 = StV 1996, 132.

[177] BGH, Urt. v. 02.05.1985 – 4 StR 142/85 = NStZ 1985, 420 (421); BGH, Beschl. v. 09.10.2012 – 5 StR 428/12 = BeckRS 2012, 22791 für unstetiges Erinnerungsvermögen.

[178] BGH, Urt. v. 13.10.1981 – 1 StR 561/81 = NStZ 1982, 42.

[179] BGH, Beschl. v. 02.03.1995 – 4 StR 764/94 = NStZ 1995, 558 (559) für „psychosomatische Zustände"; BGH, Beschl. v. 17.11.1999 – 3 StR 438/99 = NStZ 2000, 214 nicht für Gehörlosigkeit; BGH, Beschl. v. 25.04.2006 – 1 StR 579/05 = NStZ-RR 2006, 242 (243) für „organische Hirnschädigung"; BGH, Beschl. v. 29.10.1996 – 4 StR 508/96 = NStZ-RR 1997, 106 für Depressionen und „neurotische Angst"; BGH, Beschl. v. 28.10.2009 – 5 StR 419/09 = NStZ 2010, 100 (101) für „Selbstverletzungen und Suizidalität"; BGH, Beschl. v. 23.05.

Durch die allgemein anerkannten wissenschaftlichen Anforderungen (z.B. Nullhypothese, Inhaltsanalyse und Aussagegenese), die der BGH an psychologische Glaubhaftigkeitsgutachten stellt[181], wurde es für die Gerichte handhabbarer, aussagepsychologische Standards im Einzelfall anzuwenden, sodass Spezialwissen nur noch auf dem Feld der psychologischen Grundlagenforschung gebraucht wird[182]. Bei Minderjährigen setzt die Rechtsprechung strengere Maßstäbe an, da die noch reifende und nicht voll entwickelte Persönlichkeit eines Kindes bzw. Jugendlichen gößere Gefahren in den Stadien der Aussageentstehung und -entwicklung biete und eine Sachverständigenhinzuziehung regelmäßig nahe liege[183], sofern „aus dem gewöhnlichen Erscheinungsbild des Kindes- oder Jugendalters hervorstechende Züge oder Eigentümlichkeiten" auftreten.[184]

b) Physische und psychische Ausnahmezustände

Der Ausschluss und die Verminderung der Schuldfähigkeit des Angeklagten setzen bereits normativ einen pathologischen Zustand, der die kognitive Einsichts- oder voluntative Steuerungsfähigkeit beeinträchtigt, voraus (§§ 20, 21 StGB).[185] Obwohl die Frage der Schuldfähigkeit ebenso wie die der Aussagepsychologie eine strafprozessual wiederkehrende ist, wird Gerichten in diesem Bereich eine geringe Sachkunde attestiert.[186] Die Beurteilung geistiger und seelischer Anomalien erfordere bereits medizinisches Fachwissen, über welches ein Tatgericht regelmäßig nicht verfüge.[187] Es kann trotz dessen sachkundig sein, wenn die Beurteilung des geistigen und körperlichen Zustands des Angeklagten aufgrund dessen bloßer Beobachtung in der Hauptverhandlung mit medizinischem Allgemeinwissen möglich ist oder wenn keine tatsächlichen Anhaltspunkte bestehen, die auf eine Abweichung vom Normalzustand hindeuten.[188]

2012 – 5 StR 174/12 = NStZ-RR 2012, 353 (354) für „paranoide Persönlichkeitsstörung"; BGH, Urt. v. 22.01.1998 – 4 StR 100/97 = NStZ 1998, 366 (367) für „Borderline-Störung"; BGH, Beschl. v. 22.10.1992 – 4 StR 502/92 = StV 1993, 567 für psychische Erkrankung.

[180] BGH, Urt. v. 05.03.2014 – 2 StR 503/13 = NStZ-RR 2014, 185 für Alkoholabusus und „Gehirnschwund".

[181] BGHSt 45, 164 ff. = NStZ 2000, 100.

[182] *Fischer*, in: FS Widmaier (2008), 191 (222).

[183] BGHSt 7, 82 = NJW 1955, 599 f. m. krit. Anm. *Bockelmann*, GA 1955, 321 ff.

[184] BGHSt 8, 38 = NJW 1955, 1644; hierzu *Eb. Schmidt*, in: FS Schreiber (1969), 258 (265).

[185] Dazu vertiefend *Tondorf/Tondorf*, Psychologische Sachverständige, Rn. 18 ff. Mindestanforderungen für Schuldfähigkeitsgutachten bei *Boetticher/Nedopil/et al.*, NStZ 2005, 57 ff.

[186] *Lobe*, DRiZ 1913, 362 (363).

[187] RG JW 1932, 3356; BGH, Urt. v. 07.01.1955 – 5 StR 641/54; BVerfGE 70, 297 (309) = NStZ 1986, 185 (186).

[188] Statt vieler BGH, Urt. v. 26.05.1970 – 4 StR 113/70 = StV 1982, 54.

Für die Fälle des Alkoholmissbrauchs hat die Rechtsprechung – nicht kritiklos gebliebene[189] – Richtwerte für die Auswirkungen von Alkoholkonsum („Tatzeit-Blutalkoholgehalt“) auf die Einsichts- und Steuerungsfähigkeit entwickelt. Die Feststellung eines „Tatzeit-Blutalkoholgehalts“ ist für gewöhnlich eine simple Rechenaufgabe, die das Tatgericht eigenständig durchführen kann[190], sodass es nur aufgrund besonderer Schwierigkeiten des Falles einen medizinischen Sachverständigen hinzuziehen muss.[191] Da die sog. Promille-Richtwerte bloße Indikatoren für eine Verminderung bzw. Aufhebung der Schuldfähigkeit sind und eine Gesamtbetrachtung des Angeklagten zu erfolgen hat[192], dürfte diese Beurteilung in komplexen medizinischen Fällen (z. B. je nach Grad der Gewöhnung, allgemeiner körperlicher Verfassung und Auswirkungen alternativen Beikonsums) die Grenzen der Sachkunde eines Strafgerichts regelmäßig überschreiten.[193]

c) Prognosebegutachtungen

Das Gesetz sieht eine normative Pflicht zur Sachverständigenhinzuziehung für Prognosebegutachtungen zur Entscheidung über Maßregeln zur Sicherung und Besserung vor, so z. B. in §§ 80a, 87, 91, 92, 246a, 275a Abs. 4 StPO.[194] Wegen der grundrechtlich starken Eingriffsintensität freiheitsentziehender Maßnahmen (Art. 104 Abs. 1 S. 1 GG) ist bei der Erwägung (§ 64 StGB), Anordnung (§§ 63, 66 StGB) oder dem Vorbehalt (§ 66a StGB) einer solchen zur Besserung und Sicherung des Angeklagten dessen psychowissenschaftliche Begutachtung von besonderer Bedeutung.[195]

§§ 80a, 414 Abs. 3 StPO und § 246a StPO statuieren gesetzliche Pflichten zur Hinzuziehung eines Sachverständigen im Ermittlungs- bzw. Sicherungsverfahren und Hauptverfahren, wenn eine freiheitsentziehende Maßregel in Betracht kommt oder in Erwägung gezogen wird. Bei einer nachträglichen Sicherungsverwahrung (§ 275a Abs. 4 StPO) muss das Gericht sogar explizit zwei unabhängige Gutachten in Auftrag geben, da in dieser Konstellation § 246a StPO noch nicht zur Anwendung kommt und mithin erstmals eine Begutachtung des Angeklagten stattfindet.[196]

---

[189] So z. B. *Schewe*, JR 1987, 179 (183); *Maatz*, StV 1998, 280 (281).

[190] Alsberg/*Güntge*, Der Beweisantrag, Kap. 6 Rn. 30; *de Vries*, Kriminalistik 2017, 477 ff.

[191] BGH, Urt. v. 27. 10. 1967 – 4 StR 427/67 = BeckRS 1967, 31181070; BGHSt 25, 246 (251) = NJW 1974, 246 (247) bei normabweichender Resorptionsphase; OLG Stuttgart, Beschl. v. 30. 07. 1981 – 3 Ss 331/81 = NJW 1981, 2525 bei fraglichem „Nachtrunk“.

[192] *Schewe*, Blutalkohol 1991, 264 (266); Alsberg/*Güntge*, Der Beweisantrag, Kap. 6 Rn. 21; *Eisenberg*, Beweisrecht StPO Rn. 1747a, 1750.

[193] Alsberg/*Güntge*, Der Beweisantrag, Kap. 6 Rn. 21.

[194] So bereits *Glaser*, Hdb. des Strafprozesses Bd. I (1883), S. 715 ff.; ausführlich *Tondorf/ Tondorf*, Psychologische Sachverständige, Rn. 88–211; Mindestanforderungen zu Prognosegutachten bei *Boetticher/Kröber/et al.*, NStZ 2006, 537 ff.

[195] *Tondorf/Waider*, StV 1997, 493 (494); *Barton*, StV 1983, 73.

[196] Meyer-Goßner/*Schmitt* StPO § 275a Rn. 10; MüKo-StPO/*Gerhold* § 275a Rn. 48.

Es handelt sich dabei – neben der weiteren Vorschrift des § 244 Abs. 4 S. 2 StPO, die die Hinzuziehung eines zweiten Sachverständigen ermöglicht – um eine gesetzliche Einzigartigkeit, die versucht, der Sicherungsverwahrung als „schärfste(r) Maßregel des Strafrechts“[197] gerecht zu werden.

Der Gesetzgeber hat in der Gesamtsystematik diesbzgl. eine wertende Kategorisierung vorgenommen: Während eingriffsintensiven Bewertungen (z. B. Prognose der „Gefährlichkeit“ für die nachträgliche Sicherungsverwahrung) zwei Sachverständigengutachten vorbehalten bleiben, dürfen eingriffsschwächere Bewertungen (z. B. Glaubhaftigkeitsprüfung einer Zeugenaussage) auch vom hierfür generell als sachkundig geltenden Tatgericht vorgenommen werden. Es besteht eine aufsteigende Qualität in den Beurteilungen außerjuristischer Beweisfragen durch das Tatgericht (i. R. v. § 261 StPO), durch einen Sachverständigen (i. R. v. § 72 StPO) und durch zwei Sachverständige (i. R. v. § 275a Abs. 4 StPO).

2. Sachbeweis

a) Forensik, Kriminalistik und Kriminaltechnik

Ein weiteres Anwendungsfeld sind forensische, kriminalistische und kriminaltechnische Sachbeweisfragen, wobei im Rahmen eigenständiger Fachgebiete auf die Natur-, Ingenieurs- und Humanwissenschaften zurückgegriffen wird.[198] Zentrale Untersuchungsinhalte sind der Tathergang (z. B. Rekonstruktionen[199]) und Beweisgegenstände (z. B. Spuren, Proben, Tatmittel, Bilder, Filme, Dokumente und Leichen[200]).

Unter *Forensik* werden jene Arbeitsgebiete zusammengefasst, in denen systematisch kriminelle Handlungen identifiziert, analysiert bzw. rekonstruiert werden (z. B. forensische Rechtsmedizin, forensische Ballistik, Computer-Forensik).[201]

Kriminalistik beschreibt die Gesamtheit der Gesetzmäßigkeiten und Erscheinungsformen bei der Entstehung von Spuren sowie die (primär) naturwissen-

---

[197] *Kinzig*, NStZ 2004, 655. Zur Verfassungsmäßigkeit der Sicherungsverwahrung BVerfG, Beschl. v. 27. 09. 1995 – 2 BvR 1734/90 = NStZ-RR 1996, 122; zur Vereinbarkeit der Sicherungsverwahrung mit Art. 5 Abs. 1, 7 Abs. 1 EMRK siehe EGMR, Urt. v. 04. 12. 2018 – 10211/12, 27505/14 (*Ilnseher/Deutschland*) = NJOZ 2019, 1445.

[198] Überblick bei MAH-Strafverteidigung/*Eisenmenger/Mußhoff et al.*, §§ 56–60 (forensische Wissenschaften), §§ 61–79 (Kriminaltechnik und Spurensicherung).

[199] Beispiel siehe bei *Holzer/Cornelius/Labudde*, Kriminalistik 2025, 139 f.

[200] *Eisenberg*, Beweisrecht StPO Rn. 1894–1999; LR-StPO/*Krause* Vor § 72 Rn. 21 ff.

[201] *Siller*, Helmut, in: Wirtschaftslexikon Gabler, Definition Forensik (online abrufbar unter: https://wirtschaftslexikon.gabler.de/definition/forensik-53390); IT/Computer-Forensik nach Erklärung des Bundeskriminalamtes (online abrufbar unter: https://www.bka.de/DE/UnsereAufgaben/Ermittlungsunterstuetzung/Technologien/IT-Forensik/it_forensik_node.html).

schaftlich-technischen Verfahren, Methoden und Mittel zu ihrem Auffinden, Sichern und Bewerten.[202]

Das Teilgebiet der *Kriminaltechnik* umfasst die Heranziehung und Nutzbarmachung bestehender technischer Verfahren sowie wissenschaftlicher Erkenntnisse und Praktiken, teilweise auch unter Entwicklung spezialisierter Untersuchungsmethoden, durch Sicherung und Untersuchung sachlicher Beweismittel[203], worunter z. B. biometrische Analysen, Urkunden-, Dokumenten- und Materialanalysen oder die Untersuchung von Brandstiftungsobjekten fallen.[204]

Sofern die Beurteilung der Beweisfrage (technische) Hilfsmittel, über die ein Strafgericht naturgemäß nicht verfügt, erfordert (z. B. bei DNA-Analysen gem. §§ 81a, 81e–81 h StPO, Spurendaktyloskopie oder der Leichenschau gem. §§ 87 ff. StPO), wird die Hinzuziehung eines Sachverständigen, der die Untersuchungen vornimmt, unumgänglich sein.[205] Anders liegt es hingegen bei der Beurteilung, ob Bilder, Schriften oder Tonaufnahmen im Zusammenhang mit dem Angeklagten stehen. Bei der Identifizierung aufgrund einer Bildaufnahme gebietet die Amtsaufklärungspflicht nur in besonderen Fällen (z. B. schlechte Bildqualität oder Ähnlichkeiten zwischen mehreren Personen) die Hinzuziehung eines sog. anthropologischen Sachverständigen[206], ansonsten soll das Tatgericht selbst ausreichend sachkundig sein[207]. Steht die Durchführung einer Geld- oder Wertzeichenprüfung (§ 92 StPO) oder Schriftvergleichung (§ 93 StPO) im Raum, muss bzw. kann nach dem Gesetz ein forensischer Sachverständiger hinzugezogen werden, da das Gericht auf diesem Wissensgebiet nur selten über ausreichende Sachkunde verfügt.[208] Gleiches gilt für Sprach- und Textvergleiche, die tiefere linguistisch-forensische

---

[202] MAH-Strafverteidigung/*Neuhaus* § 61 Rn. 5; *Werner*, in: Weber, Rechtswörterbuch, Kriminalistik.

[203] *Weihmann*, Kriminalistik 2015, 627 (631).

[204] Tätigkeitsfelder in der Kriminaltechnik laut Bundeskriminalamt (online abrufbar unter: https://www.bka.de/DE/UnsereAufgaben/Ermittlungsunterstuetzung/Kriminaltechnik/kriminal technik_node.html).

[205] *Mayer*, in: FS Mezger (1954), 455 (472 f.). Vgl. Erklärung des Bundeskriminalamtes zum Aufgabengebiet der „Kriminaltechnik", konkret Spurendaktyloskopie (online abrufbar unter: https://www.bka.de/DE/UnsereAufgaben/Ermittlungsunterstuetzung/Kriminaltechnik/Biometrie/Daktyloskopie/daktyloskopie_node.html) und DNA-Analytik (online abrufbar unter: https://www.bka.de/DE/UnsereAufgaben/Ermittlungsunterstuetzung/Kriminaltechnik/Biome trie/DNAAnalytik/ddnaAnalyti_node.html).

[206] BGH, Urt. v. 15.02.2005 – 1 StR 91/04 = NStZ 2005, 458 (460); BGH, Beschl. v. 31.07.2013 – 4 StR 270/13 = NStZ-RR 2014, 115 (116); OLG Oldenburg, Beschl. v. 30.09. 2008 – Ss 324/08 = NStZ-RR 2009, 60.

[207] BGHSt 29, 18 (22) = NJW 1979, 2318 (2319); BGHSt 41, 376 (380) = StV 1996, 413 (414).

[208] KG Berlin, Beschl. v. 18.12.2008 – (4) 1 Ss 453/08 (292/08) = StraFo 2009, 154; *Eisenberg*, Beweisrecht StPO Rn. 1967; Meyer-Goßner/*Schmitt* StPO § 93 Rn. 1; LR-StPO/*Krause* § 93 Rn. 3.

Kenntnisse (z. B. zu Text- und Stilanalyse) erfordern.[209] Bei technischen Fragen (z. B. Unfallrekonstruktionen, Bremswegberechnungen oder Wirkungsweisen von Maschinen) kann dem Tatgericht eine allgemeine Sachkunde nicht generell, sondern nur nach dem jeweiligen Einzelfall zugesprochen werden.[210]

b) Wirtschaft und Wettbewerb

Von zunehmender Bedeutung sind Prozesse und Umstände, die im Wirtschaftsleben und im unternehmerischen Wettbewerb praktisch sowie rechtlich verankert sind. Mit der steigenden Komplexität dieser Bereiche wächst auch der Regulierungsbedarf, sodass vermehrt wirtschaftsspezifische Verhaltensweisen sanktionsbewehrt sind. Es existiert eine große Bandbreite von (neben-)strafrechtlichen Verbotsnormen, welche Zuwiderhandlungen gegen wirtschaftliche Grundsätze und Gepflogenheiten erfassen (z. B. im AktG, UWG, LFGB oder GeschGehG). Diese Verbotsnormen sehen inzident bestimmte zivilrechts- oder verwaltungsakzessorische Um- oder Zustände als strafbarkeitsbegründende Voraussetzung vor. Mitunter können Fragen der Preisgestaltung innerhalb einer Branche (z. B. für §§ 259, 263 StGB oder § 38 GWB)[211], aber auch Handelsbräuche und -gewohnheiten oder Buchhaltungs- und Bilanzgrundsätze (z. B. für § 283 StGB)[212] das Tatgericht vor Beurteilungsschwierigkeiten stellen. Komplexe Probleme aus dem Wirtschaftsleben gehören, soweit kein gebündeltes Sonderwissen in Form einer Sonderzuständigkeit (§ 74c GVG) vorliegt[213], regelmäßig nicht zum Allgemeinwissen von Richtern, sodass die Hinzuziehung externer Sachkunde in Form von Wirtschaftsprüfer, Buchhaltern oder Steuerberatern notwendig ist.[214]

IV. Zwischenergebnis

Während die Anwendung von Spezialwissen durch einen Sachverständigen eine formale Beweiserhebung darstellt, ist die Anwendung von Sonderwissen durch das Tatgericht ein Surrogat des Sachverständigenbeweises. Der Erwerb von Sonder-

---

[209] *Eisenberg*, NStZ 2010, 680 (681 f.).

[210] LR-StPO/*Becker* § 244 Rn. 94; Alsberg/*Güntge*, Der Beweisantrag, Kap. 6 Rn. 32.

[211] BGHSt 12, 18 = NJW 1958, 1596 für „Fleischpreise“; BGH, Beschl. v. 25.02.2016 – 3 StR 142/15 = StV 2017, 110 für die Einwirkung von Verhaltensweisen auf „Börsenpreise“; BGH, Beschl. v. 12.05.2022 – 5 StR 450/21 = NJW 2022, 2556 für Verkehrswert von Immobilien; BGH, Urt. v. 13.11.2007 – 3 StR 462/06 = wistra 2008, 149 für Gewinnwahrscheinlichkeit bei Börsenspekulation; BGHSt 26, 56 (59) = GRUR 1976, 37 (38) für „Marktverhältnisse“ im Verkehr mit Aluminiumhalbzeug.

[212] *Richter*, StraFo 1989, 7 (11); *Krekeler*, wistra 1989, 52; *Farthofer*, HRRS 2021, 313 (314).

[213] Siehe hierzu 5. Kapitel A. I. 2.

[214] *Krekeler*, wistra 1989, 52.

wissen durch das Gericht ist Teil der Beweiserhebung und Tatsachenfeststellung. Die Einschätzung des Gerichts hinsichtlich seines eigenen Wissensstandes muss nach objektiv-rationalen Maßstäben erfolgen. Der Erwerb tatrichterlicher Sachkunde ist vor Beginn der Hauptverhandlung schrankenlos möglich. Um die „Justizförmigkeit“ des Strafverfahrens zu wahren, müssen mit Beginn der Hauptverhandlung (§ 243 StPO) die Förmlichkeiten der Beweisaufnahme (§§ 244, 261 StPO) garantiert werden.

Vom Gericht außerhalb des zentralen Forums der Hauptverhandlung erworbenes Anwendungswissen entzieht den Prozessbeteiligten Mitwirkungsmöglichkeiten, stellt die Wahrung wesentlicher Prozessmaximen in Frage und erweckt den Anschein einer „Geheimjustiz“. Gleiches gilt für die praktizierende Rechtsprechung zur „Sachkunde“-Vermittlung innerhalb von Kollegialgerichten. Es gibt keine allgemeingültigen bzw. verbindlichen Grundsätze zur Bestimmung richterlicher Sachkunde, denn diese ist vielmehr einzelfallabhängig.[215] Die Kasuistik der Rechtsprechung zeigt auf, dass einerseits dem Tatgericht je nach Beweisthema eine umfassende Befugnis zur Nutzung seines Sonderwissens eingeräumt wird, andererseits bzgl. bestimmter Beweisthemen präsumtiv für besondere Fälle oder bei der Erforderlichkeit von ausbildungsbasiertem Anwendungs- und Auswertungswissen (Spezialwissen) Sachkunde abgesprochen wird.

B. Einholung von Fremdsachkunde durch Sachverständige (§§ 72 ff. StPO)

I. Sachverständigenbegriff

Die deutsche StPO nennt keine formalen und inhaltlichen Voraussetzungen zur Eignung von Sachverständigen im Strafprozess.[216] Eine Legaldefinition existiert nicht, vielmehr setzt das Gesetz die Kenntnis des Begriffes bereits voraus.[217] Der Begriff des Sachverständigen ist damit gesetzlich nicht geschützt, sodass grundsätzlich jede natürliche Person die Tätigkeit ausüben kann.[218] Das Schrifttum hat in eigener Rechtsfortbildung Merkmale entwickelt, sodass mittlerweile von einem weitgehend geklärten Sachverständigenbegriff ausgegangen wird:

> „Sachverständiger ist eine *natürliche Person*, die auf einem abgrenzbaren Gebiet der Naturwissenschaft, der Wirtschaft, der Technik oder eines anderen Sachbereichs über *überdurchschnittliche Kenntnisse, Fähigkeiten und Erfahrungen* verfügt, die *nachprüfbar* in

---

[215] *Mayer*, in: FS Mezger (1954), 455 (474).

[216] *Brammsen*, ZStW 119 (2007), 93 (96 ff.); SK-StPO/*Rogall* Vor § 72 Rn. 6.

[217] Dazu tiefergehend *Stober*, Der öffentlich bestellte Sachverständige (1991), S. 15 ff.

[218] *Bleutge*, DRiZ 1977, 170 (171); Bockemühl/*Detter/Becker*, Hdb. des FAStrafR, Abschn. 8, Kap. 37 Rn. 7; *Farthofer*, HRRS 2021, 314. Zur Delegation an Hilfspersonen vgl. Meyer-Goßner/*Schmitt* StPO § 73 Rn. 1b ff.

einer *abgeschlossenen Berufsausbildung* erworben wurden und die diese besondere Sachkunde jedermann *unabhängig, unparteiisch, persönlich, weisungsfrei und gewissenhaft* zur Verfügung stellt."[219]

II. Öffentliche Bestellung als Qualifizierungsakt (§ 36 GewO)

Dennoch trifft die deutsche StPO eine Privilegierung: Im Strafverfahren sind „öffentlich bestellte Sachverständige" anderen (sog. freien) Sachverständigen vorzuziehen (§ 73 Abs. 2 StPO), weil sie die „besondere Sachkunde" ihrer Person gegenüber der zuständigen Selbstverwaltungskörperschaft nachgewiesen haben.[220] Nicht öffentlich bestellte Sachverständige sind dadurch aber weder rechtlich noch faktisch von der Sachverständigentätigkeit ausgeschlossen, da es sich um eine rechtsfolgenlose „Soll"-Vorschrift handelt.[221] Dennoch hat § 36 GewO laut BVerfG „den Zweck, die Auswahl zwischen qualifizierten und unqualifizierten Sachverständigen zu erleichtern".[222] Der Akt der öffentlichen Bestellung (§ 36 GewO, § 91 Abs. 1 Nr. 8 HwO) ist Gewerbetreibenden und Sachverständigen auf dem Gebiet der Wirtschaft vorbehalten.[223]

Das BVerwG fordert für den unbestimmten Rechtsbegriff der besonderen Sachkunde „erheblich über dem Durchschnitt liegende Fachkenntnisse"[224], während andere Verwaltungsgerichte „hervorragende Fachkenntnisse"[225] oder „außerordentliche Anforderungen"[226] voraussetzen. Im Schrifttum wird hervorgehoben, dass hieran keine überzogenen Kriterien gestellt werden dürften.[227] Die öffentliche Bestellung erfordere regelmäßig eine einschlägige drei- bis fünfjährige Berufserfahrung[228] sowie die Fähigkeit nachvollziehbar, verständlich und ergebnisorientiert zu arbeiten[229]. Der Abschluss einer (Zusatz-)Ausbildung oder eines Hochschulstudi-

---

219 Landmann/Rohmer/*Bleutge* GewO § 36 Rn. 10, 11; *Böttger*, in: SV-HdB § 2 Rn. 16 (Hervorhebungen d. Verf.).

220 *Bleutge*, DRiZ 1977, 170 (171); *Ulrich*, Der gerichtliche Sachverständige (2007), Rn. 56; *Schlehe*, in: SV-HdB § 3 Rn. 10 ff.; *Bremer*, Der Sachverständige (1973), S. 156; *Stober*, Der öffentlich bestellte Sachverständige (1991), S. 21 f.

221 BVerfG, Beschl. v. 25.03.1992 – 1 BvR 298/86 = NJW 1992, 2621 (2622).

222 BVerfG, Beschl. v. 25.03.1992 – 1 BvR 298/86 = NJW 1992, 2621 (2623).

223 Der medizinisch-psychologische Bereich wird von der öffentlichen Bestellung nicht erfasst; für diese Fachwissenschaften existiert kein vergleichbares Äquivalent, vgl. *Schlehe*, in: SV-HdB § 3 Rn. 3.

224 BVerwGE 45, 235 = BeckRS 1974, 30438589.

225 OVG Münster, Urt. v. 17. 11.1970 – IV A 750/69 = GewA 1971, 103.

226 VG Ansbach, Urt. v. 08. 04.1971 – Nr. 9331/32–V/7 = GewA 1971, 129.

227 *Schlehe*, in: SV-HdB § 3 Rn. 43.

228 *Böttger*, in: SV-HdB § 2 Rn. 18 f.; *Bleutge*, DS 2006, 264.

229 Landmann/Rohmer/*Bleutge* GewO § 36 Rn. 60, 63; *Bremer*, Der Sachverständige (1973), S. 85; OVG Schleswig, Beschl. v. 14.02.2012 – 3 LA 46/11 = GewArch 2012, 206.

ums allein soll hierfür nicht ausreichen.[230] Die Berufsbezeichnung des „öffentlich bestellten Sachverständigen“ wird durch § 132a Abs. 1 Nr. 3 StGB strafrechtlich geschützt.

Durch die Bestellung werden die Sachverständigen an einen öffentlich-rechtlichen Pflichtenkatalog gebunden.[231] Die öffentliche Bestellung ist dabei keine Berufszulassung i. S. v. Art. 12 Abs. 1 GG, sondern eine staatliche Feststellung besonderer Qualifikation.[232] Die Bestellungszuständigkeit liegt bei verschiedenen Selbstverwaltungskörperschaften (z. B. Industrie-, Handels- und Handwerkskammern). Für § 36 GewO unterfallende Sachverständige existieren konkretisierte Bestellungsvoraussetzungen (§ 36 Abs. 2–4 i. V. m. der jeweiligen SVO). Dies soll insbesondere Gerichte und Prozessbeteiligte die Qualitätskontrolle erleichtern.[233]

Öffentlich bestellte Sachverständige verkörpern in besonderer Ausprägung außerjuristisches Spezialwissen, denn der Bestellungsakt ist aufgrund der Folgeregelungen grundsätzlich geeignet, einen entsprechenden Qualitätsstandard zu garantieren. Zwar konstatiert § 73 Abs. 2 StPO für das Strafverfahren einen Wettbewerbsvorteil der öffentlich bestellten Sachverständigen[234], demgegenüber indiziert der Mangel der öffentlichen Bestellung keineswegs fehlende Sachkunde oder gar einen Ablehnungsgrund i. S. v. § 74 StPO.

III. Aufgabengebiete

Das Tätigkeitsfeld eines Sachverständigen im Strafprozess gliedert sich in drei zentrale Aufgabenbereiche.[235] Stets ist dabei der Umgang mit Erfahrungssätzen die Metamethodik.

Erstens kann der Sachverständige dem Gericht abstrakte Erfahrungssätze des jeweiligen Wissensgebiets – unabhängig von einem konkret-einzelfallbezogenen

---

[230] OVG Bautzen, Urt. v. 14. 03. 2017 – 3 A 645/16 = BeckRS 2017, 112624; VG Düsseldorf, Urt. v. 20. 09. 2012 – 20 K 4307/11 = GewA 2014, 171 (172); VG Freiburg, Urt. v. 13. 04. 2005 – 7 K 1366/03 = DS 2005, 356.

[231] Siehe hierzu tiefergehend *Stober*, Der öffentlich bestellte Sachverständige (1991), S. 59 ff.

[232] BVerfG, Beschl. v. 25. 03. 1992 – 1 BvR 298/86 = NJW 1992, 2621 (2622); *Böttger*, in: SV-HdB § 2 Rn. 5; *Ulrich*, Der gerichtliche Sachverständige (2007), Rn. 56; *Bleutge*, DRiZ 1977, 170.

[233] Dazu instruktiv bei *Bleutge*, DRiZ 1977, 170 ff.

[234] Dazu *Stober*, Der öffentlich bestellte Sachverständige (1991), S. 71 f.

[235] Zu diesem Absatz vgl. *Hegler*, AcP 104 (1909), 151 (164 ff.); *Mezger*, Psychiatrische Sachverständige (1918), S. 10; *Lagrèze*, Erfahrungssätze (1938), S. 54 f.; *Bremer*, Der Sachverständige, S. 151 ff.; *Grossam*, in: SV-HdB § 12 Rn. 10 ff., § 16 Rn. 1 ff.; *Ulrich*, Der gerichtliche Sachverständige (2007), Rn. 5; Meyer-Goßner/*Schmitt* StPO Vor § 72 Rn. 3 ff.; LR-StPO/*Krause* Vor § 72 Rn. 7 ff.; SK-StPO/*Rogall* Vor § 72 Rn. 81 ff.; *Gössel*, Strafverfahrensrecht (1977), S. 255 f.; *Pieper*, ZZP 84 (1971), 1 (8).

Sachverhalt – vermitteln. Das Ziel besteht regelmäßig darin, dass das Tatgericht hierdurch eigenes Erfahrungswissen erlangt, mit welchem es die Beweisfrage selbständig beurteilen kann.

Beispiel: *Mitteilung kaufmännischer Anwendungskenntnisse (z. B. Bilanzbuchhaltung).*

Zweitens kann der Sachverständige die ausschließlich qua fachlicher Expertise mögliche Erhebung von sog. Befundtatsachen durchführen. Sog. *Befundtatsachen* sind solche Tatsachen, zu deren Beschaffung, Wahrnehmung und Beurteilung (einschließlich der daraus zu ziehenden Konklusionen) eine besondere Sachkunde erforderlich ist.[236] Hiervon sind sog. *Zusatztatsachen* zu unterscheiden, d. h. solche Tatsachen, die auch das Gericht (oder jede dritte Person) mit den ihm offen stehenden Erkenntnismöglichkeiten ermitteln könnte.[237]

Sofern die Ermittlung von Zusatztatsachen kein außerjuristisches Spezialwissen erfordert, handelt es sich um eine bloße Schilderung von subjektiven Wahrnehmungen, bzgl. derer der Sachverständige prozessordnungsgemäß als Zeuge (§§ 48 ff. StPO) – und wegen des Unmittelbarkeitsgrundsatzes (§ 250 S. 1 StPO) gerade nicht als Sachverständiger – zu vernehmen ist.[238] Dies betrifft z. B. den umstrittenen Bereich der Befragung des Angeklagten, Angehörigen oder Zeugen durch den Sachverständigen.[239] Selbst wenn die Differenzierung zwischen Befund- und Zusatztatsachen im Einzelnen schwierig ist[240], ist eine unzulässige Einführung von Zusatztatsachen im Zweifel durch die Verteidigung zu rügen.[241] Befunderhebungstätigkeiten können z. B. Explorationen bzw. Befragungen von Personen, Bewertungen von (Augenscheins-)Gegenständen oder Untersuchungen von Proben sein.

Beispiel: *Durchführung einer Leichenschau (§ 87 StPO) mittels rechtsmedizinischen Erfahrungswissens. Durchführung einer psychologischen Begutachtung zur Feststellung der Glaubhaftigkeit einer Aussage bzw. Glaubwürdigkeit einer Person.*

Drittens kann der Sachverständige vorgegebene Anknüpfungstatsachen mittels Anwendung der Erfahrungssätze des jeweiligen Wissensgebiets beurteilen, d. h. er erschließt sich entlang der deduktiven Kausalkette für den konkret-einzelfallbezo-

---

[236] *Geppert*, in: FS Lübtow (1980), 773 (781); *Kühne*, Strafprozessrecht, § 53 Rn. 858.

[237] *Geppert*, in: FS Lübtow (1980), 773 (781); *Kühne*, Strafprozessrecht, § 53 Rn. 858.

[238] BGHSt 9, 292 (293 ff.) = NJW 1956, 1526; BGHSt 13, 1 (2 ff.) = NJW 1958, 828; BGHSt 13, 250 (251 f.) = NJW 1959, 2222 (2223); BGHSt 18, 107 (108) = NJW 1963, 401; BGHSt 20, 164 (165 f.) = NJW 1965, 827; BGHSt 22, 268 (271) = NJW 1969, 196 (197); BGH, Urt. v. 18.05.1951 – 1 StR 149/51 = NJW 1951, 771; BGH, Beschl. v. 02.03.1982 – 1 StR 55/82 = NStZ 1982, 256 (257).

[239] Siehe hierzu Meyer-Goßner/*Schmitt* StPO § 80 Rn. 2.

[240] *Geppert*, in: FS Lübtow (1980), 773 (782).

[241] *Dahs*, Hdb. des Strafverteidigers Rn. 619.

genen Sachverhalt eine bis dahin noch unbekannte Tatsache.[242] Sog. *Anknüpfungstatsachen* (oder Basistatsachen) sind bekannte Tatsachen, die das Gericht im Rahmen seiner Gutachtenbeauftragung (§ 78 StPO) dem Sachverständigen vorgibt.[243]

Beispiel: *Durchführung einer kriminaltechnischen Tathandlungsrekonstruktion anhand bereits erhobener Augenscheinsobjekte (z. B. Lichtbilder des Tatorts).*

IV. Rechte und Pflichten

Eine Rechts- und Pflichtenstellung wird durch den behördlichen Auftrag (§ 73 Abs. 1 S. 1, § 161a Abs. 1 S. 2 StPO) begründet. Für den Sachverständigen gilt die strenge Wahrung von Wahrheit, Objektivität, Neutralität und Verschwiegenheit.[244] Die Wahrheitspflicht wird von §§ 153, 154 StGB und die Schweigepflicht von §§ 203 Abs. 2 Nr. 5, 204, 355 Abs. 1, Abs. 2 Nr. 2 StGB flankiert.[245] Der Sachverständige hat seine Tätigkeit grundsätzlich eigenverantwortlich auszuüben.[246] Zu den Pflichten des Sachverständigen gehört die Gutachtenerstattung (§ 75 StPO) als Kernstück der Tätigkeit. Dies ist eine höchstpersönliche Leistung, d.h. die Aufgabendelegation an Hilfskräfte ist auf abgesicherte Aufgaben beschränkt und stets vom Sachverständigen selbständig zu überprüfen.[247]

In der Hauptverhandlung ist das Gutachten vor Gericht wegen des Unmittelbarkeitsgrundsatzes (§ 250 StPO) grundsätzlich mündlich zu erstatten, während im Vorverfahren – insbesondere zur Vorbereitung der Hauptverhandlung und wegen subsidiärer Rückgriffsmöglichkeit auf die Urkunde – eine schriftliche Gutachtenerstattung die Regel ist.[248] Gleichwohl liegt dies im Ermessen des jeweiligen Justizorgans (§§ 82, 161a Abs. 1 S. 2 StPO).[249]

Daneben gehört zu den weiteren Pflichten die (Unter-)Ordnung unter den gerichtlichen Auftrag (§ 78 StPO) sowie ggf. die Ableistung eines Eids (§ 79 StPO). Kraft seiner formalen Bestellung durch das Gericht genießt der Sachverständige auch entsprechende Rechte, nämlich unter bestimmten Voraussetzungen die Gutachtenverweigerung (§ 76 StPO), die Ermächtigung zur notwendigen, weiteren

[242] Siehe hierzu bereits Abbildung 1.

[243] *Eisenberg*, StPO Beweisrecht Rn. 1500; *Peters*, Strafprozeß (1985), S. 370 f.

[244] *Böttger*, in: SV-HdB § 2 Rn. 25 ff.; *Gössel*, DRiZ 1980, 363 (370); *Peters*, Strafprozeß (1985), S. 369; *Foerster*, in: FS Schreiber (2003), 81 (85 ff.).

[245] *Ulrich*, Der gerichtliche Sachverständige (2007), Rn. 716 ff.

[246] BGHSt 28, 381 = NJW 1979, 2414; *Gössel*, DRiZ 1980, 363 (368 f.) zu „Behördengutachten".

[247] *Böttger*, in: SV-HdB § 2 Rn. 36 ff.; *Bleutge*, NJW 1985, 1185 (1191); *Hagedorn*, StV 2004, 217 (219 ff.).

[248] *Gössel*, DRiZ 1980, 363 (368); *Geppert*, Jura 1993, 249 (253); LR-StPO/*Krause* § 73 Rn. 27; *Bremer*, Der Sachverständige (1973), S. 160.

[249] BGH, Urt. v. 14.10.2009 – 2 StR 205/09 = StV 2011, 197.

Aufklärung des Sachverhalts durch eigene Vernehmungen (§ 80 Abs. 1 StPO), Akteneinsicht sowie Anwesenheit und Fragen in anderen Vernehmungen (§ 80 Abs. 2 StPO). Schließlich hat der Sachverständige einen Anspruch auf angemessene Vergütung für die erbrachten Leistungen sowie Erstattung der Ausgaben (§ 84 StPO i. V. m. § 8 JVEG).

V. Umstrittene Funktion

Die Stellung des Sachverständigen im Strafprozess unterlag einem rechthistorischen Wandel.[250] Vor Inkrafttreten der RStPO im Jahr 1879 kam dem Sachverständigen basierend auf den Vorschriften der CCC und den anschließend geltenden Partikularrechtsordnungen eine eigene urteilsbezogene Entscheidungsverantwortung als „*iudex facti*" zu.[251] Sie galt einschränkungslos im Rahmen der jeweiligen Fachfrage, für welche er konsultiert wurde, und ist auf das damals vorherrschende gesellschaftliche Renommee von Gutachtern zurückzuführen.[252]

Eine solche umfassende Entscheidungskompetenz wird dem Sachverständigen von der StPO heutzutage nicht mehr eingeräumt, denn die Übernahme des Gutachtenergebnisses liegt in der freien Würdigung des Gerichts (§ 261 StPO). Die in der Vergangenheit starke Stellung prägt den Sachverständigenbeweis allerdings bis heute und stellt Ausgangspunkt für ein weiterhin existierendes, dysfunktionales Verständnis des Sachverständigenbegriffs dar. Es handelt sich bei der Diskussion um die Rolle des Sachverständigen zwar um einen weitgehend terminologischen Streit[253], da die Bezeichnung als solche auf die normative Stellung (§§ 72–81 StPO) letztlich keinen Einfluss hat[254], dennoch birgt die stets präsente Ansicht Raum für Fehlinterpretationen und ist rechtsdogmatisch bedenklich.

1. Historische „Gehilfenstellung"

Wie bereits festgestellt, verhält sich die StPO zur Definition des Sachverständigen nicht, sodass sich Rechtsprechung und Literatur dieser eigenständig annähern

---

[250] Zur historischen Entwicklung siehe vertiefend *Mittermaier*, Lehre vom Beweis (1834), S. 189 ff.; *Dippel*, Stellung des Sachverständigen (1986), S. 5–19; *ders.*, in: FS Müller (2008), 125 (126 ff.); *Erb*, ZStW 121 (2009), 882 (885 ff.); *Pawlak*, Ablehnung des Sachverständigen (1998), S. 46 ff.

[251] Dazu näher *Toepel*, Sachverständigenbeweis (2002), S. 259 ff.; *Erb*, ZStW 121 (2009), 882 (885); *Mayer*, in: FS Mezger (1954), 455 (466).

[252] *Plewig*, Rolle des Sachverständigen (1982), S. 31 f.; *Toepel*, Sachverständigenbeweis (2002), S. 261; *Glaser*, Hdb. des Strafprozesses Bd. I (1883), S. 678; *Dippel*, Stellung des Sachverständigen (1986), S. 14 ff.; *Schmidhäuser*, ZZP 72 (1959), 366 ff.

[253] So auch *Plewig*, Rolle des Sachverständigen (1982), S. 15.

[254] *Pieper*, ZZP 84 (1971), 1 (31) Fn. 147.

mussten. Bevor sich der Sachverständigenbegriff in seiner heutigen Form[255] ausgeprägt hat, sollten Sachverständige nach einer frühen Definition aus dem Jahr 1883

> „Personen (sein), welche durch ihre Ausbildung für einen bestimmten Beruf und durch die Ausübung desselben gesammelten Erfahrungen die Befähigung erlangten, dem Gerichte die Auskünfte zu ertheilen, *ohne welche dasselbe sachliche Beweismittel nicht benutzen oder prüfen kann*, weil dazu die *allgemeine Befähigung nicht ausreicht.*“[256]

Diese Beschreibung zeigt, dass dem Sachverständigen mit Ende des 19. Jahrhunderts primär die Funktion zukam, das Gericht bei der Erhebung sachlicher Beweismittel (d.h. Urkunden und Augenschein) zu unterstützen, falls hierfür entsprechendes Erfahrungswissen fehlte.[257] Eine Kombination zwischen dem Sachverständigen- und Augenscheinsbeweis ist der sog. gemischte bzw. zusammengesetzte Augenschein (§ 86 StPO), welcher die historische Ursprungsform des Sachverständigenbeweises darstellt.[258]

Der Sachverständige wurde aufgrund der häufigen Verknüpfung mit der Augenscheinseinnahme auch als „Augenscheinsgehilfe“[259] bezeichnet, da die Betrachtung als pure Reflexion des Seienden daneben „lediglich die Besonderheit aufweist, daß er durch einen anderen Menschen als den Richter“[260] erfolgt. Daraus entwickelte sich die von der Rechtsprechung[261] und weiteren Stimmen in der Literatur[262] anhaltend vertretene Ansicht, der Sachverständige sei „Gerichtsgehilfe“. Er solle demnach

---

[255] Siehe hierzu bereits 3. Kapitel B. I.

[256] *Glaser*, Hdb. des Strafprozesses Bd. I (1883), S. 670 f. (Hervorhebungen d. Verf.).

[257] RGSt 14, 276 (278): „Der Abschnitt 7 der Strafprozessordnung verbindet die Vorschriften über die Vernehmung der Sachverständigen mit denjenigen über die Einnahme des Augenscheins, weil beide Arten der Beweisaufnahme innerlich dieselbe Natur haben“; so auch RGSt 47, 100 (108).

[258] *Glaser*, Hdb. des Strafprozesses Bd. I (1883), S. 677 f.; Alsberg/*Dallmeyer*, Der Beweisantrag, Kap. 3 Rn. 77; LR-StPO/*Krause* § 86 Rn. 5 ff.

[259] LR-StPO/*Dahs* (24. Aufl. 1988) Vor § 72 Rn. 3; LR-StPO/*Krause* Vor § 72 Rn. 1; Meyer-Goßner/*Schmitt* StPO § 86 Rn. 4 f. Krit. dazu *Mittermaier*, Lehre vom Beweis (1834), S. 182 f.; *Wolschke*, Sachverständigenbeiziehung (1973), S. 7.

[260] *Geerds*, ArchKrim 137 (1966), 155 (156).

[261] BGHSt 3, 27 = NJW 1952, 899; BGHSt 9, 292 (296) = NJW 1956, 1526; BGHSt 13, 1 = NJW 1959, 828 (829).

[262] *Glaser*, Hdb. des Strafprozesses Bd. I (1883), S. 681; *Mittermaier*, AcP 2 (1819), 119 (140); *Bohne*, JW 1932, 3359; *Mayer*, in: FS Mezger (1954), 455 (463); *Geppert*, DAR 1980, 315 (321); *Göppinger*, in: FS Tröndle (1989), 473 (480); KK-StPO/*Hadamitzky* Vor § 72 Rn. 1; *Marmann*, GA 1953, 136 (142); MüKo-StPO/*Bartel* § 261 Rn. 320; *Dahs*, Hdb. des Strafverteidigers Rn. 222, 616; *Kühne*, Strafprozessrecht, § 53 Rn. 856; *Fincke*, ZStW 86 (1974), 656; *Franzki*, DRiZ 1974, 305 (306); *Kohlhaas*, NJW 1962, 1329 (1331); *Sendler*, NJW 1986, 2907 (2908); *Lürken*, NJW 1968, 1161; *Roxin/Schünemann*, Strafverfahrensrecht, § 27 Rn. 2, 16; *Sommer*, Effektive Strafverteidigung, Kap. 3 Rn. 1224; relativierend aber Meyer-Goßner/*Schmitt* StPO Vor § 72 Rn. 8; LR-StPO/*Krause* Vor § 72 Rn. 3; *Hanack*, JR 1966, 425 (427); *Rössner*, in: FS Widmaier (2008), 941 (943); *Pfister*, in: FS Kröber (2923), 245 (247).

„als *Gehilfe des Gerichts* die *fehlende Sachkunde* auf einzelnen besonderen Gebieten des Wissens und der menschlichen Tätigkeit *ergänzen*“[263]

und hat

„dem Gericht den *Tatsachenstoff* zu unterbreiten, der *nur auf Grund besonders sachkundiger Beobachtungen gewonnen werden kann*, und das wissenschaftliche Rüstzeug zu vermitteln, das die sachgemäße Auswertung ermöglicht“[264].

Unabhängig davon, dass die Formulierungen des BGH den Erkenntnistransfer zwischen Sachverständigen und Gericht auf den ersten Blick (zu) simpel erscheinen lassen[265], attestieren sie dem Sachverständigen eine Ergänzungsfunktion. „*In praxi*“ übe der Sachverständige nach dem gesetzlichen Leitbild eine Tätigkeit aus, die der Richter wahrnehmen würde, wenn er fachlich hierzu in der Lage wäre.[266]

Daraus wird teilweise abgeleitet, Sachverständige würden eine „Art richterliche Tätigkeit“[267] übernehmen oder gar „Mitverantwortliche bei der Aufklärung einer Straftat sein“[268]. Diese Beschreibung ist jedoch richterzentriert[269] und geht von einem fehlgeleiteten Verständnis des Sachverständigen als Rechtsanwender und -sprecher aus. Die Aufgabenbereiche beider Entitäten sind sowohl in dogmatischer als auch in systematischer Hinsicht allerdings trennscharf voneinander abzugrenzen.[270]

2. Keine dogmatische Nähebeziehung zum Gericht

Die typisierende Betrachtungsweise des Sachverständigen als „Gehilfe des Gerichts“ erntete zu Recht starke Kritik[271], da der Begriff keinesfalls eindeutig, son-

---

[263] BGHSt 3, 27 = NJW 1952, 899 (Hervorhebungen d. Verf.).

[264] BGHSt 7, 238 = NJW 1955, 840 (841) (Hervorhebungen d. Verf.).

[265] So auch *Tondorf/Waider*, StV 1997, 493 (495). Siehe dazu näher 5. Kapitel A. II. 1.

[266] So z. B. *Bruns*, JZ 1964, 542 (545); *Pieper*, ZZP 84 (1971), 1 (30).

[267] So *Mayer*, in: FS Mezger (1954), 455 (463); *Jessnitzer*, in: BKA-Vortragsreihe, Bd. 24 (1979), S. 50; *Zwiehoff*, Das Recht auf den Sachverständigen (2000), S. 33; *Pieper*, ZZP 84 (1971), 1 (30 f.); *Sendler*, NJW 1986, 2907 (2910); *Boehme-Neßler*, RW 2014, 189 (200).

[268] Meyer-Goßner/*Schmitt* StPO Einl. Rn. 100.

[269] Ähnlich *Mayer*, in: FS Mezger (1954), 455 (463); *Geerds*, ArchKrim 137 (1966), 61 (70); *Zwiehoff*, Das Recht auf den Sachverständigen (2000), S. 33. So erwähnt LR-StPO/*Kühne* Einl. Abschn. J Rn. 6 ff. unter den „richterlichen Tätigkeiten“ nicht die Anwendung von Erfahrungswissen.

[270] So auch *Peters*, Strafprozeß (1985), S. 364; *Pawlak*, Ablehnung des Sachverständigen (1998), S. 223 f.; *Eb. Schmidt*, in: FS Schreiber (1969), 258 (273); *Toepel*, Sachverständigenbeweis (2002), S. 262 ff.

[271] *Mittermeier*, GA 1853, 1 (23) (Begriff führe zu „nachteiliger Selbstüberschätzung“ des Sachverständigen); *Goldschmidt*, Der Prozess als Rechtslage (1925), S. 440 („falsch wie gefährlich“); Alsberg/*Dallmeyer*, Der Beweisantrag, Kap. 3 Rn. 70 („nichts sagend“); *Döhring*, Erforschung des Sachverhalts (1964), S. 258 („Allzu viel Gewinn darf man sich davon jedoch nicht versprechen“); *Eb. Schmidt*, JZ 1957, 229 („besagt wenig oder gar nichts“); *Grossam*, in:

dern vage ist. Statt den bloßen Ausgleich bzw. die Ergänzung von richterlicher Sachkunde zu verbalisieren, suggeriert der Begriff vielmehr eine gesetzlich nicht vorgesehene Nähebeziehung des Sachverständigen zum Gericht und ist demnach aus dogmatischen Gründen abzulehnen.[272] Der Sachverständige ist neben dem Zeugen das zweite persönliche Beweismittel der StPO.[273] Dies ist innerhalb der Rechtsordnung – seit der Abkehr vom historischen „*iudex facti*" – seine unzweifelhafte Funktion als Auskunftsperson.[274]

Das Gericht ist als Organ der Rechtspflege (Art. 92, 97 Abs. 1 GG) hingegen ein strafprozessualer Akteur bzw. aufgrund seiner verhandlungsleitenden Position der Entscheidungsträger. Das Verhältnis zwischen Gericht und Beweismitteln ist eindeutig: Das Gericht greift im Rahmen der Wahrheitserforschung auf Beweismittel – u. a. den Sachverständigen – zurück, um entscheidungserhebliche Tatsachen und Erfahrungssätze zu erlangen (§§ 261, 244 Abs. 2 StPO). Innerhalb des strafprozessualen Systems erfüllt das Gericht die Funktion eines Prozesssubjekts, welches der Sachverständige gerade nicht darstellt.[275] Er hat die Funktion einer bloßen Erkenntnisquelle.

a) Keine Weisungsgebundenheit und Entscheidungshoheit

Sofern sich die grundsätzlich verschiedenen Entitäten des Gerichts und des Sachverständigen vergleichen lassen, ist eine Art Über- bzw. Unterordnungsverhältnis[276] insofern ausschließlich anzunehmen, soweit das Gericht in seiner Entscheidungsfindung unabhängig und frei (Art. 97 Abs. 1 GG), der Sachverständige im Umfang der Gutachtenerstattung hingegen an die Leitung des Gerichts gebunden

---

SV-HdB § 11 Rn. 7 ff. („unscharf und untauglich"); *Geppert*, in: FS Lübtow (1980), 773 (774) („unglücklicher Begriff"); *Geerds*, ArchKrim 137 (1966), 61 (70) („nicht glücklich"); LR-StPO/*Sarstedt* (22. Aufl. 1971) Vor § 72 Rn. 3c („wenig fruchtbar"); *Karpinski*, NJW 1968, 1173 („führt in die Irre"); LR-StPO/*Krause* Vor § 72 Rn. 3 („wenig Wert"); *Geppert*, Jura 1993, 249 („irreführend"); *Krauß*, ZStW 97 (1985), 81 (113) („missverständlich"); *Kohlhaas*, NJW 1962, 1329 (1331) („umstrittener und sehr vereinfachender Ausdruck"); *Peters*, Strafprozeß (1985), S. 342 („unrichtig und gefährlich"); *Cabanis*, in: FS Heinitz (1972), 639 (645) („Der Sachverständige ist kein Gehilfe des Gerichts, sonst müßte der Richter ein mehr wissender Meister sein"); SK-StPO/*Rogall* Vor § 72 Rn. 35 („verfehlt" und „Unwort"), § 73 Rn. 1 („unrichtig"); *Pawlak*, Ablehnung des Sachverständigen (1998), S. 185 („inhaltsarm"); *Tondorf/Waider*, StV 1997, 493 (496) („[...] unglückseliger Begriff. [...] Der Sachverständige hat nicht Gehilfe des Gerichts, sondern Gehilfe der Verfahrensbeteiligten zu sein"); *Wolschke*, Sachverständigenbeiziehung (1973), S. 269 („überkommene Auffassung"); *Mayr*, DS 2013, 128 (129) („lyrische Umschreibung der Wirklichkeit"); *Boehme-Neßler*, RW 2014, 189 (190) („kaum eine realitätsgerechte Charakterisierung").

[272] *Arbab-Zadeh*, NJW 1970, 1214 (1217); *Grossam*, in: SV-HdB § 11 Rn. 9.

[273] LR-StPO/*Kühne* Einl. Abschn. J Rn. 130.

[274] *Glaser*, Hdb. des Strafprozesses Bd. I (1883), S. 680; *Brammsen*, ZStW 119 (2007), 93 (97); *Erb*, ZStW 121 (2009), 882 (884).

[275] LR-StPO/*Kühne* Einl. Abschn. J Rn. 2, 5; *Brammsen*, ZStW 119 (2007), 93 (97).

[276] So z. B. *Zwiehoff*, Das Recht auf den Sachverständigen (2000), S. 33.

(§ 78 StPO) ist. Entsprechend des Gutachtenauftrags (Nr. 72 Abs. 2 S. 1 RiStBV) hat der Sachverständige konkrete Fragen zu beantworten und sich einer rechtlichen Würdigung zu enthalten.[277] Dies führt allerdings nicht dazu, dass der Sachverständige gegenüber dem Gericht qualitativ weisungsgebunden ist. Das Gericht determiniert demnach zwar den *Umfang*, aber nicht den *Inhalt* und das *Ergebnis* des Gutachtens, d.h. diesbzgl. sind Sachverständige stets weisungsfrei.[278] Eine Weisungsfreiheit ist bereits Konsequenz der generellen Pflicht des Sachverständigen zur Objektivität und Neutralität[279], welche zwingend auch eine generelle Ergebnisoffenheit erfordert.

Essenziell für die Divergenz zwischen den Entitäten ist, dass das Gericht die alleinige Entscheidungsbefugnis für Schuld- und Straffrage trägt (§§ 260, 261 StPO).[280] Der Sachverständige präsentiert entsprechend seines behördlichen Auftrags zwar das Ergebnis für eine außerjuristische Beweisfrage, die abschließende (straf-)rechtliche Bewertung ist hingegen dem Gericht vorbehalten. Der Sachverständige ist somit nach dem gesetzlichen Grundgedanken „eine Durchgangsstation für den Fluß der Informationen zum Gericht, die im Urteil nicht als selbständige Entscheidungsposition in Erscheinung tritt".[281]

b) Keine rechtsanwendende und -sprechende Funktion

Die Annahme einer Nähebeziehung verkennt die systematisch unabdingbare Beweismittelfunktion des Sachverständigen. Zwar folgt aus dem Umstand, dass die Entitäten zur Ausübung von Sachkunde parallel befähigt sind[282], dass nach der Gesetzeskonzeption der Sachverständige dasjenige Wissen anwendet, welches das Gericht anwenden würde, wenn es dieses besäße. Dennoch ist die Wissenanwendung gerade keine originär richterliche Tätigkeit, da sie sich von der genuinen Aufgabe der Rechtsprechung (Art. 92 GG) wesentlich unterscheidet.

aa) Differenzierung zwischen Wissens- und Rechtsanwendung

Die Anwendung der normativen Rechtswissenschaft weist gegenüber empirischen Wissenschaften (z.B. Human-, Natur- und Ingenieurswissenschaften) eine grundverschiedene Struktur auf. Während die empirischen Wissenschaften induk-

---

[277] *Krekeler*, wistra 1989, 52 (53). Siehe hierzu tiefergehend 5. Kapitel A.II.1.

[278] BGH, Beschl. v. 08.08.2002 – 3 StR 239/02 = NStZ 2003, 101; *Schlehe*, in: SV-HdB § 3 Rn. 15.

[279] *Böttger*, in: SV-HdB § 2 Rn. 25 ff.; *Peters*, Strafprozeß (1985), S. 369.

[280] So bereits instruktiv *Glaser*, Hdb. des Strafprozesses Bd. I (1883), S. 679 f.

[281] So Formulierung bei *Toepel*, Sachverständigenbeweis (2002), S. 263.

[282] Siehe hierzu bereits 2. Kapitel A.III.

tiv-feststellend arbeiten, arbeitet die Rechtswissenschaft deduktiv-systematisch.[283] Während es Aufgabe des Sachverständigen ist, eine objektive Begutachtung abzugeben, ist es Aufgabe des Gerichts ein objektiv-subjektives Gewissheitsurteil zu fällen.[284]

Ein Gericht wendet (un-)geschriebene Normen an und spricht „Recht" aus. Die richterliche Gesetzesanwendung wird mittels juristischer Logik vollzogen. Der Weg von der abstrakten Normregel (z. B. dem Straftatbestand) zum konkreten Verfahrensergebnis (z. B. die Strafe) wird maßgeblich durch die Technik des juristischen (Urteils-)Syllogismus geprägt.[285] Gegenstand dieses Syllogismus sind ausschließlich (inter-)nationale Rechtsnormen, d. h. für das Strafrecht sozio-normative Verhaltensverbote. Die juristische Logik erschöpft sich in der auf Prämissen, d. h. tatsächlichen bzw. rechtlichen Vorgaben, beruhenden Bildung von rechtlichen Obersätzen, die durch Verknüpfung mit einer Subsumtion zu einem Ergebnis führen. Der juristische (Urteils-)Syllogismus verfolgt dabei die Struktur eines „Wenn-dann-Schemas", d. h. wenn bestimmte Voraussetzungen erfüllt sind, tritt eine bestimmte Rechtsfolge ein.[286]

Das Gericht ist i. R. v. § 261 StPO dazu verpflichtet, *sowohl* Rechts- *als* auch in begrenztem Umfang Fachfragen zu beantworten[287], der Sachverständige darf hingegen *ausschließlich* Fachfragen beantworten[288]. Damit ist das Ziehen normativer Konklusionen ausschließlich dem Gericht vorbehalten[289] und das Ziehen wissenschaftlicher Konklusionen ist keine originäre richterliche Tätigkeit. Das Gericht bildet eigenständig den Urteilssyllogismus, indem es die einzustellenden Tatsachen durch Erfahrungssätze des Sachverständigen unterfüttert.[290] Die Kerntätigkeit des Sachverständigen besteht mithin darin, dem Gericht lediglich *tatsächliche* Obersätze[291] und keine *rechtlichen* Obersätze zu vermitteln. Die Pflicht von Sachverständigen ist qua ihrer Beweismittelfunktion grundsätzlich darauf beschränkt, Mit-

---

[283] Instruktiv hierzu *Larenz*, Methodenlehre (1991), S. 195 ff.; *Göppinger*, in: FS Peters (1974), 519 (520 f.).

[284] *Peters*, Fehlerquellen Bd. I (1970/1974), S. 172 f.

[285] Hierzu grundlegend z. B. *Larenz*, Methodenlehre (1991), S. 271 ff.

[286] *Manigk*, in: FG für RG Band VI (1929), 94 (130); *Larenz*, Methodenlehre (1991), S. 271; *de Vries*, Kriminalistik 2017, 477.

[287] BGH, Urt. v. 26.04.1955 – 5 StR 86/55 = NJW 1955, 1642 (1643); LR-StPO/*Krause* Vor § 72 Rn. 5.

[288] Meyer-Goßner/*Schmitt* StPO Vor § 72 Rn. 6, § 244 Rn. 49; diff. für spezielle Rechtsfragen LR-StPO/*Krause* Vor § 72 Rn. 12.

[289] *A. Kaufmann*, JZ 1985, 1065 (1066); *Toepel*, Sachverständigenbeweis (2002), S. 105 ff.

[290] *Goldschmidt*, Der Prozess als Rechtslage (1925), S. 439 f. (Hervorhebungen d. Verf.). So auch *Gössel*, DRiZ 1980, 363 (365); *Hopt*, JZ 1974, 548 (552) = Anm. zu BGH, Urt. v. 18.12.1973 – VI ZR 113/71.

[291] So die Rechtsnatur des Erfahrungssatzes nach *Stein*, Das private Wissen des Richters (1893), S. 14 ff.

teilungen über die Regeln einer bestimmten Wissenschaft zu tätigen.[292] Die Sachverständigentätigkeit erschöpft sich damit im Auf- und Ausbau der konkret-fallbezogenen Tatsachenbasis oder des abstrakt-allgemeinen Anwendungswissens des Gerichts. Demnach ist der Sachverständige dogmatisch entweder „Tatsachen- oder Erfahrungssatz*vermittler*".[293]

bb) Differenzierung zwischen Erfahrungs- und Rechtssätzen

Die Anwendung von Erfahrungssätzen ist allenfalls ein marginaler Bestandteil der richterlichen Tätigkeit, da diese immanente Voraussetzung für die Rechtsanwendung ist. Dem liegt zugrunde, dass die Anwendung materieller Rechtsnormen erst nach der Herstellung des unter das Strafrecht zu subsumierenden Sachverhalts möglich ist.[294] Ein Erfahrungssatz greift durch Einstellung in einen Rechtssatz und dessen Anwendung auf den konkreten Tatbestand ein und ist damit der Rechtsanwendung hermeneutisch und zeitlich vorgelagert.[295]

Daher ist die Trennung zwischen Tat- und Rechtsfrage in manchen Fällen – insbesondere vor dem Hintergrund der Rechtsüberprüfung in der Revisionsinstanz – durchaus schwierig und nicht stets umsetzbar.[296] Erfahrungssätze sind mittlerweile über die sog. erweiterte Revision im Rahmen der Sachrüge, d. h. der Verletzung materiellen *Rechts*, angreifbar[297], obwohl sie nach überzeugender Ansicht keine Rechtssätze darstellen.[298] In der Vergangenheit wurden Erfahrungssätze vereinzelt als „Normen des ungeschriebenen Rechts" bezeichnet[299] und ihre Natur wurde

---

[292] So bereits grundlegend *Glaser*, Hdb. des Strafprozesses Bd. I (1883), S. 676.

[293] Als „Beweismittler" bezeichnet bei *Goldschmidt*, Der Prozess als Rechtslage (1925), S. 434.

[294] *Hamm/Pauly*, Die Revision in Strafsachen, Rn. 1635.

[295] *Manigk*, in: FG für RG Band VI (1929), 94 (144).

[296] *Engisch*, Gesetzesanwendung (1963), S. 92 ff.; *Peters*, Strafprozeß (1985), S. 364; *Larenz*, Methodenlehre (1991), S. 307; *Kronenberger*, Überzeugungsbildung (2010), S. 95; *Hamm/Pauly*, Die Revision in Strafsachen, Rn. 1607 ff.; SK-StPO/*Frisch* § 337 Rn. 10; diff. *Roxin/Schünemann*, Strafverfahrensrecht, § 55 Rn. 19.

[297] *Dahs*, Die Revision im Strafprozess (2012), Rn. 465, 538; MAH-Strafverteidigung/*Dahs/Müssig* § 12 Rn. 351 ff.; KK-StPO/*Tiemann* § 261 Rn. 212; *Schneider*, NStZ 2019, 324 (326 f.).

[298] So OLG Braunschweig, Urt. v. 29.04.1955 – Ss 251/54 = NJW 1955, 1201 (1202); *Manigk*, in: FG für RG Band VI (1929), 94 (144); *Larenz*, Methodenlehre (1991), S. 288; *Sarstedt/Hamm*, Die Revision in Strafsachen (1983), S. 282; KMR-StPO/*Paulus* § 244 Rn. 157, § 261 Rn. 34; MüKo-StPO/*Knauer/Kudlich* § 337 Rn. 37; LR-StPO/*Franke* § 337 Rn. 11; Meyer-Goßner/*Schmitt* StPO § 337 Rn. 3; *Roxin/Schünemann*, Strafverfahrensrecht, § 55 Rn. 15; *Geerds*, in: FS Peters (1974), 267 (272); *Schweling*, ZStW 83 (1971), 435 (457); danach diff., ob Erfahrungssätze bei der Beweiswürdigung oder zur Auslegung von Wertbegriffen angewendet werden, *Schwinge*, Grundlagen des Revisionsrechts (1935), S. 181 ff.

[299] BGHSt 6, 70 (72) = NJW 1954, 1336 f.; *Heinsheimer*, in: FS Klein (1914), 133 (135).

kontrovers diskutiert.[300] Sie werden jedoch nicht deswegen zu Rechtssätzen, weil sie nach herrschender Auffassung reversibel sind.[301] Die in § 337 Abs. 2 StPO in Bezug genommene „Rechtsnorm“, welche durch eine fehlerhafte Anwendung von Erfahrungssätzen verletzt wird, ist diejenige Rechtsnorm, die auf solchen Erfahrungssätzen aufbaut bzw. diese als (allgemein-)gültig voraussetzt (z.B. § 261 StPO).[302] Lediglich die Tatsachenfeststellung ist der Überprüfung durch das Revisionsgericht entzogen, sodass Erfahrungssätze, die keine solchen irreversiblen Tatsachen umfassen, im Umkehrschluss reversibel sein müssen.[303]

Es besteht zwischen Erfahrungs- und Rechtssätzen eine gewisse formelle Strukturverwandtschaft[304] derart, dass die Gestaltung und Formung des Rechts(-systems) grundsätzlich – ähnlich wie die Entwicklung von Erfahrungssätzen[305] – aus Verhaltensmustern und Kausalzusammenhängen resultiert.[306] Erfahrungssätze werden zwar über ihre prozessuale Anwendung im Rahmen der „Blankettnorm“ des § 261 StPO faktischer Bestandteil der Rechtsordnung[307], in wesentlichen Punkten wie z.B. dem Entwicklungs- bzw. Gültigkeitsmuster weichen sie hingegen von den Rechtssätzen ab.

Rechtssätze zeichnen sich durch Normativität, Erfahrungssätze hingegen durch empirische Tatsächlichkeit aus[308], denn letzteren fehlt die normative Verbindlich-

---

[300] Strittig war, ob Erfahrungssätze Tatsachen, tatsächliche Obersätze, Rechtsnormen oder Werturteile darstellen; hierzu wird z.B. verwiesen auf *Stein*, Das private Wissen des Richters (1893), S. 14 ff. (tatsächliche Obersätze); *Mezger*, Psychiatrische Sachverständige (1918), S. 84 (Werturteile); *Schwinge*, Grundlagen des Revisionsrechts (1935), S. 180 ff. (Rechtssätze); *Lagrèze*, Erfahrungssätze (1938), S. 46 (diff.: innerhalb der Beweiswürdigung Rechtssätze; bei Begriffsauslegung tatsächliche Obersätze); *Brüning*, Die Revisibilität der Erfahrungssätze (1954), S. 97 (im Rahmen der Tatsachenfeststellung rechtliche Obersätze); *Toepel*, Sachverständigenbeweis (2002), S. 94 (Tatsachencharakter).

[301] *Goldschmidt*, Der Prozess als Rechtslage (1925), S. 164 f.; *Manigk*, in: FG für RG Band VI (1929), 94 (135, 144); *Brüning*, Die Revisibilität der Erfahrungssätze (1954), S. 95; *Geerds*, in: FS Peters (1974), 267 ff.; *Sarstedt/Hamm*, Die Revision in Strafsachen (1983), S. 281.

[302] *Manigk*, in: FG für RG Band VI (1929), 94 (142); MüKo-StPO/*Knauer/Kudlich* § 337 Rn. 38; KMR-StPO/*Paulus* § 244 Rn. 157.

[303] *Stein*, Das private Wissen des Richters (1893), S. 120; *Lagrèze*, Erfahrungssätze (1938), S. 66.

[304] So *Kraatz*, Einfluss der Erfahrung (2011), S. 356.

[305] Siehe hierzu bereits 2. Kapitel B. III. 1. b).

[306] *Schweling*, ZStW 83 (1971), 435 (452); *Hassemer*, Tatbestand und Typus (1968), S. 21 ff.

[307] *Lagrèze*, Erfahrungssätze (1938), S. 46; *Schwinge*, Grundlagen des Revisionsrechts (1935), S. 150; *Heinsheimer*, in: FS Klein (1914), 133 (135); *Puppe*, JZ 1994, 1147 (1150); *Manigk*, in: FG für RG Band VI (1929), 94 (143).

[308] So z.B. *Puppe*, JZ 1994, 1147 (1150): „Erkenntnis aus Erfahrung ist keine Rechtssetzung und empirische Sätze haben im Gegensatz zu Rechtsgesetzen keinen normativen Inhalt […]“.

keit[309]. Erfahrungssätze dienen dazu, ein Abbild der Wirklichkeit, d. h. tatsächliche Phänomene und Prozesse, festzustellen und zu verallgemeinern, wohingegen Rechtssätze gesellschaftlich gesetzte Verhaltensgebote und -verbote darstellen.[310] Rechtssätze regeln zwar (auch) menschliches Verhalten, sie können aber keine grundsätzliche Aussage über Logik und Lebenserfahrung treffen.[311] Dies ist aber gerade den Erfahrungssätzen wesensimmanent, da ihre Struktur sich induktiv von der Empirie zur Theorie entwickelt hat.[312] Während Erfahrungssätze theoretisch verifizier- und falsifizierbar sein können, sind Rechtssätze entweder gültig oder ungültig[313]; einer „Wahrheit" im engeren Sinn sind sie nicht zugänglich. Damit verfügen Erfahrungssätze über eine *deskriptive* Natur („Seinsnormen") und Rechtssätze über eine *normative* Natur („Sollensnormen").[314]

Hinsichtlich der Bindungswirkung sind Gerichte im Wege des Rechtsstaatsprinzips ausnahmslos verpflichtet, alle gültigen Rechtssätze anzuwenden (Art. 20 Abs. 3 GG), während Gerichte i. R. v. § 261 StPO nur verpflichtet sind, zwingende Erfahrungssätze und wissenschaftlich gesicherte Erkenntnisse anzuwenden, nicht aber bloße Wahrscheinlichkeitsaussagen.[315] Aufgrund ihrer Qualität als bloßes Beweisanzeichen muss mit diesen lediglich eine rationale Auseinandersetzung in der gerichtlichen Entscheidung erfolgen.[316] Rechtssätze sind durch den Gesetzgeber beliebig veränderbar, während sich Erfahrungssätze lediglich durch äußere Umstände verändern können. Dies ist darauf zurückzuführen, dass Rechtssätze auf einem demokratisch legitimierten Statut basieren[317] und eine universale Geltung für die sich im Anwendungsbereich des Gesetzes befindlichen Normadressaten entfalten. Ein dynamischer Gültigkeitsgrad haftet dem Konstrukt des Rechtssatzes – wie dem des Erfahrungssatzes[318] – nicht an.

Dies hat maßgebliche Auswirkungen auf die zeitliche Anwendbarkeit. Ein Rechtssatzverstoß führt ausschließlich zur Strafbarkeit, wenn die Strafnorm bereits zur Tatzeit gültiges Recht war (Art. 103 Abs. 2 GG, § 2 Abs. 1 StGB). Das sog.

[309] *Larenz*, Methodenlehre (1991), S. 288.

[310] *Ulrich*, Der gerichtliche Sachverständige (2007), Rn. 286.

[311] LR-StPO/*Franke* § 337 Rn. 11.

[312] Siehe hierzu bereits 2. Kapitel B. III. 1. c).

[313] *Kraatz*, Einfluss der Erfahrung (2011), S. 358.

[314] *Kelsen*, Reine Rechtslehre (1934), S. 32 ff. zum „Sollen" als Kategorie des Rechts. So auch *Larenz*, Methodenlehre (1991), S. 251; *Tröndle*, ZStW 81 (1969), 84 (109); *Jessnitzer*, in: BKA-Vortragsreihe, Bd. 24 (1979), S. 50; *Pawlak*, Ablehnung des Sachverständigen (1998), S. 133; *Kraatz*, Einfluss der Erfahrung (2011), S. 357 f.

[315] Z. B. Erfahrungsgrundsätze oder einfache Erfahrungssätze, siehe hierzu bereits 2. Kapitel B. III. 3.

[316] LR-StPO/*Becker* § 261 Rn. 60; Meyer-Goßner/*Schmitt* StPO § 337 Rn. 31 m. w. N.

[317] So auch bei *Stein*, Das private Wissen des Richters (1893), S. 41; *Brüning*, Die Revisibilität der Erfahrungssätze (1954), S. 54; *Graul*, JZ 1995, 596 (600 f.); *Puppe*, JZ 1994, 1147 (1150); KMR-StPO/*Paulus* § 244 Rn. 157; *Kraatz*, Einfluss der Erfahrung (2011), S. 358.

[318] Siehe hierzu bereits 2. Kapitel B. III. 3.

Rückwirkungsverbot gilt nach überwiegender Auffassung nur für „Gesetze" (z. B. Strafnormen) und nicht für Erfahrungssätze und wissenschaftlich gesicherte Erkenntnisse[319], sodass diese auch auf Sachverhalte, welche sich zeitlich vor ihrer Entwicklung bzw. Anerkennung durch die Rechtsprechung ereignet haben, anwendbar sind.[320] Eine Analogie – wie sie für den Begriff des „Gesetzes" in § 337 StPO aufgestellt wird – greift an dieser Stelle nicht. Der inhaltliche Wandel eines Erfahrungssatzes stellt damit prozessual eine grundsätzlich rückwirkend geltende Änderung der richterlichen Rechtsauslegung dar.[321] Erfahrungssätze sind demnach weitgehend temporär dynamisch, Rechtssätze hingegen temporär statisch.

cc) Zwischenergebnis

Da Sachverständige originär außerjuristisches Wissen in Form von Erfahrungssätzen und die Judikative originär Recht aufgrund demokratisch legitimierter Rechtssätze bzw. -normen anwendet, sind die Tätigkeiten nicht ähnlich. Im Ergebnis bildet der Sachverständige für die – denknotwendig der judiziellen Rechtsanwendung vorgelagerte – Sachverhaltsfeststellung eine Erkenntnisquelle, während das Tatgericht der Entscheidungsträger bleibt.

c) Keine amtliche bzw. hoheitliche Funktion

Eine Nähe zur richterlichen Tätigkeit würde suggerieren, dass der Sachverständige in die Riege der Justizorgane „aufsteigt" und gar als eine Art Prozesssubjekt erscheint.[322] Der Sachverständige ist hingegen kein Teil der rechtsprechenden Gewalt (Art. 92 GG), denn er ist im Rahmen seiner Gutachtertätigkeit nicht an Recht und Gesetz (Art. 20 Abs. 3 GG), sondern lediglich an die „*lege artis*" seiner Wissenschaft gebunden.[323] Gegen die Wertung, dass ein gerichtlich beauftragter Sachverständiger ähnlich richterlich tätig sei, spricht der Umstand, dass dieser keine hoheitliche Amtspflicht erfüllt[324] und der Staat dementsprechend für ein verschuldet

---

[319] BVerfGE 18, 224 (240 f.) = NJW 1965, 243 (245 f.); LK-StGB/*Dannecker/Schuhr* § 1 Rn. 432 ff.

[320] BayObLG, Urt. v. 20.07.1990 – RReg. 1 St 164/90 = NJW 1990, 2833; *de Vries*, Kriminalistik 2017, 477 (482).

[321] So BGH, Beschl. v. 28.06.1990 – 4 StR 297/90 = NJW 1990, 2393 ff. (vorgehend BGHSt 21, 157 = NJW 1967, 116 ff.) zur Herabsenkung der absoluten Fahruntüchtigkeit von 1,3 auf 1,1 Promille.

[322] *Mittermaier*, Lehre vom Beweis (1834), S. 185; *Peters*, Strafprozeß (1985), S. 319 ff.; ähnlich *Maisch*, MSchKrim 1973, 189 (191, 194) bezeichnet dies als „Verschiebung der Rollen-Identität des Sachverständigen zugunsten einer Justiz-Identität".

[323] *Glaser*, Hdb. des Strafprozesses Bd. I (1883), S. 714; *Brammsen*, ZStW 119 (2007), 93 (104 f.).

[324] BGHZ 59, 310 (315) = NJW 1973, 554 ff.; OLG Düsseldorf, Urt. v. 06.08.1986 – 4 U 41/86 = NJW 1986, 2891; *Ulrich*, Der gerichtliche Sachverständige (2007), Rn. 742; *Roeßner*, in: SV-HdB § 33 Rn. 67.

fehlerhaftes Gutachtenergebnis nicht gem. Art. 34 GG i. V. m. § 839 Abs. 2 BGB haftbar ist.[325] Dies hat der BGH – nur scheinbar im Widerspruch zu der von ihm vertretenen missverständlichen „Gehilfenfunktion“ – in einem zivilrechtlichen Fall ausdrücklich festgestellt:

> „Der vom Gericht zugezogene Sachverständige wird dabei *nicht Mitglied des Gerichts*, sondern *bleibt Dritter, der nur seine besondere Sachkunde dem Gericht für die Entscheidung unterbreiten* und zur Verfügung stellen soll. *[...]*
>
> Sie (Anm.: die gerichtlich bestellten Sachverständigen) erfüllten dann mit der Sachverständigentätigkeit *wie ein Zeuge zugleich eine staatsbürgerliche Pflicht.* Diese Pflicht war eine Pflicht gegenüber dem Staat und nicht eine Pflicht des Staates. Der *Sachverständige übernimmt also nicht die hoheitliche Aufgabe des Gerichts, und ihm wird nicht ein Teil der öffentlichen Aufgaben des Gerichts übertragen.* Der ärztliche Gutachter als gerichtlicher Sachverständiger nimmt nur Aufgaben wahr, wie er sie sonst vielfach aufgrund privaten Auftrages für jedermann ausführt. *[...]*
>
> Der *Zusammenhang zwischen der Tätigkeit des gerichtlichen Sachverständigen und der gerichtlichen Spruchtätigkeit ist insgesamt nicht so eng*, daß die Gutachtertätigkeit bereits *dem Staat wie eigene hoheitliche Betätigung zugerechnet werden kann*, und *nicht enger als* bei Heranziehung eines sachverständigen Zeugen oder gar eines *einfachen Zeugen* durch das Gericht bei der Wahrheitsfindung.“[326]

Die grundlegende Einordnung der gerichtlichen Sachverständigentätigkeit demonstriert, dass es sich beim Sachverständigenbeweis funktionell um die Heranziehung eines (Personal-)Beweismittels handelt, welches von einer darüberhinausgehenden richterlichen Tätigkeit abzugrenzen ist.

3. Keine systematische Nähebeziehung zum Gericht

Eine etwaige Nähebeziehung zwischen Sachverständigem und Gericht lässt sich auch nicht der Systematik der StPO entnehmen.[327]

a) §§ 72 ff. mit Verweis auf §§ 48 ff. StPO

Die normative Verankerung im 7. Abschnitt des ersten Buchs (§§ 72–93 StPO) – zusammen mit dem Augenschein – deutet klarstellend darauf hin, dass es sich

---

[325] BGH, Urt. v. 18. 12. 1973 – VI ZR 113/71. Seit Inkrafttreten des Zweiten Gesetzes zur Änderung schadensersatzrechtlicher Vorschriften v. 19. 07. 2022 (BGBl. I S. 2674) besteht in § 839a BGB eine zivilrechtliche Schadensersatzpflicht. Sie gilt auch für Begutachtungen in Strafverfahren, so MüKo-BGB/*Wagner* BGB § 839a Rn. 7 f. Dadurch ändert sich nichts an der fehlenden Ausübung hoheitlicher Gewalt durch den Sachverständigen, es sollte bloß eine Haftungslücke geschlossen werden, weil die Rspr. zuvor eine Haftung von der – meist zufälligen – Beeidigung des Sachverständigen abhängig gemacht hat, so BT-Drs. 14/7752, S. 27 f. Näher zur Entwicklung der Rechtslage *Bayerlein*, in: SV-HdB § 34 Rn. 5 ff.

[326] BGHZ 59, 310 (315) = NJW 1973, 555 (Hervorhebungen d. Verf.).

[327] So aber *Zwiehoff*, Das Recht auf den Sachverständigen (2000), S. 23–26.

beim Sachverständigen funktionell um ein Beweismittel handelt. Der Verweis in § 72 StPO auf die Anwendbarkeit der Vorschriften für Zeugen unterstreicht dies. Die Sachverständigen- (§ 75 StPO) ist gleichwohl wie die Zeugenpflicht (§ 48 Abs. 1 StPO) eine staatsbürgerliche Pflicht.[328] Die für Sachverständige geltenden Verweigerungsrechte (§ 76 Abs. 1 S. 2 StPO), Sanktionen bei Nichterscheinen (§ 77 Abs. 1 StPO), Vereidigungsmöglichkeiten (§ 79 Abs. 1 StPO) und Entschädigungsansprüche (§§ 84, 71 StPO i. V. m. JVEG) verdeutlichen die Parallelen zum Zeugenbeweis. Der „*telos*“ der richterlichen Leitungsbefugnis (§ 78 StPO) demonstriert ferner, dass das rechtliche Verhältnis zwischen Gericht und Sachverständigem dem eines zwischen Auftraggeber und Beauftragtem gleicht.[329]

Die Abgrenzung zu den anderen Personalbeweismitteln der StPO birgt seit jeher Schwierigkeiten.[330] Wegen der für das jeweilige Beweismittel unterschiedlich geltenden Rechtsvorschriften kann allerdings nicht offenbleiben, in welcher Kategorie eine Beweisperson vernommen wird.[331] Im Schrifttum wurde vielfach versucht, gegenüber dem Zeugenbeweis (§§ 48 ff. StPO) geeignete Abgrenzungskriterien (z. B. anhand der Sachkunde[332], des Inhalts der Bekundung[333], des Anlasses der Wahrnehmungen[334] und der gerichtlichen Bestellung[335]) zu entwickeln.[336]

Einige Stimmen favorisieren dabei eine Verknüpfung mehrerer Kriterien.[337] Der größte Unterschied zwischen dem Sachverständigen und Zeugen besteht darin, dass der Sachverständige Erfahrungssätze oder Tatsachen als objektiv wahr (nicht-) existent darstellt, während der Zeuge subjektiv sinnliche Wahrnehmungen schil-

---

[328] BVerfGE 49, 280 (284) = NJW 1979, 32; BGHZ 59, 310 (315) = NJW 1973, 555; *Peters*, Strafprozeß (1985), S. 374; Meyer-Goßner/*Schmitt* StPO Vor § 48 Rn. 5, § 75 Rn. 1.

[329] LR-StPO/*Krause* § 78 Rn. 1.

[330] Siehe für Einzelheiten die grundlegenden Darstellungen bei *Hegler*, AcP 104 (1909), 151 (246 ff.); *Mezger*, Psychiatrische Sachverständige (1918), S. 4 ff.; *Geerds*, ArchKrim 137 (1966), 61 (67 ff.); *Hanack*, JR 1966, 425 ff.; LR-StPO/*Sarstedt* (22. Aufl. 1971) Vor § 72 Rn. 3 ff.; *Schmidhäuser*, ZZP 72 (1959), 366 ff.; *Dippel*, Stellung des Sachverständigen (1986), S. 15 m. w. N.

[331] *Hamm/Pauly*, Beweisantragsrecht Rn. 123; OLG Düsseldorf, Beschl. v. 26. 09. 1974 – 10 W 109/74 = MDR 1975, 326; LR-StPO/*Krause* § 85 Rn. 1; *Ulrich*, Der gerichtliche Sachverständige (2007), Rn. 19.

[332] *Mezger*, Psychiatrische Sachverständige (1918), S. 4.

[333] RGSt 61, 114; BGH, Urt. v. 20. 11. 1984 – 1 StR 639/84 = NStZ 1985, 182; KK-StPO/*Hadamitzky* Vor § 72 Rn. 7; *Geppert*, Jura 1993, 249 (250).

[334] *Foth/Karcher*, NStZ 1989, 166 (169).

[335] *Ulrich*, Der gerichtliche Sachverständige (2007), Rn. 20 ff.; *Roxin/Schünemann*, Strafverfahrensrecht, § 27 Rn. 3; *Toepel*, Sachverständigenbeweis (2002), S. 264; *Gössel*, DRiZ 1980, 363 (364).

[336] So z. B. bei *Glaser*, Hdb. des Strafprozesses Bd. I (1883), S. 674 ff.

[337] *Gössel*, Strafverfahrensrecht (1977), S. 227; LR-StPO/*Krause* § 85 Rn. 11; Meyer-Goßner/*Schmitt* StPO § 85 Rn. 3; Alsberg/*Dallmeyer*, Der Beweisantrag, Kap. 3 Rn. 91; *Hamm/Pauly*, Beweisantragsrecht Rn. 123 f.; MüKo-StPO/*Trück* § 72 Rn. 22; *Hanack*, JR 1966, 427; *Dippel*, Stellung des Sachverständigen (1986), S. 14.

dert.[338] Dort, wo die Beweisperson über die eigene Wahrnehmung von Tatsachen vernommen werden soll, die sie aufgrund ihres Spezialwissens gemacht hat, überschneiden sich jedoch Sachverständigen- und Zeugenbeweis.[339] Auf den sachverständigen Zeugen, der „zum Beweis vergangener (oder gegenwärtiger) Tatsachen oder Zustände, zu deren Wahrnehmung eine besondere Sachkunde erforderlich war" (vgl. § 85 StPO) vernommen wird, sind die Vorschriften des §§ 48 ff. StPO anzuwenden.[340]

Dem historisch begründeten Argument, die ursprüngliche Aufgabe des Sachverständigen habe in der Assistenz des richterlichen Augenscheins (§ 86 StPO) bestanden[341] und indiziere daraufhin dessen „richterähnliche" Stellung[342], kann nicht gefolgt werden. Trotz des Wortlauts kann die Augenscheinseinnahme nicht als per se originär richterliche Tätigkeit bezeichnet werden, da sie in der Hauptverhandlung grundsätzlich unter Teilnahme aller Prozessbeteiligten und nicht ausschließlich allein vom Gericht durchgeführt wird.[343] Im Fall des richterlichen Augenscheins im Ermittlungsverfahren steht dem Beschuldigten ein Teilnahmerecht zu (§ 168d Abs. 1 S. 1 StPO), dessen Ausübung ihm aktiv ermöglicht werden muss.[344] In der Hauptverhandlung ist die Augenscheinseinnahme wegen der Unmittelbarkeit und Öffentlichkeit generell für alle Prozessbeteiligten zugänglich. Der Augenschein ist damit nicht exklusiv auf das Gericht zugeschnitten, sondern umfasst jedwede menschlich begründete Wahrnehmung durch Sehen, Hören, Riechen, Schmecken oder Fühlen.[345]

b) § 74 Abs. 1 S. 1 StPO

Den einzigen Ansatzpunkt für eine systematische (Teil-)Identität liefert die Möglichkeit der Ablehnung eines Sachverständigen.[346] § 74 StPO erklärt die für die Ablehnung von Richtern zwingenden Ausschließungsgründe (§ 22 StPO) sowie die fakultativen Ablehnungsgründe (§ 24 StPO) auf Sachverständige anwendbar.[347] Der

---

338 *Hanack*, JZ 1966, 425 (427); *Gössel*, DRiZ 1980, 363 (365). *Peters*, Strafprozeß (1985), S. 342 konstatierte, dass „der Zeuge das erweiterte Auge und der Sachverständige das erweiterte Hirn des Richters" sei.

339 Alsberg/*Dallmeyer*, Der Beweisantrag, Kap. 3 Rn. 82.

340 LR-StPO/*Krause* § 85 Rn. 12.

341 So noch BGHSt 9, 292 (296) = NJW 1956, 1526 (1527): „Wahrnehmungsorgan des Gerichts selbst".

342 *Mayer*, in: FS Mezger (1954), 455 (467); *Zwiehoff*, Das Recht auf den Sachverständigen (2000), S. 24.

343 So bereits RGSt 42, 197 (198); RGSt 66, 28 (29); BGHSt 3, 187 = NJW 1952, 1306.

344 MüKo-StPO/*Kölbel* § 168d Rn. 1 f. Siehe hierzu tiefergehend 6. Kapitel B. I. 1. b).

345 BGHSt 18, 51 = NJW 1962, 2361.

346 *Erb*, ZStW 121 (2009), 882 (915) bezeichnet § 74 StPO in der Gesetzeskonzeption als „Fremdkörper".

347 Statt vieler Meyer-Goßner/*Schmitt* StPO § 74 Rn. 3.

normative Verweis rührt aus der Vergangenheit des Sachverständigen als „*iudex facti*“[348] her. Der Normzweck der §§ 22, 24 StPO besteht darin, Zweifel an der Parteilichkeit und Unvoreingenommenheit von Richtern auszuräumen.[349] Im Rahmen von § 74 StPO ist die Befangenheit des Sachverständigen der einzige Ablehnungsgrund.[350]

Die notwendige Neutralität des Sachverständigen leitet sich jedoch nicht aus der Parallele zur Verpflichtung des Gerichts (Art. 97 GG) ab[351], sondern entspringt eigenständig dem Grundgedanken des Gesetzes (§ 79 Abs. 2 StPO). Der Sachverständige unterliegt qua seiner eigenständigen beruflichen Tätigkeit der Pflicht zur Neutralität und Unparteilichkeit[352], auch seitdem er nicht mehr die alleinige Entscheidungskompetenz für die außerjuristische Beweisfrage trägt. Die Möglichkeit, dass ein Sachverständiger befangen sein kann, erlaubt daher nicht die Annahme einer „quasi-richterlichen Stellung“.[353] Die Notwendigkeit der Unbefangenheit liegt vielmehr in der Natur des Hinzutretens einer dritten Person zum Strafverfahren, welche – anders als der Zeuge – eine gestaltende und nicht nur wiedergebende Position einnimmt. Dies erfordert aus Gründen der Verfahrensfairness für den Angeklagten eine generelle Objektivität dritter Personen. Zwar gelten für Zeugen keine Ablehnungsgründe, ihrer Position wird aber dadurch Rechnung getragen, dass etwaige Belastungstendenzen in der Beweiswürdigung herausgefiltert oder Aussagen als unglaubhaft bewertet werden können.

c) §§ 73 Abs. 1 S. 1, 161a Abs. 1 S. 2 StPO

Die – nach der herrschenden Meinung geltende[354] – Auswahlbefugnis der Staatsanwaltschaft bzw. des Gerichts (§§ 161a Abs. 1 S. 2 StPO, 73 Abs. 1 S. 1 StPO) zeigt, dass der Sachverständige in jedem Verfahrensstadium als Beweismittel hinzugezogen werden kann. Demgegenüber sieht die verfassungsrechtlich verbürgte Garantie des gesetzlichen Richters (Art. 101 Abs. 1 S. 2 GG) vor, dass das zur Entscheidung berufene Gericht – anders als der Sachverständige – bereits im Voraus personell, funktionell oder organisatorisch bestimmt worden ist.[355] Der Sachverständige ist hingegen – bis auf den Vorrang öffentlich bestellter Personen

---

[348] *Pawlak*, Ablehnung des Sachverständigen (1998), S. 59 ff., 69 ff., 81 ff. m.w.N.; *Brammsen*, ZStW 119 (2007), 93 (100 f., 103 f.).

[349] BGHSt 14, 219 (221) = NJW 1960, 301; BGHSt 31, 358 (359) = NJW 1983, 2711.

[350] Meyer-Goßner/*Schmitt* StPO § 74 Rn. 1.

[351] Aus Art. 97 Abs. 1 GG ließe sich spiegelbildlich die Notwendigkeit der richterlichen Unparteilichkeit und -voreingenommenheit ableiten, so Dürig/Herzog/Scholz/*Hillgruber* GG Art. 97 Rn. 27.

[352] *Böttger*, in: SV-HdB § 2 Rn. 25 ff.

[353] *Gössel*, DRiZ 1980, 363 (370).

[354] Siehe hierzu näher 6. Kapitel B. II. 1.

[355] Jarass/Pieroth/*Kment* GG Art. 101 Rn. 2; *Toepel*, Sachverständigenbeweis (2002), S. 262.

(§ 73 Abs. 2 StPO) – von der Staatsanwaltschaft bzw. dem Gericht je nach Verfahrensabschnitt frei wählbar und nicht derart determiniert.

d) § 244 Abs. 4 S. 1 StPO

Der Ablehnungsgrund des § 244 Abs. 4 S. 1 StPO symbolisiert zwar die theoretische Parallelität auszuübender Sachkunde im Strafprozess[356], deutet aber auf keine weitergehende Nähebeziehung zwischen Gericht und Sachverständigem hin. § 244 Abs. 4 S. 1 StPO verfolgt vielmehr die Zwecke der Prozessökonomie, Wirtschaftlichkeit und Sparsamkeit der Justiz, indem auf den Zeitaufwand und die Kosten einer zu vergütenden Sachverständigentätigkeit (§ 84 StPO i.V.m. § 8 JVEG) verzichtet werden kann.

VI. Zwischenergebnis

Der Sachverständige ist seit seiner konzeptionellen Neuordnung ausschließlich als Beweismittel zu qualifizieren.[357] Der Grund für die Annahme der missverständlichen „Gehilfenstellung" könnte darin bestehen, dass der Sachverständige als intellektuelle Prozessentität wahrgenommen wird, weil er aufgrund seines Spezialwissens dem Gericht „ebenbürtig" erscheint.[358] Die sachlichen Beweismittel vermögen eine solche Stellung mangels Personalität bereits nicht zu erreichen und Zeugen haben aufgrund ihrer bloßen Erinnerungstätigkeit ohne weitergehende eigene geistige Tätigkeit prozessual eine geringere intellektuelle Präsenz inne. Der Sachverständigenbeweis ist daher im Vergleich zu den anderen Beweismitteln eines der besonderen Art[359], da er nicht nur Tatsachenstoff erzeugt, sondern darauf basierende außerjuristische Konklusionen zieht.[360]

An anderer Stelle wird der Gehilfenbegriff marginal modifiziert und der Sachverständige als „Helfer des Gerichts"[361], „Gehilfe aller Verfahrensbeteiligten"[362],

---

[356] Siehe hierzu bereits 2. Kapitel A.III.

[357] So auch SK-StPO/*Rogall* Vor § 72 Rn. 35; LR-StPO/*Kühne* Einl. Abschn. J Rn. 130; *Pawlak*, Ablehnung des Sachverständigen (1998), S. 213 f.; *Schreiber*, in: FS Wassermann (2013), 1007. Bloß terminologisch abweichend, dass das Gutachten ein Beweismittel ist, so *Gössel*, Strafverfahrensrecht (1977), S. 228.

[358] In eine ähnliche Richtung *Boehme-Neßler*, RW 2014, 189 (202 f.); *Schwaighofer*, Der Sachverständigenbeweis im Strafverfahren (2014), S. 4.

[359] In diese Richtung *Mittermaier*, Lehre vom Beweis (1834), S. 185; *Plewig*, Rolle des Sachverständigen (1982), S. 15; *Pieper*, ZZP 84 (1971), 1 (39); *Geerds*, ArchKrim 137 (1966), 155 (156).

[360] *Lürken*, NJW 1968, 1161; *Grossam*, in: SV-HdB § 11 Rn. 6; *Gössel*, DRiZ 1980, 363 (365).

[361] RGSt 69, 97 (98); *Ulrich*, Der gerichtliche Sachverständige (2007), Rn. 1.

[362] *Tondorf/Waider*, StV 1997, 493 (496).

„selbständiger Helfer bei der Wahrheitsfindung“[363], „Entscheidungsgehilfe“[364] oder „(neutraler) Berater des Gerichts“[365] bezeichnet. Mitunter wird eine „Doppelnatur“ als „Gehilfe“ und Beweismittel[366] vertreten. Auch diese Begriffe können eine Loslösung von der essenziellen Beweismittelfunktion nicht vermeiden.[367] Streng genommen „helfen“ alle herangezogenen Beweismittel bei der Aufklärung des Sachverhalts, indem sie im Falle ihrer Ergiebigkeit einen diese fördernden Beitrag leisten.[368] Dem Sachverständigen ist eine dienende Funktion nicht abzusprechen.[369] Dieses Verständnis darf aber nicht so weit gehen, dass aufgrund der Ersetzung des fehlenden Sonderwissens durch das Spezialwissen des Sachverständigen bildlich dessen Funktion als Beweismittel verlassen wird.[370] Die Begriffe „Hilfe“ und „Beratung“ sind zu unpräzise, um das Geflecht der Beweisdogmatik (erschöpfend) zu erfassen.[371]

Verfassungsrechtliche Grundsätze (wie z.B. Art. 92, 103 Abs. 1 GG) drohen durch das Festhalten an der Gehilfenstellung zu durchbrechen und die veraltete Rolle des „*iudex facti*“ aufleben zu lassen.[372] Es besteht keine Notwendigkeit, dem Sachverständigen einen deskriptiven Terminus zu attestieren. Seine Aufgaben, Rechte und Pflichten sind in der StPO derart umfassend konstituiert, dass es einer griffigen Illustrierung seiner Stellung nicht bedarf.[373]

---

[363] *Schreiber*, in: FS Wassermann (1985), 1007 (1008).

[364] SSW-StPO/*Schluckebier* § 261 Rn. 48.

[365] *Arbab-Zadeh*, NJW 1970, 1214 (1217); *Cabanis*, NJW 1978, 2329; *ders.*, in: FS Heinitz (1972), 639.

[366] Vgl. *Walter*, AcP 26 (1843), 249 (255); *Mittermaier*, AcP 2 (1819), 119 (121 ff.); *Geerds*, ArchKrim 137 (1966), 61 (66); *ders.*, ArchKrim 162 (1991), 28 (32); *Jessnitzer*, in: BKA-Vortragsreihe, Bd. 24 (1979), S. 50; *Dippel*, Stellung des Sachverständigen (1986), S. 11; *Pawlak*, Ablehnung des Sachverständigen (1999), S. 65; *Bendler*, in: Reform oder Roll-Back – 21. StV-Tag (1997), 297.

[367] Für ein Überdenken der Rolle des Sachverständigen *Tondorf/Waider*, StV 1997, 493 (496).

[368] Für den Zeugen *Grossam*, in: SV-HdB § 11 Rn. 8; *Peters*, Strafprozeß (1985), S. 342; *Eb. Schmidt*, JZ 1957, 229; *Goldschmidt*, Der Prozess als Rechtslage (1925), S. 440; *Glaser*, Hdb. des Strafprozesses Bd. I (1883), S. 676; LR-StPO/*Sarstedt* (22. Aufl. 1971) Vor § 72 Rn. 3c; SK-StPO/*Rogall* Vor § 72 Rn. 35.

[369] Ähnlich *Gössel*, DRiZ 1980, 363 (365).

[370] *Peters*, Strafprozeß (1985), S. 319 ff.

[371] *Geerds*, ArchKrim 137 (1966), 61 (70).

[372] Ähnlich *Geerds*, ArchKrim 137 (1966), 61 (70).

[373] So auch Alsberg/*Dallmeyer*, Der Beweisantrag, Kap. 3 Rn. 70; *Goldschmidt*, Der Prozess als Rechtslage (1925), S. 439 ff.; *Maisch*, MSchKrim 1973, 189 (195); SK-StPO/*Rogall* Vor § 72 Rn. 35; *Gössel*, Strafverfahrensrecht (1977), S. 229.

4. Kapitel

Die rechtlichen Ausgangspunkte für die Verteidigungsrechte des Angeklagten im Bereich des außerjuristischen Erfahrungswissens

A. Grundsatz des rechtsstaatlichen Strafverfahrens als Leitprinzip

Der Grundsatz des rechtsstaatlichen Strafverfahrens ist das allumfassende Leitprinzip für einfachgesetzliche Verteidigungsrechte.[1] Auf europäischer Ebene wird es als „Recht auf ein faires Verfahren" (Art. 6 Abs. 1–3 EMRK[2]) – bzw. verkürzt als „Fair-Trial-Prinzip"[3] – bezeichnet. Es handelt sich hierbei um einen eigenständigen Rechtsbegriff[4], dessen Bedeutung von der EMRK nicht definiert wird. Den im Konventionstext verankerten Begriffen (englisch: „*fair hearing*"; französisch: „*entendue équitablement*"; deutsch: „in billiger Weise gehört werden") liegen verschiedene Interpretationsansätze zugrunde. Aus diesem Grund galt das Prinzip lange Zeit als ufer- bzw. konturlos.[5] Insbesondere die deutsche Übersetzung wird im Hinblick auf den Kerngehalt des Prinzips als nicht gelungen empfunden, sodass sich auch im deutschen Sprachgebrauch der Begriff „*fair*" etabliert hat.[6] Der EGMR bezeichnet Art. 6 Abs. 1 EMRK als „*unqualified right*" und knüpft die Bewertung dessen, was „*fair*" sein soll, an die Umstände des jeweiligen Einzelfalls.[7]

---

[1] Meyer-Goßner/*Schmitt* StPO Einl. Rn. 19; *Weigend*, ZStW 113 (2001), 271 (276); LR-StPO/*Esser* EMRK Art. 6 Rn. 177; *Karpenstein/Mayer*, EMRK Art. 6 Rn. 1.

[2] Die Garantien des Art. 10 AEMR, Art. 14 Abs. 1 S. 2 IPbpR waren Vorbild für Art. 6 EMRK. Art. 47, 48 GRC sind diesen wesentlich ähnlich. Eine weitgehende Übereinstimmung der Garantien aus EMRK und GRC nehmen *Walther*, GA 2003, 204 (213); *Safferling*, Internationales Strafrecht (2010), S. 537 an; mit der diff. Annahme, die Konventionsgarantien seien enger, LR-StPO/*Esser* EMRK Art. 6 Rn. 182.

[3] Zur Kritik am Begriff LR-StPO/*Kühne* Einl. I Rn. 103 ff.; *Jahn*, ZStW 127 (2015), 549 f.; *Roxin/Schünemann*, Strafverfahrensrecht, § 11 Rn. 4.

[4] *Jung*, GA 2009, 235 (237); *Partsch*, Die Rechte und Freiheiten der EMRK (1966), S. 151.

[5] *Renzikowski*, in: FS Lampe (2003), 791; *Safferling*, Internationales Strafrecht (2010), S. 565.

[6] *Kohlmann*, in: FS Peters (1974), 311 (314); *Müller*, NJW 1976, 1063 (1066).

[7] EGMR, Urt v. 08. 11. 2022 – 63950/19 Rn. 47 (*Gaggl/Österreich*) = BeckRS 2022, 30301 in st.Rspr.: „The Court reiterates that the right to a fair trial under Article 6 § 1 of the Convention is an unqualified right. What constitutes a fair trial cannot be the subject of a single

Das „Fair-Trial-Prinzip“ ist als Menschenrecht ausgestaltet[8] und markiert einen Ordnungsrahmen, innerhalb dessen die Strafgewalt allein hergestellt werden kann.[9] Die Grenze der „Fairness“ stellt willkürliches Gerichtshandeln dar, vor dem Art. 6 Abs. 1 EMRK den Betroffenen schützen soll.[10] Die EMRK liefert in allgemeiner Hinsicht – gegenüber dem nationalen Rechtsschutzsystem – subsidiären Grundrechtsschutz.[11] Obwohl sie als wohl bedeutendster völkerrechtlicher Vertrag nach ihrer Verabschiedung in Rom im Jahr 1950 drei Jahre später in Kraft trat[12] und seither nach herrschender Auffassung in Deutschland den Rang eines einfachen Bundesgesetzes genießt[13], fristete sie in Deutschland nahezu drei Jahrzehnte ein „stiefmütterliches Dasein“.[14] Dabei entfalten die in der Konvention enthaltenen Normen über den innerstaatlichen Zustimmungsakt (Art. 59 Abs. 2 GG) unmittelbare Rechtswirkung.[15] Erst in stetiger Entwicklung verzeichnete das BVerfG, dass die einfachen „Gesetze im Einklang mit den völkerrechtlichen Verpflichtungen der Bundesrepublik Deutschland auszulegen und anzuwenden“ sind.[16]

Die Bedeutung der Konventionsgarantien ist aus der strafverfahrensrechtlichen Praxis und Forschung nicht mehr wegzudenken. Trotz dessen ist ihr Verhältnis zum nationalen Straf- und Strafprozessrecht nicht erschöpfend festgestellt; es ergeben sich zahlreiche Konstellationen im nationalen Recht, in denen der konventionsrechtliche Einfluss unberücksichtigt bzw. ungeklärt ist.[17] Entscheidend für eine erfolgreiche auf Art. 6 EMRK gestützte Beschwerde ist, dass das (Straf-)Verfahren *im Ganzen* „unfair“ („*overall fairness*“) gewesen ist.[18] In Abwägung aller widerstreitenden Interessen nimmt der EGMR eine Gesamtbetrachtung vor.[19] Die Mindeststandards, die der EGMR in seiner Rechtsprechung ausformuliert, sind für ein faires

unvarying rule but must depend on the circumstances of the particular case“. So auch EGMR, Urt. v. 29.06.2007 – 15809/02 und 25624/02 Rn. 53 (*O'Halloran u. Francis/Großbritannien*); *Safferling*, Internationales Strafrecht (2010), S. 565.

[8] MüKo-StPO/*Gaede* EMRK Art. 6 Rn. 2. Zur Entstehungsgeschichte LR-StPO/*Esser* EMRK Einf. Rn. 42 ff.

[9] *Renzikowski*, in: FS Lampe (2003), 791 (800).

[10] HK-EMRK/*Meyer-Ladewig/Harrendorf/König* Art. 6 Rn. 88.

[11] *Satzger*, Internationales und Europäisches Strafrecht, § 11 Rn. 21.

[12] *Safferling*, Internationales Strafrecht (2010), S. 534.

[13] BVerfGE 128, 326 (367) = NStZ 2011, 450.

[14] *Jahn*, ZStW 127 (2015), 549 (554).

[15] *Ambos*, ZStW 115 (2003), 583 (587).

[16] BVerfGE 74, 358 = NJW 1987, 2427; *Safferling*, Internationales Strafrecht (2010), S. 534.

[17] *Safferling*, Internationales Strafrecht (2011), S. 539.

[18] In st.Rspr. z.B. EGMR, Urt. v. 03.03.2016 – 7215/10 Rn. 33 (*Prade/Deutschland*) = NJW 2017, 2811 (2812); LR-StPO/*Esser* EMRK Art. 6 Rn. 179 ff.; *Karpenstein/Mayer*, EMRK Art. 6 Rn. 222 ff.

[19] So z.B. EGMR, Urt. v. 11.07.2006 – 54810/00 Rn. 96 (*Jalloh/Deutschland*) = NJW 2006, 3117 (3122).

Verfahren dementsprechend „mehr als absolute Eingriffsgrenze zu betrachten denn als unbedingtes Vorbild oder Ideal einer Rechtsreform“.[20]

Das BVerfG leitet den (eigenständigen) nationalen Grundsatz des rechtsstaatlichen Strafverfahrens aus der Verfassung (Art. 2 Abs. 1 GG i. V. m. Art. 20 Abs. 3 GG) ab.[21] Trotz dessen hat der nationale Grundsatz – wohl auch wegen der inhaltlichen Identität – eine Gleichsetzung mit dem europäischen Grundsatz erfahren. Das BVerfG interpretiert den Grundsatz des rechtsstaatlichen Strafverfahrens für den deutschen Strafprozess dahingehend, dass der Beschuldigte nicht zum bloßen Objekt degradiert werden darf, sondern praktische Möglichkeiten erhalten muss, aktiv auf den Gang und das Ergebnis des Verfahrens Einfluss zu nehmen.[22]

Durch den Grundsatz des rechtsstaatlichen Strafverfahrens werden mehrere Teilansprüche bzw. -rechte mittelbar konkretisiert, so u. a. das Recht auf rechtliches Gehör und das Gebot der Waffengleichheit[23], deren Bedeutung sich ebenfalls in nationalen Rechtsgrundlagen niederschlägt. Insoweit fällt auch der Topos des „justizförmigen Verfahrens“ sinngemäß hierunter.[24] Für das Verständnis und den Umfang nationaler Prinzipien sind die Maßgaben des „Fair-Trial-Prinzips“ hingegen nicht unerheblich: Wo immer möglich, ist eine konventionskonforme Auslegung der rechtsstaatlichen Verfassungsgrundsätze im Lichte des Konventionstexts und der Rechtsprechung des EGMR notwendig.[25]

Der Grundsatz des rechtsstaatlichen Verfahrens prägt sich zwar in entsprechenden Normen aus (z. B. Art. 97 Abs. 1, 101 Abs. 1 S. 2, 103 Abs. 1, 3 GG), enthält allerdings keine eindeutig bestimmten Gebote oder Verbote, sondern bedarf je nach sachlicher Gegebenheit der Konkretisierung durch den Gesetzgeber.[26] Die Judikate des BVerfG und des EGMR können allerdings keine abschließende „Modell-Strafprozessordnung“ für Europa dekretieren.[27] Dadurch können der Geltungsgehalt des Leitprinzips sowie die Konventionsgarantien im Einzelfall über die der nationalen Vorschriften hinausgehen.[28]

---

[20] *Beulke*, in: FS Rieß (2002), 3 (17 f.).

[21] Begründet und fortgeführt BVerfGE 26, 66 (71) = NJW 1969, 1423 (1424); BVerfGE 38, 105 (111) = NJW 1975, 103; BVerfGE 57, 250 (275) = NJW 1981, 1719; BVerfGE 78, 123 (126) = NJW 1988, 2787. Diskussion zur Rechtsgrundlage des „Fair-Trial-Prinzips“ in Deutschland bei *Jahn*, ZStW 127 (2015), 549 (559 ff.).

[22] BVerfG, Beschl. v. 12. 08. 2002 – 2 BvR 932/02 = BeckRS 2002, 23460.

[23] Dürig/Herzog/Scholz/*Remmert* GG Art. 103 Abs. 1 Rn. 1, 18, 35.

[24] *Jahn*, ZStW 127 (2015), 549 (556); LR-StPO/*Esser* EMRK Art. 6 Rn. 183.

[25] BVerfGE 74, 358 (370) = NStZ 1987, 421 (422); BVerfGE 128, 326 (367 ff.) = NStZ 2011, 450; HK-EMRK/*Meyer-Ladewig/Harrendorf/König* Einl. Rn. 19; *Jahn*, ZStW 127 (2015), 549 (596).

[26] BVerfGE 63, 45 (61) = NStZ 1983, 273; *Kohlmann*, in: FS Peters (1974), 311 (318); *Partsch*, Die Rechte und Freiheiten der EMRK (1966), S. 141.

[27] *Jung*, GA 2009, 235.

[28] *Esser*, Europäisches Strafverfahrensrecht (2002), S. 400; *Safferling*, Internationales Strafrecht (2011), S. 564.

Die im folgenden dargestellten Verfahrensgarantien (Art. 103 Abs. 1 GG, Art. 6 Abs. 1 EMRK, Art. 6 Abs. 3 lit. d EMRK) bilden normative Ausgangspunkte für die Rechtsposition des Angeklagten im Strafverfahren, wenn er sich der Anwendung außerjuristischen Spezial- und Sonderwissens ausgesetzt sieht und grenzen den äußeren Rahmen für die nationalen Verfahrensrechte des Angeklagten ab.

B. Recht auf rechtliches Gehör (Art. 103 Abs. 1 GG)

Eines der Justizgrundrechte im deutschen Strafprozess ist dasjenige auf rechtliches Gehör (Art. 103 Abs. 1 GG). Es ist ebenfalls ein Grundzug des Rechts auf ein faires Verfahren (Art. 6 Abs. 1 EMRK)[29], da Bestandteil des „*fair hearing*" denknotwendig das Gehörtwerden ist. Zurückgehend auf den bereits in römischen Rechtkreisen bekannten Grundsatz „*audiatur et altera pars*"[30] ist es für die Erzielung von Verfahrensgerechtigkeit unerlässlich, „den anderen Teil", d.h. die Prozessbeteiligten in Abgrenzung zum Justizorgan, anzuhören. Das Recht auf rechtliches Gehör hat aufgrund seiner Struktur die Aufgabe, die objektive Wahrheitsfindung zu sichern.[31] Das BVerfG hat bereits früh festgehalten, dass Art. 103 Abs. 1 GG trotz Bestehens der Offizialmaxime auch für Verfahren mit Amtsaufklärungspflicht gilt.[32] In diesen Verfahren soll das „Gehörsrecht" eine „innere Sachgerechtigkeit"[33] garantieren, welche die generische Kräfteverteilung zwischen Justizorgan und Prozessbeteiligten ausgleicht.

I. Grundlagen

Die Quintessenz des „Gehörsrechts" ist, dass der gerichtlichen Entscheidung nur diejenigen Tatsachen und Beweisergebnisse zugrunde gelegt werden dürfen, zu denen sich die Beteiligten äußern konnten.[34] Das Recht auf rechtliches Gehör gilt als prozessuales Urrecht[35] und ist gar von derartiger Relevanz, dass dem Verfassungs-

---

[29] KK-StPO/*Lohse*/*Jakobs* MRK Art. 6 Rn. 46; MüKo-StPO/*Gaede* EMRK Art. 6 Rn. 295; HK-EMRK/*Meyer-Ladewig*/*Harrendorf*/*König* Art. 6 Rn. 96; BeckOK-StPO/*Valerius* EMRK Art. 6 Rn. 1.1; LR-StPO/*Esser* EMRK Art. 6 Rn. 219 ff.

[30] Überlieferung durch *Seneca*, Medea 2, 2, Z. 199 f. („Qui statuit aliquid parte inaudita altera, aequum licet statuerit, haud aequus fuit."; lat. „Wer ein Urteil ohne Anhören der anderen Seite fällt, ist ungerecht, wenn er auch ein gerechtes Urteil fällte").

[31] LR-StPO/*Kühne* Einl. I Rn. 75 f.; *v. Winterfeld*, NJW 1961, 849 (850).

[32] BVerfGE 7, 53 (57) = NJW 1957, 1228.

[33] BVerfGE 9, 89 (95) = NJW 1959, 427.

[34] BVerfGE 1, 418 (429) = NJW 1953, 177 (178); BVerfGE 9, 89 (95) = NJW 1959, 427.

[35] In st.Rspr. BVerfGE 6, 12 (14) = NJW 1957, 17; BVerfGE 9, 89 (96) = NJW 1959, 427 (428 ff.); BVerfGE 55, 1 (6) = NJW 1980, 2698; BVerfGE 70, 180 (189) = NJW 1986, 371 ff.

geber die positive Formulierung im Grundgesetz notwendig erschien.[36] Die rechtliche Basis besteht nach jüngerer Auffassung des BVerfG sowohl im Rechtsstaatsprinzip (Art. 20 Abs. 3 GG) als auch der Menschenwürdegarantie (Art. 1 Abs. 1 GG).[37]

Der Geltungsbereich des Art. 103 Abs. 1 GG ist nur theoretisch durch seinen Wortlaut begrenzt. Mit der Formulierung „*Vor Gericht* hat jedermann Anspruch auf rechtliches Gehör" beschränkt die herrschende Auffassung die Geltung auf gerichtliche Verfahren[38], sodass eine Lücke für staatsanwaltschaftliche Ermittlungsverfahren entsteht.[39] Im Schrifttum wird die Geltung dahingehend modifiziert, dass das Recht auf rechtliches Gehör aus Fairnessgesichtspunkten (Art. 6 Abs. 1 EMRK) auch gegenüber der Staatsanwaltschaft bestehen müsse.[40] Entscheidend ist, dass der Beschuldigte im Ermittlungsverfahren nicht rechtslos verbleiben darf. Gehörsrechte im Ermittlungsverfahren sind von großer Bedeutung. Je früher sich das Ermittlungsergebnis der strafprozessualen Wahrheit nähert, desto effizienter, eingriffsschwächer und ressourcenschonender erfolgt das Strafverfahren.

Darüber hinaus ist eine Kompensation durch die im Zwischenverfahren geltenden Informations- und Mitwirkungsrechte im Ergebnis nicht gleichwertig mit denen im Ermittlungsverfahren[41], da letzterem eine wesentliche Präjudizwirkung zukommt.[42] Der Umfang eines etwaigen Gehörsrechts gegenüber der Staatsanwaltschaft sollte sich nicht auf bloße Informations- und Äußerungsrechte beschränken.[43] Wegen der notwendigen Heimlichkeit bestimmter Ermittlungen, des grundsätzlich vorläufigen Charakters und bereits damit einhergehender Grundrechtseingriffe er-

---

[36] *Rüping*, Grundsatz des rechtlichen Gehörs (1976), S. 85 ff.

[37] BVerfGE 55, 1 (6) = NJW 1980, 2698; BVerfGE 74, 220 (224) = NJW 1987, 1191; Dürig/Herzog/Scholz/*Remmert* GG Art. 103 Abs. 1 Rn. 3.

[38] BVerfGE 9, 89 (95) = NJW 1959, 427; BVerfGE 13, 132 (140 ff.) = NJW 1962, 29; BVerfGE 17, 356 (361) = NJW 1964, 1412; BVerfGE 21, 362 (373) = NJW 1967, 1411; BVerfGE 27, 88 (103) = NJW 1970, 238 (240); BVerfGE 65, 227 (233) = NJW 1984, 719; BVerfGE 75, 201 (215) = NJW 1988, 125.

[39] Ausdrücklich BVerfGE 27, 88 (103) = NJW 1970, 238 (240). Anders andeutend BVerfG, Beschl. v. 27.02.2002 – 2 BvR 261/02 = NJW 2002, 2772.

[40] *Dahs*, Das rechtliche Gehör (1965), S. 70; *Kühne*, Strafprozessrecht, § 12 Rn. 267.4; MAH-Strafverteidigung/*Eschelbach* § 31 Rn. 145; LR-StPO/*Kühne* Einl. I Rn. 80; *Kempf*, in: FS DAV (2009), 592, 594 f.; *Wagner*, ZStW 109 (1997), 545 (577); *Dierlamm*, in: FS Müller (2008), 117 (120).

[41] *Kempf*, in: FS DAV (2009), 592 (600 f.).

[42] Siehe hierzu näher 4. Kapitel C. II. 1.

[43] Wegen Art. 19 Abs. 3 GG wird der Staatsanwaltschaft nach herrschender Ansicht kein eigenes Recht auf rechtliches Gehör, sondern nur ein einfachgesetzliches Recht auf Anhörung zugebilligt, so OLG Braunschweig, Beschl. v. 24.01.1962 – Ws 263/61 = NJW 1962, 753; Meyer-Goßner/*Schmitt* StPO Einl. Rn. 27; SSW-StPO/*Beulke* Einl. Rn. 86; a. A. *Arndt*, JZ 1963, 65 (67); *Röhl*, NJW 1964, 275 (277).

scheint es in diesem Verfahrensabschnitt als angemessen, den Kernbestand des Art. 103 Abs. 1 GG als übergreifenden Rechtsstandard zu betrachten.[44]

II. Basisgewährleistungen: Information, Äußerung und Berücksichtigung

An Art. 103 Abs. 1 GG als „wechselseitiges Verstehen“[45] oder „Interaktionsrecht“[46] werden verschiedene Forderungen gestellt. Die ständige Spruchpraxis des BVerfG untergliedert Art. 103 Abs. 1 GG mittlerweile in die drei Basisgewährleistungen[47] Information, Äußerung und Berücksichtigung.[48] Das *Recht auf Information* verpflichtet das Justizorgan grundsätzlich zur rechtzeitigen Mitteilung tatsächlicher und rechtlicher Aspekte des strafrechtlichen Vorwurfs.[49] Das *Recht auf Äußerung* verpflichtet das Justizorgan dazu, dem Angeklagten vor Erlass einer Entscheidung die Möglichkeit zur schriftlichen oder mündlichen Stellungnahme[50] bzw. prozessordnungsgemäßen (Beweis-)Antragstellung[51] zu geben. Dabei ist entscheidend, dass die reine Gelegenheit zur Äußerung ausreicht.[52] Das *Recht auf Berücksichtigung* verpflichtet das Justizorgan zur Auseinandersetzung mit dem tatsächlichen und rechtlichen Vorbringen des Gehörsberechtigten dergestalt, dass es dieses zur Kenntnis zu nehmen, in der Tragweite zu erkennen und in die Erwägungen einzubeziehen hat.[53] Aufgrund dieses Pflichtenkanons wird Art. 103 Abs. 1 GG im verfassungsrechtlichen Gefüge deshalb nicht als negatives Abwehrrecht, sondern primär als positives Leistungsrecht verstanden.[54]

Früher interpretierte das BVerfG in das Gehörsrecht lediglich die Möglichkeit des Angeklagten, sich zum Sachverhalt vor Erlass der Entscheidung zu äußern[55],

---

[44] LR-StPO/*Kühne* Einl. I Rn. 80; *Kempf*, in: FS DAV (2009), 592 (593).

[45] *Kühne*, Strafprozessrecht, § 44 Rn. 723.

[46] *Sommer*, Effektive Strafverteidigung, Kap. 1 Rn. 93.

[47] *Jahn*, ZStW 115 (2003), 815 (842).

[48] BVerfGE 81, 123 (129) = NJW 1990, 1104 ff. (Hervorhebungen d. Verf.); BVerfG, Beschl. v. 19.01.2006 – 2 BvR 1075/05 = NJW 2006, 1048; BVerfG, Beschl. v. 04.12.2006 – 2 BvR 1290/05 = NStZ 2007, 274.

[49] BVerfGE 84, 188 (190) = NJW 1991, 2823 (2824); BVerfGE 86, 133 (144) = DtZ 1992, 327 (328).

[50] BVerfGE 1, 418 (429) = NJW 1953, 177 (178).

[51] BVerfGE 57, 250 (274) = NJW 1981, 1719 (1721); BVerfGE 65, 305 (307) = NJW 1984, 1026.

[52] BVerfGE 1, 418 (429) = NJW 1953, 177 (178); *Dahs*, Das rechtliche Gehör (1965), S. 45 ff.; KK-StPO/*Fischer* Einl. Rn. 110.

[53] Jarass/Pieroth/*Kment* GG Art. 103 Rn. 16.

[54] Jarass/Pieroth/*Kment* GG Art. 103 Rn. 1.

[55] BVerfGE 1, 418 (429) = NJW 1953, 177 (178); BVerfGE 6, 12 = NJW 1957, 17.

was nach überwiegender Ansicht zu kurz griff.[56] Die Existenz eines bloßen Äußerungsrechts übersah eine hierfür unter Umständen konstitutive Informationsnotwendigkeit sowie die spiegelbildlich erforderliche Garantie gerichtlicher Kenntnisnahme und Erwägung. Der Geltungsgehalt wurde daher im Laufe der Jahre vom BVerfG inhaltlich erweitert und es wurde – nur vermeintlich entgegen den römischen Rechtsregeln „*iura novit curia*“ und „*da mihi factum, dabo tibi ius*“ – ausdrücklich das Recht der Beteiligten auf Äußerungen zur Rechtslage[57] ergänzt. Die vielfachen Möglichkeiten verschiedenartiger Gesetzesauslegungen machen gerade das Recht des Angeklagten und die anwaltliche Pflicht zur gemeinsamen Erarbeitung der Rechtsfragen notwendig.[58]

Ein weiterer Gewinn der richterlichen Rechtsfortbildung von Art. 103 Abs. 1 GG ist das Recht auf Berücksichtigung des jeweiligen Vortrags. Während das Recht des Angeklagten auf Äußerung zur Rechtslage mittlerweile uneingeschränkt gilt[59], bezieht sich die Berücksichtigungs- und Würdigungspflicht nach allgemeiner Auffassung nicht auf jedwedes Vorbringen der Prozessbeteiligten.[60] Inhaltlich haben die Fachgerichte ihre Begründungspflicht auf solchen Vortrag des Gehörsberechtigten zu begrenzen, der „erheblich“[61], „tragend“[62], „leitend“[63], „nicht offensichtlich unsubstantiiert“[64], „nicht offensichtlich belanglos“[65] oder „nicht abwegig“[66] ist.

Die nähere Ausgestaltung der drei Basisgewährleistungen obliegt dem Gesetzgeber.[67] Art. 103 Abs. 1 GG findet mittelbar Ausfluss in den einfachgesetzlichen Verteidigungsrechten des Angeklagten im Strafverfahren.[68] So ist der Angeklagte von den Justizorganen über bestimmte Umstände zu informieren (z.B. §§ 136, 147, 163a Abs. 1, 265 Abs. 1, 2, 308 Abs. 1 StPO), darf sich hierzu äußern (z.B. §§ 33,

---

[56] *Rüping*, Grundsatz des rechtlichen Gehörs (1976), S. 198.

[57] BVerfGE 9, 231 (236) = NJW 1959, 1124; BGHSt 13, 123 (124) = MDR 1959, 681; BGHSt 22, 336 (339) = NJW 1969, 941; OLG Celle, Urt. v. 11. 10. 1962 – 1 Ss 350/62 = NJW 1963, 1320.

[58] OLG Hamm, Beschl. v. 06. 12. 2013 – 9 W 60/13 = NJW-RR 2014, 446; *Röhl*, NJW 1959, 285 (286).

[59] *Rüping*, Grundsatz des rechtlichen Gehörs (1976), S. 154 ff.; Meyer-Goßner/*Schmitt* StPO Einl. Rn. 29.

[60] BVerfGE 47, 182 (189) = NJW 1978, 989; *Rüping*, Grundsatz des rechtlichen Gehörs (1976), S. 180 ff.

[61] BVerfGE 47, 182 (189) = NJW 1978, 989; BVerfGE 86, 133 (145) = DtZ 1992, 327 (328); BVerfG, Beschl. v. 02. 02. 1995 – 2 BvR 37/95 = NJW 1995, 2912.

[62] RG JW 1938, 1189; BVerwGE 13, 99 (102) = ZLA 1968, 273.

[63] BSG, Urt. v. 07. 12. 1965 – 10 RV 405/65 = NJW 1966, 566.

[64] BVerfGE 86, 133 (145) = DtZ 1992, 327 (328).

[65] BVerwG, Beschl. v. 09. 06. 1954 – BVerwG II C 223/53 = NJW 1954, 1542 (1543).

[66] BVerfG, Beschl. v. 23. 12. 1996 – 2 BvR 673/96 = NJW 1997, 1433 f.

[67] BVerfGE 9, 89 (95) = NJW 1959, 427; BVerfGE 60, 1 (5) = NJW 1982, 1453; BVerfGE 67, 208 (211) = NJW 1984, 2567 (2568); BVerfGE 74, 228 (233) = NJW 1987, 2067.

[68] *Gössel*, Strafverfahrensrecht (1977), S. 167.

257 Abs. 1, 258 Abs. 1, 347, 349 Abs. 3 StPO) und Anträge stellen (§§ 24, 163a Abs. 2, 201 Abs. 1 S. 1, 244 Abs. 3 StPO) sowie darauf vertrauen, dass sein Vortrag berücksichtigt und die gerichtliche Entscheidung begründet wird (z.B. §§ 34, 244 Abs. 6 S. 1 StPO). Die einfachgesetzlichen Normen der StPO sind „*lex specialis*" gegenüber dem Gehörsrecht, sodass sie mitunter in Umfang und Reichweite über den Schutzbereich des Verfassungsgrundsatzes hinausgehen.[69] Die Phrase, Art. 103 Abs. 1 GG gewährleiste „ein Minimum von rechtlichem Gehör"[70] impliziert nicht, dass die Norm ausschließlich Mindeststandards garantiert, sondern dass der Kerngehalt des Gehörsrechts die absolute Mindestgrenze darstellt.[71]

III. Hinweis- und Erörterungspflichten des Gerichts bei der Anwendung von außerjuristischem Sonderwissen

Die Pflicht des Gerichts i.S.v. Art. 103 Abs. 1 GG, auf den urteilsbildenen Tatsachenstoff hinzuweisen, kann auch umfassen, auf die Nutzung von gerichtlicher Sachkunde (sog. Sonderwissen) hinzuweisen bzw. diese zu erörtern.

1. Hinweis- und Erörterungspflichten in Bezug auf die Sach- und Rechtslage

Gerichtliche Informationspflichten bestehen – wie aufgezeigt – grundsätzlich hinsichtlich aller Tatsachen und Beweisergebnisse, die zum Nachteil des Gehörsberechtigten verwendet werden sollen.[72] Der Angeklagte muss aber nicht nur ein tatsächliches, sondern auch ein rechtliches Verständnis von der Verfahrenslage aufweisen, um die für ihn günstigen Tatsachen und Rechtsargumente, die entscheidungserheblich sind, vorzutragen.[73] Allgemeine Hinweispflichten des Gerichts müssen sich mithin folgerichtig auch auf die Sach- und Rechtslage erstrecken, soweit dies für die Wahrnehmung des Äußerungsrechts erforderlich ist.[74] Hierunter könnte die Nutzung von Erfahrungssätzen durch das Gericht fallen.

---

[69] *Krehl*, in: FS Hassemer (2010), 1055 (1056).

[70] BVerfGE 7, 53 (57) = NJW 1957, 1228; BVerfGE 9, 89 (96) = NJW 1959, 427; BVerfGE 17, 356 (361) = NJW 1964, 1412; BVerfGE 60, 7 (14) = NJW 1989, 1635 (1636); vgl. auch BayVerfGHE 11, 190 (194) = NJW 1959, 285 (286).

[71] *Arndt*, JZ 1963, 65 (66) = Anm. zu BayVerfGH, Entsch. v. 15.05.1962 – 139/VI/61.

[72] So in st.Rspr. BVerfGE 10, 177 (182) = NJW 1960, 31; BVerfGE 12, 110 (112) = BeckRS 1961, 391 und Lit. *v. Winterfeld*, NJW 1961, 849 (851); LR-StPO/*Kühne* Einl. I Rn. 84.

[73] Dürig/Herzog/Scholz/*Remmert* GG Art. 103 Abs. 1 Rn. 82; *Krehl*, in: FS Hassemer (2010), 1055 (1057).

[74] *Kühne*, Strafprozessrecht, § 44 Rn. 722; Dürig/Herzog/Scholz/*Remmert* GG Art. 103 Abs. 1 Rn. 82.

a) Das Rechtsgespräch

Das Gericht könnte die Pflicht treffen, mit dem Angeklagten bzw. der Verteidigung ein „Rechtsgespräch“[75] mit Rede und Gegenrede von Argumenten zu führen. Würde eine solche Erörterungspflicht für Rechtsansichten gelten, müsste sie erst recht („*argumentum a fortiori*“) für tatsachenbasierte Erfahrungssätze gelten.

Die Notwendigkeit, die vorläufige gerichtliche Überzeugung (zumindest teilweise) preiszugeben, wird generell als niedrig eingestuft.[76] Während einige Stimmen im Schrifttum davon ausgehen, dass das Gericht dem Gehörsberechtigten vor dessen Entscheidung „erklären muß, warum es eine ihm vorgetragene Rechtsmeinung für verfehlt hält oder außer Betracht läßt“[77], sind die Fachgerichte nach Auffassung des BVerfG und des BGH im Laufe des Verfahrens nicht zu einem Rechtsgespräch[78], zu allgemeinen Hinweisen über ihre Rechtauffassung[79] oder einer Erklärung zu einer Beweiserhebung[80] verpflichtet. Es ist Spruchpraxis, dass keine „Frage- und Aufklärungspflicht in Bezug auf die Rechtsansicht des Gerichts“ besteht.[81]

Ein Verfahrensbeteiligter muss daher alle vertretbaren rechtlichen Gesichtspunkte von sich aus in Betracht ziehen und seinen Vortrag darauf einstellen.[82] Bei der Anwendung eines Erfahrungssatzes durch das Tatgericht handelt es sich jedoch nicht um die gerichtliche Rechtsauffassung zu einem nach § 264 StPO umgrenzten Sachverhalt, denn ein Erfahrungssatz hat keine Rechtsnormqualität.[83] Ein Erfahrungssatz enthält mit der Anknüpfungstatsache (p) ein tatsächliches Element und in Folge der hypothesenbasierten Wissensanwendung (q) ein Anwendungsprodukt.[84] Es handelt es sich aber ebenso wenig um die gerichtliche Erklärung zu einer Be-

---

[75] Begriff geprägt von *Werner*, Das Problem des Richterstaates (1960), S. 8.

[76] Siehe Beispiele bei BGHSt 22, 336 = NJW 1969, 941 f.; Meyer-Goßner/*Schmitt* StPO Einl. Rn. 29.

[77] So z.B. *Arndt*, NJW 1959, 6 (8). Ähnlich *Sommer*, Effektive Strafverteidigung, Kap. 1 Rn. 93 ff.

[78] So BVerfGE 31, 364 (370) = JuS 1971, 655; BVerfGE 42, 64 (85) = NJW 1976, 1391 (1394).

[79] So BVerfGE 66, 116 (147) = NJW 1984, 1741 (1745); BVerfGE 74, 1 (5) = NJW 1987, 1192; BVerfGE 86, 133 (145) = DtZ 1992, 327 (328). Ähnlich *Rüping*, Grundsatz des rechtlichen Gehörs (1976), S. 157; LR-StPO/*Kühne* Einl. I Rn. 85; *Kühne*, Strafprozessrecht, § 44 Rn. 720 ff.; *Jagusch*, NJW 1959, 265 (267 f.); *Röhl*, NJW 1964, 273 (277).

[80] So BGHSt 43, 212 = NStZ 1998, 51 (52).

[81] So z.B. BVerfGE 66, 116 (147) = NJW 1984, 1741 (1745).

[82] BVerfGE 86, 133 (145) = DtZ 1992, 237 (238).

[83] Siehe hierzu bereits 3. Kapitel B. V. 2. b) bb).

[84] Diese Auffassung entspricht am ehesten derjenigen Steins, dass Erfahrungssätze tatsächliche Obersätze darstellen, so *Stein*, Das private Wissen des Richters (1893), S. 14 ff.; so auch *Lagrèze*, Erfahrungssätze (1938), S. 46.

weiserhebung, denn es wird gerade kein originärer Beweis mit einem der Beweismittel („*numerus clausus*") erhoben.[85]

b) Einfachgesetzliche Hinweispflicht (§ 265 Abs. 1, 2 StPO)

Ggf. kann sich eine Hinweis- und Erörterungspflicht zur Nutzung von gerichtlichem Sonderwissen im Hauptverfahren aus § 265 StPO ergeben. Dort werden neben Hinweisen zur Rechtslage auch Hinweise zur Sachlage erfasst. Die Hinweispflichten in § 265 StPO sollen das Risiko von Überraschungsentscheidungen[86] vermeiden und verkörpern damit den Sinngehalt des Gehörsrechts (und der gerichtlichen Fürsorgepflicht[87]) einfachgesetzlich.

Ein gerichtlicher Hinweis ist nach dem Wortlaut der Norm nur erforderlich, wenn nach einem anderen Strafgesetz als dem angeklagten verurteilt werden soll (Abs. 1), nachträglich strafbarkeitsändernde Umstände auftreten (Abs. 2 Nr. 1), das Gericht von einer bereits mitgeteilten Rechtsauffassung abweichen will (Abs. 2 Nr. 2) oder eine verteidigungsrelevante Änderung der Sachlage eingetreten ist (Abs. 2 Nr. 3). Trotz Umstrukturierung und damit einhergehender Erweiterung des § 265 StPO im Jahr 2017[88] ist das Tatgericht durch diese Vorschrift jedoch keineswegs in der Situation, in welcher es einen außerjuristischen Erfahrungssatz anwendet, zu einem Hinweis oder gar einer Erörterung der Verfahrenslage verpflichtet. Die Vorschrift des § 265 StPO entfaltet keinen speziellen (Hinweis-)Schutz des Angeklagten für den Fall, dass das Gericht Sonderwissen anwenden will, da die Situation nicht unter die enumerativen Varianten fällt.

Für die Veränderung *rechtlicher* Gesichtspunkte aufgrund eines Erfahrungssatzes ist ein Anwendungsfall (§ 265 Abs. 2 Nr. 1 StPO) die Verhängung einer Maßregel zur Besserung und Sicherung in den Fällen der §§ 63–66a StGB, welcher ein verpflichtendes Sachverständigengutachten (z.B. durch §§ 80a, 246a Abs. 1 StPO) vorausgeht. Die Anwendung eines Erfahrungssatzes kann ferner die Änderung der Schuldfrage (§§ 20, 21 StGB) bewirken, worauf auch hinzuweisen ist, sofern dadurch ein anderes Strafgesetz als das in der gerichtlich zugelassenen Anklage in

---

[85] Siehe hierzu bereits 3. Kapitel A. II. 2.

[86] So für § 265 StPO bereits BGHSt 2, 371 (373) = NJW 1952, 899 (900); BGHSt 25, 287 (289) = NJW 1974, 1005; BGH, Beschl. v. 13.07.2018 – 1 StR 34/18 = NStZ 2018, 673; Meyer-Goßner/*Schmitt* StPO § 265 Rn. 1; MüKo-StPO/*Norouzi* § 265 Rn. 1; KK-StPO/*Bartel* § 265 Rn. 1; LR-StPO/*Stuckenberg* § 265 Rn. 5; *Dahs*, Das rechtliche Gehör (1965), S. 23 ff. Dies hat BT-Drs. 18/11277, S. 35 nunmehr bestätigt. Für Art. 103 Abs. 1 GG statt vieler Dürig/Herzog/Scholz/*Remmert* GG Art. 103 Abs. 1 Rn. 82 m. w. N.

[87] Statt vieler Meyer-Goßner/*Schmitt* StPO § 265 Rn. 3.

[88] Durch das Gesetz zur effektiveren und praxistauglicheren Ausgestaltung des Strafverfahrens v. 17.08.2017 (BGBl. I 3202, 3210); BT-Drs. 18/11277, S. 35 ff. Insbesondere geht § 265 StPO offensichtlich über den Verpflichtungsgehalt des Art. 103 Abs. 1 GG hinaus, so Dürig/Herzog/Scholz/*Remmert* GG Art. 103 Abs. 1 Rn. 84.

Betracht kommt (§ 265 Abs. 1 StPO).[89] Dies betrifft jedoch ausschließlich Erfahrungswissen, welches zur Beurteilung physischer und psychischer Ausnahmezustände und Prognosen angewendet wird.[90]

Eine Hinweispflicht aufgrund einer Abweichung von der in der Verhandlung mitgeteilten vorläufigen Bewertung der Sach- oder Rechtslage (§ 265 Abs. 2 Nr. 2 StPO) greift ausschließlich, wenn das Gericht zuvor ein Präjudiz mitgeteilt hat, welches sodann einen Vertrauenstatbestand geschaffen hat.[91] Hierunter sollen hauptsächlich rechtliche Aspekte im Rahmen einer Erörterung (§ 257b StPO) fallen[92], wobei dies auch für rechtliche oder tatsächliche Aspekte gelten kann, welche das Gericht in einem ablehnenden Beweisbeschluss (§ 244 Abs. 6 S. 1 StPO) mitteilt.

Für eine Veränderung *tatsächlicher* Gesichtspunkte aufgrund eines Erfahrungssatzes ist maßgebend, ob ein Hinweis „zur genügenden Verteidigung des Angeklagten erforderlich ist" (§ 265 Abs. 2 Nr. 3 StPO), sodass es aufgrund des Verweises („Ebenso ist zu verfahren…") eines ausdrücklichen, protokollierungsbedürftigen Hinweises bedarf.[93] Da das Produkt eines Erfahrungssatzes eine Konklusion (p) darstellt, welche wiederum eine induktiv erschlossene Tatsache (r=p) verkörpert[94], kann sich hieraus theoretisch eine Änderung der Tatsachenlage ergeben. Die Tatsachenänderung muss für die Verteidigung bedeutsam sein.[95] Bislang wurde dies in der Rechtsprechung bloß bei Veränderungen der wesentlichen Eckpunkte des Anklagevorwurfs (z.B. Tatzeit, Tatobjekt, Tatopfer, Tatrichtung und Tatbeteiligter) angenommen.[96] Hierunter fällt nur ein Bruchteil der möglichen Erfahrungssätze.

2. Rechtsähnlichkeit mit gerichtskundigen Erfahrungssätzen

Es muss jedoch für die Prozessbeteiligten in der Verhandlung ersichtlich sein, dass das Gericht die einschlägigen Fragen aufgrund „eigener Sachkunde" zu entscheiden beabsichtigt und ihnen Gelegenheit gegeben werden, hierzu Stellung zu nehmen.[97] Dies ergibt sich dogmatisch aus folgendem Vergleich: Wie bereits fest-

---

[89] Meyer-Goßner/*Schmitt* StPO § 265 Rn. 11.

[90] Siehe hierzu bereits 3. Kapitel A. III. 1. b), c).

[91] BT-Drs. 18/11277, S. 35.

[92] Meyer-Goßner/*Schmitt* StPO § 265 Rn. 21.

[93] So z.B. BGH, Beschl. v. 14.06.2018 – 3 StR 206/18 = NStZ 2019, 236 (237); OLG Hamm, Beschl. v. 13.01.2022 – 5 RVs 4/22 = BeckRS 2022, 1159; MüKo-StPO/*Norouzi* § 265 Rn. 50.

[94] Siehe hierzu bereits Abbildung 1.

[95] BT-Drs. 18/11277, S. 37.

[96] Zur Übersicht Meyer-Goßner/*Schmitt* StPO § 265 Rn. 23; MüKo-StPO/*Norouzi* § 265 Rn. 48.

[97] So nahezu singulär BGH, Urt. v. 22.02.2012 – 1 StR 378/11 = NStZ 2013, 120.

gestellt, besteht eine Rechtsähnlichkeit zwischen gerichtskundigen Erfahrungssätzen (§ 244 Abs. 3 S. 3 Nr. 1 StPO) und der „eigenen Sachkunde" des Tatgerichts (§ 244 Abs. 4 S. 1 StPO).[98] Die Rechtsfolgen, welche für gerichtskundige Erfahrungssätze gelten, lassen sich daher überzeugend auch auf die „eigene Sachkunde" des Tatgerichts übertragen. Dies gilt umso mehr, da diese einen größeren Anwendungsbereich hat: Während das Tatgericht als gerichtskundig nur in amtlicher Funktion wahrgenommene Erfahrungssätze verwerten darf, ist die Herkunft des Erfahrungssatzes – wegen des freien Quellengrundsatzes[99] – bei der „eigenen Sachkunde" unbeachtlich. Da bei Anwendung der „eigenen Sachkunde" mithin eine geringere Transparenz über die Tatsachenherkunft besteht, ist das Schutzbedürfnis des Angeklagten sogar höher.

Grundsätzlich besteht nach herrschender Auffassung für offenkundige (d.h. gerichts- und allgemeinkundige) Tatsachen eine Hinweis- und Erörterungspflicht zur Verwirklichung des Rechts auf rechtliches Gehör (Art. 103 Abs. 1 GG).[100] Es entspricht dem Recht des Angeklagten auf Information, über die Verwertung von urteilsbildendem Stoff, den das Tatgericht als offenkundig erachtet und der dementsprechend keiner Beweisbedürftigkeit im Strengbeweisverfahren unterliegt, unterrichtet zu werden, um sich hierzu äußern zu können.[101] Dieser Pflichtenkanon kann ebenfalls auf Erfahrungssätze erweitert werden, da auch Erfahrungssätze offen- und damit gerichtskundig sein können.[102] Dementsprechend sind gerichtskundige Erfahrungssätze zwar *nicht beweisbedürftig*, aber nach überzeugender Auffassung *hinweis- und erörterungspflichtig.*[103] Sofern das Tatgericht bereits bei gerichtskundigen Erfahrungssätzen eine Hinweis- und Erörterungspflicht trifft, gelangt man bei Fortführung dieses Art. 103 Abs. 1 GG i. V. m. Art. 6 Abs. 1 EMRK entspringenden

---

[98] Siehe hierzu bereits 2. Kapitel B. III. 4.

[99] Siehe hierzu 3. Kapitel A. II. 1.

[100] So in st.Rspr. BVerfG, Beschl. v. 03.11.1959 – 1 BvR 13/59 = NJW 1960, 31; BVerfGE 12, 110 (112 f.) = BeckRS 1961, 391; BVerfGE 48, 206 (209) = BeckRS 1978, 653; BGHSt 6, 292 (295) = NJW 1954, 1656 (1657); BGH, Beschl. v. 31.03.1981 – 5 StR 717/80 = StV 1981, 223; BGH, Beschl. v. 20.09.1988 – 5 StR 405/88 = StV 1988, 514; BayObLG, Beschl. v. 13.05.1994 – 4 StRR 53/94 = NJW 1995, 976, und Lit. LR-StPO/*Becker* § 244 Rn. 213; *Rüping*, Grundsatz des rechtlichen Gehörs (1976), S. 154; Dürig/Herzog/Scholz/*Remmert* GG Art. 103 Abs. 1 Rn. 76.

[101] Ausdrücklich BGH, Urt. v. 22.02.2012 – 1 StR 378/11 = NStZ 2013, 120: „Er bemerkt jedoch, dass ein Erfahrungssatz über […] nicht zum allgemein verbreiteten Wissen gehört. *Bevor* ein solcher Erfahrungssatz einem Urteil zu Grunde gelegt wird, müssen die *Beteiligten Gelegenheit zur Äußerung und zur Anbringung von Beweisanträgen gehabt haben*" (Hervorhebungen d. Verf.).

[102] Siehe hierzu bereits 2. Kapitel B. III. 2.

[103] So auch BGHSt 26, 59 = GRUR 1976, 37 (38); OLG Köln, Urt. v. 03.01.1958 – Ss 434/57 = NJW 1958, 881; LR-StPO/*Sander* § 261 Rn. 28; Meyer-Goßner/*Schmitt* StPO § 244 Rn. 2; *Rüping*, Grundsatz des rechtlichen Gehörs (1976), S. 154; HK-StPO/*Julius* § 244 Rn. 60; KMR-StPO/*Paulus* § 244 Rn. 467; *Dahs*, Hdb. des Strafverteidigers Rn. 659. Offengelassen bei BVerfG, Beschl. v. 03.11.1959 – 1 BvR 13/59 = NJW 1960, 31.

Informationsrechts[104] zu dem Schluss, dass eine solche Pflicht erst recht („*argumentum a fortiori*") für die Fälle, in denen tatrichterliche Sachkunde angewendet wird, gelten muss.[105]

Wenn das Tatgericht zur Beweisgewinnung „eigene Sachkunde" anwendet, liegt eine besondere Prozesssituation vor, in welcher ohne Hinweis ein Informationsdefizit des Angeklagten über Art und Inhalt der Umstände der Tatsachenfeststellung entsteht[106], weil während der Hauptverhandlung keine andere Darlegungspflicht existiert. Es ist noch mit Art. 103 Abs. 1 GG vereinbar, eine Hinweispflicht lediglich bei „Erfahrungssätzen, die jedermann kennt und deren Verwendung niemanden überraschen kann", zu versagen.[107]

Hierdurch werden Erfahrungssätze, welche regelmäßig angewendet (z. B. eine in sich schlüssige, nachvollziehbare Aussage ist glaubhaft[108]) und von der Verteidigung beherrscht werden (müssen), herausgefiltert. Dagegen ist bei der Nutzung von wissenschaftlichen Erfahrungssätzen eine Übertragung dieser Pflichten besonders erforderlich, weil diese durchaus komplexer als bloße Tatsachen und allgemeinbekannte Erfahrungssätze sind. Dem liegt der allgemeine Rechtsgedanke zugrunde, dass naturgemäß dann ein erhöhtes Informationsbedürfnis des Angeklagten besteht, soweit er als fachlicher Laie die strafrechtsnahen wissenschaftlichen Erfahrungssätze mit hoher Wahrscheinlichkeit nicht kennt bzw. nicht kennen kann.[109] Ohne eine Hinweispflicht könnte die Nutzung von Sonderwissen andernfalls theoretisch ohne jegliche Kenntnisnahme des Angeklagten bzw. der Verteidigung erfolgen.

3. Umfang einer Hinweis- und Erörterungspflicht

a) Hinweispflicht

Der Umfang der hergeleiteten Hinweispflicht muss sich zunächst auf die bloße Information, dass überhaupt ein außerjuristischer Erfahrungssatz durch das Tatge-

---

[104] BGHSt 29, 274 (278) = NJW 1980, 2479; BGHSt 36, 305 (308) = NStZ 1990, 193 (195); OLG Hamm, Beschl. v. 06. 12. 1979 – 6 Ss OWi 1576/79 = NJW 1980, 1587; SK-StPO/*Velten* § 265 Rn. 49; LR-StPO/*Stuckenberg* § 265 Rn. 5; MüKo-StPO/*Norouzi* § 265 Rn. 1; *Sarstedt*, JR 1958, 350 (351).

[105] So auch BGH, Urt. v. 22. 03. 1967 – IV ZR 10/66 = BeckRS 1967, 31398229; OLG Köln, Urt. v. 03. 01. 1958 – Ss 434/57 = NJW 1958, 881; *Wolschke*, Sachverständigenbeiziehung (1973), S. 79, 188 ff., 208 ff.; *Kühne*, Strafprozessrecht, § 52 Rn. 774; *Sarstedt*, JR 1958, 350 (351); HK-StPO/*Julius* § 244 Rn. 60; KMR-StPO/*Paulus* § 244 Rn. 465; MüKo-StPO/*Bartel* § 261 Rn. 16, 100.

[106] SK-StPO/*Velten* Vor § 261 Rn. 22 spricht von einer „Hilflosigkeit der Parteien". Ähnlich *Wolschke*, Sachverständigenbeiziehung (1973), S. 207.

[107] So *Döhring*, JZ 1968, 641 (647); LR-StPO/*Becker* § 244 Rn. 213; MüKo-StPO/*Bartel* § 261 Rn. 100; *Eschelbach*, GA 2004, 228 (239).

[108] Siehe hierzu das bereits in 2. Kapitel B. III. 3. angeführte Beispiel.

[109] *Bockelmann*, GA 1955, 321 (324); *Sommer*, Effektive Strafverteidigung, Kap. 3 Rn. 1445; SK-StPO/*Velten* Vor § 261 Rn. 24.

richt angewendet wird, beziehen (das „*Ob*").[110] Dabei soll das Tatgericht die volle Informationslast treffen.[111] Zur Realisierung einer angemessenen Verteidigung, d. h. Kontrolle und ggf. Anzweifelung des Erfahrungswissens, erscheint es weiterhin notwendig, dass das Tatgericht die Genese des Erfahrungssatzes (das „*Wie*", d. h. die wesentlichen Anknüpfungstatsachen [p], der Inhalt der wissenschaftlichen Hypothese [q] und die Konklusion [r = p]) mitteilt.[112]

Die Information über das Beweisergebnis (s) sollte von der Hinweispflicht ausgeschlossen sein, da es bereits ein Teilelement der richterlichen Beweiswürdigung (§ 261 StPO) darstellen kann und damit keiner Bekanntmachung gem. Art. 103 Abs. 1 GG bedarf. Hierdurch wird ferner gewährleistet, dass das Tatgericht seine Überzeugung erst aus dem Inbegriff der gesamten, d. h. *beendeten* Hauptverhandlung[113] schöpft, da ggf. erst weitere zu ermittelnde Beweisanzeichen hinzutreten müssen, um von einem gefestigten Beweisergebnis ausgehen zu können. Dies benachteiligt auch nicht den verteidigten Angeklagten, da die Verteidigung aus der tatsächlichen Konklusion (r = p) das voraussichtliche Beweisergebnis (s) ableiten kann. Sofern ein unverteidigter Angeklagter das Beweisergebnis nicht ableiten kann, muss er hierauf wegen seines höheren Schutzbedarfs hingewiesen werden.[114]

Außerdem sollte das Tatgericht – sofern es vom freien Quellengrundsatz profitiert[115] – darauf hinweisen müssen, auf welcher Grundlage es sich die Sachkunde zutraut, d. h. über welche außerjuristischen Fähigkeiten bzw. Qualifikationen welchen Ursprungs es verfügt (das „*Woher*").[116] Seit dem Rechtsprechungswandel, welcher nun eine objektivierte Einschätzung tatrichterlicher Sachkunde fordert, sind tatsächliche Momente Voraussetzung für die Annahme von Sachkunde. Die Fähigkeiten der sachkundigen Entität sind mittelbar für die Qualität und Validität derjenigen Tatsachen, die aus dem Erfahrungssatz resultieren, relevant, denn es besteht eine „untrennbare Verknüpfung von Sachfrage und Sachkunde".[117] Die Hinweispflicht ist je tiefer, desto komplexer das für die Beurteilung der Beweis-

---

[110] So auch *Wolschke*, Sachverständigenbeiziehung (1973), S. 203.

[111] So für Art. 103 Abs. 1 GG bei Dürig/Herzog/Scholz/*Remmert* GG Art. 103 Abs. 1 Rn. 79 f.; *Wolschke*, Sachverständigenbeiziehung (1973), S. 190 f. m. w. N.

[112] In eine ähnliche Richtung bereits *Grossam*, in: SV-HdB § 12 Rn. 7; KMR-StPO/*Paulus* § 244 Rn. 465; SK-StPO/*Velten* Vor § 261 Rn. 24, § 261 Rn. 51 ff. mit dem Hinweis, dass eine bloße Information über die Verwertung und anschließender Stellungnahme nicht ausreichen, sondern ferner Auskunft über Inhalt sowie Art und Weise der Verwendung gegeben werden muss.

[113] MüKo-StPO/*Bartel* § 261 Rn. 3.

[114] Dazu *Dahs*, Das rechtliche Gehör (1965), S. 23 ff.

[115] Siehe hierzu bereits 3. Kapitel A. II. 1.

[116] So *Wolschke*, Sachverständigenbeiziehung (1973), S. 203; KMR-StPO/*Paulus* § 244 Rn. 465 f.

[117] So *Wolschke*, Sachverständigenbeiziehung (1973), S. 210.

frage erforderliche außerjuristische Wissen ausfällt.[118] Der Pflicht ist das Gericht z. B. nachgekommen, wenn es zuvor einen auf Vernehmung eines Sachverständigen gerichteten Beweisantrag wegen „eigener Sachkunde" (§ 244 Abs. 4 S. 1 StPO) abgelehnt und die Herkunft im Ablehnungsbeschluss ausreichend dargelegt hat (§ 244 Abs. 6 StPO).[119]

b) Erörterungspflicht oder „Beweisaufnahme über die Beweisaufnahme"

Eine die Informationspflicht spiegelnde Erörterungspflicht des Gerichts könnte – wie bei (personalen) Beweiserhebungen – ein Äußerungs- und ggf. Fragerecht i. S. v. §§ 240 Abs. 2 S. 1, 257 StPO umfassen. Nach der wohl herrschenden Meinung bedürfe es allerdings keiner Erörterung von Beurteilungsfrage und Sachkundequelle in der Hauptverhandlung.[120]

aa) Äußerungsrecht i. S. d. § 257 StPO bzw. Art. 103 Abs. 1 GG

Ein Äußerungsrecht der Beteiligten würde das Ziel, auf welchem die aus dem Gehörsrecht resultierende Hinweispflicht, nämlich die Möglichkeit der Einflussnahme auf die gerichtliche Entscheidungsbildung[121], beruht, umfassend verwirklichen.[122] Ein solches muss nicht aus § 257 Abs. 1, 2 StPO analog abgeleitet werden, sondern entstammt vielmehr direkt Art. 103 Abs. 1 GG, denn die Zweckbestimmung des Gehörsrechts kann ausschließlich tertiär aufsteigend durch Information, *Äußerung* und Berücksichtigung des Tatsachen- bzw. Rechtsstoffs realisiert werden. Wer bereits das Bestehen einer gerichtlichen Informationspflicht annimmt, muss wiederum zweckgebunden auch das Recht der Prozessbeteiligten zur Äuße-

---

[118] So statt vieler Meyer-Goßner/*Schmitt* StPO § 244 Rn. 73, so bedarf z. B. das Abweichen von einem fachlichen Gutachten einer eingehenden Begründung und des Nachweises „eigener Sachkunde" des Gerichts (so BVerfG, Beschl. v. 02. 06. 1999 – 1 BvR 1689/96 = NJW 1999, 3623), da das Gericht durch die Sachverständigenhinzuziehung zunächst kundgetan hat, an seiner Sachkunde zu zweifeln (*Eisenberg*, Beweisrecht StPO Rn. 255).

[119] Hierzu sei das Gericht nach Ansicht eines Teils der Rspr. und Lit. nicht verpflichtet, so z. B. BGH, Urt. v. 10. 07. 1958 – 4 StR 211/58 = NJW 1958, 1597; *Eb. Schmidt*, JZ 1959, 129 (132). Siehe hierzu 6. Kapitel C. IV. 2.

[120] So vgl. den Leitsatz bei BGHSt 12, 18 (20) = NJW 1958, 1596. So anschließend BGH, Beschl v. 12. 10. 1999 – 1 StR 109/99 = NStZ 2000, 156; BGH, Beschl. v. 12. 03. 2014 – 1 StR 605/13 = NStZ-RR 2014, 251 (252); KK-StPO/*Tiemann* § 261 Rn. 26; LR-StPO/*Becker* § 244 Rn. 69; *Hanack*, JZ 1972, 116; Alsberg/*Dallmeyer*, Der Beweisantrag, Kap. 6 Rn. 36; *Gössel*, Strafverfahrensrecht (1977), S. 263.

[121] So als Zweck des Gehörsrechts in st.Rspr. hervorgehoben von BVerfGE 57, 250 (274) = NJW 1981, 1719 (1721); BVerfGE 89, 28 (35) = NJW 1993, 2229; BVerfGE 101, 106 (129) = NJW 2000, 1175 (1178); BVerfGE 107, 395 (409) = NJW 2003, 1924 (1926); BVerfGE 109, 13 (37 f.) = NJW 2004, 141 (146).

[122] So auch BGH, Urt. v. 10. 07. 1958 – 4 StR 211/58 = NJW 1958, 1597; *Wolschke*, Sachverständigenbeiziehung (1973), S. 151.

rung anerkennen. Die Beeinflussung der richterlichen Überzeugung ist ohne Erklärungsmöglichkeit denknotwendig nicht zu erreichen.

Infolge der Pflicht zum Hinweis auf die Anwendung eines außerjuristischen Erfahrungssatzes durch das Gericht müssen die Prozessbeteiligten über die Option verfügen können, – spiegelbildlich – zu der Anknüpfungstatsache (p), dem Inhalt, der Validität und Plausibilität des Erfahrungssatzes (q) sowie der Schlüssigkeit der Konklusion (r=p) Erklärungen abzugeben. Die Funktion des Äußerungsrechts zeigt nunmehr, weshalb die Hinweispflicht umfassend (d.h. auch mit „*Wie*“ und „*Woher*“) ausgestaltet sein muss: Eine substantiierte Äußerung des Angeklagten wäre schlichtweg nicht möglich, wenn die Hinweispflicht des Gerichts sich ausschließlich darauf bezieht, dass es Erfahrungswissen anzuwenden beabsichtigt (das „*Ob*“). Ein solcher „Hinweis“ enthält selbst keine Substantiierung dahingehend, dass eine Erwiderung in der Sache möglich wäre.[123]

bb) Fragerecht i.S.d. § 240 Abs. 2 S. 1 StPO

Es wird von der Rechtsprechung und einem Teil des Schrifttums vertreten, es bedürfe bei der Anwendung von Sonderwissen keiner Erörterung desselben oder gar eines Fragerechts dahingehend, ob das Gericht tatsächlich sachkundig ist, weil die Nutzung von Sonderwissen keine Beweiserhebung darstelle, zu der die Prozessbeteiligten gehört werden müssten.[124] Der Richter habe keine Beweismittelfunktion und sei ferner kein „Sachverständigen-Ersatz“.[125] Aus diesem Grund müsse insbesondere die Annahme eines Fragerechts des Angeklagten mit korrespondierender Antwortpflicht des Gerichts, sofern diese nicht für die Information i.S.v. Art. 103 Abs. 1 GG erforderlich ist, abgelehnt werden.[126]

Aus dieser Argumentation kann jedoch nicht ohne Weiteres folgen, dass die Beteiligten in der Hauptverhandlung keine Möglichkeit erhalten sollten, die Herkunft bzw. Quelle des (vermeintlichen) Erfahrungswissens (z.B. ob das gesamte Gericht oder nur einzelne Mitglieder sachkundig ist bzw. sind[127]) zu erfragen und nachzuprüfen. Denn dies wird von anderen Stimmen als unvereinbar mit dem Recht auf ein faires Strafverfahren (Art. 6 Abs. 1 EMRK) betrachtet und als Grund für ein

---

[123] In eine ähnliche Richtung bereits *Herdegen*, in: GS Meyer (1990), 187 (195 f.).

[124] BGH, Beschl. v. 12.03.2014 – 1 StR 605/13 = NStZ-RR 2014, 251 (252); BGH, Beschl. v. 12.10.1999 – 1 StR 109/99 = NStZ 2000, 156; KK-StPO/*Tiemann* § 261 Rn. 26; LR-StPO/*Becker* § 244 Rn. 69; *Hanack*, JZ 1972, 114 (116); *Sarstedt*, JR 1958, 350 (351); *Wolschke*, Sachverständigenbeiziehung (1973), S. 213.

[125] BGH, Beschl. v. 12.03.2014 – 1 StR 605/13 = NStZ-RR 2014, 251 (252); BGH, Beschl. v. 12.10.1999 – 1 StR 109/99 = NStZ 2000, 156; *Eb. Schmidt*, JZ 1959, 130 (131 ff.); Alsberg/*Dallmeyer*, Der Beweisantrag, Kap. 6 Rn. 36. Dies überrascht, da die – nach der h.M. zulässige – Vermittlung von Sachkunde innerhalb des Kollegialgerichts funktionell betrachtet ein Surrogat der Sachverständigentätigkeit darstellt.

[126] So ausdrücklich *Wolschke*, Sachverständigenbeiziehung (1973), S. 213, 217.

[127] Siehe hierzu bereits 3. Kapitel A.II.3.b).

Kontrollrecht gesehen.[128] Kühne führt – spiegelbildlich zu den Kontrollrechten beim Sachverständigenbeweis – aus:

> „Das *Gericht* muss darauf hinweisen, dass es aufgrund eigener Sachkunde entscheiden will und *muss sich dieser Frage wie ein bestellter Sachverständiger als Gesprächspartner zu erkennen geben.* Der Beschuldigte muss wie beim bestellten Sachverständigen die Möglichkeit haben, *die aufgrund der Sachkunde vertretene Ansicht des Gerichts in der Beweisaufnahme kennenzulernen, zu diskutieren und ggf. das Vorliegen der erforderlichen Sachkunde in Zweifel zu stellen*, um die Vernehmung etwa eines weiteren Sachverständigen zu erzwingen."[129]

Aus der Parallelität der Wissensquellen leitet auch ein älteres Judikat des OLG Köln eine über die bloße Hinweispflicht hinausgehende Erörterungspflicht des Sonderwissens ab:

> „Ebenso nämlich, wie das Gutachten und mit ihm die sich daran auszuweisende Sachkunde des Gutachters Gegenstand der Hauptverhandlung gewesen sein muß, in der beides der Anzweifelung und eventuellen Widerlegung durch den Angekl. oder seinen Verteidiger oder durch den StA ausgesetzt war, ebenso *muß auch dann, wenn das Gericht mit Rücksicht auf die besondere Sachkunde* eines seiner Mitglieder der Zuziehung eines Sachverständigen entraten zu können glaubt, *Beurteilungsgegenstand und Sachkunde in der Hauptverhandlung in einer Weise ausgebreitet* gewesen sein, daß die *Prozeßbeteiligten in der Lage waren, gegebenenfalls Einwände geltend zu machen.* Andernfalls wären fundamentale Grundsätze des deutschen Strafprozeßrechts verletzt."[130]

Zutreffend ist, dass im Vergleich der Anwendung eines Erfahrungssatzes durch Erhebung des Sachverständigenbeweises (Spezialwissen) zweifellos Frage- und Erklärungsrechte (§§ 240 Abs. 2 S. 1, 257 Abs. 1 StPO) bestehen, während die StPO solche bei der Anwendung eines Erfahrungssatzes durch das Tatgericht (Sonderwissen) gerade nicht vorsieht.[131] Damit verbleibt trotz Ähnlichkeit der prozessualen Situationen ein Kontrolldefizit, welches keine Kompensation durch ergänzende Verteidigungsrechte erfährt. Es kann nur gemutmaßt werden, dass der historische Gesetzgeber verkannt hat, dass selbst die Fehleinschätzung oder ein Missbrauch des Sonderwissens nicht gänzlich ausgeschlossen werden können und damit nahezu nicht aufdeckbar bleiben.[132]

---

[128] So z. B. OLG Köln, Urt. v. 03. 01. 1958 – Ss 434/57 = NJW 1958, 881; LR-StPO/*Sander* § 261 Rn. 27; SK-StPO/*Velten* Vor § 261 Rn. 24, § 261 Rn. 51 ff.; KMR-StPO/*Stuckenberg* § 261 Rn. 5; *Kühne*, Strafprozessrecht, § 52 Rn. 774; *Graul*, Offenkundigkeit (1993), S. 291.

[129] *Kühne*, Strafprozessrecht, § 52 Rn. 774 (Hervorhebungen d. Verf.). Auch SK-StPO/*Velten* Vor § 261 Rn. 24.

[130] OLG Köln, Urt. v. 03. 01. 1958 – Ss 434/57 = NJW 1958, 881 (Hervorhebungen d. Verf.).

[131] KMR-StPO/*Paulus* § 244 Rn. 465, 467; SK-StPO/*Velten* Vor § 261 Rn. 24; *Sarstedt*, JR 1958, 350 (351); *Keller*, ZStW 101 (1989), 382 (406 f.).

[132] SK-StPO/*Velten* Vor § 261 Rn. 24. Siehe zu den Gefahren richterlicher Selbsteinschätzung näher 5. Kapitel A. I. und zu den Rügemöglichkeiten mittels Revision 6. Kapitel C. IV. 3. e) bb).

Im Ergebnis führt ein *gleichartiger* Tatbestand (vgl. eine Entität wendet Sachkunde an) zu *ungleichartigen* Rechtsfolgen (vgl. Sachkunde des Sachverständigen kann in der Hauptverhandlung erfragt und sich dazu erklärt werden, was bei Sachkunde des Tatgerichts nicht der Fall ist).[133] Angesichts der Präsumtion, ein Sachverständiger biete grundsätzlich eine höhere Gewähr für die Anwendung von außerjuristischem Wissen als ein Gericht[134], erstaunt diese Rechtsfolge umso mehr, da gerichtliches Sonderwissen grundsätzlich stärker kontrollbedürftig als Spezialwissen eines Sachverständigen ist. Daher besteht Bedarf nach einer Erörterung des Sonderwissens *vor* der gerichtlichen Entscheidung[135], um den Anschein einer „Geheimjustiz"[136] zu verhindern und den urteilsbildenden Stoff transparent zu machen.

Es kann erwogen werden, über das Sonderwissen des Gerichts eine Art modifizierte Beweisaufnahme (im untechnischen Sinne) dergestalt durchzuführen, dass dieses im Strengbeweisverfahren eingeführt bzw. belegt werden müsse[137] (z.B. durch eine Urkunde) und den Prozessbeteiligten gegenüber den sachkundigen Gerichtsmtgliedern ein die Hinweispflicht ergänzendes Fragerecht i.S.v. § 240 Abs. 2 S. 1 StPO zu Sachkundeherkunft und -umfang zustünde. Als Rechtsfolge ergäbe sich eine volle Beweislasttragung des Staates für dasjenige Sonderwissen, für dessen Anwendung die Justiz mangels objektiven Nachweises gar keine Gewähr bieten kann.[138] Ein – in seiner konkreten Art fremd bzw. sonderbar wirkendes – Fragerecht der Prozessbeteiligten gegenüber dem erkennenden Tatgericht oder dem verhandlungsleitenden Vorsitzenden würde jedoch zu einer Art „interinstanzlichen" Kontrolle bzw. gar Vernehmung[139] des Tatgerichts führen.

Denkbar wäre zwar eine analoge Anwendung des § 240 Abs. 2 S. 1 StPO. Der Kreis der i.S.d. Norm Frageverpflichteten ist – anders als derjenige der Frageberechtigten – jedoch abschließend geregelt.[140] Die Befragung von Gerichtsmitgliedern zu ihren außerjuristischen Kenntnissen bzw. Qualifikationen – und eine spie-

---

[133] So bereits SK-StPO/*Velten* Vor § 261 Rn. 24, § 261 Rn. 51 ff.; KMR-StPO/*Stuckenberg* § 261 Rn. 5; *Wolschke*, Sachverständigenbeiziehung (1973), S. 203 ff., 285.

[134] Siehe hierzu bereits 3. Kapitel A.I.2.

[135] So z.B. OLG Köln, Urt. v. 03.01.1958 – Ss 434/57 = NJW 1958, 881; LR-StPO/*Sander* § 261 Rn. 28; SK-StPO/*Velten* Vor § 261 Rn. 24, § 261 Rn. 51 ff.; KMR-StPO/*Stuckenberg* § 261 Rn. 5; *Kühne*, Strafprozessrecht, § 52 Rn. 774; *Graul*, Offenkundigkeit (1993), S. 291.

[136] SK-StPO/*Velten* Vor § 261 Rn. 24, § 261 Rn. 49.

[137] So fordert SK-StPO/*Velten* Vor § 261 Rn. 24, § 261 Rn. 51 ff. als engste Ansicht bei der Anwendung von Sonderwissen durch das Gericht stets die „strengbeweisliche Einführung des Wissens (als) Voraussetzung für dessen Verwertung".

[138] Siehe hierzu bereits 3. Kapitel A.I.2.

[139] Ähnlich BGH, Urt. v. 10.07.1958 – 4 StR 211/58 = NJW 1958, 1596 f.; *Eb. Schmidt*, JZ 1959, 129 (132).

[140] Meyer-Goßner/*Schmitt* StPO § 240 Rn. 3; *Gollwitzer*, in: GS Meyer (1990), 147 (158); SK-StPO/*Frister* § 240 Rn. 6; KMR-StPO/*Eschelbach* § 240 Rn. 8; KK-StPO/*Schneider* § 240 Rn. 2; MüKo-StPO/*Gaede* § 240 Rn. 9.

gelbildliche Antwortpflicht[141] hierzu – würden ein ganz und gar strafprozessuales Novum darstellen, welches mit der Idee der inquisitorischen StPO nur schwerlich zu vereinbaren wäre. Eine Antwortpflicht würde Richter in die Situation einer Rechtfertigung bzgl. ihrer außerjuristischen Qualifikationen versetzen, die die Grundsätze der staatlichen Autorität und Unabhängigkeit[142] tangiert und die Richterfigur[143] als solche angreifbar macht. Eine derartige „Beweisaufnahme über die Beweisaufnahme"[144] würde ferner innerhalb der Gesamtsystematik Folgeprobleme hinsichtlich etwaiger Verletzungen und Rügen derselben mit sich bringen.

Demgegenüber könnte als Kunstgriff erwogen werden, zwecks Überprüfung von Sachkundequelle und -umfang ein sachkundiges Gerichtsmitglied per Beweisantrag als Zeugen laden zu lassen (§ 244 Abs. 3 S. 1 StPO) oder selbständig zu laden (§ 245 Abs. 2 S. 1 StPO). Grundsätzlich ist es möglich, dass Richter, auch wenn sie in dem Verfahren bereits mitgewirkt haben, als Zeugen vernommen werden, da sie anschließend aus dem Spruchkörper ausscheiden (§ 22 Nr. 5 StPO).[145] Durch die bloße Bennenung des Richters in einem Beweisantrag auf Zeugenvernehmung wird dieser allerdings nicht direkt ausgeschlossen, da § 22 Nr. 5 StPO eine beendete Vernehmung voraussetzt.[146] Zeugen berichten aber entsprechend ihrer Funktion als Tatsachenquelle primär über die (Nicht-)Wahrnehmung bestimmter Geschehnisse zur Schuld- und Straffrage[147] und nicht über ihre eigenen Kenntnisse und Fähigkeiten (geschweige denn als Gerichtsmitglied in derselben Sache). Darüber hinaus sind die richterliche Sachkundequelle und -tiefe keine Beweistatsachen im eigentlichen Sinn, da sie keine materiellen Umstände im Rahmen der vorgeworfenen Tat (§ 264 StPO), sondern vielmehr prozessuale Umstände des konkreten Strafverfahrens darstellen.[148] Der Beweisantrag auf die Vernehmung eines Gerichtsmitglieds wäre daher eine unzulässige Beweiserhebung i. S. v. § 244 Abs. 3 S. 2 StPO.[149]

Stattdessen könnte erwogen werden, die Abgabe einer sog. dienstlichen Erklärung der sachkundigen Gerichtsmitglieder über Sachkundequelle und -umfang, zu erwirken. Eine solche Erklärung dient gerade dazu, den Prozessbeteiligten prozessual erhebliche Umstände bekannt zu geben, die für den Fortgang des Verfahrens von Bedeutung sind, so z. B. außerhalb der Hauptverhandlung stattgefundene Ge-

---

[141] So die Forderung deutlich bei *Kühne*, Strafprozessrecht, § 52 Rn. 774; SK-StPO/*Velten* Vor § 261 Rn. 24.

[142] Dazu Dürig/Herzog/Scholz/*Jachmann-Michel* GG Art. 101 Rn. 85 ff.

[143] Dazu Dürig/Herzog/Scholz/*Jachmann-Michel* GG Art. 101 Rn. 30 ff.

[144] Begriff bei *Trück*, NStZ 2007, 377 (381).

[145] BGHSt 7, 44 (46) = NJW 1955, 152 (153); BGH, Urt. v. 22.08.1990 – 3 StR 406/89 = StV 1991, 99 ff.; Meyer-Goßner/*Schmitt* StPO Vor § 48 Rn. 15, § 22 Rn. 19.

[146] BGHSt 14, 219 (220) = NJW 1960, 301; Meyer-Goßner/*Schmitt* StPO § 22 Rn. 20.

[147] Statt vieler *Kühne*, Strafprozessrecht, § 53 Rn. 763.

[148] Alsberg/*Dallmeyer*, Der Beweisantrag, Kap. 1 Rn. 56; SK-StPO/*Weßlau/Deiters* § 22 Rn. 20.

[149] Statt vieler BGHSt 39, 239 (241) = NStZ 1994, 80; Meyer-Goßner/*Schmitt* StPO § 244 Rn. 49.

spräche.[150] Die dienstliche Erklärung kann, da sie keine Tatsachen betrifft, die für die Schuld- und Straffrage maßgeblich sind, im Freibeweisverfahren zum Gegenstand der Hauptverhandlung gemacht werden[151] und käme qualitativ einer umfassenden Hinweispflicht gleich.

cc) Maßgeblicher Zeitpunkt und Protokollierung

Ein gerichtlicher Hinweis muss so rechtzeitig vor dem Erlass der gerichtlichen Entscheidung[152] erfolgen, dass eine Äußerung des Angeklagten zeitlich umsetzbar bleibt.[153] Der Geltungsgehalt des Art. 103 Abs. 1 GG liefe andernfalls leer, wenn nicht auch zeitlich eine Berücksichtigung dieser Äußerung durch das Gericht noch möglich ist. Übertragen auf das Hauptverfahren bedeutet dies, dass Hinweis und Äußerungsmöglichkeit zur Genese (das „*Wie*") und Quelle (das „*Woher*") des Erfahrungswissens vor dem Schluss der Beweisaufnahme (§ 258 Abs. 1 StPO) zu gewähren sind, um ggf. noch weitere (Anschluss-)Beweise erheben zu können. Der Schluss der Hauptverhandlung (§ 260 Abs. 1 StPO) ist für diesen Zweck unpraktikabel, da ein Wiedereintritt in die Beweisaufnahme nicht ausgeschlossen werden kann. Verspätet wäre daher ein Hinweis erst in den Urteilsgründen.[154]

Anders als ggf. demnächst partiell für die Dokumentation der Vernehmung von Sachverständigen[155] greift bei der hier hergeleiteten Hinweispflicht zur Nutzung von Sonderwissen keine gleichzeitige Protokollierungspflicht i.S.v. § 273 Abs. 1 StPO.[156] Für gerichtskundige Tatsachen bzw. Erfahrungssätze ist dies wegen der absoluten Beweiskraft des Sitzungsprotokolls (§ 274 StPO) umstritten. Es wäre allerdings auch aus Gründen der Nachweisbarkeit vorteilhaft, die Erfüllung der Hin-

---

[150] BGHSt 39, 239 (241) = NJW 1993, 2758; BGHSt 44, 4 (9 f.) = NJW 1998, 1234 (1235 ff.); SK-StPO/*Weßlau/Deiters* § 22 Rn. 20, 21; MüKo-StPO/*Bartel* § 261 Rn. 16, 20. Diese Situation ist vergleichbar mit dem außerjuristischen Wissenserwerb außerhalb der Hauptverhandlung, siehe hierzu bereits 3. Kapitel A. II. 2.

[151] BGHSt 39, 239 (241) = NJW 1993, 2758; BGH, Beschl. v. 27.09.2018 – 4 StR 153/18 = NStZ 2019, 168.

[152] So z. B. BVerfGE 4, 190 (192 f.) = NJW 1955, 1145.

[153] In st.Rspr. BVerfGE 9, 89 (95) = NJW 1959, 427 f.; BVerfGE 39, 156 (168) = NJW 1975, 1013 (1015); BVerfGE 70, 180 (189) = NJW 1986, 371 (372); BVerfGE 83, 24 (35) = NJW 1991, 1283 (1285); BVerfGE 89, 28 (35) = NJW 1993, 2229; BVerfGE 101, 106 (129) = NJW 2000, 1175 (1178); BVerfGE 109, 13 (37) = NJW 2004, 141; Dürig/Herzog/Scholz/*Remmert* GG Art. 103 Abs. 1 Rn. 73 f. So instruktiv zur Insuffizienz der Revision bei zweifelhafter oder fehlender Sachkunde des Tatgerichts *Wolschke*, Sachverständigenbeiziehung (1973), S. 193 ff.

[154] Siehe hierzu für die Ablehnung eines Beweisantrags i. S. d. § 244 Abs. 4 S. 1 StPO im 6. Kapitel C. IV. 2. und die Ausführungen bei *Wolschke*, Sachverständigenbeiziehung (1973), S. 190 ff.; SK-StPO/*Velten* § 261 Rn. 51 ff.

[155] Siehe hierzu tiefergehend 5. Kapitel A. II. 2. b).

[156] In st.Rspr. RGSt 28, 171 (172); BGHSt 36, 354 (359 f.) = NJW 1990, 1740 (1741 f.); BGH, Beschl. v. 27.07.2012 – 1 StR 68/12 = NStZ 2013, 121.

weispflicht – ähnlich § 265 StPO[157] – in das Sitzungsprotokoll aufzunehmen.[158] Da von der Protokollierungspflicht gem. § 273 StPO nur wesentliche Förmlichkeiten, d. h. solche Vorgänge erfasst sind, die für die Gesetzesmäßigkeit des Verfahrens von Bedeutung sein können[159], muss dies konsequenterweise auch für die aus dem Gehörsrecht entspringende Hinweispflicht bei der Nutzung von Sonderwissen, welches die Schuld- und Straffrage mitformt, gelten.[160]

Denn die Nutzung von Sonderwissen weicht gerade von dem Grundsatz, dass die Hauptverhandlung alleinige Erkenntnisquelle des Gerichts ist, ab.[161] Dabei wirkt sich aus, dass der unterlassene Hinweis über die Nutzung des Erfahrungswissens (das „*Ob*") einen schwerwiegenden Verstoß gegen Art. 103 Abs. 1 GG abbildet, da der Angeklagte über den bloßen Umstand des für ihn nicht erkennbaren Partikularwissens in Unkenntnis bleibt.[162] Dieser Verstoß ist grundsätzlich reversibel.[163] Ein Beruhen (vgl. § 337 Abs. 1 StPO), unabhängig davon, ob man es als einen kausalen oder normativen Zusammenhang versteht, erscheint zumindest in den Fällen der wissenschaftlich gesicherten Erkenntnisse (sog. Naturgesetze) ausgeschlossen, da die Möglichkeit einer Stellung- und Einflussnahme an der Verwertung des allgemeingültigen Wissens nichts geändert hätte.

IV. Zwischenergebnis

Das Recht auf rechtliches Gehör ist unverkennbare Wurzel der Verteidigungsrechte des Angeklagten, denn die vom BVerfG anerkannte Wirkung des Art. 103 Abs. 1 GG ist die dem Angeklagten eingeräumte selbstbestimmte und situationsspezifische Gestaltung des Prozessverhaltens. Bei adäquatem Informationsstand des

---

[157] In st.Rspr. BGHSt 2, 371 (373) = NJW 1952, 899 (900); BGHSt 19, 141 = NJW 1964, 308 (309); BGHSt 23, 95 (96) = NJW 1969, 2246 f.; BGH, Beschl. v. 20.05.2014 – 5 StR 173/14 = BeckRS 2014, 11026; OLG Braunschweig, Beschl. v. 05.03.2002 – 2 Ss (BZ) 6/02 = NStZ-RR 2002, 179.

[158] Für eine Protokollierungspflicht OLG Frankfurt, Vorlagebeschl. v. 22.12.1988 – 3 Ss 211/88 = StV 1989, 97 (98 f.); *Meyer-Goßner*, in: FS Tröndle (1989), 551 (560 ff.); Meyer-Goßner/*Schmitt* StPO § 273 Rn. 7; *Kahlo*, StV 1991, 51 ff.; offen bei BGH, Beschl. v. 20.09.1988 – 5 StR 405/88 = StV 1988, 514.

[159] Statt vieler Meyer-Goßner/*Schmitt* StPO § 273 Rn. 6.

[160] So empfiehlt allein BGH, Urt. v. 10.01.1963 – 3 StR 22/62 = NJW 1963, 598, die Hinweisgebung in der Sitzungsniederschrift zu vermerken.

[161] MüKo-StPO/*Bartel* § 261 Rn. 100.

[162] So *Wolschke*, Sachverständigenbeiziehung (1973), S. 191; *Anders*, Beweiserhebungskontrollen (1998), S. 86.

[163] Im Zweifel über die Rüge des § 261 StPO. Für das Strafverfahren wurden zur Entlastung des BVerfG durch das sog. Anhörungsrügengesetz v. 09.12.2004 (BGBl. I, S. 3320) mit §§ 33a, 311a, 356a StPO selbständige Anhörungsrügen geschaffen, so BVerfGE 42, 243 (247 ff.) = NJW 1976, 1837; BVerfGE 42, 252 (255) = NJW 1976, 1839; BT-Drs. 15/3966, S. 1.

Angeklagten ist primäres Ziel der Äußerungs- und Antragsrechte die Beeinflussung der Willensbildung und Entscheidung des Gerichts. Dem Verfassungsprinzip kann kein universelles Recht auf „Rechtsgespräch" mit dem erkennenden Gericht entnommen werden.

Gleichwohl entbindet dies das Tatgericht nicht von speziellen Hinweis- und Erörterungspflichten im Einzelfall. Im Fall der Anwendung außerjuristischen Erfahrungswissens durch das Tatgericht (Sonderwissen) bestehen Transparenz- und Kontrolldefizite gegenüber dem Sachverständigenbeweis, welche es adäquat zu kompensieren gilt. Eines – gar absurd wirkenden – Fragerechts an das Gericht über dessen Sachkundeumfang und -quelle bedarf es ohnehin nicht, wenn für die Prozessbeteiligten auf alternativem Weg eine adäquate Informationsquelle gesichert werden kann, welche weiterer Fragen entbehrt: Die inhaltliche Hinweispflicht sollte i. S. d. Art. 103 Abs. 1 GG vom Tatgericht als volle Informationslast bzgl. Anwendung, Genese und Herkunft des Sonderwissens verstanden werden, der es eigenständig nachzukommen und diese ggf. nachzubessern hat. Es muss ein spiegelbildliches Äußerungsrecht des Angeklagten bestehen, um eine angemessene Verteidigung zu gewährleisten.

C. Gebot der Waffengleichheit (Art. 6 Abs. 1 EMRK)

I. Grundlagen

Das kontradiktorisch anmutende Gebot der Waffengleichheit („*principle of equality of arms*") erscheint in der Struktur des deutschen Strafverfahrens zunächst sonderbar[164], wenn nicht sogar unscharf[165], schief[166] bzw. gar suspekt[167]. Dies steht einer Anwendbarkeit im kontinental-europäischen Inquisitionsverfahren dennoch keineswegs entgegen; vielmehr setzt es notwendigerweise eine dreiseitig angelegte Verfahrensstruktur voraus, in der zwei Prozessbeteiligte gegeneinander vor einem unabhängigen Dritten agieren.[168] Das Gebot der Waffengleichheit wird von Art. 6 Abs. 1 EMRK ausdrücklich gar nicht erfasst, sondern vom EGMR und der EU-KOM in diese Norm hineingelesen.[169] Zur alternativen Umschreibung wurden Begriffe wie „Chancengleichheit"[170] und „Verfahrensbalance"[171] geformt.

---

[164] *Roxin/Schünemann*, Strafverfahrensrecht, § 11 Rn. 7.

[165] *Müller*, NJW 1976, 1063.

[166] *Rieß*, in: FS Schäfer (1980), 155 (174).

[167] *Kohlmann*, in: FS Peters (1974), 311 (312).

[168] *Fischer*, NStZ 1997, 212 (217); *Rieß*, in: FS Schäfer (1980), 155 (174).

[169] EGMR, Urt. v. 27.06.1968 – 1936/63 (*Neumeister/Österreich*); EGMR, Urt. v. 17.01.1970 – 2689/65 (*Delcourt/Belgien*); *Dreher*, in: FS Kleinknecht (1985), 91 (107); *Safferling*, NStZ 2004, 181 (182); *Ambos*, ZStW 115 (2003), 583 (592).

Obgleich der eigenständige Bedeutungsgehalt des Gebots der Waffengleichheit im deutschen Recht nicht unumstritten ist[172], speist es sich ausweislich der anerkennenden Rechtsprechung des EGMR aus dem „Fair-Trial-Prinzip".[173] Der Begriff der „Waffengleichheit" ist zwar im Grundgesetz nicht präsent, dennoch operiert das BVerfG wie selbstverständlich mit ihm.[174] Es entnimmt die „Waffengleichheit" auf deutscher Ebene teilweise Art. 3 Abs. 1 GG i. V. m. Art. 20 Abs. 3 GG bzw. betrachtet sie als Unterfall des „Fair-Trial-Prinzips".[175] Das BVerfG liest in die Waffengleichheit einen besonderen Schutz des Beschuldigten gegenüber der staatlichen Handlungsmacht dahingehend hinein, aktiv und wirkungsvoll auf das Strafverfahren Einfluss nehmen zu können.[176]

Der EGMR verlangt konkret, dass der Beschuldigte eine vernünftige oder realistische Chance („*reasonable opportunity*") haben müsse, den eigenen Fall dem Entscheidungskörper ohne substanzielle Nachteile („*substantial disadvantage*") im Vergleich zum Gegner („*vis-à-vis the opponent*") darzulegen.[177] Hierin wird auch eine der Menschenwürde entsprechende Achtung als Prozesssubjekt gesehen.[178] Damit enthält die Waffengleichheit zwar keine eigenständigen Rechtsansprüche, sondern erfüllt eine reflexiv-korrigierende Funktion, soweit diese bereits notwendiger Aspekt des „Fair-Trial-Prinzips" sind.[179] Die Waffengleichheit stellt ein Strukturprinzip für die Auslegung bestehender Handlungsbefugnisse dar[180], d. h. sie

---

[170] BVerfGE 110, 253 = NJW 2004, 1305 (1307); KK-StPO/*Lohse/Jakobs* MRK Art. 6 Rn. 45; LR-StPO/*Esser* EMRK Art. 6 Rn. 202; SK-StPO/*Rogall* Vor § 133 Rn. 107; *Rieß*, in: FS Schäfer (1980), 155 (175); *Müller*, NJW 1976, 1063.

[171] *Roxin/Schünemann*, Strafverfahrensrecht, § 11 Rn. 7.

[172] Krit. *Safferling*, NStZ 2004, 181 (187 ff.); *Roxin/Schünemann*, Strafverfahrensrecht, § 11 Rn. 7; zust. *Ambos*, ZStW 115 (2003), 583 (595 ff.).

[173] EGMR, Urt. v. 27.06.1968 – 1936/63 (*Neumeister/Österreich*); EGMR, Urt. v. 28.08. 1991 – 11170/84 (*Moreira de Azevedo/Portugal*).

[174] *Safferling*, NStZ 2004, 181 (183).

[175] BVerfGE 52, 131 (144) = NJW 1979, 1925; BVerfGE 74, 78 (95) = NJW 1987, 2569 (2570); BVerfG, Beschl. v. 12.08.2002 – 2 BvR 932/02 = BeckRS 2002, 23460; BVerfGE 117, 163 (185) = NJW 2007, 979 (981); BVerfG, Beschl. v. 12.11.2020 – 2 BvR 1616/18 = NJW 2021, 455 (456 f.). LR-StPO/*Kühne* Einl. I Rn. 119 krit., dies gelte nicht für den Strafprozess.

[176] BVerfGE 38, 105 (111) = NJW 1975, 103; BVerfGE 110, 226 (253) = NJW 2004, 1305 (1307 f.); BGH, Urt. v. 09.12.1983 – 2 StR 452/83 = NJW 1984, 1907.

[177] EGMR, Urt. v. 20.04.2010 – 12315/04 and 17605/04 Rn. 58 f. (*Laska und Lika/Albanien*): „The principle of equality of arms requires ‚a fair balance between the parties', each party must be given a reasonable opportunity to present his case under conditions that do not place him at a substantial disadvantage vis-à-vis his opponent"; EGMR, Urt. v. 30.10.1991 – 12005/86 = BeckRS 1991, 119831 Rn. 33 (*Borgers/Belgien*); EGMR, Urt. v. 18.02.1997 – 18990/91 Rn. 23 (*Niederost-Huber/Schweiz*). Krit. *Gleß*, StV 2013, 317 (318).

[178] *Müller*, NJW 1976, 1063 (1067); *Rieß*, in: FS Schäfer (1980), 155 (175).

[179] *Safferling*, Internationales Strafrecht (2011), S. 569; *ders.*, NStZ 2004, 181 (184); *Rüping*, ZStW 91 (1979), 351 (359); *Steiner*, Das Fairneßprinzip (1995), S. 204 ff.

[180] LR-StPO/*Esser* EMRK Art. 6 Rn. 203.

formt nicht den Inhalt eines originären Rechts, sondern den Umfang vorhandener Rechte.

Ob Waffengleichheit bereits im Ermittlungsverfahren und nicht erst im Hauptverfahren („*hearing*“ durch das Gericht) zu gewähren ist, wird unterschiedlich beurteilt.[181] Für das deutsche Strafverfahren wird nach herrschender Auffassung keine absolute Gleichheit der Rechte von Anklagebehörde und Angeklagtem, sondern vielmehr deren Ausbalancierung unter Berücksichtigung der Verschiedenartigkeit der Prozessrollen gefordert.[182] Insbesondere verlange das Gebot der Waffengleichheit nach Ansicht des BVerfG nicht, dass verfahrensspezifische Rollenunterschiede von Staatsanwaltschaft und Angeklagtem in jeder Beziehung ausgeglichen werden müssten.[183] Statt einer „Waffen*gleichheit*“ wird hierin lediglich eine funktionelle „Waffen*angleichung*“ erblickt[184] und es wird von der Forderung gesprochen, Anklagebehörde und Angeklagtem eine grundsätzlich *gleichwertige* verfahrensrechtliche Stellung einzuräumen.[185]

II. Handlungsbefugnisse und -rechte des Beschuldigten

Die konkrete Umsetzung wirksamer Mittel zur Ausbalancierung der Verfahrensrechte von Anklagebehörde und Angeklagtem liegt im Ermessen des Gesetzgebers („*margin of appreciation*“).[186] Da die Anwendung und vorläufige Verwertung von außerjuristischem Erfahrungswissen bereits im Ermittlungsverfahren durch die Staatsanwaltschaft erfolgen kann, sollte der Angeklagte bzw. die Vertei-

---

[181] *Peukert*, EUGRZ 1980, 247 (259).

[182] BVerfGE 38, 105 (111) = NJW 1975, 103; BVerfG, Urt. v. 19.03.2013 – 2 BvR 2628/10, 2 BvR 2883/10, 2 BvR 2155/11 = NJW 2013, 1058 (1060); BVerfG, Beschl. v. 30.06.2014 – 2 BvR 792/11 = NJW 2014, 2563; Meyer-Goßner/*Schmitt* StPO Einl. Rn. 88; *Beulke/Swoboda*, Strafprozessrecht Rn. 223; *Müller*, NJW 1976, 1063; *Kohlmann*, in: FS Peters (1974), 311 (319); *Prittwitz*, in: FS Bemmann (1997), 596 (604); LR-StPO/*Kühne* Einl. I. Rn. 117.

[183] BVerfGE 63, 45 = NJW 1983, 1043 (1045); BVerfGE 63, 380 (392 f.) = NJW 1983, 1599; BVerfGE 122, 248 (272) = NJW 2009, 1469 (1474); BVerfGE 133, 168 = NJW 2013, 1058 (1060); LR-StPO/*Esser* EMRK Art. 6 Rn. 209 ff.

[184] EGMR, Urt. v. 11.12.2008 – 6293/04 Rn. 225 (*Mirilashvili/Russland*) = BeckRS 2008, 147644: „Indeed, Article 6 does not go as far as requiring that the defence be given the same rights as the prosecution in taking evidence“.

[185] *Kohlmann*, in: FS Peters (1974), 311 (321); *Satzger*, Internationales und Europäisches Strafrecht, § 11 Rn. 80; *Karpenstein/Mayer*, EMRK Art. 6 Rn. 115.

[186] EGMR, Urt. v. 28.08.1991 – 11170/84, 12876/87, 13468/87 = BeckRS 1991, 119959 Rn. 67 (*Brandstetter/Österreich*): „The principle of equality of arms is only one feature of the wider concept of a fair trial, which also includes the fundamental right that criminal proceedings should be adversarial […]. Various ways are conceivable in which national law may secure that this requirement is met.“; *Satzger*, Internationales und Europäisches Strafrecht, § 11 Rn. 20.

digung auch in diesem Verfahrensstadium die Möglichkeit haben, auf diesen Prozess mit entsprechenden Handlungsrechten Einfluss nehmen zu können.

1. Superiorität der Anklagebehörde im Beweisverfahren

Der Unterschied zwischen den Handlungsbefugnissen der Anklagebehörde einerseits und den Handlungsrechten des Beschuldigten andererseits wird insbesondere im Rahmen der Beweissammlung deutlich sichtbar.[187] Die Zuständigkeit der Staatsanwaltschaft für Beweiserhebungen im Ermittlungsverfahren (§ 163 Abs. 1 StPO) sowie die tatsächliche und rechtliche Umgrenzung der Sach- und Rechtslage durch Anklageerhebung (§§ 170 Abs. 1 S. 1, 200 Abs. 1, 2 StPO) determinieren zwangsläufig das Beweisprogramm in der Hauptverhandlung[188], während dem Beschuldigten qualitativ eher durchsetzungsschwächere Rechte zur Verfügung stehen, um auf die Beweissammlung Einfluss zu nehmen (z. B. § 163a Abs. 2 StPO).[189]

In der Realität konzentriert sich der deutsche Strafprozess in der Praxis mittlerweile – so aufgrund der abgeschafften gerichtlichen Voruntersuchung und stetig ansteigender Verfahrenszahlen – primär auf das Ermittlungsverfahren, welchem eine präjudizielle Wirkung zukommt.[190] Die Differenz der Prozessrollen in diesem Verfahrensstadium ist darauf zurückzuführen, dass dem Ermittlungsverfahren zu Beweissicherungszwecken sowie zur Abwehr von Flucht- und Verdunkelungsmaßnahmen stets eine gewisse „Heimlichkeit“ anhaftet[191], aus der wiederum ein Informationsvorsprung der Staatsanwaltschaft resultiert[192]. Aus diesem Grund wird an einer absoluten Geltung der Waffengleichheit im Ermittlungsverfahren über-

---

[187] Siehe Ausführungen bei SSW-StPO/*Satzger* EMRK Art. 6 Rn. 40.

[188] *Dreher*, in: FS Kleinknecht (1985), 91 (106) spricht von einer „Machtfülle“ der Staatsanwaltschaft.

[189] BVerfG, Urt. v. 19.03.2013 – 2 BvR 2628/10, 2 BvR 2883/10, 2 BvR 2155/11 = NJW 2013, 1058 (1060). So auch *Rieß*, in: FS Schäfer (1980), 155 (175).

[190] *Peters*, Fehlerquellen Bd. II (1972), S. 177, 195: „Die Überprüfung der Dokumentation lässt den Schluß zu, daß Fehler und Mängel des Ermittlungsverfahrens in aller Regel in der Hauptverhandlung nicht mehr zu beseitigen sind“; Arbeitskreis deutscher, österreichischer und schweizerischer Strafrechtslehrer, AE Reform des Ermittlungsverfahrens (2001), S. 27: „Im Strafverfahren fallen die Würfel nicht erst in der Hauptverhandlung, sondern bereits im Ermittlungsverfahren“. Ähnlich auch *Fezer*, in: GS Schröder (1978), 407 (413); *Prittwitz*, in: FS Bemmann (1997), 596; *Müller*, NJW 1976, 1063 (1067); *Nelles*, StV 1986, 74; *Tondorf/ Waider*, StV 1997, 493 (494); *Schlothauer*, StV 1995, 158; *Frister*, StV 1998, 159 (160); *Schünemann*, StV 1998, 391 (394 f.); *Sommer*, Effektive Strafverteidigung, Kap. 3 Rn. 29; *Dahs*, Hdb. des Strafverteidigers Rn. 234; *Schreiber*, in: Festschrift Baumann (1992), 383 (384); *Dierlamm*, in: FS Müller (2008), 117.

[191] MAH-Strafverteidigung/*Neuhaus* § 15 Rn. 8; *Arnold*, StV 2015, 588 (591).

[192] So BVerfG, Beschl. v. 08.11.1983 – 2 BvR 1138/83 = NStZ 1984, 228; BVerfG, Beschl. v. 11.07.1994 – 2 BvR 777/94 = NJW 1994, 3219 (3220).

wiegend gezweifelt.[193] Dies ist noch sachgerecht, da die die Anklage vorbereitende Behörde zur Aufrechterhaltung einer funktionstüchtigen Strafrechtspflege (Art. 20 Abs. 3 GG)[194] in diesem Verfahrensabschnitt über ein breiteres Handlungsspektrum verfügen können muss.[195] Schließlich ist sie – anders als die interessensvertretende Verteidigung – zur Ermittlung der objektiven Wahrheit sowohl zuungunsten als auch zugunsten des Beschuldigten verpflichtet.[196] Die weiten Eingriffsbefugnisse werden grundsätzlich durch die der Staatsanwaltschaft obliegende Objektivität und Neutralität (als „Wächter des Gesetzes“[197]) legitimiert.

Es ist jedoch nicht haltbar, dass eine Strukturungleichheit für darauffolgende Verfahrensabschnitte, in welchen sich Anklagebehörde und Angeklagter nunmehr unter der Obrigkeit des Gerichts kontradiktorisch gegenüberstehen, fortgilt. Mit Abschluss der Ermittlungen (§ 169a StPO) sieht die Staatsanwaltschaft die Beweissicherung als beendet an, da durch diese Zäsur Ermittlungs- und Erschließungsteil des Verfahrens voneinander getrennt werden.[198] Mit Erhebung der Anklage beim zuständigen Gericht erfolgt eine „Kräfteumverteilung“: Die Sachverhaltserforschungspflicht der Anklagebehörde (§ 160 Abs. 1 StPO) geht mit Beginn des Zwischenverfahrens funktionell auf das Gericht über (§§ 201 Abs. 2 S. 1, 244 Abs. 2 StPO), sodass die Staatsanwaltschaft zur „Verfechterin der Anklage“ wird. Der Angeklagte nimmt eine „adversale“ Gegenposition ein.[199] Die Wahrung einer vollumfassenden Objektivität ist der Anklagebehörde im Hauptverfahren faktisch nicht mehr möglich.[200] Stehen sich Anklagebehörde und Angeklagter nunmehr als

---

[193] So etwa *Müller*, NJW 1976, 1063 f.; *Dreher*, in: FS Kleinknecht (1985), 91 (106 f.); *Arnold*, StV 2015, 588 (591); LR-StPO/*Kühne* Einl. I. Rn. 118 ff.

[194] Begründet durch BVerfGE 33, 367 (383) = NJW 1972, 2214 (2216); BVerfGE 38, 105 (115) = NJW 1975, 103 (104); BVerfGE 34, 238 (248) = NJW 1973, 891 (893); näher zum Umfang des Begriffes bei *Jarass*/Pieroth, GG Art. 20 Rn. 142; *Landau*, NStZ 2007, 121 (124 ff.).

[195] *Müller*, NJW 1976, 1063 (1065).

[196] *Dreher*, in: FS Kleinknecht (1985), 91 (106): Staatsanwaltschaft als „Mitverteidiger von Amts wegen“.

[197] So BGH, Urt. v. 08.03.1956 – III ZR 113/54 = NJW 1956, 1028; *Gössel*, Strafverfahrensrecht (1977), S. 39 zurückgehend auf *v. Savigny*, Votum des Staats- und Justizministers v. 17.12.1845. Die ebenfalls bekannte Formulierung „objektivste Behörde der Welt“ geht auf den Berliner GenStA *Isenbiel* im Jahr 1900 als Äußerung gegenüber der Presse zurück.

[198] Meyer-Goßner/*Schmitt* StPO § 169a Rn. 1.

[199] *Bottke*, in: GS Zipf (1999), 451 (456); a. A. *Kohlmann*, in: FS Peters (1974), 311 (319).

[200] EGMR, Urt. v. 30.10.1991 – 12005/86 = BeckRS 1991, 119831 (*Borgers/Belgien*) in Nr. 26: „Nevertheless the opinion of the procureur général's department cannot be regarded as neutral from the point of view of the parties to the cassation proceedings. By recommending that an accused's appeal be allowed or dismissed, the official of the procureur général's department becomes objectively speaking his ally or his opponent. In the latter event, Article 6 para. 1 requires that the rights of the defence and the principle of equality of arms be respected“.

gleichwertige Prozessbeteiligte gegenüber[201], ist eine wesentliche Ungleichheit der Handlungsbefugnisse und -rechte nicht mehr sachlich gerechtfertigt.[202] Daher muss im Ermittlungsverfahren nur eine substanziell gleiche Einflusschance des Angeklagten, im Hauptverfahren dagegen eine strikt formale Gleichheit zwischen Anklagebehörde und Angeklagtem bestehen, um das Gebot der Waffengleichheit zu wahren.[203]

2. Effektive Handlungsrechte als Ausgleich

Es wurde im Schrifttum bereits bezweifelt, ob alle Normen der StPO dem „Gebot der Waffengleichheit" bzw. -angleichung genügen.[204] Insbesondere im Bereich des außerjuristischen Erfahrungswissens existieren verschiedene Handlungsbefugnisse der Staatsanwaltschaft bzw. des Gerichts und Handlungsrechte des Angeklagten, welche der Rechtsprechung des EGMR, dass strafgerichtliche Verfahren zumindest im Kern kontradiktorisch ausgestaltet sein und allen Verfahrensbeteiligten effektive Möglichkeiten der Einflussnahme garantiert werden müssen[205], zuwiderlaufen. Es muss sich angesichts der fundamentalen Ausgestaltung der „Waffengleichheit" als europäisches Menschenrecht und anerkannter Verfassungsbestandteil aufdrängen, die nationalen Verteidigungsrechte tatsächlich effektiv auszulegen, sodass diese nicht bloß theoretisch oder faktisch wirkungslos sind.[206]

Als Maßstab, ob bei der Anwendung von außerjuristischem Erfahrungswissen im Ermittlungsverfahren eine substanziell gleiche Einflusschance des Beschuldigten und im Hauptverfahren eine strikt formale Gleichheit zwischen den Rechten der Staatsanwaltschaft und des Angeklagten herrscht, soll im 6. Kapitel überprüft wer-

---

[201] *Gaede*, StV 2012, 51 (53) spricht von einer bloß „normativen Objektivität" der Staatsanwaltschaft.

[202] *Leß*, JR 1951, 193 (195); *Kohlmann*, in: FS Peters (1974), 311 (313); *Tondorf/Waider*, StV 1997, 493 (496).

[203] *Gaede*, Fairness als Teilhabe (2007), S. 652 ff.; MüKo-StPO/*Gaede* EMRK Art. 6 Rn. 302; *Safferling*, NStZ 2004, 181 (186); *Kühne*, Strafprozessrecht, § 9 Rn. 175.

[204] *Müller*, NJW 1976, 1063 (1067); *Kohlmann*, in: FS Peters (1974), 311 (319): „Eine überschlägige Durchsicht der StPO fördert eine Reihe von Vorschriften zutage, die – betrachtet unter dem Gesichtspunkt der Waffengleichheit – suspekt sind".

[205] EGMR, Urt. v. 20.04.2010 – 12315/04 and 17605/04 Rn. 58 f. (*Laska und Lika/Albanien*): „It is a fundamental aspect of the right to a fair trial that criminal proceedings, including the elements of such proceedings which relate to procedure, should be adversarial and that there should be equality of arms between the prosecution and defence […]. The right to an adversarial trial means in principle the opportunity for the parties to a criminal trial to have knowledge of and comment on all evidence adduced or observations filed with a view to influencing the courts' decision."; ähnlich LR-StPO/*Esser* EMRK Art. 6 Rn. 178, 219 ff.; *Rieß*, in: FS Schäfer (1980), 155 (192); *Beulke*, Der Verteidiger im Strafverfahren (1980), S. 81 ff.

[206] HK-EMRK/*Meyer-Ladewig/Nettesheim* Einl. Rn. 26; LR-StPO/*Esser* EMRK Einf. Rn. 19, 188.

den, ob die bestehenden Handlungsrechte des Angeklagten effektiv sind. Ggf. ist eine kompensierende Besserstellung des Angeklagten gegenüber der Staatsanwaltschaft erforderlich.[207] Ein Handlungsrecht nützt dem Angeklagten ausschließlich, wenn die Struktur und vorgesehene Wirkung der Rechtsposition überhaupt abstrakt geeignet ist, laufende oder abschließende Entscheidungen der Staatsanwaltschaft bzw. des Gerichts zu beeinflussen. Darüber hinaus kann ein Handlungsrecht ausschließlich den o. g. Grundsätzen entsprechen, wenn es für den Angeklagten mit verhältnismäßigen Mitteln konkret durchsetzbar ist. Zu fragen ist, ob bei der Wahrnehmung des Rechts zeitliche, finanzielle oder inhaltliche Hürden bzw. Defizite bestehen.

III. Zwischenergebnis

Das Gebot der Waffengleichheit bezweckt nicht den Aufbau betroffenenzentrierter Handlungsrechte zum gezielten Abbau staatsanwaltschaftlicher Ermittlungs- und Verfahrenstätigkeit. Dennoch steht das Prinzip als Gestaltungsauftrag an den Gesetzgeber und Umsetzungsappell an die Justiz[208] für die Realisierung einer angemessenen Partizipation des Beschuldigten und der Verteidigung. Es entspricht dem Willen des Gesetzgebers, dass eine Rechtsposition so ausgelegt wird, dass die „Waffengleichheit" zum frühestmöglichen Zeitpunkt und am besten verwirklicht wird.[209]

D. Konfrontations- und Ladungsrecht (Art. 6 Abs. 3 lit. d EMRK)

Das in Art. 6 Abs. 3 lit. d EMRK verankerte sog. Konfrontations- und Ladungsrecht stellt ein dogmatisches Teilrecht des „fair-trial"-Prinzips bzw. der Waffengleichheit dar[210], indem es Grundvoraussetzungen für die Interaktion mit Beweispersonen, d. h. Zeugen und Sachverständigen, aufstellt.

---

[207] *Roxin/Schünemann*, Strafverfahrensrecht, § 11 Rn. 7.

[208] SK-StPO/*Rogall* Vor § 133 Rn. 108; LR-StPO/*Kühne* Einl. I. Rn. 120; *Müller*, NJW 1976, 1063 (1066).

[209] *Kohlmann*, in: FS Peters (1974), 311 (321); *Ambos*, ZStW 115 (2003), 583 (596).

[210] So z. B. EGMR, Urt. v. 19. 12. 1990 – 11444/85 Rn. 34 (*Delta/Frankreich*); EGMR, Urt. v. 26. 04. 1991 – 12398/86 Rn. 25 (*Asch/Österreich*); LR-StPO/*Esser* EMRK Art. 6 Rn. 345, 759; HK-EMRK/*Meyer-Ladewig/Harrendorf/König* Art. 6 Rn. 190; *Partsch*, Die Rechte und Freiheiten der EMRK (1966), S. 166; Frowein/*Peukert*, EMRK Art. 6 Rn. 278; *Karpenstein/Mayer*, EMRK Art. 6 Rn. 201.

I. Grundlagen

Im deutschen Strafverfahren erscheint das Konfrontations- und Ladungsrecht auf den ersten Blick als substanzieller Fremdkörper.[211] Die Möglichkeit, „Fragen an Belastungszeugen zu stellen oder stellen zu lassen und die Ladung und Vernehmung von Entlastungszeugen unter denselben Bedingungen zu erwirken, wie sie für Belastungszeugen gelten", erweckt Assoziationen an anglo-amerikanische Strafprozesse.[212] Die Vertragsstaaten der EMRK haben sich für die Gestaltung des Art. 6 Abs. 3 lit. d EMRK tatsächlich am angelsächsischen Beispiel orientiert.[213] Zwar sind Konfrontations- und Ladungsrecht durchaus parteiprozessual beeinflusst[214], dennoch auch in Amtsaufklärungsverfahren anwendbar[215], notwendig und durchsetzbar[216], weil bereits die Konventionsstaaten überwiegend kontinental-europäische bzw. inquisitorisch geprägte Verfahrensmodelle verfolgten und sich dessen bei der Vertragsunterzeichnung bewusst waren.[217]

Art. 6 Abs. 3 lit. d EMRK gewährleistet zwei Unterrechte: Während einerseits ein Befragungsrecht für Belastungszeugen statuiert wird, existiert parallel dazu ein Ladungs- (und inzident Befragungs-[218])recht für Entlastungszeugen. Dem Angeklagten soll ermöglicht werden, die mittels Beweispersonen generierte Tatsachenbasis zu hinterfragen bzw. erweitern[219] sowie auf die vorentscheidende Urteilsgrundlage Einfluss zu nehmen.[220] Die konkrete Ausgestaltung ist Sache des nationalen Rechts.[221] Die Befragung von Belastungszeugen („*to examine or have examined witnesses against him*") soll die Möglichkeit der Verifizierung von

---

[211] *Weigend*, in: FS Wolters (2013), 1145.

[212] Vgl. 6. Zusatzartikel zur Verfassung der USA („Sixth Amedment" im Rahmen der „Bill of Rights"): „In all criminal prosecutions, the accused shall enjoy the right […] to be confronted with the witnesses against him; to have compulsory process for obtaining witnesses in his favor […]."

[213] *Simon*, Beschuldigtenrechte „nach Art. 6 Abs. 3 EMRK (1998), S. 103; *Beulke*, in: FS Rieß (2002), 3 (6).

[214] *Beulke*, in: FS Rieß (2002), 3 (6); *Esser*, Europäisches Strafverfahrensrecht (2002), S. 855; *Walther*, GA 2003, 204 (213); MüKo-StPO/*Gaede* EMRK Art. 6 Rn. 231; *Geppert*, Grundsatz der Unmittelbarkeit (1979), S. 245 f.; *Gollwitzer*, in: GS Meyer (1990), 147 (152); *Jung*, GA 2009, 235 f.; *Weigend*, in: FS Wolters (2013), 1145 (1150); LR-StPO/*Esser* EMRK Art. 6 Rn. 760.

[215] LR-StPO/*Esser* EMRK Art. 6 Rn. 760.

[216] *Cornelius*, NStZ 2008, 244 (247 f.); *Gaede*, StV 2012, 51 (53 ff.); *Karpenstein/Mayer*, EMRK Art. 6 Rn. 198.

[217] Zur Entstehungsgeschichte der EMRK HK-EMRK/*Meyer-Ladewig/Nettesheim* Einl. Rn. 1 ff.

[218] *Gollwitzer*, in: GS Meyer (1990), 147 (152).

[219] Näher dazu *Gaede*, StV 2012, 51 (53 ff.); *Sommer*, NJW 2005, 1240 (1242).

[220] MüKo-StPO/*Gaede* EMRK Art. 6 Rn. 232.

[221] So für die Zulässigkeit von Beweismitteln begründend EGMR, Urt. v. 12.07.1988 – Nr. 8/1987/131/182 Rn. 46 (*Schenk/Schweiz*) = NJW 1989, 654 (655); LR-StPO/*Esser* EMRK Art. 6 Rn. 244, 268 ff.

Glaubhaftigkeit und Validierung der Aussage bzw. von Glaubwürdigkeit der Aussageperson garantieren.[222] Der Angeklagte und die Verteidigung sollen die Chance erhalten, den Belastungszeugen „adversarisch in eigener Regie auf Herz und Nieren zu prüfen und vor den Augen des Gerichts etwaige Schwachstellen aufzudecken".[223]

Nach Rechtsprechung des EGMR muss der Angeklagte eine adäquate Möglichkeit haben, die Person des Belastungszeugen als solche infrage zu stellen und den Belastungszeugen darüber hinaus zu befragen („*challenge and question*").[224] Hierzu sollte auch die physische Gegenüberstellung, d.h. die Beobachtung von Verhaltensreaktion, Wortlaut, Mimik und Gestik des Belastungszeugen während der Aussage, gehören.[225] Dennoch besteht kein Recht auf unmittelbare Gegenüberstellung mit dem Belastungszeugen (sog. Konfrontation im engeren Sinn).[226] Während der englischsprachige Begriff „*examine*" (dt. für überprüfen, begutachten, kontrollieren) wörtlich eine umfassende „Examinierung" der Aussage(-person) vorsieht, bleibt die deutsche Version („befragen") geltungstechnisch zurück.

Das Recht zur Befragung von Belastungszeugen (sog. Konfrontationsrecht[227]) und das Recht zur Ladung von Entlastungszeugen haben sowohl in der Spruchpraxis des EGMR[228] als auch des BGH[229] bislang mäßige Generalisierung erfahren, obwohl Art. 6 EMRK zahlenmäßig das am häufigsten vor nationalen Gerichten und dem Gerichtshof geltend gemachte Menschenrecht ist.[230]

---

[222] HK-EMRK/*Meyer-Ladewig/Harrendorf/König* Art. 6 Rn. 239; MüKo-StPO/*Gaede* EMRK Art. 6 Rn. 242; *Joachim*, StV 1992, 245 (247); *Grabenwarter/Pabel*, EMRK § 24 Rn. 131.

[223] *Walther*, GA 2003, 204 (214).

[224] So z.B. EGMR, Urt. v. 07.08.1996 – 19874/92 Rn. 51 (*Ferrantelli und Santangelo/Italien*): „As a rule, these rights require that the defendant be given an adequate and proper opportunity to challenge and question a witness against him, either when he was making his statements or at a later stage of the proceedings".

[225] *Walther*, GA 2003, 204 (211); *Grabenwarter/Pabel*, EMRK § 24 Rn. 131.

[226] EGMR, Urt. v. 26.05.1996 – 20524/92 Rn. 52 (*Doorson/Niederlande*); *Beulke*, in: FS Rieß (2002), 3 (7); LR-StPO/*Esser* EMRK Art. 6 Rn. 773.

[227] Zum Begriff *Walther*, GA 2003, 204 (206 f.).

[228] So *Renzikowski*, in: FS Mehle (2009), 529 (530 f.).

[229] So *Schwenn*, StraFo 2008, 225.

[230] Frowein/*Peukert*, EMRK Art. 6 Rn. 3; *ders.*, EUGRZ 1987, 247; *ders.*, in: Reform oder Roll-Back – 21. StV-Tag (1997), 231 (243); *Partsch*, Die Rechte und Freiheiten der EMRK (1966), S. 141.

II. Geltung für den Sachverständigenbeweis

1. Autonomer Begriff des Be- und Entlastungszeugen

Es ist relevant, ob und inwieweit sich Art. 6 Abs. 3 lit. d EMRK auf den Sachverständigenbeweis erstreckt. Der für die EMRK geltende Zeugenbegriff wird losgelöst von nationalen Einordnungen auf europäischer Ebene grundsätzlich autonom ausgelegt.[231] Er kann ggf. weiter reichen als der Begriff des „Zeugen“ wie er im innerstaatlichen Recht, so z.B. der deutschen StPO, verstanden wird.[232] Nach der ständigen Rechtsprechung des EGMR gilt als Zeuge jede Person, deren mündliche oder schriftliche Aussage durch das Gericht tatsächlich in die Urteilsfindung einbezogen wird[233] bzw. werden kann[234]. Der Zeugenbegriff ist danach weit und offen zu verstehen, sodass auch Mitangeklagte[235] und Zeugen vom Hörensagen („*hearsay evidence*“)[236] erfasst werden. Die im Konventionstext angelegte Differenzierung zwischen Be- und Entlastungszeugen („*witness against him*“ und „*witness on his behalf*“) ist der deutschen StPO fremd.[237] Aufgrund der unmittelbar-inquisitorischen Beweisaufnahme durch das Tatgericht (§§ 243, 244 StPO) sind zunächst alle Beweismittel – falls überhaupt eine Zuschreibung erfolgt – solche des Gerichts bzw. Verfahrens („*criminal offence*“) an sich. Der Begriff des Belastungszeugen wird in der deutschen Rechtsprechung bloß im Rahmen der Beweiswürdigung verwendet.[238] Dafür ist nach der zweckorientierten Auslegung des Art. 6 Abs. 3 lit. d EMRK maßgebend, ob die Beweisperson im Hinblick auf den Tatvorwurf

---

[231] KK-StPO/*Lohse*/*Jakobs* MRK Art. 6 Rn. 99; HK-EMRK/*Meyer-Ladewig*/*Harrendorf*/*König* Art. 6 Rn. 240; *Esser*, Europäisches Strafverfahrensrecht (2002), S. 630; *Gaede*, Fairness als Teilhabe (2007), S. 79 ff., 276; *Safferling*, Internationales Strafrecht (2010), S. 570; LR-StPO/*Esser* EMRK Art. 6 Rn. 765; *Joachim*, StV 1992, 245 (246).

[232] EGMR, Urt. v. 24.11.1986 – 9120/80 Rn. 70 (*Unterpertinger/Österreich*) = NJW1987, 3068. Siehe zum deutschen Recht im 3. Kapitel B. III.

[233] EGMR, Urt. v. 24.11.1986 – 9120/80 Rn. 30–33 (*Unterpertinger/Österreich*) = NJW 1987, 3068; EGMR, Urt. v. 20.11.1989 – 11454/85 Rn. 40 (*Kostovski/Niederlande*); EGMR, Urt. v. 27.09.1990 – 12489/86 Rn. 23 (*Windisch/Österreich*); EGMR, Urt. v. 19.12.1990 – 11444/85 Rn. 34 (*Delta/Frankreich*); EGMR, Urt. v. 19.02.1991 – 11339/85 Rn. 33 (*Isgrò/Italien*); EGMR, Urt. v. 26.04.1991 – 12398/86 Rn. 25 (*Asch/Österreich*); EGMR, Urt. v. 15.06.1992 – 12433/86 Rn. 44, 49 (*Lüdi/Schweiz*); EGMR, Urt. v. 28.08.1992 – 39/1991/291/362 Rn. 19 (*Artner/Österreich*).

[234] Krit. dahingehend, dass die Verwertung durch Gerichtshof irrelevant sei, vgl. *Esser*, Europäisches Strafverfahrensrecht (2002), S. 630; so auch *Karpenstein*/*Mayer*, EMRK Art. 6 Rn. 200; ähnlich *Krausbeck*, Konfrontative Zeugenbefragung (2010), S. 85.

[235] So z. B. EGMR, Urt. v. 27.02.2001 – 33354/96 Rn. 41 ff. (*Lucà/Italien*).

[236] So z. B. EGMR, Urt. v. 17.11.2005 – 73047/01 (*Haas/Deutschland*) = NStZ 2007, 103 (105).

[237] LR-StPO/*Esser* EMRK Art. 6 Rn. 764; *Gollwitzer*, in: GS Meyer (1990), 147 (154 f.).

[238] So z. B. in BGH, Beschl. v. 17.03.2009 – 4 StR 662/08 = BeckRS 2009, 10291; BGH, Beschl. v. 23.08.2013 – 1 StR 135/13 = BeckRS 2013, 15377; BGH, Urt. v. 30.03.2016 – 2 StR 92/15 = BeckRS 2016, 17117. Begriff des „Belastungszeugen“ darf laut *Gaede*, StV 2012, 51 (65) im deutschen Strafprozess kein Fremdkörper mehr sein.

tatsächlich belastend oder entlastend aussagt; eine Differenzierung danach, auf wessen Betreiben die Ladung eines Zeugen erfolgt ist, erfolgt hingegen nicht.[239]

a) Bisherige Rechtsprechung des EGMR

Unter den Sachverständigenbeweis („*expert evidence*") fasst der EGMR solche Informationsquellen, die nicht bestimmte Sachverhalte beschreiben, sondern stattdessen z. B. wissenschaftliche oder technische Analysen bestimmter Sachverhalte liefern.[240] Sachverständige fallen nach dem bloßen Wortlaut der EMRK („*witness*" statt „*expert*") grundsätzlich *nicht* unter Art. 6 Abs. 3 lit. d EMRK.[241] Der EGMR hat die direkte Anwendbarkeit von Art. 6 Abs. 3 lit. d EMRK auf Sachverständige bislang nicht ausdrücklich bestätigt. Die EU-KOM[242] und Stimmen in der Literatur[243] gehen hingegen davon aus, dass auch Sachverständige funktionell von der Norm umfasst sind. Eine dahingehende Tendenz lässt zwar auch der Gerichtshof durchblicken[244], dennoch ist dessen Rechtsprechung diesbzgl. noch vage.

Der Gerichtshof subsumiert Sachverständige als Beweismittel zwar unter den allgemeinen Maßstab des Art. 6 Abs. 1 EMRK, wobei die Sondergewährleistung des Art. 6 Abs. 3 lit. d EMRK – als besondere Ausprägung des „Fair-Trial"-Prinzips – hierfür gelten soll.[245] Hierzu hat der EGMR festgestellt:

> „The Court agrees that the role of an expert witness in the proceedings can be distinguished from that of an eye-witness who must give to the court his personal recollection of a

[239] EGMR, Urt v. 08. 11. 2022 – 63950/19 Rn. 49 (*Gaggl/Österreich*) = BeckRS 2022, 30301; LR-StPO/*Esser* EMRK Art. 6 Rn. 764; *Krausbeck*, Konfrontative Zeugenbefragung (2010), S. 78; *Gerson*, medstra 2023, 18 (23); *Esser*, Europäisches Strafverfahrensrecht (2002), S. 630 mit Verweis auf den vom EGMR verwendeten Passus „for the purposes of Article 6"; *Krausbeck*, Konfrontative Zeugenbefragung (2010), S. 85.

[240] EGMR, Urt. v. 25. 07. 2013 – 11082/06 und 13772/05 Rn. 717 (*Khodorkovskiy und Lebedev/Russland*) = BeckRS 2013, 202699.

[241] Etwas anderes ergäbe sich, wenn ein klassischer Sachverständige (nicht sachverständiger Zeuge) begrifflich generell „*expert witness*" ist, da dann „*witness*" auch ein Oberbegriff hierfür sein könnte.

[242] KOM v. 23. 09. 1963 – 1290/61 (*M./Österreich*), zitiert nach *Partsch*, Die Rechte und Freiheiten der EMRK (1966), S. 167; KOM v. 14. 07. 1982 – 8658/79 (*Bönisch/Österreich*); KOM v. 21. 10. 1992 – 17265/90 Rn. 88 (*Baragiola/Schweiz*); KOM v. 28. 02. 1996 – 25935/94 (*Hardiman/Großbritannien*).

[243] *Karpenstein/Mayer*, EMRK Art. 6 Rn. 199; *Grabenwarter/Pabel*, EMRK § 24 Rn. 131; *Gollwitzer*, in: GS Meyer (1990), 147 (151); *Tondorf/Tondorf*, Psychologische Sachverständige, Rn. 243.

[244] Siehe – dem keine Bindungswirkung zukommenden – „Guide on Article 6 of the European Convention on Human Rights" des EGMR v. 31. 08. 2022, S. 97 unter Verweis auf EGMR, Urt. v. 26. 05. 1996 – 20524/92 Rn. 81, 82 (*Doorson/Niederlande*) und S. 102 unter Verweis auf EGMR, Urt. v. 01. 03. 2021 – 88/05 Rn. 109 (*Danilov/Russland*) (online abrufbar unter: https://ks.echr.coe.int/documents/d/echr-ks/guide_art_6_criminal_eng).

[245] So grundlegend EGMR, Urt. v. 06. 05. 1985 – 8658/79 Rn. 29 (*Bönisch/Österreich*); EGMR, Urt v. 08. 11. 2022 – 63950/19 Rn. 49 (*Gaggl/Österreich*) = BeckRS 2022, 30301.

particular event. That *does not mean, however, that testing of expert evidence is not covered by Article 6 § 3 (d) taken in conjunction with Article 6 § 1.* There is an extensive case-law of the Court which *guarantees to the defence a right to study and challenge not only an expert report as such but also the credibility of those who have prepared it*, through their *direct questioning.*“[246]

„That being said, some of the Court's approaches to the *examination in person of ‚witnesses' under Article 6 § 3 (d) are no doubt relevant* in the context of the *examination of expert evidence*, and *may be applied*, mutatis mutandis, with due regard to the *difference in their status and role* [...].“[247]

Soweit der EGMR auf sein „*extensive case-law*" verweist, ist maßgeblich für die Unterscheidung, ob eine Beweisperson als (Augen-)Zeuge (sog. „*eye-witness*"[248]) oder Sachverständiger zu behandeln und vernehmen ist, dessen Stellung während des gesamten Verfahrens, die Art und Weise seiner Aufgabenerfüllung[249] sowie dessen Dominanzgrad bzw. Beweiswert[250]. Verfahrensübergreifend knüpft der EGMR die Qualifizierung eines Sachverständigen als Belastungszeugen – und damit das Recht auf Konfrontation gem. Art. 6 Abs. 3 lit. d EMRK – an die Negativkriterien der Objektivität und Neutralität.[251] Ein vom nationalen Gericht bestellter Sachverständiger soll erst dann als Belastungszeuge i. S. v. Art. 6 Abs. 3 lit. d EMRK gelten, sofern Zweifel an seiner Neutralität („*lack of neutrality*") bzw. Objektivität aufkommen oder dieser gar befangen („*biased*") ist.[252] Allgemeine Definitionen der Begriffe Objektivität und Neutralität führt der Gerichtshof nicht an. Er grenzt diese Begriffe lediglich von der Unparteilichkeit ab, welche er ausschließlich vom urteilenden Gericht in Art. 6 Abs. 1 EMRK fordert („*impartial tribunal*").[253]

---

[246] EGMR, Urt. v. 25.07.2013 – 11082/06 und 13772/05 Rn. 711 (*Khodorkovskiy und Lebedev/Russland*) = BeckRS 2013, 202699 (Hervorhebungen d. Verf.).

[247] EGMR, Urt. v. 01.03.2021 – 88/05 Rn. 109 (*Danilov/Russland*) (Hervorhebungen d. Verf.).

[248] EGMR, Urt. v. 25.07.2013 – 11082/06 und 13772/05 Rn. 711 (*Khodorkovskiy und Lebedev/Russland*) = BeckRS 2013, 202699.

[249] Anknüpfend an die Bönisch-Rspr. EGMR, Urt. v. 28.08.1991 – 11170/84 Rn. 31, 33 (*Brandstetter/Österreich*) = NJW 1992, 3085 (3086).

[250] EGMR, Urt. v. 05.07.2007 – 31930/04 Rn. 47 (*Sara Lind Eggertsdóttir/Island*) = BeckRS 2007, 151811.

[251] Hierzu insbesondere LR-StPO/*Esser* EMRK Art. 6 Rn. 807 ff.

[252] So die st.Rspr. EGMR, Urt. v. 06.05.1985 – 8658/79 Rn. 32 (*Bönisch/Österreich*); EGMR, Urt. v. 28.08.1991 – 11170/84 Rn. 42 ff., 59 (*Brandstetter/Österreich*) = NJW 1992, 3085 (3086); EGMR, Urt. v. 05.04.2007 – 17995/02 Rn. 38 (*Stoimenov/Mazedonien*); EGMR, Urt. v. 09.12.2021 – 68437/13 Rn. 42 (*Hamzagić/Kroatien*); EGMR, Urt. v. 03.05. 2016 – 7183/11 Rn. 51 (*Letinčić/Kroatien*) = BeckRS 2016, 128038; EGMR, Urt. v. 13.01. 2022 – 24315/13 Rn. 60 (*Tabak/Kroatien*) = BeckRS 2022, 133; EGMR, Urt. v. 28.06.2022 – 38597/14 Rn. 16 (*Kabar/Türkei*); EGMR, Urt. v. 11.10.2022 – 81415/12 Rn. 54, 60 (*Çöçelli/Türkei*) = BeckRS 2022, 26771.

[253] EGMR, Urt. v. 05.07.2007 – 31930/04 Rn. 47 (*Sara Lind Eggertsdóttir/Island*) = BeckRS 2007, 151811; EGMR, Urt. v. 03.05.2016 – 7183/11 Rn. 51 (*Letinčić/Kroatien*) = BeckRS 2016, 128038; EGMR, Urt. v. 11.10.2022 – 81415/12 Rn. 54 (*Çöçelli/Türkei*) =

Hieraus folgt im Umkehrschluss, dass den Prozessbeteiligten nicht hinsichtlich jeder Beweisperson, die abstrakt Spezialwissen vermittelt bzw. dieses konkret anwendet und damit potenziell Sachverständiger wäre, direkt ein Befragungsrecht gem. Art. 6 Abs. 3 lit. d EMRK zusteht.[254]

In welchen (Einzel-)Fällen ein Sachverständiger als nicht mehr neutral bzw. objektiv zu gelten hat, wurde vom EGMR in verschiedenen Judikaten entschieden. Insgesamt lässt sich skizzieren, dass Bedenken und Zweifel an der Objektivität bzw. Neutralität des Sachverständigen nur entscheidend („*decisive*") seien, wenn die auf dem äußeren Anschein beruhenden Befürchtungen auch objektiv begründet erscheinen.[255] Subjektive Zweifel des Angeklagten sollen im Umkehrschluss nur indiziell wirken.[256] Wenn an der Neutralität eines einzelnen Sachverständigen aus einem mehrköpfigen Expertenteam gezweifelt wird, genüge dies hierfür nicht, da dieser im Verfahren keine dominante Rolle („*dominate role*") innehabe.[257] Nicht ausreichend sei ferner das bloße Überschreiten des Gutachtenauftrags (z. B. durch ungefragte Bewertung des Beweismaterials)[258], wenn die gerichtliche Entscheidung nicht darauf beruht[259]. Zweifel an der Neutralität eines Sachverständigen bestünden auch nicht bereits, weil dieser für eine öffentliche Institution, z. B. als Kriminalbeamter, arbeitet und staatlich entlohnt wird.[260]

Ausreichend sei es hingegen, wenn das Gutachten in der Hauptverhandlung durch denjenigen Sachverständigen, welcher den Tatverdacht ursprünglich begründet bzw. erhärtet hat, erstattet wird[261], denn in diesem Fall fungiere der Sach-

---

BeckRS 2022, 26771; EGMR, Urt. v. 13.01.2022 – 24315/13 Rn. 60 (*Tabak/Kroatien*) = BeckRS 2022, 133. Dazu Frowein/*Peukert*, EMRK Art. 6 Rn. 204, 213; *Karpenstein/Mayer*, EMRK Art. 6 Rn. 45.

[254] So auch die Feststellung bei *Esser*, Europäisches Strafverfahrensrecht (2002), S. 693.

[255] EGMR, Urt. v. 28.08.1991 – 11170/84 Rn. 44 (*Brandstetter/Österreich*) = NJW 1992, 3085 (3086); EGMR, Urt. v. 05.04.2007 – 17995/02 Rn. 40 (*Stoimenov/Mazedonien*); EGMR, Urt. v. 01.09.2020 – 48364/11 Rn. 16 (*Proskurnikov/Russland*) = BeckRS 2020, 21178.

[256] EGMR, Urt. v. 11.12.2008 – 6293/04 Rn. 181 (*Mirilashvili/Russland*) = BeckRS 2008, 147644.

[257] EGMR, Urt. v. 11.12.2008 – 6293/04 Rn. 179 (*Mirilashvili/Russland*) = BeckRS 2008, 147644.

[258] EGMR, Urt. v. 28.08.1991 – 11170/84 Rn. 45 (*Brandstetter/Österreich*) = NJW 1992, 3085 (3086).

[259] EGMR, Urt. v. 07.06.2022 – 66616/10 Rn. 70 (*Kohen u. a./Türkei*).

[260] EGMR, Urt. v. 03.05.2016 – 7183/11 Rn. 62 (*Letinčić/Kroatien*) = BeckRS 2016, 128038; EGMR, Urt v. 08.11.2022 – 63950/19 Rn. 49 (*Gaggl/Österreich*) = BeckRS 2022, 30301.

[261] EGMR, Urt. v. 06.05.1985 – 8658/79 Rn. 32 (*Bönisch/Österreich*); EGMR, Urt. v. 05.04.2007 – 17995/02 Rn. 38 ff. (*Stoimenov/Mazedonien*); a. A. i. R. v. § 74 StPO BGHSt 18, 214 (217 f.) = NJW 1963, 821 (822). Dies gelte nicht allein auch aus dem Grund, dass der gerichtlich beauftragte Sachverständige im selben Institut arbeitet bzw. forscht wie die (dritte) Person, durch die der Tatverdacht aufkam, so EGMR, Urt. v. 28.08.1991 – 11170/84 Rn. 45 (*Brandstetter/Österreich*) = NJW 1992, 3085 (3086).

verständige faktisch als Belastungszeuge.[262] Als absolute Neutralitätsgrenze muss sich eine Verletzung der Unschuldsvermutung (Art. 6 Abs. 2 EMRK) aufdrängen.[263] Diese dürfte bei dem offenen und werbegezielten Angebot eines Sachverständigen zur (entgeltlichen) Erstattung von sog. Gefälligkeitsgutachten, d.h. einseitig begünstigenden Gutachten, überschritten sein.[264]

Eine Verletzung von Art. 6 Abs. 2 EMRK liege hingegen nicht vor, wenn der Sachverständige von der Arbeitshypothese, der Angeklagte habe die ihm vorgeworfene Tat begangen, ausgeht.[265] Tendenziös-bewertende Formulierungen des Sachverständigen in Bezug auf Einlassungen des Angeklagten (z.B. „*dishonest*", „*careless*", „*doom-mongering*" oder „*fantasy*") würden zwar Zweifel an dessen Neutralität aufkommen lassen, sollen aber allein keine Befangenheit begründen, da an Sachverständige nicht die gleichen Anforderungen wie an Richter gestellt werden dürften.[266]

b) Würdigung des negativen Objektivitäts- bzw. Neutralitätskriteriums

Die dargestellte Rechtsprechungs-Kasuistik vermittelt einen ersten Eindruck darüber, welche Rolle der EGMR Sachverständigen zuteilt. Die Judikate sind zwar alle im Kontext der Einzelfallentscheidung zu lesen, sie verfolgen allerdings sekundär den Zweck, die allgemeinen Bestimmungen der EMRK zu konturieren und fortzuentwickeln.[267]

Es erscheint bedenklich, dass für einen Sachverständigen, welcher durch Erfüllen der Kriterien der Objektivität bzw. Neutralität nicht als Belastungszeuge i.S.v. Art. 6 Abs. 3 lit. d EMRK gilt, im Umkehrschluss auf Basis der Konvention *kein ausdrückliches* Frage- bzw. Examinierungsrecht der Prozessbeteiligten besteht. Ob für objektive bzw. neutrale Sachverständige die Klaviatur des Art. 6 Abs. 3 lit. d EMRK gelten soll, bleibt damit weitgehend offen. Selbst wenn sich ähnliche Rechte nach Ansicht des EGMR subsidiär aus Art. 6 Abs. 1 EMRK ergeben sollen, stünde dies im Widerspruch zu Art. 6 Abs. 3 lit. d EMRK.[268] Aus dem Wortlaut, der Systematik und dem „*telos*" des Art. 6 Abs. 3 lit. d EMRK sowie in der Anwendungspraxis vermag das vom Gerichtshof für die Rolle des Belastungszeugen aufgestellte

---

[262] LR-StPO/*Esser* EMRK Art. 6 Rn. 818; *Gerson*, medstra 2023, 18 (23).

[263] LR-StPO/*Esser* EMRK Art. 6 Rn. 827; *Eisenberg*, NStZ 2006, 368 (372).

[264] *Vogel/Volkmann*, GesR 2021, 758.

[265] EGMR, Urt. v. 23.04.1998 – 159/1996/778/979 Rn. 38 (*Bernard/Frankreich*).

[266] EGMR, Urt. v. 11.10.2022 – 81415/12 Rn. 60 (*Çöçelli/Türkei*) = BeckRS 2022, 26771. Dies steht bereits im Widerspruch zum Verständnis der deutschen Rechtsprechung und Literatur von Befangenheit i.S.v. § 74 StPO, siehe Auflistung der Beispiele bei *Eisenberg*, NStZ 2006, 368 (372f.); *Westphal*, in: SV-HdB § 20 Rn. 21; *Tondorf/Tondorf*, Psychologische Sachverständige, Rn. 326ff.

[267] LR-StPO/*Esser* EMRK Einf. Rn. 182.

[268] Ähnlich *Gollwitzer*, in: GS Meyer (1990), 147 (170).

Negativkriterium der Objektivität bzw. Neutralität eines Sachverständigen im Einzelnen nicht zu überzeugen.

aa) Kein Anknüpfungspunkt im Wortlaut

Sofern man – mit dem Wortlaut („*witnesses*", „*témoins*" und „Zeugen") – annimmt, der Konventionsgeber wollte den Sachverständigenbeweis vom Anwendungsbereich des Art. 6 Abs. 3 lit. d EMRK ausschließen, dann entsprechend der inneren Systematik des Art. 6 Abs. 3 lit. d EMRK wohl nur im Ganzen. Für einen – vom EGMR kreierten – partiellen Anwendungsbereich, d. h. ausschließlich für nicht objektive bzw. neutrale Sachverständige, findet sich weder ein grammatischer noch ein zweckgerichteter Anknüpfungspunkt im Konventionstext. Das Kriterium der zweifelhaften Objektivität bzw. Neutralität ist zwar Ausfluss richterlicher Rechtsauslegung, aber nicht normativ in Art. 6 Abs. 3 lit. d EMRK angelegt und damit eine gesetzesübersteigende Rechtsfortbildung in Form eines Kriteriums „*extra legem*".[269]

bb) Systematischer Vergleich mit Zeugen

Während ein Sachverständiger nur dann als Belastungszeuge i. S. v. Art. 6 Abs. 3 lit. d EMRK gelten soll, wenn er nicht objektiv bzw. neutral ist, nimmt der EGMR eine derartige Einschränkung für Zeugen nicht vor. Ein Zeuge gilt stets als Belastungszeuge i. S. v. Art. 6 Abs. 3 lit. d EMRK, wenn der Inhalt seiner Aussage den Angeklagten in Bezug auf den Tatvorwurf tatsächlich belastet. Zwar ist der Gerichtshof aufgrund des eindeutigen Konventionswortlauts nicht dazu angehalten, für Zeugen eine solche Beschränkung vorzunehmen, schließlich werden sie grundlegend („*witnesses*") erfasst. Dennoch findet sich für diese Inkonsistenz in der Qualifizierung von Zeugen und Sachverständigen als Belastungszeugen i. S. v. Art. 6 Abs. 3 lit. d EMRK kein überzeugender sachlicher Grund.

Zunächst verkennt diese Anwendungspraxis in unpräziser Herangehensweise die systematische Chronologie des Art. 6 Abs. 3 lit. d EMRK, welche der EGMR selbst doch angelegt hat[270]: Bei der Prüfung, ob eine Konfrontation mit dem Angeklagten stattfinden muss, ist in einem ersten Schritt die generelle Anwendbarkeit des Art. 6 Abs. 3 lit. d EMRK zu überprüfen, d. h. ob ein Sachverständiger auch Zeuge („*witness*") im Sinne der Norm sein kann. Dies bestimmt sich nach der Definition des EGMR, d. h. nach der Frage, ob die mündliche oder schriftliche Aussage der Person durch das Gericht tatsächlich in die Urteilsfindung einbezogen wird oder werden kann.[271]

---

[269] Vgl. hierzu *Larenz*, Methodenlehre (1991), S. 413 f.

[270] Zu diesem Absatz *Krausbeck*, Konfrontative Zeugenbefragung (2010), S. 78 f.

[271] Siehe hierzu bereits 4. Kapitel D. II. 1.

In einem zweiten Schritt ist sodann eine Differenzierung zwischen Be- und Entlastungszeugen nach den vom EGMR angelegten Maßstäben, d. h. dem Aussageinhalt, zu treffen. Als Belastungszeugen sollen alle Personen gelten, deren für die Entscheidungsfindung verwertbare Bekundungen den Angeklagten in irgendeiner Hinsicht im Sinne der Anklage belasten, während für Entlastungszeugen das Gleiche unter der Prämisse der Wirkung zulasten des Angeklagten gilt.[272] Der Gerichtshof scheint jedoch davon auszugehen, dass ein Sachverständiger bloß ein Belastungszeuge sein kann. Damit verschmelzen in seiner Rechtsprechung zwei eigenständige Punkte der Rechtsanwendung.

Weiterhin ist der Vergleich mit der Stellung des Zeugen i. R. v. Art. 6 Abs. 3 lit. d EMRK inkonsistent: Der EGMR legt der abweichenden Definition des Zeugen das Erfordernis der Objektivität und Neutralität, welches ausschließlich Sachverständige treffen soll, zugrunde und geht demnach im Umkehrschluss davon aus, dass lediglich für den nicht objektiven bzw. neutralen Sachverständigen die Notwendigkeit zur Konfrontation mit dem Angeklagten bestehe. Offensichtliche Gefahrenquellen für die objektive Sachverhaltserforschung, die eine Konfrontation i. S. v. Art. 6 Abs. 3 lit. d EMRK erfordern, sind im a) lügenden Zeuge und im b) nicht objektiven bzw. neutralen Sachverständigen begründet. Das Konfrontationsrecht i. S. v. Art. 6 Abs. 3 lit. d EMRK soll jedoch ebenfalls gegenüber dem c) wahrheitsgemäß aussagenden Zeugen gelten, aber nicht stets gegenüber dem d) objektiven bzw. neutralen Sachverständigen.

Beim Zeugenbeweis erfolgt mithin keine Einschränkung dahingehend, dass ausschließlich die „schlechte" Beweisquelle, d. h. lügende Zeugen, sondern *alle* Zeugen mit dem Angeklagten bzw. der Verteidigung konfrontiert werden müssen. Damit erkennen Konventionstext und Gerichtshof an, dass auch der c) aus *ex-post*-Sicht wahrheitsgemäß aussagende, d. h. nicht lügende Zeuge, perspektivisch *ex-ante* eine potenzielle Gefahrenquelle für die Wahrheitsfindung sein kann. Dem liegt der Rechtsgedanke zugrunde, dass gerade die kritische Befragung der Beweisperson die Ermittlung des Wahrheitsgehalts der jeweiligen Aussage ermöglicht.[273]

Weshalb Gleiches nicht auch für den d) aus *ex-post*-Sicht objektiven bzw. neutralen Sachverständigen gelten soll, lässt der Gerichtshof offen. Eine solche Gleichstellung ist aber erforderlich, da für beide Beweismittel rechtliche Sicherungsmechanismen existieren. Zeugen und Sachverständige sind vor Gericht – in vielen nationalen Rechtsordnungen strafbewehrt (vgl. z. B. §§ 153, 154 Abs. 1 StGB; §§ 228 Abs. 1, 229 öStGB) – zur wahrheitsgemäßen Aussage verpflichtet.[274] Die Wahrheitspflicht dient funktionell ebenso wie das Neutralitäts- und Objektivitätserfordernis dem Schutz der objektiven Wahrheitserforschung.[275]

---

[272] LR-StPO/*Esser* EMRK Art. 6 Rn. 764; *Simon*, Beschuldigtenrechte nach Art. 6 Abs. 3 EMRK (1998), S. 105.

[273] Siehe hierzu bereits 4. Kapitel D. I.

[274] *Eisenberg*, Beweisrecht StPO Rn. 1085 ff.

[275] Siehe hierzu bereits 3. Kapitel B. IV.

Dem Sachverständigenbeweis wohnt demnach – ebenso wie dem Zeugenbeweis – das allgemein-typische Risiko des Personalbeweises als potenzieller Fehlerquelle inne[276], welchem qualitativ mit dem Konfrontationsrecht i. S. v. Art. 6 Abs. 3 lit. d EMRK begegnet werden muss. Während die Gefahren beim Zeugenbeweis sich auf fehlerhafte Wahrnehmungs- und Erinnerungsfähigkeiten beschränken, wohnen aber gerade dem Sachverständigenbeweis noch komplexere Gefahren inne.[277] Eine im Rahmen von Art. 6 Abs. 3 lit. d EMRK ungleiche Behandlung der Beweispersonen kann unter diesem Gesichtspunkt nicht überzeugen.

cc) Teleologie der Konfrontation mit Beweispersonen

Unter Fortführung des „*telos*" von Art. 6 Abs. 3 lit. d EMRK, d. h. geschilderte Tatsachen auf ihre Richtigkeit und Glaubhaftigkeit sowie Aussagepersonen auf ihre Glaubwürdigkeit zu überprüfen[278], müssen denknotwendig *alle* Beweispersonen, d. h. auch „*experts*", erfasst werden. Die Konfrontation ist ein altbekanntes und bewährtes Wahrheitserforschungsmittel[279] zur Senkung des Fehlverurteilungsrisikos. Unabhängig vom Prinzip der „Gesamtfairness" sollen die Mindestverfahrensrechte in Art. 6 EMRK den Angeklagten vor jeglichem justizwidrigem Verhalten schützen.[280] So stellte der EGMR bereits fest, dass die mündliche Befragung eines Sachverständigen – selbst wenn das Gutachten keine Unstimmigkeiten enthält – essenziell sei, um mögliche Interessenkonflikte, unzureichendes Material oder Mängel in den Untersuchungsmethoden aufzudecken.[281]

Im Vergleich zum übergeordneten Ziel der objektiven Sachverhaltserforschung darf es keinen Unterschied machen, ob entweder die Tatsachenschilderung eines Zeugen verifiziert oder das Ergebnis fachspezifischen Anwendungswissens eines Sachverständigen validiert werden soll, da beide Erkenntnisquellen als sachver-

---

[276] *Kiwit*, Fehlurteile (1965), S. 94 f., 100 f.; *Wolschke*, Sachverständigenbeiziehung (1973), S. 254; *Peters*, Fehlerquellen Bd. I, (1970/1974), S. 1, 164 ff.; *Eisenberg*, NStZ 2006, 368 (369).

[277] Siehe hierzu tiefergehend 5. Kapitel A. II., 5. Kapitel A. V., 5. Kapitel A. VI.

[278] Siehe hierzu bereits 4. Kapitel D. I.

[279] *Ignor*, Geschichte des Strafprozesses (2002), S. 99.

[280] EGMR, Urt. v. 11. 10. 2022 – 81415/12 Rn. 48 (*Çöçelli/Türkei*) = BeckRS 2022, 26771.

[281] EGMR, Urt. v. 25. 07. 2013 – 11082/06 und 13772/05 Rn. 714 (*Khodorkovskiy und Lebedev/Russland*) = BeckRS 2013, 202699: „Instead, the District Court decided that it did not need to hear the experts in person because it had their written opinion. That argumentation is unsatisfactory. The fact that the District Court had the expert report did not make the questioning of the experts unnecessary – otherwise there would be no need to question any witness who had given written submissions to the prosecution during the pre-trial investigation. Even if there were no major inconsistencies in the report, questioning of experts might reveal possible conflicts of interests, insufficiency of materials at their disposal, or flaws in the methods of examination"; ebenso EGMR, Urt. v. 01. 03. 2021 – 88/05 Rn. 109 (*Danilov/Russland*).

haltsbildende Faktoren zur Beurteilung des Tatvorwurfs herangezogen werden.[282] Erfahrungssätze lassen sich von einer Validierungsnotwendigkeit keinesfalls pauschal ausnehmen, denn die richterliche Beweiswürdigung wird gerade durch die aus ihnen gezogenen Konklusionen bestimmt und -grenzt.[283]

Dem könnte als Argument entgegengehalten werden, dass die von Zeugen bekundeten Tatsachen tendenziell eine geringe Zuverlässigkeit als das von professionellen Sachverständigen angewendete Spezialwissen aufweisen, weil zeugenschaftliches Erinnerungsvermögen naturgemäß beschränkt bzw. fehleranfälliger ist[284] und Erfahrungssätze einen gewissen Grad an wissenschaftlicher Validität[285] aufweisen. Diese Argumentation verfängt allerdings nur bedingt, denn Sachverständige teilen in der Mehrzahl der Fälle ebenfalls Tatsachen, nämlich Anknüpfungs- und Befundtatsachen, mit, d.h. sie berichten ebenfalls über individuelle, wenn auch fachspezifische und beruflich institutionalisierte, Wahrnehmungen.[286] Insbesondere Anknüpfungstatsachen eines Sachverständigengutachtens können auf Tatsachenbekundungen von Zeugen beruhen und werden so mittelbar über das Gutachten Teil der Urteilsgrundlage[287], sodass der Angeklagte ein nicht minderes Validierungsbedürfnis an Erfahrungssätzen denn an Tatsachen hat.[288] Zwar fußt das Wesen des Sachverständigenbeweises auf der Objektivität des Beweisinhalts[289], was beim Zeugenbeweis nicht der Fall ist.

Zweck der Konfrontation kann und muss es jedoch gerade sein, dass die Prozessbeteiligten erforschen können, ob ein Sachverständiger Defizite in der Objektivität bzw. Neutralität oder Sachkunde aufweist. Dieser Zweck würde durch eine Beschränkung des Konfrontationsrechts durch den EGMR aber gerade unterlaufen, denn andernfalls entstünde gar ein Zirkelschluss („*petitio principii*"), weil ein Sachverständiger, wenn er noch nicht als Belastungszeuge gilt, nicht gem. Art. 6 Abs. 3 lit. d EMRK befragt werden kann, sodass seine fehlende Objektivität bzw. Neutralität mitunter gar nicht aufgedeckt werden kann. Der Angeklagte hat ein nicht geringeres, sondern gleiches Interesse an der Befragung eines objektiven und neu-

---

[282] Siehe hierzu bereits Abbildung 1.

[283] Siehe hierzu für deutsche Rechtslage die Systematik bei LR-StPO/*Sander* § 261 Rn. 44 ff., 58 ff.

[284] Hierzu näher z.B. *Peters*, Fehlerquellen Bd. II (1972), S. 5, 194; *Perron*, Beweisantragsrecht des Beschuldigten (1995), S. 47 ff.; *Kühne*, Strafprozessrecht, § 50 Rn. 756; *Prüfer*, DRiZ 1977, 41 ff.

[285] Siehe hierzu bereits 2. Kapitel B.III.3.

[286] Siehe hierzu bereits 3. Kapitel B.III.

[287] Darauf weist auch die EU-KOM hin, siehe KOM v. 15.12.1987 – 10532/83 Rn. 14 (*Aldrian/Österreich*): „The Commission notes, [...] that in the present case the faculty opinion involved elements of witnesses' evidence in that it contained, inter alia, factual findings concerning the applicant's behaviour during the relevant period which were based on observations made by members of the medical faculty in the exercise of their scientific task."

[288] Ähnlich bereits SK-StPO/*Velten* Vor § 261 Rn. 24.

[289] *Gössel*, DRiZ 1980, 363 (370). Siehe hierzu bereits 3. Kapitel B.IV.

tralen Sachverständigen, denn eines nicht objektiven und nicht neutralen Sachverständigen.[290] Auch die EU-KOM hebt in ihrer Rechtsauslegung zum Sachverständigenbeweis i.R.v. Art. 6 Abs. 3 lit. d EMRK das Validierungsbedürfnis von außerjuristischem Spezialwissen hervor.[291]

dd) Inhaltliche Unbestimmtheit des Kriteriums

Abschließend muss an der inhaltlichen Bestimmtheit des Negativkriteriums gezweifelt werden, denn es trägt nur bedingt zu einem in sich konsistenten Verständnis der Dogmatik des Art. 6 Abs. 3 lit. d EMRK bei, weil sein Umfang zu vage und seine Notwendigkeit nicht hinreichend begründbar ist.[292] Der EGMR lässt allgemeine Definitionen der Begriffe vermissen. Vertiefende Beschreibungen scheinen aber insbesondere wegen der autonomen Auslegungspraxis notwendig. Die Kriterien der Stellung während des gesamten Verfahrens, der Art und Weise der Aufgabenerfüllung sowie des Dominanzgrades bzw. Beweiswertes[293] bieten zwar maßgebliche Faktoren zur Qualifizierung als „Belastungszeuge“, ihr Umfang und ihre Gewichtung werden jedoch weitgehend einzelfallabhängig vom Gerichtshof beurteilt. Eine sich an dieser Auslegung orientierende nationale Rechtsordnung unterliegt Anwendungsschwierigkeiten und schürt auf Seite des Angeklagten Rechtsunsicherheit und -unfrieden.

Unklar ist ferner, in welchem inhaltlichen Verhältnis das vom EGMR entwickelte Kriterium der fehlenden Objektivität bzw. Neutralität und die für § 74 StPO erforderliche (Besorgnis der) Befangenheit zueinander stehen.[294] Der Begriff der

---

[290] So auch *Krausbeck*, Konfrontative Zeugenbefragung (2010), S. 77 f.

[291] KOM v. 12.03.1984 – 8658/79 Rn. 88 (*Bönisch/Österreich*) zitiert nach KOM v. 15.12.1987 – 10532/83 (*Aldrian/Österreich*) = EuGRZ 1988, 380 f. m. Anm. *Strasser*: „With regard to the facts of the present case, the Commission maintains and confirms its view *that the term ‚witness‘ in Article 6 para. 3 (d) (Art. 6-3-d) of the Convention must be understood as relating also to experts (‚expert witnesses‘).* By giving the defence a right to put questions and to present its evidence under the same conditions as the prosecution this provision indeed specifies the particular procedural means *which are appropriate in respect of all types of oral evidence* in order to secure the effective implementation of the principle of equality of arms. *Despite their special professional qualifications and their duty to adopt an objective approach, the evidence of experts, as that of witnesses, requires to be checked by questions and to be confronted, where contested, with other conflicting evidence.* It is only in this way that there is a chance for the defence to present its case in a fair way and to ensure that all relevant aspects of the case will thus emerge“ (Hervorhebungen d. Verf.).

[292] Im Ergebnis auch *Toepel*, Sachverständigenbeweis (2002), S. 343 f.

[293] Siehe hierzu bereits 4. Kapitel D.II.1.a).

[294] Für § 74 StPO siehe z.B. Meyer-Goßner/*Schmitt* StPO § 74 Rn. 2; MüKo-StPO/*Trück* § 74 Rn. 8 ff. *Gerson*, medstra 2023, 18 (23) verneint (ohne Begründung) unter Verweis auf (ebenfalls begründungslos) *ders.*, HRRS 2019, 235 (237 ff.) einen sich überschneidenden Anwendungsbereich der Begriffe. *Pawlak*, Ablehnung des Sachverständigen (1998), S. 94 ff. hat herausgearbeitet, dass die Begriffe „Befangenheit“ und z.B. „Neutralität“ oder „Objektivität“ synonym verwendet werden können.

fehlenden Objektivität bzw. Neutralität („*lack of neutrality*") kann nach seinem sprachlichen Verständnis auch mit der Enthaltung einer Entscheidung gleichgesetzt werden und erfasst damit nicht den präzisen Begriff der „Parteilichkeit".[295] Während die Befangenheit im Sinne des § 74 StPO gerade nicht die fachliche Ebene des Sachverständigenbeweises, d.h. die Sachkunde, sondern die persönliche Ebene, d.h. die Redlichkeit, betrifft[296], ist indessen nicht zweifelsfrei zu erkennen, welche Ebene mit der „fehlenden Objektivität bzw. Neutralität" betroffen sein soll.

ee) Stellungnahme

Nach der Normexegese kann das vom EGMR entwickelte Kriterium der zweifelhaften Objektivität bzw. Neutralität zur Qualifizierung eines Sachverständigen als Belastungszeugen i.S.d. Art. 6 Abs. 3 lit. d EMRK nicht überzeugen. In jüngerer Rechtsprechung hat der Gerichtshof bereits andere Faktoren zur Klassifizierung des Belastungszeugen zugrunde gelegt: So attestierte er Personen, welche von der Staatsanwaltschaft als Sachverständige im Ermittlungsverfahren beauftragt wurden und in deren Räumen ohne Beteiligung der Verteidigung ihre Gutachten anfertigten, tendenziell die Position eines Belastungszeugen.[297] Hierin deutet sich ein Perspektivwechsel der Rechtsprechung zu einem umfassenderen Verständnis des teleologischen Geltungsgehalts von Art. 6 Abs. 3 lit. d EMRK an.

Von der EGMR-Rechtsprechung abweichende Lösungsansätze könnten z.B. darin bestehen, Sachverständige vom Anwendungsbereich des Art. 6 Abs. 3 lit. d EMRK gänzlich auszuschließen und unter Art. 6 Abs. 1 EMRK eine in sich konsistente Kasuistik für ein Befragungs- und Ladungsrecht zu entwickeln oder Sachverständige parallel neben Zeugen, d.h. uneingeschränkt alle Personalbeweismittel, unter Art. 6 Abs. 3 lit. d EMRK zu subsumieren. Es lässt sich ebenfalls differenzierend von der Funktion des Konventionswortlauts („*witness*") her argumentieren, Art. 6 Abs. 3 lit. d EMRK sei auf Sachverständige gleichermaßen anzuwenden, sofern diese aufgrund ihres Spezialwissens zumindest auch Tatsachen feststellen, d.h. funktionell wie ein regulärer Zeuge agieren.[298] Dies würde zumindest für die Erhebung von Befundtatsachen, ggf. auch für die Erschließung von Tatsachen mittels eines Erfahrungssatzes gelten.[299] Da der maßgebliche Wortlaut nur erste

[295] So *Pawlak*, Ablehnung des Sachverständigen (1998), S. 106 f.

[296] BGH, Beschl. v. 16.05.2000 – 1 StR 666/99 = NStZ 2000, 544; *Gerson*, HRRS 2019, 235 (242 f.); MüKo-StPO/*Trück* § 74 Rn. 13; KK-StPO/*Hadamitzky* § 74 Rn. 5.

[297] EGMR, Urt. v. 25.07.2013 – 11082/06 und 13772/05 Rn. 711 (*Khodorkovskiy und Lebedev/Russland*) = BeckRS 2013, 202699: „Both Mr Y and Mr K were hired as experts by the prosecution at the investigation stage and conducted their expert examination at the premises of the GPO (General Prosecutor of the Russian Federation), without any involvement of the defence. Consequently, their position was closer to that of a ‚prosecution witness'."

[298] So der diff. Vorschlag bei *Krausbeck*, Konfrontative Zeugenbefragung (2010), S. 72 ff.

[299] Krit. hierzu *Krausbeck*, Konfrontative Zeugenbefragung (2010), S. 81 unter Verweis auf *Hegler*, AcP 104 (1909), 151 (192 ff.).

Anhaltspunkte für die Auslegung des Begriffes bietet, hat die autonome und zweckgerichtete Auslegung Vorrang.[300]

Es wurde in vergangenen Verfahren bereits geprüft, ob unter die Norm des Art. 6 Abs. 3 lit. d EMRK auch andere Beweismittel wie z.B. Urkunden („*documentary evidence*")[301] und digitale Inhalte („*computer files*")[302] subsumiert werden können, um ein umfassendes Recht des Angeklagten auf Zugang zur Beweisvorführung zu kreieren. Dies scheiterte daran, dass sich ein sachliches Beweismittel nicht unter die klassische Form des Befragungs- bzw. Examinierungsrechts fassen lässt. Das Konfrontationsrecht erfordert naturgemäß ein mündliches Beweismittel.[303] Wenn aber bereits eine Erweiterung des Art. 6 Abs. 3 lit. d EMRK auf Sachbeweismittel erwogen worden ist, bietet sich erst recht („*argumentum a fortiori*") die Überlegung an, alle Personalbeweismittel entsprechend der Wirkung ihres Aussage- bzw. Gutachteninhalts als Be- bzw. Entlastungszeugen im Sinne der Norm zu betrachten.[304]

2. Umfang des Befragungs- und Ladungsrechts

Der Umfang des Befragungs- und Ladungsrechts ist auf europäischer Ebene nicht detailliert bestimmbar, denn die Auslegung des Beweisrechts liegt – laut ständiger Rechtsprechung des EGMR – in der Zuständigkeit der nationalen Gerichte.[305] Als Maßstab für Sachverständigengutachten gibt der EGMR vor, dass je stärker ein Beweis ist, desto geringer das Erfordernis nach anderen, unterstützenden Beweisen ist.[306] Zwar soll die Beweisführung des Angeklagten laut Konventionstext „unter den gleichen Bedingungen" („*under the same conditions*") wie die der Anklagebehörde erfolgen, jedoch versteht auch der Gerichtshof hierunter, dass diese Bedingungen offensichtlich nicht in jeder Hinsicht identisch sein können, aber dennoch gem. Art. 6 Abs. 3 lit. d EMRK die Option bestehen müsse, sich aktiv zu

---

[300] LR-StPO/*Esser* EMRK Einf. Rn. 186, 188.

[301] So in EGMR, Urt. v. 06.05.2003 – 48898/99 Rn. 25–32 (*Perna/Italien*).

[302] So in EGMR, Urt. v. 09.05.2003 – 59506/00 Rn. 7 (*Georgios Papageorgiou/Griechenland*).

[303] Siehe hierzu Zitat KOM v. 12.03.1984 – 8658/79 Rn. 88 (*Bönisch/Österreich*): „[…] this provision indeed specifies the particular procedural means which are appropriate in respect of all types of oral evidence in order to secure the effective implementation of the principle of equality of arms".

[304] Ähnlich bereits KOM v. 12.03.1984 – 8658/79 Rn. 88 (*Bönisch/Österreich*) zitiert nach KOM v. 15.12.1987 – 10532/83 (*Aldrian/Österreich*) = EuGRZ 1988, 380 f. m. Anm. *Strasser* in Bezug auf „oral evidence".

[305] So für die Zulässigkeit von Beweismitteln begründend EGMR, Urt. v. 12.07.1988 – Nr. 8/1987/131/182 Rn. 46 (*Schenk/Schweiz*) = NJW 1989, 654 (655); EGMR, Urt. v. 26.05.1996 – 20524/92 Rn. 67, 78 (*Doorson/Niederlande*); LR-StPO/*Esser* EMRK Art. 6 Rn. 244, 268 ff.

[306] EGMR, Urt v. 08.11.2022 – 63950/19 Rn. 50 (*Gaggl/Österreich*) = BeckRS 2022, 30301; EGMR, Urt. v. 10.03.2009 – 4378/02 Rn. 90 (*Bykov/Russland*).

verteidigen, so z. B. durch die Benennung von Entlastungszeugen oder die Vorlage anderer Entlastungsbeweise.[307]

Die Befragung bzw. Examinierung eines dem Verfahren bereits beiwohnenden Sachverständigen wird nach der Rechtsprechung des EGMR garantiert, wenn dieser als „Belastungszeuge" i. S. d. Art. 6 Abs. 3 lit. d EMRK („*witness against him*") zu behandeln ist. In anderen Fällen hat der EGMR in Bezug auf Sachverständige, die nicht als Belastungszeugen eingestuft wurden, vereinzelt ein subsidiäres Befragungsrecht aus Art. 6 Abs. 1 EMRK abgeleitet, da der betroffenen Partei nicht generell die Möglichkeit genommen werden dürfe, ein Gutachten wirksam infrage zu stellen.[308] Das Prinzip des kontradiktorischen Verfahrens i. S. d. Art. 6 Abs. 1 EMRK sieht grundsätzlich die Offenlegung und Prüfung des gesamten Beweismaterials vor.[309] Der Angeklagte muss im Rahmen des Sachverständigenbeweises angemessen teilnehmen können, d. h. ihm sind spätestens im Verfahren vor dem Gericht oder – vorbehaltlich des nationalen Rechts – auch in den vorangehenden Verfahrensabschnitten Anwesenheitsrechte bei Befragungen bzw. Explorationen, Einsichtsrechte in die Unterlagen und Rechte zur Stellungnahme zu gewähren.[310]

Für die Ladung – und damit inzident auch die anschließende Befragung – eines noch nicht am Verfahren beteiligten Sachverständigen (ob als „*witness on his behalf*" i. S. d. Art. 6 Abs. 3 lit. d EMRK oder „*expert*" i. S. d. Art. 6 Abs. 1 EMRK) gilt nach der Rechtsprechung des EGMR, dass seine Hinzuziehung im Ermessen des jeweiligen Tatgerichts liege, d. h. kein genereller Anspruch des Angeklagten auf Ladung eines bestimmten[311] Sachverständigen bestünde.[312] Es soll auch kein Anspruch auf die Ladung eines weiteren Sachverständigen bestehen, nur weil der bereits bestellte Sachverständige die Auffassung der Anklagebehörde stützt.[313] Viel-

---

[307] EGMR, Urt. v. 25.07.2013 – 11082/06 und 13772/05 Rn. 728 (*Khodorkovskiy und Lebedev/Russland*) = BeckRS 2013, 202699.

[308] EGMR, Urt. v. 03.05.2016 – 7183/11 Rn. 50 (*Letinčić/Kroatien*) = BeckRS 2016, 128038; EGMR, Urt. v. 25.07.2013 – 11082/06 und 13772/05 Rn. 730 (*Khodorkovskiy und Lebedev/Russland*) = BeckRS 2013, 202699; EGMR, Urt. v. 11.12.2008 – 6293/04 Rn. 190 (*Mirilashvili/Russland*) = BeckRS 2008, 147644.

[309] So z. B. EGMR, Urt. v. 27.03.2014 – 58428/10 Rn. 169 (*Matytsina/Russland*).

[310] EGMR, Urt. v. 18.03.1997 – 21497/93 Rn. 33 (*Mantovanelli/Frankreich*); LR-StPO/*Esser* EMRK Art. 6 Rn. 824 f.

[311] EGMR, Urt. v. 11.12.2008 – 6293/04 Rn. 191 (*Mirilashvili/Russland*) = BeckRS 2008, 147644.

[312] EGMR, Urt. v. 08.11.2022 – 63950/19 Rn. 49 (*Gaggl/Österreich*) = BeckRS 2022, 30301; EGMR, Urt. v. 04.04.2019 – 28932/14 Rn. 61 (*Hodžić/Kroatien*); EGMR, Urt. v. 24.10.1989 – 10073/82 Rn. 60, 61 (*Huber/Frankreich*); EGMR, Urt. v. 25.07.2013 – 11082/06 und 13772/05 Rn. 718, 721 (*Khodorkovskiy und Lebedev/Russland*) = BeckRS 2013, 202699; EGMR, Urt. v. 26.07.2011 – 35485/05, 45553/05, 35680/05 und 36085/05 Rn. 196 (*Huseyn u.w./Aserbaidschan*); EGMR, Urt. v. 11.12.2008 – 6293/04 Rn. 189 (*Mirilashvili/Russland*) = BeckRS 2008, 147644.

[313] EGMR, Urt. v. 28.08.1991 – 11170/84 Rn. 46 (*Brandstetter/Österreich*) = NJW 1992, 3085 (3086); Frowein/*Peukert*, EMRK Art. 6 Rn. 175.

mehr könne das nationale Gericht solche Anträge ablehnen, z.B. weil sie das Beweisziel nicht mehr erreichen können[314].

Zudem habe das nationale Tatgericht eine weite Beurteilungsbefugnis dahingehend, ob ein Gutachten und ggf. welches von mehreren ihm schlüssig und plausibel erscheint.[315] Nur unter bestimmten Umständen könne die Ablehnung eines Antrags auf Hinzuziehung eines weiteren Sachverständigen im Rahmen der fehlenden Gesamtfairness einen Verstoß gegen Art. 6 Abs. 1 EMRK darstellen[316], wenn z.B. der Sachverständige in der mündlichen Verhandlung von seinem schriftlichen Gutachten abweicht oder seine Meinung aufgrund flüchtiger Einsicht neuer Unterlagen zulasten des Angeklagten ändert.[317]

3. Wissenschaftliche Diskursoffenheit

Die Dogmatik des Art. 6 Abs. 3 lit. d EMRK ist unter dem Aspekt der wissenschaftlichen Diskursoffenheit erweiternd zu betrachten. Die Quelle der in Art. 6 Abs. 3 EMRK verankerten Verfahrensrechte ist nach der Rechtsprechung des EGMR das kontradiktorische Verfahren („*adversarial trial/proceedings*“).[318] Wegen der statistisch zunehmenden Relevanz des Sachverständigenbeweises[319] und der fortschreitenden Spezialisierung verschiedener Wissenschaften[320] ist ein Perspektivwechsel im Sachverständigenbeweis notwendig. Die bislang auf europäischer Ebene aus der Konzeption von EMRK und EGMR resultierende Annahme, ein Sachverständigengutachten sei stets *die* valide Verfahrensgrundlage, ist überholt.[321] Diese Annahme hält an dem Narrativ der Unfehlbarkeit des Sachverständigenbeweises fest, welches wegen der unmöglichen Verifizierbarkeit von Erfahrungssätzen nicht überzeugen kann.[322]

---

[314] EGMR, Urt. v. 26.04.1991 – 12398/86 Rn. 29 (*Asch/Österreich*): In Berufungsinstanz beantragtes Gutachten konnte mittlerweile verheilte Körperverletzung nicht mehr objektiv nachweisen.

[315] EGMR, Urt. v. 08.11.2022 – 63950/19 Rn. 50 (*Gaggl/Österreich*) = BeckRS 2022, 30301; EGMR, Urt. v. 11.12.2008 – 6293/04 Rn. 174 (*Mirilashvili/Russland*) = BeckRS 2008, 147644.

[316] So z.B. EGMR, Urt. v. 27.03.2014 – 58428/10 Rn. 169 (*Matytsina/Russland*); EGMR, Urt. v. 05.04.2007 – 17995/02 Rn. 38 ff. (*Stoimenov/Mazedonien*).

[317] Frowein/*Peukert*, EMRK Art. 6 Rn. 175.

[318] EGMR, Urt. v. 11.10.2022 – 81415/12 Rn. 55 (*Çöçelli/Türkei*) = BeckRS 2022, 26771; EGMR, Urt. v. 03.05.2016 – 7183/11 Rn. 61 (*Letinčić/Kroatien*) = BeckRS 2016, 128038; EGMR, Urt. v. 20.04.2010 – 12315/04 and 17605/04 Rn. 59 (*Laska und Lika/Albanien*).

[319] Siehe hierzu bereits 1. Kapitel A.

[320] *Ehricke*, NJW 1996, 812 (814); *Oberlander/Wießner*, DS 2006, 176 ff.; *Braun*, DS 2014, 52 (53); LR-StPO/*Krause* Vor § 72 Rn. 4.

[321] So bereits für die deutsche Rechtslage *Puppe*, JZ 1994, 1147 (1151).

[322] Siehe hierzu bereits 2. Kapitel C. III.

Auf deutscher Ebene sind für den wissenschaftlichen Erkenntnisprozess die Merkmale der Unvollständigkeit und Unabgeschlossenheit konstitutiv.[323] Der wissenschaftliche Diskurs weist eine intertemporale Struktur auf, d.h. er lebt von rationalen Fehlversuchen und methodischer Fehlerkultur.[324] Wissenschaftlicher Erkenntnisfortschritt ist ausschließlich möglich, wenn sachverständige Experten sich gegenseitig kontrollieren[325], d.h. Methoden und Meinungen durch Dritte eingeschränkt oder falsifiziert werden können.[326] Eine weitere Voraussetzung der Übertragbarkeit von wissenschaftlichen Erkenntnissen in das Rechtssystem muss sein, die zugrundeliegenden Hypothesen freizulegen sowie fremder Kritik und Reflexion auszusetzen.[327]

Ausgangspunkt ist die – wie vom EGMR betonte[328] – dominante Rolle des Sachverständigen. Soweit außerjuristisches Spezialwissen, welches vom Sachverständigen zur Beurteilung einer der Schuld- und Straffrage vorgelagerten Beweisfrage angewendet wird, nicht vom Gericht beherrscht wird – was nach deutscher Rechtslage ja gerade prozessuale Voraussetzung der Hinzuziehung ist –, trägt dieses Wissen ein signifikantes Gewicht in der Entscheidung. Diesem Umstand muss die EMRK, welche als *„living instrument“* die Aufgabe hat, die gewandelten wirtschaftlichen und sozialen Verhältnisse und ethischen Auffassungen zu berücksichtigen[329], adäquat Rechnung tragen. Grenze dieser dynamischen bzw. evolutiven Auslegung ist das Verbot der Neubegründung eines in der Konvention weder angelegten noch von den enthaltenen Garantien vorausgesetzten Rechts.[330] Eine sol-

---

[323] So versteht z.B. BVerfGE 35, 79 (113) = NJW 1973, 1176 (1187) die Wissenschaft i.S.v. Art. 5 Abs. 3 S. 1 GG als pluralen, „prinzipiell unabgeschlossenen, dialogischen Prozeß“; ebenso BVerfGE 90, 1 (12) = NJW 1994, 1781 (1782); *Popper*, Logik der Forschung (2002), S. 223.

[324] Dürig/Herzog/Scholz/*Gärditz* GG Art. 5 Abs. 3 Rn. 68; mit Beispielen *Leithoff*, in: BKA-Vortragsreihe, Bd. 24 (1979), S. 45. Siehe hierzu bereits 2. Kapitel C.III.2.

[325] *Rasch*, MSchrKrim 1982, 257 (267); *Kraatz*, Einfluss der Erfahrung (2011), S. 385 f.

[326] So formuliert *Detter*, in: FS Meyer-Goßner (2001), 431 (441) in pluralistischer Hinsicht: „Wenn man sich am Ziel des Strafprozesses, der Wahrheitsermittlung, orientiert, kann eine Vielfalt auch im Bereich der (psychiatrischen) Gutachten nur Gewinn bringen“.

[327] So bereits *Hassemer*, Tatbestand und Typus (1968), S. 137 f.

[328] Siehe hierzu bereits 2. Kapitel C.I.

[329] EGMR, Urt. v. 25.04.1978 – 5856/72 Rn. 31 (*Tyrer/Großbritannien*) = NJW 1979, 1089: „The Court must also recall that the Convention is a living instrument which, as the Commission rightly stressed, must be interpreted in the light of present-day conditions“. Ähnlich bereits EGMR, Urt. v. 07.12.1976 – 5493/72 Rn. 48 (*Handyside/Großbritannien*); später EGMR, Urt. v. 07.07.1989 – 14038/88 Rn. 102 (*Soering/Großbritannien*); HK-EMRK/*Meyer-Ladewig/Nettesheim* Einl. Rn. 24; *Karpenstein/Mayer*, EMRK Art. 6 Rn. 1; *Satzger*, Internationales und Europäisches Strafrecht, § 11 Rn. 20; LR-StPO/*Esser* EMRK Einf. Rn. 182; KK-StPO/*Lohse/Jakobs* EMRK Art. 6 Rn. 1; MüKo-StPO/*Gaede* EMRK Art. 1 Rn. 29; *Gaede*, Fairness als Teilhabe (2007), S. 91 f.; *Safferling*, Internationales Strafrecht (2010), S. 83.

[330] MüKo-StPO/*Gaede* EMRK Art. 1 Rn. 29; *Gaede*, Fairness als Teilhabe (2007), S. 112 ff.

che wird im Rahmen des Sachverständigenbeweises allerdings nicht überschritten, soweit man Art. 6 Abs. 3 lit. d EMRK unter dem Aspekt der Diskursoffenheit auslegt.

a) Konfrontation mit gerichtlich bestellten Sachverständigen (Befragung)

Dem Angeklagten ist *stets* eine Befragungsmöglichkeit mit gerichtlich bestellten Sachverständigen zu gewährleisten.[331] Die Konfrontation eines bereits am Verfahren beteiligten Sachverständigen darf nicht verkennen, dass sowohl die Erläuterung außerjuristischen Spezialwissens als auch – spiegelbildlich – die Befragung des erläuternden Sachverständigen komplex ist. Daher ist es unerlässlich, dass jede Beweisperson, die Erfahrungswissen in den Strafprozess einbringt, von Anklagebehörde und Verteidigung – unabhängig von personenbezogenen Kriterien wie zweifelhafter Objektivität und Neutralität – befragt werden können muss. Eine Konfrontation mit dem gerichtlich bestellten Sachverständigen ist nur in Ausnahmefällen zu versagen, wenn z. B. triftige Gründe rechtlicher oder faktischer Art entgegenstehen.[332]

Art. 6 Abs. 1, Abs. 3 lit. d EMRK ist dahingehend auszulegen, dass mindestens eine hinreichende Schwelle für eine adäquate Auseinandersetzung und bestenfalls eine optimale Auseinandersetzung mit dem gerichtlich bestellten Sachverständigen einzuräumen ist. Eine qualitativ hinreichende Befragung durch eine Person, welche in die jeweilige Wissenschaft eingelesen bzw. -arbeitet ist, ist zur Erreichung des übergeordneten Ziels der Validierung des Gutachtens unerlässlich und dementsprechend zu gewähren.[333] Daneben sind aus Art. 6 Abs. 1, Abs. 3 lit. d EMRK verschiedene Verfahrensrechte abzuleiten: Zunächst besteht ein Recht des Angeklagten bzw. der Verteidigung auf ausreichende – im Einzelfall variierende – Vorbereitung der „Sachverständigen-Examinierung“, z. B. als Recht auf Unterbrechung des Verfahrens.[334]

---

[331] So auch *Trechsel*, EUGRZ 1987, 153 f. = abw. Meinung zu EGMR, Urt. v. 24.11. 1986 – 9120/80 (*Unterpertinger/Österreich*); a. A. *Peukert*, EUGRZ 1987, 247 (257).

[332] EGMR, Urt. v. 15.12.2011 – 26766/05 und 22228/06 Rn. 120 (*Al-Khawaja and Tahery/ Großbritanien*); *Grabenwarter/Pabel*, EMRK § 24 Rn. 132 zählen z. B. Zeugnis- und Aussageverweigerungsrechte, Tod, Krankheit, unbekannter Aufenthaltsort, Nichterscheinen vor Gericht, gescheiterte Rechtshilfeersuchen auf.

[333] So bereits EGMR, Urt. v. 25.07.2013 – 11082/06 und 13772/05 Rn. 731 f. (*Khodorkovskiy und Lebedev/Russland*) = BeckRS 2013, 202699: „Furthermore, the Court stresses that it may be hard to challenge a report by an expert without the assistance of another expert in the relevant field.“; ähnlich EGMR, Urt. v. 03.05.2016 – 7183/11 Rn. 64 (*Letinčić/Kroatien*) = BeckRS 2016, 128038.

[334] OLG Hamm, Beschl. v. 14.05.1996 – 2 Ss 176/96 = BeckRS 1996, 3777 führt aus, dass eine nicht ausreichende Vorbereitungszeit der Verteidigung bzgl. eines Gutachtens Art. 6 Abs. 1 EMRK verletzt. Diesbzgl. besteht eine Wechselwirkung mit Art. 6 Abs. 3 lit. b EMRK.

Hierzu kann von dem Angeklagten bzw. der Verteidigung außerhalb des Verfahrens unterstützend zur Überprüfung des gerichtlichen Gutachtens ein anderer Sachverständiger beauftragt werden.[335] Hierdurch entsteht eine Gegenkontrolle von Spezialwissen, welche Juristen in einem solchen Umfang faktisch nicht leisten können. Dem folgt das Konfrontationsrecht an sich, welches die Möglichkeit einer direkten und mündlichen Befragung der Beweisperson garantieren soll.[336] Die Befragung des gutachtenerstattenden Sachverständigen könnte auf den eigens beauftragten Sachverständigen übertragen werden, um eine professionelle Examinierung auf Wissens- und Augenhöhe zu garantieren.[337]

b) Recht auf den „eigenen" Sachverständigen (Ladung)

Der EGMR stellt in ständiger Rechtsprechung fest, Art. 6 Abs. 3 lit. d EMRK erfordere nicht, dass ein nationales Gericht einen bestimmten von der Verteidigung benannten Sachverständigen laden muss. Demnach besteht im Umkehrschluss kein absoluter Anspruch auf die Hinzuziehung eines selbst ausgewählten Sachverständigen.[338] Der Gerichtshof betont jedoch, dass die bloße Möglichkeit, einen Antrag auf Einholung eines weiteren Sachverständigengutachtens zu stellen, dem Recht auf Ladung eines eigenen Sachverständigen qualitativ nicht gleichsteht.[339] Der Konventionswortlaut des Art. 6 Abs. 3 lit. d EMRK – wenn man diesen auf „*experts*" i. S. d. Art. 6 Abs. 1 EMRK anwendet – verlangt grundsätzlich ein identisches Recht auf Ladung eines „eigenen Sachverständigen" als Entlastungszeugen.[340] Hieraus müsste folgen, dass der Angeklagte „unter den gleichen Bedingungen" wie die Anklagebehörde Entlastungszeugen laden können muss („*under the same condi-*

---

[335] Siehe hierzu tiefergehend 6. Kapitel C. I. 2. c).

[336] Indirekte Fragestellung über das Gericht ist vom Wortlaut des Art. 6 Abs. 1, Abs. 3 lit. d EMRK gedeckt, so *Peukert*, EuGRZ 1980, 247 (266); MüKo-StPO/*Gaede* EMRK Art. 6 Rn. 249; *Krausbeck*, Konfrontative Zeugenbefragung (2010), S. 115; *Walther*, GA 2003, 204 (212); *Renzikowski*, in: FS Mehle (2009), 529 (536).

[337] Siehe hierzu vertiefend 6. Kapitel C. II. 2. b) aa).

[338] *Grabenwarter/Pabel*, EMRK § 24 Rn. 132; Frowein/*Peukert*, EMRK Art. 6 Rn. 165; *ders.*, in: Reform oder Roll-Back – 21. StV-Tag (1997), 231 (238).

[339] EGMR, Urt. v. 25.07.2013 – 11082/06 und 13772/05 Rn. 731 f. (*Khodorkovskiy und Lebedev/Russland*) = BeckRS 2013, 202699: „Thus, the mere right of the defence to ask the court to commission another expert examination does not suffice. To realise that right effectively the defence must have the same opportunity to introduce their own ‚expert evidence'. That right is not absolute and the forms in which the defence may seek the assistance of experts may vary".

[340] EGMR, Urt. v. 03.05.2016 – 7183/11 Rn. 64 (*Letinčić/Kroatien*) = BeckRS 2016, 128038 hatte für ein verwaltungsgerichtliches Verfahren festgestellt, der Umstand, dass die Behörde kein Gegengutachten einholen konnte, war für die Entscheidung relevant: „However, the Court does not lose sight of the fact that the competent administrative bodies had no possibility of obtaining an assessment from another body or expert and that the findings of the Centre were legally binding for them."

tions as witnesses against him“). In dem Passus schlägt sich nach der Auslegung des EGMR die Wirkung der Waffengleichheit nieder.[341]

Diese Formulierung bewirkt in technischer Hinsicht, was inhaltlich in der Rechtsprechung zu Art. 6 Abs. 3 lit. d EMRK zurückbleibt: Die Voraussetzungen der Handlungsbefugnisse der Anklagebehörde werden auf die Handlungsrechte des Angeklagten transferiert.[342] Dennoch legt der Gerichtshof Art. 6 Abs. 3 lit. d EMRK dahingehend aus, dass das Ladungsrecht keineswegs absolut sei, sondern vielmehr die nationalen Gerichte über den Umfang nach eigenem Ermessen entscheiden dürften.[343] Je nachdem, wie weit in der jeweiligen nationalen Rechtsordnung die Befugnis bzw. das Recht der Anklagebehörde zur bzw. auf Ladung einer Beweisperson ausgestaltet ist, kann sich gegenüber der Stellung des Angeklagten eine Rechtsverkürzung ergeben.

aa) Fungibilität von Sachverständigen

Als Grund für diese Rechtsverkürzung kommt die vermeintliche Fungibilität von Sachverständigen in Betracht. Die Rechtsprechung und der Großteil des deutschen Schrifttums gehen davon aus, Sachverständige seien im Gegensatz zu Zeugen stets austausch- bzw. ersetzbar, weil sie keine subjektiv-individuellen Wahrnehmungen schildern, sondern objektives Spezialwissen anwenden bzw. vermitteln.[344] Letzteres könne mithin jeder Sachverständige der jeweiligen Fachwissenschaft gleichsam leisten, denn das Wesen des Sachverständigenbeweises liege gerade in der Objek-

---

[341] EGMR, Urt. v. 08.06.1976 – 5100/71 u.a. Rn. 91 (*Engel u. a./Niederlande*): „Its (Anm.: Art. 6 Abs. 3 lit. d EMRK) essential aim, as is indicated by the words ‚under the same conditions‘, is a full ‚equality of arms‘ in the matter“; so auch EGMR, Urt. v. 06.05.1985 – 8658/79 Rn. 32 (*Bönisch/Österreich*).

[342] Bei Betrachtung der deutschen Rechtslage fällt zu einigen Handlungsbefugnissen bzw. -rechten der Staatsanwaltschaft auf, dass diese an geringere Voraussetzungen als dic äquivalenten Handlungsrechte der Verteidigung geknüpft sind, z.B. § 200 Abs. 1 S. 3 StPO (Benennung von Zeugen) und §§ 163a Abs. 2, 244 Abs. 3 StPO (Beweisanträge), § 214 Abs. 3 StPO (unmittelbares Ladungsrecht) und § 219 StPO (Beweisanträge).

[343] EGMR, Urt. v. 08.06.1976 – 5100/71 u.a. Rn. 91 (*Engel u. a./Niederlande*): „With this proviso, it leaves it to the competent national authorities to decide upon the relevance of proposed evidence insofar as is compatible with the concept of a fair trial which dominates the whole of Article 6.“; so auch EGMR, Urt. v. 07.08.1996 – 19874/92 Rn. 48 (*Ferrantelli und Santangelo/Italien*); EGMR, Urt. v. 19.12.1990 – 11444/85 Rn. 35 (*Delta/Frankreich*).

[344] So RGSt 47, 100 (107 f.); *Mittermaier*, Lehre vom Beweis (1834), S. 194 f.; *Alsberg*, JW 1929, 1046; *Eb. Schmidt*, Lehrkommentar, Teil II, § 73 Rn. 3; *Schmidhäuser*, ZZP 72 (1959), 366 (402); MüKo-StPO/*Trück* § 73 Rn. 11; *Herdegen*, NStZ 1999, 176 (179); *Geppert*, Jura 1993, 249 (250); HK-StPO/*Brauer* § 74 Rn. 1; LR-StPO/*Krause* § 74 Rn. 2; Alsberg/*Dallmeyer*, Der Beweisantrag, Kap. 1 Rn. 78; *Peters*, Strafprozeß (1985), S. 344; *Roxin/Schünemann*, Strafverfahrensrecht, § 27 Rn. 5; *Bendler*, in: Reform oder Roll-Back – 21. StV-Tag (1997), 297; *Toepel*, Sachverständigenbeweis (2002), S. 345 ff.; diff. Meyer-Goßner/*Schmitt* StPO § 74 Rn. 1; *Erb*, ZStW 121 (2009), 882 (887); SSW-StPO/*Bosch* § 74 Rn. 1; *Hanack*, JZ 1970, 561 (564); a. A. *Schulz*, StV 1983, 341 (342 f.); *Zwiehoff*, Das Recht auf den Sachverständigen (2000), S. 256 ff.; *Pawlak*, Ablehnung des Sachverständigen (1998), S. 219.

tivität des Beweisinhalts.[345] Der Unterschied im Aussageinhalt, der bereits auf deutscher Ebene der Abgrenzung vom Zeugen (§§ 48 ff. StPO) zum Sachverständigen (§§ 72 ff. StPO) dient[346], ist unbestritten. Hieraus wird zumeist geschlussfolgert, es käme auf die individuelle Person des Sachverständigen – losgelöst von der Profession und dem Mindestmaß an Erfahrung – nicht an und folglich gäbe es keinen Anspruch auf die Ladung eines bestimmten Sachverständigen.

bb) Gedanken zum Fungibilitätsargument

Die Fungibilität ist allenfalls ein praktischer und kein definitorischer Unterschied in der Abgrenzung zum Zeugen, denn es treten z. B. Fälle auf, in denen Sachverständige Beobachtungen tätigen, die sich nicht wiederholen lassen (und diese Sachverständigen damit gerade nicht fungibel sind) oder eine Mehrzahl von Zeugen genau die gleiche Beobachtung getroffen hat (und diese Zeugen damit doch fungibel sind, vgl. Nr. 111 Abs. 2, 3 RiStBV).[347] Die überwiegende Ansicht unterliegt jedoch dem Trugschluss, *jeder* Sachverständige könne stets *das* „richtige" Ergebnis abgeben. Die daraus gezogene Rechtsfolge der Fungibilität erweist sich angesichts im Einzelfall abweichender Wissensqualität bzw. -tiefe bei Sachverständigen sowie aufgrund des verankerten Wissenschaftspluralismus (vgl. Art. 10 Abs. 1 S. 2 EMRK, Art. 5 Abs. 3 S. 1 GG)[348] als zu pauschal und starr[349]. Selbst Sachverständige innerhalb einer Fachrichtung sind nicht stets untereinander austauschbar, weil sie zumeist über unterschiedliche Qualifikationen, Erfahrungswerte und Arbeitstechniken verfügen.[350]

Vielmehr ist entscheidend, dass entweder der geeignetste Sachverständige oder einer unter mehreren geeigneten Sachverständigen ausgewählt wird. Das Tatgericht ist durch die Amtsaufklärungspflicht (§ 244 Abs. 2 StPO) dazu angehalten, auf das „beste" Beweismittel zurückzugreifen[351] und im Rahmen der richterlichen Beweis-

---

[345] Siehe hierzu *Böttger*, in: SV-HdB § 2 Rn. 25 ff.; *Peters*, Strafprozeß (1985), S. 369; *Gössel*, DRiZ 1980, 363 (370); *Hanack*, JR 1966, 425 (427).

[346] Siehe hierzu bereits 3. Kapitel B. III.

[347] LR-StPO/*Sarstedt* (22. Aufl. 1971) Vor § 72 Rn. 3 f.; *Geerds*, ArchKrim 137 (1966), 61 (69); *Gössel*, DRiZ 1980, 363 (364); *Eisenberg*, Beweisrecht StPO, Rn. 1511; *Pawlak*, Ablehnung des Sachverständigen (1998), S. 44.

[348] So *Rasch*, StraFo 1989, 21 (22); HK-EMRK/Meyer-Ladewig/*Daiber* Art. 10 Rn. 61; so auch BVerfG, Urt. v. 29.05.1973 – 1 BvR 424/71 u. 325/72 = NJW 1973, 1176 (1187) zu Art. 5 Abs. 3 S. 1 GG.

[349] So auch *Pawlak*, Ablehnung des Sachverständigen (1998), S. 219. Ebenfalls für verbleibende Fälle der „Unentbehrlichkeit" des individuellen Sachverständigen *Glaser*, Hdb. des Strafprozesses Bd. I (1883), S. 700; *Geerds*, ArchKrim 137 (1966), 61 (69); *Anders*, Beweiserhebungskontrollen (1998), S. 86; *Tondorf/Tondorf*, Psychologische Sachverständige, Rn. 370.

[350] *Hanack*, JR 1966, 425 (427); LR-StPO/*Krause* § 74 Rn. 1; *Eisenberg*, Beweisrecht StPO Rn. 1549.

[351] Siehe hierzu bereits 2. Kapitel A. I. 2.

würdigung einer rationalen und begründeten Auswahl verschiedener – und damit ggf. sich widersprechender oder neuartiger – Kategorien von Erfahrungssätzen verpflichtet.[352] Die Annahme einer generellen Fungibilität des Sachverständigen würde den Grundsatz der Wissenschaftsunvollständigkeit und -unabgeschlossenheit verfehlen. Ausnahmen können lediglich für „bewährtes"[353], quasi allgemeingültiges Erfahrungswissen, bei Abwesenheit sich entgegenstehender gefestigter Methoden bzw. Meinungen und im Falle gleicher Befähigung und Eignung der in Betracht kommenden Sachverständigen gelten. Eine Austauschbarkeit schließt sich bereits gedanklich aus bzw. erweist sich als prozessunökonomisch, sofern ein Sachverständiger aufgrund seines Erfahrungswissens bereits – womöglich irreversibel untergegangene – Befundtatsachen erhoben hat.[354] Deshalb erscheint es vorzugswürdig, Sachverständige statt *generell fungibel* als *grundsätzlich fungibel* zu bezeichnen.[355]

Überzeugender Maßstab für das Ladungsrecht i. S. v. Art. 6 Abs. 3 lit. d EMRK ist, ob das Gutachten eines Sachverständigen geeignet ist, sachlich-objektiv zur Wahrheitsfindung beizutragen.[356] Andernfalls ist das Tatgericht befugt, Beweisvorführungen abzulehnen.[357] Strafverfolgungsbehörden und Gerichte haben grundsätzlich ein Ermessen hinsichtlich der Person des hinzuzuziehenden Sachverständigen, welches sich bei fehlender Fungibilität derart auf „Null" reduziert, dass der von der Verteidigung beantragte Sachverständige zu laden ist. Ein zulässiger Grund der Versagung des Ladungsrechts kann in entgegenstehenden Gründen bzw. überwiegenden Interessen liegen.[358] Dies wären z. B. für das Strafverfahren gewichtige

---

[352] Siehe hierzu bereits 2. Kapitel A. II.

[353] Siehe hierzu bereits 2. Kapitel C. III. 2. a).

[354] So auch LR-StPO/*Krause* § 74 Rn. 1; *Eisenberg*, Beweisrecht StPO Rn. 1549.

[355] Ähnlich z. B. MüKo-StPO/*Trück* § 74 Rn. 1: „regelmäßig austauschbar"; *Eisenberg*, Beweisrecht StPO, Rn. 1511: „Der Sachverständige ist (theoretisch, nicht stets auch in der Praxis) austauschbar"; LR-StPO/*Sarstedt* (22. Aufl. 1971) Vor § 72 Anm. 3 f.: „Es gibt auch (praktisch) ersetzbare Zeugen und nicht ersetzbare Sachverständige".

[356] EGMR, Urt. v. 06. 05. 2003 – 48898/99 Rn. 26 (*Perna/Italien*); EGMR, Urt. v. 13. 07. 2006 – 26853/04 Rn. 179 f. (*Popov/Russland*); Frowein/*Peukert*, EMRK Art. 6 Rn. 313; *Karpenstein/Mayer*, EMRK Art. 6 Rn. 201. So hat z. B. BGH, Urt. v. 02. 08. 1995 – 2 StR 221/94 = NStZ 1995, 590 festgestellt, „daß ein Sachverständiger auch dann zur Wahrheitsfindung beitragen kann, wenn er zwar keine sicheren und eindeutigen Schlüsse zu ziehen vermag, seine Schlußfolgerungen die zu beweisenden Tatsachen aber mehr oder weniger wahrscheinlich machen", wozu nach BGHSt 41, 206 (215) = NStZ 1995, 590; BGH, Beschl. v. 12. 01. 1994 – 5 StR 620/93 = NStZ 1994, 250; BGH, Beschl. v. 15. 04. 1998 – 3 StR 129/98 = NStZ 1998, 528 (529) auch die Anhörung von Sachverständigen gehört, die über noch nicht allgemein anerkannte Methoden oder Verfahren verfügen.

[357] Im Ergebnis auch *Kohlmann*, in: FS Peters (1974), 311 (313 f.); *Tondorf/Waider*, StV 1997, 493 (496).

[358] EGMR, Urt. v. 11. 12. 2008 – 6293/04 Rn. 191 (*Mirilashvili/Russland*) = BeckRS 2008, 147644: „Still, the exercise of these rights by the defence should be counterbalanced by the interests of proper administration of justice. Article 6 § 1 read in conjunction with § 3 (d) of the Convention does not give the defence an absolute right to the hearing of specific expert

Gründe wie die Funktionsfähigkeit der Strafrechtspflege[359], die Prozessökonomie, der Wirtschaftlich- und Sparsamkeitsgrundsatz, z.B. weil die Beweisführung überschießend wäre[360], sowie der Beschleunigungsgrundsatz.[361] Deren Geltung darf aber nicht dazu führen, dass Aktualität, Fortschritt und Pluralität des wissenschaftlichen Diskurses im Strafrecht keine Beachtung mehr finden, denn der aktuelle Stand der Wissenschaft und Technik kann mehr als eine singuläre Methode bzw. Meinung umfassen.[362] In der Praxis häufig auftretende Gründe bilden Kosten- und Zeitaufwand, womit das Ladungsrecht im Einzelfall in einen angemessenen Ausgleich zu bringen ist.[363]

III. Zwischenergebnis

Während die Rechtsprechung des EGMR die Rechtspositionen des Angeklagten in Bezug auf den Sachverständigenbeweis noch nicht vollends ausschöpft, bietet der Rekurs auf die autonome Zeugendefinition einen angemessenen Schutz. Eine zweckgerichtete Auslegung des Art. 6 Abs. 3 lit. d EMRK muss eine Befragung und Hinzuziehung von Sachverständigen gewährleisten. Das in Art. 6 Abs. 1, 3 lit. d EMRK verankerte Befragungsrecht ist als umfassendes Recht zu verstehen, welches eine bestmögliche Examinierung des belastenden Sachverständigen garantieren soll. Nach dem parallel gewährleisteten Ladungsrecht sind den Angeklagten entlastende Sachverständige unter dem Aspekt der wissenschaftlichen Diskursoffenheit dann hinzuzuziehen, wenn etwaige entgegenstehende Gründe der zu erwartenden Relevanz des Gutachtens zur objektiven Wahrheitserforschung nicht überwiegen.

E. Ergebnis des 4. Kapitels

Die in diesem Kapitel dargestellten Rechtspositionen des Angeklagten sichern seine Mitwirkung an der Gewinnung von außerjuristischem Erfahrungswissen da-

---

evidence. It is for the domestic judge to decide whether an expert proposed by the defence is qualified, and whether his inclusion in the expert team would contribute to the resolution of the case.“

[359] Begründet durch BVerfGE 33, 367 (383) = NJW 1972, 2214 (2216); BVerfGE 38, 105 (115) = NJW 1975, 103 (104); BVerfGE 34, 238 (248) = NJW 1973, 891 (893); näher zum Umfang des Begriffes bei *Jarass*/Pieroth, GG Art. 20 Rn. 142; *Landau*, NStZ 2007, 121 (124 ff.).

[360] Siehe hierzu bereits 2. Kapitel A. I. 3.

[361] So auch *Hamm/Pauly*, Beweisantragsrecht Rn. 383 ff. Siehe hierzu später 6. Kapitel D. II.

[362] Siehe hierzu später 5. Kapitel A. V.

[363] *Karpenstein/Mayer*, EMRK Art. 6 Rn. 117; Frowein/*Peukert*, EMRK Art. 6 Rn. 256.

hingehend ab, dass eine übergreifende „faire“ und „waffengleiche“ Behandlung gewährleistet wird (Art. 6 Abs. 1 EMRK), sie verpflichten das Gericht zum Hinweis über die Verwertung des Sonderwissens (Art. 103 Abs. 1 GG) und erlauben dem Angeklagten, Sachverständige zu kontrollieren sowie zu laden (Art. 6 Abs. 3 lit. d EMRK). Sie bilden damit die Ausgangs- und Eckpunkte für die Analyse der einfachgesetzlichen Verteidigungsmöglichkeiten des Angeklagten im 6. Kapitel.

5. Kapitel

Herausforderungen der geltenden Rechtslage

A. Parameter des Fehlverurteilungsrisikos

Der Gewinnungprozess von Erfahrungssätzen im Strafverfahren ist aufgrund der Symbiose der ausübungsbefähigten Entitäten störungsanfällig. Er wird mitunter als intransparent und mangelhaft bezeichnet[1], da die einzelnen Schritte (Erwerb, Anwendung und Verwertung des Wissens), welche sich bei der jeweiligen Entität vollziehen, für die Prozessbeteiligten teilweise bis gar vollständig verborgen bleiben. Über den Zeitpunkt der Begutachtung eines von der Staatsanwaltschaft beauftragten Sachverständigen wird der Beschuldigte regelmäßig nicht informiert.[2]

Gelangt zuvor kein schriftliches Gutachten zu den Akten (vgl. § 82 StPO[3]), wird den Prozessbeteiligten regelmäßig erst in der Hauptverhandlung durch die Vernehmung des Sachverständigen dessen Begutachtung – zumeist ergebnisbezogen – präsentiert.[4] Selbst wenn die Wissensanwendung als relevantester Teilschritt in der Hauptverhandlung erläutert wird, was in der Praxis nicht der Regelfall ist[5], ist sie in zeitlicher Hinsicht vergangen und die Einflussmöglichkeiten der Prozessbeteiligten auf das Gutachtenergebnis bleiben damit begrenzt. Bei Gutachten von Behörden und allgemein vereidigten Sachverständigen kann ggf. sogar nur eine Verlesung desselben erfolgen (§§ 256 Abs. 1 Nr. 1 lit. a, b StPO).[6]

Aufgrund der verfahrensausschlaggebenden Relevanz außerjuristischen Wissens[7] steigt in Fällen fehlerbehafteter bzw. unzureichender Gewinnung, Verwertung

---

[1] *Freund*, Tatsachenfeststellung (1987), S. 16; *Barton*, Psychowissenschaftliche Sachverständige (1983), S. 31.

[2] So *Hahn/Stegemann*, Die gesammten Matherialien zur Strafprozessordnung und dem Einführungsgesetz zu derselben (Erste Abteilung), S. 617, die Feststellung des Abg. *Schwarze*. Ausgenommen Nr. 70 Abs. 1 RiStBV, siehe hierzu näher 6. Kapitel B. I. 1. a).

[3] Krit. dazu *Karpinski*, NJW 1968, 1173; *Tondorf/Tondorf*, Psychologische Sachverständige, Rn. 334.

[4] *Tröndle*, JZ 1969, 374 (376); *Barton*, StV 1983, 73 (79); *Gössel*, DRiZ 1980, 368; *Krauß*, ZStW 85 (1973), 320 (332 f.); *Dölp*, ZRP 2004, 235 (236); Meyer-Goßner/*Schmitt* StPO § 261 Rn. 8; *Grossam*, in: SV-HdB § 18 Rn. 6; *Peters*, Strafprozeß (1985), S. 373.

[5] So *Schünemann*, JuS 1976, 560 (564).

[6] Dazu *Tondorf/Tondorf*, Psychologische Sachverständige, Rn. 337 ff.

[7] Siehe hierzu bereits 2. Kapitel C. I.

und Beeinflussung von Erfahrungssätzen das Fehlverurteilungsrisiko.[8] Es handelt sich bei der Anwendung von Erfahrungssätzen faktisch stets um das bewusst in Kauf genommene, gar „tolerierte Risiko einer Fehlverurteilung“.[9] Als sog. Fehlurteile werden gerichtliche Entscheidungen bezeichnet, die nicht der historisch-rekonstruierbaren Wahrheit entsprechen.[10] Insbesondere Verfahrensmängel mit Sachverständigenbezug sind – laut verschiedener Studien der vergangenen sechzig Jahre[11] – eine der wesentlichen Hauptursachen. Im Folgenden wird dargestellt, welche Fehlverurteilungsparameter bei der Anwendung und Verwertung von Sonder- und Spezialwissen bestehen.

I. Gerichtliche Selbsteinschätzung

Die Entscheidung über die Ausübungsbefugnis von Erfahrungswissen liegt beim jeweiligen Tatgericht.[12] Die Beurteilung des Tatgerichts, wann es sich selbst als sachkundig betrachtet, wird von der Rechtsprechung restriktiv ausgelegt, denn es hat im Rahmen der ihm obliegenden Entscheidung, fremdes Spezialwissen heranzuziehen, „eher ein Zuviel als ein Zuwenig tun (zu) müssen“.[13] Zentrale Frage ist somit die nach der gerichtlichen Selbsteinschätzung, welche hohe Anforderungen an das Gericht stellt.[14]

---

[8] *Sarstedt*, NJW 1968, 177 (181 f.): „Aber Mißverständnisse zwischen Richtern und Sachverständigen, Unklarheiten darüber, wer was zu verantworten hat und wie diese Verantwortung aussieht, Jagdeifer und Präpotenz, mangelnde Sachkunde von sogenannten Sachverständigen und Bequemlichkeit von Richtern, blindes Vertrauen auf das Ansehen eines Sachverständigen sind die Ursachen für eine lange Reihe von weltbekannten Fehlurteilen geworden“.

[9] *Freund*, Tatsachenfeststellung (1987), S. 56 ff.; ähnlich *Leithoff*, in: BKA-Vortragsreihe, Bd. 24 (1979), S. 43.

[10] *Peters*, Fehlerquellen Bd. I (1970/1974), S. 1 ff.; *Kiwit*, Fehlurteile (1965), S. 77; *Barton/Dubelaar/et al*, in: Bielefelder Verfahrenstage (2017), S. 11 ff.; *Böhme*, Das strafgerichtliche Fehlurteil (2018), S. 34.

[11] *Hirschberg*, Das Fehlurteil (1960), S. 16, 54 ff.; *Kiwit*, Fehlurteile (1965), S. 94; *Peters*, Fehlerquellen Bd. I (1970/1974), S. 117 ff.; *Böhme*, Das strafgerichtliche Fehlurteil (2018), S. 196 f., 269 ff. So auch *Heinitz*, in: FS Engisch (1969), 648 (695); *Arbab-Zadeh*, NJW 1970, 1214 (1218); *Eisenberg*, NStZ 2006, 368 (369).

[12] Siehe hierzu bereits 2. Kapitel A. II.

[13] BGHSt 23, 8 (12) = BGH NJW 1969, 2293 (2295 f.). Ebenso BGH, Beschl v. 24. 10. 1989 – 4 StR 527/89 = JZ 1990, 52; BGH, Beschl. v. 13. 12. 1996 – 3 StR 543/96 = NStZ-RR 1997, 171 (172); BGH, Urt. v. 22. 01. 1998 – 4 StR 100/97 = NStZ 1998, 366 (367). Siehe hierzu bereits 3. Kapitel A. II. 1.

[14] BGHSt 23, 8 (12) = BGH NJW 1969, 2293 (2295 f.).

1. Fehleinschätzung eigener Sachkunde

Für Gerichte wird kaum eine Situation des Prozessalltags so schwierig sein wie diejenige, in welcher sie entscheiden müssen, ob das eigene Anwendungs- bzw. Auswertungswissen für die Beurteilung einer der Schuld- und Straffrage vorgelagerten Beweisfrage ausreicht.[15] Im Schrifttum werden Fälle beklagt, in denen das Tatgericht sein Erfahrungswissen *über*schätzt habe.[16] Eine Selbst*über*schätzung und damit reversible Verletzung der Amtsaufklärungspflicht (§ 244 Abs. 2 StPO) liegt vor, wenn das Gericht infolge eines subjektiven Mangels an Sorgfalt die Grenze seiner Sachkunde nicht erkennt, obwohl nach objektiver Beurteilung der bisher festgestellte Sachverhalt zur Beiziehung eines Sachverständigen drängt.[17] Dieser Fehler kann der Legitimation der gerichtlichen Entscheidung in der Außenwirkung „teuer" zu stehen kommen, denn

> „durch nichts verscherzt er (Anm.: der Richter) sich mehr das Vertrauen (Anm.: der Allgemeinheit), zieht er sich mehr den *Vorwurf der Weltfremdheit* zu, als wenn er in *dilettantischer Weise nach Art der Halbgebildeten* sich über Dinge ein *sachverständiges Urteil anmaßt*, die er nicht versteht".[18]

Als Ursache für Selbstüberschätzung wird insbesondere eine unzureichende Ausbildung von Strafrichtern in strafrechtsnahen Wissensgebieten (z.B. Aussagepsychologie, Kriminalistik, Forensik) bemängelt.[19] Viele als „Hilfswissenschaften" degradierte Fachbereiche drohen laut dem fachspezifischen Schrifttum durch Juristen „versimplifiziert" und damit zu einer Gefahr für die Wahrheitsfindung zu werden.[20] Bereits Peters, der vor über fünfzig Jahren zu häufigen Fehlerquellen im Strafverfahren geforscht hat, konnte eine Verbindung zwischen der unterdurch-

---

[15] Zum ursächlichen Kernproblem der Beurteilung eigenen „Halbwissens" oder gar „Nichtwissens" bei KK-StPO/*Krehl* § 244 Rn. 43; *Keller*, GA 1999, 255 (261 f.); *Bockelmann*, GA 1955, 321 (323 f.); *Peters*, Strafprozeß (1985), S. 364; *Bauer/Thoss*, NJW 1983, 305 ff.; *Göppinger*, in: FS Peters (1974), 519 (522).

[16] Alsberg/*Nüse*, Der Beweisantrag (3. Aufl. 1967), S. 133; Alsberg/*Güntge*, Der Beweisantrag, Kap. 6 Rn. 9; *Sarstedt*, NJW 1968, 177; *Dippel*, Stellung des Sachverständigen (1986), S. 32; *Döhring*, JZ 1968, 641 (642); *Sommer*, Effektive Strafverteidigung, Kap. 3 Rn. 1442; *Dahs*, Hdb. des Strafverteidigers Rn. 616; *Kühne*, Strafprozessrecht, § 52 Rn. 786.2, § 53 Rn. 872; *Peters*, Strafprozeß (1985), S. 364; *Müller-Luckmann*, DRiZ 1993, 71; a.A. *Göppinger*, in: FS Peters (1974), 519 (524).

[17] LR-StPO/*Tillmann* (20. Aufl., 1958) § 73 Rn. 4. Siehe hierzu bereits 3. Kapitel A.II.1.

[18] *Lobe*, DRiZ 1913, 362 (Hervorhebungen d. Verf.).

[19] *Arndt*, NJW 1962, 25 (26 f.); *Peters*, Fehlerquellen Bd. II (1972), S. 335; *Hilgendorf*, in: FS Lenckner (1998), 699 (708); *Albrecht*, NStZ 1983, 486 (491); *Foth/Karcher*, NStZ 1989, 166 (167); *Malek*, Verteidigung in der Hauptverhandlung Rn. 428; *ders.*, StV 2011, 559; MAH-Strafverteidigung/*Neuhaus* § 61 Rn. 10; *Barton*, in: Fehlurteile im Strafprozess (2008), 199 (222 f.); *Gerchow*, ArchKrim 134 (1964), 125 (129).

[20] MAH-Strafverteidigung/*Neuhaus* § 61 Rn. 11; *Rasch*, MSchrKrim 1982, 257 (266); *Weihmann*, Kriminalistik 2015, 628 (629); *Holzer/Cornelius/Labudde*, Kriminalistik 2025, 139 f.

schnittlichen Wissenschaftsentwicklung des Strafprozesses und der einseitig rechtsbezogenen Juristen-Ausbildung herstellen.[21]

Dabei ist nicht nur die – seit Jahrzehnten reformresistente – generalisierte Ausbildung sog. Einheitsjuristen[22], sondern auch der in der Praxis häufig vorkommende Dienstwechsel von Richtern zwischen den einzelnen Gerichtsbarkeiten oder Spruchkörpern dem Aufbau von strafrechtsnahem Erfahrungswissen abträglich.[23] Langjährig tätige oder extern besonders fortgebildete Strafrichter, die in bestimmten Bereichen über ein fundiertes Erfahrungswissen verfügen, sind als „gebildete Laien" innerhalb der jeweiligen Fachwissenschaft eher die Ausnahme.[24]

Es existieren ebenfalls Berichte über die vermeintliche Selbst*unter*schätzung von Tatgerichten, die in regelmäßig wiederkehrenden Fachgebieten[25] scheinbar ein Unbehagen – oder gar das Damoklesschwert der Revision – begleitet, „eigene Sachkunde" fälschlich anzunehmen und aus diesem Grund stets Sachverständige beauftragen.[26] Unter der Prämisse, dass ein Sachverständiger prinzipiell eine höhere Sachkunde als ein durchschnittliches Strafgericht aufweist[27], scheint dieses Phänomen auf den ersten Blick nicht problembehaftet zu sein. Dennoch droht durch eine inflationäre Sachverständigenbeiziehung der Kerngehalt des gerichtlichen Aufklärungs- und Entscheidungsprimats (§§ 244 Abs. 2, 261 StPO) zu verkümmern und das Strafverfahren durch die zeit- und kostenintensive Gutachtertätigkeit „aufgebläht" zu werden.[28]

Sowohl die Selbstüber- als auch die Selbstunterschätzung des eigenen Sonderwissens können den tatrichterlichen Entscheidungsfindungsprozess negativ beein-

---

[21] *Peters*, Fehlerquellen Bd. I (1970/1974), S. 331, 335; *ders.*, Strafprozeß (1983), S. 298. Ähnlich auch *Arndt*, NJW 1962, 25 (26 f.); *Hilgendorf*, in: FS Lenckner (1998), 699 (708); *Albrecht*, NStZ 1983, 486 (491); *Foth/Karcher*, NStZ 1989, 166 (167); *Malek*, Verteidigung in der Hauptverhandlung Rn. 428; *ders.*, StV 2011, 559; MAH-Strafverteidigung/*Neuhaus* § 61 Rn. 10; *Gerchow*, ArchKrim 134 (1964), 125 (129); Arbeitsgruppe 16. StV-Tag, StV 1992, 345 (346).

[22] BT-Drs. 10/1108, S. 7; *Schmidt-Räntsch*, DRiG § 5a Rn. 6.

[23] So *A. Kaufmann*, JZ 1985, 1065 (1071). *Kronenberger*, Überzeugungsbildung (2010), S. 38.

[24] Begriff bei *Erb*, ZStW 121 (2009), 882 (883); *Göppinger*, in: FS Peters (1974), 519 (520).

[25] Im Rahmen der Aussagepsychologie wird dem Tatgericht ein grundlegendes Wissen zugetraut und dieses laut BGH, Urt. v. 26.04.1955 – 5 StR 86/55 = NJW 1955, 1642 (1643) auch gefordert.

[26] So z. B. die Beobachtungen von *Sarstedt*, NJW 1968, 177 (179, 181 f.); *Rauch*, NJW 1968, 1173 (1174); *Sarstedt/Hamm*, Die Revision in Strafsachen (1983), S. 266; *Marmann*, GA 1953, 136 (139); *Wolschke*, Sachverständigenbeiziehung (1973), S. 176, 268; *Müller-Luckmann*, DRiZ 1993, 71.

[27] Siehe hierzu bereits 3. Kapitel A. I. 2.

[28] *Sarstedt*, NJW 1968, 177 (179); *Blomeyer*, ZRP 1970, 153 (155); *Ventzke*, NStZ 2017, 301.

flussen.[29] Es ist ein schmaler Grat, auf dem sich das Tatgericht bewegt, wenn der eigene Wissensstand vor dem Hintergrund der konkreten Sachverhaltsfrage beurteilt werden muss. Es muss bereits „der Anschein, daß ein Richter seine außerrechtlichen Fachkenntnisse überschätzen könnte, vermieden werden".[30] Fehlende oder nur oberflächliche Kenntnisse können dazu führen, die jeweilige Anwendungswissenschaft zu verallgemeinern oder spezielle Problematiken nicht zu erkennen.[31] Grundsätzlich ist es begrüßenswert, wenn Tatgerichte in strafrechtsnahen Wissenschaften über Sonderwissen verfügen, um die ihnen obliegende Entscheidungskompetenz in verschiedener Hinsicht (§§ 244 Abs. 2, 73 Abs. 1, 78, 261 StPO) angemessen ausüben zu können.[32] Lediglich grundlegende oder rudimentäre Kenntnisse des Gerichts vermögen hingegen im Regelfall der Expertise eines Sachverständigen qualitativ nicht gleichzukommen.[33]

2. Strafprozessuale Spezialspruchkörper als Abhilfe

Auch wenn sich die Gefahr der gerichtlichen *Fehl*einschätzung als solche nicht vollständig beseitigen lässt, kann der Prozess der gerichtlichen Selbsteinschätzung optimiert werden, so z. B. durch die Einrichtung von Fachkammern innerhalb der Geschäftsverteilung eines Gerichts. An Amts- und und Landgerichten existieren spezielle Spruchkörper, so z. B. Staatsschutzkammern (§ 74a GVG), Jugendgerichte (§§ 74b GVG, 33 ff. JGG) und Wirtschaftsstrafkammern (§ 74c GVG). Solche Spezialspruchkörper zeichnen sich dadurch aus, dass eine konzentrierte und einheitliche Beurteilung der einschlägigen Delikte, Delikts- und Tätergruppen durch Gerichtsmitglieder mit „möglichst viel Sachkunde"[34] in diesem Bereich gewährleistet werden soll.

Primäres Ziel ist die Durchführung einer zügigen und qualitativ hochwertigen Hauptverhandlung.[35] Komplexe Sachverhalte sollen insbesondere von Richtern beurteilt werden, „die auf diesem Gebiet besondere Kenntnisse und Erfahrungen besitzen und diese laufend erweitern und vertiefen".[36] Ist z. B. ein Kind oder Ju-

---

[29] *Ventzke*, NStZ 2017, 301; KK-StPO/*Krehl* § 244 Rn. 43.

[30] *Pieper*, ZZP 84 (1971), 1 (15).

[31] MüKo-StPO/*Bartel* § 261 Rn. 94.

[32] So auch LR-StPO/*Sarstedt* (22. Aufl. 1971) Vor § 72 Rn. 8, § 73 Rn. 1; *Göppinger*, in: FS Peters (1974), 519 (525 ff.); *Pieper*, ZZP 84 (1971), 1 (35 f.); *Peters*, Fehlerquellen Bd. I (1970/1974), S. 331 ff.

[33] LR-StPO/*Sarstedt* (22. Aufl. 1971) § 73 Rn. 1; *Kohlhaas*, NJW 1962, 1329 (1330); *Tröndle*, JZ 1969, 374; *Ulrich*, Der gerichtliche Sachverständige (2007), Rn. 130; *Peters*, Strafprozeß (1985), S. 312; Alsberg/*Güntge*, Der Beweisantrag, Kap. 6 Rn. 9; *Hamm/Pauly*, Beweisantragsrecht Rn. 526.

[34] BGHSt 27, 349 = NJW 1978, 1273 (1274); BGH, Urt. v. 11. 04. 1978 – 1 StR 576/77 = NJW 1978, 1594.

[35] MüKo-StPO/*Schuster* GVG § 74a Rn. 1.

[36] BT-Drs. 6/670, S. 3.

gendlicher Opfer der Straftat eines Erwachsenen geworden, begründet die Zuständigkeit des Jugendgerichts eine „besondere Sachkunde und Erfahrung [...] im Hinblick auf die besondere Schutzbedürftigkeit kindlicher und jugendlicher Zeugen".[37] Da diese Spruchkörper bereits auf die jeweilige Sonderzuständigkeit inhaltlich spezialisiert sind, fällt ihnen die Einschätzung ihres Wissensstandes sowie die Anwendung dieses Wissens naturgemäß leichter als anderen Strafgerichten.[38]

Die Einrichtung von Spezialspruchkörpern kann die „Verwissenschaftlichung" des Strafprozesses hingegen nicht erschöpfend ausgleichen, denn eine mit Art. 101 Abs. 1 S. 2, Abs. 2 GG vereinbare Zuweisung zu den Spruchkörpern erfolgt bei den ausgewählten Beispielen aufgrund prospektiver Faktoren, d.h. dem Rechtsgebiet (z.B. Jugendstrafrecht) oder dem vorgeworfenen Straftatbestand (z.B. §§ 81 ff. StGB, Straftaten nach dem PatG, MarkenG). Grund dafür ist die Garantie des gesetzlichen Richters, wonach Rechtsstreitigkeiten dem zur Entscheidung berufenen Richter im Vorhinein durch abstrakt-generelle Regelung zugewiesen werden müssen.[39] Dagegen sind Fälle, in denen der wissenschaftliche Bezug rechtsgebiets- oder deliktslosgelöst ist (z.B. aussagepsychologische oder kriminaltechnische Beweisfragen) oder erst retrospektiv (d.h. nach Anklageerhebung) erkannt wird, schwerlich in gesonderten Spruchkörpern zu zentralisieren. Dennoch ist die Sachgebietskonzentration (Art. 101 Abs. 2 GG), soweit umsetzbar, einer Verteilung nach dem allgemeinen Buchstabensystem vorzuziehen[40], da sie eine prozessökonomische Spezialisierung darstellt[41], welche die Fehleranfälligkeit der Entscheidung absenkt.

Eine andere Spezialisierungstendenz hat sich in der Vergangenheit angebahnt, als es vereinzelt Vorschläge gab, strafrechtliche Spruchkörper mit (vornehmlich psychowissenschaftlichen[42]) Sachverständigen zu besetzen, auf deren Fachwissen bei der Beurteilung einer solchen Beweisfrage zurückgegriffen werden sollte (sog. Sachverständigen-Richter).[43] Der Ursprung rührte aus anderen Rechtgebieten her,

---

[37] BVerfG, Beschl. v. 23.02.2006 – 2 BvR 110/06 = NStZ 2007, 40. Für Glaubwürdigkeit minderjähriger Zeugen BGH, Urt. v. 18.12.1952 – 3 StR 677/52 = BeckRS 1952, 103529.

[38] *Sendler*, NJW 1986, 2907 (2910); *Blomeyer*, ZRP 1970, 153 (154).

[39] BVerfGE 4, 412 (416) = NJW 1956, 545; BVerfGE 21, 139 (145) = NJW 1967, 1123; BVerfGE 40, 356 (361) = NJW 1976, 283; BVerfGE 82, 286 (298) = NJW 1991, 217 (218); BVerfGE 95, 322 (329) = NJW 1997, 1497; BVerfG, Beschl. v. 20.07.2007 – 1 BvR 2228/06 = NJW 2007, 3771 (3772); BVerfG, Beschl. v. 20.02.2018 – 2 BvR 2675/17 = NJW 2018, 1155 f.; Dürig/Herzog/Scholz/*Jachmann-Michel*, GG Art. 101 Rn. 45.

[40] *Pieper*, ZZP 84 (1971), 1 (36); *Boehme-Neßler*, RW 2014, 189 (218 f.).

[41] *Pieper*, ZZP 84 (1971), 1 (6 f.).

[42] Wobei die benötigte Fachwissenschaft zumeist erst im Laufe des Ermittlungs- oder Hauptverfahrens deutlich wird, so zutreffend *Dippel*, Stellung des Sachverständigen (1986), S. 71.

[43] Der „Sachverständige auf der Richterbank" wurde erstmals von *Schröder* auf dem Münchener Juristentag 1960 (Sitzungsbericht Dritte Abt. v. 15./16.09.1960, S. 16 ff., 74 ff.) vorgeschlagen. Dazu *Eb. Schmidt*, JZ 1961, 585; *Kohlhaas*, NJW 1962, 1329 (1330 f.); *Krauß*, ZStW 85 (1973), 320 (335); *Bremer*, Der Sachverständige (1973), S. 28 f.; *Zwiehoff*, Das Recht auf den Sachverständigen (2000), S. 46; *Franzki*, DRiZ 1991, 314 (316 f.).

wo sowohl Berufs- als auch Laienrichter gerade qua beruflicher Institutionalisierung, d.h. außerjuristischer Vorbildung, bestellt werden (z.B. in §§ 94ff. GVG, § 220 BauGB, § 65 Abs. 2 PatG). In diesen Spruchkörpern, auch als „Wissenschaftsgerichtshöfe bzw. Technologiespruchkörper"[44] bezeichnet, ist nicht primär die Rechts-, sondern Sachkunde für die Besetzung entscheidend.[45] Als sog. Sachverständiger auf der Richterbank sollte die sachverständige Person – wie zuvor der historische „*iudex facti*"[46] – ein volles Stimmrecht für Schuld- und Straffrage und damit insbesondere Richterqualität mit den einhergehenden Rechten und Pflichten erlangen.

Ungeachtet der Divergenzen, die zwischen Richter- und Sachverständigenposition bestehen, wurde dieser Reformgedanke schnell aufgegeben. Die Einrichtung eines solchen Ausnahmegerichts (Art. 101 Abs. 1 S. 1 GG i.V.m. § 16 S. 1 GVG) hätte zunächst eines formellen Gesetzes bedurft.[47] Dem Konstrukt des Sachverständigen-Richters wurden drohende Betriebsblindheit, Interessengebundenheit, wissenschaftsideologische Prägung und Monopolisierung vorgeworfen.[48] Man befürchtete eine Auflösung der verschiedenen Aufgabenbereiche von Gericht und Sachverständigen.[49]

In praktischer Hinsicht wären wegen der Vielschichtigkeit der Fachwissenschaften wiederum die Aufnahme vieler Arten von Sachverständigen in den vor Beginn des Geschäftsjahres feststehenden Geschäftsverteilungsplan (§ 63 GVG) sowie Regelungen, wie bei Rechtsmitteln, Ausfällen oder Bewertungsmängeln vorzugehen ist, aufzunehmen gewesen.[50] Ausschließlich psychowissenschaftliche Sachverständigen-Richter wären nicht in jedem Verfahren erforderlich gewesen, sodass dieser Vorschlag gerade keine Optimierung gegenüber dem geltenden Sys-

---

[44] Begriff bei *Sendler*, NJW 1986, 2907.

[45] *Pieper*, ZZP 84 (1971), 1 (6).

[46] Siehe hierzu bereits 3. Kapitel B.V.

[47] *Eb. Schmidt*, JZ 1961, 585 (587); *Dippel*, Stellung des Sachverständigen (1986), S. 71; Laufs/Kern/Rehborn ArztR-Hdb/*Schmidt-Recla* § 119 Rn. 8.

[48] *Koch*, JR 1956, 369; *Eb. Schmidt*, JZ 1961, 585 (586f.); *Sendler*, NJW 1986, 2907ff.; *Franzki*, DRiZ 1976, 97 (98); *Kohlhaas*, NJW 1962, 1329 (1330); *Pieper*, ZZP 84 (1971), 1 (39); *Rieß*, in: FS Schäfer (1980), 155 (218); *Tröndle*, ZStW 81 (1969), 84 (108); *Witter*, in: 18. Tagung d. Ges. für d. Gesamte Kriminologie – Bericht (1976), 116 (119); *Wolschke*, Sachverständigenbeiziehung (1973), S. 291; *Schreiber*, in: FS Wassermann (1985), 1007 (1015); *Dippel*, Stellung des Sachverständigen (1986), S. 70ff.; *Rasch*, MSchrKrim 1982, 257 (269).

[49] *Cabanis*, NJW 1978, 2329 (2331).

[50] *Kohlhaas*, NJW 1962, 1329 (1330); *Erb*, ZStW 121 (2009), 882 (904); *Franzki*, DRiZ 1976, 97 (98); *Tröndle*, ZStW 81 (1969), 84 (108); *Eb. Schmidt*, JZ 1961, 585 (586f.): „Wenn künftiges Recht den kriminologischen ‚Sachverständigen-Richter' bringen will, so wird es nicht umhin können, auch den pädagogischen, den allgemein-medizinischen, den technischen, insbesondere verkehrstechnischen und vielleicht noch manchen anderen ‚Sachverständigen-Richter' heranzuziehen".

tem der Hinzuziehung (§§ 72 ff. StPO)[51] dargestellt, sondern bloß in prozessunökonomischer Weise (Mehr-)Aufwand produziert hätte.

II. Erkenntnistransfer zwischen Sachverständigen und Juristen

Der Erkenntnistransfer zwischen dem Sachverständigen und Juristen ist ein multidimensionaler Prozess.[52] Die Besonderheit und gleichzeitig die Crux dieses Transfers liegt in dessen Interdisziplinarität. Hierfür müssen die Eigenartigkeiten der jeweiligen Wissenschaft berücksichtigt werden, denn die obersten Gebote für die Zwischenschaltung eines Sachverständigen sind Transparenz und Kommunikation.[53]

1. Verständnisschwierigkeiten in der Theorie

Der Erkenntnistransfer ist an vielen Stellen fehleranfällig.[54] Während ein Jurist zunächst die Entscheidungserheblichkeit einer außerjuristischen Beweisfrage erkennt, hat er als Richter oder Staatsanwalt im Rahmen der ihm obliegenden Leitungsbefugnis (§ 78 StPO i. V. m. Nr. 72 Abs. 2 RiStBV) diese Frage zur Umgrenzung des Gutachtenauftrags[55] genau, klar, eindeutig und unmissverständlich[56], quasi „so präzise wie nur irgend möglich"[57], und bestenfalls bereits mit Blick auf die „Begriffs-, Denk- und Wertewelt"[58] der Fremdwissenschaft zu formulieren (*erster Transferschritt*).[59] Hierdurch wird ein wichtiger Grundstein gelegt, da sich die Denkdogma und Methoden von Juristen und anderen Wissenschaftlern grundlegend

---

[51] So auch *Eb. Schmidt*, JZ 1961, 585 (587).

[52] So *Krauß*, ZStW 85 (1973), 320 (338); *Eb. Schmidt*, in: FS Schneider (1962), 258 (260); *Foerster*, in: FS Schreiber (2003), 81 (82); *Dippel*, in: FS Müller (2008), 125 (144); *ders.*, Stellung des Sachverständigen im Strafprozeß (1986), S. 30 ff.; *Bendler*, in: Reform oder Roll-Back – 21. StV-Tag (1997), 297 (299). Von *Schreiber*, in: FS Wassermann (1985), 1007 (1017) als „Gemengelage" bezeichnet.

[53] *Greuel*, MSchKrim 2000, 59 (64); *Grossam*, in: SV-HdB § 14 Rn. 35.

[54] Übersicht hierzu bei *Westphal*, in: SV-HdB § 22 Rn. 5 ff.; *Mayr*, DS 2013, 128 ff.

[55] Beispiel für die Umgrenzung von Prognosegutachten bei *Boetticher/Kröber/et al.*, NStZ 2006, 537 (539 f.).

[56] OLG Frankfurt a. M., Beschl. v. 04. 12. 2014 – 2 Ss OWi 1041/14 = BeckRS 2015, 4646; MüKo-StPO/*Trück* § 78 Rn. 7; Meyer-Goßner/*Schmitt* § 78 Rn. 3; LR-StPO/*Krause* § 78 Rn. 4; *Krauß*, ZStW 85 (1973), 320 (322); *Tröndle*, JZ 1969, 374 (376 f.); HK-StPO/*Brauer* § 78 Rn. 3; KK-StPO/*Hadamitzky* § 78 Rn. 2; KMR-StPO/*Neubeck* § 78 Rn. 2; BeckOK-StPO/*Monka* § 78 Rn. 3.

[57] *Friederichs*, NJW 1972, 1114 (1116).

[58] *Tröndle*, JZ 1969, 374 (378).

[59] So *Greuel*, MSchKrim 2000, 59; *Kohler*, Beiträge zum Civilprocess (1894), S. 24: „Das Verhältnis von Gesetz und Vorarbeit dürfte aber denn doch von dem Juristen zu erklären, die richtige Auslegung von dem Juristen zu gewinnen sein."

voneinander unterscheiden.[60] Während Juristen in syllogistischen Strukturen denken, arbeiten z. B. Human- und Naturwissenschaften mit empirischen Wahrscheinlichkeiten.[61]

Auf die außerjuristische Frage soll der Sachverständige in seinem Gutachten eine außerjuristische Antwort liefern (*zweiter Transferschritt*). Dies ist der Kernbereich der Sachkundeanwendung.[62] Währenddessen besteht die Gefahr einer rechtlichen Vor- bzw. Fehlbewertung durch den Sachverständigen.[63] Grundsätzlich muss das Gericht den Begutachtungsauftrag losgelöst von rechtlichen Begriffen erteilen, um die Subsumtion als Teil der Rechtsanwendung in der ausschließlichen Kompetenz der Juristen (Art. 20 Abs. 3, 92 GG) zu belassen, sodass sich der Sachverständige nach überwiegender Auffassung im Schrifttum einer rechtlichen Auseinandersetzung mit der Beweisfrage gänzlich zu enthalten hat.[64] Damit soll eine „Verwirrung stiftende Verquickung von Wissen und Werten" vermieden werden.[65] Trotz dessen zerfließen mitunter die Grenzen zwischen Sachkunde- und Rechtsanwendung[66], da sie in einer gewissen Wechselbezüglichkeit stehen.[67] Dies kann z. B. in aussagepsychologischen Konstellationen den Rechtsbegriff der Schuldfähigkeit i. S. d. § 20 StGB (bzw. Zurechnungsfähigkeit i. S. d. § 53 StGB a. F.) betreffen. Letzterer ist entsprechend des herrschenden normativen Schuldbegriffes das Ergebnis eines rechtlich-normativen Bewertungsaktes und damit keiner ausschließlich psychia-

---

[60] *Ulrich*, Der gerichtliche Sachverständige (2007), Rn. 285; *Boehme-Neßler*, RW 2014, 189 (223); *Westphal*, in: SV-HdB § 22 Rn. 10 ff.; *Jessnitzer*, in: BKA-Vortragsreihe, Bd. 24 (1979), S. 50.

[61] Statt vieler *Nedopil*, NStZ 1999, 433 (438 f.).

[62] Siehe hierzu bereits 3. Kapitel B. III.

[63] BGHSt 8, 113 (118) = NJW 1955, 1642 (1643 f.); *Kühne*, Strafprozessrecht, § 53 Rn. 869 ff.; *Witter*, Psychologie und Psychiatrie (1970), S. 137 ff.; BGHSt 7, 238 (239 f.) = NJW 1955, 840; *Peters*, Fehlerquellen Bd. I (1970/1974), S. 174 f.

[64] *Kohler*, Beiträge zum Civilprocess (1894), S. 24: „Auf dem juristischen Gebiete ist der Jurist allein Sachkundiger, er soll es wenigstens sein; und gewiss haben es auf keinem analogen Gebiete die Sachverständigen je versucht, die Rolle des Juristen auszufüllen"; LR-StPO/*Krause* § 78 Rn. 6; SK-StPO/*Rogall* § 78 Rn. 8; *Witter*, Psychologie und Psychiatrie (1970), S. 141; *ders.*, in: 18. Tagung d. Ges. für d. Gesamte Kriminologie – Bericht (1976), 116 (120); *Gössel*, Strafverfahrensrecht (1977), S. 231; *Ulrich*, Der gerichtliche Sachverständige (2007), Rn. 324; *Sarstedt*, NJW 1968, 177 (181); MAH-Strafverteidigung/*Krause* § 7 Rn. 307; *Bresser*, NJW 1978, 1186; *Dippel*, Stellung des Sachverständigen (1986), S. 139; *Kuhn*, Sachverständige als Fremdkörper (1977), S. 122 ff.; *Krekeler*, StraFo 1996, 5 (10); *Eisenberg*, NStZ 2006, 368 (372); *Dölp*, ZRP 2004, 235 (236).

[65] *Witter*, Psychologie und Psychiatrie (1970), S. 141; *ders.*, in: 18. Tagung d. Ges. für d. Gesamte Kriminologie – Bericht (1976), 116 (119). Dagegen meint *Rauch*, NJW 1968, 1173 (1174), ein Sachverständiger sei in seinem Fachbereich „besser imstande als ein Jurist seine Befunde in die juristischen Begriffe zu übersetzen".

[66] *Blomeyer*, ZRP 1970, 153 (155) Fn. 15; *Rasch*, MSchrKrim 1982, 257 (263); *Boehme-Neßler*, RW 2014, 189 (195); Laufs/Kern/Rehborn ArztR-Hdb/*Schmidt-Recla* § 119 Rn. 4. Siehe hierzu bereits 3. Kapitel B. V. 2. b) bb).

[67] *Rössner*, in: FS Widmaier (2008), 941 (945).

trisch-diagnostischen Urteilsbildung zugänglich.[68] Die Subsumtion beruht vielmehr sowohl auf Erkenntnis als auch auf Beurteilung.[69] Der BGH gesteht Sachverständigen deshalb eine Äußerung über deren eigene rechtliche Bewertung zu, sofern das Gericht sich dieser nicht blindlings anschließt.[70]

Dies erweitert jedoch die eigentliche gesetzeskonzeptionelle Aufgabe des Sachverständigen, ausschließlich Fachwissen zu ersetzen, darum, eine rechtliche Subsumtion abgeben zu dürfen.[71] Gewiss wird vielfach betont, dass die „die Rechtssatzanwendung bedeutenden Wertungen des Sachverständigen für den Richter niemals verbindlich sein dürfen".[72] Indem der Sachverständige allerdings befugt ist, seine eigene rechtliche Bewertung zu äußern, wird die Gefahr einer fehlerhaften Beeinflussung geschürt und der Kerngehalt des Art. 92 Abs. 1 GG tangiert. Ein gut ausgebildeter Richter sollte indes in der Lage sein, eine „unzulässige Vermischung von Sachfeststellung und Wertung"[73] zu erkennen und aufzulösen. Wenn die gerichtliche Auftragsbeschreibung auf die Diagnostizierung von Krankheitserscheinungen des Angeklagten gerichtet war und der Sachverständige generell die Schuldfähigkeit ablehnt, überschreitet er seine außerjuristische Kompetenz.[74] Sofern umgekehrt das Gericht den Begutachtungsauftrag mit der Frage nach dem (Nicht-)Vorliegen des § 20 StGB erteilt[75], wird es – entgegen der Leitungsbefugnis, die zugleich auch als Pflicht gilt[76] – in unzulässiger Weise juristische Kompetenz abgeben.

Entscheidend ist daher in der Praxis, dass die Vorgehensweise des Sachverständigen, d.h. mit welcher Methodik aufgrund welcher Kenntnisse die außerjuristische Konklusion gezogen wurde, detailliert dargelegt wird, um nachvollziehen

[68] So z.B. BGH, Urt. v. 12.06.2008 – 3 StR 154/08 = NStZ-RR 2008, 338 (339); Fischer-StGB/*Fischer/Anstötz* § 20 Rn. 63; *Witter*, Psychologie und Psychiatrie (1970), S. 181; *Sarstedt*, NJW 1968, 177 (181); *Leygraf*, in: Reform oder Roll-Back – 21. StV-Tag (1997), 267 (275); *Rasch*, NStZ 1992, 257ff.; *ders.*, MSchrKrim 1982, 257 (263); *Bresser*, NJW 1978, 1186; *Gerchow*, ArchKrim 134 (1964), 125 (134); *Maisch*, StV 1985, 517; *Eb. Schmidt*, in: FS Schneider (1962), 258 (271); *Boehme-Neßler*, RW 2014, 189 (196); *Franzki*, DRiZ 1991, 314 (318); *Luthe*, NJW 1975, 1446 (1448); *Tondorf/Tondorf*, Psychologische Sachverständige, Rn. 2ff.

[69] *Peters*, Strafprozeß (1985), S. 364.

[70] BGHSt 7, 238 (239f.) = NJW 1955, 840; *Mayer*, in: FS Mezger (1954), 455 (476).

[71] Siehe hierzu bereits 3. Kapitel B.V.2.b)bb).

[72] So BGHSt 7, 238 (240) = NJW 1955, 840f. Ebenso *Eb. Schmidt*, in: FS Schreiber (1969), 258 (272); *Mayer*, in: FS Mezger (1954), 455 (476).

[73] *Witter*, in: 18. Tagung d. Ges. für d. Gesamte Kriminologie – Bericht (1976), 116 (120).

[74] *Westphal*, in: SV-HdB § 20 Rn. 20; Laufs/Kern/Rehborn ArztR-Hdb/*Schmidt-Recla* § 119 Rn. 4.

[75] So die Beobachtung von *Foerster*, in: FS Schreiber (2003), 81 (83) und von regelmäßig als Gerichtssachverständige tätigen Rechtsmedizinern, eingeholt auf einer Veranstaltung zur Nutzung von 3D-Techniken im Strafprozess am 23./24.10.2024 (veranstaltet von AGFB und DGRM), auf welcher d. Verf. einen Vortrag zum Sachverständigenbeweis gehalten hat.

[76] Statt vieler MüKo-StPO/*Trück* § 78 Rn. 4.

zu können, an welcher Stelle eine fehlerhafte rechtliche Bewertung erfolgt sein könnte.[77] Dafür existieren schriftlich fixierte Qualitätsstandards zur Anfertigung von gerichtlichen Sachverständigengutachten bestimmter Art, um einerseits innerhalb der jeweiligen Wissenschaftsgemeinschaften ein hohes Niveau der eigenen Profession zu bewahren und um andererseits in der Rechtsprechung[78] Einheitlich- und Vergleichbarkeit zu gewähren.

Solche Standards geben vor, welche Teilschritte der Begutachtung (z.B. Nennen der Fragestellung, Herleitung der Fragen, Planung der Informationserhebung, Durchführung und Auswertung der Untersuchung und Schlussfolgerungen)[79] und welche Aspekte der jeweiligen Wissenschaft vom Sachverständigen, zum Teil bereits auf gängige Begutachtungsaufträge gemünzt, darzulegen sind. Anders als bei der Mitteilung von Tatsachen sind die Quellen des Erfahrungswissens mitunter nicht leicht bestimm- und belegbar.[80] Da kein allgemein zuständiges Organ für die Qualitätssicherung von Sachverständigengutachten existiert, ist generell – wie bei der Prüfung der Sachkunde – darauf zu achten, dass die Begutachtenden über ein ausreichendes Maß an Auswertungs- und Anwendungswissen verfügen (z.B. nachgewiesen durch eine Zertifizierung[81]).

Der Sachverständige hat seine außerjuristische Antwort in verständlicher Sprache abzufassen[82], da diese schlussendlich vom Juristen derart in die Beweisfrage integriert werden muss, dass er zu einer rechtlichen Antwort gelangt (*dritter Transferschritt*). Es ist zu beachten, dass eine korrekte „Übersetzung" von der Rechts- in die jeweilige Fachsprache und wieder zurück erfolgt.[83] Die drei Transferschritte werden an dem praxisrelevanten Beispiel der §§ 20, 21 StGB aus der forensischen Psychiatrie veranschaulicht.

---

[77] So bereits *Tondorf*, R&P 1984, 155 (156 f.).

[78] Zu den Mindestanforderungen an Glaubhaftigkeitsgutachten BGHSt 45, 164 = JZ 2000, 262 ff.

[79] So z.B. Qualitätsstandards für psychologische Gutachten v. 18.10.2017 durch die Föderation Deutscher Psychologenvereinigungen, vgl. *Tondorf/Tondorf*, Psychologische Sachverständige, Rn. 259 ff., online abrufbar unter: https://www.dgps.de/fileadmin/user_upload/PDF/Empfehlungen/GA_Standards_DTK_10_Sep_2017_Final.pdf.

[80] *Grossam*, in: SV-HdB § 16 Rn. 41.

[81] *Gerhold*, in: Hilgendorf/Kudlich/Valerius, HdBStR Bd. VIII (2022), § 51 Rn. 169.

[82] *Franzki*, DRiZ 1991, 314 (319).

[83] *Peters*, Fehlerquellen Bd. I (1970/1974), S. 172; *Ulrich*, Der gerichtliche Sachverständige (2007), Rn. 287. Nach MüKo-StPO/*Trück* § 78 Rn. 5 sollen z.B. bei Begutachtungen nach §§ 20, 21 StGB und Gefährlichkeitsprognosen die Rechtsbegriffe zur Vermeidung von Missverständnissen erläutert werden.

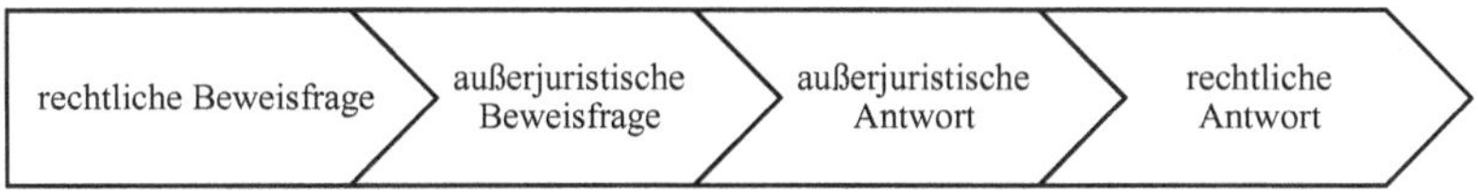

Abbildung 2: Interdisziplinärer Beweistransfer in drei Schritten

Beispiel für eine rechtliche Beweisfrage: *Ist der Angeklagte vermindert schuldfähig bzw. schuldunfähig (§§ 20, 21 StGB)?*

Beispiel für eine außerjuristische Beweisfrage: *Lag bei dem Angeklagten zum Zeitpunkt der Tatbegehung eine psychische Erkrankung oder Störung vor?*

Beispiel für eine außerjuristische Antwort: *Bei der Exploration wurde festgestellt, dass die Kognition, die Sprache sowie die motorischen und sozialen Fähigkeiten (Klassifikationsmerkmal ICD-10-F7) des Angeklagten den Rückschluss zulassen, dass er zum Tatzeitpunkt eine schwere Intelligenzschwäche (Imbezillität, Gesamt-IQ: 30–49) aufwies.*[84]

Beispiel für eine rechtliche Antwort: *Mit der Intelligenzminderung liegt ein Eingangsmerkmal für die Beurteilung der Einsichts- und Steuerungsfähigkeit im Rahmen der Schuldunfähigkeit (§§ 20, 21 StGB) vor.*

Die Transferschritte sollen nicht in sich abgeschlossen verstanden werden, sondern vielmehr Reflexion und Kommunikation mit der anderen Entität ermöglichen.[85] Ein Schwachpunkt im Erkenntnistransfer liegt in der verdoppelten Möglichkeit von Fehlerquellen.[86] Die Auftragserteilung ist sowohl Um- als auch Begrenzung für die Sachverständigentätigkeit und wird in ihrer praktischen Bedeutung von Rechtsprechung und Schrifttum stets hervorgehoben.[87] Die darauf aufbauende Leitung des Sachverständigen durch das Gericht kann wegen der Asymmetrie des Wissens[88] nur so verstanden werden, dass der Jurist für einen rechtlichen Rahmen der Sachverständigentätigkeit sorgt und trotzdem im Rahmen seiner Möglichkeiten kontrolliert.[89]

---

[84] Nach *Lange*, Forensische Psychiatrie, Psychologie, Kriminologie 2020, 419 (420); Fischer-StGB/*Fischer/Anstötz* § 20 Rn. 35.

[85] *Rössner*, in: FS Widmaier (2008), 941 (945 ff.); Laufs/Kern/Rehborn ArztR-Hdb/*Schmidt-Recla* § 119 Rn. 6.

[86] *Geerds*, ArchKrim 137 (1966), 155 (157).

[87] Siehe anhand BGHSt 45, 168 ff. = NJW 1999, 2746 ff.; BGH, Beschl. v. 29.09.1994 – 4 StR 494/94 = NStZ 1995, 282; *Deckers*, in: FS Eisenberg (2009), 473 (488 ff.); *Ulrich*, Der gerichtliche Sachverständige (2007), Rn. 312; *Krauß*, ZStW 85 (1973), 320 (322); *Barton*, StV 1983, 73 (74).

[88] Begriff geprägt von *Hommerich*, DS 2014, 43 (46). Als „Dilemma" bzw. „immanenter Zwiespalt" bezeichnet von *Boehme-Neßler*, RW 2014, 189 (218); *Oehler*, ZRP 1999, 285 (286).

[89] *Geerds*, ArchKrim 162 (1991), 28 (35).

Gewichtige Probleme auf dieser Ebene liegen zumeist in Kommunikationsschwierigkeiten[90], so z. B. der defizitären Umgrenzung des Gutachtenauftrags durch das Gericht (z. B. welche Anknüpfungstatsachen zugrunde zu legen sind bzw. nicht zugrunde gelegt werden dürfen)[91] sowie in terminologischen oder sprachlichen Missverständnissen der anderen Wissenschaft (z. B. bei divergierenden Krankheits- und Kausalitätsbegriffen)[92]. Wenn man an dem generellen Gelingen der Wissensvermittlung festhalten will, sind an die Gutachtenerstattung (§ 75 StPO) hohe Anforderungen zu stellen, namentlich ein sorgfältiges, verständliches und für Dritte nachvollziehbares Vorgehen des Sachverständigen.[93]

2. Dokumentationsschwierigkeiten in der Praxis

Die Gutachtenerstattung bzw. Vernehmung (§§ 75 Abs. 1, 69 Abs. 1 StPO) und die anschließende Befragung (§ 240 StPO) des Sachverständigen können sich der Schilderung wissenschaftlicher Begriffe und Vorgänge der jeweiligen Fachsprache nicht gänzlich entledigen, sodass die Aussage in einzelnen Fällen komplex – wenn nicht gar für einen Durchschnittsmenschen kaum greifbar – werden kann. Sowohl für die Urteilsfindung des Gerichts als auch die Frage- und Erklärungsrechte der Prozessbeteiligten ist es allerdings nötig, dass die sachverständige Aussage durch die Juristen in ihrem Inhalt objektiv zutreffend erfasst, korrekt rezitiert und in ihrer rechtlichen Bedeutung eingeordnet werden kann.[94] Daher besteht ein grundsätzli-

[90] *Geppert*, DAR 1980, 315 (316); *Toepel*, Sachverständigenbeweis (2002), S. 389; *Detter*, in: FS Meyer-Goßner (2001), 431 (434); *Kühne*, Strafprozessrecht, § 53 Rn. 869.

[91] *Dahs*, Hdb. des Strafverteidigers Rn. 617; *Krauß*, ZStW 85 (1973), 320 (325 f.); *Dippel*, Stellung des Sachverständigen (1986), S. 107 f.; *Sarstedt*, NJW 1968, 177 (180 f.); *Eb. Schmidt*, in: FS Schneider (1962), 258 (266); *Barton*, StV 1983, 73 (74); *Boehme-Neßler*, RW 2014, 189 (219); *Tondorf/Tondorf*, Psychologische Sachverständige, Rn. 13.

[92] *Arbab-Zadeh*, NJW 1970, 1214 (1216); *Dahs*, Hdb. des Strafverteidigers Rn. 617; *Kühne*, Strafprozessrecht, § 53 Rn. 869 ff.; *Tröndle*, JZ 1969, 374 (378); *Dippel*, Stellung des Sachverständigen (1986), S. 34 ff.; *Streng*, NStZ 1995, 12; *Detter*, in: Reform oder Roll-Back – 21. StV-Tag (1997), 283 (287 f.); *Franzki*, DRiZ 1974, 305 (306); *Leygraf*, in: Reform oder Roll-Back – 21. StV-Tag (1997), 267 (270); *Bresser*, NJW 1978, 1186 (1189); *Geerds*, ArchKrim 162 (1991), 28 (34); *Fischer*, in: FS Widmaier (2008), 191 (218); *Kuhn*, Sachverständige als Fremdkörper (1977), S. 52 ff.; *Ulrich*, Der gerichtliche Sachverständige (2007), Rn. 283, 295; *Westphal*, in: SV-HdB § 22 Rn. 24 ff.

[93] Mit praktischen Vorschlägen zum Abbau der Verständnisschwierigkeiten *Tondorf/Tondorf*, Psychologische Sachverständige, Rn. 68–73, 251; *Peters*, Fehlerquellen Bd. I (1970/1974), S. 170 f.

[94] So z. B. in BGH, Beschl. v. 06.02.2019 – 3 StR 479/18 = BeckRS 2019, 8701: „Unter den gegebenen Umständen lässt dies besorgen, dass es der Sachverständige nicht vermocht hat, der Strafkammer eine genügende Vorstellung von der von ihm gestellten psychiatrischen Diagnose zu vermitteln".

cher Bedarf nach der schriftlichen Fixierung von Teilen der Gutachtenerstattung bzw. der anschließenden Befragung des Sachverständigen.[95]

a) Bisherige Dokumentationsmöglichkeiten

Die aktuelle Dokumentation des Hauptverfahrens stößt hierbei an ihre Grenzen. Da bislang in erstinstanzlichen Hauptverhandlungen vor dem Landgericht, wo der Sachverständigenbeweis am häufigsten vorzufinden ist[96], lediglich die wesentlichen Förmlichkeiten[97], nicht aber die wesentlichen Ergebnisse der Vernehmungen von Beweispersonen der allgemeinen Protokollierungspflicht unterliegen (vgl. § 273 Abs. 2 S. 1 StPO), werden Sachverständigenaussagen nach bisheriger Rechtslage nicht offiziell dokumentiert.[98] Die seit dem Jahr 2013 durchführbare Bild- und Ton-Simultanübertragung (§ 247a Abs. 2 StPO)[99] sieht für die Vernehmung von Sachverständigen – anders als für Zeugen (§ 247a Abs. 1 S. 4 StPO) – keine Speichermöglichkeit vor.[100]

Mangels amtlicher Dokumentation ist ein Dissens darüber, was der Sachverständige in der Hauptverhandlung ausgesagt hat, zumeist nicht auflösbar.[101] Dies beschränkt sich im Rahmen des Sachverständigenbeweises auf (Nach-)Fragen des Gerichts (§§ 238 Abs. 1, 240 Abs. 1 S. 1 StPO) und der Prozessbeteiligten (§ 240 Abs. 2 S. 1 StPO) in der Hauptverhandlung, da in den allermeisten Fällen bereits ein vorbereitendes Gutachten schriftlich zu den Akten gelangt ist (§ 82 StPO)[102] und sich hieraus eine homogene Verständnis- und Diskussionsgrundlage ergibt. Im vorbereitenden Gutachten hat der Sachverständige die mitgeteilten Anknüpfungs- und erhobenen Befundtatsachen, die Hypothesen bzw. Methoden sowie seine Konklusionen dargelegt. Zur Wahrung des Unmittelbar- und Mündlichkeitsgrundsatzes wird er in der Hauptverhandlung zunächst aufgefordert sein, dieses Gutachten vorzutragen (§§ 72, 69 Abs. 1 StPO), bevor ergänzende Fragen gestellt werden können (§§ 72, 69 Abs. 2 S. 1 StPO). Zwar ist es dem Gericht verwehrt, bloß auf das

---

[95] So bereits *Dahs*, Hdb. des Strafverteidigers Rn. 487, 625; *Barton*, Psychowissenschaftliche Sachverständige (1983), S. 119; *ders.*, StV 1983, 73 (80).

[96] Siehe hierzu bereits 1. Kapitel A.

[97] Dazu gehören laut Meyer-Goßner/*Schmitt* StPO § 273 Rn. 6 f. z.B. die Umstände der Öffentlichkeit des Verfahrens, die Anwesenheit der Prozessbeteiligten (§ 226 StPO), ergangene Beschlüsse, Rügen (vgl. § 238 Abs. 2 StPO), Einverständnis- und Verzichtserklärungen, Vereidigungen (§§ 59, 60 StPO) sowie Verständigungen (§ 257c StPO).

[98] So auch *Grossam*, in: SV-HdB § 18 Rn. 58 f.

[99] Durch das Gesetz zur Intensivierung des Einsatzes von Videokonferenztechnik in gerichtlichen und staatsanwaltlichen Verfahren v. 25.04.2013 (BGBl. I 2013, S. 935).

[100] So auch im Umkehrschluss BT-Drs. 17/1224, S. 14; Meyer-Goßner/*Schmitt* StPO § 247a Rn. 11, 15.

[101] Siehe hierzu BT-Drs. 20/8096, S. 1 f.; *Grossam*, in: SV-HdB § 18 Rn. 60 f.

[102] So auch *Gössel*, DRiZ 1980, 363 (368); Meyer-Goßner/*Schmitt* StPO § 82 Rn. 1.

vorbereitende Gutachten im Urteil Bezug zu nehmen[103], dennoch wird es in der Praxis in zulässiger Weise gedächtnisunterstützend herangezogen.

Bei Passagen der Vernehmung, die protokollrelevant sind, kann die wörtliche Niederschrift, die sodann als voller Gegenbeweis zum Urteil taugt (§ 274 StPO)[104], gesondert von Amts wegen angeordnet oder von der Verteidigung oder Staatsanwaltschaft beantragt werden (§ 273 Abs. 3 StPO). Für eine solche Beurkundungsbedürftigkeit muss es „auf den Wortlaut der Aussage ankommen". Dies ist z. B. der Fall, wenn in der Aussage revisionserhebliche Verfahrensfehler enthalten sind oder die Aussage weitere Beweiserhebungen erforderlich werden lässt.[105] Im Schrifttum besteht Uneinigkeit darüber, ob für die kausalitätsbezogene Verknüpfung des „Darauf-Ankommens" allein die Entscheidungserheblichkeit der Aussage aus *ex-ante*-Sicht genügt[106] oder ob der genaue Wortlaut – und nicht der Inhalt – der Aussage beurkundungsbedürftig sein muss[107]. Mit der letzten, engeren Ansicht kann z. B. entscheidend sein, ob eine Aussage unterschiedliche Interpretationsmöglichkeiten und damit unterschiedliche Schlussfolgerungen zulässt.[108] Für den Sachverständigenbeweis kann sich eine Protokollrelevanz insbesondere dann ergeben, wenn unverständliche Fachbegriffe geäußert werden, die im vorbereitenden Gutachten nicht auftauchen, wenn die Zusammenhänge eines Erfahrungssatzes im Einzelnen vertieft werden oder wenn Wahrscheinlichkeitsprädikate aufgegriffen werden.[109]

Ansonsten hindert das sog. Verbot der Rekonstruktion der Hauptverhandlung[110] die spätere Rüge eines Wiedergabefehlers im Aussageinhalt. Die Prozessbeteiligten können nach gefestigter Rechtsprechung des BGH mit der Revision nicht rügen, dass der Sachverständige – unprotokolliert – in inhaltlicher Hinsicht tatsächlich

[103] Vgl. Umkehrschluss aus § 267 Abs. 1 S. 3 StPO, der nur für Abbildungen gilt.

[104] BGHSt 38, 14 (16) = NStZ 1991, 500; BGH, Beschl. v. 10. 12. 2014 – 3 StR 489/14 = NStZ 2015, 473; BayObLG, Beschl. v. 06. 07. 1990 – RReg. 1 St 151/90 = NStZ 1990, 508; Meyer-Goßner/*Schmitt* StPO § 274 Rn. 10, § 337 Rn. 14; *Ulsenheimer*, NJW 1980, 2273 (2277).

[105] Meyer-Goßner/*Schmitt* StPO § 273 Rn. 22; *Ulsenheimer*, NJW 1980, 2273 (2276).

[106] So z. B. LR-StPO/*Stuckenberg* § 273 Rn. 50; *Ulsenheimer*, NJW 1980, 2273 (2276); *Krekeler*, AnwBl. 8, 9/1984, 417 f. Die Diskussion kann an dieser Stelle nicht vertieft werden.

[107] So z. B. BGH, Urt. v. 26. 10. 1965 – 5 StR 405/65 = NJW 1966, 63; *Roxin/Schünemann*, Strafverfahrensrecht, § 51 Rn. 5; SK-StPO/*Frister* § 273 Rn. 36; a. A. LR-StPO/*Stuckenberg* § 273 Rn. 50.

[108] Meyer-Goßner/*Schmitt* StPO § 273 Rn. 22; MüKo-StPO/*Valerius* § 273 Rn. 52; SK-StPO/*Frister* § 273 Rn. 36.

[109] *Dahs*, Hdb. des Strafverteidigers Rn. 487; *Barton*, Psychowissenschaftliche Sachverständige (1983), S. 119.

[110] Dazu in st.Rspr. BGHSt 15, 347 (349 f.) = NJW 1961, 789 (790); BGHSt 17, 351 (352) = NJW 1962, 1832; BGHSt 28, 384 = NJW 1979, 2319 (2320); BGHSt 29, 18 (20) = NJW 1979, 2318; BGHSt 31, 139 (140) = NStZ 1983, 278; BGHSt 43, 212 (214) = NJW 1997, 3182.

etwas Anderes als das vom Tatgericht Verstandene ausgesagt hat.[111] Mithin besteht *de lege lata* keine Möglichkeit, einen bloßen Wahrnehmungs- bzw. Erkenntnisfehler in der Personenvernehmung revisionsrechtlich zu korrigieren.

b) Dokumentation nach dem Entwurf zum DokHVG

Der Gesetzgeber strebt danach, solche Missverständnisse durch eine verpflichtende (Bild- und) Ton-Aufzeichnung und automatische Transkription des Vernehmungsinhalts für erstinstanzliche Strafverfahren vor Land- und Oberlandesgerichten zu vermeiden. Ein aktuelles Gesetzgebungsverfahren läuft[112]; wegen tatsächlicher und rechtlicher Bedenken an der Umsetzbarkeit ist derzeit der Vermittlungsausschuss von Bundestag und Bundesrat mit dem Gesetzesvorhaben befasst.[113] Eine Ton-Aufzeichnung von wesentlichen Aussageinhalten ist vor dem Amtsgericht – mit Blick auf § 325 StPO – zwar bereits möglich (§ 273 Abs. 2 S. 2 StPO), sie entfaltet nach bislang herrschender Auffassung hingegen keine volle Beweiskraft gegen die Urteilsfeststellungen.[114] Für umfangreiche und komplexe erstinstanzliche Strafverfahren vor Land- und Oberlandesgerichten wird sich von den Befürwortern[115] der Reform eine Reduktion von Fehlurteilen aufgrund falscher Tatsachenfeststellung erhofft, während die Gegner[116] einer solchen Regelung neben technischem Mehraufwand und Gefahren für Zeugen eine Wesensänderung der Revision, quasi eine Durchbrechung des Rekonstruktionsverbots, befürchten.

Durch die von der Bundesregierung vorgeschlagene Regelung des § 273a Abs. 2 StPO-E sollen die aus der Ton-Aufzeichnung elektronisch hergestellten und gespeicherten Transkripte zur freibeweislichen Klärung von Vorgängen und Aussagen

---

[111] So die Feststellung bei *Sarstedt/Hamm*, Die Revision in Strafsachen (1983), S. 214; *Hamm/Pauly*, Die Revision in Strafsachen, Rn. 356 f. mit Ausnahme von Fällen, in denen das Tatgericht es unterlassen hat, Beweisunklarheiten (statt unerkannte Verständnisfehler!) aufzuklären.

[112] Zunächst der Referentenentwurf des Bundesministeriums der Justiz v. 22.11.2022, anschließend der Entwurf eines Gesetzes der Bundesregierung zur digitalen Dokumentation der strafgerichtlichen Hauptverhandlung v. 23.08.2023 (Hauptverhandlungsdokumentationsgesetz – DokHVG), siehe BT-Drs. 20/8096, und die Beschlussempfehlung des Rechtsausschusses, siehe BT-Drs. 20/9359.

[113] Anm.: Stand Februar 2025, vgl. Homepage des Vermittlungsausschusses, online abrufbar unter: https://www.vermittlungsausschuss.de/SharedDocs/beratungsvorgaengeva/DE/20wp/603-23.html.

[114] So bereits RGSt 58, 58 (59); BGH, Urt. v. 19.12.1972 – 1 StR 564/72 = BeckRS 1972, 71; BGHSt 38, 14 (16) = NStZ 1991, 500; BayObLGSt 1994, 89 = NJW 1995, 976; KG Berlin, Beschl. v. 04.04.2001 – 3 Ws (B) 127/01 = VRS 2001, 454.

[115] So z. B. vorrangig Strafverteidigerverbände und Bundesregierung, siehe *Norouzi*, AnwBl. 2023, 668.

[116] So z. B. vorrangig Justiz- und Opferschutzverbände sowie Bundesrat, siehe *Killmer*, AnwBl. 2023, 669.

in der Hauptverhandlung, z. B. darüber, „was ein Zeuge geäußert hat", dienen.[117] Zwar wird der Sachverständige in den Gesetzgebungsmaterialien nicht ausdrücklich als Beweisperson genannt[118], allerdings erstreckt sich die Aufzeichnung denknotwendig auch auf seine Vernehmung als Teil der Hauptverhandlung.[119] Dessen Ausführungen sollen nun in einem Transkript offiziell dokumentiert statt durch den gerichtlichen Berichterstatter und die anderen Prozessbeteiligten in inoffiziellen Notizen oder bloß gedanklich festgehalten werden. Hierdurch sollen nach dem Willen des Gesetzgebers – insbesondere entgegen den erkenntnistheoretischen Fehlerquellen – eine Objektivierung, bessere Verständlichkeit und Rezeption des Beweisinhalts erreicht werden.[120] Ein wesentlicher Vorteil bestünde darin, dass den Prozessbeteiligten für ihre Ausführungen und dem Gericht für seine Entscheidungsfindung eine identische Inhaltsgrundlage zur Verfügung stünde, denn das Transkript wäre unverzüglich zu den Akten zu nehmen und noch am laufenden oder nächsten Verhandlungstag für die Prozessbeteiligten einsehbar zu machen (§§ 273a Abs. 1, 273b Abs. 1 StPO-E). Für Folgevernehmungen und die Fehleranfälligkeit der Entscheidungsgrundlage in tatsächlicher Hinsicht würde dadurch ein Mehrwert gewonnen.

Dennoch soll dem Transkript in formeller Hinsicht mit Blick auf das Revisionsverfahren kein Protokollcharakter (vgl. § 274 StPO) zukommen[121], sodass es weiterhin bei der Erfolglosigkeit der Rüge hinsichtlich eines Aussagedissens bleibt. Das Sitzungsprotokoll soll zwar auf Grundlage des Transkripts geändert werden können (vgl. §§ 274 Abs. 2, 271 Abs. 2 StPO-E), worauf die Prozessbeteiligten allerdings keinen rechtlichen Anspruch erlangen würden.[122] Da das Sitzungsprotokoll als Formalprotokoll allerdings mit eigenständiger Wirkung neben dem Transkript bestehen bliebe[123], würde die Berichtigungsmöglichkeit lediglich für die wesentlichen Förmlichkeiten eine Relevanz entfalten. Zwar verfügt das Transkript damit über keine Durchsetzungskraft für das Revisionsverfahren, dennoch dürfte seine Existenz und Heranziehung während einer mehrtägigen oder sonst umfangreichen Hauptverhandlung für eine Reduktion von Wahrnehmungs- bzw. Erkenntnisfehlern auf Seiten des Gerichts und der anderen Prozessbeteiligten sorgen und die Wahrheitsfindung trotzdessen objektivieren.

---

[117] BT-Drs. 20/8096, S. 28.

[118] Korrigiert durch Beschlussempfehlung des Rechtsausschusses, siehe BT-Drs. 20/9359, S. 8, 21.

[119] So gleichrangig neben dem Zeugen bei *Schmitt*, NStZ 2019, 1 (3); *Feldmann*, ZRP 2023, 165 (167).

[120] BT-Drs. 20/8096, S. 1.

[121] BT-Drs. 20/8096, S. 30.

[122] BT-Drs. 20/8096, S. 31.

[123] BT-Drs. 20/8096, S. 2.

III. Faktische Entscheidungshoheit des Sachverständigen?

Die Ersetzung fehlenden richterlichen Wissens führt zur Frage der Entscheidungskompetenz bei der Sachkundeanwendung.[124] Während diese in theoretischer Hinsicht ausschließlich beim Gericht liegt, droht die Verfahrenspraxis hiervon mitunter abzuweichen.[125] Unter den Phrasen der Entmachtung[126] bzw. Abhängigkeit[127] des Richters und der Krise des Sachverständigenbeweises[128] wurde in der Vergangenheit angesichts des zunehmenden Einflusses außerjuristischer Wissenschaften auf den Strafprozess eine mit Art. 92 GG i. V. m. § 261 StPO unvereinbare Handlungsunfähigkeit der Gerichte beklagt. Infolge der „Verwissenschaftlichung" des Strafverfahrens gehe die Entscheidungshoheit auf den Sachverständigen über[129] und der richterliche Entscheidungsprimat werde reduziert, da mit der Beantwortung der Fachfrage regelmäßig 1:1 die Beantwortung der Rechtsfrage einhergehe.[130] Wenn das Tatgericht keine Kenntnisse der jeweiligen Fachwissenschaft besitzt, kann es gar dazu neigen, sich mangels anderer Erkenntnismöglichkeiten der Beurteilung des Sachverständigen prüfungs- und kritiklos anzuschließen.[131] Dieses Problem hat der BGH bereits früh erkannt:

> „Es ist ein *häufig vorkommender Verfahrensfehler*, daß der *Richter den Sachverständigen kurzerhand nach dem Ergebnis seiner Beurteilung fragt.* Dieser Verfahrensfehler geht (ebenfalls nicht selten) in *einen sachlich-rechtlichen Fehler* über, wenn der *Tatrichter nur feststellt*, zu welchem Ergebnis der Sachverständige gekommen ist, ohne zu sagen, ob das

---

[124] *Geerds*, ArchKrim 137 (1966), 155 (158).

[125] So die Beobachtungen von *Bleutge*, DRiZ 1977, 170; *Boehme-Neßler*, RW 2014, 189 (190); *Dahs*, Hdb. des Strafverteidigers Rn. 221; *Sendler*, NJW 1986, 2907 (2909); *Karpinski*, NJW 1968, 1173; *Pieper*, ZZP 84 (1971), 1 (32); *Maisch*, MSchKrim 1973, 189 (191, 194); *Witter*, in: 18. Tagung d. Ges. für d. Gesamte Kriminologie – Bericht (1976), 116 (119); *Toepel*, Sachverständigenbeweis (2002), S. 389; *Foerster*, in: FS Schreiber (2003), 81 f.; *Franzki*, DRiZ 1991, 314 (316).

[126] Begriff geprägt durch *Krauß*, ZStW 85 (1973), 320; ebenso *Geerds*, ArchKrim 137 (1966), 61. Ähnlich *Mittermaier*, GA 1853, 1 ff.; *A. Kaufmann*, JZ 1985, 1065; *Eb. Schmidt*, in: FS Schneider (1962), 258 (265); *Erb*, ZStW 121 (2009), 882 (903); *Bendler*, in: Reform oder Roll-Back – 21. StV-Tag (1997), 297 (299); *Geppert*, DAR 1980, 315 (321); *ders.*, Jura 1993, 249 (255); *Peters*, Strafprozeß (1985), S. 365; *Plewig*, Rolle des Sachverständigen (1982), S. 174; *Dahs*, Hdb. des Strafverteidigers Rn. 221; LR-StPO/*Meyer* (23. Aufl. 1976) Vor § 72 Rn. 10 ff.; *Dippel*, Stellung des Sachverständigen (1986), S. 47 ff.; *Fischer*, in: FS Widmaier (2008), 191 (219); *Kohlhaas*, NJW 1962, 1329; *Krauß*, ZStW 85 (1973), 320 (337); *Mayer*, in: FS Mezger (1954), 455 (469); *Blomeyer*, ZRP 1970, 153 (155); *Dölp*, ZRP 2004, 235.

[127] So *Erb*, ZStW 121 (2009), 882 ff.; *Geppert*, DAR 1980, 315 (321); *Franzki*, DRiZ 1991, 314 (315).

[128] *Gerchow*, ArchKrim 134 (1964), 125 (127); *Bresser*, NJW 1978, 1186 (1192).

[129] So z. B. *Dahs*, Hdb. des Strafverteidigers Rn. 221; *Sendler*, NJW 1986, 2907 (2909); *Krauß*, ZStW 85 (1973), 323 (334); *Eb. Schmidt*, in: FS Schneider (1962), 262 (265); *Maisch*, MSchKrim 1973, 189 (194).

[130] So *Boehme-Neßler*, RW 2014, 189 (198); *Sass*, DS 2007, 256 (257).

[131] So die Feststellung bei *Rössner*, in: FS Widmaier (2008), 941 (945).

Gericht sich dieses Ergebnis überhaupt zu eigen macht, und weshalb. Der Richter darf sich auch eine solche *fachliche Entscheidung nicht einfach von dem Sachverständigen abnehmen lassen.*"[132]

Angesichts der verfahrensausschlaggebenden Relevanz von Sachverständigengutachten[133] hat auch das BVerwG festgestellt, dass „die Sachverständigentätigkeit über die Rolle eines bloßen ‚Gehilfen des Richters' tatsächlich hinausgehen kann".[134] Einige Stimmen in der Literatur treiben dies nun auf die Spitze, wenn sie Sachverständige als „Richter in Weiß"[135] bezeichnen und ihnen gerade die richterähnliche Stellung zuschreiben, die nach dogmatischen Grundsätzen abzulehnen ist.[136]

Der Einfluss eines Sachverständigen auf die gerichtliche Entscheidungsfindung kann je nach Einzelfall abweichen, dennoch birgt die Hinzuziehung externen Wissens stets die Gefahr der Delegation richterlicher Beweiswürdigung.[137] Die Entscheidungskompetenz wird einem Gericht allerdings nur so weit entzogen, wie es sich diese entziehen lässt – ob dies eigen- oder fremdbestimmt erfolgt, liegt in seinen Händen.[138] Daher stellt die „Verwissenschaftlichung" des Strafverfahrens keinen Verantwortungsentzug[139] dar, sondern stellt vielmehr umgekehrt steigende Anforderungen an die gerichtliche Leitungsbefugnis (§ 78 StPO) und Überzeugungsbildung (§ 261 StPO).[140]

Dabei ist gerade die ungeprüfte Übernahme des Gutachtenergebnisses durch das Tatgericht rechtsfehlerhaft und war laut Studienergebnissen sogar die Hauptquelle der Fehlurteile, die auf Sachverständigengutachten beruhen.[141] Für den rechtsstaatlich verankerten Entscheidungsprimat des Gerichts und den wissenschaftlichen Diskurs fatal sind dementsprechend Bestrebungen, die Fachfragen verbindlich, d. h. ohne gerichtliche Kontrolle und Verantwortung, von Sachverständigen als externem Gremium beurteilen lassen zu wollen und damit zum Konstrukt des *„iudex facti"*

---

[132] BGHSt 8, 113, 118 = NJW 1955, 1642 (1643) (Hervorhebungen d. Verf.).

[133] Siehe hierzu bereits 2. Kapitel C. I.

[134] BVerwGE 45, 235 = BeckRS 1974, 30438589.

[135] So z. B. *Bresser*, NJW 1978, 118; *Böttger/Kury/et al.*, MSchKrim 1991, 369; *A. Kaufmann*, JZ 1985, 1065 (1066); *Rasch*, StraFo 1989, 21 (22); *Geppert*, Jura 1993, 249 (256); *Cabanis*, in: FS Heinitz (1972), 639 (645); *Gerson*, medstra 2023, 18 (19); krit. dazu *Geerds*, ArchKrim 162 (1991), 28 (31); *Detter*, NStZ 1998, 57 (61); *ders.*, in: FS Meyer-Goßner (2001), 431 (433).

[136] Siehe hierzu bereits 3. Kapitel B. V. 2.

[137] *Fischer*, in: FS Widmaier (2008), 191 (222).

[138] Darauf hinweisend Laufs/Kern/Rehborn ArztR-Hdb/*Schmidt-Recla* § 119 Rn. 10: „Kein Gutachter […] verurteilt einen Angeklagten".

[139] *Dippel*, in: FS Müller (2008), 125 (144); *Tröndle*, JZ 1969, 374.

[140] So auch LR-StPO/*Krause* Vor § 72 Rn. 4; *Eb. Schmidt*, in: FS Schneider (1962), 258 (270); *Boehme-Neßler*, RW 2014, 189 (219 ff.).

[141] So *Hirschberg*, Das Fehlurteil (1960), S. 54.

zurückzukehren.[142] Insgesamt ist es wegen des allgemeinen Wissensdefizits unabänderliche Realität, dass der Sachverständige im Rahmen der außerjuristischen Beweisfrage faktisch eine Art (Vor-)Entscheidung tatsächlicher Art trifft.[143] Je nach Art der Beweisfrage kann die rechtliche Einordnung der außerjuristischen Antwort derart offensichtlich sein, dass eine Entscheidungskompetenz des Sachverständigen behauptet wird, während in anderen Fällen die rechtliche Subsumtion schwieriger ist.

IV. (In-)Suffizienz gerichtlicher Instrumente zur Überprüfung des Gutachtens

1. Utopie der vollständigen Überprüfbarkeit

Ähnlich schwer wie es für einen Nichtsachkundigen ist, sich „*ad hoc*" Spezialkenntnisse anzueignen, muss es für ihn denknotwendig ebenso sein, außerjuristische Konklusionen zu überprüfen.[144] Daher ist die Würdigung eines Sachverständigengutachtens eine der schwierigsten Aufgaben für das Gericht.[145] Aufgrund der Asymmetrie des Wissens handelt es sich bei der Vorstellung, dass ein Laie das Wissen eines Experten inhaltlich vollständig überprüfen kann, gar um einen erkenntnistheoretischen Zirkelschluss.[146] Kühne bringt das Paradoxon der Metakompetenz des Gerichts[147] auf den Punkt, wenn er sich fragt:

> „Allein, wie vermag *das Gericht kritisch und frei über Äußerungen zu urteilen, die gerade den mangelnden Sachverstand des Gerichts ausgleichen sollen?* Wie kann das Gericht, ohne willkürlich oder in grober Selbstüberschätzung zu agieren, zwischen zwei oder mehr

---

[142] Für Zivilprozess befürwortend *Pieper*, ZZP 84 (1971), 30 (38 ff.), für Zivilprozess ablehnend *Franzki*, DRiZ 1976, 97 (98); im Strafprozess für die Schuldfeststellung befürwortend *Krauß*, ZStW 85 (1973), 355 f., *Dippel*, Stellung des Sachverständigen (1986), S. 77; für Strafprozess ablehnend *Schreiber*, in: FS Wassermann (1985), 1007 (1015 f.); *Erb*, ZStW 121 (2009), 882 (903 f.).

[143] *Erb*, ZStW 121 (2009), 882 (888 ff.); *Dölp*, ZRP 2004, 235 (236); *Rössner*, in: FS Widmaier (2008), 941 (945); *Zwiehoff*, Das Recht auf den Sachverständigen (2000), S. 320.

[144] Dies bereits, weil „das Vorhandensein des Sachverständigen die Kette von Indizien verlängert, die vom durch den Richter wahrnehmbaren Material zum Beweisthema führt", so und instruktiv ausführlicher zur Beweiswürdigung von Sachverständigenaussagen *Toepel*, Sachverständigenbeweis (2002), S. 169 ff.

[145] *Westphal*, in: SV-HdB § 22 Rn. 4.

[146] So im Ergebnis auch *Hommerich*, DS 2014, 43 (46); *Maisch*, MSchKrim 1973, 189 (194); *Kühne*, Strafprozessrecht, § 53 Rn. 872; LR-StPO/*Kühne* Einl. Abschn. J Rn. 132; *Kraatz*, Einfluss der Erfahrung (2011), S. 395; *Eb. Schmidt*, Lehrkommentar, Teil II, § 245 Rn. 65: „eigenartig"; *Pieper*, ZZP 84 (1971), 1 (25 f.): „unerfüllbar", „unrealistisch" und „unrichtig"; *Rasch*, MSchrKrim 1982, 257 (267): „mangelhafte Voraussetzungen".

[147] *Franzki*, DRiZ 1991, 314 (315) bezeichnet die Situation als „Auseinanderfallen von originärer Sachkompetenz (Sachverständiger) und formaler Entscheidungskompetenz (Gericht)".

sich widersprechenden Sachverständigengutachten eines vor dem anderen oder aber eine dritte Ansicht als richtig erkennen?"[148]

Je komplexer eine wissenschaftliche Frage ist, desto seltener sind durchschnittlich besetzte Gerichte in der Lage diese überhaupt zu durchdringen[149], geschweige denn selbständig beurteilen zu können. Ein Sachverständigengutachten ist daher zumeist nicht vollständig überprüfbar. Der Beweiswürdigung eines Sachverständigengutachtens haftet damit ein gewisses (Fehler-)Restrisiko an.[150]

2. Maßstab: Beschränkte Überprüfbarkeit

Zurecht muss man die Frage nach dem Prüfungsmaßstab des Tatgerichts in Bezug auf den Sachverständigenbeweis aufwerfen. Selbst wenn eine vollständige Überprüfung schlichtweg nicht möglich ist, muss zumindest eine beschränkte Überprüfung des Erfahrungswissens stattfinden. Auch dies ist nur dort möglich, wo die natürlichen Grenzen der Rekonstruktion fremden Wissens nicht überschritten sind. Das Tatgericht hat im Rahmen seiner aus dem Inbegriff der Hauptverhandlung zu schöpfenden Überzeugung die Beweise – so auch das Sachverständigengutachten als Beweismittel – zu würdigen (§ 261 StPO). Der Sachverständige selbst ist nicht zur Urteilsfindung berufen, sondern soll die richterliche Überzeugungsbildung durch die vorgeschaltete Wissensvermittlung ermöglichen.[151] Besitzt das Gericht selbst keine Sachkunde, muss sich das Laienwissen des Richters dem Fachwissen des Sachverständigen insoweit unterordnen[152], als es keine vernünftigen Zweifel hieran gibt. Die Pflicht des Gerichts zur selbständigen Information kann ihm aber nicht vom Sachverständigen abgenommen werden.[153]

Im Kern handelt es sich bei der Würdigung eines Sachverständigengutachtens um die Überprüfung der Validität von wissenschaftlicher Hypothese und Konklusion.[154] Das Tatgericht müsste für eine lückenlose Kontrolle prinzipiell den Erfahrungssatz selbst anwenden[155] und seine Konklusion mit der des Sachverständigen abgleichen. Da es dies mangels Sachkompetenz gerade nicht kann[156], ist die Pflicht

---

[148] *Kühne*, Strafprozessrecht, § 53 Rn. 872 (Hervorhebungen d. Verf.). Ähnlich *Oehler*, ZRP 1999, 285 (286).

[149] *Blomeyer*, ZRP 1970, 153 (155).

[150] *Boehme-Neßler*, RW 2014, 189 (226).

[151] *Peters*, Fehlerquellen Bd. I (1970/1974), S. 168; *Mergen*, in: FS Middendorff (1986), 193 (194); Fischer-StGB/*Fischer/Anstötz* § 20 Rn. 64.

[152] So *Eb. Schmidt*, Lehrkommentar, Teil II, § 244 Rn. 74.

[153] So *Bohne*, JW 1932, 3359.

[154] Siehe hierzu bereits 2. Kapitel B.III. 1. b).

[155] *Foth/Karcher*, NStZ 1989, 166 (172).

[156] BGH, Urt. v. 15.02.1984 – 2 StR 695/83 = NStZ 1984, 278 (279); BGH, Beschl. v. 10.01.2000 – 5 StR 638/99 = NStZ 2000, 437; BGH, Urt. v. 20.06.2000 – 5 StR 173/00 = NStZ 2000, 550 f.

der Tatgerichte in nachvollziehbarer Weise auf eine Plausibilitätsprüfung und Methodenkontrolle der Sachkundeanwendung beschränkt.[157]

Dadurch unterscheidet sich die Würdigung eines Sachverständigengutachtens inhaltlich kaum mehr von der einer Zeugenaussage[158], mit der Ausnahme, dass nicht bloß die Schlüssigkeit tatsächlicher Geschehensabläufe, sondern die Schlüssigkeit wissenschaftlicher Zusammenhänge zu überprüfen ist. Ein durchschnittliches Strafgericht dürfte zumeist ausschließlich in der Lage sein, anhand von drei Faktoren ein fehlerhaftes Gutachten zu erkennen, namentlich sofern a) falsche Anknüpfungstatsachen zugrunde gelegt wurden, b) willkürlich oder sachfremd begutachtet wurde oder c) eine falsche bzw. nicht anerkannte Methodik verwendet wurde.[159] Der BGH neigte früher noch dazu, Tatgerichten einen vereinfachten Prüfungsmaßstab vorzugeben:

> „In welchem Maße er [Anm.: der Richter] sich dabei ein eigenes stichhaltiges Urteil auf diesem Wissensgebiet bilden kann und muß, wird von der Art des Gegenstandes abhängen. Zuweilen wird die *richterliche Prüfung sich darauf beschränken dürfen*, ob der *Sachverständige ein erprobter und zuverlässiger Vertreter* seines Faches ist und daher *auf seine Sachkunde in diesem Bereich vertraut* werden kann.“[160]

Es ist der objektiven Wahrheitsfindung jedoch abträglich, wenn Gerichte – losgelöst von der Inhaltsbeurteilung – lediglich auf die Zuverlässigkeit und das Renommee einer Person im Sinne einer Wissenschaftsgläubigkeit vertrauen dürfen.[161]

Begrüßenswert ist daher, dass der BGH an die schriftliche Entscheidungsbegründung der Tatgerichte mittlerweile in stetiger Rechtsprechung das Erfordernis der Wiedergabe der sachverständigen Ausführungen (Anknüpfungstatsachen, Konklusionen und Gründe für die Überzeugtheit) stellt, unabhängig davon, ob sich das Tatgericht diesen – wenn sogar „in Bausch und Bogen“[162] – anschließt oder hiervon abweicht.[163]

---

[157] SK-StPO/*Velten* § 261 Rn. 39 ff.; LR-StPO/*Sander* § 261 Rn. 155 ff.; *Kühne*, Strafprozessrecht, § 53 Rn. 873.

[158] Alsberg/*Güntge*, Der Beweisantrag, Kap. 6 Rn. 48.

[159] *Sendler*, NJW 1986, 2907 (2910); *Sass*, DS 2007, 256 (262).

[160] BGHSt 7, 238 = NJW 1955, 840 (841) mit Verweis auf *Mayer*, in: FS Mezger (1954), 455 (475) (Hervorhebungen d. Verf.).

[161] *Arndt*, NJW 1962, 25 (26); ähnlich MüKo-StPO/*Bartel* § 261 Rn. 320 f.; *Sarstedt*, NJW 1968, 177 (181 f.); *Rasch*, StraFo 1989, 21 (23); *Boehme-Neßler*, RW 2014, 189 (226).

[162] BGHSt 7, 238 = NJW 1955, 840 (841).

[163] BGHSt 8, 113 (118) = NJW 1955, 1642 (1643); BGHSt 12, 311 (314) = NJW 1959, 780 (781); BGHSt 28, 235 (238) = BeckRS 1978, 30380388; BGH, Urt. v. 22.10.1980 – 4 StR 570/80 = StV 1981, 113 f.; BGH, Beschl. v. 15.04.1983 – 2 StR 78/83 = StV 1983, 404 f.; BGH, Urt. v. 24.11.1983 – 4 StR 551/83 = NStZ 1984, 241 f.; BGH, Urt. v. 20.03.1991 – 2 StR 610/90 = NStZ 1991, 596; BGH, Urt. v. 23.01.1997 – 4 StR 526/96 = NStZ-RR 1997, 172; BGH, Beschl. v. 23.09.1997 – 4 StR 433/97 = NStZ 1998, 83; BGH, Urt. v. 27.10.1999 – 3 StR 241/99 = NStZ 2000, 106 (107).

In standardisierten Verfahren (z. B. erforschten Messtechniken wie Blutalkohol-Analyse oder Betäubungsmittel-Wirkstoffgehaltsanalyse)[164], deren Erfahrungssätze von der Rechtsprechung als deterministisch anerkannt wurden, kann eine Methodenkontrolle ausbleiben, denn hier ist die freie Beweiswürdigung durch die absolute Beweiskraft faktisch aufgehoben.[165] In nicht-standardisierten Verfahren muss sich das Gericht zudem mit der Methodik und dem vom Sachverständigen beigemessenen Beweiswert des probabilistischen Erfahrungssatzes auseinandersetzen.[166]

Erstrebenswert ist die Reduktion von typischen „Leerformeln", nach denen sich das Gericht darauf beschränkt, sich den plausiblen und überzeugenden Ausführungen des Sachverständigen schlichtweg anzuschließen.[167] Der Umfang einer Auseinandersetzung mit dem Gutachten soll sich „nach der jeweiligen Beweislage richten, nicht zuletzt auch nach der Bedeutung, die der Beweisfrage unter Berücksichtigung von Inhalt und Richtung der Verteidigung oder der Anklage für die Wahrheitsfindung" zukommt.[168] Es kann zwar nicht gänzlich ausgeschlossen werden, dass das Gericht dem Sachverständigen bloß aufgrund seiner nach außen bestehenden Expertise vertraut, allerdings wird das gerichtliche Kontrollbewusstsein geschult und hervorgehoben, dass es die Konklusionen des Sachverständigen zumindest in eigener Entscheidungskompetenz billigt.[169] Dieser Beurteilungsmaßstab bietet für die Gerichte dennoch die „Gefahr, sich auf eingängige, leicht zu erfassende Interpretationsmuster einzulassen und differenziertere Betrachtungsweisen auszuschalten".[170]

Geht man mit der erkenntnistheoretischen Argumentationsstruktur, die fehlende Sachkunde mache ein Gutachten für das Tatgericht faktisch unüberprüfbar, offenbart dies die Existenz von vollständig den Sachverständigen vorbehaltenen Gebieten.[171] Im Ergebnis ist die vollständige Überprüfbarkeit von Wissen durch einen Unwissenden zwar schlichtweg utopisch[172]; es muss aber als eine grundlegende

---

[164] Zur BAK-Analyse BGHSt 21, 157 (158) = NJW 1967, 116 ff.; BGHSt 25, 246 (248) = NJW 1974, 246 ff.; BGHSt 28, 235 (237 f.) = BeckRS 1978, 30380388; BGHSt 39, 291 (297 ff.) = NJW 1993, 3081 (3082). Zum Blutgruppengutachten BGHSt 12, 311 (314) = NJW 1959, 780 (781).

[165] BGHSt 12, 311 (314) = NJW 1959, 780 (781); BGH, Beschl. v. 15.09.2010 – 5 StR 345/10 = NStZ 2011, 171.

[166] Zu den Darlegungspflichten bei kriminalistischen Gutachtentypen SK-StPO/*Velten* § 261 Rn. 39 ff.

[167] *Franzki*, DRiZ 1976, 97.

[168] BGHSt 12, 311 (314) = NJW 1959, 780 (781).

[169] BGHSt 7, 238 = NJW 1955, 840 (841); BGHSt 8, 113, 118 = NJW 1955, 1642 (1643).

[170] *Rasch*, MSchKrim 1982, 257 (267).

[171] So z. B. *Pieper*, ZZP 84 (1971), 1 (27); *Geppert*, DAR 1980, 315 (322); *Sass*, DS 2007, 256 (264).

[172] *Kuhn*, Sachverständige als Fremdkörper (1977), S. 67 ff., 102 f. schreibt der Plausibilitätskontrolle den Irrtum der Übertragbarkeit des Hierarchieprinzips auf die Wissenschaftsstruktur zu.

Pflicht des Tatgerichts verstanden werden, sich im betreffenden Wissensgebiet rudimentär sachkundig zu machen, um eine hinreichend adäquate Plausibilitäts- und Methodenkontrolle durchführen zu können.[173] Der sachverständige Bericht bzw. die erhobenen Befund- und Zusatztatsachen müssen erkennbar von den angewandten Untersuchungsmethoden und den daraus gezogenen Konklusionen getrennt werden.[174] Für die wissenschaftlichen Hypothesen gelten die Gebote der Nachvollziehbar- und Rezipierbarkeit[175], was für eine objektive Überprüfung des Gutachtens sowohl durch das Tatgericht als auch das Revisionsgericht[176] entscheidend ist. Die Sachverständigen haben diese Gebote primär einzuhalten und die Gerichte haben subsidiär darauf hinzuwirken.

Da die juristischen Denkmuster, speziell der (Urteils-)Syllogismus, logischen Strukturen folgen, sind sie durch die Verknüpfung von Prämissen und der Bildung von Konklusionen der Wirkungsweise von induktiven Schlüssen durchaus ähnlich, sodass das Gericht zumindest über ein der strafrechtsnahen Wissenschaften vergleichbares Logikdenken verfügt[177], um wissenschaftliche Gedankengänge nachzuvollziehen und auf Widersprüche, Mängel und Fehler zu untersuchen. Damit sind die Instrumente zur Überprüfung eines solchen Gutachtens angesichts des erkenntnistheoretischen Dilemmas keineswegs insuffizient. Die Rechtsprechung des BGH zur beschränkten Gutachtenüberprüfbarkeit setzt dort an, wo sich normative Rechtsanwendung und empirische Wissensanwendung ähneln.

V. Unsichere Tatsachenzustände

Das Gericht kann im Rahmen des Sachverständigenbeweises mit unsicheren Tatsachenzuständen konfrontiert werden. Solche bestehen – fernab von „gesichertem“, d.h. justiziell-anerkanntem Erfahrungswissen – auf wissenschaftlichen Zweifels- und Problemfeldern. Hierbei geht es um Fälle, in denen ein Erfahrungssatz zwar von einem Teil der Fachwissenschaft vertreten, von einem anderen Teil hingegen abgelehnt wird („Methoden- und Meinungspluralität“[178]) oder Fälle, in denen Wissenschaftslücken bestehen, die bislang nicht (erschöpfend) erforscht wurden (ungeklärte Fachfragen bzw. „möglicherweise wahre Beweissätze“[179]).

---

[173] Fischer-StGB/*Fischer/Anstötz* § 20 Rn. 64; *Sass*, DS 2007, 256 (262).

[174] *Glaser*, Hdb. des Strafprozesses Bd. I (1883), S. 731; *Deckers*, in: FS Eisenberg (2009), 473 (492); *Franzki*, DRiZ 1976, 97 (100); *Gerchow*, ArchKrim 134 (1964), 125 (135); *Freund*, Tatsachenfeststellung (1987), S. 16; *Geppert*, DAR 1980, 315 (322); *ders.*, in: FS Lübtow (1980), 773 (782).

[175] *Tondorf/Tondorf*, Psychologische Sachverständige, Rn. 79.

[176] So auch BGH, Urt. v. 23.01.1997 – 4 StR 526/96 = NStZ-RR 1997, 172.

[177] Siehe hierzu bereits 3. Kapitel B. V. 2. b) aa). So auch *Sass*, DS 2007, 256 (262).

[178] Begriff bei *Brüning*, StV 2008, 101 (102); *Peters*, Fehlerquellen Bd. I (1970/1974), S. 173.

[179] Begriff bei *Hoyer*, ZStW 105 (1993), 523 (529).

Der im Rahmen der Methoden- bzw. Meinungspluralität bekannt gewordene – wohl antiquierte – Begriff des „Schulenstreits"[180] symbolisiert, dass von mehreren Teilen der gleichen Wissenschaft verschiedenartige Vorgehens- bzw. Sichtweisen vertreten werden, welche sich aus entsprechenden Lehrströmungen gebildet haben.[181]

Die Situation, die sich dem Gericht eröffnet, ist wiederum paradox, da es nunmehr inhaltlich über eine wissenschaftliche Fachfrage selbst entscheiden muss, von deren Thematik es zumeist keine Kenntnisse haben wird[182] und sich dies selbst – anders als bei der Anwendung von Sonderwissen – auch gar nicht aktiv zutraut. In zwei bekannten Grundsatzentscheidungen hat der BGH herausgearbeitet, ob und unter welchen Voraussetzungen ein Tatgericht trotz unsicherer Tatsachenlage, nämlich einerseits mangels Existenz eines Erfahrungssatzes („Lederspray"-Urteil) und andererseits bei Bestehen mehrerer sich widersprechender Erfahrungssätze („Holzschutzmittel"-Urteil) eine Sachentscheidung treffen durfte. In beiden Fällen ging es um die Feststellung eines Kausalzusammenhangs zwischen der Benutzung eines Produkts und menschlichen Körperverletzungen (strafrechtliche Produkthaftung).

In dem Sachverhalt, in welchem nach der Benutzung eines Ledersprays bei einer Vielzahl von Verbrauchern Atembeschwerden, Husten und Lungenödeme entstanden sind und sich diejenige Substanz oder Kombination von Substanzen, die den Produkten ihre spezifische Eignung zur Verursachung gesundheitlicher Schäden verlieh, naturwissenschaftlich nicht exakt identifizieren ließ, hat es der 2. Strafsenat des BGH im „Lederspray"-Urteil für die Tatsachenfeststellung ausreichen lassen, wenn,

> „dort, wo sich die Ursächlichkeit nicht auf diese Weise darlegen läßt, *alle anderen in Betracht kommenden Schadensursachen aufgrund einer rechtsfehlerfreien Beweiswürdigung ausgeschlossen* werden können."[183]

Der Revisionsführer bemängelte, dass das Tatgericht es offengelassen habe, ob die Ursache der Schäden in der Produktbeschaffenheit bestünde. Der BGH-Senat folgte aber im Grundsatz dem „Alternativenausschlussmodell"[184], bei welchem sämtliche denkbare Alternativhypothesen im Wege der Amtsaufklärung ausgeschlossen werden und man so im Wege der Logik zu einer – im Einzelnen unbe-

---

[180] Dazu z. B. *Geipel*, Handbuch der Beweiswürdigung (2017), S. 1528; *Geerds*, ArchKrim 162 (1991), 28 (36); *Kuhn*, Sachverständige als Fremdkörper (1977), S. 18 f.; *Detter*, in: FS Salger (1995), 231 (233); *Cabanis*, StV 1986, 451 (452); *Rasch*, NStZ 1992, 257 ff.; *Müller-Luckmann*, DRiZ 1993, 71 (72).

[181] *Leygraf*, in: Reform oder Roll-Back – 21. StV-Tag (1997), 267 ff.; *Kröber*, R&P 1997, 102 f.; *Schorsch/Pfäfflin*, MSchKrim 1981, 234 ff.; *Rasch*, MSchrKrim 1982, 257 (260); *Maisch*, StV 1985, 517 (520).

[182] So *Peters*, Fehlerquellen Bd. I (1970/1974), S. 173.

[183] BGHSt 37, 106 (111 ff.) = NStZ 1990, 587 (589) (Hervorhebungen d. Verf.).

[184] So *Braum*, KritV 1994, 179 (182). Siehe hierzu bereits 2. Kapitel C. III. 2. b).

kannten – Kausalität gelangt. Daher genügte es, dass das Tatgericht sich unter Hinzuziehung von Sachverständigen eingehend damit auseinandergesetzt hat, ob die Schäden auf andere Inhaltsstoffe zurückzuführen sind und dies verneinen konnte.[185]

Einige Jahre später war derselbe BGH-Senat mit einem Sachverhalt befasst, in welchem nach der Benutzung eines bioziden Holzschutzmittels in bewohnten Häuserinnenbereichen bei einer Vielzahl von Verbrauchern körperliche Schäden aufgetreten sind, und unter den Naturwissenschaftlern Uneinigkeit darüber herrschte, ob und auf welche Weise die Gifte diese verursacht haben können. Im „Holzschutzmittel"-Urteil hat der 2. Strafsenat sodann für den Bereich der Meinungs- und Methodenpluralität entschieden, dass das zuständige Tatgericht

> „*nicht gehindert [ist], sich nach Anhörung von Sachverständigen auf Untersuchungsergebnisse zu stützen, die Gegenstand eines wissenschaftlichen Meinungsstreites sind.* Die Pflicht zu einer umfassenden Aufklärung kann ihm sogar gebieten, sich auch über Methoden und Verfahren zu unterrichten, die noch nicht allgemein anerkannt sind.
>
> Bei der Beweiswürdigung hat er [Anm.: der Tatrichter] dann aber *die für und gegen die noch nicht allgemein anerkannten Methoden und Ergebnisse sprechenden Gesichtspunkte mitzuberücksichtigen.* […] Er *kann dabei zu Ergebnissen gelangen*, die Vertreter der maßgeblichen naturwissenschaftlichen Fachrichtungen mit ihren Methoden *allein nicht belegen könnten.*"[186]

Während der Revisionsführer vortrug, dass die persönliche Überzeugung des Tatgerichts dann zurücktreten müsse, wenn eine abschließende naturwissenschaftliche Klärung der entsprechenden Fragen bisher noch nicht erfolgt sei, stellte der BGH-Senat klar, dass das Tatgericht bei der Feststellung einer Mitverursachung des Produkts am entstandenen Schaden nicht über die generelle Existenz von Naturgesetzen bzw. Erfahrungsgrundsätzen bestimme, sondern stattdessen qua seiner „ureigenen" Aufgabe anhand aller relevanten Indizien einen konkreten Rechtsfall auf Grundlage des gegenwärtigen Wissenstandes entscheiden müsse.[187]

Einige Stimmen im Schrifttum gehen sogar einen Schritt weiter und wollen dem Tatgericht in wissenschaftlichen Theorienstreitigkeiten eine generelle Entscheidungskompetenz attestieren.[188] Gegensätzliche Stimmen fordern für die Anwendbarkeit eines Erfahrungssatzes in Form eines Kausalgesetzes hingegen das Fehlen wissenschaftlich ernstzunehmender Zweifel an der Validität eines Erfahrungssatzes, da ansonsten der Grundsatz „*in dubio pro reo*" verletzt würde.[189]

---

[185] BGHSt 37, 106 (111 ff.) = NStZ 1990, 587 (589).

[186] BGHSt 41, 206 (215) = NStZ 1995, 590 (592) (Hervorhebungen d. Verf.).

[187] BGHSt 41, 206 (215) = NStZ 1995, 590 (591 f.).

[188] Prozessualer Ausfluss der Theorie der generellen Kausalität nach *Puppe*, JZ 1994, 1147 (1148); LK-StGB/*Walter* Vor § 13 Rn. 81; *Wolschke*, Sachverständigenbeiziehung (1973), S. 154; *Kuhlen*, NStZ 1990, 566 (567); KMR-StPO/*Stuckenberg* § 261 Rn. 35.

[189] Prozessualer Ausfluss der sog. Lehre von der gesetzesmäßigen Bedingung nach *A. Kaufmann*, JZ 1971, 569 (572 ff.).; *Roxin/Greco*, Strafrecht AT I, § 11 Rn. 16; *Peters*,

1. Kompetenzen in Wissenschaft und Justiz

In den aufgezeigten Grundsatzentscheidungen wird zutreffend zwischen dem Grund und dem Ausmaß einer ursächlichen Bedingung differenziert. Die „Lederspray"-Entscheidung überzeugt aus Logikaspekten mit der Reduktion auf den Konditionsgrund, da die zweifelsfreie Feststellung der Kausalität die Ermittlung ihrer exakten Wirkungsweise obsolet macht, soweit es sich dabei nicht mehr um eine entscheidungserhebliche Tatsache i. S. v. § 244 Abs. 2 StPO handelt. Sofern die exakte Wirkungsweise jedoch entscheidungserheblich ist, stellt sich die Frage, wie mit Tatsachen- bzw. Wissenschaftslücken umgegangen werden muss. Der Kern des Konflikts besteht darin, ob einem Gericht auf prozessualer Ebene die Befugnis zur eigenständigen Beurteilung von außerjuristischem Erfahrungswissen eingeräumt wird bzw. ob es als „*Nichtsach*gebildeter"[190] eine *Sach*entscheidung über die fachfremde Beweisfrage treffen darf?

Die Justiz (Art. 92 GG) und die Wissenschaft (Art. 5 Abs. 3 S. 1 GG) bilden innerhalb der Verfassung zwei grundsätzlich voneinander unabhängige Institutionen. Die Justiz ist gegenüber den strafrechtsnahen Wissenschaften normativ eigenständig.[191] Übersteigt eine Beweisfrage die Sachkunde des Tatgerichts, hat dieses zunächst einen Überblick über die jeweilige Wissenschaft, den Teilbereich und entsprechende Experten einzuholen.[192] Sofern erkennbar ist, dass verschiedene Meinungen bzw. Methoden vertreten werden, resultiert bereits aus dem Postulat der bestmöglichen Beweiserhebung[193] die Pflicht, hierzu unterschiedliche Positionen (zumeist, aber nicht zwingend durch unterschiedliche Sachverständige) zu hören.[194]

Soweit eine Wissenschaftslücke besteht, ist es dem Gericht allerdings *verwehrt*, einen *eigenen Erfahrungssatz zu schöpfen*, da zwischen der originären Sachkompetenz der jeweiligen Fachwissenschaft und der formalen Entscheidungskompetenz der Justiz zu differenzieren ist.[195] Das Aufstellen außerjuristischer Erfahrungssätze unterfällt in genuiner Zuständigkeit den empirischen Wissenschaften; hierzu fehlt

---

Strafprozeß (1985), S. 364 f.; *ders.*, Fehlerquellen im Strafprozeß Bd. I (1970/1974), S. 174; SK-StGB/*Jäger* Vor § 1 Rn. 67; *Braum*, KritV 1994, 179 (182 ff.); *Brammsen*, Jura 1991, 533 (535). Einschränkend *Hoyer*, ZStW 105 (1993), 523 (555 ff.); *Hilgendorf*, in: FS Lenckner (1998), 699 (717); *Kraatz*, Einfluss der Erfahrung (2011), S. 364 f., 367 ff.

[190] So *Peters*, Strafprozeß (1985), S. 364 (Hervorhebung d. Verf.); ebenso krit. *Hamm/Pauly*, Die Revision in Strafsachen, Rn. 1650.

[191] *Keller*, GA 1999, 255 (259); *Fischer*, in: FS Widmaier (2008), 191 (221); *Rasch*, MSchrKrim 1982, 257 (267).

[192] Siehe hierzu bereits 3. Kapitel A. II. 1.

[193] Siehe hierzu bereits 2. Kapitel A. I. 2.

[194] BGH, Urt. v. 19.05.1981 – 1 StR 90/81 = NStZ 1981, 488.

[195] In diese Richtung auch *Franzki*, DRiZ 1991, 314 (315); *Kronenberger*, Überzeugungsbildung (2010), S. 82, 137; *Kraatz*, Einfluss der Erfahrung (2011), S. 371; Dürig/Herzog/Scholz/*Gärditz* GG Art. 5 Abs. 3 Rn. 69.

der Jurisprudenz grundsätzlich die Kompetenz.[196] Wenngleich hierdurch eine Zurückweisung des Entscheidungsträgers zu drohen scheint[197], ist Maßstab für die Entscheidung der Gerichte in erster Linie die Meinungsbildung durch die jeweilige Fachwissenschaft.[198] Der maßgebliche Regler für die Durchsetzungskraft wissenschaftlicher Erkenntnisse ist die obergerichtliche Anerkennung.[199]

Beispiele für legalisierte Standards sind der vom BGH festgelegte Grenzwert für die absolute Fahruntüchtigkeit im Straßenverkehr (1,1 Promille)[200] sowie die wissenschaftlichen Anforderungen (z.B. Nullhypothese, Inhaltsanalyse und Aussagegenese) an psychologische Glaubhaftigkeitsgutachten[201]. Die Kontinuität solcher Standards ist verfahrensrechtlich dadurch abgesichert, dass Erfahrungssätze – ebenso wie die Auslegung von Rechtsnormen – unter die gerichtliche Vorlegungspflicht bei Abweichungsabsicht fallen.[202] Sofern ein Oberlandesgericht von einem durch ein anderes Oberlandesgericht oder vom BGH genutzten Erfahrungssatz abweichen will, hat es die Sache dem BGH vorzulegen (§ 121 Abs. 2 GVG).

Sofern ein unsicherer Tatsachenzustand besteht, spricht die fehlende Verifizierbarkeit von Erfahrungssätzen zunächst für die Annahme des Zweifelsgrundsatzes, während die Funktionsfähigkeit der Strafrechtspflege[203] auf eine prozessuale Lösung anhand des subjektiven Überzeugungsmaßstabs des Gerichts drängt. Bei der Anwendung probabilistischer Erfahrungssätze, denen eine teilweise unsichere Tatsachenlage zugrunde liegt, muss ein Gericht grundsätzlich *normativ entscheiden*, ob ihm aus Sicht der Rechtsordnung die vorhandene wissenschaftliche Erfahrungs- oder Datenbasis genügt.[204] Dabei bezieht sich die tatrichterliche Überzeugung allerdings nicht ausschließlich auf den tatsächlichen Sachverhalt, sondern insbesondere auf die Validität der Hypothese, d.h. das „Maß an Sicherheit“[205] der wissen-

---

[196] *Hilgendorf*, in: FS Lenckner (1998), 699 (708); *Kraatz*, Einfluss der Erfahrung (2011), S. 371; *Sendler*, NJW 1986, 2907 (2913); *Sass*, DS 2007, 256 (257); *Hamm/Pauly*, Die Revision in Strafsachen, Rn. 1227.

[197] *Kronenberger*, Überzeugungsbildung (2010), S. 82 f.

[198] *Meurer*, in: FS Wolf (1985), 483 (495); *Hoyer*, ZStW 105 (1993), 523 (545 f., 556); *Kraatz*, Einfluss der Erfahrung (2011), S. 371.

[199] Krit. hierzu *Gerchow*, ArchKrim 134 (1964), 125 (134).

[200] BGHSt 37, 89 ff. = Beschl. v. 28.06.1990 – 4 StR 297/90 = NJW 1990, 2393 ff. Zuvor lag die Grenze der absoluten Fahruntüchtigkeit bei 1,3 Promille, so BGHSt 21, 157 (159) = NJW 1967, 116 ff. bzw. für Kraftradfahrer noch früher bei 1,5 Promille, so BGHSt 13, 83 (88) = NJW 1959, 1047 (1049).

[201] BGHSt 45, 164 ff. = Urt. v. 30.07.1999 – 1 StR 618/98 = NStZ 2000, 100.

[202] So in st.Rspr. BGHSt 23, 156 (159) = NJW 1970, 520; BGHSt 31, 86 (89) = NJW 1982, 2455; BGHSt 39, 291 (294) = NJW 1993, 3081.

[203] Begründet durch BVerfGE 33, 367 (383) = NJW 1972, 2214 (2216); BVerfGE 38, 105 (115) = NJW 1975, 103 (104); BVerfGE 34, 238 (248) = NJW 1973, 891 (893). Näher zum Umfang des Begriffes bei *Jarass*/Pieroth, GG Art. 20 Rn. 142; *Landau*, NStZ 2007, 121 (124 ff.).

[204] *Stein*, in: Symposium Rudolphi (1995), 233 (242).

[205] LK-StGB/*Walter* Vor § 13 Rn. 81.

schaftlichen Aussage. An dieser Stelle ist der normative Rechtsfindungsprozess unumgänglich wissenschaftlich geprägt.

Im Fall der Methoden- bzw. Meinungspluralität gibt das Tatgericht ohnehin eine *wissenschaftliche Bewertung* ab, sofern es sich entweder für eine Methode bzw. Meinung entscheidet oder davon überzeugt ist, dass an den Methoden bzw. Meinungen ernst zu nehmende Zweifel bestehen.[206] Bei widerstreitenden wissenschaftlichen Auffassungen bedarf es der Prüfung, ob der Sachverständige seine eigene Ansicht überzeugend zu begründen und andere bisher vertretene Ansichten der Wissenschaften zu widerlegen vermag.[207] Da die Strafprozessdogmatik auf der Freiheit der verknüpften subjektiven (sog. „*conviction intime*") und objektiven (sog. „*conviction raisonée*") Beweiswürdigung beruht[208], verlangt sie lediglich einen „an Gewissheit bzw. Sicherheit grenzenden Grad von Wahrscheinlichkeit"[209] oder „ein nach der Lebenserfahrung ausreichende(s) Maß an Sicherheit, demgegenüber vernünftige Zweifel nicht mehr aufkommen"[210].

Indem das Tatgericht einen umstrittenen Erfahrungssatz anerkennt, wird eine Art faktische Normativität des Erfahrungswissens generiert.[211] Das bedeutet allerdings im Umkehrschluss nicht, dass das Erfahrungswissen auch wissenschaftlich verifiziert ist (!), denn es wird gerade ein *juristischer* (und kein fachwissenschaftlicher) Beweis geführt.[212] Dabei eignet sich die Judikative keine außerjuristische Sachkompetenz an, denn Wissenschaften können in der strafrechtlichen Normenordnung nur Geltung erlangen, wenn sie Inkorporationsprozesse durchlaufen.[213] Die Judikative transferiert durch die Entscheidung trotz unsicherer Tatsachenzustände vielmehr wissenschaftliche Erkenntnisse in das System des juristischen Urteilssyllogismus und kommt ihrer formalen Entscheidungskompetenz nach.[214]

Der Grundsatz „*in dubio pro reo*" wird hierdurch auch nicht ausgeblendet[215], denn er ist als Entscheidungsregel bloß anwendbar, wenn das Gericht nach abge-

---

[206] LK-StGB/*Walter* Vor § 13 Rn. 81.

[207] *Eb. Schmidt*, Lehrkommentar, Teil II, § 244 Rn. 70.

[208] Siehe hierzu bereits 2. Kapitel A. II.

[209] So bereits bei RGSt 15, 151 (153); RGSt 61, 202 (206); RGSt 66, 163 (164).

[210] RGSt 68, 257 (260 ff.); BGHSt 21, 152 = BGH NJW 1967, 359; BGH, Urt. v. 10.07. 1980 – 4 StR 303/80 = NJW 1980, 2423 (2424); BGH, Urt. v. 08.01.1988 – 2 StR 551/87 = NStZ 1988, 236 (237).

[211] *Keller*, GA 1999, 255 (259, 261); *Foth/Karcher*, NStZ 1989, 166 (167); *Sendler*, NJW 1986, 2907 (2913).

[212] So LG Aachen, Beschl. v. 18.12.1970 – 4 KMs 1/68, 15 – 115/67 = JZ 1971, 507 (510) im „Contergan"-Strafverfahren; ebenso *Kraatz*, Einfluss der Erfahrung (2011), S. 371 m. w. N.

[213] SK-StPO/*Velten* Vor § 261 Rn. 22 spricht von „importieren"; SK-StPO/*ders.*, § 261 Rn. 9 spricht von „übersetzen"; *Arzt*, in: FS Volk (2009), 19 (25) verwendet den Begriff der „Verschmelzung".

[214] Begriffe nach *Franzki*, DRiZ 1991, 314 (315).

[215] So auch *Kraatz*, Einfluss der Erfahrung (2011), S. 369; *Montenbruck*, In dubio pro reo (1985), S. 51.

schlossener Beweiswürdigung nicht das erforderliche Beweismaß für das Vorliegen einer für den Schuld- und Rechtsfolgenausspruch unmittelbar entscheidungserheblichen Tatsache gewonnen hat.[216] Es würde eine Art. 103 Abs. 2 GG widersprechende Ausweitung des Zweifelsgrundsatzes darstellen, sofern das Gericht diesen in Fällen der Methoden- bzw. Meinungspluralität stets anwenden müsste, denn es ist zur Anwendung lediglich verpflichtet, wenn es nach *seiner persönlichen* Überzeugung i. S. v. § 261 StPO – und nicht derjenigen der Fachwissenschaftler, welche gerade den Streit begründen – noch zweifelt.[217]

Aus dogmatischer Sicht ist der Weg über die allgemeinen Beweisgrundsätze daher unvermeidbar. Würde man dagegen mit dem Zweifelsgrundsatz verfahren, bestünden mangels absoluter Validität wissenschaftlicher Erfahrungssätze faktisch – abgesehen von den deterministischen Erfahrungssätzen – stets Zweifel an deren „Richtigkeit", denn probabilistische Erfahrungssätze bilden quantitativ die Mehrheit.[218] Je nach Umfang der Zweifel würde das Anwendungsfeld der sehr praxisrelevanten probabilistischen Erfahrungssätze drohen leerzulaufen.[219]

2. Sog. Obergutachten

Dass sich wissenschaftlich-theoretische Auffassungen widersprechen oder gar aus den gleichen Anknüpfungstatsachen und ähnlicher Methodik unterschiedliche Ergebnisse entstehen können, liegt gar „im Wesen des Sachverständigenbeweises begründet".[220] Die völlige Einigkeit von Angehörigen einer Wissenschaft kommt damit selten vor.[221] In der Praxis wird mitunter in Fällen von Methoden- bzw. Meinungspluralität ein weiteres Gutachten in Auftrag gegeben, welches eine Aussage über die „Richtigkeit" der sich widersprechenden Methoden bzw. Meinungen treffen soll. Das sog. Obergutachten verfolgt das Ziel, die Widersprüche zwischen zwei in derselben Sache erstatteten Gutachten dergleichen Fachrichtung aufzulösen[222], wirkt jedoch auch insofern merkwürdig[223] an, als es sich über die anderen

---

[216] In st.Rspr. BGH, Urt. v. 02.09.2009 – 2 StR 229/09 = NStZ 2010, 102 (103); BVerfG, Beschl. v. 23.09.1987 – 2 BvR 814/87 = NJW 1988, 477; BGH, Urt. v. 27.06.2001 – 3 StR 136/01 = NStZ 2001, 609; Meyer-Goßner/*Schmitt* § 261 Rn. 26; KK-StPO/*Tiemann* § 261 Rn. 63.

[217] *Kraatz*, Einfluss der Erfahrung (2011), S. 369; *Montenbruck*, In dubio pro reo (1985), S. 51.

[218] So z. B. *Fezer*, in: Tagungsband 18. StV-Tag (1994), 87 (91); *Stein*, in: Symposium Rudolphi (1995), 233 (241); *Kraatz*, Einfluss der Erfahrung (2011), S. 363, 369; *Hirschberg*, Das Fehlurteil (1960), S. 136.

[219] *Kraatz*, Einfluss der Erfahrung (2011), S. 369.

[220] BayObLGSt 55, 262 = NJW 1956, 1001.

[221] *Kraatz*, Einfluss der Erfahrung (2011), S. 369.

[222] Dabei handelt es sich streng genommen nicht um einen juristischen Begriff, so auch Laufs/Kern/Rehborn ArztR-Hdb/*Ulsenheimer* § 115 Rn. 36; MüKo-ZPO/*Zimmermann* § 412 Rn. 5. Er wird jedoch im Zivilprozessrecht unter § 412 ZPO eingeordnet, so *Ulrich*, Der

Gutachten hinwegsetzen will. Fraglich ist, ob die Gerichte sogar eine Pflicht oder bloß die Befugnis trifft, zur Lösung einer Methoden- bzw. Meinungspluralität ein Obergutachten einzuholen[224] und welchen Beitrag dieses zur Wahrheitsförderung leisten kann.

Das Gericht kann nach eigenem Ermessen eine neue Begutachtung durch dieselben oder durch andere Sachverständige anordnen, wenn es das erstattete Gutachten für ungenügend erachtet (§ 83 Abs. 1 StPO). Obwohl es sich um eine fakultative Beweiserhebung (vgl. „kann“) handelt, muss das Gericht die Norm trotzdem ermessensfehlerfrei anwenden. Das Attribut „ungenügend“ setzt voraus, dass die Sachkunde oder die persönliche Eignung des Gutachters zweifelhaft sind, das Gutachten von erwiesen unrichtigen Anknüpfungstatsachen ausgeht oder insgesamt nicht nachvollziehbar bzw. gar widersprüchlich ist.[225] Hierin liegt das Spiegelbild der Antragsvorschrift § 244 Abs. 4 S. 2 Hs. 2 StPO.

Im klassischen Fall der Methoden- bzw. Meinungspluralität sind die vorhandenen Gutachten jedoch gerade nicht ungenügend i. S. d. Norm, soweit sie grundsätzlich sachkundig erstattet wurden, von zutreffenden Anknüpfungstatsachen ausgehen und *in sich* schlüssig und widerspruchslos sind. Wenn sich bloß die Vorgehensweisen oder Konklusionen der Gutachten *zueinander* widersprechen und damit zwei sich entgegenstehende Hypothesen den aktuellen Stand der streitbaren Wissenschaft abbilden, ist der Anwendungsbereich der Norm nicht eröffnet.[226] Da Erfahrungssätze dem strafprozessualen Beweis nicht zugänglich sind[227], können sie nicht per se „falsch“, sondern bloß wissenschaftlich überholt bzw. nicht mehr vertretbar sein. Damit bietet § 83 Abs. 1 StPO keine taugliche Rechtsgrundlage für die Einholung eines Obergutachtens.

Dennoch sollen die allgemeinen Beweiserhebungsbefugnisse des Tatgerichts (§§ 73 Abs. 1, 244 Abs. 2 StPO) nicht derart durch § 83 Abs. 1 StPO eingeschränkt werden, dass die Beauftragung weiterer Sachverständiger nur bei ungenügenden

---

gerichtliche Sachverständige (2007), Rn. 652 ff. Vereinzelt wird der Begriff auch im Strafprozessrecht verwendet, so bei *Dahs*, Hdb. des Strafverteidigers Rn. 684.

[223] *Richter*, StraFo 1989, 7.

[224] Im Zivilprozessrecht liegt dies im Ermessen des Gerichts, so müssen vorhandene weitere Aufklärungsmöglichkeiten nur genutzt werden, wenn sie sich anbieten und Erfolg versprechen, siehe BGH, Urt. v. 12. 01. 1976 – VIII ZR 273/74 = BeckRS 1976, 31122181; BGH, Urt. v. 04. 03. 1980 – VI ZR 6/79 = BeckRS 1980, 30390846.

[225] BayObLGSt 55, 262 = NJW 1956, 1001; OLG Frankfurt a. M., Beschl. v. 04. 12. 2014 – 2 Ss OWi 1041/14 = NJOZ 2015, 1568 (1569); Meyer-Goßner/*Schmitt* StPO § 83 Rn. 2; LR-StPO/*Krause* § 83 Rn. 3.

[226] BayObLGSt 55, 262 = NJW 1956, 1001; LR-StPO/*Krause* § 83 Rn. 9; KK-StPO/*Hadamitzky* § 83 Rn. 2; *Eb. Schmidt*, Lehrkommentar, Teil II, § 83 Rn. 4; KMR-StPO/*Neubeck* § 83 Rn. 3; *Tondorf/Tondorf*, Psychologische Sachverständige, Rn. 360.

[227] Siehe hierzu bereits 2. Kapitel C. III. 3.

Erstgutachten zulässig ist.[228] Da kein allgemeiner Grundsatz existiert, einen Sachverständigen hinzuziehen[229], gilt dies ebenso wenig für weitere Sachverständige oder gar ein Obergutachten. Die Amtsaufklärungspflicht legt dem Gericht jedoch auf, diejenige Nähe zur materiellen Wahrheit zu erforschen, welche erreichbar ist. So hat der BGH-Senat im „Holzschutzmittel"-Urteil festgestellt, dass eine umfassende Aufklärung gebieten kann, sich über noch nicht von Wissenschaft und Rechtsprechung anerkannte Verfahren zu unterrichten.[230] Das Gericht ist in Einzelfällen dazu gedrungen, bei wissenschaftlich kontroversen Themen weitere Vertreter einer Methoden- oder Meinungsgruppe anzuhören.[231] Mitunter kann erst dadurch herbeigeführt werden, dass das Gericht über eine hinreichende Entscheidungsbasis i.S.v. § 261 StPO verfügt oder diese erweitert wird.[232]

Die Amtsaufklärungspflicht (§ 244 Abs. 1 StPO) erstreckt sich auf das objektive Sammeln von wissenschaftlichen Hypothesen, Methodik und Konklusionen, hingegen *nicht* auf die Einholung einer subjektiven Bewertung dieser Hypothesen. Ein Obergutachten kann das Gericht nicht von der eigenständigen Beweiswürdigung, d.h. der Abwägung aller gutachterlichen Argumente, befreien; es darf diese nicht ersetzen.[233] Jedoch ist das Bedürfnis nach einer externen Bestätigung sachverständiger Begutachtungen scheinbar so groß, dass es bereits Vorschläge gab, in Fällen von Methoden- bzw. Meinungspluralität stets ein Zweit- bzw. Drittkontrollgutachten einzuholen[234] oder die sich widersprechenden Sachverständigen zu einer Disputation mit Konsenszwang zu verpflichten[235]. Ein Obergutachten kann angesichts der Abwesenheit von absoluter Validität des Erfahrungswissens kein „Allheilmittel" darstellen, denn die Wahl des Obergutachters kann zufällig auf eine Person treffen, die wiederum eine der streitigen Meinungen bzw. Methoden vertritt. Ggf.

---

[228] BayObLGSt 55, 262 = NJW 1956, 1001; Meyer-Goßner/*Schmitt* StPO § 83 Rn. 1; MüKo-StPO/*Trück* § 83 Rn. 2; a.A. *Duttge*, NStZ 2003, 375 (376) mit krit. Anm., dass § 83 StPO vor dem Hintergrund der Bedeutung von §§ 73 Abs. 1, 244 Abs. 2 StPO sonst gar überflüssig erscheine.

[229] BGHSt 3, 169 (174 f.) = NJW 1952, 1343 (1344); BGHSt 23, 176 (187) = NJW 1970, 523 (525).

[230] BGHSt 41, 206 (215) = NStZ 1995, 590.

[231] BGHSt 10, 116 (119) = NJW 1957, 598 f.; BGHSt 23, 8 (11 f.); BGHSt 23, 176 (187 ff.) = NJW 1970, 523 (525 ff.); BGH, Urt. v. 09.09.1977 – 4 StR 230/77 = NJW 1978, 113 (114); BGH, Beschl. v. 31.07.1996 – 1 StR 247/96 = NStZ-RR 1997, 42 (43); OLG Düsseldorf, Beschl. v. 30.05.1986 – 5 Ss 323/85 – 253/85 I = StV 1986, 376 (377); *Detter*, in: FS Meyer-Goßner (2001), 431 (441 f.); LR-StPO/*Becker* § 244 Rn. 76; KK-StPO/*Krehl* § 244 Rn. 58.

[232] *Westphal*, in: SV-HdB § 30 Rn. 18.

[233] So auch *Westphal*, in: SV-HdB § 30 Rn. 17 ff. Siehe hierzu bereits 5. Kapitel A.III.

[234] So z.B. als Umfrageergebnis bei *Jordan/Gresser*, DS 2014, 71 (77); ähnlich *Boehme-Neßler*, RW 2014, 189 (220); *Kohlhaas*, NJW 1962, 1329 (1332 f.); SSW-StPO/*Sättele* § 244 Rn. 56; LR-StPO/*Becker* § 244 Rn. 76; KK-StPO/*Krehl* § 244 Rn. 58; *Leithoff*, in: BKA-Vortragsreihe, Bd. 24 (1979), S. 48.

[235] So z.B. *Dölp*, ZRP 2004, 235 (236).

erhält das Gericht dadurch bloß eine dritte Ansicht oder die – in ihrer Repräsentativität fragliche – Bestätigung einer Ansicht, während wiederum ein vierter Sachverständiger die andere Ansicht bestätigt hätte, usw. Der Vorschlag des Konsenszwangs unterdrückt die Problematik und lässt offen, welche Konsequenzen z. B. bei einem nicht überwindbaren Dissens eintreten würden. Das Tatgericht bleibt daher weiterhin gehalten, sich über alle verfügbaren Meinungen und Methoden zu informieren und hierzu Sachverständige zu nutzen, denen ein Gutachtenauftrag (vgl. § 78 StPO) zur Beurteilung einer Beweisfrage – und nicht zur Bestätigung oder Verwerfung eines Erst- oder Zweitgutachtens – erteilt wird.

VI. Validität des Gutachtens

1. Fehler und Mängel im Gutachten

Eine weitere Fehlerquelle des Erfahrungswissens liegt in der potenziellen Mangelhaftigkeit des Sachverständigengutachtens selbst.[236] Das Narrativ des unfehlbaren Sachverständigengutachtens als solches muss entmystifiziert werden.[237] Selbst Bewertungen durch den vermeintlich sachverständigen Menschen sind naturgemäß fehleranfällig, denn „Irren ist menschlich".[238] Während die Gefahren der falschen richterlichen Rechtsanwendung durch strenge Verfahrensregeln und Rechtsmittel abgemildert werden, kann das richterliche Instrumentarium nur bedingt vor falscher sachverständiger Begutachtung schützen.[239]

Grundsätzlich ist das Ziel ein objektiv und kunstgerecht („*de lege artis*") angefertigtes Gutachten, welches inhaltlich einen validen, auf die jeweilige Beweisfrage schlüssig angewendeten Erfahrungssatz und die schlüssige(n) Konklusion(en) enthält. Beobachtungen berichten jedoch von Gutachtenmängeln und Erlebnissen mit unsachkundigen bzw. gar dilettantischen Sachverständigen.[240] Es existieren einige

---

[236] Zu vertypten Gutachtenmängeln vgl. *Tondorf/Tondorf*, Psychologische Sachverständige, Rn. 322 ff.

[237] So auch BayObLGSt 55, 262 = NJW 1956, 1001; Arbeitsgruppe des 16. StV-Tag, StV 1992, 364; ähnlich *Leithoff*, in: BKA-Vortragsreihe, Bd. 24 (1979), S. 44.

[238] So auch *Mergen*, in: FS Middendorff (1986), 193 (195). Vollständig lautet das Zitat: „Errare (Errasse) humanum est, sed in errare (errore) perseverare diabolicum" (sinngemäß übersetzt: „Irren ist menschlich, aber auf Irrtümern zu bestehen ist teuflisch").

[239] *Leithoff*, in: BKA-Vortragsreihe, Bd. 24 (1979), S. 48.

[240] So z. B. die Beobachtungen von *Karpinski*, NJW 1968, 1173; *A. Kaufmann*, JZ 1985, 1065 ff.; *Cabanis*, StV 1986, 451; *Dahs*, Hdb. des Strafverteidigers Rn. 622; *Tondorf/Tondorf*, Psychologische Sachverständige, Rn. 12; *Tondorf/Waider*, StV 1997, 493; *Detter*, NStZ 1998, 57 (60); *Roxin/Schünemann*, Strafverfahrensrecht, § 45 Rn. 34 ff.; *Thielmann*, StraFo 2004, 5 ff.; *Streng*, NStZ 1995, 12 (13); *Rasch*, MSchrKrim 1982, 257 (260 ff.); *Maisch*, StV 1985, 517 ff.; *Friederichs*, NJW 1972, 1114 ff.; *Mergen*, in: FS Middendorff (1986), 193 (195); *Deckers*, in: FS Eisenberg (2009), 473 (492); *Schorsch/Pfäfflin*, MSchKrim 1981, 234 ff.; *Gerhold*, in: Hilgendorf/Kudlich/Valerius, HdBStR Bd. VIII (2022), § 51 Rn. 2 ff.

bekannte, nicht nur durch mediale Berichterstattung gepushte, offensichtlich bedenkliche Fehlgutachten.[241]

Dem Sachverständigenbeweis wohnt insbesondere durch den gestalterischen Verarbeitungs- und Aufbereitungsprozess ein potenziell wahrheitsverfälschendes Momentum inne.[242] Aufgrund der Komplexität der zu bewältigenden Beweisfragen und des erforderlichen Spezialisierungsgrads[243] bietet auch die Hinzuziehung eines Sachverständigen keine Garantie für ein objektiv-exaktes Gutachtenergebnis, da selbst sein Erkenntnis- oder Anwendungsprozess fehleranfällig sein kann.[244]

Daher kann fetsgehalten werden, dass sachverständige Experten zwar Risiken *tragen* und *mindern*, aber gleichzeitig auch Risiken *sind*.[245] In der von Peters im Jahr 1972 durchgeführten Studie über Wiederaufnahmeverfahren wurden als häufigste Gründe für „unrichtige" Sachverständigengutachten fehlendes Material, unklare Stellung der Vorfragen, mangelnde Feststellungen durch den Sachverständigen, Verkennung der Schwierigkeit einer gutachterlichen Äußerung, ungenügende Sachkenntnis sowie voreilige Hypothesen und Konklusionen herausgearbeitet.[246] Im Sachverständigenbeweis besteht generell ein hohes Reversibilitätsmaß.[247]

Trotz der grundsätzlichen Fungibilität[248] von Sachverständigen hängt die Qualität des Erfahrungswissens in hohem Maße von der Person des Sachverständigen ab[249], so z. B. von individuellen Faktoren wie Vorverständnis, Bildungsgrad, Cha-

---

[241] Dazu zählen z. B. vergangene Strafgerichtsverfahren gegen *Rohrbach* (siehe hierzu *Arndt*, NJW 1962, 27 ff.; *Peters*, Fehlerquellen Bd. I [1970/1974], S. 163 ff.), *Dreyfus* (siehe hierzu LR-StPO/*Sarstedt* 22. Aufl. 1971, § 93 Anm. 3) und *Mollath* (siehe hierzu *Strate*, Der Fall Mollath [2014], passim).

[242] Näher dazu *Holzer/Cornelius/Labudde*, Kriminalistik 2025, 139 (140). Laut *Richter*, StraFo 1989, 7 grenze der Gestaltungsaspekt an Willkür, wobei er jedoch zumeist nicht auf einer sachfremden Erwägung des Sachverständigen beruhen wird.

[243] *Geerds*, ArchKrim 162 (1991), 28 (37 f.).

[244] So *Sarstedt*, NJW 1968, 177 (182); *Streng*, NStZ 1995, 12 (13 f.); *Pawlak*, Ablehnung des Sachverständigen (1998), S. 231; *Thielmann*, StraFo 2004, 5 ff.; *Tondorf/Waider*, StV 1997, 493; *Geerds*, ArchKrim 162 (1991), 28 (32); *Bresser*, NJW 1978, 1186 (1192); *Karpinski*, NJW 1968, 1173; *Detter*, NStZ 1998, 57 (61); *Gerchow*, ArchKrim 134 (1964), 125 (128); *Schorsch/Pfäfflin*, MSchKrim 1981, 234 (236); Arbeitsgruppe 16. StV-Tag, StV 1992, 364; *Göppinger*, in: FS Peters (1974), 519 (522).

[245] *Hommerich*, DS 2014, 43 (47 f.).

[246] *Peters*, Fehlerquellen Bd. I (1970/1974), S. 1, 164 ff.; *Wolschke*, Sachverständigenbeiziehung (1973), S. 179.

[247] *Geipel*, Handbuch der Beweiswürdigung (2017), S. 1520 ff.

[248] Siehe hierzu bereits 4. Kapitel D. II. 3. b) bb).

[249] So die Ergebnisse der Studie von *Rode/Legnaro*, Psychiatrische Sachverständige (1994), S. 111 ff., 115, wonach das Beweisergebnis (z. B. Schuldfähigkeit bzw. -unfähigkeit) als Produkt einer „Lotterie" bezeichnet wird. Ähnlich *Detter*, NStZ 1998, 57; *ders.*, in: Reform oder Roll-Back – 21. StV-Tag (1997), 283 f.; *Tondorf/Waider*, StV 1997, 493; *Dierlamm*, in: FS Müller (2008), 117; *Kühne*, Strafprozessrecht, § 53 Rn. 861; *Roxin/Schünemann*, Strafverfahrensrecht, § 27 Rn. 12; *Eisenberg*, HRRS 2012, 466 (474); *Schreiber*, in: FS Baumann

rakter, Weltanschauung, Sozialisierung und Emotionen.[250] Das persönliche Einstellungsmuster und subjektive Wertsystem eines Sachverständigen kann einen die Objektivität verfälschenden Einfluss auf das Gutachtenergebnis haben.[251] Subjektive Faktoren können z.B. zu ideologischen Auffassungen, einseitigen Befunderhebungs- und Begutachtungsmethoden sowie unterschiedlichen Interpretationsmustern führen.[252] Sofern eine Methodik der eigenen Forschung des Sachverständigen entspringt, ist eine intrinsische Überzeugung oder gar ein gewisses Eigeninteresse an dessen Durchsetzung nicht gänzlich auszuschließen.[253] Daneben besteht die Gefahr der persönlichen Überidentifikation des Sachverständigen mit der Strafjustiz[254], ggf. weil diese ihre Haupteinnahmequelle aus der Gutachtertätigkeit erzielen oder gar finanziell abhängig sind.[255]

Es lassen sich anhand der Struktur von Erfahrungssätzen[256] Gruppen systematisieren, in denen Gutachten inhaltlich falsch sind, so kann a) die Anknüpfungstatsache (p) falsch sein (z.B. durch einen Fehler bei der Erhebung der Tatsache als Befundtatsache), b) kann die wissenschaftliche Hypothese (q) schlicht nicht existent, bereits falsifiziert bzw. überholt sein oder es existieren Alternativhypothesen (z.B. bei Methoden- und Meinungspluralität) sowie c) kann die Konklusion (r=p) nicht vertretbar oder einseitig gezogen worden sein. Die Möglichkeiten, solche Fehlgutachten zu verhindern oder bloß zu reduzieren, sind begrenzt. Anknüpfend an die erkenntnistheoretische Feststellung, dass es ein Zirkelschluss ist, komplexes Wissen, welches man nicht beherrscht, „*ad hoc*" erwerben[257] oder überprüfen[258] zu können, muss dies genauso für den Fall gelten, fehler- oder mangelhaftes Wissen aufzudecken.[259] Diese „Machtlosigkeit" könnte ein Grund dafür sein, dass – wie

(1992), 383 (393); *Rauch*, NJW 1968, 1173 (1174); *Sendler*, NJW 1986, 2907 (2912); *Tondorf/Tondorf*, Psychologische Sachverständige, Rn. 16.

[250] *Rasch*, MSchrKrim 1982, 257 (264); *Kuhn*, Sachverständige als Fremdkörper (1977), S. 63 ff. Siehe hierzu bereits 2. Kapitel C. III. 1.

[251] So die Ergebnisse von *Rode/Legnaro*, Psychiatrische Sachverständige (1994), S. 111 ff., 116.

[252] *Eisenberg*, HRRS 2012, 466 (474); *Sendler*, NJW 1986, 2907 (2912).

[253] *Eisenberg*, NStZ 2006, 368 (372); *ders.*, HRRS 2012, 466 (474); *Sendler*, NJW 1986, 2907 (2913).

[254] *Maisch*, MSchrKrim 1973, 189 (191); *Rasch*, MSchrKrim 1982, 257 (264); *Sendler*, NJW 1986, 2907 (2912); *Leygraf*, in: Reform oder Roll-Back – 21. StV-Tag (1997), 267 (275); *Albrecht*, Rechtstatsachenforschung (2005), S. 166; krit. *Luthe*, NJW 1975, 1446.

[255] *Detter*, NStZ 1998, 57; *Zwiehoff*, Das Recht auf den Sachverständigen (2000), S. 278; *Eisenberg/Puschke*, JR 2003, 436 (437); *Jordan/Gresser*, DS 2014, 71 (80 f.); *Boehme-Neßler*, RW 2014, 189 (215).

[256] Siehe hierzu bereits Abbildung 1.

[257] Siehe zur „Sachkunde"-Vermittlung im Kollegialgericht 3. Kapitel A. II. 3.

[258] Siehe zur (In-)Suffizienz tatgerichtlicher Kontrollinstrumente 5. Kapitel A. IV.

[259] *Leygraf*, in: Reform oder Roll-Back – 21. StV-Tag (1997), 267 (273); *Peters*, Fehlerquellen Bd. I (1970/1974), S. 166; *Wolschke*, Sachverständigenbeiziehung (1973), S. 179.

Peters behauptet – die Juristen von der Problematik des Gutachterirrtums „so wenig Kenntnis genommen haben“.[260]

2. Aktuelles Beispiel: Der sog. Badewannen-Mord

Ein aktuelles Beispiel für ein – mittlerweile nach erfolgreichem Wiederaufnahmeverfahren aufgehobenes[261] – Fehlurteil mit Sachverständigenbezug ist der sog. Badewannen-Mord. Das als Verdeckungsmord abgeurteilte Geschehen erwies sich einige Jahre nach Verfahrensende als strafrechtlich irrelevanter Haushaltsunfall, sodass die gerichtliche Entscheidung nicht der historisch-rekonstruierbaren Wahrheit entsprach und sich als „klassisches“ Fehlurteil entpuppte. Die im Wiederaufnahmeverfahren freisprechende Vorsitzende Richterin bezeichnete die ursprüngliche Verurteilung als eine „Kumulation von Fehlleistungen“.[262] Die Medienresonanz war, sowohl nach der ersten Verurteilung im Jahr 2010, der zweiten Verurteilung im Jahr 2012 als auch dem Freispruch im Jahr 2023, sehr groß[263] und die Verurteilung des Angeklagten wurde landläufig als „Justizirrtum“ betitelt[264].

Der Gang des Strafverfahrens gestaltete sich – verkürzt dargestellt – wie folgt[265]: Im Jahr 2008 wurde dem Angeklagten vorgeworfen, eine ältere Dame, um die er sich in seiner Funktion als Hausmeister einer Wohnanlage regelmäßig gekümmert hatte, mit einem stumpfen Gegenstand auf den Hinterkopf geschlagen und sodann in der Badewanne ertränkt zu haben. In dem komplexen Fall, in dem es auf viele Tatdetails und -indizien ankam, waren sowohl für das erstinstanzliche Urteil[266] sowie das – nach einer erfolgreichen Revision beim BGH ergangene – zweite Urteil[267] des LG München II die Aussagen mehrerer rechtsmedizinischer und biochemischer Sachverständigen entscheidend. Die Auffindeposition des Leichnams (rechtsseitig gedreht kopfüber) und die Feststellungen der Obduktion (Todesursache: Ertrinken und zwei Hämatome an der Kopfschwarte) ließen nach Ansicht der

260 *Peters*, Fehlerquellen Bd. I (1970/1974), S. 178.

261 Freispruch vom Tatvorwurf des Mordes durch LG München I, Urt. v. 07.07.2023 – 1 Ks 121 Js 158369/19 = BeckRS 2023, 16324.

262 *Holzhaider*, SZ v. 07.07.2023: „Richterin spricht von einer ‚Kumulation von Fehlleistungen‘.“

263 Vgl. *Holzhaider*, SZ v. 07.11.2011 „Der Tod einer alten Dame“; *ders.*, SZ v. 12.01. 2012 „Der Mord, der keiner war“; *ders.*, SZ v. 11./12.03.2017 „Im Zweifel gegen den Angeklagten“; *ders.*, SZ v. 13.06.2019 „Was, wenn alles anders war?“; *Verschwele*, TAZ v. 15./ 16.08.2020 „Im Zweifel lebenslänglich“.

264 *Darnstädt*, Der Richter und sein Opfer (2013), S. 50 ff., 126 ff., 213 ff., 301 f.

265 Zusammenfassung bei *Darnstädt*, Der Richter und sein Opfer (2013), S. 11 ff., 50 ff., 126 ff., 301 f.

266 Lebenslange Haft wegen Mordes durch LG München II, Urt. v. 12.05.2010 – 1 Ks 31 Js 40341/08 = BeckRS 2010, 149663.

267 Lebenslange Haft wegen Mordes durch LG München II, Urt. v. 17.01.2012 – 2 Ks 31 Js 40341/08 = BeckRS 2012, 219340.

Sachverständigen den Rückschluss zu, ein ohne Fremdeinwirkung erfolgter Sturz der älteren Dame in die Badewanne sei „höchst unwahrscheinlich" gewesen. Obwohl eine Tatwaffe nie gefunden wurde, waren die entscheidungsberufenen Strafkammern aufgrund dieser Sachverständigengutachten – in Kombination mit weiteren Indizien – von der Tatbegehung durch den Angeklagten überzeugt.[268]

Die Hypothese des Rechtsmediziners[269], dass ein Sturzgeschehen „höchst unwahrscheinlich" gewesen sei, konnte im Wiederaufnahmeverfahren durch drei von der Verteidigung eingeführte Sachverständigengutachten[270] falsifiziert werden (§ 359 Nr. 5 StPO). Eine thermodynamische Begutachtung konnte aufgrund von Berechnungen der Wassertemperatur in der Badewanne aufzeigen, dass der Tod des Opfers ausschließlich zu einem Zeitpunkt erfolgt sein konnte, in dem der Angeklagte nachweislich an einem anderen Ort gewesen ist, eine biomechanische Computersimulation hat ergeben, dass ein Sturzgeschehen doch möglich gewesen ist und ein neuroradiologisches Gutachten konnte zusätzlich belegen, dass im Gehirn des Opfers Anzeichen für eine Sturzneigung bestanden.[271] Dieses Beispiel veranschaulicht insbesondere aufgrund der dreizehnjährigen unrechtmäßigen Inhaftierung des Angeklagten[272], dass die Nutzung des Sachverständigenbeweises gefahrenbehaftet ist.

Unklar blieb im Wiederaufnahmeverfahren laut Pressemitteilung des LG München II, ob die ursprünglich rechtsmedizinische Fremdeinwirkungshypothese dem damaligen Stand der Wissenschaft entsprach, grundsätzlich abwegig gewesen ist, einen fehlerhaften Wahrscheinlichkeitsgrad enthielt oder auf voreiligen Hypothesen oder Konklusionen beruht hat.[273] Die Auseinandersetzung der Strafkammern mit dem rechtsmedizinischen Gutachten war dahingehend unzulänglich, dass maßgebliche Alternativhypothesen (z. B. das Opfer beugt sich selbständig über die Badewanne, um den Wasserhahn zu drehen und fällt daraufhin hinein) nicht ausreichend berücksichtigt bzw. gegeneinander abgewogen wurden, obwohl sie Gegenstand der Hauptverhandlungen waren und Umstände, die auf ein Sturzgeschehen hindeute-

---

[268] Siehe für vertiefende Ausführungen alle Urteile des LG München sowie o. g. Medienberichterstattungen.

[269] Informationen beruhend auf LG München, Pressemitteilung Nr. 40 v. 12.08.2022 (online abrufbar unter: https://www.justiz.bayern.de/gerichte-und-behoerden/oberlandesgerichte/muenchen/presse/2022/40.php).

[270] Siehe zum Selbstladungsrecht des Angeklagten tiefergehend 6. Kapitel C. I. 2. c).

[271] Die Computersimulation und Auszüge der Gutachten des „Exzellenzclusters Datenintegrierte Simulationswissenschaft (SimTech)" und des „Institute for Modelling and Simulation of Biomechanical Systems" von der Universität Stuttgart (online abrufbar unter der Homepage der Gutachter: https://www.simtech.uni-stuttgart.de/de/magazin/freispruch-im-badewannenmord/; https://www.imsb.uni-stuttgart.de/de/forschung/cbb/badewannenmord-der-keiner-war/).

[272] *Jüttner/Altrogge*, Spiegel v. 22.04.2023: „Ich kriege keine Minute zurück".

[273] LG München, Pressemitteilung Nr. 40 v. 12.08.2022 (online abrufbar unter: https://www.justiz.bayern.de/gerichte-und-behoerden/oberlandesgerichte/muenchen/presse/2022/40.php).

ten[274], nicht erschöpfend ausermittelt wurden. Selbst wenn die späteren Sachverständigengutachten nach Ansicht des LG München II tatsächlich „neue wissenschaftliche Methoden“ verkörpert haben, „die seinerzeit [Anm.: in den Jahren 2010 bzw. 2012] noch nicht zur Verfügung standen“[275], wird hierdurch die Intertemporalität der Wissenschaft bestätigt.[276] Die grundsätzliche Falsifizierbarkeit wissenschaftlicher Hypothesen ist zwar nicht änderbar, dennoch ist die prozessual-formelle Darlegung des Falsifikationsprozesses an hohe Anforderungen geknüpft.[277]

B. Ergebnis des 5. Kapitels

Die aufgezeigten Gefahren bei der Nutzung von außerjuristischem Erfahrungswissen stellen die Strafrechtswissenschaft bereits seit langem vor die sich zuspitzende Herausforderung der „Verwissenschaftlichung“ des Strafprozesses. Angesichts der im 5. Kapitel dargelegten notorischen Wissensasymmetrie der Entitäten und der erkenntnistheoretischen Immanenz, dass außerjuristische Konklusionen primär vom Sachverständigen herrühren, sind die genannten Gefahren faktisch nicht auszuräumen. Die unerreichbare Verifikation von Erfahrungssätzen lässt den Komplex des Erfahrungswissens zu einem schier unlösbaren Problem werden.[278]

---

274 So z. B. die Angewohnheit des Opfers, in der Badewanne Wäsche einzuweichen, so LG München II, Urt. v. 12.05.2010 – 1 Ks 31 Js 40341/08, S. 44. Diese Schmutzwäsche wurde von Polizeibeamten vor Ort entsorgt, so *Holzhaider*, SZ v. 12.01.2012 „Der Mord, der keiner war“ im Gespräch mit dem Strafverteidiger *Widmaier*; *Darnstädt*, Der Richter und sein Opfer (2013), S. 126 ff.

275 So LG München, Pressemitteilung Nr. 40 v. 12.08.2022 (online abrufbar unter: https://www.justiz.bayern.de/gerichte-und-behoerden/oberlandesgerichte/muenchen/presse/2022/40.php).

276 Siehe hierzu bereits 4. Kapitel D. II. 3.

277 Siehe zu den Anforderungen an „neue geeignete Beweismittel“ i. S. d. § 359 Nr. 5 StPO MüKo-StPO/*Engländer/Zimmermann* § 359 Rn. 37 ff.

278 So auch *Schreiber*, in: FS Wassermann (1985), 1007 (1017): Es existiert keine „glatte“ Lösung.

6. Kapitel

Die Verteidigungsmöglichkeiten des Angeklagten im Bereich von außerjuristischem Erfahrungswissen

A. Ziele und Grenzen des Verteidigungsverhaltens

Ein Strafverteidiger ist dazu verpflichtet, seinen Mandanten bestmöglich zu verteidigen.[1] Die Verteidigung als verfassungsrechtlich gewährleistete[2] Interessenvertretung[3] des Mandanten hat diesen entlastende Umstände vorzutragen und diesen belastende Umstände auszuräumen bzw. argumentativ abzuschwächen.[4] Die Verteidigung hat darauf hinzuwirken, dasjenige Erfahrungswissen, welches das für den Mandanten günstigste Ergebnis erzeugt, zur Anwendung kommen zu lassen.[5] Der Vorwurf der Ergebnisorientiertheit[6] verteidigenden Verhaltens ist dahingehend zu relativieren, dass dieses selbstverständlich an Recht und Gesetz gebunden ist und sich eines unzulässigen Vorgehens zu enthalten hat.[7]

---

[1] BGHSt 38, 345 (350) = NJW 1993, 273 (274).

[2] Das Recht auf einen rechtlichen Beistand leitet sich für Rechtsunkundige einerseits aus dem Rechtsstaatsprinzip (Art. 20 Abs. 3 GG) ab, so BVerfGE 110, 226 = NJW 2004, 1305 (1307), andererseits einfachgesetzlich aus § 137 Abs. 1 StPO (Recht des Beschuldigten auf Hinzuziehung eines Verteidigers): „Der Beschuldigte kann sich in jeder Lage des Verfahrens des Beistandes eines Verteidigers bedienen" und Art. 6 Abs. 3 lit. c EMRK: „Jede angeklagte Person hat mindestens folgende Rechte: ... sich selbst zu verteidigen, sich durch einen Verteidiger ihrer Wahl verteidigen zu lassen oder, falls ihr die Mittel zur Bezahlung fehlen, unentgeltlich den Beistand eines Verteidigers zu erhalten, wenn dies im Interesse der Rechtspflege erforderlich ist".

[3] Instruktiv hierzu *Bernsmann*, StraFo 1999, 226 ff.; *Beulke*, Der Verteidiger im Strafverfahren (1980), S. 185 f. Siehe hierzu die Rechtsgrundlagen § 3 BORA (Interessenwiderstreit): „(1) Der Rechtsanwalt darf keine widerstreitenden Interessen vertreten."; § 43a BRAO (Grundpflichten): „(4) Der Rechtsanwalt darf nicht tätig werden, wenn er einen anderen Mandanten in derselben Rechtssache bereits im widerstreitenden Interesse beraten oder vertreten hat."

[4] Statt vieler *Beulke*, Der Verteidiger im Strafverfahren (1980), S. 35.

[5] Speziell für den Umgang mit Sachverständigen Bockemühl/*Detter/Becker*, Hdb. des FAStrafR, Abschn. 8, Kap. 37 Rn. 1; *Dahs*, Hdb. des Strafverteidigers Rn. 616; *Krekeler*, StraFo 1996, 5.

[6] Speziell für Sachverständigengutachten *Leygraf*, in: Reform oder Roll-Back – 21. StV-Tag (1997), 267 (269); *Brüning*, StV 2008, 100 (104).

[7] *Beulke*, Der Verteidiger im Strafverfahren (1980), S. 149; *Roxin/Schünemann*, Strafverfahrensrecht, § 19 Rn. 3 ff.; KK-StPO/*Willnow* § 137 Rn. 5; Meyer-Goßner/*Schmitt* StPO Vor

Die vorsätzliche Hinwirkung auf die Erstattung eines voreingenommenen bzw. gar falschen Gutachtens würde für die Verteidigung eine Anstiftung zur Falschaussage bzw. zum Meineid (§§ 153, 154 Abs. 1, 26 StGB) und ggf. eine Strafvereitelung (§ 258 Abs. 1 StGB) darstellen. Die unlautere Einwirkung auf Sachverständige kann ferner den Haftgrund der Verdunkelungsgefahr (§ 112 Abs. 2 Nr. 3 lit. c StPO) begründen. Fern ab davon ist die Verteidigung berechtigt, „unter Umständen auch wider besseres Wissen mit prozessual zulässigen Mitteln"[8] auf einen Freispruch hinzuwirken, d. h. beispielsweise eine den Angeklagten entlastende und vertretbare wissenschaftliche Lehrmeinung einzunehmen, obwohl positive Kenntnis vom Gegenteil der Konklusion besteht. Ein Sachverständigengutachten kann daher mitunter ein wichtiger Mosaikstein in der Verteidigungsstrategie sein.[9]

Es ist selbstverständlich „nicht jedes Gutachten, das nicht den Erwartungen des Angeklagten und der Verteidigung entspricht, [...] unrichtig".[10] Dennoch existieren Verfahren, in denen von der Justiz angewendetes Erfahrungswissen schlichtweg nicht valide ist oder nicht die historisch-rekonstruierbare Wirklichkeit zu Tage befördert hat, sodass es aus Sicht der Verteidigung angezeigt ist, dieses Wissen auszuräumen bzw. dessen Verwertung zu verhindern.[11] Damit ist das Verteidigungsvorgehen im Ergebnis zwar interessengebunden, es steht aber keinesfalls im Widerspruch zur objektiven Sachverhaltserforschung (§§ 160 Abs. 1, 244 Abs. 2 StPO), welche der Staatsanwaltschaft und dem Gericht obliegt, denn es soll diese vielmehr ergänzen. Trotz umfassender Geltung der Amtsaufklärungspflicht sind der Angeklagte und die Verteidigung stets gut damit beraten, sich nicht darauf zu verlassen, die Staatsanwaltschaft und das Gericht „werde[n] schon alle dem Angeklagten günstigen Umstände finden"[12]. Insbesondere im Rahmen des komplexen

---

§ 137 Rn. 1; *Jahn/Brodowski*, in: Hilgendorf/Kudlich/Valerius, HdBStR Bd. VII (2020), § 17 Rn. 127. Siehe hierzu § 1 BRAO (Stellung des Rechtsanwalts in der Rechtspflege): „Der Rechtsanwalt ist ein unabhängiges Organ der Rechtspflege".

[8] So die Entscheidung BGHSt 47, 68 (77) = NStZ 2001, 535 (537) zur Strafbarkeit von Strafverteidigern wegen Geldwäsche gem. § 261 StGB. So bereits BGHSt 38, 345 (350) = NJW 1993, 273 (274).

[9] *Tondorf/Tondorf*, Psychologische Sachverständige, Rn. 267.

[10] So zutreffend *Detter*, in: FS Meyer-Goßner (2001), 431 (444).

[11] *Hartmann/Rubach*, StV 1990, 425 (427): „Ein Verteidiger, der ein SV-Gutachten, an dessen Qualität er begründete Zweifel hegt oder das er selbst nicht kritisch beurteilen kann, als ‚schicksalhaft' hinnimmt und auf sein Plädoyer vertraut, ist sein Geld nicht wert"; m.w. Bsp. zu Gutachtenfehlern.

[12] *Dahs*, Hdb. des Strafverteidigers Rn. 448; *ders.*, NStZ 1991, 354 (355). So auch *Bernsmann*, StraFo 1999, 226 (228); *Beulke*, Der Verteidiger im Strafverfahren (1980), S. 35; *Nelles*, StV 1986, 74; *Kretschmer*, StraFo 2013, 184 (191); *Widmaier*, NStZ 1992, 519 (522 f.); MüKo-StPO/*Trüg/Habetha* § 244 Rn. 13: „Amtsermittlungspflicht allein bewirkt keine ausreichende Sicherung (für die Verwirklichung des verfassungsrechtlich garantierten Schuldprinzips)". In ähnliche Richtung BGH, Urt. v. 30. 07. 1999 – 1 StR 618/98 = NJW 1999, 2746 (2751): „Hält ein Prozeßbeteiligter die wissenschaftlichen Anforderungen (Anm.: eines Sachverständigengutachtens) dagegen für nicht erfüllt, wird er noch in der Tatsacheninstanz auf die Bestellung eines weiteren Sachverständigen hinzuwirken haben".

außerjuristischen Erfahrungswissens ist die justizielle Ermittlungstätigkeit finanziell, inhaltlich und erkenntnistheoretisch begrenzt.[13]

Um Fehler in der Anwendung von Erfahrungswissen zu vermeiden, ist es aus Sicht der Verteidigung unerlässlich, ebenfalls über Kenntnisse der jeweiligen Fachrichtung zu verfügen. Juristen dürften den Sachverständigen in außerjuristischen Wissenschaften naturgemäß fachlich unterlegen sein. Die Kontrolle von gerichtlichem Sonderwissen ist daher maßgeblich von der Bereitschaft der jeweiligen Verteidigung abhängig.[14] Im Sinne einer kunstgerechten Verteidigung („*de lege artis*") ist es für den Strafverteidiger erforderlich, ein Mindestmaß an Kontrollwissen zu besitzen.[15] Durch Selbststudium und Einzelauskünfte[16] lässt sich bereits ein Grundstein legen, um Sachverständigengutachten auf Defizite untersuchen zu können.[17] Als Fachanwälte für Strafrecht ausgezeichnete Rechtsanwälte sind insbesondere verpflichtet, die „Grundzüge der maßgeblichen Hilfswissenschaften" zu kennen (§ 13 Nr. 1 FAO). Ergänzende Fortbildungen (§ 15 FAO) können wiederkehrend relevante strafrechtsnahe Bereiche wie z.B. Aussagepsychologie, Rechtsmedizin und Messtechniken abdecken.

Primäres Ziel der Verteidigung ist es, mit den vorhandenen Verfahrensrechten die Sachverhaltsaufklärung durch Einführung von validem Erfahrungswissen zu fördern oder gar eine fehlerhafte Sachverhaltsaufklärung aufgrund von nicht validem Erfahrungswissens zu verhindern, d.h. den Angeklagten *mithilfe* oder *gegen* außerjuristisches Erfahrungswissen zu verteidigen. Die Frage-, Erklärungs- und Beweisantragsrechte sind für die unmittelbare Beeinflussung der Beweiserhebungen substanziell, wenn nicht sogar am bedeutendsten.[18]

In objektiver Hinsicht soll durch die Einflussnahme auf die Überzeugungsbildung des Gerichts die Sachaufklärung gefördert werden[19] und in subjektiver Hin-

---

[13] Hierzu zuletzt *Anders*, ZStW 129 (2017), 82 (92ff.).

[14] *Anders*, Beweiserhebungskontrollen (1998), S. 110: „Gute Strafverteidigung zeichnet sich gerade durch die Bereitschaft zur Einarbeitung in fremde Wissenschaftsgebiete aus".

[15] *Barton*, Psychowissenschaftliche Sachverständige (1983), S. 114; *ders.*, StV 1983, 73 (80); *Deckers*, in: FS Eisenberg (2009), 473 (496); *Dahs*, Hdb. des Strafverteidigers Rn. 621; *Tondorf/Tondorf*, Psychologische Sachverständige, Rn. 294.

[16] Instruktiv dazu *Dahs*, Hdb. des Strafverteidigers Rn. 226ff.; *Barton*, StV 1983, 73 (80).

[17] Kontrollfragen, die sich die Verteidigung zu stellen hat, werden z.B. von *Barton*, StV 1983, 73 (80) und *Krekeler*, StraFo 1996, 5 (11) aufgezählt, so z.B. zu Qualifikationen, Gutachtenmethodik, Anknüpfungstatsachen, Untersuchungsparameter, unzulässige Tendenzen wie sachfremde Erwägungen und rechtliche Stellungnahmen.

[18] *Alsberg*, GA 1917, 99; *ders.*, in: FS Heinitz (1926), 416 (428f.); *Gollwitzer*, in: GS Meyer (1990), 147; *Perron*, ZStW 108 (1996), 128 (133); *Walther*, GA 2003, 204 (219); *Sommer*, NJW 2005, 1240 (1242); *Gaede*, StV 2012, 51 (58); *Hammerstein*, in: FS Rebmann (1989), 233.

[19] *Alsberg*, GA 1917, 99 (100); LR-StPO/*Stuckenberg* § 257 Rn. 3; LR-StPO/*Becker* § 240 Rn. 1; *Hammerstein*, in: FS Rebmann (1989), 233.

sicht die Verfahrensteilhabe durch Vertrauensstärkung in die Entscheidung[20] garantiert werden. Daneben sind auch passive Informations- und Anwesenheitsrechte relevant. Speziell die Ausübung der aktiv-kontradiktorischen Rechte birgt in der Praxis mitunter Konfliktpotenzial.[21] Daneben existieren eine Vielzahl weiterer strategischer (ggf. auch informeller) Verhaltensmöglichkeiten, welche keine Prozesshandlungen im engeren Sinn darstellen, aber dennoch hilfreich sein können.[22]

Da sich gezeigt hat, dass die Sachkundeanwendung – gleich durch welche Entität – gewisse Gefahren birgt, die sich nicht eliminieren lassen, ohne das System der StPO grundlegend zu ändern, sollen im hiesigen Kapitel die Verteidigungsrechte *de lege lata* auf ihre Einwirkungschancen untersucht werden. Sofern Defizite bestehen, werden Vorschläge gemacht, diese Defizite entsprechend des „Mehr-Augen"-Prinzips[23] durch hinzutretende Kontrollmöglichkeiten der Prozessbeteiligten zu kompensieren.

B. Im Ermittlungsverfahren

Entsprechend des Grundsatzes der freien Gestaltung des Ermittlungsverfahrens[24] ist nicht absehbar, zu welchem Zeitpunkt die Staatsanwaltschaft Ermittlungsmaßnahmen ergreift. Das Ermittlungsverfahren wird überwiegend geheim durchgeführt, die Staatsanwaltschaft ist der Verteidigung dadurch informatorisch überlegen und das Ermittlungsergebnis gar präjudiziell für den weiteren Verfahrensgang.[25] Die Wahrnehmung der folgenden Verfahrensrechte setzt daher voraus, dass der Beschuldigte von der Einleitung des Strafverfahrens überhaupt Kenntnis erlangt (d. h. spätestens nach Belehrung in der ersten Vernehmung gem. §§ 136 Abs. 1 S. 1, 163a Abs. 1 StPO) und ggf. einen Verteidiger beigeordnet bekommt (§§ 140 ff. StPO) oder nach Wahl konsultiert hat (§ 138 StPO). Die adäquate Wahrnehmung von Verteidigungsrechten ist je nach Sachverhalt teilweise erst nach Akteneinsicht, d. h. nach Abschluss der Ermittlungen, möglich.[26] Das Ermittlungsverfahren bietet

---

[20] LR-StPO/*Stuckenberg* § 257 Rn. 1; MüKo-StPO/*Cierniak/Niehaus* § 257 Rn. 2; *Hammerstein*, in: FS Rebmann (1989), 233 (234).

[21] *Perron*, Beweisantragsrecht des Beschuldigten (1995), S. 132 ff.; *Sommer*, Effektive Strafverteidigung, Kap. 1 Rn. 140 ff.

[22] So für den Sachverständigenbeweis z. B. bei *Barton*, StV 1983, 73 (79); *Krekeler*, StraFo 1996, 5 ff.; *Dahs*, Hdb. des Strafverteidigers, Rn. 3 ff.; *Malek*, Verteidigung in der Hauptverhandlung Rn. 598 ff.

[23] Basierend auf Wörterbuch Duden online, Stichwort: „Vieraugenprinzip": der Fehlervermeidung dienender Grundsatz, nach dem immer zwei Personen einen Sachverhalt beurteilen, eine Entscheidung treffen o. Ä., d. h. je mehr Personen Arbeitsabläufe kontrollieren, desto geringer ist das Fehler- und Missbrauchsrisiko.

[24] Vgl. nur Meyer-Goßner/*Schmitt* StPO Einl. Rn. 60.

[25] Siehe hierzu bereits 4. Kapitel C. II. 1.

[26] *Quedenfeld*, in: FS Peters (1984), 215 (219).

wegen der Undeterminiertheit noch die beste Möglichkeit, eine günstige Erledigung zu erreichen.[27]

I. Verteidigungsmöglichkeiten *de lege lata*

1. Verteidigung *gegen* außerjuristisches Erfahrungswissen

In der ersten Konstellation zieht die Strafverfolgungsbehörde bereits im Ermittlungsverfahren einen Sachverständigen hinzu, wenn dieser für die vollständige Aufklärung des Sachverhalts unentbehrlich ist (Nr. 69 RiStBV). Dabei handelt es sich z.B. um die Untersuchung von Beweisobjekten (z.B. Spuren, Urkunden oder Leichnam), deren Verlust droht oder die Ermittlung bzw. Identifizierung des Tatobjekts bzw. -subjekts (Opfer und Täter). Ausgangspunkt ist, dass die Strafverfolgungsbehörde bereits entschieden hat, dass ihr Wissensstand für die Beurteilung der außerjuristischen Beweisfrage nicht ausreicht. Falls die Verteidigung auf die Begutachtung durch den Sachverständigen Einfluss nehmen will oder bereits zu der Einschätzung gelangt ist, das Erfahrungswissen selbst oder die Anwendung seien für den Angeklagten ungünstig oder fehlerhaft, kann es die in dieser Konstellation offenstehenden Rechte *de lege lata*, welche unterschiedliche Angriffsrichtungen haben, geltend machen.

a) Recht zur Stellungnahme (Nr. 70 Abs. 1 RiStBV)

Ausgehend vom Wortlaut des § 73 Abs. 1 S. 1 StPO erfolgt die Auswahl der Sachverständigen und die Bestimmung ihrer Anzahl grundsätzlich durch den Richter. Es ist gelebte Praxis, dass die Staatsanwaltschaft bereits im Stadium des Ermittlungsverfahrens Sachverständige hinzuziehen darf und soll (§ 161a Abs. 2 S. 1 StPO).[28] Der Geltungsgehalt des Nr. 70 Abs. 1 RiStBV sieht vor, dass der Staatsanwalt dem Verteidiger die Gelegenheit gibt, „vor Auswahl des Sachverständigen Stellung zu nehmen, es sei denn, dass der Gegenstand der Untersuchung ein häufig wiederkehrender, tatsächlich gleichartiger Sachverhalt (z.B. Blutalkoholgutachten) ist oder eine Gefährdung des Untersuchungszwecks (vgl. § 147 Abs. 2 S. 1 StPO) oder eine Verzögerung des Verfahrens zu besorgen ist".

Sofern die Verteidigung sich aus strategischen Gründen, so z.B. wegen einer Relevanz der Gutachterperson für das -ergebnis[29], dazu entscheidet, Einfluss nehmen zu wollen[30], kann von dieser Möglichkeit Gebrauch gemacht werden. Mangels

---

[27] *Dahs*, NStZ 1991, 354 (355).

[28] Siehe hierzu näher 6. Kapitel B. II. 1.

[29] Siehe hierzu bereits 5. Kapitel A. VI. 1.

[30] *Barton*, StV 1983, 73; *Tondorf/Tondorf*, Psychologische Sachverständige, Rn. 298.

formeller Gesetzesqualität der Richtlinien[31] existiert keine amtliche Begründung. Da frühere Fassungen[32] eine solche Möglichkeit zur Stellungnahme nicht enthielten, kann nur vermutet werden, dass Nr. 70 Abs. 1 RiStBV als Ausprägung der ins Bewusstsein gerückten subjektiven Verfahrensteilhabe des Beschuldigten[33] Eingang in die heutige Fassung gefunden hat. Die qualitative Abstufung zwischen „häufig wiederkehrenden, tatsächlich gleichartigen", d.h. einfach gelagerten, und anderen Sachverhalten zeigt, dass die Komplexität von Konstellationen, die eine Sachverständigenhinzuziehung indizieren, bedacht wurden.

Der Anwendungsbereich des Nr. 70 Abs. 1 RiStBV ist aus ermittlungsimmanenten Gründen bereits auf Fälle eines konkret bezeichneten Beschuldigten beschränkt. In der Praxis treten jedoch häufig Situationen auf, in denen vor Konkretisierung des Tatsubjekts (z.B. bei Verfahren gegen „Unbekannt") bereits Sachverständige hinzugezogen werden. Dies geschieht, z.B. bei der Leichenschau und -öffnung sowie forensischen Tatortanalysen, unter dem Druck des Beweismittelverlusts oder gar erst zur Ermittlung bzw. Identifizierung des potenziellen Täters.

Die Möglichkeit der Stellungnahme zur Sachverständigenauswahl erfordert nach ihrem „*telos*" – ähnlich der in Art. 103 Abs. 1 GG wurzelnden Information, Äußerung und Berücksichtigung – eine Mitteilung der Staatsanwaltschaft sowie die Berücksichtigung der Stellungnahme bei der Auswahl.[34] Das bedeutet jedoch keineswegs, dass die Staatsanwaltschaft an die Stellungnahme gebunden sei.[35]

Eine angemessene Frist von ein bis zwei Wochen sollte gewährt werden, um eine Rückmeldung der Verteidigung zu garantieren[36], ansonsten würde der Inhalt der Vorschrift ins Leere laufen. Insbesondere käme es einem inneren Zirkelschluss („*petitio principii*") gleich, eine solche Frist bloß abzulehnen, weil dadurch „eine Verzögerung des Verfahrens zu besorgen ist" (Nr. 70 Abs. 1 RiStBV a.E.). Damit würde das Regel-Ausnahme-Verhältnis der Vorschrift umgekehrt, denn Nr. 70 Abs. 1 RiStBV trägt – anders als es auf den ersten Blick erscheint – zur Verfahrensbeschleunigung bei statt diese zu drosseln, da die Stellungnahme geeignet ist, bereits präventiv, d.h. vor Beauftragung eines konkreten Sachverständigen, etwaige gegenüber diesem bestehende Ablehnungsgründe i.S.d. § 74 StPO auszuräumen

---

[31] Neufassung der Richtlinien für das Straf- und Bußgeldverfahren (RiStBV) v. 01.01. 1977 (BAnz. Nr. 245 v. 21.12.1976), bundesweit bereits erstmals im Jahr 1953 in Kraft getreten. Zur Entstehungsgeschichte und der Neufassung der RiStBV ab dem Jahr 1977 siehe die Darstellungen bei *Schaefer*, NJW 1977, 21 ff.

[32] So z.B. die Richtlinien für das Strafverfahren: Allgemeine Verfügung des Reichsministers der Justiz v. 13.04.1935 (online abrufbar unter: https://portal.dnb.de/bookviewer/view/1142793087#page/n2/mode/1up).

[33] Siehe hierzu bereits 4. Kapitel A.

[34] Hierfür auch *Sarstedt*, NJW 1968, 177 (179). Siehe hierzu bereits 4. Kapitel B.II.

[35] *Tondorf/Tondorf*, Psychologische Sachverständige, Rn. 239.

[36] *Sarstedt*, NJW 1968, 177 (179); *Dierlamm*, in: FS Müller (2008), 117 (121); *Wagner*, StV 2000, 544 (545).

und so ein Ablehnungsverfahren sowie eine neue Sachverständigenauswahl zu vermeiden.[37]

Aus Sicht des Beschuldigten stellt sich die zentrale Frage, ob Nr. 70 Abs. 1 RiStBV ihm einen durchsetzbaren Rechtsanspruch im Ermittlungsverfahren gewährt, d.h. ob er auf die Möglichkeit zur Stellungnahme bestehen kann und ein Verstoß Rechtsfolgen für das weitere Strafverfahren hat. Hierfür sind der Rechtscharakter, die Bindungswirkung, der Umfang und der Adressat sowie der Rechtsinhaber des Nr. 70 Abs. 1 RiStBV zu ermitteln.

aa) Rechtscharakter und Bindungswirkung

Bei den RiStBV handelt es sich um Verwaltungsvorschriften[38], d.h. verwaltungsinterne Regelungen, die der Bundesjustizminister gemäß dem Weisungsrecht (Art. 65 S. 2 GG) und die Landesminister als innerdienstliche und verbindliche[39] Weisungen (§ 146 GVG) gegenüber den vollziehenden Staatsanwaltschaften erlassen haben.[40] Ihr Vollzug fällt in der Praxis unterschiedlich aus.[41] Die Rechtsnatur von Verwaltungsvorschriften ist zwar im Einzelnen umstritten, sie werden jedoch überwiegend als Innenrechtssätze qualifiziert und damit nicht den klassischen Rechtsnormen (Außenrechtssätze) wie z.B. der StPO zugeordnet.[42] Für die Annahme eines gebundenen Anspruchs im klassischen Sinn[43], wie es der Wortlaut des Nr. 70 Abs. 1 RiStBV („gibt“) vorsieht, bedarf es aber grundsätzlich formeller Gesetzesqualität.

Mangels Gesetzesqualität wurde lange Zeit angenommen, dass Verwaltungsvorschriften keinerlei Außenwirkung gegenüber den Bürgern entfalten und auch keine subjektiv-öffentlichen Rechte begründen können[44], da sie in der Normhier-

---

[37] *Dierlamm*, in: FS Müller (2008), 117 (121 f.); BeckOK-StPO/*Engelstätter* RiStBV Nr. 70 Rn. 2; SK-StPO/*Rogall* § 73 Rn. 12.

[38] So z.B. OLG Koblenz, Beschl. v. 30.05.1986 – 2 VAs 20/85 = NJW 1986, 3093 (3095). Näher zum Begriff BVerfGE 100, 249 (258) = NVwZ 1999, 977; Dürig/Herzog/Scholz/*Kirchhof*, GG Art. 85 Rn. 52 ff.

[39] *Tondorf*, StraFo 1996, 136 (140); *Tondorf/Tondorf*, Psychologische Sachverständige, Rn. 238.

[40] Zur Erlasskompetenz BVerfGE 26, 338 (396) = VerwRspr 1970, 142 (163).

[41] Allgemein zur RiStBV *Schaefer*, NJW 1977, 21: „Die Praxis mag nicht überall die gleiche gewesen sein […]“; sie hatten „nicht den Stellenwert […], den ihre Verfasser ihnen zugedacht hatten“.

[42] *Maurer/Waldhoff*, Verwaltungsrecht (2024), S. 88, 695; *Sauerland*, Die Verwaltungsvorschrift im System der Rechtsquellen (2005), S. 70 ff.

[43] Dazu *Maurer/Waldhoff*, Verwaltungsrecht (2024), S. 11; *Detterbeck*, Verwaltungsrecht (2024), S. 96 f., 336 ff.; BVerfGE 100, 249 (258) = NVwZ 1999, 977; Dürig/Herzog/Scholz/*Kirchhof*, GG Art. 85 Rn. 52.

[44] Dazu die Darstellungen bei *Maurer/Waldhoff*, Verwaltungsrecht (2024), S. 694 ff.; *Detterbeck*, Verwaltungsrecht (2024), S. 14; *Gusy*, DVwBl. 1979, 720 (722 f.).

archie unterhalb der klassischen Rechtsnormen von Verfassung, Gesetz, Rechtsverordnung und Satzung stehen.[45] Unbestritten ist, dass Verwaltungsvorschriften zunächst verwaltungsinterne Bindungswirkung entfalten.[46] Ein argumentativer Ansatz, der darin bestand, speziell die RiStBV hätten aufgrund ihrer selbstverständlichen Anwendung mittlerweile die Qualität von Bundesgewohnheitsrecht erlangt, wurde von der Rechtsprechung mit dem Einwand, die Justizbehörden würden sie in dem Bewusstsein anwenden, dass es sich um Verwaltungsvorschriften, nicht aber um Rechtssätze handelt, verdrängt.[47] Die restriktive Ansicht der fehlenden Außenwirkung darf allerdings mittlerweile als überholt gelten.[48] Es wird dagegen zwischen verschiedenen Arten von Verwaltungsvorschriften, die keine (z. B. Organisations- oder Dienstvorschriften) oder nur mittelbare (z. B. norminterpretierende, -konkretisierende oder ermessenslenkende Verwaltungsvorschriften) Außenwirkung erzeugen, differenziert.[49]

Zunächst verkörpert Nr. 70 Abs. 1 RiStBV keine ausschließlich intern wirkende Organisations- oder Dienstvorschrift, da nicht bloß behördliche Zuständigkeiten, Geschäftsverteilungen, oder Dienstzeiten[50] geregelt werden. Vielmehr erfasst die Vorschrift die behördenexterne Stellungnahme eines Verfahrensbeteiligten.

Es könnte sich bei Nr. 70 Abs. 1 RiStBV allerdings um eine norminterpretierende bzw. -konkretisierende Verwaltungsvorschrift handeln. Das wäre der Fall, wenn sie die Auslegung und Anwendung von Rechtsnormen, insbesondere bei Vorliegen unbestimmter Rechtsbegriffe auf Tatbestandsseite, regelt oder einen solchen unbestimmten Rechtsbegriff bzw. einen offenen gesetzlichen Tatbestand in rechtssatzmäßiger Weise ausfüllt (wie z. B. die TA Lärm/Luft).[51] Da Nr. 70 Abs. 1 RiStBV sich auf die Rechtsnorm des § 73 Abs. 1 S. 1 StPO und über den weiteren Verweis auf § 161a Abs. 1 S. 2 StPO bezieht, ist dies die maßgebliche Anknüpfungsnorm. Diese Vorschriften behandeln allerdings keinen unbestimmten Begriff,

[45] BVerfGE 100, 249 (258) = NVwZ 1999, 977; Dürig/Herzog/Scholz/*Kirchhof*, GG Art. 85 Rn. 52.

[46] BVerwGE 100, 335 ff. = NVwZ 1997, 292 (295); BVerwGE 104, 220 (223) = NVwZ 1998, 273 (274); BVerwGE 126, 33 = NVwZ 2006, 1184 (1188); BerlVerfGH, Beschl. v. 02. 04. 2004 – VerfGH 163/01= NJW-RR 2004, 1706 (1707).

[47] Der Ansatz bei *Schäfer*, NStZ 1985, 198 (202); a. A. OLG Koblenz, Beschl. v. 30. 05. 1986 – 2 VAs 20/85 = NJW 1986, 3093 (3095); OLG Hamm, Beschl. v. 11. 11. 1985 – 1 VAs 106/85 = NStZ 1986, 236; *Maurer/Waldhoff*, Verwaltungsrecht (2024), S. 707 f.

[48] So statt vieler *Ossenbühl*, in: FS BVerwG (1978), 433 (434 f.). BVerwGE 35, 159 (161 ff.) = NJW 1970, 1563 (1564) zur Bedeutung von Verwaltungsvorschriften.

[49] *Ossenbühl*, in: FS BVerwG (1978), 433 (444 ff.); *Maurer/Waldhoff*, Verwaltungsrecht (2024), S. 696 ff.

[50] *Maurer/Waldhoff*, Verwaltungsrecht (2024), S. 697; *Detterbeck*, Verwaltungsrecht (2024), S. 333.

[51] *Maurer/Waldhoff*, Verwaltungsrecht (2024), S. 698; *Detterbeck*, Verwaltungsrecht (2024), S. 334 f.; *Kopp/Ramsauer*, VwVfG § 35 Rn. 49b, 49c; *Ossenbühl*, in: FS BVerwG (1978), 433 (444).

dessen normativer Gehalt erst durch die erläuternde Lektüre von Nr. 70 Abs. 1 RiStBV verständlich wird.

In Betracht kommt, dass Nr. 70 Abs. 1 RiStBV eine ermessenslenkende Verwaltungsvorschrift darstellt. Solche Vorschriften bestimmen, in welcher Art und Weise von dem der Behörde eingeräumten Ermessen Gebrauch gemacht werden soll, um eine bundeseinheitliche Ermessensausübung zu garantieren.[52] §§ 73 Abs. 1 S. 1, 161a Abs. 1 S. 2 StPO regeln das Ermessen bzgl. der Auswahl von Sachverständigen durch die Staatsanwaltschaft. Parallel dazu legt Nr. 70 RiStBV den Entscheidungsmaßstab hierfür, d. h. das konkrete Vorgehen (Abs. 1, Abs. 2) sowie die Fachrichtung (Abs. 3) und Belehrung (Abs. 5) der Sachverständigen zugrunde.[53] Die Ausübung des fehlerfreien Auswahlermessens umfasst dabei auch die selbst auferlegte Gewährung zur Stellungnahme der Gegenseite, worin der erkennbare Zweck liegt, den sachlichen Vortrag in die Ermessensentscheidung miteinzubeziehen. Hiermit korreliert der Wille des Verwaltungsvorschriftengebers, die Restbereiche des staatsanwaltschaftlichen Ermessens einzuengen.[54]

Sofern die Verwaltung ihr Ermessen durch Verwaltungsvorschrift konkretisiert, die Vorschrift in der Praxis tatsächlich angewendet hat und diese nicht gegen formelle Gesetze verstößt, erzeugt sie eine Selbstbindung (Art. 3 Abs. 1, 20 Abs. 3 GG), welche mittelbare Rechtswirkung im Außenbereich entfaltet.[55] Da Nr. 70 Abs. 1 RiStBV als zwingende Vorschrift nicht nur die Verwirklichung öffentlicher, sondern auch individueller Interessen bezweckt[56], lässt sich aus ihr ein subjektiv-öffentliches Recht des Beschuldigten auf Stellungnahme bei der Auswahl des Sachverständigen im Ermittlungsverfahren ableiten.[57] Dementsprechend hat der 1. Strafsenat des BGH aus dem Anhörungs*recht* eine spiegelbildliche Anhörungs*pflicht* für die jeweils zuständige Entität geformt:

> „Entscheidet sich der Richter nach der Einholung eines Gutachtens zur Schuldfähigkeit, wie hier kurz vor Beginn der Hauptverhandlung zur Erhebung eines weiteren Gutachtens, ist er, schon um den *Anspruch auf rechtliches Gehör* zu gewährleisten, nach § 73 I StPO (vgl. […] und *Nr. 70 I RiStBV*) *verpflichtet*, die *Verteidigung* an der Auswahl des beizuziehenden Gutachters *zu beteiligen*."[58]

---

[52] *Guckelberger*, Die Verwaltung 2002, 61; *Maurer/Waldhoff*, Verwaltungsrecht (2024), S. 699; *Detterbeck*, Verwaltungsrecht (2024), S. 335; *Reimer*, Jura 2014, 678 (679); *Ossenbühl*, in: FS BVerwG (1978), 433 (447 f.).

[53] BeckOK-StPO/*Engelstätter* RiStBV Nr. 70 Rn. 3.

[54] KK-StPO RiStBV (6. Aufl. 2008), Redaktionelle Vorbemerkungen.

[55] *Maurer/Waldhoff*, Verwaltungsrecht (2024), S. 706, 713; *Kopp/Ramsauer*, VwVfG § 40 Rn. 44, 77; *Reimer*, Jura 2014, 678 (683); *Ossenbühl*, in: FS BVerwG (1978), 433 (441 ff.).

[56] *Maurer/Waldhoff*, Verwaltungsrecht (2024), S. 187 f.

[57] *Sommer*, Effektive Strafverteidigung, Kap. 3 Rn. 1226; *Dierlamm*, in: FS Müller (2008), 117 (119 ff.).

[58] BGHSt 48, 4 = NStZ 2003, 99 (100) (Hervorhebungen d. Verf.). Ebenso *Hamm/Pauly*, Die Revision in Strafsachen, Rn. 807; *Sarstedt*, NJW 1968, 177; *Toepel*, Sachverständigenbeweis (2002), S. 347.

Der Senat hat die Anhörungspflicht in dem zugrundeliegenden Fall als so gewichtig angesehen, dass ihre Nichteinhaltung einen Teilumstand für die Besorgnis der gerichtlichen Befangenheit (§§ 24 Abs. 1, 2, 338 Nr. 3 StPO) begründen konnte. Soweit durch eine Verwaltungsvorschrift die elementare Rechtsstellung des Bürgers, so z.B. das rechtliche Gehör (Art. 103 Abs. 1 GG), welches in grundlegender Form auch gegenüber der Strafverfolgungsbehörde gelten muss[59], tangiert wird, ist es aus Gründen der Rechtssicherheit und des gleichmäßigen Gesetzesvollzugs überzeugend, eine mittelbare Außenwirkung anzunehmen.[60]

bb) Inhaltliche Grenzen

Dem subjektiven Recht aus Nr. 70 Abs. 1 RiStBV haftet als Makel jedoch an, dass es nicht individuell durchsetzbar ist, weil sich der Rechtsinhaber wegen des Selbstbindungsgrundsatzes der Verwaltung nur auf die Gleichbehandlung (Art. 3 Abs. 1 GG) mit anderen Rechtsinhabern berufen kann.[61] Mangelnde Durchsetzbarkeit bedeutet hingegen nicht, dass eine Vorschrift nicht zu vollziehen wäre. Ein Umsetzungsspielraum ist der Exekutive nur insoweit gegeben, als sich die Anwendung des Nr. 70 Abs. 1 RiStBV entsprechend dem Charakter der Richtlinien als „Anleitungen für den Regelfall" an den „Besonderheiten des Einzelfalles" zu orientieren hat.[62]

Für Nr. 70 Abs. 1 RiStBV wurden insbesondere die Ausnahmegründe so weit abgefasst, dass der Vorschrift ein enger Anwendungsbereich zukommt.[63] Bei häufig wiederkehrenden, tatsächlich gleichartigen Sachverhalten (wie z.B. Blutalkohol-Analysen) soll entsprechend des sich auch in der Rechtsprechung des BGH wiederfindenden Grundsatzes, dass standardisierten Verfahren deterministische Erfahrungssätze mit absoluter Beweiskraft zugrunde liegen[64], eine Variabilität der Person, Qualifikationen oder Methodik des Sachverständigen für die Entscheidungsfindung nicht maßgeblich sein, da das Schutzbedürfnis des Beschuldigten wegen der wissenschaftlichen Sicherheit der standardisierte Analyseverfahren und Methoden nicht überwiegt.

---

[59] Dazu *Dierlamm*, in: FS Müller (2008), 117 (119). Siehe hierzu bereits 4. Kapitel B.II.

[60] So der Rechtsgedanke bei *Ossenbühl*, in: FS BVerwG (1978), 433 (436); *Gusy*, DVwBl. 1979, 720 (722); *Guckelberger*, Die Verwaltung 2002, 61.

[61] *Kopp/Ramsauer*, VwVfG § 40 Rn. 77, § 35 Rn. 49a; *Detterbeck*, Verwaltungsrecht (2024), S. 337 f.; speziell für Nr. 70 Abs. 1 RiStBV *Zwiehoff*, Das Recht auf den Sachverständigen (2000), S. 72; BeckOK-StPO/*Engelstätter* RiStBV Nr. 70 Rn. 1; *Toepel*, Sachverständigenbeweis (2002), S. 302.

[62] Siehe Einführung zum Text der RiStBV.

[63] Krit. hinsichtlich der Vereinbarkeit der Ablehnungsgründe mit dem Recht auf rechtliches Gehör bereits *Wagner*, StV 2000, 544 (545); *Kühne*, Strafprozessrecht, § 53 Rn. 862.

[64] BGHSt 21, 157 (158) = NJW 1967, 116 ff.; BGHSt 25, 246 (248) = NJW 1974, 246 ff. Siehe hierzu bereits 5. Kapitel A.IV.2.

Die Gefährdung des Untersuchungszwecks (vgl. § 147 Abs. 2 StPO) umfasst Ermittlungsmaßnahmen, die der Überraschung bedürfen und ihr Ziel verfehlen würden, falls die Heimlichkeit entfällt (z.B. Durchsuchung oder Telekommunikationsüberwachung).[65] Übertragen auf Nr. 70 Abs. 1 RiStBV bedeutete dies, dass auf eine Stellungnahme zur Auswahl verzichtet werden kann, wenn diese den Zweck der Sachverständigenbegutachtung gefährden würde. Sachverständigengutachten stellen aber gerade keine typische Beweiserhebung dar, welcher der Gesetzgeber ein Geheimhaltungsinteresse beimisst (vgl. Gedanke in § 147 Abs. 3 StPO). Es sind allenfalls Fälle denkbar, in denen erst durch die Gewährung einer Stellungnahme von der Verfahrenseinleitung Kenntnis erlangt würde, was jedoch nach dem Ermittlungszweck vermieden werden sollte. Der Ausnahmegrund kann demnach kaum nachvollziehbar greifen.[66]

Der Ausnahmegrund der zu besorgenden Verfahrensverzögerung ist zu weit gefasst und bedarf einer verfassungskonformen Auslegung. Die Gewährung einer Stellungnahme geht naturgemäß mit einem Zeitablauf einher, sodass es faktisch stets zu einem Ausschluss kommen könnte. Daher ist dieser Ausnahmegrund vor dem Grundsatz der Verhältnismäßigkeit (Art. 20 Abs. 3 GG) so zu verstehen, dass auf eine Stellungnahme nur verzichtet werden kann, wenn eine gravierende Verfahrensverzögerung eintritt, die z.B. zu einem irreparablen Beweismittelverlust bzw. Schaden führt. Der Verzicht auf eine Stellungnahme unter der Annahme einer generellen Verfahrensverzögerung würde einen mit Art. 103 Abs. 1 GG, Art. 6 Abs. 1 EMRK nicht zu vereinbarenden Ermessensmissbrauch seitens der Staatsanwaltschaft darstellen[67], da der Inhalt der Ermessensbindung „*ad absurdum*“ geführt würde.

cc) Adressat und Rechtshinhaber

Adressat des Nr. 70 Abs. 1 RiStBV ist nach dem Wortlaut der zuständige Staatsanwalt im Stadium des Ermittlungsverfahrens, welcher an die dienstliche Weisung gebunden ist.[68] Außerdem hat der BGH angedeutet, dass – entgegen des Wortlauts und vorbehaltlich der richterlichen Unabhängigkeit (§ 26 Abs. 1 DRiG) – die Vorschrift auch vom Tatgericht, welches sich vor Beginn der Hauptverhandlung zur Einholung eines Sachverständigengutachtens entschließt, zu beachten sei.[69] Diese Geltung überzeugt, denn „im Übrigen enthalten die Richtlinien Grundsätze, die [auch] für den Richter von Bedeutung sein können“[70].

---

[65] Meyer-Goßner/*Schmitt* StPO § 147 Rn. 25.

[66] So auch *Dierlamm*, in: FS Müller (2008), 117 (121).

[67] So auch *Dierlamm*, in: FS Müller (2008), 117 (121); *Kühne*, Strafprozeßrecht, § 53 Rn. 862.

[68] Instruktiv *Reimer*, Jura 2014, 678 (679 f.).

[69] BGHSt 48, 4 = NJW 2002, 3484 (3485) = NStZ 2003, 99 (100).

[70] Siehe Einführung zum Text der RiStBV.

Offen ist dagegen, wer Rechtsinhaber der Vorschrift ist. Der Wortlaut erwähnt ausdrücklich nur den Verteidiger, aber nicht auch den von diesem vertretenen Beschuldigten. Es stellt sich die Frage, ob die Vorschrift des Nr. 70 Abs. 1 RiStBV dahingehend zu verstehen ist, dass ausschließlich dem – falls überhaupt tätig gewordenen – Verteidiger eine Stellungnahme zu gewähren ist, oder darüberhinaus auch dem Beschuldigten.

Erstens kann es sich um ein grammatisches Redaktionsversehen des Vorschriftengebers dergestalt handeln, dass beide Personen *gleichrangig* erfasst werden sollten. Dies würde bedeuten, dass beiden Personen ein gemeinsames bzw. eigenständiges Stellungnahmerecht zustünde. Dafür spricht, dass die Begriffe Verteidiger und Beschuldigter in der Praxis vielfach einzeln verwendet werden, obwohl beide Personen gemeint sind, um ihre Interesseneinheit zu symbolisieren und Formulierungen abzukürzen. An dieser Stelle wird deutlich, dass – neben der Organfunktion auch – ein zivilrechtliches (Interessen-)Vertretungsverhältnis aufgrund des Geschäftsbesorgungsvertrags (§ 675 BGB) zwischen dem Angeklagten und Verteidiger besteht.[71] So existieren einige Normen, in denen ausschließlich dem Beschuldigten ein Recht zuerkannt wird, dieses allerdings vom Verteidiger kraft seiner zivilrechtlichen Vertretungsbefugnis stellvertretend geltend gemacht werden kann (z.B. §§ 98 Abs. 2 S. 2, 118 Abs. 1 StPO). Darüberhinaus bestehen Normen, in denen ausdrücklich nur der Verteidiger erwähnt wird, weil das Gesetz bereits dessen Wahrnehmungsbefugnis für den Angeklagten voraussetzt (z.B. § 243 Abs. 5 S. 3 StPO).[72]

Dagegen spricht, dass zwischen Verteidiger und Beschuldigtem keinesfalls Personenidentität besteht, da sie im Strafverfahren eigenständige (Teil-)Rechtspositionen genießen, deren Ausübung nicht stets der anderen Person zugerechnet wird, sondern sich gar widersprechen kann.[73] Allein aus dem bloßen Wortlaut der Vorschrift kann jedoch keine abschließende Deutung des Rechtsinhabers getroffen werden, denn auch die StPO weist hinsichtlich der Befugnis zur Wahrnehmung von Verfahrensrechten in grammatischer Perspektive keine Einheitlichkeit auf.

So existieren einerseits Rechtspositionen, die exklusiv an den Verteidiger adressiert sind (z.B. § 147 Abs. 1 StPO), während die des Beschuldigten gesondert geregelt sind (§ 147 Abs. 4 StPO). Daneben bestehen andererseits Normen, in welchen der Verteidiger und der Beschuldigte bzw. Angeklagte gemeinsam erwähnt werden (z.B. §§ 168d Abs. 1 S. 1, 240 Abs. 2 S. 1, 257 Abs. 1, 2 StPO). Zuletzt gibt es Normen, aus denen gar beide Personen ein eigenständiges Recht ableiten können

---

[71] Hierzu BGHSt 29, 99 (106) = NJW 1980, 64 (65); *Bernsmann*, StraFo 1999, 226 (228 f.); LR-StPO/*Kühne* Einl. Abschn. J Rn. 108 f.; *Beulke*, Der Verteidiger im Strafverfahren (1980), S. 200; Bockemühl/*Köllner*, Hdb. des FAStrafR, Einl. Rn. 46 ff.; *Dahs*, Hdb. des Strafverteidigers, Rn. 3 ff.

[72] Meyer-Goßner/*Schmitt* StPO § 243 Rn. 31c; BT-Drs. 18/11277, S. 31.

[73] LR-StPO/*Kühne* Einl. Abschn. J Rn. 105.

(§§ 163a Abs. 2, 244 Abs. 3 StPO)[74] oder grammatisch offengelassen wird, welche Person ein Recht ausüben kann (§§ 304, 310, 311 StPO).

Zweitens kann Nr. 70 Abs. 1 RiStBV dahingehend verstanden werden, dass falls zum maßgeblichen Zeitpunkt ein Verteidiger gewählt (§ 138 StPO) oder bestellt (§ 140 StPO) worden ist, ein *Rangverhältnis* dergestalt anzunehmen ist, dass *primär* dem Verteidiger eine Stellungnahme gewährt werden soll, weil dieser in der Regel rechtskundiger als der Beschuldigte ist. Falls kein Verteidiger gewählt oder bestellt wurde, soll die Stellungnahme *subsidiär* dem Beschuldigten zustehen. Dafür könnte der Wille der Exekutive sprechen, einen fachlichen Dialog ausschließlich mit dem Rechtskundigen führen zu wollen. Dagegen spricht, dass der Wortlaut der Verwaltungsvorschrift dadurch missverständlich erscheint und dem Zweck einer Ermessenslenkung, nämlich der Gewährung von Einheitlichkeit, zuwiderlaufen könnte.

Drittens könnte Nr. 70 Abs. 1 RiStBV meinen, dass eine Stellungnahme *ausschließlich* gewährt werden soll, *falls* ein Verteidiger gewählt (§ 138 StPO) oder bestellt (§ 140 StPO) wurde und nicht für den Fall, dass der Beschuldigte unverteidigt ist. Dafür spricht zwar der ausdrückliche Wortlaut der Verwaltungsvorschrift. Diese Lesart würde jedoch in eklatanter Weise das Selbstverteidigungsrecht (Art. 6 Abs. 3 lit. c Var. 1 EMRK) und das Recht auf rechtliches Gehör (Art. 103 Abs. 1 GG) verkürzen, da die Wahrnehmung des Nr. 70 Abs. 1 RiStBV von einer Fremdverteidigung abhängig wäre.[75] Dagegen spricht zudem, dass es faktisch dem Zufall überlassen wird, ob die Möglichkeit der Stellungnahme gewährt wird. Die Zeitpunkte des Hinzutretens von Verteidiger und Sachverständigem zum Strafverfahren hängen von verschiedensten Faktoren ab und können unterschiedlich sein.[76]

Außerdem ist im Fall der Anwendung von Sonderwissen durch die Staatsanwaltschaft bzw. das Gericht oder alternativ der Bestellung eines Sachverständigen keineswegs gesetzlich garantiert, dass der Beschuldigte anwaltlich vertreten ist, denn diese Situation stellt keinen explizit enumerativ genannten Fall der notwendigen Verteidigung dar (§ 140 Abs. 1 StPO).[77] Legt man den Maßstab der Unfähigkeit zur Selbstverteidigung[78] zugrunde, so wird es einem rechtlichen Laien häufig nicht möglich sein, die Bedeutung der strafrechtsnahen Wissenschaften für

---

[74] Beide Personen sind originär antragsbefugt, d. h. die Verteidigung ist neben dem Betroffenen selbständig berechtigt, Beweisanträge – auch gegen dessen offenen Widerspruch – vorzubringen, so RG, Urt. v. 12.03.1931 – 2 D 146/31 = JW 1932, 3356 ff.; BGH, Urt. v. 10.04.1953 – 1 StR 145/53 = NJW 1953, 1314; BGH, Beschl. v. 17.09.2015 – 3 StR 11/15 = NStZ 2016, 59 (60); LR-StPO/*Becker* § 244 Rn. 18.

[75] So i. E. bereits *Dierlamm*, in: FS Müller (2008), 117 (121).

[76] Für Sachverständige *Brammsen*, ZStW 119 (2007), 93 (105).

[77] Für die Aufnahme der Sachverständigenhinzuziehung in den Katalog des § 140 StPO z. B. *Sarstedt*, NJW 1968, 177 (179); DAV, AnwBl. 2/1986, 55; *Tondorf/Waider*, StV 1997, 493 (496); *Tondorf/Tondorf*, Psychologische Sachverständige, Rn. 240; diff. *Krekeler*, AnwBl. 2/1986, 62 (64); *Dippel*, Stellung des Sachverständigen (1986), S. 104 m. w. N.

[78] MüKo-StPO/*Kämpfer/Travers* § 140 Rn. 35; BeckOK-StPO/*Krawczyk* § 140 Rn. 22.

die Schuld- und Straffrage einzuschätzen. Die Unterbringung des Beschuldigten zur Vorbereitung eines Gutachtens über seinen psychischen Zustand (§§ 81, 140 Abs. 1 Nr. 6 StPO) ist eine besondere Form der Freiheitsentziehung und betrifft nicht den Regelfall der Sachverständigenhinzuziehung.[79]

Zwar weisen Strafverfahren mit außerjuristischem Erfahrungswissen häufig eine Komplexität auf, welche die Schwelle zur „Schwierigkeit der Sach- oder Rechtslage" (§ 140 Abs. 2 StPO) überschreiten kann[80], dies ist jedoch vom Einzelfall abhängig. Da in Fällen der Sachverständigenhinzuziehung regelmäßig eine hohe Strafandrohung im Raum steht[81], kann sich bereits aus der Gerichtszuständigkeit (§ 140 Abs. 1 StPO) oder dem Straftatcharakter (§ 140 Abs. 1 Nr. 2 StPO) der Fall einer notwendigen Verteidigung ergeben.[82]

Im Ergebnis können lediglich die erste (gleichrangiges Recht) und zweite (Rangverhältnis) Deutungsmöglichkeit überzeugen, da ein unverteidigter Beschuldigter nicht schlechter behandelt werden darf als ein verteidigter Beschuldigter. Trotz der dogmatischen Ungenauigkeiten beider verbleibenden Deutungsmöglichkeiten ist die erste vorzugswürdig, da es dem Gehalt des Selbstverteidigungsrechts (Art. 6 Abs. 1, Abs. 3 lit. c Var. 1 EMRK) am stärksten entspricht, wenn der Beschuldigte die Möglichkeit einer eigenständigen Stellungnahme neben der Verteidigung hat. Der Beschuldigte kann sich die Stellungnahme der Verteidigung sodann nach Belieben zu Eigen machen[83], sodass das Recht gemeinsam ausgeübt wurde. Bei der Annahme eines Rangverhältnisses könnte dagegen eine Unterordnung der Interessen des Beschuldigten drohen. Sofern sich die Stellungnahmen von Beschuldigtem und Verteidigung widersprechen, kann der Beschuldigte ein Wahlmandat (§ 138 StPO) zwar kündigen, wird bei einem Pflichtmandat (§ 140 StPO) jedoch voraussichtlich an den hohen Hürden eines Verteidigerwechsels (§ 143a

---

[79] Für eine Erweiterung auf ambulante Untersuchungen *Lehmann*, StV 2003, 356 (358).

[80] So OLG Hamm, Beschl. v. 01.03.2005 – 4 Ws 85/05 = BeckRS 2006, 3944; Meyer-Goßner/*Schmitt* StPO § 140 Rn. 27: bei „schwierigen Indizienbeweisen mit Hilfe von Sachverständigen". Für die generelle Annahme einer notwendigen Verteidigung bei Hinzuziehung eines Sachverständigen ausgenommen „einfach gelagerter Fälle" in Nr. 70 Abs. 1 RiStBV *Krekeler*, AnwBl. 2/1986, 62 (64); *Geppert*, DAR 1980, 315 (322). Weitere Beispiele: OLG Karlsruhe, Urt. v. 25.02.1991 – 2 Ss 13/91 = StV 1991, 199 (wenn Akteneinsichtsrecht des Beschuldigten so beschränkt ist, dass lediglich Verteidiger Einsicht hat); LG Schweinfurt, Beschl. v. 26.10.2017 – 1 Qs 14/17 = StraFo 2018, 114 (wenn Gutachten vor mündlicher Erstattung nicht zu den Akten gelangt); OLG Hamm, Beschl. v. 10.12.1986 – 4 Ss 1434/86 = MDR 1988, 340; KG Berlin, Beschl. v. 15.03.1990 – 1 AR 153/90 = StV 1990, 298; OLG Stuttgart, Beschl. v. 24.04.2015 – 4 Ws 117/15 = StV 2016, 139 (140) (bei psychiatrischer/psychologischer Schuldfähigkeitsbeurteilung des Angeklagten); OLG Koblenz, Urt. v. 01.04.1976 = MDR 1976, 776 (bei Glaubwürdigkeitsbeurteilung eines kindlichen Zeugen).

[81] Siehe hierzu bereits 2. Kapitel C.II.

[82] So z.B. *Richter*, StraFo 1989, 7 (9).

[83] Vgl. Verteidigererklärungen im Rahmen von Einlassungen, dazu MüKo-StPO/*Bartel* § 261 Rn. 214.

Abs. 2 Nr. 3 StPO) scheitern.[84] Die Staatsanwaltschaft muss sowohl dem unverteidigten Beschuldigten als auch der mandatierten oder bestellten Verteidigung die Möglichkeit zur Stellungnahme gem. Nr. 70 Abs. 1 RiStBV gewähren.

b) Anwesenheits-, Frage- und Erklärungsrecht bei richterlicher Vernehmung von Sachverständigen (§ 168c Abs. 2 S. 1, 2 StPO)

Im Fall der im Ermittlungsverfahren stattfindenden Vernehmung eines Sachverständigen durch den Ermittlungsrichter ist dem Beschuldigten und der Verteidigung die Anwesenheit zu gestatten (§ 168c Abs. 2 S. 1 StPO). Darüber hinaus erhalten sie seit der Ergänzung der Vorschrift im Jahr 2017[85] – parallel zu den Rechten in der Hauptverhandlung (§§ 240 Abs. 2 S. 1, 241 Abs. 2 StPO) – die Möglichkeit, Fragen an den Sachverständigen zu stellen und sich zu der Gutachtenerstattung als Beweiserhebung zu erklären.[86] Die Norm sichert die Ausübung des Konfrontationsrechts (Art. 6 Abs. 3 lit. d EMRK) ab, da eine richterliche Vernehmung ungeachtet des Unmittelbarkeitsgrundsatzes in der Hauptverhandlung verlesbar ist (vgl. § 251 Abs. 2 StPO) und die Frage- und Erklärungsrechte in diesem Verfahrensabschnitt ansonsten ersatzlos wegfielen.[87] Damit bildet § 168c Abs. 2 S. 1 StPO ein zentrales Korrektiv gegenüber der privilegierten Verwertbarkeit richterlicher Vernehmungsniederschriften.[88]

Im Umkehrschluss bedeutet dies, dass Anwesenheits-, Frage- und Erklärungsrechte *nicht* bei der Vernehmung des Sachverständigen durch die Staatsanwaltschaft oder die Polizei bestehen.[89] Diese Konstellation wird jedoch schätzungsweise die Praxis dominieren, denn richterliche Untersuchungshandlungen sind nur durch den zuständigen Staatsanwalt zu beantragen, wenn dieser sie „aus besonderen Gründen für erforderlich erachtet" (vgl. Nr. 10 RiStBV). Aus der nicht abschließenden

---

[84] Dazu MüKo-StPO/*Kämpfer/Travers* § 143a Rn. 16 ff.

[85] Durch das Zweite Gesetz zur Stärkung der Verfahrensrechte von Beschuldigten im Strafverfahren und zur Änderung des Schöffenrechts (2. VerfRBÄndG) v. 27.08.2017 (BGBl. I Nr. 60, S. 3295).

[86] Diese deklaratorische Folgeänderung geht auf die Umsetzung des Art. 3 Abs. 3 lit. b Richtlinie 2013/48/EU zurück, der für die richterliche Beschuldigtenvernehmung (§ 168c Abs. 1 StPO) nicht nur ein passives Anwesenheitsrecht, sondern eine aktive Teilnahme vorsieht, so BT-Drs. 18/9534, S. 24. Hierfür bereits vor der Gesetzesänderung *Endriß*, in: FS Rieß (2002), 65.

[87] So die Begründung zum Entwurf eines Ersten Gesetzes zur Reform des Strafverfahrensrechts (1. StVRG), BT-Drs. 7/551, S. 76; BGHSt 26, 332 = NJW 1976, 1546; BGHSt 46, 93 = JuS 2001, 194; LR-StPO/*Erb* § 168c Rn. 34; MüKo-StPO/*Kölbel/Neßeler* § 168c Rn. 2; KK-StPO/*Schmitt* § 168c Rn. 1; SK-StPO/*Wolter/Deiters* § 168c Rn. 1. Siehe hierzu bereits 4. Kapitel D.

[88] MüKo-StPO/*Kölbel/Neßeler* § 168c Rn. 1; KK-StPO/*Schmitt* § 168c Rn. 1; LR-StPO/*Erb* § 168c Rn. 1.

[89] So MüKo-StPO/*Kölbel/Neßeler* § 168c Rn. 3. Zur Verfassungmäßigkeit der Norm BVerfGE 96, 68 = NJW 1998, 50 (56).

Aufzählung in Nr. 10 RiStBV greift für den Sachverständigenbeweis lediglich der Grund des Beweismittelverlustes, um die Zulässigkeit einer Verlesung des Vernehmungsprotokolls (§§ 249, 251 Abs. 2 StPO) in der Hauptverhandlung zu sichern.[90] Hierunter fällt z. B. die Abwesenheit des Sachverständigen in einer etwaigen Hauptverhandlung durch Krankheit gem. § 223 Abs. 1 StPO oder Entfernung gem. § 251 Abs. 2 Nr. 1, 2 StPO sowie der Untergang des Beweisobjekts.

Die Wahrnehmung der vorgenannten Rechte erfordert die Kenntnisnahme des Beschuldigten und der Verteidigung. Sie sind über die Termine zu benachrichtigen (§ 168c Abs. 5 S. 1 StPO), wobei auf eine Terminsverlegung kein Anspruch besteht (§ 168c Abs. 5 S. 3 StPO), und auf die Benachrichtigung bei Gefährdung des Untersuchungserfolgs verzichtet werden kann (§ 168c Abs. 5 S. 2 StPO). Im Falle der Vernehmung eines Sachverständigen, der sein vorbereitendes Gutachten mündlich erstattet und falls der Beschuldigte oder die Verteidigung von der Hinzuziehung noch keine Kenntnis haben, müssen mindestens das Beweisthema, die Art der Begutachtung und die Fachrichtung des Sachverständigen mitgeteilt werden, um eine adäquate Vorbereitung zur Befragung und Stellungnahme i. S. d. Art. 6 Abs. 3 lit. b EMRK zu sichern. Andernfalls würde der Mindeststandard des Informationsrechts (Art. 103 Abs. 1 GG) unterschritten.[91] Effektiver wird die Konfrontation hingegen sein, wenn der Verteidigung bereits im Vorfeld Akteneinsicht gewährt wurde und sie sich mit dem schriftlichen Gutachten des Sachverständigen befassen konnte.[92]

c) Einsichtsrecht in vorbereitende Sachverständigengutachten (§ 147 Abs. 1, 3 StPO)

Unabhängig vom Abschluss der Ermittlungen (§ 169a StPO) ist der Verteidigung oder dem unverteidigten Beschuldigten in jeder Lage des Verfahrens Einsicht in die Gutachten von Sachverständigen zu gewähren (§ 147 Abs. 3, 4 StPO). Sachverständigengutachten – gleich welcher Art (übersetzte Dokumente, Vermerke, etc.) – werden gegenüber anderen Aktenbestandteilen privilegiert.[93] Dies gilt jedoch nicht für die Arbeitsunterlagen des Sachverständigen.[94] Das schriftlich vorbereitete Gutachten muss der Akte beigefügt bzw. das mündlich erstattete Gutachten protokolliert und anschließend aktenkundig gemacht worden sein (§§ 82, 168, 168a, 168b StPO). Hierdurch wird dem Informationsrecht (Art. 103 Abs. 1 GG) in

---

[90] Meyer-Goßner/*Schmitt* StPO § 168c Rn. 2.

[91] Siehe zur spiegelbildlichen Hinweispflicht für gerichtliches Sonderwissen bereits 4. Kapitel B. III. 3. a).

[92] BGHSt 46, 93 ff. = JuS 2001, 194; SK-StPO/*Wolter/Deiters* § 168c Rn. 48; *Ambos*, ZStW 115 (2003), 583 (608).

[93] MüKo-StPO/*Kämpfer/Travers* § 147 Rn. 30 ff.; KK-StPO/*Willnow* § 147 Rn. 19; LR-StPO/*Jahn* § 147 Rn. 183; *Dahs*, Hdb. des Strafverteidigers Rn. 270.

[94] Meyer-Goßner/*Schmitt* StPO § 147 Rn. 18b.

angemessener Weise nachgekommen.[95] Der Anspruch auf Einsicht in Sachverständigengutachten besteht uneingeschränkt, da nach dem Wortlaut der Norm der Ausschlussgrund der Gefährdung des Untersuchungszwecks nicht greift. Durch die umfassende Privilegierung der Sachverständigengutachten wird deren besonderer Stellung im Strafverfahren entsprechend Rechnung getragen.

2. Verteidigung *mithilfe* von außerjuristischem Erfahrungswissen

Die zweite Konstellation erfasst einerseits Fälle, in denen die Staatsanwaltschaft entschieden hat, dass ihr Wissensstand für die Beurteilung einer außerjuristischen Beweisfrage ausreicht und sie dem Ermittlungsverfahren keinen Sachverständigen hinzuzieht. Andererseits kann bereits ein Sachverständiger hinzugezogen worden sein und die Verteidigung ist zu der Einschätzung gelangt, dessen Erfahrungswissen selbst oder die Anwendung seien für den Angeklagten ungünstig oder fehlerhaft, sodass sie die Hinzuziehung eines (ggf. auch weiteren) Sachverständigen erwirken wollen.[96]

a) Beweisantrag auf Hinzuziehung eines Sachverständigen (§§ 163a Abs. 2, 166 Abs. 1 StPO)

aa) Funktionen des Beweisantragsrechts

Die essenzielle Möglichkeit der Verteidigung, das Beweisverfahren zu beeinflussen, ist die ordnungsgemäße Wahrnehmung des Beweisantragsrechts[97], denn hierdurch kann eine bestimmte Beweiserhebung erzwungen werden[98]. Der Ursprung des Beweisantragsrechts ist umstritten.[99] In einem System, in dem die Pflicht

---

[95] *Kühne*, Strafprozessrecht, § 9 Rn. 216; *Grossam*, in: SV-HdB § 24 Rn. 24. Siehe hierzu bereits 4. Kapitel B. II. Zur Verankerung des Akteneinsichtsrechts in Art. 103 Abs. 1 GG z. B. BVerfGE 7, 275 = NJW 1958, 665; BVerfGE 18, 399 = NJW 1965, 1171; BVerfG, Beschl. v. 08. 12. 1970 – 2 BvR 61/70 = BeckRS 1970, 104632; BVerfG, Beschl. v. 11. 07. 1994 – 2 BvR 777/94 = NJW 1994, 3219 (3220); BGH, Beschl. v. 03. 04. 2019 – StB 5/19 = NJW 2019, 2105 (2107).

[96] Hier wird es auf Ebene der einfachgesetzlichen Normen dünn. So hat bereits *Loos*, in: GS Kaufmann (1986), 961 festgestellt: „Allerdings bewegt man sich, wenn man die Verletzung eines Rechts auf sachgemäße Verteidigung durch die Beiziehung eines Sachverständigen annimmt, in einem nicht gut gesicherten Gelände. Das positive Strafverfahrensrecht enthält keine allgemeine Schutzvorschrift dieses Inhalts".

[97] Mit dem Begriff Beweisantragsrecht werden im Folgenden §§ 163a Abs. 2, 166 Abs. 1, 201 Abs. 1 S. 1, Abs. 2, 219, 244 Abs. 3–6, 245 StPO bezeichnet.

[98] Siehe hierzu bereits 3. Kapitel A. II. 2.

[99] Das Beweisantragsrecht konkretisiert das Recht auf rechtliches Gehör (Art. 103 Abs. 1 GG), so BVerfGE 65, 305 (307) = NJW 1984, 1026; SSW-StPO/*Sättele* § 244 Rn. 2; Meyer-Goßner/*Schmitt* StPO § 244 Rn. 29; *Eisenberg*, Beweisrecht StPO Rn. 167. Andere Stimmen im Schrifttum stützen seine Existenz auf die Subjektstellung des Beschuldigten, so LR-StPO/*Erb* § 163a Rn. 110; *Herzog*, StV 1994, 166 (167). Weitere Stimmen leiten es aus dem Recht

der Justiz zur Erforschung der materiellen Wahrheit gilt, wirkt das Beweisantragsrecht zunächst nicht notwendig[100], denn seine Existenz widerspricht dem prozessualen Idealbild und erkennt dessen potenziellen Fehlschlag an. Eine effektive Strafverteidigung erfordert allerdings die proaktive Mitwirkung an der Wahrheitssuche, welche ansonsten primär-lenkend von der Justiz geprägt würde.[101] Bereits das Reichsgericht hat festgestellt, dass das Beweisantragsrecht das „wichtigste aller Parteirechte“ ist.[102]

Einerseits ist es mittels Beweisantrags möglich, durch ein Beweisangebot die Entscheidungsbasis durch zusätzliche Tatsachen zu erweitern sowie andererseits die Amtsaufklärungspflicht (§§ 160 Abs. 1, 244 Abs. 2 StPO) zu kontrollieren.[103] Es ist wesentliches Ziel, determinierte Sichtweisen der Justiz aufzulösen oder zu korrigieren. Gleichzeitig können auch Beweisermittlungsanträge oder -anregungen[104], d.h. solche, die keine Antragsqualität i.S.v. § 244 Abs. 3 S. 1 StPO aufweisen[105], darauf hinwirken, dass der Justiz weitere Anhaltspunkte auf der Wahrheitssuche zugetragen und die Amtsaufklärungspflicht ausgelöst wird.[106]

In der Praxis ist es angezeigt, wegen der herrschenden generellen Fungibilität von Sachverständigen[107] bei Beweisanträgen auf Vernehmung eines namentlich benannten Sachverständigen hinreichende Informationen zu dessen Qualifikationen sowie eine ausführliche Begründung dahingehend abzugeben, weshalb gerade dasjenige außerjuristische Spezialwissen der Person entscheidend ist.[108] Dadurch soll

---

auf ein faires Strafverfahren als Kompensation struktureller Schwächen des Inquisitionsverfahrens ab, so *Habetha/Trüg*, GA 2009, 406 (428); *Schulz*, StV 1991, 354 (360 f.); *Hamm/Pauly*, Beweisantragsrecht Rn. 34 f. Eine normativ-losgelöste Ansicht sieht es als Schutz vor tatsächlich fehlerhafter Verurteilung und Selbstbehauptung an, so *Perron*, ZStW 108 (1996), 128 (131); *ders.*, Das Beweisantragsrecht des Beschuldigten (1995), S. 37 ff.; *Rüping*, Grundsatz des rechtlichen Gehörs (1976), S. 133 ff.

[100] Instruktiv dazu *Alsberg*, in: FS Heinitz (1926), 416 (422); *Hamm/Pauly*, Beweisantragsrecht Rn. 1.

[101] Instruktiv bereits *Goldschmidt*, Der Prozess als Rechtslage (1925), S. 432; *Alsberg*, in: FS Heinitz (1926), 416 (428 f.); *Bung*, in: Hilgendorf/Kudlich/Valerius, HdBStR Bd. VII (2020), Rn. 48.

[102] RGSt 22, 335 (336). Ähnlich auch *Perron*, ZStW 108 (1996), 128 (133); *Herdegen*, in: Beweisantragsrecht, Beweiswürdigung, strafprozessuale Revision (1995), S. 48 („Ausdruck gesetzesgewordener Humanität“); *Habetha/Trüg*, GA 2009, 406 (412); *Schneider*, NStZ 2019, 489 („scharfes Schwert“).

[103] HK-StPO/*Julius* § 244 Rn. 2; Alsberg/*Dallmeyer*, Der Beweisantrag, Kap. 2 Rn. 49; *Malek*, Verteidigung in der Hauptverhandlung Rn. 424; *Sommer*, Effektive Strafverteidigung, Kap. 3 Rn. 1325.

[104] *Hamm/Pauly*, Beweisantragsrecht Rn. 39 ff.; Alsberg/*Dallmeyer*, Der Beweisantrag, Kap. 2 Rn. 8.

[105] In st.Rspr. z.B. RGSt 64, 432; BGHSt 30, 131 (142) = NStZ 1981, 361 (362).

[106] BGH, Urt. v. 29.08.1990 – 3 StR 184/90 = NStZ 1990, 602 f.

[107] Siehe hierzu bereits 4. Kapitel D. II. 3. b) aa).

[108] Siehe hierzu Formulierungshilfen bei *Hamm/Pauly*, Beweisantragsrecht Rn. 524 ff.; *Michalke*, Beck'sches Formularbuch für den Strafverteidiger, VIII P. 5.

eine Auseinandersetzung mit der (vermeintlichen) Sachkunde des Gerichts vermieden und die gerichtliche Einschätzung dahingehend beeinflusst werden, dass der genannte Sachverständige der am besten geeignetste ist.[109]

bb) Sachverhaltserforschungs- und Beweiserhebungspflicht

Im Ermittlungsverfahren besteht für den Beschuldigten bzw. die Verteidigung die Möglichkeit, bei der Staatsanwaltschaft bzw. der Polizei (§ 163a Abs. 2 StPO) oder dem vernehmenden Ermittlungsrichter (§ 166 Abs. 1 StPO) Beweisanträge oder Beweisermittlungsanträge[110] zu stellen. Im Ermittlungsverfahren unterliegen Beweisanträge – anders als im Zwischen- und Hauptverfahren – nicht dem dezidierten Katalog der Ablehnungsgründe des § 244 Abs. 3–6 StPO.[111] Die Staatsanwaltschaft und ihre Ermittlungspersonen haben auf Antrag Beweise „zu erheben, wenn sie von Bedeutung sind" (vgl. § 163a Abs. 2 StPO). Der Ermittlungs- oder Haftrichter hat im Rahmen einer Beschuldigtenvernehmung auf Antrag Beweise zu erheben, „soweit er sie für erheblich erachtet" und, „wenn der Verlust der Beweise zu besorgen ist oder die Beweiserhebung die Freilassung des Beschuldigten begründen kann" (vgl. § 166 Abs. 1 StPO).

Die herrschende Ansicht erblickt auf der Rechtsfolgenseite von § 163a Abs. 2 StPO – ähnlich wie i.R.v. § 244 Abs. 3–6 StPO bei Abwesenheit von Ablehnungsgründen – ein subjektiv-öffentliches Recht[112] des Beschuldigten auf Erhebung des Beweises.[113] Die entgegenstehende Auffassung lehnt einen solchen Beweiserhebungsanspruch ab und plädiert für eine pflichtgemäße Ermessensausübung der Staatsanwaltschaft[114], was auch der Praxis entspricht. Die Gesetzesentwurfsbegründung erblickte in § 163a Abs. 2 StPO „eine Ergänzung des § 160 Abs. 2, wonach die Staatsanwaltschaft von Amts wegen alle zur Belastung und Entlastung des

---

[109] *Dahs*, Hdb. des Strafverteidigers Rn. 682; *Krekeler*, StraFo 1996, 5 (6).

[110] § 163a Abs. 2 StPO gilt nicht für bloße(s) Beweiserbieten und -anregungen, so LR-StPO/*Erb* § 163a Rn. 112; HK-StPO/*Zöller* § 163a Rn. 13; *Eisenberg*, Beweisrecht StPO Rn. 554; a.A. *Krekeler*, Beweiserhebungsanspruch (1990), S. 83; Alsberg/*Tsambikakis*, Der Beweisantrag, Kap. 4 Rn. 4; SK-StPO/*Wolter/Deiters* § 163a Rn. 77; KK-StPO/*Weingarten* § 163a Rn. 8; *Perron*, Beweisantragsrecht des Beschuldigten (1995), S. 167; *Hamm/Pauly*, Beweisantragsrecht Rn. 617.

[111] *Schreiber*, in: FS Baumann (1992), 383 (387).

[112] Instruktive Herleitung bei *Krekeler*, NStZ 1991, 367 (368 ff.).

[113] *Eisenberg*, Beweisrecht StPO Rn. 553; MüKo-StPO/*Kölbel* § 163a Rn. 45; LR-StPO/*Erb* § 163a Rn. 110; SK-StPO/*Wolter/Deiters* § 163a Rn. 76; HK-StPO/*Zöller* § 163a Rn. 12; *Nelles*, StV 1986, 74 (77); *Schlothauer*, StV 1995, 158 (159); *Krekeler*, NStZ 1991, 367 (368 ff.); *Hamm/Pauly*, Beweisantragsrecht Rn. 618; Alsberg/*Tsambikakis*, Der Beweisantrag, Kap. 4 Rn. 3; *Toepel*, Sachverständigenbeweis (2002), S. 302.

[114] Meyer-Goßner/*Schmitt* StPO § 163a Rn. 15; KK-StPO/*Weingarten* § 163a Rn. 8; KMR-StPO/*Noltensmeier-von Osten* § 163a Rn. 13; BeckOK-StPO/*von Häfen* § 163a Rn. 13; *Kretschmer*, StraFo 2013, 184; SSW-StPO/*Ziegler* § 163a Rn. 17.

Beschuldigten dienenden Umstände zu ermitteln hat“[115]. Dass damit lediglich eine Konkretisierung der Sachverhaltserforschungspflicht gemeint sein soll, überzeugt nicht, wenn in der Gesetzesbegründung zugleich ausdrücklich festgestellt wird, § 163a Abs. 2 StPO sei ein Recht zu Beweisantragstellung[116]. Für die Ausgestaltung des § 163a Abs. 2 StPO als bindender Anspruch auf die Beweiserhebung spricht ebenfalls, dass § 136 Abs. 1 S. 3 StPO eine Belehrungspflicht über das Beweisantragsrecht im Ermittlungsverfahren statuiert.[117] Dem steht auch nicht entgegen, dass der Grund für die Einführung dieser Belehrungspflicht primär darauf beruht, die mit der „teilweisen Abschaffung des Schlußgehörs verbundenen Nachteile in einem bestimmten Umfang auszugleichen“[118]. Mit dem Wortlaut von §§ 163a Abs. 2, 166 Abs. 1 StPO kann entsprechend den Grundsätzen im öffentlichen Recht[119] („sind zu erheben“, „hat … diese … vorzunehmen“) hinsichtlich der Rechtsfolgenseite des Tätigwerdens nur die Annahme einer gebundenen Entscheidung überzeugen.[120]

cc) Maßstab der Bedeutsam- und Erheblichkeit

In der Praxis ist für den Erfolg eines Beweisantrags im Ermittlungsverfahren entscheidend, wie die Begriffe der Bedeutsam- und Erheblichkeit zu verstehen sind. Sie werden von der herrschenden Ansicht als unbestimmte Rechtsbegriffe auf Tatbestandsseite qualifiziert.[121] Das missverständliche Redaktionsversehen des Gesetzgebers, zwei verschiedene Begrifflichkeiten („erheblich“ und „von Bedeutung“) zu verwenden, löst sich dogmatisch auf, wenn man sich vor Augen führt, dass der Ermittlungsrichter i. R. v. § 166 StPO lediglich bei der praktisch seltenen[122] Unerreichbarkeit der Staatsanwaltschaft („Gefahr im Verzug“), für die der Maßstab des

---

[115] Entwurf eines Gesetzes zur Änderung der Strafprozeßordnung und des Gerichtsverfassungsgesetzes (StPÄG) v. 07. 02. 1962, siehe BT-Drs. IV/178, S. 33.

[116] Ebd., S. 33.

[117] *Krekeler*, NStZ 1991, 367 (370).

[118] So Gesetzesbegründung 1. StVRG, siehe BT-Drs. 7/551, S. 68 f.

[119] Vgl. nur *Maurer/Waldhoff*, Verwaltungsrecht (2024), S. 151 ff.

[120] *Krekeler*, Beweiserhebungsanspruch (1990), S. 55 ff.; *ders.*, NStZ 1991, 367 (370 f.); *ders.*, AnwBl. 2/1986, 62 ff.; *Toepel*, Sachverständigenbeweis (2002), S. 303 f.; MüKo-StPO/*Kölbel* § 163a Rn. 45 Fn. 152; *Nelles*, StV 1986, 74 (77); Alsberg/*Tsambikakis*, Der Beweisantrag, Kap. 4 Rn. 3; *Schlothauer*, StV 1995, 158 (169).

[121] *Krekeler*, NStZ 1991, 367 (371); LR-StPO/*Erb* § 163a Rn. 115; *Nelles*, StV 1986, 74 (77); *Schreiber*, in: FS Baumann (1992), 383 (387); MüKo-StPO/*Kölbel* § 163a Rn. 47; SK-StPO/*Wolter/Deiters* § 163a Rn. 79; *Eisenberg*, Beweisrecht StPO Rn. 555; Alsberg/*Tsambikakis*, Der Beweisantrag, Kap. 4 Rn. 5; HK-StPO/*Zöller* § 163a Rn. 12. Die a. A. sieht hierin erneut eine Ermessensentscheidung, so KMR-StPO/*Noltensmeier-von Osten* § 163a Rn. 13; Meyer-Goßner/*Schmitt* StPO § 163a Rn. 15; *Quedenfeld*, in: FS Peters (1984), 215 (218).

[122] *Schlothauer*, StV 1995, 158 (159); LR-StPO/*Erb* § 166 Rn. 1; *Hamm/Pauly*, Beweisantragsrecht Rn. 627; Meyer-Goßner/*Schmitt* StPO § 166 Rn. 1; *Peters*, Strafprozeß (1985), S. 531: „Notbeweisaufnahme“.

§ 163a StPO gilt, tätig wird. Der Gehalt beider Begriffe soll demnach gleich sein[123], denn § 166 Abs. 1 StPO greift die Struktur des § 163a Abs. 2 StPO auf und gilt gegenüber dem am Amtsgericht tätigen Ermittlungs- bzw. Haftrichter (§§ 115 Abs. 2, 162, 165 StPO).[124] Der Anwendungsbereich von § 166 Abs. 1 StPO ist darüberhinaus an die engen Voraussetzungen des drohenden Beweismittelverlusts bzw. der Unmittelbarkeit der Beweiserhebung für die Freilassung aus der Haft geknüpft.[125]

Wann Beweise „von Bedeutung“ oder „erheblich“ sein sollen, bleibt vage. Mangels ordentlichen Rechtsbehelfs gegen die ablehnende Bescheidung eines Beweisantrags im Ermittlungsverfahren haben sich die Gerichte nicht mit dieser Frage auseinandersetzen müssen. Aus dem gleichen Grund soll der Streit um die Rechtswirkung des § 163a Abs. 2 StPO quasi keine praktische Bedeutung haben.[126] Für das Begriffsverständnis wird teilweise auf die Kasuistik zum Ablehnungsgrund „für die Entscheidung ohne Bedeutung“ (§ 244 Abs. 3 S. 3 Nr. 2 StPO) verwiesen.[127]

Demnach wäre ein Beweis (gemeint ist: eine zu beweisende Tatsache) – positiv formuliert – von Bedeutung (gemeint ist: von Bedeutung für die Aufklärung der ggf. noch zu konkretisierenden prozessualen Tat i. S. d. § 264 StPO), wenn aus rechtlichen oder tatsächlichen Gründen zwischen der Beweistatsache und der Tat kein Zusammenhang besteht oder die Beweistatsache nicht geeignet ist, die Entscheidung über die Anklageerhebung oder die Schuld- und Straffrage irgendwie zu beeinflussen.[128] Im Wesentlichen kommt es damit auf das Bestehen eines Sachzusammenhangs zwischen Beweisbehauptung und Verfahrensgegenstand an, der sich auf die (vorläufige) Verfahrensentscheidung auswirkt.[129] Dieser scheint grundsätz-

---

[123] *Schlothauer*, StV 1995, 158 (160); LR-StPO/*Erb* § 166 Rn. 6; *Nelles*, StV 1986, 74 (75, 78).

[124] *Krekeler*, Beweiserhebungsanspruch (1990), S. 20.

[125] *Hamm/Pauly*, Beweisantragsrecht Rn. 626; a. A. *Schlothauer*, StV 1995, 158 ff., der instruktiv aus der Norm einen Anspruch des Beschuldigten auf Durchführung der richterlichen Vernehmung zwecks Wahrnehmung des Beweisantragsrechts ableitet, da der Zweck der Vorschrift andernfalls leerliefe.

[126] *Krekeler*, NStZ 1991, 367 (368); *Eisenberg*, Beweisrecht StPO Rn. 553; *Kretschmer*, StraFo 2013, 184 f.; *Perron*, Beweisantragsrecht des Beschuldigten (1995), S. 292 ff.

[127] *Krekeler*, Beweiserhebungsanspruch (1990), S. 85; LR-StPO/*Erb* § 163a StPO Rn. 115; KK-StPO/*Weingarten* § 163a Rn. 8; Alsberg/*Tsambikakis*, Der Beweisantrag, Kap. 4 Rn. 6; SK-StPO/*Wolter/Deiters* § 163a Rn. 77; *Kretschmer*, StraFo 2013, 184 (185); a. A. BT-Drs. IV/178, S. 33, 52; *Quedenfeld*, in: FS Peters (1984), 215 (218).

[128] So in st.Rspr. RGSt 64, 433; BGH, Urt. v. 21. 10. 1952 – 1 StR 287/52 = NJW 1953, 35 (36); BGH, Beschl. v. 05. 02. 2013 – 1 StR 553/12 = NStZ 2013, 352 (353); *Peters*, Strafprozeß (1985), S. 262; *Schreiber*, in: FS Baumann (1992), 383 (387); *Nelles*, StV 1986, 74 (77).

[129] Meyer-Goßner/*Schmitt* StPO § 244 Rn. 54. Im Vergleich dazu ist der Ablehnungsgrund „kein Zusammenhang“ (§ 245 Abs. 2 S. 3 StPO) enger gefasst, so BT-Drs. 8/976, S. 53; Meyer-Goßner/*Schmitt* StPO § 245 Rn. 25; *Krekeler*, Beweiserhebungsanspruch (1990), S. 108.

lich weit gefasst und wird in vielen Konstellationen anzunehmen sein, in denen die Beweisbehauptung nicht gänzlich abwegig erscheint, nicht bereits ausermittelt ist und das Beweismittel einen relevanten Bezug zum Tatvorwurf aufweist. Bei korrekter Anwendung werden damit im Ergebnis lediglich vollständig irrelevante Beweise herausgefiltert, auf die es für die Abschlussentscheidung der Staatsanwaltschaft nicht ankommt.[130]

Unbestimmte Rechtsbegriffe bedürfen der Auslegung durch die gesetzesanwendende Behörde.[131] Die Einschätzung der Bedeutsam- oder Erheblichkeit eines Beweises ist ein objektiv zu treffendes Werturteil, welches sich am jeweiligen Tatvorwurf, dem aktuellen Stand der Ermittlungen, d. h. der Sach- und Rechtslage, sowie dem bisherigen Beweisstand zu orientieren hat, sich allerdings subjektiver Bewertungen nicht gänzlich entziehen kann. Da im Stadium des Ermittlungsverfahrens der Sachverhalt regelmäßig noch nicht vollständig ausermittelt ist, muss hier unter Berücksichtigung von Art. 6 Abs. 1, Abs. 3 lit. d EMRK eine großzügige Bescheidung erfolgen.[132] Trotz der auf Rechtsfolgenseite bestehenden Bindung der Staatsanwaltschaft ist fraglich, ob dies auch für die Tatbestandsseite gilt. Weil der Staatsanwaltschaft im Ermittlungsverfahren aber naturgemäß ein gesetzeskonzeptionell gewollter Informations- bzw. Wissensvorsprung obliegt[133], muss ihr folgerichtig bzgl. der Begriffsauslegung auch ein Beurteilungsspielraum eingeräumt werden.[134]

Ein Beweisantrag auf Hinzuziehung eines Sachverständigen im Ermittlungsverfahren ist mithin erfolgreich, soweit die zu beweisende Konklusion einen Zusammenhang zum Verfahrensgegenstand aufweist und das Beweisergebnis eine Auswirkung auf die Abschlussentscheidung der Staatsanwaltschaft haben kann. Danach erscheint die Erwirkung eines Sachverständigengutachtens auf den ersten Blick an niedrige Voraussetzungen geknüpft zu sein. Obwohl einige Stimmen im Schrifttum die Bescheidung von Beweisanträgen gem. §§ 163a Abs. 2, 166 Abs. 1 StPO an den Ablehnungsgründen des § 244 Abs. 3–6 StPO orientieren[135] oder diese

---

[130] *Eisenberg*, Beweisrecht StPO Rn. 556; *Krekeler*, Beweiserhebungsanspruch (1990), S. 86 ff.

[131] Statt vieler *Detterbeck*, Verwaltungsrecht (2024), S. 108 ff.

[132] LR-StPO/*Erb* § 163a StPO Rn. 116; Alsberg/*Tsambikakis*, Der Beweisantrag, Kap. 4 Rn. 6.

[133] Siehe hierzu bereits 4. Kapitel C. II. 1.

[134] *Krekeler*, Beweiserhebungsanspruch (1990), S. 89; *ders.*, NStZ 1991, 367 (371); *ders.*, AnwBl. 2/1986, 62 ff.; *Toepel*, Sachverständigenbeweis (2002), S. 303.

[135] So z. B. LR-StPO/*Erb* § 163a StPO Rn. 116; *Eisenberg*, Beweisrecht StPO Rn. 557: „geben teilweise Anhaltspunkte, wann Beweisanträgen nicht nachgegangen zu werden braucht"; *Hamm/Pauly*, Beweisantragsrecht Rn. 617: „beurteilt sich dabei nach ähnlichen Kriterien"; *Schlothauer*, StV 1995, 158 (160): „sind vergleichbar"; Alsberg/*Tsambikakis*, Der Beweisantrag, Kap. 4 Rn. 6: „beurteilt sich entsprechend dem Ablehnungsgrund der Bedeutungslosigkeit".

gar analog anwenden wollen[136], entspricht dies weder der geltenden Rechtslage noch dem Willen des Gesetzgebers.

Allerdings muss sich bei lebensnaher Überlegung aufdrängen, dass auch für den Beweiserhebungsanspruch des § 163a Abs. 2 StPO absolute Schranken gelten müssen, die sich nicht im Begriff der „Bedeutsamkeit" erschöpfen.[137] Dies ist z.B. der Fall, wenn die Beweiserhebung aus tatsächlichen oder rechtlichen Gründen schlichtweg nicht durchführbar ist oder redundant wäre, obwohl sie grundsätzlich bedeutsam, d.h. im Sachzusammenhang relevant und zur Beeinflussung der Abschlussentscheidung geeignet, ist (z.B. es wird der unzulässige Lügendetektorbeweis beantragt, der benannte oder einzig in Frage kommende Sachverständige ist unerreichbar oder die behauptete Konklusion ist offenkundig bzw. schon erwiesen). Die Durchsetzung solcher Beweiserhebungen würde elementare Beweisgrundsätze „*ad absurdum*" führen (z.B. käme es zur paradoxen Erhebung eines unzulässigen Beweismittels) und widerspräche der Effektivität der Strafverfolgung (z.B. durch doppelte Beweiserhebungen). Demnach besteht eine faktische Regelungslücke für den Bereich der Ablehnungsgründe bei Beweisanträgen im Ermittlungsverfahren.

dd) Geltung des Ablehnungsgrunds „eigene Sachkunde" (§ 244 Abs. 4 S. 1 StPO) im Ermittlungsverfahren?

Führt man sich diese Konsequenz vor Augen, ist es erforderlich, die Begriffe „von Bedeutung" (§ 163a Abs. 2 StPO) und „erheblich" (§ 166 Abs. 1 StPO) inhaltlich zu modifizieren. Daher ist insbesondere für den Sachverständigenbeweis von Interesse, ob auch die Staatsanwaltschaft oder der Ermittlungsrichter einen im Ermittlungsverfahren gestellten Beweisantrag wegen „eigener Sachkunde" (§ 244 Abs. 4 S. 1 StPO) ablehnen dürfen, d.h. ob dieser Ablehnungsgrund einer analogen Anwendung im Ermittlungsverfahren zugänglich ist. Nach dem Normwortlaut ist der Filter des Ablehnungsgrundes auf das Fehlen eines Sachzusammenhangs bzw. der theoretischen Beeinflussbarkeit für die Entscheidung beschränkt und erfasst gerade nicht den fehlenden Bedarf nach einem Beweismittel, weil bereits eine Entität sachverständig ist. Einige Stimmen im Schrifttum verneinen daher eine (wohl auch analoge) Anwendbarkeit.[138] Eine Gesetzesanalogie setzt voraus, dass ein gesetzlich nicht geregelter Tatbestand existiert, auf welchen ein vergleichbarer Tatbestand angewendet wird.[139] Dafür bedarf es einer planwidrigen Regelungslücke und der Rechtsähnlichkeit zwischen den Tatbeständen.

---

[136] So z.B. *Krekeler*, Beweiserhebungsanspruch (1990), S. 100 f. für eine analoge Anwendbarkeit; a.A. *Satzger*, Gutachten zum 65. DJT (2004), C 68.

[137] Instruktiv *Krekeler*, Beweiserhebungsanspruch (1990), S. 95 ff.

[138] So z.B. Meyer-Goßner/*Schmitt* StPO § 163a Rn. 15; *Schreiber*, in: FS Baumann (1992), 383 (387).

[139] Instruktiv hierzu *Larenz*, Methodenlehre (1991), S. 381 f.

Eine Analogie scheitert bereits an der Planwidrigkeit der Regelungslücke, denn die Bundesregierung hat im Gesetzgebungsverfahren zur Einführung des § 163a StPO eine entsprechende Anwendung des § 244 Abs. 3–5 StPO, d.h. die Zuordnung der gleichen Rechtsfolge zu den entsprechenden Tatbeständen[140], abgelehnt[141], obwohl sie ausdrücklich eine Normierung des Beweisantragsrechts befürwortete. Entgegen Krekeler[142] kann aus dem weiteren – nicht näher begründbaren – Untätigbleiben des Gesetzgebers gerade keine plan*widrige* Unvollständigkeit des Gesetzes abgeleitet werden, da dies – wenn überhaupt – vielmehr eine plan*mäßige* Unvollständigkeit darstellen würde. Der in den Gesetzgebungsmaterialien dargelegte Verzicht des Gesetzgebers geht mit dessen Bewusstsein einher, dass der Umfang der Ablehnung von Beweisanträgen im Ermittlungsverfahren grundsätzlich regelungsbedürftig ist. Es handelt sich aufgrund der Regelungsunwilligkeit des Gesetzgebers vielmehr um eine offene Regelungslücke, deren Lösung der Gesetzgeber der jeweiligen Exekutivbehörde im Rahmen des ihr obliegenden Beurteilungsspielraums für die unbestimmten Rechtsbegriffe auferlegt hat.

Damit läuft es auf eine autonome Auslegung des Begriffs „von Bedeutung" hinaus, bei welcher sich die Staatsanwaltschaft im Sinne der Einheit der Rechtsordnung[143] auch an der restlichen Gesetzessystematik orientieren kann. Im Ergebnis ist es sinnvoll, in der Anwendung einen ähnlichen Beurteilungsmaßstab wie in § 244 Abs. 3–5 StPO anzulegen, nicht zuletzt mit Blick auf eine etwaige Hauptverhandlung, in welcher abgelehnte Beweisanträge erneut gestellt werden können.[144] Daher dürfte der zuständige Staatsanwalt, der sich für ausreichend sachkundig zur Beurteilung der außerjuristischen Beweisfrage hält[145], einen Beweisantrag auf Hinzuziehung eines Sachverständigen zulässigerweise ablehnen. Dennoch bleibt für den weiteren Gang des Strafverfahrens offen, ob sich das Gericht der Hauptsache auch sachkundig einschätzt oder es einen Sachverständigen hinzuzieht.

---

[140] Vgl. *Larenz*, Methodenlehre (1991), S. 261.

[141] Die Bundesregierung war – trotz Hinweis des Bundesrates – bei der Einführung des § 163a Abs. 2 StPO strikt gegen eine entsprechende Geltung der § 244 Abs. 3–5 StPO, siehe BT-Drs. IV/178, S. 33, 52: „Außerdem soll die im Regierungsentwurf vorgeschlagene Fassung des § 163a Abs. 2 zugleich klarstellen, daß für die Entscheidung über die *im Vorverfahren gestellten Beweisanträge § 244 Abs. 3 mit seinem Katalog von Ablehnungsgründen nicht – auch nicht entsprechend – gilt*" (Hervorhebungen d. Verf.).

[142] *Krekeler*, Beweiserhebungsanspruch (1990), S. 94.

[143] Begründet in BGHSt 13, 102 (117) = NJW 1959, 1230 (1234): „Die (Anm.: verfassungskonforme) Auslegung hat auch darauf bedacht zu sein, daß sich die Gesamtheit der gesetzlichen Bestimmungen tunlichst zu einem widerspruchslosen Ganzen zusammenfügt".

[144] *Eisenberg*, Beweisrecht StPO Rn. 561; LR-StPO/*Erb* § 163a Rn. 117; MüKo-StPO/*Kölbel* § 163a Rn. 49.

[145] So z. B. ausdrücklich OLG Schleswig, Beschl. v. 16. 04. 1999 – 2 Ws 117/99 = BeckRS 1999, 14403.

ee) Kein Rechtsbehelf gegen die Ablehnung eines Beweisantrags auf Hinzuziehung eines Sachverständigen durch die Staatsanwaltschaft

Aus der Qualität als Beweiserhebungs*anspruch* folgt grundsätzlich eine Befassungs-, Prüfungs- und Bescheidungs*pflicht* der Staatsanwaltschaft.[146] Ob dies gleichzeitig auch eine Begründungspflicht umfasst, ist wegen des Spannungsverhältnisses zwischen Geheimhaltungsbedürfnis und Mitwirkungsinteresse fraglich.[147] Eine solche Pflicht kann für § 163a Abs. 2 StPO zumindest nicht aus § 34 StPO (in „Abschnitt 4a. Gerichtliche Entscheidungen") folgen. Mangels ordentlichen Rechtsbehelfs gegen eine ablehnende Entscheidung der Staatsanwaltschaft und fehlender Reversibilität des Ermittlungsverfahrens sind diese Pflichten grundsätzlich nicht kontrollfähig.[148] Dem Beweisantrag im Ermittlungsverfahren wird aus diesem Grund zwar eine geringe Durchsetzbarkeit attestiert[149], dennoch können gerade in diesem Verfahrensstadium Beweiserbieten jeglicher Art eine vergleichsweise hohe Erfolgsquote aufweisen[150], weil die Beweislage relativ schwach und das Verfahren noch offen ist.

Ein ablehnender Beschluss des Ermittlungsrichters i. S. d. § 166 Abs. 1 StPO müsste aufgrund des systematischen Zusammenspiels mit § 34 StPO jedoch schriftlich zu begründen sein und wäre damit grundsätzlich anfechtbar (§ 304 S. 1 StPO), da das Gesetz gerade keinen ausdrücklichen Ausschluss vorsieht (§ 305 S. 1 StPO).[151] Dennoch lehnt die herrschende Meinung eine Anfechtbarkeit ab, weil die Beschwerde aufgrund des Inhalts der Entscheidung und der Systematik des Vorverfahrens (vgl. § 167 StPO) nicht statthaft sei: Die Überprüfung im Beschwerdeverfahren vertrage sich bei dem Grund des drohenden Beweisverlusts nicht mit der Eilbedürftigkeit der Beweissituation, da § 166 StPO lediglich einen temporären Beweiserhebungsanspruch enthalte und Gründe für die unmittelbare Freilassung,

---

[146] LR-StPO/*Erb* § 163a Rn. 111; Alsberg/*Tsambikakis*, Der Beweisantrag, Kap. 4 Rn. 5; DAV, AnwBl. 1986, 55; *Wolter*, Aspekte einer Strafprozeßreform bis 2007 (1991), S. 90.

[147] Dazu *Fezer*, in: GS Schröder (1978), 407 (416 f.).

[148] *Hamm/Pauly*, Beweisantragsrecht Rn. 619. Zum Bedarf nach einer gerichtlichen Überprüfbarkeit von abgelehnten Beweisanträgen im Ermittlungsverfahren bereits ausführlich bei *Fezer*, in: GS Schröder (1978), 407 (418); *Krekeler*, Beweiserhebungsanspruch (1990), S. 199 ff., 215, 241 ff.; *Satzger*, Gutachten zum 65. DJT (2004), C 67 ff.; für § 166 StPO *Schlothauer*, StV 1995, 158 (164 f.).

[149] Alsberg/*Tsambikakis*, Der Beweisantrag, Kap. 4 Rn. 5, 12; *Quedenfeld*, in: FS Peters (1984), 215 (220); *Schreiber*, in: FS Baumann (1992), 383 (387); *Perron*, Beweisantragsrecht des Beschuldigten (1995), S. 169; *Hamm/Pauly*, Beweisantragsrecht Rn. 616; *Toepel*, Sachverständigenbeweis (2002), S. 304.

[150] Alsberg/*Tsambikakis*, Der Beweisantrag, Kap. 4 Rn. 1 ff.

[151] *Schlothauer*, StV 1995, 158 (164 f.); SK-StPO/*Wolter/Deiters* § 166 Rn. 19; *Müllerhoff*, StV 2004, 10.

d. h. gegen die Haftentscheidung, von der Haftbeschwerde bzw. -prüfung abgedeckt würden.[152]

Die Argumentation mit der Eilbedürftigkeit erscheint jedoch gar paradox. Rechtsbehelfe verfolgen u. a. den Zweck, Fehlentscheidungen zu verhindern[153], sodass zu ihnen Zugang gewährt werden muss, soweit das Gesetz sie vorsieht bzw. nicht ausschließt (vgl. Art. 19 Abs. 4 GG). Deswegen kann auf Rechtsbehelfe verzichtet werden, wenn etwaige Fehlentscheidungen nur vorläufig sind, d. h. im Laufe des weiteren Verfahrens ausgeräumt werden können (vgl. § 305 S. 1 StPO). Im Falle eines möglichen Beweis-(mittel)verlustes besteht diese Möglichkeit der späteren Beweiserhebung jedoch gerade nicht, da die ermittlungsrichterliche Entscheidung die Beweissicherung irreparabel zu sperren droht. Ein Verweis auf das Zwischen- und Hauptverfahren liefe inhaltlich leer. Dem Gesetzgeber steht es ferner frei, die Entscheidung gem. § 166 Abs. 1 StPO in den Ausschlusskatalog der §§ 304 Abs. 4, 305 StPO zu übernehmen, was gerade nicht geschehen ist.[154] Es ist dennoch denkbar, dass das Fehlen eines Rechtsbehelfs gegen eine unterlassene Beweiserhebung im Ermittlungsverfahren mit dem Argument, der Beschuldigte könne diese Beweiserhebung im Hauptverfahren selbst durchführen (vgl. § 245 Abs. 2 S. 1 StPO), begründet wird.

b) Beweisantrag auf Ladung eines „eigenen" Sachverständigen zum richterlichen Augenschein mit gerichtlichen Sachverständigen (§ 168d Abs. 2 StPO)

aa) Anwendungsbereich

§ 168d Abs. 2 StPO verkörpert eine das Selbstladungsrecht (§ 245 Abs. 2 S. 1 StPO) vorbereitende Maßnahme[155], um denjenigen Sachverständigen, welcher zur Hauptverhandlung geladen werden soll, bereits an relevanten Beweiserhebungen im Ermittlungsverfahren teilhaben zu lassen. Die Regelung ist notwendig, da ein von der Verteidigung geladener Sachverständiger[156] erst ab dem Zeitpunkt der Bestel-

---

[152] So z. B. LG Berlin, Beschl. v. 10.03.2003 – 521 Qs 11/03 = StV 2004, 10; LR-StPO/*Erb* § 166 StPO Rn. 14; *Krekeler*, Beweiserhebungsanspruch (1990), S. 23; Meyer-Goßner/*Schmitt* StPO § 166 Rn. 4.

[153] So z. B. KK-StPO/*Zabeck* § 304 Rn. 30 ff.; MüKo-StPO/*Neuheuser* § 304 Rn. 38 ff.

[154] Dazu *Schlothauer*, StV 1995, 158 (164 f.).

[155] Alsberg/*Tsambikakis*, Der Beweisantrag, Kap. 4 Rn. 26; MüKo-StPO/*Kölbel* § 168d Rn. 2; LR-StPO/*Erb* § 168d Rn. 2; *Zwiehoff*, Das Recht auf den Sachverständigen (2000), S. 68 f.

[156] Die Bezeichnung „Privatsachverständiger" oder „Gutachter der Verteidigung" (so z. B. bei *Hartmann/Rubach*, StV 1990, 425 [428]; *Zwiehoff*, Das Recht auf den Sachverständigen [2000], S. 328 f.) ist irreführend und falsch (so auch *Krekeler*, StraFo 1996, 5; *Detter*, in: FS Meyer-Goßner [2001], 431 [440]), da in Verfahren mit Amtsermittlungsgrundsatz – anders als in Verfahren mit Dispositionsmaxime – keine Zuweisung der Beweismittel zu einem Prozessbeteiligten erfolgt. Schließlich wird ein nach § 245 Abs. 2 S. 1 StPO geladener Sachverständiger nach Stattgabe eines entsprechenden Beweisantrags gerichtlich bestellt und er-

lung durch das Gericht – dieser entspricht der Stattgabe des Beweisantrags i. S. v. § 245 Abs. 2 S. 1 StPO – und damit erst im Hauptverfahren dem Rechte- und Pflichtenkatalog der §§ 75 ff. StPO unterfällt. Existierte § 168d Abs. 2 StPO nicht, hätte der Sachverständige kein Teilnahmerecht an für ihn relevanten Beweiserhebungen im Ermittlungsverfahren (vgl. § 80 StPO) und ihm würde eine wichtige Informationsbasis fehlen. Voraussetzung des Selbstladungsrechts ist, dass die Beweiserhebung eine Einnahme richterlichen Augenscheins (§ 86 StPO) darstellt, an welcher bereits gerichtlich bestellte Sachverständige mitwirken (§ 168d Abs. 2 S. 1 StPO). Praktische Anwendungsfälle sind z. B. eine richterliche Brandortbesichtigung oder die Leichenschau (§ 87 Abs. 1 StPO). Ob die praktisch häufigere Leichenschau durch die Staatsanwaltschaft (als Ermittlungshandlung) und Leichenöffnung durch obduzierende Ärzte (als Beweiserhebung durch Sachverständige), an denen kein Richter teilnimmt, von § 168d Abs. 2 StPO erfasst werden, ist umstritten.[157] Die Leichenschau unterliegt besonderer Beschleunigung (vgl. Nr. 36 Abs. 1 RiStBV) und wird regelmäßig wegen der anschließenden Einäscherung bzw. Bestattung des Leichnams nicht (mehr in dem Umfang) reproduzierbar sein, sodass der von der Verteidigung geladene Sachverständige diese nicht etwa im Hauptverfahren nachholen könnte.

Die Anwesenheit des Gerichts mit entsprechender Protokollierungspflicht (§§ 168, 168a StPO) entbehrt gerade nicht von der Teilnahme eines von der Verteidigung beauftragten Sachverständigen. Speziell die Befundtatsachen sind solche Tatsachen, zu deren Beschaffung, Wahrnehmung und Beurteilung, einschließlich der daraus zu ziehenden Konklusionen, gerade eine besondere Sachkunde erforderlich ist[158], über die das Gericht selten verfügt. Daher kann das richterliche Protokoll für einen von der Verteidigung im Hauptverfahren geladenen Sachverständigen keine taugliche Begutachtungsgrundlage bieten. Die Aufzeichnungen des gerichtlich bestellten Sachverständigen sind bereits Ausfluss dessen sachverständiger Bewertung. Da es aber im Rahmen der Teilnahme auf den Akt der Augenscheinseinnahme und ggf. die Untersuchungen ankommt, muss sich der von der

---

langt die reguläre Sachverständigenposition (so z. B. *Widmaier*, StV 1985, 526 [527]). Die Begriffe werden in dieser Bearbeitung bei ihrer Verwendung daher bewusst in Anführungszeichen gesetzt, um ihre Paraphrasierung zu kennzeichnen.

[157] Strittig ist, ob auch die Leichenöffnung (§ 87 Abs. 2 StPO), die auf Antrag der Staatsanwaltschaft im Beisein des Richters stattfindet, einen richterlichen Augenschein darstellt und von § 168d Abs. 2 StPO erfasst wird, dafür SK-StPO/*Wolter/Deiters* § 168d Rn. 3; MüKo-StPO/*Kölbel* § 168d Rn. 1; *Eisenberg*, Beweisrecht der StPO, Rn. 1956; LR-StPO/*Erb* § 168d Rn. 4; a. A. Meyer-Goßner/*Schmitt* StPO § 168d Rn. 1; KK-StPO/*Schmitt* § 168d Rn. 1; *Grossam*, in: SV-HdB § 15 Rn. 165. Dagegen spricht, dass sobald der Sachverständige mit einer Untersuchung beauftragt wird, es sich nicht mehr um eine sinnliche Wahrnehmung des Richters durch Sehen, Hören, Riechen, Schmecken oder Fühlen (BGHSt 18, 51 [53]) handelt. Dafür spricht, dass bei einer solchen Untersuchung im Beisein des Richters nicht mehr scharf zwischen Augenscheins- und Sachverständigenbeweis getrennt werden kann.

[158] Siehe hierzu bereits 3. Kapitel B. III.

Verteidigung geladene Sachverständige – unabhängig vom gerichtlich bestellten Sachverständigen – eine eigenständige Informationsbasis verschaffen können.[159]

Um der Verteidigung die Entscheidung über die Ausübung des § 168d Abs. 2 StPO zu ermöglichen, muss eine qualifizierte Benachrichtigung über die Augenscheinseinnahme ergehen[160], welche Informationen über die Fachrichtung, Funktion und Qualifikationen des bereits hinzugezogenen Sachverständigen enthalten soll.[161] Dies erfolgt durch eine Terminsnachricht (§ 168d Abs. 1 S. 2 i.V.m. § 168c Abs. 5 S. 1 StPO). Für die Verteidigung reduziert sich durch Wahrnehmung des § 168d Abs. 2 StPO der Arbeitsaufwand dahingehend, dass eine *eigene* Ladung des Sachverständigen, d.h. durch Beauftragung des Gerichtsvollziehers (§§ 220 Abs. 1 S. 2, 38 StPO), wegfällt.[162]

Es genügt hingegen, wenn die Verteidigung selbständig den Sachverständigen zum Termin der Augenscheinseinnahme lädt oder im Termin als sog. sistierten Sachverständigen präsentiert.[163] Das Teilnahmerecht gilt auch unabhängig von einer späteren Vernehmung des Sachverständigen in der Hauptverhandlung, da dieses Verfahrensstadium mitunter gar nicht erreicht wird oder doch ein anderer Sachverständiger geladen werden soll.[164] Es genügt insofern die lose Absicht, den Sachverständigen vernehmen zu wollen. Ein Ausschluss ergibt sich allein in Fällen der (gravierenden) Behinderung des gerichtlich bestellten durch den geladenen Sachverständigen (Abs. 2 S. 2) und der fehlenden Sachkunde bzw. Eignung als Sachverständiger, um einem Missbrauch des Rechts vorzubeugen.[165]

Ablehnende Beschlüsse des Richters, d.h. die Antragsablehnung und der Teilnahmeausschluss, sind beschwerdefähig (§§ 304, 34 StPO). Dabei ist zu berücksichtigen, dass die Beschwerde grundsätzlich keine aufschiebende Wirkung entfaltet (vgl. § 307 Abs. 1 StPO) und nur auf Antrag die Vollzugshemmung ausgesetzt werden kann (vgl. § 307 Abs. 2 StPO). Aufgrund der Eilbedürftigkeit in Fällen richterlichen Augenscheins wird eine Rechtsdurchsetzung zumeist durch prozessuale Erledigung überholt.[166] Die scheinbar effektive Einflussmöglichkeit des

---

[159] MüKo-StPO/*Kölbel* § 168d Rn. 4; KK-StPO/*Schmitt* § 168d Rn. 3; *Jahn/Brodowski*, in: Hilgendorf/Kudlich/Valerius, HdBStR Bd. VII (2020), § 17 Rn. 118f.

[160] LR-StPO/*Erb* § 168d Rn. 12; Meyer-Goßner/*Schmitt* StPO § 168d Rn. 2; *Krekeler*, Beweiserhebungsanspruch (1990), S. 12.

[161] KK-StPO/*Schmitt* § 168d Rn. 4; SK-StPO/*Wolter/Deiters* § 168d Rn. 12; MüKo-StPO/*Kölbel* § 168d Rn. 2; Alsberg/*Tsambikakis*, Der Beweisantrag, Kap. 4 Rn. 27; LR-StPO/*Erb* § 168d Rn. 12 nur für Fachrichtung, nicht für Qualifikationen zwingend.

[162] Alsberg/*Tsambikakis*, Der Beweisantrag, Kap. 4 Rn. 30; MüKo-StPO/*Kölbel* § 168d Rn. 3.

[163] LR-StPO/*Erb* § 168d Rn. 13.

[164] LR-StPO/*Erb* § 168d Rn. 13; SK-StPO/*Wolter/Deiters* § 168d Rn. 7.

[165] LR-StPO/*Erb* § 168d Rn. 18, 19; SK-StPO/*Wolter/Deiters* § 168d Rn. 9.

[166] Für eine Unzulässigkeit der Fortführung der Beschwerde LR-StPO/*Erb* § 168d Rn. 22; KK-StPO/*Schmitt* § 168d Rn. 9; *Perron*, Beweisantragsrecht des Beschuldigten (1995), S. 171; HK-StPO/*Zöller/Niedernhuber* § 168d Rn. 7. Für eine Modifizierung der Beschwerde

§ 168d Abs. 2 StPO wird davon getrübt, dass in der Praxis vom richterlichen Augenschein selten Gebrauch gemacht wird.[167] Ein solcher wird – wie am Beispiel der Leichenschau – nur „aus besonderen Gründen" beantragt, „etwa um die Verlesung der Niederschrift nach § 249 StPO zu ermöglichen" (vgl. Nr. 33 Abs. 3 S. 2 RiStBV). Dies entspricht z. B. Fällen, in denen Eilbedürftigkeit besteht und bzw. oder Beweismittelverlust droht (vgl. bereits Nr. 10 RiStBV).

bb) Ladung des namentlich benannten Sachverständigen

Das Teilnahmerecht bewirkt, dass der von der Verteidigung vorgeschlagene Sachverständige die Methodik und das Fachwissen des bereits gerichtlich bestellten Sachverständigen beurteilen und kontrollieren kann, um auf eine korrekte Erhebung der Befundtatsachen hinzuwirken[168] und ggf. abweichende Befundtatsachen zu erheben. Die Anwesenheit zweier Sachverständiger trägt daher in besonderem Maße zur Qualitätssteigerung des Gewinnungsprozesses von validem Erfahrungswissen bei, weil ein breiteres Fachwissen zur Anwendung kommt.

Hierdurch wird vornehmlich die bereits erhobene Forderung nach einer sich aus Art. 6 Abs. 3 lit. d EMRK ergebenden wissenschaftlichen Diskursoffenheit[169] umgesetzt, denn der geladene Sachverständige darf das Augenscheinsobjekt selbst und die Untersuchung beobachten, die Befunde einsehen sowie Anmerkungen und Anregungen zur Protokollierung bestimmter Befunde abgeben[170]. Die überzeugende Ansicht erkennt im Normwortlaut einen Anspruch auf Teilnahme des namentlich benannten Sachverständigen („die von ihm […] vorzuschlagenden Sachverständigen" bzw. „den vom Beschuldigten benannten Sachverständigen").[171] Das Selbstladungsrecht (§ 245 Abs. 2 StPO) und seine Annexnormen (§§ 168d Abs. 2, 220 Abs. 2, 38 StPO) verfolgen den Zweck, einen Ausgleich zur generellen Fungibilität des Sachverständigen zu bilden.

---

auf Feststellung der Rechtswidrigkeit SK-StPO/*Wolter/Deiters* § 168d Rn. 13; Alsberg/*Tsambikakis*, Der Beweisantrag, Kap. 4 Rn. 33; *Krekeler*, Beweiserhebungsanspruch (1990), S. 15 f.

[167] LR-StPO/*Erb* § 168d Rn. 2, 10; *Perron*, Beweisantragsrecht des Beschuldigten (1995), S. 170; *Zwiehoff*, Das Recht auf den Sachverständigen (2000), S. 69; *Krekeler*, Beweiserhebungsanspruch (1990), S. 9.

[168] SK-StPO/*Wolter/Deiters* § 168d Rn. 6.

[169] Siehe hierzu bereits 4. Kapitel D. II. 3.

[170] LR-StPO/*Erb* § 168d Rn. 17.

[171] *Krekeler*, Beweiserhebungsanspruch (1990), S. 12; Alsberg/*Tsambikakis*, Der Beweisantrag, Kap. 4 Rn. 31; LR-StPO/*Erb* § 168d Rn. 16; SK-StPO/*Wolter/Deiters* § 168d Rn. 7; a. A. HK-StPO/*Zöller/Niedernhuber* § 168d Rn. 5; *Eisenberg*, Beweisrecht StPO Rn. 1956.

cc) Untersuchungsrecht des Sachverständigen

Ob ein eigenes aktives Untersuchungsrecht des selbstgeladenen Sachverständigen besteht, welches die passive Beobachtung überschreitet, ist umstritten.[172] Dies tangiert die Frage, ob dem von der Verteidigung geladenen Sachverständigen die Vornahme eigener Ermittlungen zuzugestehen ist.[173] Hierfür ist zunächst maßgeblich, dass diesem nach dem Wortlaut des § 168d Abs. 2 StPO die „Teilnahme [sowohl] am Augenschein [als auch] an den erforderlichen Untersuchungen“ gestattet wird.

Die benachbarte Norm (vgl. § 168c Abs. 2 S. 2 StPO) erfasst über die bloße Anwesenheit hinaus auch Frage- und Erklärungsrechte, nicht jedoch zwingend die Vornahme eigener Untersuchungshandlungen. Da die anderen umliegenden Normen primär Zeugen- und Beschuldigtenvernehmungen regeln, liegt eine inhaltliche Identität zwischen der jeweiligen Beweiserhebung (Befragung durch das Gericht) und der jeweiligen Kontrollbefugnis (Fragen durch die Verteidigung) vor, die sich im bloßen Stellen von Fragen erschöpft. Es lässt sich erwägen, eine teleologische Extension dahingehend vorzunehmen, auch in diesem Rahmen einen Gleichlauf zwischen Beweiserhebung (gerichtlicher Sachverständiger nimmt die Untersuchung vor) und Kontrollbefugnis (von der Verteidigung geladener Sachverständiger nimmt die Untersuchung vor) herzustellen.

Der BGH hat betont, dass keine allgemeine Rechtsgrundlage zur Beschneidung der Aufgaben eines von der Verteidigung beauftragten Sachverständigen existiert.[174] Bei einigen Untersuchungsarten wird eine umfassende Mitwirkung und Kontrolle nicht ohne Zugriff auf das Augenscheinsobjekt (z. B. durch eine Probenentnahme) verwirklicht werden können. Wenn nun aber die Beweispräsentation in der Hauptverhandlung (§ 245 Abs. 2 StPO), welche eine Ausprägung der Waffengleichheit (Art. 6 Abs. 1 EMRK) darstellt[175], im Ermittlungsverfahren durch § 168d Abs. 2 StPO gesichert werden soll, muss nach dem „*telos*“ der Norm spiegelbildlich gewährleistet werden, dass der vom Beschuldigten geladene Sachverständige dieselben Begutachtungsmöglichkeiten wie der gerichtlich bestellte Sachverständige hat.

Die Auslegung der Norm dahingehend, dem von der Verteidigung geladenen Sachverständigen ein eigenes Untersuchungsrecht zuzugestehen, ist in den Grenzen des § 168d Abs. 2 S. 2 StPO zweckmäßig. Eine Einschränkung dieser Zugriffs-

---

[172] Dagegen LR-StPO/*Erb* § 168d Rn. 17; MüKo-StPO/*Kölbel* § 168d Rn. 4; *Rieß*, in: FS Peters (1984), 113 (124 f.); dafür Alsberg/*Tsambikakis*, Der Beweisantrag, Kap. 4 Rn. 31; *Eisenberg*, Beweisrecht StPO Rn. 2245b; SK-StPO/*Wolter/Deiters* § 168d Rn. 11; *Zwiehoff*, Das Recht auf den Sachverständigen (2000), S. 68.

[173] Dafür z. B. *Widmaier*, StV 1985, 526 (527). Die Problematik wird in dieser Bearbeitung – fernab von § 168d StPO – ausgeklammert.

[174] BGHSt 43, 171 ff. = NStZ 1998, 93 ff.; ebenso *Witting*, StV 1998, 174.

[175] So *Köhler*, NJW 1979, 348 (349); Alsberg/*Tsambikakis*, Der Beweisantrag, Kap. 4 Rn. 26.

möglichkeit sollte nur aus sachlichen Gründen, z.B. der nicht zu beseitigenden Behinderung des gerichtlich bestellten Sachverständigen (Abs. 2 S. 2) oder der irreparablen Beschädigung des Augenscheinsobjekts, erfolgen.[176] Da die Tätigkeit mehrerer Sachverständiger im Strafverfahren nicht unüblich ist (vgl. § 244 Abs. 4 S. 2 StPO), ist eine gegenseitige Behinderung selten problematisch.[177] Dem von der Verteidigung geladenen Sachverständigen bereits reine Substanz*eingriffe* zu untersagen, würde bei Beweisfragen betreffend Proben (z.B. Körperflüssigkeiten oder andere biologische Stoffe) dazu führen, dass eine Kontrolle der Untersuchung des gerichtlichen Sachverständigen hinsichtlich der erhobenen Befundtatsachen faktisch kaum zu gewährleisten ist.[178] Daher erscheint es überzeugend, dem von der Verteidigung geladenen Sachverständigen einen das Beweisstück nicht zerstörenden Substanzeingriff zu gestatten. Sofern das Augenscheinsobjekt teilbar ist und eine ausreichende Menge der Restprobe für das weitere Verfahren verbleibt, muss die Kontrolluntersuchung von § 168d Abs. 2 StPO umfasst sein.[179]

Das Recht des Verteidigers zur Besichtigung von Beweisgegenständen aus der Asservatenkammer (§ 147 Abs. 1 StPO) umfasst auch die Teilnahme des von ihm dazu beauftragten Sachverständigen, da er sich dessen Kompetenz i.R.v. § 245 Abs. 2 StPO zulässigerweise bedienen darf.[180] Eine kaum überwindbare Grenze wird erreicht, wenn der Sachverständige die Begutachtung mangels technischer Ausstattung bzw. Hilfsmitteln nicht in den Räumen der Behörde durchführen kann. Nach dem Mitgabeverbot aus § 147 Abs. 1 StPO, an welchem der BGH festhält[181], darf der Verteidiger zwar amtlich verwahrte Beweisgegenstände am Ort der Verwahrung einsehen, sie jedoch nicht von dort entfernen.[182]

Der „*telos*" der Norm liegt in der Wahrung der Beweismittelintegrität, welche vorsieht, dass relevante Beweismittel nicht den geschützten Kreis des amtlichen Zugriffs verlassen dürfen, um Gefahren für die Durchführbarkeit des Strafverfah-

---

[176] So auch SK-StPO/*Wolter/Deiters* § 168d Rn. 10; *Rieß*, in: FS Peters (1984), 113 (124).

[177] So auch *Detter*, in: FS Meyer-Goßner (2001), 431 (437).

[178] Ähnlich bereits *Krekeler*, StraFo 1996, 5 (7).

[179] So auch *Schlag*, in: FG Koch (1989), 229 (236); *Dahs*, NStZ 1991, 354 f.; *Krekeler*, StraFo 1996, 5 (7) unter Verweis auf AG Saarlouis, Beschl. v. 07.08.1987 – 6 Ls 223/86 (unveröffentlicht); a.A. *Rieß*, in: FS Peters (1984), 113 (124 f.), wonach jedwede Substanzgefährdung ausgeschlossen sei.

[180] So *Rieß*, in: FG Peters (1984), 113 (123); *Schlag*, in: FG Koch (1989), 229 (234 f.); LR-StPO/*Jahn* § 147 Rn. 126; *Langkeit*, in: FS Feigen (2014), 129 (131 f.); MAH-Strafverteidigung/*Schlothauer* § 3 Rn. 58.

[181] So z.B. restriktiv BGH, Urt. v. 24.04.1979 – 5 StR 513/78 = NStZ 1981, 93 (95); BGH, Beschl. v. 12.09.2007 – 1 StR 337/07 = NStZ-RR 2008, 48; OLG Frankfurt, Beschl. v. 13.09. 2013 – 3 Ws 897/13 = BeckRS 2013, 20921; extensiver hingegen OLG Zweibrücken, Beschl. v. 11.01.2017 – 1 Ws 348/16 = BeckRS 2017, 100784.

[182] *Rieß*, in: FS Peters (1984), 113 (124 f.).

rens zu vermeiden.[183] Eine relativierende Ansicht sieht hingegen vor, dass amtlich verwahrte Beweisstücke zur Weitergabe an einen Sachverständigen, den die Verteidigung beabsichtigt zu laden, zwecks Untersuchung unter der Prämisse der Substanzerhaltung an die Verteidigung herausgegeben werden dürfen.[184] Dies ist notwendig, um das Gebot der Waffengleichheit (Art. 6 Abs. 1 EMRK) für eine homogene Beweisführung zu verwirklichen. Die Beweismittelintegrität bleibt in einem solchen Fall nicht schutzlos, denn eine Verletzung der Obhutspflicht für das Beweismittel wäre gem. § 258 Abs. 1 StGB strafbewehrt und über zivilrechtliche Schadensersatzansprüche abgesichert.

Die psychowissenschaftliche Exploration des Angeklagten ist dagegen eine unproblematische Konstellation, da die Selbstladung auf seine Veranlassung erfolgt. Im Falle der Inhaftierung des Angeklagten muss dem Sachverständigen nach Ansicht der Rechtsprechung ein angemessener Zugang zur JVA gewährt werden.[185] Die Exploration von Zeugen bzgl. deren Glaubwürdigkeit bzw. der Glaubhaftigkeit ihrer Aussagen ist gleichwohl schwieriger durchsetzbar, da hierbei schützenswerte Rechtspositionen Dritter betroffen sind.[186] Eine solche Exploration wird für den von der Verteidigung geladenen Sachverständigen ausschließlich nach gerichtlicher Stattgabe oder mit Zustimmung des Zeugen durchführ- und verwertbar sein.[187]

II. Mitwirkungsdefizite

Die StPO ist auf die Hauptverhandlung als Kernstück des Strafverfahrens ausgelegt[188], weshalb im Schrifttum beklagt wird, dass die Möglichkeiten der Einflussnahme durch den Beschuldigten im Ermittlungsverfahren systematisch begrenzt seien[189], wodurch gar ein strukturelles Informations-, Wahrnehmungs- und

[183] OLG Stuttgart, Beschl. v. 12.11.2002 – 4 Ws 267/02 = NJW 2003, 767; *Rieß*, in: FS Peters (1984), 113 (122 f.).

[184] So LR-StPO/*Jahn* § 147 Rn. 129; *Schlag*, in: FG Koch (1989), 229 (235); *Krekeler*, StraFo 1996, 5 (7).

[185] BGHSt 43, 171 ff. = NStZ 1998, 93 ff.; *Witting*, StV 1998, 174; *Widmaier*, StV 1985, 526 (527).

[186] *Grossam*, in: SV-HdB § 15 Rn. 84, 94.

[187] So auch *Dahs*, Hdb. des Strafverteidigers Rn. 479; *Schwenn*, in: FS Kröber (2023), 259 (262); *Grossam*, in: SV-HdB § 15 Rn. 124 ff. Selbst für gerichtliche Sachverständige gilt i. R. v. § 80 Abs. 2 StPO ein eingeschränktes Vernehmungsrecht von Zeugen, so BGH, Urt. v. 21.07.1965 – 2 StR 229/65 = BeckRS 1965, 106688; LR-StPO/*Krause* § 80 Rn. 8; SK-StPO/*Rogall* § 80 Rn. 16 ff.; krit. *Cabanis*, NJW 1978, 2329 (2331); *Fincke*, ZStW 86 (1974), 656 (664 f.).

[188] *Eb. Schmidt*, Lehrkommentar, Teil I, Rn. 103; *Peters*, Fehlerquellen Bd. II (1972), S. 177, 195.

[189] So z. B. *Eb. Schmidt*, Lehrkommentar, Teil I, Rn. 103; *Müller*, in: FS Lüke (1997), 493 (497). Insbesondere zur Einflussnahme auf Beweiserhebungen Alsberg/*Tsambikakis*, Der Beweisantrag, Kap. 4 Rn. 1 ff.; *Perron*, Beweisantragsrecht des Beschuldigten (1995),

Kontrolldefizit auf Seiten des Beschuldigten bzw. der Verteidigung entstünde[190]. Zwar hat sich in den vergangenen Jahren eine – durch EU-Rechtsetzung forcierte – gesetzgeberische Entwicklung vollzogen, die neue Mitwirkungsrechte des Beschuldigten und der Verteidigung vorsieht.[191] In Bezug auf die Nutzung von außerjuristischem Erfahrungswissen bzw. Sachkunde wird jedoch ersichtlich, dass der Beschuldigte noch eine relativ schwache Position innehat.

1. Fehlinterpretation des Verhältnisses von § 73 Abs. 1 S. 1 StPO und § 161a Abs. 1 S. 2 StPO?

Eine intensive Diskussion[192] im Schrifttum rankt sich um die Kompetenz zur Auswahl eines Sachverständigen im Ermittlungsverfahren und damit um das Verhältnis von § 161a Abs. 1 S. 2 StPO zu § 73 Abs. 1 S. 1 StPO. Aufgrund des Einflusses, den ein bestimmter Sachverständiger mittelbar auf das Verfahrensergebnis ausüben kann[193], scheint die Befugnis, den Sachverständigen (mit-)auswählen zu dürfen, ein wichtiger Faktor insbesondere für die Verteidigung zu sein. Ein beachtlicher Teil des Schrifttums ist der Ansicht, in der Praxis würde „*contra legem*", nämlich entgegen der eindeutigen und keinen Interpretationsspielraum zulassenden Alleinzuständigkeit des Richters gem. § 73 Abs. 1 S. 1 StPO, agiert.[194] Demge-

---

S. 171 f.; *Schreiber*, in: FS Baumann (1992), 383 (388); *Hamm*, AnwBl. 1986, 66 ff.; *Rieß*, in: FS Schäfer (1980), 155 (209) bzw. konkret zur Auswahl des Sachverständigen *Lürken*, NJW 1968, 1161; *Barton*, StV 1983, 73 (78); *Kuhn*, Sachverständige als Fremdkörper (1977), S. 87 f.; *Tondorf*, StraFo 1996, 136 (140) *Gerhold*, in: Hilgendorf/Kudlich/Valerius, HdBStR Bd. VIII (2022), § 51 Rn. 59.

190 So auch die Feststellung bei *Quedenfeld*, in: FS Peters (1984), 215 (229); *Anders*, Beweiserhebungskontrollen (1998), S. 142; *Kretschmer*, StraFo 2013, 184 (185).

191 Beispielhaft sind an dieser Stelle die Erweiterung der Belehrungspflichten gem. §§ 136 Abs. 1, 163a Abs. 4 StPO, z. B. bzgl. anwaltlicher Notdienste, und der Teilnahmerechte im Ermittlungsverfahren gem. §§ 168b, 168c StPO (Änderung durch Art. 1 des zweiten Gesetzes zur Stärkung der Verfahrensrechte von Beschuldigten v. 27.08.2017, BGBl. I, 3296 Nr. 60) aufgrund der Richtlinie 2013/48/EU sowie der Ausbau der Fälle der notwendigen Verteidigung gem. §§ 140 ff. StPO (Änderung durch Art. 1 des Gesetzes zur Neuregelung des Rechts der notwendigen Verteidigung v. 10.12.2019, BGBl. I, 2128 Nr. 46) aufgrund der Richtlinie (EU) 2016/1919 zu nennen.

192 So bewertet MüKo-StPO/*Trück* § 73 Rn. 7: „In kaum einem anderen Punkt pflegt die rechtswissenschaftliche Literatur allerdings eine Diskussion, die derart von plakativen Vorurteilen geprägt ist".

193 Insbesondere für den psychowissenschaftlichen Sachverständigen wird die Bedeutung der Person ständig hervorgehoben, so z. B. *Barton*, Psychowissenschaftliche Sachverständige (1983), S. 3 ff.; *Rasch*, NStZ 1992, 257 ff. Siehe hierzu bereits 5. Kapitel A. VI. 1.

194 So z. B. *Krauß*, ZStW 85 (1973), 320 (322); *Arndt*, NJW 1962, 25 (26); *Dierlamm*, in: FS Müller (2008), 117 (118); *Detter*, NStZ 1998, 57 (59); *Geppert*, Jura 1993, 249 (252); *Sarstedt*, NJW 1968, 177; *Dippel*, Stellung des Sachverständigen (1986), S. 82; *ders.*, in: FS Müller (2008), 125 (133); *Lürken*, NJW 1968, 1161 (1162); *Tondorf/Waider*, StV 1997, 493 (496); *Tondorf/Tondorf*, Psychologische Sachverständige, Rn. 238; *Bendler*, in: Reform oder Roll-Back – 21. StV-Tag (1997), 297 (309); *Müller*, in: FS Lüke (1997), 493 (500);

genüber wollen Stimmen über den Verweis des § 161a Abs. 1 S. 2 StPO – abgesehen von der Sonderkompetenz des Ermittlungsrichters in den Fällen der §§ 165, 166 StPO – der Staatsanwaltschaft bzw. ihren Ermittlungspersonen (§ 152 GVG)[195] die alleinige Auswahlbefugnis einräumen[196], was insbesondere der Handhabung in der Praxis entspricht. Ob die praktisch herrschende Auswahlkompetenz der Staatsanwaltschaft im Ermittlungsverfahren den ursprünglich vom Gesetzgeber normierten Richtervorbehalt sticht, soll durch Auslegung ermittelt werden.

a) Grammatische Auslegung

Der Wortlaut beider Vorschriften muss im Verhältnis zueinander betrachtet werden. Während § 73 Abs. 1 S. 1 StPO vorsieht „Die Auswahl der zuzuziehenden Sachverständigen und die Bestimmung ihrer Anzahl erfolgt durch den Richter", regelt § 161a Abs. 1 S. 2 StPO für die Konstellation der Vernehmung von Sachverständigen im Ermittlungsverfahren, dass „soweit nichts anderes bestimmt ist, gelten die Vorschriften des sechsten und siebenten Abschnitts des ersten Buches über Zeugen und Sachverständige entsprechend". § 161a Abs. 1 S. 2 StPO könnte daher als pauschal verweisender Rechtssatz auf die allgemeinen Vorschriften verstanden werden. Dies hätte zur Folge, dass die einzelnen Elemente der durch Verweisung geregelten und derjenigen Norm, auf dessen Rechtsfolge verwiesen wird, miteinander so in Beziehung zu setzen sind, dass den jeweils nach ihrer Funktion und Stellung gleich zu erachtenden Elementen die gleiche Rechtsfolge zukommt.[197]

Dadurch scheint die Befugnis zur Sachverständigenhinzuziehung in den Zuständigkeitsbereich der Staatsanwaltschaft (§ 161a StPO) übertragen zu sein. Es ist jedoch bei genauerer Lektüre der exakte Anknüpfungspunkt des § 161a Abs. 1 StPO, d.h. der Umfang der der Staatsanwaltschaft obliegenden Befugnis, zu er-

---

LR-StPO/*Kühne* Einl. Abschn. J Rn. 131; *Kühne*, Strafprozessrecht, § 53 Rn. 862; *Krekeler*, AnwBl. 2/1986, 62 (64); *Duttge*, NStZ 2003, 374 (376) bezeichnet § 163a Abs. 1 StPO als „brüchige normative Grundlage"; DAV, AnwBl. 1986, 55; Arbeitsgruppe 21. StV-Tag, StV 1997, 386 (390). *Schwenn*, in: FS Kröber (2023), 259 hat die Praxis zuletzt als „Zuständigkeitsanmaßung" bezeichnet. Ein Teil der Beiträge, die den Richtervorbehalt befürworten, wurden zwar zeitlich vor der Gesetzesänderung verfasst, dort wurde jedoch bereits teilweise die Auswahlkompetenz der Staatsanwaltschaft praktiziert, so die Bestandsaufnahme bei *Grünwald*, Gutachten zum 50. DJT (1974), C 39.

[195] Dazu näher *Jessnitzer*, in: BKA-Vortragsreihe, Bd. 24 (1979), S. 52.

[196] So die Praxis und BVerfG, Beschl. v. 31.08.2007 – 2 BvR 1681/07 = BeckRS 2007, 26565; BGHSt 44, 26 (33) = NStZ 1998, 422 (425); OLG Schleswig, Beschl. v. 01.09.1981 – 1 Ws 302/81 = juris; *Tröndle*, JZ 1969, 374 (376); *Zwiehoff*, Das Recht auf den Sachverständigen (2000), S. 59; Meyer-Goßner/*Schmitt* StPO § 73 Rn. 1a; *Karpinski*, NJW 1968, 1173; LR-StPO/*Krause* § 73 Rn. 2; LR-StPO/*Erb* § 161a Rn. 25; MüKo-StPO/*Trück* § 73 Rn. 6; KK-StPO/*Hadamitzky* § 73 Rn. 1; SK-StPO/*Rogall* § 73 Rn. 1, 10; SSW-StPO/*Bosch* § 73 Rn. 2; KMR-StPO/*Neubeck* § 73 Rn. 2a; BeckOK-StPO/*Monka* § 73 Rn. 1; *Satzger*, Gutachten zum 65. DJT (2004), C 71; *Gössel*, DRiZ 1980, 363 (366); *ders.*, Strafverfahrensrecht (1977), S. 226.

[197] *Larenz*, Methodenlehre (1991), S. 260 f.

mitteln. Die Norm nimmt ihrem Wortlaut nach ausschließlich die Erscheinenspflicht einer Beweisperson bei Ladung (S. 1) zwecks Vernehmung (vgl. amtliche Überschrift) in Bezug. Für diese Vernehmungskonstellation sollen die Abschnitte über den Zeugen- und Sachverständigenbeweis gelten (S. 2).

Dieser Verweis ergibt Sinn, da im Rahmen einer Vernehmung u. a. Zeugen über ihre Zeugnis- und Auskunftsverweigerungsrechte (§§ 52, 53, 55 StPO) und Sachverständige über ihr Gutachtenverweigerungsrecht (§ 76 StPO) zu belehren sind. Die Vorschrift des § 161a Abs. 1 StPO erfasst in grammatischer Hinsicht jedoch nicht ausdrücklich die hermeneutisch vorgelagerte Kompetenz zur Auswahl eines Sachverständigen, sondern nur die im Rahmen der Vernehmung vorgesehene Gutachtenerstattungspflicht gegenüber der Staatsanwaltschaft und dessen Erzwingbarkeit.[198] Ob die Kompetenz zur Vernehmung eines Sachverständigen auch die Kompetenz zu dessen Auswahl umfasst, bleibt offen.[199] Die Auswahl müsste damit – im Umkehrschluss dem Grundsatz entsprechend – dem Richter zufallen (§ 73 Abs. 1 S. 1 StPO).[200] Dass die Auswahlkompetenz des Gerichts erhalten bleiben soll, könnte sich gerade durch den § 161a Abs. 1 S. 2 StPO einleitenden Zusatz „Soweit nichts anderes bestimmt ist" ergeben. Die Wortlautauslegung ist nicht hinreichend ergiebig.

b) Systematischer Vergleich

Der systematische Bedeutungszusammenhang zwischen den Vorschriften könnte ergeben, dass § 161a Abs. 1 S. 2 StPO als *„lex specialis"* für das Stadium des Ermittlungsverfahrens („Zweites Buch: Verfahren im ersten Rechtszug. Vorbereitung der öffentlichen Klage") den § 73 Abs. 1 S. 1 StPO („Erstes Buch: Allgemeine Vorschriften. Siebenter Abschnitt. Sachverständige und Augenschein") als *„lex generalis"* konkretisiert und verdrängt. Hierfür ist es im Sinne eines logischen Spezialitätsverhältnisses der Normen erforderlich, dass der Geltungsgehalt einer Norm in dem der anderen Norm enthalten ist und ein zusätzliches Merkmal hinzutritt.[201] Die nachträgliche Einfügung des § 161a StPO ist der Logik der Normen zueinander abträglich. Nach seinem wörtlichen Verständnis erfasst § 161a Abs. 1 StPO die Erscheinens- und Aussage- bzw. Gutachtenerstattungspflicht, allerdings keine Auswahlkompetenz, sodass sich hierin streng genommen auch nicht der Anwendungsbereich des § 73 Abs. 1 S. 1 StPO erschöpfen kann.

---

198 *Grünwald*, Gutachten zum 50. DJT (1974), C 39 f.

199 Diff. der österreichische Strafprozess, der zwischen Bestellungs- und Führungskompetenz in Bezug auf Sachverständige trennt (vgl. § 126 Abs. 3–5 öStPO), siehe hierzu später vertiefend 6. Kapitel B. III. 2. b).

200 So auch *Sarstedt*, NJW 1968, 177 (178); *Krauß*, ZStW 85 (1973), 320 (324); *Krekeler*, AnwBl. 2/1986, 62; *Dippel*, Stellung des Sachverständigen (1986), S. 82 ff.; *Dierlamm*, in: FS Müller (2008), 117 (118); *Geppert*, Jura 1993, 249 (252); *Wagner*, StV 2000, 544 (545).

201 *Larenz*, Methodenlehre (1991), S. 266 f.

Die Existenz des Anhörungsrechts (Nrn. 69, 70 Abs. 1 RiStBV)[202], welches der *Staatsanwalt* dem Verteidiger *vor* der Auswahl des Sachverständigen zu gewähren hat, intendiert, dass dieser die Auswahl zu treffen hat. Dafür sprechen zudem die Verjährungsregeln, welche vorsehen, dass eine Verjährung „durch jede Beauftragung eines Sachverständigen durch den Richter *oder Staatsanwalt*" (§ 78c Abs. 1 S. 1 Nr. 3 StGB) unterbrochen wird.[203] Die Annahme eines generellen Richtervorbehalts kann auch nicht durch die Vorschrift des § 82 StPO gestützt werden, welche vorsieht, dass der Richter über die Form der Gutachtenerstattung im Vorverfahren entscheidet.[204] Der veraltete Begriff des Vorverfahrens wird heutzutage teilweise noch synonym für das Ermittlungsverfahrens verwendet.[205] Die Existenz dieser Norm deutet an, dass das Gesetz ursprünglich eine Zuständigkeit des Gerichts für die Sachverständigenhinzuziehung im Ermittlungsverfahren vorgesehen hat und ihre Bedeutung in dem System der praktisch gelebten Auswahlbefugnis der Staatsanwaltschaft nur noch missverständlich erscheint. Nach überwiegender Ansicht soll sich der Anwendungsbereich des § 82 StPO jedoch sowohl auf Beweiserhebungen durch den Ermittlungsrichter als auch über den Verweis in § 161a Abs. 1 S. 2 StPO auf solche der Staatsanwaltschaft erstrecken.[206] Allerdings löst die Vorschrift ein systematisches Störgefühl aus, wenn man den siebenten Abschnitt als „allgemeine Vorschriften", d. h. von einem Verfahrensstadium losgelöst, sehen und § 161a Abs. 1 S. 2 StPO deren Anwendung auf das Ermittlungsverfahren regeln soll.

c) Subjektiv- und objektiv-historische Auslegung

Die subjektiv-historische Auslegung des § 73 Abs. 1 S. 1 StPO ergibt, dass bereits in den Reichsgesetzgebungsmaterialien zur Einführung der Vorschrift von den am Gesetzgebungsprozess beteiligten Abgeordneten dessen Geltung für das gesamte Strafverfahren, d. h. insbesondere auch das Ermittlungsverfahren, hervorgehoben wurde.[207] Nach ursprünglicher Rechtslage bestand der gesetzliche Richter-

---

[202] Siehe hierzu bereits 6. Kapitel B. I. 1. a).

[203] So auch SK-StPO/*Rogall* § 73 Rn. 3; *Wagner*, StV 2000, 544 (545); *Gössel*, DRiZ 1980, 363 (366).

[204] *Dippel*, Stellung des Sachverständigen (1986), S. 83; *ders.*, in: FS Müller (2008), 125 (134).

[205] So Verweis bei Meyer-Goßner/*Schmitt* StPO § 82 Rn. 1 auf die Einl. 60 ff. zum Ermittlungsverfahren.

[206] So i. E. auch LR-StPO/*Krause* § 82 Rn. 2; MüKo-StPO/*Trück* § 82 Rn. 1; *Gössel*, DRiZ 1980, 363 (368).

[207] So *Hahn/Stegemann*, Die gesammten Matherialien zur Strafprozessordnung und dem Einführungsgesetz zu derselben (Erste Abteilung), S. 614 f. zu den Bemerkungen der Abgeordneten: Auswahl käme nur „als richterliche Tätigkeit, nicht als eine vom Staatsanwalt oder dem Polizeibeamten zu leitende Maßregel" in Betracht (Abg. *Hanauer*); Die Auswahlkompetenz nehme „alle Stadien des Verfahrens" in Bezug (Abg. *Eysoldt*); „auch im Vorverfahren

vorbehalt für die Sachverständigenauswahl im Ermittlungsverfahren bis zum historisch begründeten Abbau der gerichtlichen Voruntersuchung und dem Übergang der Verfahrensherrschaft auf die Staatsanwaltschaft[208] im Jahr 1974 fort.[209]

Nach der objektiv-historischen Auslegung sah die Einfügung des § 161a Abs. 1 S. 2 StPO durch das 1. StrVG[210] „zur Straffung und Beschleunigung des Ermittlungsverfahrens" vor, die Erhebung von Personalbeweismitteln in der Hand der Staatsanwaltschaft zu konzentrieren. Die Staatsanwaltschaft sollte §§ 48 ff., 72 ff. StPO anwenden, „soweit dies mit den Besonderheiten des Ermittlungsverfahrens vereinbar ist und gesetzlich nichts anderes bestimmt ist"[211]. In den Gesetzgebungsmaterialien werden die Zeugnis- und Auskunftsverweigerungsrechte (§§ 52, 53, 53a, 55 StPO) über den Verweis für anwendbar erklärt, dagegen die Vereidigung (§ 59 ff. StPO) und die Festsetzung der Ordnungshaft (§ 70 Abs. 2 StPO) ausdrücklich für unanwendbar erklärt.[212] Aus prozessökonomischen Gründen wurde zwar die Verlagerung der Verfahrensherrschaft für das gesamte Ermittlungsverfahren angestrebt, laut der Gesetzesentwurfsbegründung lag der Grund jedoch primär in den zahlreichen und zeitintensiven Zeugenvernehmungen durch den Ermittlungsrichter[213], wozu gleichsam die Staatsanwaltschaft als zur „Objektivität und Gerechtigkeit verpflichtete(s) Rechtspflegeorgan" befähigt sei.[214]

Aus dem Blickwinkel der Erweiterung des § 73 StPO findet sich in der Gesetzesentwurfsbegründung der Hinweis, dass dessen neuer Absatz 2 „gemäß dem neuen § 161a Abs. 1 S. 2 auch für die Sachverständigen, die von der *Staatsan-*

müsse die Ernennung von Sachverständigen ausschließlich dem Gericht anheim gegeben werden" (Abg. *Reichensperger*). Näher dazu auch SK-StPO/*Rogall* § 73 Rn. 6 ff.

[208] BT-Drs. 7/551, S. 37 f.; *Sarstedt*, NJW 1968, 177; *Bendler*, in: Reform oder Roll-Back – 21. StV-Tag (1997), 297 (299); *Krauß*, ZStW 85 (1973), 320 (321); *Dippel*, Stellung des Sachverständigen (1986), S. 84.

[209] *Sarstedt*, NJW 1968, 177 f.; *Bendler*, in: Reform oder Roll-Back – 21. StV-Tag (1997), 297 (299); *Kühne*, Strafprozessrecht, § 53 Rn. 861.1. Laut *Grünwald*, Gutachten zum 50. DJT (1974), C 39 hat die Staatsanwaltschaft teilweise bereits vor 1974 Sachverständige im Ermittlungsverfahren beauftragt.

[210] Durch das Erste Gesetz zur Reform des Strafverfahrensrechts v. 09. 12. 1974 (BGBl. 1974 I Nr. 132, S. 3393), hierzu der Entwurf der Bundesregierung BT-Drs. 7/551, S. 72.

[211] BT-Drs. 7/551, S. 73.

[212] BT-Drs. 7/551, S. 73.

[213] Zur Begründung des Verweises führt BT-Drs. 7/551, S. 73 ausschließlich an: „Die bisher erforderliche Einschaltung des oft überlasteten Ermittlungsrichters zwecks Vernehmung von Zeugen, die polizeilichen oder staatsanwaltschaftlichen Ladungen nicht nachkommen oder deren polizeiliche oder staatsanwaltschaftliche Aussage unglaubhaft erscheint, verzögert das vorbereitende Verfahren in der Regel erheblich. In vielen Fällen wird aber auch die Vernehmung durch den für das Ermittlungsverfahren insgesamt verantwortlichen und über das bisherige Ermittlungsergebnis genau unterrichteten Staatsanwalt sachkundiger durchgeführt werden als durch den lediglich zu einer einzelnen Vernehmung in das Vorverfahren eingeschalteten Ermittlungsrichter".

[214] BT-Drs. 7/551, S. 72.

waltschaft mit der Erstattung eines Gutachtens beauftragt werden", gelten soll.[215] An anderen Stellen, welche die Beauftragung des Sachverständigen i. S. v. § 73 StPO thematisieren, wird neben dem Gericht ebenso die Staatsanwaltschaft als Normadressat erwähnt.[216] Hierin liegen hinreichende Anhaltspunkte für eine Willensänderung des Gesetzgebers[217], welche infolge der strukturellen Umgestaltung des Ermittlungsverfahrens als zutreffende Interpretation im gegenwärtigen Kontext betrachtet werden muss. Dort, wo der Wortlaut beider Vorschriften durch den missverständlichen Verweis einer belastbaren Auslegung Grenzen setzt, klärt die Gesetzeshistorie auf.

d) Teleologische Auslegung

Nach der objektiv-teleologischen Auslegung der Vorschriften über die Auswahlkompetenz ist es Sinn und Zweck, den unbefangenen, fachlich geeignetsten und mit größtmöglichem Spezialwissen ausgestatteten Sachverständigen hinzuziehen. Die Auswahl der passenden Fachrichtung und ausreichender Sachkunde kann zweifelsohne nicht nur durch einen Richter, sondern auch von einem durch die vorigen Ermittlungen bereits sachnäheren[218] Staatsanwalt gewährleistet werden. Im Zweifelsfall können Informationen bei einer Berufsorganisation erfragt (Nr. 70 Abs. 2 RiStBV) oder bestehende Sachverständigenverzeichnisse konsultiert (Nr. 70 Abs. 3 RiStBV) werden.

Ein Diskussionspunkt im Rahmen der Auswahl(-kompetenz) ist der Faktor der Unbefangenheit. Die Behauptung, ein von der Staatsanwaltschaft ausgewählter Sachverständiger sei nicht mehr unbefangen[219], da er mit vermeintlich belastungsorientierten Strafverfolgungsinteressen sympathisiere, kann pauschal nicht verfangen[220]: Im Ermittlungsverfahren gilt der strikte Appell an die Ergebnisoffenheit

---

[215] BT-Drs. 7/551, S. 62 (Hervorhebung d. Verf.).

[216] So BT-Drs. 7/551, S. 47: „um eine zügige Bearbeitung der von *Staatsanwaltschaften* und Gerichten in Auftrag gegebenen Gutachten in dem erwünschten Maße zu gewährleisten"; BT-Drs. 7/551, S. 62: „Dieser Empfehlung wird von *Staatsanwaltschaften* und Gerichten nur teilweise Folge geleistet. Der Entwurf greift daher eine vereinzelt von *Staatsanwaltschaften* und Gerichten bereits geübte Praxis auf und begründet in § 73 Satz 2 eine allgemeine Verpflichtung des Richters, vor Auswahl der Sachverständigen mit diesen über den Zeitpunkt der Erstattung des Gutachtens eine Absprache zu treffen" (Hervorhebungen d. Verf.).

[217] So auch *Wagner*, StV 2000, 544 (545); *Gerhold*, in: Hilgendorf/Kudlich/Valerius, HdBStR Bd. VIII (2022), § 51 Rn. 30; *Kühne*, Strafprozessrecht, § 53 Rn. 862.

[218] *Gössel*, DRiZ 1980, 363 (366); *Lürken*, NJW 1968, 1161 (1163); MüKo-StPO/*Trück* § 73 Rn. 7.

[219] *Dierlamm*, in: FS Müller (2008), 117 (121); *Duttge*, NStZ 2003, 375 (376); *Erb*, ZStW 121 (2009), 882 (894); *Krauß*, ZStW 85 (1973), 320 (331 Fn. 25); *Lürken*, NJW 1968, 1161 (1162); *Sarstedt*, NJW 1968, 177 (178).

[220] So auch BGHSt 18, 214 (217) = NJW 1963, 821 (822) für Fälle, in denen der Sachverständige ein Kriminalbeamter ist und eine bloß beratende, aber nicht ermittelnde Funktion innehat.

(§ 160 Abs. 2 StPO), während erst mit Erhebung der öffentlichen Klage eine Einbuße in der Objektivität der Staatsanwaltschaft befürchtet werden kann.[221] Trotz gegenteiliger Behauptungen[222] kann aus dem bloßen Umstand der Beauftragung ohne weitere Anhaltspunkte keine Parteibildung mit dem Auftraggeber vermutet werden. Der sehr präsente Vorwurf, es würden vielfach stets dieselben „Hausgutachter" hinzugezogen[223], steht zwar in Friktion mit der aus Art. 6 Abs. 3 lit. d EMRK abgeleiteten wissenschaftlichen Diskursoffenheit, ist jedoch in den rechtlichen Grenzen nicht zu beanstanden, soweit der als „Hausgutachter" bezeichnete Sachverständige über die beste Sachkunde auf dem jeweiligen Fachgebiet sowie den neuesten Stand der Wissenschaft und die entsprechenden Forschungsmittel verfügt.

Die Auswahlkompetenz der Staatsanwaltschaft verletzt auch nicht per se die Waffengleichheit aus Art. 6 Abs. 1 EMRK[224], da im Ermittlungsverfahren nicht formal gleiche, sondern lediglich substantiell gleiche Handlungsrechte von Staatsanwaltschaft und Verteidigung gewährt werden müssen.[225] Der Anwendungspraxis stünde auch vor dem Hintergrund des Art. 6 Abs. 1 EMRK nichts entgegen, wenn die Wahrnehmung des Anhörungsrechts (Nr. 70 Abs. 1 RiStBV) eingeräumt wird, eine reelle Berücksichtigung der Stellungnahme stattfindet und weitere kompensierende Verteidigungsrechte (wie z.B. § 245 Abs. 2 S. 1 StPO) existieren. Die Auswahl eines Sachverständigen legt einen – je nach Einzelfall mehr oder weniger gewichtigen – Grundstein für den weiteren Verfahrensgang, sodass die Entscheidung durch einen unabhängigen Richter zwar eine besondere Prüfung der Grund-

---

[221] Dagegen SK-StPO/*Rogall* § 74 Rn. 38 zur (Un-)befangenheit bereits im Ermittlungsverfahren auf Geheiß der Staatsanwaltschaft tätig werdender Sachverständiger. Siehe hierzu bereits 4. Kapitel C. II. 1.

[222] Eine psychologische Studie aus den USA hat ergeben, dass das Ergebnis sachverständiger Gutachten regelmäßig gefälliger für den Auftraggeber des Sachverständigen denn für die „Gegenseite" (zumeist der Angeklagte) ausfällt, so *Murrie/Boccaccini/et al.*, Psychological Science 2013, 1889 ff. mit der Forschungsfrage „Are Forensic Experts Biased by the Side That Retained Them?". *Richter*, StraFo 1989, 7 (8) meint, dieses Phänomen liege an der in der Hauptverhandlung traditionellen Sitzposition des Sachverständigen neben der Staatsanwaltschaft.

[223] So z. B. *Detter*, in: FS Salger (1995), 231; *ders.*, NStZ 1998, 57; *Erb*, ZStW 121 (2009), 882 (894, 905, 914, 917); *Barton*, StV 1983, 73 (74); *Sarstedt*, NJW 1968, 177 (179); *Streng*, NStZ 1995, 12 (15); *Sendler*, NJW 1986, 2907 (2909 f.); *Böttger/Kury/et al.*, MSchKrim 1991, 369 (381); *Bauer/Thoss*, NJW 1983, 305; SK-StPO/*Rogall* Vor § 73 Fn. 705; Arbeitsgruppe 21. StV-Tag, StV 1997, 386 (388); *Zwiehoff*, Das Recht auf den Sachverständigen (2000), S. 278; *Tondorf*, StV 2004, 279; *ders.*, R&P 1984, 155; *Tondorf/Waider*, StV 1997, 493; *Tondorf/Tondorf*, Psychologische Sachverständige, Rn. 244 f.; *Dierlamm*, in: FS Müller (2008), 117 (119); *Kohlhaas*, NJW 1962, 1329 (1331); *Müller-Luckmann*, DRiZ 1993, 71 (72); *Mergen*, in: FS Middendorff (1986), 193 (195); *Boehme-Neßler*, RW 2014, 189 (216) m. w. N.

[224] Hierzu instruktiv MüKo-StPO/*Trück* § 73 Rn. 7. So aber z. B. *Müller*, NJW 1976, 1067; *Dippel*, Stellung des Sachverständigen (1986), S. 85.

[225] Siehe hierzu bereits 4. Kapitel C. II. 1.

rechtsposition wahrt, wenn auch im Fall des Sachverständigenbeweises neben der allgemeinen Handlungsfreiheit in negativer Form (Art. 2 Abs. 1 GG) in kein zusätzliches Grundrecht eingegriffen wird.

e) Stellungnahme

Der Wortlaut und die Systematik der Vorschriften sprechen in Übereinstimmung mit dem ursprünglich subjektiven Willen des Reichsgesetzgebers zunächst für eine umfassende Geltung des Richtervorbehalts. Der gesetzgeberische Wille hat sich im Laufe der Zeit dennoch zu einer Auswahlkompetenz der Staatsanwaltschaft im Ermittlungsverfahren gewandelt, was u. a. am Regelungsgehalt weiterer Vorschriften (z. B. § 78c Abs. 1 S. 1 Nr. 3 StGB oder Nr. 70 RiStBV) deutlich wird. Soweit diese Vorschriften und die Gesetzesbegründung des 1. StrVG davon sprechen, dass die Staatsanwaltschaft Sachverständige „beauftragt", bleibt nur noch offen, ob hieraus überhaupt – entgegen Wortlaut und Systematik – eine Auswahlkompetenz als „Verfahrensherr(in)" abgleitet werden kann oder es sich bei der erwähnten „Beauftragung" auch um eine solche zwecks vorbereitender Wahrnehmung des Selbstladungsrechts (§ 214 Abs. 3 StPO) handeln kann, welche gerade kein Äquivalent zur gerichtlichen Bestellung darstellt.[226]

Insgesamt zeichnet sich durch die ergänzten Vorschriften und die Untätigkeit des Gesetzgebers zu der mittlerweile jahrzehntelangen Praxishandhabung die Zustimmung zu einer Auswahlkompetenz der Staatsanwaltschaft im Ermittlungsverfahren ab. Trotz dessen sorgen der unklare und unpräzise Wortlaut der §§ 73 Abs. 1 S. 1, 161a Abs. 2 S. 1 StPO sowie das missverständliche Relikt des § 82 StPO weiterhin für eine latente Rechtsunsicherheit.[227] Die in der Praxis gelebte Auswahlkompetenz der Staatsanwaltschaft widerspricht indes nicht dem *„telos"* der Sachverständigenhinzuziehung im gegenwärtigen Kontext und ist nicht vorrangig zu beanstanden.

Die Auswahl des Sachverständigen durch die Staatsanwaltschaft im Ermittlungsverfahren ist akzeptabel, da insbesondere Schwerpunktstaatsanwaltschaften (§ 143 Abs. 4 GVG) über ausreichende Qualifikationen für eine sachgerechte Auswahl verfügen. Aufgrund der allgemein geltenden Beweismittelbeschaffungskompetenz der Staatsanwaltschaft (§§ 160 Abs. 2, 200 Abs. 1 S. 2 StPO) sprechen ferner praktische Zweckmäßigkeitserwägungen (z. B. Aktenkenntnis, Konzentration der Beweismittel, zügiger Kontakt und keine Mehrbelastung des Gerichts) dafür, ihr die generelle Auswahlkompetenz im Ermittlungsverfahren zu überlassen.

Es verbleibt freilich die nachgelagerte Kompetenz des Gerichts, im Zwischen- bzw. Hauptverfahren einen anderen Sachverständigen zu beauftragen (§ 73 Abs. 1

---

[226] Ähnlich *Toepel*, Sachverständigenbeweis (2002), S. 298.

[227] So bereits die Feststellung bei *Gerland*, Der deutsche Strafprozeß (1977), S. 223 (Fn. 276), § 73 Abs. 1 StPO sei „seiner redaktionellen Fassung nach ganz irreführend"; *Kühne*, Strafprozessrecht, § 53 Rn. 862; *Tondorf/Tondorf*, Psychologische Sachverständige, Rn. 238.

S. 1 StPO).[228] Es ist jedoch zu beachten, dass ein im Ermittlungsverfahren durch die Staatsanwaltschaft bestellter Sachverständiger (§ 73 Abs. 1 S. 1 StPO i.V.m. § 161a Abs. 1 S. 2 StPO), der ggf. bereits Untersuchungen durchgeführt und seine Begutachtung abgeschlossen hat, vom zuständigen Gericht im Hauptverfahren höchstwahrscheinlich aus den Gesichtspunkten der Prozessökonomie und des Beschleunigungsgrundsatzes übernommen wird.[229] Daher wird im Schriftum beklagt, dass die dem Gericht gegebene vollumfassende Kompetenz für das Hauptverfahren i.S.v. § 73 Abs. 1 S. 1 StPO faktisch verkümmere und sich die Auswahlentscheidung aus dem Ermittlungsverfahren in die nachfolgenden Verfahrensstadien fortwirke.[230] Diese Problematik hat auch der EGMR vor dem Hintergrund der Waffengleichheit erkannt und ausgleichende Verfahrensrechte gefordert.[231] Zwar liegt auch in der Überprüfung der Eignung des bereits beauftragten Sachverständigen eine Kompetenzwahrnehmung, dennoch erfolgt diese wohl nicht gänzlich losgelöst von der Vorentscheidung. In bestimmten Fällen wird sich das Gericht aber wegen der Pflicht zur objektiven Wahrheitserforschung (vgl. § 244 Abs. 2 StPO) durchaus über die Wahl der Staatsanwaltschaft hinwegsetzen müssen.

2. Folgenlosigkeit des Nr. 70 Abs. 1 RiStBV

Neben der fehlenden Durchsetzbarkeit des Anhörungsrechts (Nr. 70 Abs. 1 RiStBV) wird im Schrifttum darüberhinaus beanstandet, dass die Nichtgewährung der Stellungnahme für die Staatsanwaltschaft sanktionslos sei und somit kein Grund

---

[228] So in st.Rspr. z.B. BGHSt 44, 26 (32) = NStZ 1998, 422 (425).

[229] So die Beobachtungen von *Dahs*, Hdb. des Strafverteidigers Rn. 317; *Sarstedt*, NJW 1968, 178; *Barton*, StV 1983, 73 (78); *Schreiber*, in: FS Wassermann (1985), 1007 (1013); *Zwiehoff*, Das Recht auf den Sachverständigen (2000), S. 52; *Duttge*, NStZ 2003, 375 (376); *Dippel*, Stellung des Sachverständigen (1986), S. 84 f.; *Krauß*, ZStW 85 (1973), 320 (323 f.); *Köhler*, Inquisitionsprinzip (1979), S. 11. So z.B. *Arndt*, NJW 1962, 26 bezeichnet die Übernahme des von der Staatsanwaltschaft ausgewählten Sachverständigen durch das Gericht als „falsche Selbstverständlichkeit".

[230] *Arndt*, NJW 1962, 25 (26); BeckOK-StPO/*Engelstätter* RiStBV Nr. 70 Rn. 1; *Detter*, NStZ 1998, 57 (58): Auswahlentscheidung „wird vorbestimmt"; so auch *Barton*, StV 1983, 73; *Dippel*, in: FS Müller (2008), 125 (133); *Duttge*, NStZ 2003, 374; *Krekeler*, AnwBl. 2/1986, 62; *Eisenberg*, HRRS 2012, 466; *Wagner*, StV 2000, 543 (544); *Tondorf/Tondorf*, Psychologische Sachverständige, Rn. 249; *Zwiehoff*, Das Recht auf den Sachverständigen (2000), S. 320. Laut der Studie von *Barton*, Psychowissenschaftliche Sachverständige (1983), S. 17 bleibt das Gericht der Hauptsache in 84 % der Fälle, in denen ein Sachverständiger bereits im Ermittlungsverfahren von der Staatsanwaltschaft beigezogen wurde, bei der Entscheidung für diesen Sachverständigen.

[231] EGMR, Urt. v. 01.09.2017 – 61503/14 Rn. 121 (*J. M./Österreich*): „The Court has found that if a bill of indictment is based on the report of an expert who was appointed in the preliminary investigations by the public prosecutor, the appointment of the same person as expert by the trial court entails the risk of a breach of the principle of equality of arms, which however can be counterbalanced by specific procedural safeguards".

bzw. Anreiz zur Gewährung dieses Rechts bestehe.[232] Damit wäre zu ergründen, ob *de lege lata* Möglichkeiten existieren, die Missachtung des Anhörungsrechts zu rügen. Dem Beschuldigten ist bereits im Ermittlungsverfahren rechtliches Gehör zu gewähren.[233]

Über seine Vernehmung (§ 163a Abs. 1 S. 1 StPO) kann eine Stellungnahme zur Sachverständigenauswahl hingegen meist nicht abgegeben werden, da diese erst kurz vor Abschluss der Ermittlungen (§ 169a StPO) gewährt werden muss, wenn bereits ein Sachverständiger ausgewählt bzw. gar ein Gutachten angefertigt worden ist. Zwar ist die Staatsanwaltschaft keineswegs dazu verpflichtet, den Beschuldigten im Vorhinein über jede Beweiserhebung zu informieren und dessen Stellungnahme entgegenzunehmen, dennoch folgt aus dem Dasein des Nr. 70 Abs. 1 RiStBV für den Sachverständigenbeweis, dass es sich aus Sicht der Exekutive um die Vorbereitung einer gewichtigen Beweiserhebung handelt.

a) Dienstaufsichtsbeschwerde

Da es sich bei Nr. 70 Abs. 1 RiStBV um eine innerdienstliche Weisung (§ 146 GVG) handelt, kann die Nichteinhaltung der Vorschrift disziplinarrechtlich verfolgt werden, wenn der Betroffene eine form- und fristlose Dienstaufsichtsbeschwerde (abgeleitet aus dem Petitionsrecht gem. Art. 17 GG) bei der übergeordneten Behörde (Generalstaatsanwaltschaft) erhebt.[234] Da ein solcher Rechtbehelf mit einem gewissen Zeitablauf einhergeht, wird hierüber allenfalls eine Nachholung der Anhörung zu erreichen sein.

Der Zweck, den die Anhörung verfolgt, nämlich Einfluss auf die Person und Profession des Sachverständigen zu nehmen, *bevor* ein Gutachten erstellt wird, ist nachträglich kaum zu erreichen. Es lässt sich nicht leugnen, dass ein einmal zu den Akten gelangtes Gutachten aus prozessökonomischen Kosten- und Zeitgründen lediglich in speziellen, d.h. eng gefassten[235], Fällen (vgl. §§ 74 Abs. 1, 244 Abs. 4 S. 2 StPO) durch ein neues ersetzt wird.[236] Die Nachholung der Anhörung wird selten eine Änderung der getroffenen Sachverständigenauswahl herbeiführen und

---

[232] So z.B. *Driest*, StV 1990, 389 (390); *Detter*, NStZ 1998, 57 (58); *Witting*, StV 1998, 174; Arbeitsgruppe 16. StV-Tag, StV 1992, 345 (346); *Dierlamm*, in: FS Müller (2008), 117 (119 ff.); *Wagner*, StV, 544 (545).

[233] Siehe hierzu bereits 4. Kapitel B. I.

[234] *Richter*, StraFo 1989, 7 (9). Als sog. Sachaufsichtsbeschwerde vgl. *Burhoff/Hunsmann*, Hdb. Rechtsmittel, Rn. 278, 281; *Dahs*, Hdb. des Strafverteidigers Rn. 1091 ff., 1094; Meyer-Goßner/*Schmitt* StPO Vor § 296 Rn. 22; *Grossam*, in: SV-HdB § 13 Rn. 7, § 24 Rn. 7.

[235] So LR-StPO/*Krause* § 73 Rn. 26; *Sarstedt*, NJW 1968, 177 (178).

[236] So *Satzger*, Gutachten zum 65. DJT (2004), C 71; *Schreiber*, in: FS Baumann (1992), 383 (393); *Krekeler*, AnwBl. 2/1986, 62 (64); *Detter*, NStZ 1998, 57 (58); BeckOK-StPO/*Engelstätter* RiStBV Nr. 70 Rn. 1.

ist angesichts der bereits geschaffenen Beweisgrundlage gerade kein Äquivalent zur Anhörung *vor* der Auswahl.[237]

b) Einwendungen gegen die Anklageschrift

Es wäre es denkbar, die Missachtung der Anhörung als Einwendung gegen die Eröffnung des Hauptverfahrens vorzubringen, sodass der Vorsitzende des in der Hauptsache zuständigen Gerichts die Staatsanwaltschaft zur Nachholung verpflichten müsste[238], da § 201 Abs. 1 StPO den Anspruch auf rechtliches Gehör konkretisiert.[239] Einwendungen i. S. d. § 201 Abs. 1 S. 1 StPO sind nach allgemeinem Verständnis rechtliche oder tatsächliche Gründe, die den hinreichenden Tatverdacht widerlegen oder das Fehlen zwingender Prozessvoraussetzungen bzw. das Bestehen von Prozesshindernissen (z. B. die Zuständigkeit gem. §§ 6a, 16 StPO) rügen sollen.[240] Die verwehrte Beteiligung an der Auswahl des Sachverständigen kann nach dem „*telos*" der Vorschrift nicht hierunter fallen, denn auch wenn die Anklage sich bzgl. der Beweislage auf das Gutachten des Sachverständigen stützt, steht der Aspekt der Beteiligung am Auswahlprozess des Sachverständigen allenfalls in mittelbarem Zusammenhang mit dem Beweisergebnis. Der Angriff über § 201 Abs. 1 S. 1 StPO ist nicht auf bloße Verfahrensfehler gerichtet, da diese den hinreichenden Tatverdacht nicht entfallen lassen können, sondern nur Zweifel an ihm aufwerfen.

c) Beweisverwertungsverbot

Ob aus der Missachtung einer Rechtsposition ein unselbständiges Beweisverwertungsverbot für das bereits angefertigte Sachverständigengutachten folgen kann[241], ist – zumindest nach der ständigen Rechtsprechung des BVerfG, des BGH und der herrschenden Lehre – durch eine wertende Abwägung der widerstreitenden Interessen zu ermitteln. In diesem Rahmen kommt es auf die Art und den Schutzzweck der etwaigen Vorschrift, die Schwere des Delikts sowie das Gewicht des in Rede stehenden Verfahrensverstoßes, das seinerseits wesentlich von der Bedeutung der im Einzelfall betroffenen Rechtsgüter bestimmt wird, an.[242] Soweit wesentliche

---

[237] *Toepel*, Sachverständigenbeweis (2002), S. 297 ff.

[238] So der Ansatz von *Wagner*, StV 2000, 544 (545).

[239] Statt vieler BGHSt 56, 109 (114 ff.) = NJW 2011, 1687 (1689); LR-StPO/*Stuckenberg* § 201 Rn. 1.

[240] LR-StPO/*Stuckenberg* § 201 Rn. 26 ff.; MüKo-StPO/*Wenske* § 201 Rn. 24; Meyer-Goßner/*Schmitt* StPO § 201 Rn. 6; KK-StPO/*Schneider* § 201 Rn. 12.

[241] Dafür *Dierlamm*, in: FS Müller (2008), 117 (122 ff.).

[242] So in st.Rspr. BGHSt 19, 325 (329) = NJW 1964, 1139 (1143); BGHSt 27, 355 (357) = NJW 1978, 1390; BGHSt 31, 304 (307) = NJW 1983, 1570 (1571 f.); BGHSt 35, 32 (34) = NJW 1988, 1223; BGHSt 37, 30 (32) = NJW 1990, 1801; BGHSt 38, 214 (219) = NJW 1992, 1463 (1464).

verfassungsrechtliche Grundlagen tangiert werden, kann sich ein Verbot auch bei schwerwiegenden, bewussten oder objektiv willkürlichen Rechtsverstößen, bei denen grundrechtliche Sicherungen planmäßig oder systematisch außer Acht gelassen worden sind, ergeben.[243]

aa) Beweiserhebungsfehler bei Verstoß gegen Verwaltungsvorschrift

Zu klären wäre zunächst, ob der Rechtscharakter als Verwaltungsvorschrift im Fortgang des Verstoßes gegen Nr. 70 Abs. 1 RiStBV der Annahme eines Beweisverwertungsverbots entgegensteht, d.h. ob ein Beweisverwertungsverbot generell den Verstoß gegen ein förmliches Gesetz voraussetzt. Nach allgemeinem Rechtsverständnis wird im Rahmen der Beweisverwertungsverbote lediglich eine rechtswidrige Verwertung von Beweisen umfasst, so z.B. Verfahrensverstöße.[244] Insbesondere muss ein Beweisverwertungsverbot nicht gesetzlich normiert sein.[245] Ob und wenn ja, gegen welche Art von Rechtsquelle verstoßen wird, ist nicht vorrangig entscheidend. Dies wird auch dadurch deutlich, dass nur wenige gesetzlich normierte Beweisverwertungsverbote existieren (z.B. § 136a Abs. 3 S. 2 StPO) und die Mehrheit der Verbote aus der Art der Beweiserhebungssituation als solche resultieren.

Ob eine Verwaltungsvorschrift trotz ihrer fehlenden bzw. eingeschränkten Außenwirkung grundsätzlich ein Beweisverwertungsverbot begründen kann, wurde in der Rechtsprechung bislang unterschiedlich beurteilt. Während einige Judikate von dieser Eignung ausgehen[246], lehnen andere dies mit Verweis auf die bloße Binnenwirkung von Verwaltungsvorschriften ab.[247] Spezielle Zuordnungskriterien exis-

---

[243] So in st.Rspr. BVerfGE 113, 29 (61) = NJW 2005, 1917 (1923); BVerfGE 125, 260 (339 f.) = NJW 2010, 833 (840 ff.); BVerfGE 130, 1 ff. = NJW 2012, 907 (910).

[244] KK-StPO/*Fischer* Einl. Rn. 315; *Werner*, in: Weber, Rechtswörterbuch (2023), Beweisverbote.

[245] So statt vieler MüKo-StPO/*Kudlich* Einl. Rn. 450.

[246] BayObLG, Beschl. v. 17.02.1999 – 2 ObOWi 751/98 = NZV 1999, 258 (259): „Sollte sich im weiteren Verfahren herausstellen, daß der […] Leiharbeitnehmer nicht in einer den Anforderungen der oben zitierten Verwaltungsvorschrift entsprechenden Weise […] integriert war, wird das AG […] zu erwägen haben, ob das Gewicht dieses Verfahrensverstoßes tatsächlich die Annahme eines Beweisverwertungsverbotes rechtfertigt.“ So auch für ministeriale Runderlasse OLG Frankfurt a.M., Beschl. v. 21.07.2003 – 2 Ss OWi 388/02 = NStZ-RR 2003, 342; OLG Naumburg, Beschl. v. 07.05.2012 – 2 Ss (Bz) 25/12 = BeckRS 2012, 15439.

[247] OLG Stuttgart, Beschl. v. 26.01.2015 – 4 Ss 810/14 = NJOZ 2015, 1770 (1771): „Eine Dienstanweisung (eines Innenministeriums) könnte sich (nur) an die messenden Beamten richten, ein Beweisverwertungsverbot oder gar ein Verfahrenshindernis folgen aus Verstößen gegen diese nicht.“ So auch OLG Rostock, Beschl. v. 17.11.2015 – 21 Ss OWi 158/15 = ZD 2016, 139 (140): „Darauf, ob die Verwaltungsbehörde ‚erlasswidrig‘ handelte, […], kommt es […] nicht an. Selbst wenn diese Einschätzung zutreffen sollte, würde dies für sich genommen nicht zu einem Beweisverwertungsverbot führen, weil dieser Erlass, der allein dem öffentlichen Interesse der Organisation des Messvorgangs und seiner Auswertung dient, ausschließlich im Binnenverhältnis zwischen Verwaltungs- und Aufsichtsbehörde Bindungswirkung

tieren jedoch nicht, sodass es weiterhin einer Einzelfallprüfung, insbesondere des Geltungsgehalts und der Verortung der jeweiligen Vorschrift innerhalb der Rechtsordnung, bedarf. Da Nr. 70 Abs. 1 RiStBV als Ausfluss von Art. 103 Abs. 1 GG nach hiesiger Auffassung eine mittelbare Außenwirkung zukommt[248], wäre ihre Missachtung auch nach der engeren Ansicht grundsätzlich geeignet, einen Beweiserhebungsfehler zu produzieren.

bb) Nr. 70 Abs. 1 RiStBV als bloße Ordnungsvorschrift?

Der BGH hat im Rahmen der Dogmatik zu Beweisverwertungsverboten allerdings näher zwischen Verfahrensvorschriften, „welche die rechtsstaatlichen Grundlagen des Verfahrens gewährleisten“ und „bloßen Ordnungsvorschriften“, die den Rechtskreis des Angeklagten nicht in gleichem Maße berühren, unterschieden.[249] Entsprechend einer „natürliche[n] Stufung der Verfahrensvorschriften“ würden sich Ordnungsvorschriften gerade im Fall ihres Verstoßes durch Sanktionslosigkeit und Irreversibilität kennzeichnen.[250] Fraglich bleibt indes, ob Nr. 70 Abs. 1 RiStBV als Verwaltungsvorschrift eine solche Ordnungsvorschrift darstellt und welche Konsequenz dies für eine etwaige Verwertung des erhobenen Sachverständigenbeweises hätte. Der Begriff der Ordnungsvorschrift umfasst solche Vorschriften, die sich nicht auf den Inhalt der Entscheidungen auswirken.[251] Hierunter können nach allgemeiner Auffassung z. B. formelle Vorgaben an die Beweiserhebung als solche verstanden werden, deren Verletzung mit Blick auf die Rechte der Betroffenen als wenig gewichtig angesehen werden oder die reine „Umgangsgepflogenheiten“ zwischen den Prozessbeteiligten vorsehen.[252] Die Charakterisierung als Ordnungsvorschrift ist in der Rechtsprechung fluide, da sogar die Vorschrift zur Belehrung über das Recht auf Verteidigerkonsultation (§ 136 Abs. 1 S. 2 StPO) in der Vergangenheit als eine solche angesehen wurde.[253]

---

entfaltet, nicht jedoch eine mit der Begründung subjektiver Rechte verbundene Außenwirkung, auf die sich ein Betroffener im Falle der Nichtbeachtung zu seinen Gunsten berufen könnte“.

[248] Siehe hierzu bereits 6. Kapitel B. I. 1. a) aa).

[249] So grundlegend BGHSt 11, 213 (214) = NJW 1958, 557 (558) dazu, ob aus der Nichteinhaltung von § 55 Abs. 2 StPO gegenüber Zeugen ein Beweisverwertungsverbot folgt. Krit. dazu *Hamm/Pauly*, Die Revision in Strafsachen, Rn. 340 ff. Die „Rechtskreistheorie“ ist mittlerweile nur noch ein Teilaspekt der Beweisverwertungsdogmatik, so z. B. BGHSt 42, 73 (77) = NStZ 1996, 348.

[250] So BGHSt 11, 213 (214) = NJW 1958, 557 (558); tiefergehend dazu *Hamm/Pauly*, Die Revision in Strafsachen, Rn. 335 ff.; *Weber-Petras*, Ordnungs- und Sollvorschriften (1992), S. 87 ff.; *Bohnert*, NStZ 1982, 5 (7 ff.) m. w. N.

[251] *Weber-Petras*, Ordnungs- und Sollvorschriften (1992), S. 4 ff.; *Paul*, NStZ 2013, 489 (492).

[252] *Schroth*, JuS 1998, 969 (974).

[253] BGHSt 22, 170 (173) = NJW 1968, 1838; anders sodann BGHSt 38, 214 (221 f.) = NJW 1992, 1463 (1464).

Die Einstufung als Verwaltungsvorschrift intendiert zwar, dass der Gesetzgeber es nicht für erforderlich erachtet hat, diese Rechtsposition in die StPO aufzunehmen. Dessen Gewichtung im Kontext der restlichen Normenklaviatur ist damit insbesondere aufgrund der fehlenden Gesetzesqualität erkennbar geringwertiger als diejenige anderer StPO-Normen. Eine „reine Umgangsgepflogenheit“ kann in Nr. 70 Abs. 1 RiStBV, der primär die Anhörung gegenüber staatlichen Strafverfolgungsstellen sicherstellen soll[254], jedoch nicht gesehen werden. Zwar stellt Nr. 70 Abs. 1 RiStBV eine Dienstanweisung dar, dennoch ist zu beachten, dass sie das Recht auf rechtliches Gehör (Art. 103 Abs. 1 GG) verkörpert und damit verfassungsrechtliche Züge erlangt. Das Anhörungsrecht berührt damit – anders als z. B. das Aussageverweigerungsrecht eines Zeugen (§ 55 Abs. 2 StPO) – durchaus in großer Tragweite den Rechtskreis des Beschuldigten.

Nr. 70 Abs. 1 RiStBV könnte eine „Soll-Vorschrift“ darstellen. Dabei handelt es sich um Bestimmungen, die schon im Wortlaut kenntlich machen, dass sie zwar Geltung und Befolgung beanspruchen, dass der Gesetzgeber jedoch eine lückenlose Befolgung nicht erwartet und ein Abweichen in Ausnahmefällen zulässig ist.[255] Dazu gehören z. B. Verfahrensvorschriften wie die §§ 57, 58, 68, 68a, 104, 106, 107, 109 StPO[256], welche die Umstände einer Ermittlungshandlung regeln und kein übergeordnetes Recht verkörpern. Zunächst ist für die Klassifizierung die Verwendung des Modalverbs „sollen“ als schwacher Normbefehl kennzeichnend, welcher in Nr. 70 Abs. 1 RiStBV aber gerade nicht vorkommt.

Durch die Ausgestaltung als gebundene Entscheidung („gibt“) verengt sich die Befugnis zum Abweichen von der Vorschrift auf die ohnehin schon weit gefassten Ausnahmegründe.[257] Zudem hat der BGH mit ausdrücklicher Annahme des Pflichtcharakters der Vorschrift[258] die Erwartung des Gesetzgebers konkretisiert, diese Anhörung *stets* durchgeführt zu wissen. Nr. 70 Abs. 1 RiStBV ist damit nicht

---

[254] *Dierlamm*, in: FS Müller (2008), 117 (119).

[255] Zum Begriff *Hamm/Pauly*, Die Revision in Strafsachen, Rn. 153 ff.; *Weber-Petras*, Ordnungs- und Sollvorschriften (1992), S. 143.

[256] *Paul*, NStZ 2013, 489 (492); MüKo-StPO/*Gericke* § 337 Rn. 13. Aufzählung bei *Weber-Petras*, Ordnungs- und Sollvorschriften (1992), S. 35 ff., dort wird Nr. 70 Abs. 1 RiStBV nicht erwähnt.

[257] Siehe hierzu bereits 6. Kapitel B. I. 1. a).

[258] BGHSt 44, 26 (31) = NStZ 1998, 422 (425) für die Staatsanwaltschaft: „Im Ermittlungsverfahren zieht die StA erforderlichenfalls einen von ihr ausgewählten Sachverständigen hinzu, wobei sie dem Verteidiger Gelegenheit zur Stellungnahme *gibt* (§ 161a I 2 StPO; RiStBV Nr. 70 I)“; BGHSt 48, 4 = NStZ 2003, 99 (100) für das Gericht: „Entscheidet sich der Richter nach der Einholung eines Gutachtens zur Schuldfähigkeit, wie hier kurz vor Beginn der Hauptverhandlung zur Erhebung eines weiteren Gutachtens, ist er, schon um den Anspruch auf rechtliches Gehör zu gewährleisten, nach § 73 I StPO (vgl. Nr. 70 I RiStBV) *verpflichtet*, die Verteidigung an der Auswahl des beizuziehenden Gutachters zu beteiligen“ (Hervorhebungen d. Verf.).

als bloße Ordnungsvorschrift zu betrachten.[259] Diese Auslegung ist auch nicht zu extensiv oder gar in der Praxis unhandhabbar, weil das Anhörungsrecht bereits wegen der Voraussetzung eines ermittelten Beschuldigten einen engen Anwendungsbereich aufweist und nur für einen Bruchteil der Verfahrenskonstellationen greift.

cc) Missachtung des Anhörungsrechts als systematisch-willkürlicher Rechtsverstoß?

Der Bedeutungsgehalt von Nr. 70 Abs. 1 RiStBV wird in der Praxis durch die Staatsanwaltschaften – vermutlich gerade wegen der fehlenden Durchsetzbarkeit – erschreckend oft verkannt. Angesichts eines immensen Vollzugsdefizits[260] drängt sich die Überlegung auf, ob es sich bei den sich wiederholenden Missachtungen der Anhörung um systematische, bewusste oder objektiv willkürliche Rechtsverstöße handelt. Damit würde die durch Verwaltungsvorschrift eigens auferlegte Selbst-

---

[259] So aber – ohne nähere Begründung – *Brüning*, StV 2008, 100 (101); BeckOK-StPO/*Engelstätter* RiStBV Nr. 70 Rn. 1.

[260] Zur Quantität der Anhörungsgewährung siehe die Beobachtungen: *Zwiehoff*, Das Recht auf den Sachverständigen (2000) S. 72: „gelegentlich"; *Toepel*, Sachverständigenbeweis (2002), S. 302: „nützt ihm (Anm.: dem Beschuldigten) jedoch wenig"; *Dierlamm*, in: FS Müller (2008), 117 (119): „spielt in der Praxis keine Rolle"; *Erb*, ZStW 121 (2009), 882 (895): „wird in der Praxis wohl auch oft genug ignoriert"; *Eisenberg*, NStZ 2006, 368 (370): „die Prozessbeteiligten (haben) verschiedentlich nur ein geringeres Maß an Einfluss auf die Auswahl des Sachverständigen"; *Detter*, NStZ 1998, 57 (58); *ders.*, in: FS Salger (1995), 231 (232): hat „kaum (eine besondere) Bedeutung erlangt"; LR-StPO/*Krause* § 73 Rn. 26: „wird vielfach nicht beachtet"; *Sommer*, Effektive Strafverteidigung, Kap. 3 Rn. 276: „Das Ignorieren dieser Vorschrift ist in der Praxis an der Tagesordnung"; *Tondorf/Waider*, StV 1997, 493: „Verteidiger kann sich glücklich schätzen, wenn er [...] Gelegenheit zur Stellungnahme erhält"; *Schreiber* bei Weigend ZStW 93 (1981), 1271 (1278): „Auswahl werde nicht selten einseitig von der Staatsanwaltschaft vorgenommen"; *Brüning*, StV 2008, 100 (101): „Praktisch findet diese Soll-Vorschrift jedoch kaum Beachtung"; *Hagedorn*, StV 2004, 217 (219): Nichtgewährung ist „leider vielfach vorkommende Praxis"; NJW-Spezial 2006, 572: Es „wird häufig gegen Nr. 70 RiStBV verstoßen"; Arbeitsgruppe 16. StV-Tag, StV 1992, 364: „Bei der Auswahl eines Sachverständigen erhält der Verteidiger entgegen Nr. 70 RiStBV praktisch nie Gelegenheit, auch nur seine Wünsche vorzutragen"; *Driest*, StV 1990, 389 (390): „Beide Institutionen denken aber nicht im Traum daran, Verteidigung und Beschuldigte auch nur zu fragen, geschweige denn der Anregung oder dem Wunsch der Beschuldigten nachzugehen"; *Barton*, StV 2003, 537 (539): „daß die Verteidigung nicht selten entgegen der klaren Regelung der Nr. 70 I RiStBV und des Anspruchs auf rechtliches Gehör keine Gelegenheit zur Stellungnahme erhält"; *Albrecht*, Rechtstatsachenforschung (2005), S. 63: „Zwei Drittel der befragten Anwälte waren nicht mit der in Nr. 70 RiStBV vorgeschriebenen Kooperation der Staatsanwaltschaften mit den Verteidigern bei der Auswahl und Bestellung eines Sachverständigen zufrieden"; *Dippel*, in: FS Müller (2008), 125 (137): „Beschuldigte und Verteidiger haben bei diesem Verfahren kaum irgendein Mittel, die Auswahl des Sachverständigen zu beeinflussen"; *Richter*, StraFo 1989, 7 (9): „Es gibt wohl kaum eine Ziffer der Richtlinien, die so häufig ignoriert wird, bezogen auf ihren Anwendungsfall wie diese. (...) Es ist ein Dienstfehler, wenn der Staatsanwalt vor der Beauftragung eines Sachverständigen den Verteidiger nicht fragt".

bindung der Exekutive (Art. 3 Abs. 1, 20 Abs. 3 GG) planmäßig missachtet und die Annahme eines Beweisverwertungsverbots liegt nahe. Die Selbstbindung greift allerdings ausschließlich, wenn es sich um eine tatsächlich durchgeführte Verwaltungspraxis handelt.[261] Hierfür soll allerdings bereits das Verwaltungshandeln in einem Fall ausreichen.[262] Die einmal eingetretene Wirkung der Selbstbindung vermögen die Strafverfolgungsbehörden nicht über einen flächendeckenden Nichtvollzug auszuhebeln.

Der BGH hat wiederkehrend darauf hingewiesen, dass das Anhörungsrecht, soweit seine Voraussetzungen vorliegen, uneingeschränkt einzuräumen sei.[263] Neben einer strukturellen Nichteinhaltung der Vorschrift ist allerdings auch das Gewicht des in Rede stehenden Verfahrensverstoßes maßgeblich, welches derart gravierend sein muss, dass zugunsten des Beschuldigten die Wahrheitserforschungspflicht eingeschränkt wird.[264] Die in diesem Rahmen widerstreitenden Rechtsgüter sind die Mitwirkung am Strafverfahren als Ausfluss der elementaren Subjektstellung des Beschuldigten (vgl. Art. 6 Abs. 1 EMRK) einerseits und die Effektivität der Strafverfolgung durch den Staat anderseits.

Da die Wahrheitserforschung nicht „um jeden Preis" erfolgen darf[265], müssen die Strafverfolgungsinteressen angesichts des in Nr. 70 Abs. 1 RiStBV zur Geltung kommenden Gehörsrechts und der Subjektstellung des Beschuldigten zunächst zurücktreten. Demgegenüber muss veranschaulicht werden, welche Folgen durch eine Stellungnahme verhindert bzw. gewonnen werden kann. Dem Beschuldigten und der Verteidigung wird ermöglicht, durch den Vorschlag des „besten" Sachverständigen zur Qualitätssicherung beizutragen. Dies betrifft z.B. die Hinwirkung auf die Berücksichtigung des neuesten Standes der Wissenschaft, entgegenstehender wissenschaftlicher Meinungen bzw. Methoden und den Einwand von Voreingenommenheit bzw. Parteilichkeit.[266] Die Hinwirkung auf die Auswahl eines dem Beschuldigten wohlgesonnenen Sachverständigen ist aus Verteidigungsperspektive nachvollziehbar und wohl häufig auch das Fernziel, aber keinesfalls der vom Verwaltungsvorschriftengeber verfolgte Zweck.

---

[261] So z.B. BGH, Urt. v. 18.03.2014 – VI ZR 10/13 = NJW 2014, 2874.

[262] Siehe *Ossenbühl*, in: FS BVerwG (1978), 433 (442).

[263] So BGHSt 44, 26 (31) = NStZ 1998, 422 (425); BGHSt 48, 4 = NStZ 2003, 99 (100).

[264] So in st.Rspr. BVerfGE 130, 1 ff. = NJW 2012, 907 (910); BVerfG, Beschl. v. 05.11. 2013 – 2 BvR 1579/11 = NJW 2014, 532 (533); BGHSt 19, 325 (329 ff.) = NJW 1964, 1139 (1143); BGHSt 27, 355 (357) = NJW 1978, 1390; BGHSt 31, 304 (307 ff.) = NJW 1983, 1570 (1571); BGHSt 35, 32 (34 f.) = NJW 1988, 1223; BGHSt 54, 69 (106) = NJW 2009, 3448 (3453).

[265] So statt vieler BGHSt 14, 358 (365) = NJW 1960, 1580 (1582).

[266] So besteht z.B. bei einem erfolgreich abgelehnten Sachverständigen (§ 74 StPO) ein Beweisverwertungsverbot für das bereits erstattete Gutachten, BGH, Urt. v. 16.12.2004 – 1 StR 420/03 = NJW 2005, 445 (447); OLG Düsseldorf, Beschl. v. 15.06.1983 – 1 Ws 506/ 83 = MDR 1984, 71 (72); LR-StPO/*Krause* § 74 Rn. 34; Meyer-Goßner/*Schmitt* StPO § 74 Rn. 19. Siehe hierzu bereits 6. Kapitel B.I.1.a).

Sachliche Argumente gegen die Person und das Gutachten des Sachverständigen können mithilfe bestehender Rechte (z.B. §§ 74 Abs. 1, 76 Abs. 1 S. 2, 244 Abs. 3 S. 1, 240 Abs. 2 S. 1, 257 Abs. 1 StPO) noch in späteren Verfahrensstadien eingewandt werden. Ein Verfahrensverstoß ist damit grundsätzlich von leichtem Gewicht. Bei den verbleibenden Rechten handelt es sich jedoch, soweit die Begutachtung durch den Sachverständigen bereits beendet wurde, um subsidiär korrigierende und nicht präventiv eingreifende Rechte. Dadurch verbleibt zunächst die Gefahr der unbeeinflussbaren Fortwirkung der Auswahlentscheidung im restlichen Verfahren.[267] Ob im Falle gewährter Anhörung ein anderer Sachverständiger ausgewählt worden wäre und dieser ein anderes Gutachtenergebnis abgegeben hätte als im Falle der missachteten Anhörung, ist kaum sicher zu beurteilen. Trotzdessen kann ein Verfahrensverstoß gegen Nr. 70 Abs. 1 RiStBV aufgrund der grundsätzlichen Fungibilität[268] von Sachverständigen für sich gesehen nicht als derart gewichtig eingestuft werden, als dass die bereits erfolgte Beweiserhebung im Folgenden gänzlich unverwertbar ist.

d) Stellungnahme

De lege lata verkörpert Nr. 70 Abs. 1 RiStBV zwar bereits ein subjektiv-öffentliches Anhörungsrecht des Beschuldigten und Verteidigers, es bleibt hingegen aufgrund des eklatanten Vollzugsdefizits und der rechtlichen Folgenlosigkeit bei Nichtgewährung faktisch eine leere, ineffektive Hülle. Die Annahme eines Verwertungsverbots als wohl schärfste Konsequenz im Beweisrecht vermag die hohen Hürden der BGH-Rechtsprechung nicht zu passieren. Eine Reformbestrebung[269] wie z.B. ein Vorschlagsrecht der Verteidigung[270] oder die Höherstufung des Anhörungsrechts zur einfachgesetzlichen Norm[271] – wie es in gesetzgeberischer Hinsicht sogar bereits zweimal (!) angedacht wurde[272] – könnten eine nennenswerte Änderung herbeiführen, wenn die Nichtgewährung nicht folgenlos bliebe. Eine einfachgesetzliche Kodifizierung des Anhörungsrechts im Rahmen der Sachver-

---

[267] Siehe hierzu bereits 6. Kapitel B.II. 1. e).

[268] Siehe hierzu bereits 4. Kapitel D.II. 3. b) bb).

[269] Ein Bedarf hieran hervorgehoben bei *Weigend*, ZStW 104 (1992), 486 (508); *Müller*, NJW 1976, 1063 (1067); *Dippel*, Stellung des Sachverständigen (1986), S. 100 ff.

[270] So Dokumentation Ergebnisse der Arbeitsgruppen 1 und 7 des 28. StV-Tages 2004, abgedruckt in StV 2004, 290 (293) gem. § 142 Abs. 1 S. 3 StPO analog, vgl. *Tondorf/Tondorf*, Psychologische Sachverständige, Rn. 237.

[271] So z.B. bei Dokumentation Arbeitsgruppe Strafverfahren Hessen, StV 1998, 104 (106); *Jahn*, ZStW 115 (2003), 815 (841); *Barton*, StV 2003, 537 (540); *Ignor/Matt*, StV 2002, 102 (106); *Däubler-Gmelin*, StV 2001, 359 (361).

[272] So Dokumentation Beschluss der Bundesregierung, Eckpunkte einer Reform des Strafverfahrens, abgedruckt in StV 2001, 314 (315) mit Präklusion (§ 25 Abs. 2 StPO analog) bestimmter Einwände nach Stellungnahme; ebenso Diskussionsentwurf der Fraktionen der SPD und Bündnis 90/Die Grünen des Deutschen Bundestages und des Bundesministeriums der Justiz für eine Reform des Strafverfahrens, abgedruckt in StV 2004, 228 (231 f.).

ständigenauswahl könnte von den Strafverfolgungsbehörden als Appell an dessen – bereits vom 1. Strafsenat des BGH hervorgehobene – besondere Bedeutung verstanden werden.

Zu diesem Zweck ist § 73 Abs. 1 StPO um einen Satz 3 zu erweitern:

„Vor der Auswahl des Sachverständigen ist dem Beschuldigten und dem Verteidiger die Gelegenheit zur Stellungnahme zu geben, es sei denn, dass Gegenstand der Untersuchung ein häufig wiederkehrender, tatsächlich gleichartiger Sachverhalt (z. B. Blutalkoholgutachten) ist oder eine Gefährdung des Untersuchungszwecks oder eine unverhältnismäßige Verzögerung des Verfahrens zu besorgen ist".

Da die Anhörungsgewährung stets mit einer Verzögerung des Verfahrens einhergeht, kann hierauf nur bei Verhältnismäßigkeit (z. B. Beweismittelverlust) verzichtet werden.[273] Die unterlassene Anhörung könnte indes als Verfahrensfehler der Revision unterstellt werden und eine Nachholung der Anhörung könnte diesen Formfehler heilen.[274] Es ist jedoch nicht auszuschließen, dass dem Anhörungsrecht selbst mit Gesetzesqualität der Status einer irreversiblen Ordnungsvorschrift zugesprochen würde. Ein weiterer gangbarer Weg ist die in diesem Kapitel vorgeschlagene Ausgestaltung eines Beschwerderechts.[275]

3. Rechtsunsicherheit bei der Ablehnung und Erhebung des Sachverständigenbeweises

Sowohl die Ablehnung des Begehrens, einen Sachverständigenbeweis erheben zu lassen, als auch ein erhobener Sachverständigenbeweis sind im Ermittlungsverfahren für den Beschuldigten mit Rechtsunsicherheiten behaftet und nicht als solche isoliert anfechtbar. Dem liegt zugrunde, dass die Ablehnung und Durchführung von Beweiserhebungen im nichtöffentlichen Ermittlungsverfahren entsprechend dem Grundsatz der freien Gestaltung[276], so z. B. der Zwecke der Vorläufigkeit und Beschleunigung, grundsätzlich nur über die Anfechtung des verfahrensabschließenden Urteils überprüfbar sein sollen.[277]

a) Insuffizienz der Ablehnungsgründe §§ 163a Abs. 2, 166 Abs. 1 StPO?

Es ist mit der geltenden Rechtslage nicht möglich, eine Beweiserhebung im Ermittlungsverfahren – anders als im Hauptverfahren (vgl. § 245 Abs. 2 StPO) –

---

[273] Siehe hierzu bereits 6. Kapitel B. I. 1. a) bb).

[274] *Hamm/Pauly*, Die Revision in Strafsachen, Rn. 735; *Toepel*, Sachverständigenbeweis (2002), S. 347; Meyer-Goßner/*Schmitt* StPO § 337 Rn. 39.

[275] Siehe hierzu tiefergehend 6. Kapitel B. III. 2.

[276] Statt vieler Meyer-Goßner/*Schmitt* StPO § 161 Rn. 7.

[277] So speziell für Entscheidungen über die Sachverständigenhinzuziehung OLG Schleswig, Beschl. v. 16. 04. 1999 – 2 Ws 117/99 = BeckRS 1999, 14403; *Toepel*, Sachverständigenbeweis (2002), S. 304.

durchzusetzen.[278] Insbesondere ist gegen die Versagung des Sachverständigenbeweises (Ablehnung eines Beweisantrags auf Hinzuziehung eines Sachverständigen gem. §§ 163a Abs. 2, 166 Abs. 1 StPO) kein spezieller Rechtsbehelf statthaft.[279] Die unterbliebene Erhebung eines entlastenden Sachverständigenbeweises (§ 163a Abs. 2 StPO) kann auch nicht erfolgreich als Einwendung gegen die Anklageschrift (§ 201 Abs. 1 S. 1 StPO) geltend gemacht werden. Zwar hätte womöglich ein Entlastungsbeweis den hinreichenden Tatverdacht entfallen lassen, allerdings würde die Rüge der Nichterhebung im Ermittlungsverfahren funktionell in einen Beweisantrag im Zwischenverfahren (§§ 201 Abs. 1 S. 1 Alt. 1, 219 StPO) umgedeutet.[280] Lediglich über ein das Hauptverfahren abschließendes Urteil ist die Nichterhebung des Sachverständigenbeweises ein reversibler Aufklärungsfehler des Gerichts (§ 244 Abs. 2 StPO).

Wenn nun generell eine Reform des Beweisantragsrechts im Ermittlungsverfahren gefordert wird, weil es ein „Schattendasein“[281] fristet, so vermag eine Erweiterung der Ablehnungsgründe[282] des § 163a Abs. 2 StPO um diejenigen Gründe des § 244 Abs. 3–5 StPO theoretisch kaum Abhilfe zu schaffen, sondern vielmehr die Spannbreite der normierten Gründe, weshalb die Staatsanwaltschaft einen Beweisantrag definitiv ablehnen kann, zu erweitern. Ausgehend von der grundsätzlichen Beweiserhebungs*pflicht* der Staatsanwaltschaft muss mit der allgemeinen Logik gelten: Je weniger Ablehnungsgründe eine Norm vorsieht, desto größer ist die Pflicht zur Beweiserhebung.

Die Begriffe der Bedeutsam- und Erheblichkeit setzen lediglich einen gewissen Relevanzgrad zwischen Beweisbehauptung und Verfahrensergebnis voraus, wohingegen die enumerativen Ablehnungsgründe des § 244 Abs. 3–5 StPO anders geartete Bezugspunkte (z. B. Ungeeignetheit und Unerreichbarkeit des Beweismittels sowie Erwiesenheit der Beweisbehauptung) aufweisen und damit insgesamt ungünstiger für den Beschuldigten sind. Damit ist die Norm des § 163a Abs. 2 StPO faktisch extensiver gefasst als sein Äquivalent im Hauptverfahren[283] und günstiger für den Beschuldigten. Dennoch geht die Auslegungspraxis i. R. d. §§ 163a Abs. 2, 166 Abs. 1 StPO bereits zurecht dahin, auch die im Hauptverfahren geltenden Ab-

---

[278] So bereits *Satzger*, Gutachten zum 65. DJT (2004), C 66; *Krekeler*, AnwBl. 2/1986, 62.

[279] So statt vieler Meyer-Goßner/*Schmitt* StPO § 163a Rn. 15, § 166 Rn. 5; Alsberg/*Tsambikakis*, Der Beweisantrag, Kap. 4 Rn. 9.

[280] So auch LR-StPO/*Erb* § 163a StPO Rn. 120.

[281] So *Kretschmer*, StraFo 2013, 184. Ähnlich *Quedenfeld*, in: FS Peters (1984), 215 (229): „freundliche Geste des Gesetzgebers“. *Hamm/Pauly*, Beweisantragsrecht Rn. 624: „stumpfes Schwert“; *Perron*, Beweisantragsrecht des Beschuldigten (1995), S. 292; *Satzger*, Gutachten zum 65. DJT (2004), C 66.

[282] So *Richter*, StV 1985, 382 (388); *Nelles*, StV 1986, 74 (80); DAV, AnwBl. 1986, 55; *Krekeler*, AnwBl. 2/1986, 62; *Krekeler*, Beweiserhebungsanspruch (1990), S. 241 ff.; *Fezer*, in: GS Schröder (1978), 407 (417).

[283] Anders MüKo-StPO/*Kölbel* § 163a Rn. 45; scheinbar auch *Krekeler*, AnwBl. 2/1986, 62 (63 f.).

lehnungsgründe im Ermittlungsverfahren miteinzubeziehen.[284] Die kodifizierende Erweiterung der Ablehnungsgründe würde zwar eine deklaratorische Rechtssicherheit herbeiführen[285], aber ohne gleichzeitig geltende Bescheidungs- und Begründungspflicht der Staatsanwaltschaft keinen hinzutretenden Nutzen für den Beschuldigten haben[286].

b) Unanfechtbarkeit eines erhobenen Sachverständigenbeweises

Gegen die Entscheidung der Staatsanwaltschaft über die Hinzuziehung eines Sachverständigen ist wegen ihres nur vorbereitenden Charakters[287] ebenfalls kein spezieller Rechtsbehelf statthaft.[288] Selbst die Entscheidung eines Ermittlungsrichters ist der Beschwerde entzogen, da die Sachverständigenbestellung im inneren Zusammenhang mit der Urteilsfindung steht (vgl. § 305 S. 1 StPO).[289] Als universell anwendbare Rechtsbehelfe verbleiben in formeller Hinsicht lediglich die Dienstaufsichtsbeschwerde und die Gegenvorstellung.[290] Ob diese Rechte ebenso effektiv wie eine etwaige Beschwerde sind, kann bezweifelt werden.[291] Demgemäß gab es stets Bestrebungen *de lege ferenda*, staatsanwaltschaftliche Entscheidungen im Ermittlungsverfahren mittels Beschwerde gerichtlich bzw. von einer höheren Behörde überprüfen zu lassen.[292]

---

[284] Siehe hierzu bereits 6. Kapitel B.I.2.a)dd).

[285] *Krekeler*, Beweiserhebungsanspruch (1990), S. 214 f.

[286] In eine ähnliche Richtung bereits *Satzger*, Gutachten zum 65. DJT (2004), C 67; *Beulke*, in: Strafprozess und Reform (1979), S. 46; *Fezer*, in: GS Schröder (1978), 407 (415 ff.); *Rieß*, in: FS Schäfer (1980), 155 (210); *Wolter*, Aspekte einer Strafprozeßreform bis 2007 (1991), S. 90.

[287] *Gössel*, Strafverfahrensrecht (1977), S. 230.

[288] *Grossam*, in: SV-HdB § 13 Rn. 7. So stellten die Gerichte die Unzulässigkeit einer gegen die Auswahlentscheidung der Staatsanwaltschaft erhobenen Beschwerde fest, z. B. OLG Schleswig, Beschl. v. 01.09.1981 – 1 Ws 302/81 = juris (Leitsatz); OLG Schleswig, Beschl. v. 16.04.1999 – 2 Ws 117/99 = BeckRS 1999, 14403; LG Hamburg, Beschl. v. 07.08.2019 – 631 Qs 27/19 = BeckRS 2019, 23499.

[289] *Gössel*, Strafverfahrensrecht (1977), S. 234.

[290] *Burhoff/Hunsmann*, Hdb. Rechtsmittel, Rn. 278; Alsberg/*Tsambikakis*, Der Beweisantrag, Kap. 4 Rn. 9; zu den Voraussetzungen der Gegenvorstellung MüKo-StPO/*Allgayer* § 296 Rn. 6 ff. m. w. N. Darüber hinaus soll nach MüKo-StPO/*Kölbel* § 163a Rn. 49 die Antragsablehnung inzident in einer Verfahrensanfechtung (§§ 23 ff. EGGVG) überprüft werden können; dagegen, weil es sich um „Erwirkungshandlungen" und keine Justizverwaltungsakte handele, SSW-StGB/*Beulke* Einl. Rn. 216; *Michalke*, Beck'sches Formularbuch für den Strafverteidiger, VIII. P. 14 Rn. 2; diff. LR-StPO/*Gerson* § 23 EGGVG Rn. 63 ff.

[291] *Eisenberg*, Beweisrecht StPO Rn. 1548; *ders.*, HRRS 2012, 466 (474) Fn. 46: Die „Gegenvorstellung erlaubt in der Regel keinen hinreichenden Schutz".

[292] Umfassend z. B. *Satzger*, Gutachten zum 65. DJT (2004), C 67 f.; mit kurzen Forderungen z. B. DAV, AnwBl. 1986, 55 (56). Für § 163a Abs. 2 StPO: *Krekeler*, Beweiserhebungsanspruch (1990), S. 199 ff., 215, 241 ff.; *Wolter*, Aspekte einer Strafprozeßreform bis 2007 (1991), S. 90 durch eine Erweiterung der Anwendbarkeit des § 161a Abs. 3 S. 1 StPO auf Abs. 1 S. 2; für § 166 Abs. 1 StPO *Schlothauer*, StV 1995, 158 (164 f.); *Müllerhoff*, StV

Es drängt sich auf, dass unbestimmte Rechtsbegriffe wie „von Bedeutung“ oder „erheblich“ (§§ 163a Abs. 2, 166 Abs. 1 StPO), sofern sie der Staatsanwaltschaft einen Beurteilungsspielraum einräumen,– wenn auch nur eingeschränkt – gerichtlich überprüfbar sein müssen, denn dies gebieten bereits der Grundsatz des Gesetzesvorbehalts, die Rechtsweggarantie (Art. 19 Abs. 4 GG) und die den Gerichten obliegende Aufgabe zur effektiven Kontrolle der Verwaltung (Art. 20 Abs. 2 S. 2 GG).[293] Aufgrund mehrdeutiger Auslegungsmöglichkeiten unbestimmter Rechtsbegriffe können verschiedene Handlungsalternativen rechtmäßig sein.[294] Die Rüge des erhobenen Sachverständigenbeweises wird allerdings ausschließlich Erfolgschancen haben, sofern sie rechtsfehlerhaft erfolgt ist, so z. B. bei Nichtgewährung des Anhörungsrechts (Nr. 70 Abs. 1 RiStBV).

Die Anfechtbarkeit einer nicht abschließenden Entscheidung ist in der StPO lediglich in einzelnen Fällen (z. B. Freiheitsentziehung oder intensive Zwangsmaßnahmen) zulässig.[295] Dies gründet sich auf der Systematik des Ermittlungsverfahrens als zügige und geheime Operation, in welcher lediglich neben das Strafverfahren an sich hinzutretende Grundrechtseingriffe (z. B. in Art. 13 Abs. 1, 104 Abs. 1 GG) isoliert überprüfbar sein sollen. Die Gegner der Anfechtbarkeit von staatsanwaltschaftlichen Entscheidungen befürchten eine Vorverlagerung des Verfahrensschwerpunkts ins Ermittlungsverfahren sowie Verfahrensverzögerungen.[296] Eine infolge offensichtlich unbegründet erhobener Rechtsbehelfe befürchtete Missbrauchsgefahr, das zumeist einseitig verstandene Beschleunigungsgebot[297] und der Verweis auf die Effektivität der Strafverfolgung vermögen Rechtsschutzmöglichkeiten im selben Verfahrensstadium hingegen nicht entbehrlich zu machen. Das Argument, ein Rechtsbehelf wäre nicht notwendig, weil ein im Ermittlungsverfahren abgelehnter Beweisantrag im Zwischenverfahren (§ 201 Abs. 1 S. 1 StPO) oder in der Hauptverhandlung (§ 244 Abs. 3 StPO) erneut gestellt werden könne, verfängt zwar zunächst, lässt jedoch neben der Fehlerfortwirkung den Aspekt unberücksichtigt, dass eine durch Rechtsbehelf erwirkte Kontrolle Entlastungsbeweise zu Tage fördern und Belastungsbeweise ausräumen kann, welche eine frühzeitige Verfahrensbeendigung zur Folge haben können.

2004, 10 ff.; SK-StPO/*Wolter/Deiters* § 166 Rn. 18; für §§ 73 Abs. 1, 161a Abs. 1 S. 2 StPO: *Grünwald*, Gutachten zum 50. DJT (1974), C 41; *Eisenberg*, Beweisrecht StPO Rn. 1548; *ders.*, HRRS 2012, 466 (474); *Wagner*, StV 2000, 544 (546).

[293] Exemplarisch BVerfGE 35, 382 (401) = NJW 1974, 227 ff.; BVerwGE 158, 387 = BeckRS 2017, 119067 zur Kontrolle unbestimmter Rechtsbegriffe.

[294] *Detterbeck*, Verwaltungsrecht (2024), S. 110.

[295] So Haftprüfung und -beschwerde (§§ 118, 304 StPO), Beschwerde gegen eine Beschlagnahme (§ 98 Abs. 2 S. 2 StPO) sowie zur Überprüfung weiterer Maßnahmen (§ 98 Abs. 2 S. 2 StPO analog).

[296] So z. B. *Satzger*, Gutachten zum 65. DJT (2004), C 67 f.; *Fezer*, in: GS Schröder (1978), 407 (418).

[297] Siehe hierzu tiefergehend 6. Kapitel D. II. 3.

c) Stellungnahme

Die Rüge eines begehrten, aber abgelehnten bzw. erhobenen Sachverständigenbeweises ist vor Abschluss des Hauptverfahrens aufgrund der Zwecke des Ermittlungsverfahrens nicht möglich, selbst wenn dadurch der hinreichende Tatverdacht (§ 170 Abs. 2 S. 1 StPO) ausgeräumt werden könnte. Würde man ein Beschwerderecht integrieren wollen, wäre Dreh- und Angelpunkt dessen Ausgestaltung. Die Anrufung eines (einzelnen) Ermittlungsrichters im schriftlichen Verfahren dürfte kostengünstiger als die Durchführung einer vollständigen Hauptverhandlung (mit mehreren Beteiligten) sein. Die Frage nach der Zuständigkeit des Ermittlungsrichters oder eines höheren Gerichts[298], einer aufschiebenden Wirkung des Rechtsbehelfs[299] sowie der Folgen der Nichterhebung[300] wären zu klären. Dennoch handelt es sich um keinen speziellen Problemschwerpunkt des außerjuristischen Erfahrungswissens, sondern des generellen Umfangs der Beweiserhebung im Ermittlungsverfahren und bedarf damit einer Lösung im Gesamtkontext des strafprozessualen Beweisrechts.

4. Zwischenergebnis

Im Ergebnis ist gleichwohl Skepsis an den im Ermittlungsverfahren für den Bereich des Erfahrungswissens greifenden Verfahrensrechten *de lege lata* angebracht[301], da es manchen Rechtspositionen an Geeignetheit und Durchsetzbarkeit mangelt.

Das Akteneinsichtsrecht (§ 147 Abs. 1, 3 StPO), das Anhörungsrecht (Nr. 70 Abs. 1 RiStBV) und das Beweisantragsrecht (§ 163a Abs. 2 StPO) sind in Bezug auf den Sachverständigenbeweis zweifelsohne abstrakt geeignet, eine staatsanwaltschaftliche oder gerichtliche Entscheidung maßgeblich zu beeinflussen. Gleiches gilt zwar für das Anwesenheits-, Ladungs- und Beweisantragsrecht (§§ 168c Abs. 2 S. 1, 168d Abs. 2, 166 Abs. 1 StPO) im Rahmen ihrer jeweiligen Anwendungsbereiche, jedoch nur sofern eine im Ermittlungsverfahren seltene[302] richterliche Beweiserhebung durchgeführt wird.

[298] Siehe die Überlegungen von *Krekeler*, Beweiserhebungsanspruch (1990), S. 246 ff.

[299] Dafür *Wolter*, Aspekte einer Strafprozeßreform bis 2007 (1991), S. 90.

[300] Dazu *Satzger*, Gutachten zum 65. DJT (2004), C 69 f. Hierbei könnten vergleichbare Rechtsordnungen Aufschluss liefern, so z. B. die österreichische Strafprozessordnung §§ 55 Abs. 1, 106 Abs. 1 Z. 1 öStPO. Siehe *Ratz*, ÖJZ 2018, 951 (955).

[301] Vgl. alle bisher zitierten Kritiken und gesamt *Fezer*, in: GS Schröder (1978), 407 (419); a. A. wohl *Barton*, Psychowissenschaftliche Sachverständige (1983), S. 119.

[302] So bereits BT-Drs. 7/551, S. 72: „Nach der Neuregelung des § 161a wird eine richterliche Vernehmung im Ermittlungsverfahren nur noch verhältnismäßig selten erforderlich sein, weil die Staatsanwaltschaft das Erscheinen und die Aussage von Zeugen und Sachverständigen künftig selbst erzwingen kann“.

Das Akteneinsichtsrecht (§ 147 Abs. 1, 3 StPO) weist in Bezug auf Sachverständigengutachten eine hohe Durchsetzbarkeit auf, da es gerichtlich erwirkt werden kann (§ 147 Abs. 5 S. 2 StPO). Auch die Rechte im Rahmen der richterlichen Sachverständigenvernehmung sind konkret durchsetzbar bzw. nicht sanktionslos, so ergibt sich nach herrschender Meinung aus der Verletzung der Benachrichtigungsrechte – und damit der faktischen Versagung der Anwesenheit – (§§ 168c Abs. 5 S. 1, 168d Abs. 1 S. 2 StPO) ein Beweisverwertungsverbot.[303] Die richterlichen Beschlüsse über den Zugang zu diesen Rechtspositionen, so z. B. die Beschränkung des Anwesenheitsrechts (§§ 168c Abs. 3, 4 StPO)[304] und die Versagung der Ladung eines Sachverständigen zum richterlichen Augenschein (§ 168d Abs. 2 StPO)[305] sind beschwerdefähig. Dem Anhörungsrecht (Nr. 70 Abs. 1 RiStBV) und dem Beweisantragsrecht (§ 163a Abs. 2 StPO) fehlt es einerseits wegen Folgenlosigkeit bei Missachtung und andererseits wegen der eingeschränkten Überprüfbarkeit hingegen gänzlich an Durchsetzbarkeit.

III. Änderungsvorschläge *de lege ferenda*

1. Informations-, Anwesenheits- und Ladungsrechte (§§ 168c Abs. 2, 168d Abs. 2 StPO) für nichtrichterliche Beweiserhebungen

Es ist zu erwägen, ob die in ihrem Anwendungsbereich schwach ausgeprägten Mitwirkungsrechte an nichtrichterlichen Beweiserhebungen, die Sachverständige betreffen, einer Erweiterung bedürfen, weil das Ermittlungsverfahren unter Ausschluss der Verteidigung die Beweiserhebung präjudiziert und eine ernste Gefahrenquelle darstellt.[306] Es wird im Schrifttum seit jeher diskutiert, das Anwesenheits- und Fragerecht bei der richterlichen Vernehmung von Sachverständigen (§ 168c Abs. 2 StPO) und das Ladungsrecht beim richterlichen Augenschein mithilfe von Sachverständigen (§ 168d Abs. 2 StPO) auf Beweiserhebungen durch die Staatsanwaltschaft bzw. ihrer Ermittlungspersonen analog anzuwenden[307] oder *de lege*

[303] So in st.Rspr. BGHSt 26, 332 = NJW 1976, 1546; BGHSt 29, 1 (3) = NJW 1980, 1056; BGH, Urt. v. 24.07.2003 – 3 StR 212/02 = NJW 2003, 3142 (3143); BGH, Beschl. v. 24.04.2019 – 4 StR 16/19 = NStZ-RR 2019, 222; Meyer-Goßner/*Schmitt* StPO § 168c Rn. 6; SK-StPO/*Wolter/Deiters* § 168c Rn. 44; MüKo-StPO/*Kölbel/Neßeler* § 168c Rn. 28; KK-StPO/*Schmitt* § 168c Rn. 22; LR-StPO/*Erb* § 168c Rn. 58.

[304] LR-StPO/*Erb* § 168c Rn. 71.

[305] Meyer-Goßner/*Schmitt* StPO § 168d Rn. 3; SK-StPO/*Wolter/Deiters* § 168d Rn. 13.

[306] *Schünemann* bei Weigend, ZStW 93 (1981), 1285.

[307] SK-StPO/*Wolter/Deiters* § 161a Rn. 18; LR-StPO/*Erb* § 161a Rn. 34; SSW-StPO/*Ziegler* § 161a Rn. 12; MAH-Strafverteidigung/*Schlothauer* § 3 Rn. 80; *Endriß*, in: FS Rieß (2002), 65 (69).

ferenda zu erweitern.[308] Damit würden die Rechte des Beschuldigten bei richterlichen und nichtrichterlichen Vernehmungen angeglichen.

Zweifelsohne sind die Verteidigungsrechte *de lege lata* für den Beschuldigten stärker ausgestaltet, wenn eine richterliche Beweiserhebung erfolgt.[309] Eine richterliche Beweiserhebung muss die Staatsanwaltschaft jedoch für erforderlich halten und beantragen (§ 162 Abs. 1 S. 1 StPO i.V.m. Nr. 10 RiStBV). Sie kann und soll sogar im Regelfall hierauf verzichten und hat es damit faktisch in der Hand, die Mitwirkungsrechte auszulösen oder nicht.[310] In nichtrichterlichen Vernehmungen obliegt es indes dem Ermessensspielraum der Staatsanwaltschaft, ob der Verteidigung, dem Beschuldigten oder einem von diesen ausgewählten Sachverständigen die Anwesenheit gestattet wird; hierzu ist sie nicht verpflichtet.[311] Die Annahme einer Analogie von §§ 168c Abs. 2, 168d Abs. 2 StPO für polizeiliche und staatsanwaltschaftliche Beweiserhebungen dürfte bereits an der planwidrigen Regelungslücke scheitern, da der Gesetzgeber diese starken Verteidigungsrechte ausdrücklich nur für richterliche Vernehmungen reserviert hat.[312] Diese Beschränkung hält das BVerfG für verfassungsrechtlich zulässig.[313]

Die zwingende Gewährung von Beschuldigtenrechten i.R.v. §§ 168c Abs. 2, 168d Abs. 2 StPO beruht auf den unterschiedlichen Rechtsfolgen von richterlichen und nichtrichterlichen Vernehmungen, denn richterliche Vernehmungsprotokolle genießen gegenüber nichtrichterlichen Vernehmungsprotokollen eine privilegierte Verlesbarkeit im Hauptverfahren (§§ 249, 251, 254 StPO), für die Beweisperson

---

[308] So z.B. DAV AnwBl. 2/1986, 55; Dokumentation Beschluss der Bundesregierung, Eckpunkte einer Reform des Strafverfahrens, abgedruckt in StV 2001, 314 (315); Diskussionsentwurf der Fraktionen der SPD und Bündnis 90/Die Grünen des Deutschen Bundestages und des Bundesministeriums der Justiz für eine Reform des Strafverfahrens, abgedruckt in StV 2004, 228 (233); *Satzger*, Gutachten zum 65. DJT (2004), C 38 ff.; C 51 ff. für ein „Obliegenheitsmodell" mit strengeren Beweisverwertungsmaßstäben; *Stoffers*, NJW 2013, 1495 (1497) für ein eigenes Anwesenheitsrecht bei der polizeilichen bzw. staatsanwaltschaftlichen Zeugenvernehmung unter Berufung auf Art. 6 Abs. 1, Abs. 3 lit. d EMRK.

[309] So bereits *Toepel*, Sachverständigenbeweis (2002), S. 305.

[310] *Rieß*, NStZ 1991, 513 (515); *Geppert*, DRiZ 1992, 405 (406 f.); *Perron*, Beweisantragsrecht des Beschuldigten (1995), S. 171; Meyer-Goßner/*Schmitt* StPO § 162 Rn. 3. Zum Prüfungsumfang des Ermittlungsrichters i.R.v. § 162 Abs. 1, 2 StPO bereits *Fuhrmann*, JR 1965, 253 (254).

[311] Meyer-Goßner/*Schmitt* StPO § 168c Rn. 2, § 168d Rn. 1; LR-StPO/*Erb* § 168c Rn. 5, § 168d Rn. 3; MüKo-StPO/*Kölbel/Ibold* § 161a Rn. 15; *Endriß*, in: FS Rieß (2002), 65 (66 f.).

[312] Begründung zum Entwurf des 1. StVRG BT-Drs. 7/551, S. 76: „Zu einer Beeinträchtigung der Ermittlungen wird das erweiterte Anwesenheitsrecht bei richterlichen Vernehmungen nicht führen, da die Staatsanwaltschaft die Vernehmung von Zeugen und Sachverständigen nach dem neuen § 161a künftig selbst durchsetzen kann, bei diesen Vernehmungen jedoch kein Anwesenheitsrecht des Beschuldigten und seines Verteidigers vorgesehen ist".

[313] BVerfGE 96, 68 (96) = NJW 1998, 50 (56): „Das Grundgesetz steht der Regelung der StPO nicht entgegen, die bei der polizeilichen Zeugenvernehmung Anwesenheitsrechte von Verteidiger und Beschuldigten nicht vorsieht."

gilt eine unterschiedliche Behandlung der Strafbarkeit ihrer Aussagen (§§ 153, 154 StGB)[314] und die Rechte Dritter, so z. B. der Persönlichkeits- und Wahrheitsschutz (§ 168c Abs. 3 StPO), müssen gewahrt werden. Eine Beteiligung des Beschuldigten bzw. der Verteidigung soll im Ermittlungsverfahren auch insoweit ausgeschlossen werden wie die Beweisergebnisse dem Geheimhaltungsinteresse unterliegen.[315] Speziell für den Sachverständigenbeweis besteht allerdings kein überwiegendes Interesse, den Beschuldigten bzw. die Verteidigung von der Vernehmung und Unterstützung bei Augenscheinseinnahmen durch die Staatsanwaltschaft bzw. Polizei auszuschließen, denn die genannten Gründe für eine unterschiedliche Behandlung gegenüber richterlichen Ermittlungshandlungen verfangen in diesem Kontext nicht.

a) Verlesbarkeitsargument

Das Protokoll der richterlichen Vernehmung eines Sachverständigen kann durch Verlesung als Urkunde direkt in die Hauptverhandlung eingeführt werden (§ 251 Abs. 2 StPO) und wird damit einer dortigen Kontrolle der Prozessbeteiligten durch das nur bei Vernehmungen eingeräumte Fragerecht (§ 240 Abs. 2 S. 1 StPO) entzogen. Aus diesem Grund sind nach Ansicht der Literatur[316] und der Rechtsprechung[317] – entsprechend Art. 103 Abs. 1 GG, Art. 6 Abs. 1, Abs. 3 lit. d EMRK – die Anwesenheits-, Frage- und Ladungsrechte bereits vor dem Ermittlungsrichter zu gewähren (§§ 168c Abs. 2, 168d Abs. 2 StPO). Demgegenüber liefert eine nichtrichterliche Vernehmung durch die Staatsanwaltschaft bzw. die Polizei im Ermittlungsverfahren zunächst bloß einen Ermittlungshinweis, das entsprechende Protokoll kann grundsätzlich wegen des Vorrangs des Personal- vor dem Urkundsbeweises nicht in der Hauptverhandlung verlesen werden (§ 250 S. 2 StPO) und weist damit eine wesentlich geringere Beweiskraft als das richterliche Vernehmungsprotokoll auf.[318]

Dem Verlesbarkeitsargument wird jedoch entgegengebracht, dass es aufgrund des mittlerweile in der Hauptverhandlung formfrei möglichen Vorhalts einer im Ermittlungsverfahren protokollierten Aussage hinfällig geworden sei.[319] Einem Prozessbeteiligten ist es gestattet, einer Beweisperson Schriftstücke, so z.B. Ver-

---

[314] Meyer-Goßner/*Schmitt* StPO § 168c Rn. 2; *Stoffers*, NJW 2013, 1495 (1496).

[315] Meyer-Goßner/*Schmitt* StPO Einl. Rn. 60.

[316] LR-StPO/*Erb* § 168c Rn. 34; MüKo-StPO/*Kölbel/Neßeler* § 168c Rn. 2; KK-StPO/*Schmitt* § 168c Rn. 1; SK-StPO/*Wolter/Deiters* § 168c Rn. 1; Meyer-Goßner/*Schmitt* StPO § 168c Rn. 2; *Endriß*, in: FS Rieß (2002), 65 (66).

[317] So die Begründung zum Entwurf des 1. StVRG BT-Drs. 7/551, S. 76; BGHSt 26, 332 = NJW 1976, 1546; BGHSt 46, 93 = JuS 2001, 194.

[318] Vgl. Erwägungen des Gesetzgebers BT-Drs. 7/551, S. 71 f.; Meyer-Goßner/*Schmitt* StPO § 168c Rn. 1.

[319] So z.B. bei SK-StPO/*Wolter/Deiters* § 161a Rn. 18; LR-StPO/*Erb* § 161a Rn. 32; MüKo-StPO/*Kölbel/Ibold* § 161a Rn. 14; *Endriß*, in: FS Rieß (2002), 65 (67); *Satzger*, Gutachten zum 65. DJT (2004), C 38.

nehmungsprotokolle aus dem Ermittlungsverfahren, als zulässigen Vernehmungsbehelf vorzuhalten, um deren Erinnerung zu aktualisieren bzw. aufzufrischen.[320] Eine im Ermittlungsverfahren produzierte Aussage vor der Staatsanwaltschaft bzw. ihren Ermittlungspersonen wird durch ihre Dokumentation aktenkundig und rezitierfähig (§ 168b Abs. 2 S. 1 StPO). Zwar kommt dieser vorläufigen Aussage bloß ein geringer oder gar kein Beweiswert zu, sofern sie nicht in der Hauptverhandlung wiederholt wird. Im Gegenzug verliert jedoch die sodann in der Hauptverhandlung getätigte Aussage an Glaubhaftigkeit und Beweiskraft, sofern sie Abweichungen, Inkonsistenzen oder gar Widersprüche im Vergleich zur im Ermittlungsverfahren getätigten Aussage aufweist.[321]

Tätigt das Gericht oder ein Prozessbeteiligter einen solchen mittlerweile gebräuchlichen Vorhalt, kommt der Erstaussage im Ermittlungsverfahren daher ein – im Verhältnis zur Zweitaussage – faktisch erheblicher Beweis(abgrenzungs)wert zu.[322] Der Vorhalt ähnelt durch die zulässige wörtliche Rezitierung[323] eines Teils des Vernehmungsprotokolls damit qualitativ beinahe der Verlesung des Vernehmungsprotokolls[324], mit dem wesentlichen Unterschied, dass im Falle des Vorhalts die Aussageperson in der Hauptverhandlung dennoch eine Klarstellungsmöglichkeit und die Prozessbeteiligten eine für Art. 6 Abs. 3 lit. d EMRK essenzielle Befragungsmöglichkeit haben. Die Möglichkeit des Vorhalts früherer nichtrichterlicher Vernehmungsniederschriften weicht den Gehalt des Verlesbarkeitsarguments auf, sodass dieses ein Stück weit seine Legitimation für die exklusiven Rechtspositionen in §§ 168c Abs. 2, 168d Abs. 2 StPO verliert. Die Rechtsfolge der einschränkenden Verlesbarkeit ist lediglich die Ursache, weshalb die Anwesenheits-, Frage- und Erklärungsrechte vor dem Ermittlungsrichter zwingend zu gewähren sind, aber umgekehrt kein Grund, weshalb die Verteidigungsrechte nicht bereits vor der Staatsanwaltschaft bzw. der Polizei einzuräumen wären.

b) Strafbarkeitskeitsargument

Ein Strafbarkeitsrisiko wegen Falschaussage besteht für Zeugen und Sachverständige lediglich vor dem Gericht (§§ 153, 154, 161 Abs. 1 StGB), weil die Staatsanwaltschaft und Polizei keine „zur eidlichen Vernehmung […] zuständige(n) Stelle(n)“ sind (vgl. § 161a Abs. 1 S. 3 StPO).

Einerseits besteht das Bedürfnis Sachverständige zu schützen. Gewährt man der Verteidigung ein Anwesenheitsrecht an der nichtrichterlichen Vernehmung, be-

---

[320] Statt vieler MüKo-StPO/*Kreicker* § 249 Rn. 63 ff.; MüKo-StPO/*Bartel* § 261 Rn. 41.

[321] Statt vieler MüKo-StPO/*Bartel* § 261 Rn. 41, 234.

[322] Nach BGHSt 17, 351 = NJW 1962, 1832 resultiert aus Abweichungen für das Gericht eine Aufklärungspflicht.

[323] Dazu MüKo-StPO/*Kreicker* § 249 Rn. 67.

[324] SK-StPO/*Wolter/Deiters* § 161a Rn. 18 spricht gar von einer Gleichstellung richterlicher und nichtrichterlicher Vernehmungsprotokolle.

stünde für den Sachverständigen allerdings per se kein größeres Strafbarkeitsrisiko als ohnehin. Aufgrund der der Staatsanwaltschaft und Polizei ebenfalls obliegenden Belehrungspflicht (§§ 161a Abs. 1, 72, 52, 53, 53a StPO) und der Befugnis, unangemessene Fragen der Verteidigung zurückzuweisen (§ 168c Abs. 2 S. 3, 4 StPO), ist der Sachverständige bereits ausreichend vor dem Risiko eigener Ahndbarkeit geschützt.

Andererseits soll dem Beschuldigten bzw. der Verteidigung mittels der Anwesenheits-, Frage- und Ladungsrechte (§§ 168c Abs. 2, 168d Abs. 2 StPO) die Gelegenheit gegeben werden, eine von der Beweisperson produzierte, verlesbare Falschaussage zu erkennen, zu korrigieren oder zur Strafanzeige (§ 158 StPO) zu bringen. Allerdings ist die generelle Gefahr der Falschaussage bei Sachverständigen wesentlich geringer als bei Zeugen, da Sachverständige wegen der Pflicht zur Unabhängigkeit und Objektivität[325] sowie mangels persönlicher Nähe zum Geschehen kaum irrationale Ent- oder Belastungstendenzen sowie Motive zur vorsätzlich wahrheitswidrigen Begutachtung aufweisen.[326] Sachverständige haben gegenüber Zeugen auch nur sehr selten ein eigenes Interesse am Verfahrensausgang. Gerade wegen der zivilrechtlichen Haftung für „*non de lege artis*", d.h. fahrlässig oder vorsätzlich falsch erstattete Gutachten (vgl. § 839a BGB) und einem Wegfall des Vergütungsanspruchs für mangelhafte Leistungen (§ 8a Abs. 2 S. 1 Nr. 2 JVEG), steht bei Sachverständigen das Bewusstsein für eine gewissenhafte und fehlerfreie Begutachtung stets im Vordergrund.[327]

c) Schutz- und Geheimhaltungsargument

Ein Grund zum Ausschluss des Beschuldigten bzw. der Verteidigung bei nichtrichterlicher Erhebung des Sachverständigenbeweises besteht auch nicht in der Beachtung der Strafverfolgungsinteressen oder der Rechte Dritter. Dies drängt sich für Zeugenvernehmungen auf, sofern durch die Anwesenheit des Beschuldigten Nachteile für deren Gesundheit oder Sicherheit (z.B. psychische oder physische Beeinträchtigungen) zu befürchten sind (vgl. Orientierung an § 247 S. 2 StPO).[328] Ein Ausschluss wegen zu befürchtender Beschränkung der Wahrheitsfindung betrifft im wörtlichen Regelfall nur den Zeugen (§ 168c Abs. 3 S. 2 StPO).[329]

---

[325] *Böttger*, in: SV-HdB § 2 Rn. 25 ff.; *Gössel*, DRiZ 1980, 363 (370); *Peters*, Strafprozeß (1985), S. 369; *Hanack*, JR 1966, 425 (427). Siehe hierzu bereits 3. Kapitel B.IV.

[326] So *Kontusch*, DS 2023, 238 (239); LR-StPO/*Erb* § 168c Rn. 18. Zur tatsächlichen Schwierigkeit des Nachweises von Vorsatz siehe OLG Hamburg, Beschl. v. 06.09.2000 – 14 W 34/00 = BeckRS 2000, 16780.

[327] Siehe hierzu *Ulrich*, Der gerichtliche Sachverständige (2007), Rn. 742 ff.; *Bayerlein*, in: SV-HdB § 34 Rn. 8 ff., § 41 Rn. 81; Laufs/Kern/Rehborn ArztR-Hdb/*Schmidt-Recla* § 125 Rn. 20 ff.

[328] Meyer-Goßner/*Schmitt* StPO § 247 Rn. 11 f.

[329] SK-StPO/*Wolter/Deiters* § 168c Rn. 24.

Sachverständige sind im Hinblick auf etwaige Beeinflussungs- und Vergeltungshandlungen des Beschuldigten weitaus weniger schutzbedürftig als Belastungszeugen, da sie nicht persönlich in das Tatgeschehen involviert sind, sondern dieses vielmehr in fachlicher Hinsicht mit professioneller Distanz beurteilen. Gerade wegen der grundsätzlichen Fungibilität des Sachverständigen[330] hängt von seiner individuellen Gutachtenerstattung das Verfahren seltener als von einer singulären Zeugenaussage ab. Da Sachverständige auch keine sie persönlich betreffenden Tatsachen berichten, sind deren Privatsphäre (Art. 1 Abs. 1 i.V.m. Art. 2 Abs. 2 GG) und Datenschutzaspekte kaum tangiert und werden in den seltensten Fällen das Informationsinteresse des Beschuldigten überwiegen.

Der Geheimhaltungsaspekt gebietet es auch nicht, den Beschuldigten und die Verteidigung von nichtrichterlichen Beweiserhebungen mit Sachverständigenbezug auszuschließen. Sofern im Ermittlungsverfahren ein Geheimhaltungsinteresse an den erhobenen oder bekundeten Gutachtenergebnissen des Sachverständigen (d.h. Befundtatsachen und Konklusionen) existiert, kann dieses wegen des privilegierten Einsichtsrechts in die Gutachten (§ 147 Abs. 3 StPO) faktisch nur äußerst gering sein.[331] Eine schriftliche Gutachtenerstattung ist der Regelfall und ein ausnahmsweise mündliches Gutachten muss protokolliert werden (§ 168b Abs. 2 StPO)[332], sodass die sachverständige Beurteilung stets aktenkundig wird. Da die Verteidigung losgelöst vom Stand der Ermittlungen und der Gefährdung des Untersuchungszwecks jederzeit Sachverständigengutachten einsehen darf[333], können die Ergebnisse ohnehin nicht verborgen bleiben.

d) Ausgestaltung einer Regelung

Es ist begrüßenswert, soweit Staatsanwaltschaft und Polizei im Ermittlungsverfahren von ihrem Ermessen, in den Konstellationen des Sachverständigenbeweises dem Beschuldigten und der Verteidigung Anwesenheits-, Frage- und Ladungsrechte zu gewähren, Gebrauch machen. In Fällen des Beweismittelverlusts oder der verbesserten Sachaufklärung erscheint die möglichst frühe Mitwirkung der Verteidigung an Sachverständigenvernehmungen im Ermittlungsverfahren geboten.[334]

Für eine Erweiterung des Anwendungsbereichs von §§ 168c, 168d StPO spricht zunächst, dass die Gründe, welche für einen Ausschluss von Beschuldigtem und Verteidigung bei nichtrichterlichen Beweiserhebungen angebracht werden, speziell

---

[330] Siehe hierzu bereits 4. Kapitel D.II.3.b)bb).

[331] Laut LR-StPO/*Erb* § 161a Rn. 34 gilt das primär für die Verteidigung, welcher das privilegierte Akteneinsichtsrecht ausschließlich zusteht. Für den unverteidigten Beschuldigten soll das Geheimhaltungsinteresse wieder aufleben (vgl. § 147 Abs. 4 S. 1 StPO).

[332] Meyer-Goßner/*Schmitt* StPO § 83 Rn. 1 f.

[333] Vgl. Normtext des § 147 Abs. 3 StPO. Statt vieler Meyer-Goßner/*Schmitt* StPO § 147 Rn. 29. Siehe hierzu bereits 6. Kapitel B.I.1.c).

[334] So z.B. SK-StPO/*Wolter/Deiters* § 168d Rn. 4.

im Rahmen des Sachverständigenbeweises nicht verfangen. Die Argumente der Protokollverlesbarkeit, des Strafbarkeitsrisikos von Sachverständigen sowie des Schutz- und Geheimhaltungsinteresses an Sachverständigengutachten legitimieren keine unterschiedliche Behandlung von nichtrichterlichen und richterlichen Beweiserhebungen i. S. v. §§ 168b, 168c, 168d StPO mehr. So hat bereits der Gesetzgeber eingeräumt, dass durch die Erweiterung des Anwendungsbereichs die Effizienz von Ermittlungen gesteigert wird und keine Verzögerungen zu erwarten sind.[335]

Die Verhältnismäßigkeit und Prozessökonomie können durch eine angemessene Terminsregelung (vgl. § 168c Abs. 5 StPO) gewahrt werden.[336] Eine Erweiterung der bislang richterlichen Beweiserhebungen vorbehaltenen Rechte auf polizeiliche und staatsanwaltschaftliche Beweiserhebungen wäre durch einen simplen Verweis zu erreichen. § 161a Abs. 1 StPO könnte – auch allein unter dem Bezugspunkt des Sachverständigenbeweises betrachtet – dahingehend um einen Satz 4 ergänzt werden:

> „§§ 168c, 168d gelten für die Vernehmung und Zuziehung von Sachverständigen entsprechend".

2. Beschwerdemöglichkeit gegen die Sachverständigenauswahl der Staatsanwaltschaft

Statt an der Kompetenz der Staatsanwaltschaft zur Auswahl eines Sachverständigen zu rütteln, könnten subsidiäre Kontrollmechanismen eingerichtet werden. Der 1. Strafsenat des BGH hat bereits im Jahr 1998 in einem *obiter dictum* vor der starren Einseitigkeit einer alleinigen Auswahlbefugnis gewarnt und dabei die Relevanz der Kommunikation und Kooperation zwischen den Entitäten und Prozessbeteiligten hervorgehoben:

> „Auch könnte ins Auge gefaßt werden, daß *die StA sich zusätzlich vor der Auswahl mit dem künftig zuständigen Richter*, falls die Zuständigkeit schon beurteilt werden kann, *ins Benehmen setzt* oder *beim Ermittlungsrichter einen Antrag auf Bestellung eines Sachverständigen stellt.* Eine sich *allein auf § 161a StPO stützende Praxis schränkt faktisch die Befugnisse des Richters nach § 73 I StPO ein* (vgl. auch §§ 78, 82 StPO). Auch könnte dadurch der *Besorgnis etwaiger einseitiger Auswahl* begegnet werden."[337]

---

[335] So Dokumentation Beschluss der Bundesregierung, Eckpunkte einer Reform des Strafverfahrens, abgedruckt in StV 2001, 314 (315).

[336] MüKo-StPO/*Kölbel/Neßeler* § 168c Rn. 17 f.; LR-StPO/*Erb* § 168c Rn. 36.

[337] BGHSt 44, 26 (31) = NStZ 1998, 422 (425) (Hervorhebungen d. Verf.). Hintergrund der Entscheidung war die Praxis der StA München in den Jahren 1995–2002, in Kapitalsachen prinzipiell Akteneinsicht der Verteidigung zu verweigern bis der von der StA ausgewählte Sachverständige die Untersuchung des Beschuldigten abgeschlossen hatte, so ausführlich dargelegt von *Grabow*, StV 1999, 465 ff.

Die generelle Verlagerung der Auswahlkompetenz auf den Ermittlungsrichter[338] vermag eine einseitige Auswahl hingegen offensichtlich nicht auszuräumen.[339] Die vom Senat vorgeschlagene Vorgehensweise, sich informell mit dem Gericht der Hauptsache zu koordinieren oder gar autonom einen Antrag beim Ermittlungsrichter zu stellen, sind in der StPO *de lege lata* nicht normiert und für die Prozessbeteiligten daher nicht verbindlich.

Es drängt sich auf, für den Fall, dass der primär zuständigen Staatsanwaltschaft Auswahlfehler unterlaufen sind, die Auswahlentscheidung rechtsbehelfsfähig werden zu lassen.[340] Dadurch entstünde eine primäre Auswahlkompetenz der Staatsanwaltschaft und eine subsidiäre Überprüfungskompetenz des Gerichts.[341]

a) Sachverständigenbeweis im österreichischen Strafprozess

Die vom 1. Strafsenat vorgeschlagene Einigungsstruktur ließe sich in der deutschen StPO verankern.[342] Es bietet sich eine vergleichende Betrachtung mit der österreichischen StPO an, da das Normensystem im Allgemeinen dem deutschen Normensystem ähnlich und für die Bestellung des Sachverständigen im Speziellen ausdifferenzierter ist. Die Republik Österreich hat sich bei der letzten großen Strafprozessrechtsreform im Jahr 2008 am Vorbild der deutschen Rechtslage orientiert.[343]

Die Normen zum Sachverständigenbeweis spielten in den vergangenen Jahren eine größere Rolle, als die österreichische Rechtsprechung sich damit auseinanderzusetzen hatte, ob bzw. unter welchen Voraussetzungen die Übernahme des Sachverständigen aus dem Ermittlungs- ins Hauptverfahren dem Konfrontationsrecht (Art. 6 Abs. 3 lit. d EMRK) genügte oder nicht vielmehr eine Befangenheit des Sachverständigen aufgrund der Identifikation mit der Staatsanwaltschaft begründete (sog. „Doppelverwendung“ oder „Weiterbestellung“).[344]

---

[338] So z. B. *Geisler* bei Weigend, ZStW 93 (1981), 1281 f.

[339] *Dippel*, Stellung des Sachverständigen (1986), S. 101; *Sarstedt*, NJW 1968, 177 (179).

[340] In ähnliche Richtung *Grünwald*, Gutachten zum 50. DJT (1974), C 41; *Eisenberg*, Beweisrecht StPO Rn. 1548; *ders.*, HRRS 2012, 466 (474); *Wagner*, StV 2000, 544 (546); *Krekeler*, AnwBl. 2/1986, 62 (64).

[341] In ähnliche Richtung *Sarstedt*, NJW 1968, 177 (179).

[342] In ähnliche Richtung *Lürken*, NJW 1968, 1161 (1164); *Dippel*, Stellung des Sachverständigen (1986), S. 102 m. w. N.; Arbeitsgruppe 21. StV-Tag, StV 1997, 386 (390) mit dem Vorschlag, dass derjenige Sachverständige, auf den sich die Prozessbeteiligten geeinigt haben, zu laden ist und die Auswahlkompetenz ansonsten dem Richter, bei Gefahr in Verzug der Staatsanwaltschaft zukommt.

[343] *Koenig/Pilnacek*, ÖJZ 2008, 10 ff.; Schmölzer/Mühlbacher/*Kirschenhofer*, Kommentar öStPO § 126 Rn. 1.

[344] Hierzu die Entscheidung VfGH Österreich, Urt. v. 10.03.2015 – G 180/2014–30, G 216/2014–25, G 232/2014, G 42/2015–4, G 77/2015–5 = BeckRS 2015, 81047 (Leitsatz): „wonach Art. 6 Abs. 3 lit. d EMRK verlangt, dass eine Norm, die es dem Angeklagten im

Zu dieser Problematik hat der OGH in einem *obiter dictum* auf die Gefahr der Fortwirkung der Unbeeinflussbarkeit einer Auswahlentscheidung hingewiesen, welche ohne weitere Rechte des Beschuldigten nicht hinnehmbar wäre.[345] Die erkenntnistheoretischen Erschwernisse des Sachverständigenbeweises wurden auch im österreichischen Schrifttum thematisiert.[346] Aus diesem Grund hat der österreichische Gesetzgeber im Jahr 2014 die Befugnis der Staatsanwaltschaft zur Auswahl des Sachverständigen im Ermittlungsverfahren um ein zugunsten des Beschuldigten geltendes Informations- und Rechtsbehelfssystem erweitert.[347] Die Besonderheit liegt darin, dass bei Uneinigkeiten zwischen der auswählenden Staatsanwaltschaft und der rügebefugten Verteidigung die Entscheidungskompetenz des Gerichts wieder auflebt.[348] Die Norm des § 126 öStPO trennt dabei zwischen der Initiative zur Erhebung des Sachverständigenbeweises, der Bestimmung der Person und der Durchführung der Beweiserhebung.[349]

Im österreichischen Strafverfahren existiert – anders als im deutschen (vgl. § 245 Abs. 2 S. 1 dStPO) – kein Selbstladungsrecht. Der OGH steht auf dem Standpunkt, dass die Judikatur des EGMR zu Art. 6 Abs. 3 lit. d EMRK nicht fordere, dass zu dessen Einhaltung neben der Sachverständigenhinzuziehung durch die Anklagebehörde parallel dem Angeklagten die Möglichkeit der Erhebung eines „Privatgutachtens" ermöglicht werden müsse.[350] Es bestehen beim OGH[351] und österreichi-

Hauptverfahren – in dem der Staatsanwalt dem Angeklagten als Anklagevertreter gegenübertritt – von vornherein und ausnahmslos verbietet, den vom Staatsanwalt im Ermittlungsverfahren beauftragten Experten im Fall von objektiven, gegen dessen völlige Neutralität sprechenden Anhaltspunkten iZm seiner konkreten Tätigkeit im Ermittlungsverfahren als befangen abzulehnen, verfassungswidrig ist"; dazu vertiefend *Riffel*, RZ 2013, 232 ff.; *Wess/Rohregger*, JSt 2014, 200 ff.; *Nemec/Wess*, ZWF 2016, 94 ff.

345 OGH, Beschl. v. 15.05.2012 – 14 Os 2/12v: „Wenngleich aus dem Umstand, dass *ein im Hauptverfahren beigezogener Sachverständiger bereits im Ermittlungsverfahren* im Auftrag der im Hauptverfahren als Partei auftretenden Staatsanwaltschaft tätig war, eine *gewisse Anscheinsproblematik* resultieren kann" (Hervorhebung d. Verf.).

346 So bei *Ratz*, in: FS Fuchs (2014), 377 (384 ff.).

347 Durch das StPRÄG 2014 (ÖBGBl. I 12014/71), siehe hierzu Regierungsvorlage zum StPÄG 2014 Nr. 181 XXV. GP, S. 8 ff.; *Ratz*, ÖJZ 2018, 951 ff.; *Schwaighofer*, Der Sachverständigenbeweis im Strafverfahren (2014), Vorwort S. VI. Siehe zur Reformchronologie ausführlich *Schwaighofer*, Der Sachverständigenbeweis im Strafverfahren (2014), S. 25 ff., 73 ff.; dazu krit. *Riffel*, RZ 2016, 26 ff.

348 *Farthofer*, HRRS 2021, 314 (315).

349 *Ratz*, ÖJZ 2018, 951 (959).

350 So OGH Österreich, Urt. v. 23.01.2014 – 12 Os 90/13x. Die Auffassung des EGMR kann aus den im 4. Kapitel D. II. 3. dargestellten Gründen nicht überzeugen.

351 So der Tätigkeitsbericht des OGH aus dem Jahr 2011, S. 45 f.: „Vorsitzende werden daher – insbesondere bei größeren Verfahren – kaum einen anderen Sachverständigen zur Hauptverhandlung beiziehen. Soweit Vorsitzende nicht austauschen, wird der *Ruf nach Privatsachverständigen stärker werden.* Privatsachverständige *hemmen den Prozess aber sehr*, sodass sogar in adversatorischen Systemen wie in England eine Tendenz zu deren Abschaffung erkennbar wird" (Hervorhebung d. Verf.). Siehe hierzu später 6. Kapitel C. II. 2. b) bb).

schen Gesetzgeber[352] vielmehr Zweifel, ob „Privatgutachten" überhaupt einen Vorteil für Strafverfahren bieten können. Stimmen im österreichischen Schrifttum plädieren dagegen für eine Implikation des „Privatgutachters" in den Strafprozess.[353]

Die Verteidigung kann die Vernehmung eines bestimmten Sachverständigen nicht als Sachverständigen-, sondern bloß als Zeugenbeweis beantragen.[354] Den wahrgenommenen (Befund-)Tatsachen dieser – gleichwohl sachverständigen – Zeugen kommt demnach lediglich eine Erschütterungsfunktion im Hinblick auf gerichtliche Gutachten zu, d. h. ihre Ergebnisse können Staatsanwaltschaft und Gericht bloß zu weiterer Amtsaufklärung veranlassen[355] statt ein Erstgutachten zu Fall zu bringen. Die Verteidigung hat keinen Anspruch[356] auf Anwesenheit und Mitwirkung an der Vorbereitung des gerichtlich bestellten Sachverständigengutachtens (mehr[357]). Dennoch kann sie sich mittels der Rechte in § 222 Abs. 3 öStPO und § 249 Abs. 3 öStPO einer „Person mit besonderem Fachwissen" bedienen, welcher hingegen Einschränkungen und ein geringerer Beweiswert zukommt.

Da das österreichische Strafverfahren erst im Jahr 2008 von der gerichtlichen Voruntersuchung auf die Verfahrensherrschaft der Staatsanwaltschaft im Ermittlungsverfahren gewechselt hat, ist es noch deutlich richterzentrierter als das deut-

---

[352] So ist laut Regierungsvorlage zum StPÄG 2014 Nr. 181 XXV. GP, S. 11 „neben der unbestreitbaren Verkomplizierung der Hauptverhandlung die Gefahr groß, aufgrund einander widersprechender Gutachter zusätzliche Gutachten in Auftrag geben zu müssen. Dies alles würde allerdings zu einer deutlichen Verlängerung der Verfahren führen, was wohl von keiner Seite angestrebt wird".

[353] *Schwaighofer*, Der Sachverständigenbeweis im Strafverfahren (2014), S. 62 ff.; *Schaunig*, JSt 2022, 115 (126).

[354] So z. B. OGH Österreich, Beschl. v. 25.02.2020 – 14 Os 135/19p; *Steininger*, Nichtigkeitsgründe im Strafverfahren (2015), S. 304 ff.; *Ratz*, in: FS Fuchs (2014), 377 ff.; Bertel/Venier/*Venier*, Kommentar öStPO § 126 Rn. 10.

[355] So *Oberlaber*, Sachverständige 2014, 23 (24); *Mayer/Haidenhofer*, ÖAnwBl. 2014, 100 (104); *Ratz*, ÖJZ 2015, 835 (837); *ders.*, ÖJZ 2018, 951 (958); *ders.*, in: FS Fuchs (2014), 377 (386).

[356] Vgl. *Ratz*, ÖJZ 2018, 951 (956). Konkret auch OGH, Urt. v. 15.06.2018 – 17 Os 7/18k, 13/18 t, 14/18i = EvBI 2018/136: „Dem Einzelrichter (§ 31 Abs 1 Z 1 StPO) steht es im Rahmen gerichtlicher Beweisaufnahme durch einen Sachverständigen offen, mit diesem auch ohne die Parteien zu kommunizieren"; vorgehend OLG Wien, Beschl. v. 13.03.2018, AZ 20 Bs 10/18v: „Nach der Entscheidungsbegründung sei aus dem Recht des Beschuldigten, die gerichtliche Bestellung des Sachverständigen zu beantragen (§ 126 Abs 5 StPO), kein Recht abzuleiten, zu sämtlichen Besprechungsterminen mit dem Sachverständigen beigezogen zu werden".

[357] *Rechberger*, in: FS Fuchs (2014), 397 (402); *Schwaighofer*, Der Sachverständigenbeweis im Strafverfahren (2014), S. 61 weisen darauf hin, dass bis zum Jahr 2008 ein umfassendes Anwesenheitsrecht des Beschuldigten und seinem Vertreter bei der Befundaufnahme des Sachverständigen bestand, welches aus Praktikabilitätsgründen (Zeit- und Datenschutzfaktor) ersatzlos abgeschafft wurde.

sche System.[358] Im Schrifttum[359] und in der Rechtsprechung[360] sind seit dem Wechsel wesentliche Vorbehalte gegen die alleinige Bestellungskompetenz der Staatsanwaltschaft in Bezug auf Sachverständige im Ermittlungsverfahren erwachsen. Dagegen wird mit etwaigen Hindernissen argumentiert, welche die (Rück-)Verlagerung der Bestellungskompetenz auf Gerichte mit sich brächte.[361] Die einzige effektive Einflussnahme des Beschuldigten auf die Person des Sachverständigen, dessen Gutachten letztlich Entscheidungsgrundlage wird, müsse allerdings wegen der Bedeutung des Konfrontationsrechts (Art. 6 Abs. 3 lit. d EMRK), welches in Österreich sogar Verfassungsrang genießt[362], durch das System in § 126 Abs. 5 öStPO abgesichert werden.[363] Daher bietet das Informations- und Rechtsbehelfssystem i.S.v. § 126 Abs. 3–5 öStPO einen Versuch, die (noch verhältnismäßig neue) Kompetenzstärke der österreichischen Staatsanwaltschaft zu glätten. Demgegenüber ist die deutsche Rechtslage für den Angeklagten mit § 245 Abs. 2 S. 1 dStPO bereits stärker ausgestaltet. Dennoch weist auch das deutsche Selbstladungsrecht Nachteile auf[364] und die einseitige Auswahlkompetenz der Staatsanwaltschaft (§ 161a Abs. 1 S. 2 StPO) sorgt für Unbehagen in der deutschen Literatur[365] und sogar beim 1. Strafsenat des BGH. Daher ist erwägenswert, das österreichische Beteiligungsrecht bei der Sachverständigenauswahl in die deutsche StPO ggf. modifizierend zu übertragen.

Sowohl im deutschen als auch im österreichischen System bestehen gleichsam Vor- und Nachteile darin, einem Organ bzw. Prozessbeteiligten die alleinige Bestellungskompetenz einzuräumen. Diese lassen sich grob als vermeintlich fehlende Objektivität des Bestellungsorgans, interessengeleitete Abhängigkeit des Sachverständigen vom Bestellungsorgan, zeitliche Dauer des Bestellungsvorgangs und

---

[358] So auch *Ratz*, in: FS Fuchs (2014), 377 (383): „richterähnliche Stellung" des Sachverständigen.

[359] So z.B. bei *Oberlaber*, Sachverständige 2014, 23 (25); *Mayer/Haidenhofer*, ÖAnwBl. 2014, 100 (101 f.); *Nemec/Wess*, ZWF 2016, 94.

[360] So der Tätigkeitsbericht des OGH aus dem Jahr 2011, S. 45 f.: „Es wird angeregt, *die Bestellung von Sachverständigen und die Auftragserteilung an diese im Ermittlungsverfahren dem Gericht zu übertragen.* Das durch Wechsel der Staatsanwaltschaft nach Anklageerhebung in die Rolle einer Verfahrensbeteiligten offensichtliche *Spannungsverhältnis zu Art. 6 Abs. 3 lit. d EMRK würde dadurch vermieden*" (Hervorhebungen d. Verf.).

[361] *Riffel*, RZ 2013, 232 ff.; *Schwaighofer*, Der Sachverständigenbeweis im Strafverfahren (2014), S. 57 ff.

[362] Rückwirkend für den Zeitraum seit der Ratifikation im Jahr 1958 (ÖBGBl. I 210/1958) durch das Bundesverfassungsgesetz v. 04.03.1964 (ÖBGBl. I 59/1964), so *Kühne*, Strafprozessrecht, § 74 Rn. 1309.1.

[363] Auch diese Neuerung ist nicht ohne Kritik geblieben, so *Schwaighofer*, Der Sachverständigenbeweis im Strafverfahren (2014), S. 73 ff., 79.

[364] Hierzu ausführlich 6. Kapitel C.II.2.c).

[365] Siehe hierzu bereits 6. Kapitel B.II.1.

praktisches Einfügen in das Prozesssystem zusammenfassen.[366] Der Vorteil einer Mischform von Beschwerderecht i. S. d. § 126 Abs. 3–5 öStPO und Selbstladungsrecht gem. § 245 Abs. 2 S. 1 dStPO läge darin, in Bezug auf die Auswahl und Führung des Sachverständigen eine größtmögliche Akzeptanz bei allen Prozessbeteiligten zu erreichen, sodass die Ausübung des Selbstladungsrechts aus Sicht der Verteidigung in vielen Fällen gar nicht mehr erforderlich ist.

b) Vergleich mit §§ 126 Abs. 3–5, 104 Abs. 1 öStPO

§ 126 Abs. 3–5 öStPO[367] stellt eine verschachtelte[368] Regelung dar: Die generelle Auswahlkompetenz liegt im österreichischen Ermittlungsverfahren bei der Staatsanwaltschaft und erst im Hauptverfahren beim Gericht (§ 126 Abs. 3 Z. 1 öStPO). Der Sachverständige wird vorrangig aus der Gerichtssachverständigenliste ausgewählt (§ 126 Abs. 2 Z. 1 öStPO).[369] Im Ermittlungsverfahren ist der Beschuldigte über die Bestellung des Sachverständigen zu informieren und auf die folgenden Verteidigungsrechte hinzuweisen (§ 126 Abs. 3 Z. 3 öStPO), mit welchen er sich entweder isoliert gegen die Bestellung (Fall des § 126 Abs. 5 Z. 1 Hs. 1 öStPO) oder sowohl gegen die Bestellung als auch die Führung (Fall des § 126 Abs. 5 Z. 1 Hs. 2 i. V. m. § 103 Abs. 2 öStPO) des Sachverständigen wehren kann.[370]

Mit einer Präklusionswirkung entfaltenden Frist von 14 Tagen[371] kann der Beschuldigte die Enthebung des Sachverständigen aufgrund a) der Kenntnis von der Befangenheit oder b) von Zweifeln an dessen Sachkunde beantragen (§§ 126 Abs. 5 Z. 1 Hs. 1, 127 Abs. 3 öStPO). Daneben ist es möglich, die gerichtliche Aufnahme

---

[366] Dazu im Einzelnen *Schwaighofer*, Der Sachverständigenbeweis im Strafverfahren (2014), S. 31–37.

[367] So lautet § 126 öStPO: […] „(5) Im Ermittlungsverfahren hat der Beschuldigte das Recht, binnen 14 Tagen ab Zustellung (Abs. 3), Kenntnis eines Befangenheitsgrundes oder Vorliegen begründeter Zweifel an der Sachkunde des Sachverständigen einen Antrag auf dessen Enthebung zu stellen, er kann auch die Bestellung im Rahmen gerichtlicher Beweisaufnahme verlangen und eine andere, nach den Kriterien der Sachkunde (Abs. 2) besser qualifizierte Person zur Bestellung vorschlagen. Will die Staatsanwaltschaft dem Begehren auf Umbestellung keine Folge geben oder wurde gerichtliche Beweisaufnahme verlangt, so hat sie den Antrag unverzüglich samt einer Stellungnahme dem Gericht vorzulegen. Wurde der Sachverständige durch das Gericht bestellt, so entscheidet es über einen Antrag nach dem ersten Satz mit Beschluss“.

[368] So *Wess/Rohregger*, JSt 2014, 200 (207).

[369] Dazu *Schwaighofer*, Der Sachverständigenbeweis im Strafverfahren (2014), S. 6 ff.; *Farthofer*, HRRS 2021, 314 (315).

[370] *Ratz*, ÖJZ 2015, 835 (836); *ders.*, ÖJZ 2018, 951 (952 ff.); *Farthofer*, HRRS 2021, 314 (315). Zu allen Verfahrensvarianten, die daraufhin entstehen können, vgl. *Riffel*, RZ 2016, 24 (30 ff.).

[371] *Ratz*, ÖJZ 2018, 951 (954): Diese „Fallfrist“ soll ausschließlich für den Enthebungsgrund der mangelnden Sachkunde gelten; für etwaige Befangenheitsgründe (§ 47 Abs. 1 öStPO) handelt es sich um eine „Mahnfrist“.

(§ 104 öStPO) über den Sachverständigenbeweis zu beantragen und dafür eine „nach den Kriterien der Sachkunde besser qualifizierte Person zur Bestellung" vorzuschlagen (§ 126 Abs. 5 Z. 1 Hs. 2 öStPO). Der Vorschlag soll eine bloße Anregung darstellen, weil nach Ansicht des OGH weder ein subjektives Recht auf Entscheidung über diesen Vorschlag noch auf Bestellung der vorgeschlagenen Person besteht.[372] Dagegen lassen die Gesetzgebungsmaterialien und der -wortlaut (vgl. „samt einer Stellungnahme") auf eine korrespondierende Auseinandersetzungs- und Begründungspflicht der Staatsanwaltschaft, weshalb dem Vorschlag nicht nachgekommen wurde, schließen.[373]

Es erfolgt sodann eine zweistufige Prüfung, d.h. zunächst durch die Staatsanwaltschaft als Ausgangsbehörde (§ 20 Abs. 1 öStPO) und wenn diese den Einwänden nicht stattgibt, anschließend durch den Ermittlungsrichter (§ 31 Abs. 1 öStPO), welchem die Staatsanwaltschaft den Antrag des Beschuldigten und ihre Stellungnahme „unverzüglich" vorzulegen hat (§ 126 Abs. 5 Z. 2 öStPO).[374] Dieser prüft als Kontrollorgan die Einwände oder führt die gerichtliche Beweisaufnahme im Ermittlungsverfahren durch.[375] Mithin liegt in dem Enthebungsantrag ein speziell geregelter Einspruch wegen Rechtsverletzung, der nicht gesondert begründungsbedürftig ist.[376]

Die Möglichkeit der Ablehnung eines befangenen Sachverständigen kennt die deutsche StPO zweifelsohne (vgl. § 74 dStPO), wohingegen der Einwand fehlender Sachkunde lediglich informell vorgetragen oder formell mit Beweisantrag auf Vernehmung eines weiteren Sachverständigen (vgl. § 244 Abs. 4 S. 2 dStPO) angegriffen werden kann.[377] Die gerichtliche Beweisaufnahme[378] im österreichischen Strafverfahren hat nun die Wirkung eines subsidiären Richtervorbehalts bei der Auswahl des Sachverständigen: Die Bestellungs- und Führungskompetenz gehen auf das Gericht über und die Staatsanwaltschaft erlangt eine Parteirolle wie der Beschuldigte.[379] Der Ermittlungsrichter gestaltet hierbei – quasi eingeschränkt, da nicht auf eigene Veranlassung tätig werdend (vgl. § 105 Abs. 2 öStPO) – die Leitung des Sachverständigen[380] und hat die Staatsanwaltschaft und Verteidigung ent-

---

[372] OGH, Beschl. v. 06.03.2017 – 17 Os 19/16x = EvBI 2017/91, 623. So auch Teile der Lit. *Ratz*, ÖJZ 2018, 951 (953, 955); *Riffel*, RZ 2016, 26 (28 f.).

[373] *Nemec/Wess*, ZWF 2016, 94 (95 f.); Regierungsvorlage zum StPÄG 2014 Nr. 181 XXV. GP, S. 15.

[374] Dazu *Nemec/Wess*, ZWF 2016, 94 (98 f.).

[375] *Ratz*, ÖJZ 2018, 951.

[376] *Ratz*, ÖJZ 2018, 951 (953); *Schwaighofer*, Der Sachverständigenbeweis im Strafverfahren (2014), S. 78 f.; *ders.*, ÖAnwBl. 2015, 342 (347).

[377] Statt vieler BGH, Beschl. v. 20.11.2001 – 1 StR 470/01 = NStZ-RR 2002, 110.

[378] Näher dazu *Fuchs*, ÖJZ 2008, 102 ff.; *Schmoller*, GA 2009, 505 (514 f.).

[379] So die Begründung zum StPÄG 2014, BMJ-S578.028/0021-IV 3/2014, S. 27; OGH, Urt. v. 15.06.2018 – 17 Os 7/18k, 13/18t, 14/18i = EvBI 2018/136; *Ratz*, ÖJZ 2015, 835 (836); *ders.*, ÖJZ 2018, 951 (952).

[380] *Ratz*, ÖJZ 2018, 951 (952).

sprechend des Zwecks der gerichtlichen Beweisaufnahme an der Kommunikation mit diesem zu beteiligen.[381] Die Entscheidung des Gerichts ist wiederum mit der Beschwerde anfechtbar (§ 87 öStPO).[382]

Aus der österreichischen Regelung ergeben sich einige Vorteile, da es die gefürchtete Einseitigkeit der Entscheidung abbaut.[383] Das System ähnelt einerseits dem historischen Richtervorbehalt (§ 73 Abs. 1 dStPO) sowie darüber hinaus dem deutschen Äquivalent der richterlichen Vernehmung (§ 162 Abs. 1 dStPO). Ein maßgeblicher Unterschied beider Institute besteht jedoch darin, dass die richterliche Vernehmung im deutschen Strafverfahren nicht durch den Beschuldigten, sondern bloß durch die Staatsanwaltschaft ausgelöst werden kann (§ 162 Abs. 1 S. 2 dStPO), welche hierauf jedoch häufig verzichten kann.[384] Im österreichischen Strafverfahren ist es dem Beschuldigten damit – weitestgehend voraussetzungslos (siehe bloß die Einschränkung der Verfahrensverzögerungsabsicht in § 104 Abs. 1 a. E. öStPO) – möglich, die Auswahl durch und ggf. die Gutachtenerstattung des Sachverständigen vor dem Ermittlungsrichter zu erwirken.

Zudem stärkt das Informations- und Vorschlagsrecht vorrangig die Partizipation des Beschuldigten als Prozesssubjekt (Art. 6 Abs. 1, Abs. 3 lit. d EMRK), denn über die Hinzuziehung eines Sachverständigen im deutschen Ermittlungsverfahren wird der Beschuldigte – wenn nicht von Nr. 70 Abs. 1 RiStBV Gebrauch gemacht wird – meistens weder informiert noch dazu angehört. Insbesondere ist die Staatsanwaltschaft im Ermittlungsverfahren nach herrschender Auffassung nicht zur Namhaftmachung eines bestellten Sachverständigen (§ 74 Abs. 2 S. 2 dStPO) verpflichtet.[385] Der Enthebungsantrag im österreichischen Strafverfahren ermöglicht den Ausschluss unqualifizierter, d. h. nicht sachkundiger, und befangener Sachverständiger bereits im Ermittlungsverfahren, was sinnvoll ist, um zu verhindern, dass deren Ausführungen Tatsachenfeststellungen und Beweisergebnisse liefern, die dann unverwertbar und kostennachteilig werden[386]. Über die Ablehnung eines Sachverständigen wegen Befangenheit (§ 74 dStPO) wird im deutschen Strafverfahren dagegen formell nach herrschender Auffassung erst nach dessen gerichtlicher Bestellung und Vernehmung, d. h. regulär im Hauptverfahren, wenn bereits wesentliche Zeit verstrichen ist, entschieden.[387]

---

[381] OGH, Urt. v. 15. 06. 2018 – 17 Os 7/18k, 13/18t, 14/18i = EvBI 2018/136.

[382] Begründung zum StPÄG 2014, BMJ-S578.028/0021-IV 3/2014, S. 28.

[383] *Wess/Rohregger*, JSt 2014, 200 (207); Regierungsvorlage zum StPÄG 2014 Nr. 181 XXV. GP, S. 15.

[384] Meyer-Goßner/*Schmitt* StPO § 162 Rn. 1–3.

[385] So Meyer-Goßner/*Schmitt* StPO § 74 Rn. 10; MüKo-StPO/*Trück* § 74 Rn. 3; diff. LR-StPO/*Krause* § 74 Rn. 19, 21; a. A. *Eisenberg*, Beweisrecht StPO Rn. 1547; *Gerhold*, in: Hilgendorf/Kudlich/Valerius, HdBStR Bd. VIII (2022), § 51 Rn. 47.

[386] So OGH Österreich, Beschl. v. 15. 03. 2023 – 3 Ob 212/22 f = BeckRS 2023, 6241.

[387] So BGH, Beschl. v. 13. 02. 2019 – 2 StR 485/18 = NJW 2019, 1391 (1392); OLG Düsseldorf, Beschl. v. 15. 06. 1983 – 1 Ws 506/83 = MDR 1984, 71; Meyer-Goßner/*Schmitt* StPO § 74 Rn. 16; KK-StPO/*Hadamitzky* § 74 Rn. 7; *Toepel*, Sachverständigenbeweis (2002),

c) Ausgestaltung einer deutschen Regelung

Aufgrund des rechtsdogmatischen und -tatsächlichen Unbehagens, welches seitens dem 1. Strafsenat und vielen Stimmen im Schrifttum gegenüber der Auswahlbefugnis bzw. -entscheidung der Staatsanwaltschaft im Ermittlungsverfahren herrscht, besteht grundsätzlich Bedarf nach einer akzeptanzfördernden Mischform, die eine primäre Auswahlbefugnis der Staatsanwaltschaft und einen Rechtsbehelf des Beschuldigten, welcher die subsidiäre Auswahlbefugnis des Gerichts auslöst, vorsieht.

Durch einen simplen Verweis auf das Recht, die gerichtliche Entscheidung beantragen zu können (§ 161a Abs. 3 S. 1 StPO), wäre der Rechtsbehelf gegen die Sachverständigenauswahl direkt voraussetzungslos statthaft.[388] Dies entspräche zwar der österreichischen Rechtslage, die gerichtliche Beweisaufnahme beantragen zu können, würde hingegen eine latente Missbrauchs- und Verzögerungsgefahr dahingehend begünstigen, dass die grundsätzlich subsidiär vorgesehene Entscheidung des Gerichts zum Regelfall würde. Daher und weil das Selbstladungsrecht (§ 245 Abs. 2 S. 1 dStPO) bereits ein beachtliches Gegengewicht i. S. d. Art. 6 Abs. 3 lit. d EMRK zur Auswahlkompetenz der Staatsanwaltschaft darstellt, sollte ein Rechtsbehelf nur in enumerativen Fällen statthaft sein. Diese Fälle sollen Verletzungen der Rechte des Beschuldigten durch die Staatsanwaltschaft im Ermittlungsverfahren erfassen, um ein Korrektiv zur unrechtmäßigen Auswahl unter Ausschluss des Beschuldigten zu bilden.

Als interpretationsoffene Regelung ließe sich das Recht, eine gerichtliche Entscheidung zu bewirken (§ 161a Abs. 3 S. 2 StPO) beispielsweise erweitern:

> „Gegen eine unter Gesetzesverletzung erfolgte Auswahlentscheidung der Staatsanwaltschaft im Sinne des § 73 Abs. 1 S. 1 StPO kann der Beschuldigte gerichtliche Entscheidung durch das in der Hauptsache zuständige Gericht innerhalb von zwei Wochen nach Zustellung der Ausfertigung der Bestellung beantragen. Der Beschuldigte ist über die Bestellung, die Person und die Qualifikationen des Sachverständigen schriftlich zu informieren."

Unter den Begriff der „Gesetzesverletzung" können sodann folgende enumerative Situationen fallen, die einerseits in der Verfahrensführung durch die Staatsanwaltschaft, andererseits in der Person des Sachverständigen begründet sind: a) die Nichtgewährung des Anhörungsrechts[389] (§ 73 Abs. 1 S. 3 StPO-E), b) die Nichtbeteiligung des Beschuldigten und der Verteidigung an der Erhebung des Sach-

---

S. 301; a. A. *Gössel*, DRiZ 1980, 363 (376 Fn. 120); *Eisenberg*, NStZ 2006, 368 (373 ff.); *Kühne*, Strafprozessrecht, § 52 Rn. 865; *Gerhold*, in: Hilgendorf/Kudlich/Valerius, HdBStR Bd. VIII (2022), § 51 Rn. 75; *Gerson*, HRRS 2019, 235 (242).

[388] So bereits der Gedanke bei *Wolter*, Aspekte einer Strafprozeßreform bis 2007 (1991), S. 90; Dokumentation Ergebnisse der Arbeitsgruppe 1 des 28. StV-Tages 2004, abgedruckt in StV 2004, 290 (293).

[389] Siehe hierzu bereits 6. Kapitel B. I. 1. a), 6. Kapitel B. II. 2. Die Beschwerdefähigkeit der Missachtung von Nr. 70 Abs. 1 RiStBV könnte eine angemessene Lösung der bisherigen Folgenlosigkeit darstellen.

verständigenbeweises durch die Staatsanwaltschaft (§ 161a Abs. 1 S. 4 StPO-E)[390], c) die Befangenheit des Sachverständigen (§ 74 StPO)[391] und d) die fehlende Sachkunde des Sachverständigen[392].

Angesichts des Devolutiveffekts, welcher eine Nachprüfung durch ein Justizorgan höherer Ordnung herbeiführt, muss die Mehrbelastung überschaubar bleiben. Aus Effizienzgesichtspunkten sollte mit Blick auf die Hauptverhandlung die Zuständigkeit des Ermittlungsrichters (§ 162 StPO) gegen die des Gerichts der Hauptsache ersetzt werden, sofern letzteres bereits bestimmbar ist.[393] So würden überlange bzw. -flüssige Einarbeitungszeiten des Ermittlungsrichters verhindert, wohingegen die Auswahl- und Leitungsbefugnis mit Eröffnung des Hauptverfahrens ohnehin auf das Gericht der Hauptsache übergeht (§ 199 Abs. 1 StPO) und dieses – technisch gesehen – seine eigene Auswahlentscheidung (§ 73 Abs. 1 StPO) treffen muss.[394] Bei den Form- und Fristenregelungen bietet die österreichische Regelung eine angemessene Lösung: Die Staatsanwaltschaft muss dem Beschuldigten die Beauftragung des Sachverständigen bekanntgeben (vgl. § 35 StPO), d.h. ihn namhaft machen und mit Rechtsbehelfsbelehrung (vgl. § 35a StPO) auf die vierzehntägige Beschwerdefrist hinweisen. Bestenfalls beginnt der Sachverständige erst nach Ablauf der Beschwerdefrist mit der Begutachtung, um das Kostenrisiko gering zu halten. In Fällen des drohenden Beweismittelverlusts muss eine Ausnahme gelten und die fortgesetzte (rückwirkende) Beschwerde ermöglicht werden.

Die Vollziehbarkeit der angefochtenen Entscheidung muss geregelt werden, da einer einfachen Beschwerde i.S.d. §§ 304 ff. StPO kein Suspensiveffekt zukommt.[395] Es würde eine unangemessene Verzögerung des Verfahrens darstellen, wenn die Erhebung der Beschwerde zum zwingenden Niederlegen der Tätigkeit des von der Staatsanwaltschaft bestellten Sachverständigen führen würde. Andererseits können durch die beginnende oder fortlaufende Begutachtung bereits Beweistatsachen erarbeitet werden, bzgl. derer das Gericht eine Akzeptanz entwickelt und aus ökonomischen Gründen weniger geneigt sein könnte, den Sachverständigen zu wechseln. Daher bietet es sich mit einem Verweis auf die Anordnung der Vollzugshemmung (§ 307 Abs. 2 StPO) an, eine Einzelfallentscheidung des Gerichts herbeizuführen:

„§ 307 Absatz 2 findet Anwendung“.

---

390 Siehe hierzu bereits 6. Kapitel B.III.1.

391 Siehe hierzu 6. Kapitel C.I.3.a), wodurch das Ablehnungsrecht bereits im Ermittlungsverfahren gelten würde.

392 Siehe hierzu 3. Kapitel B.I., welche bislang nicht zur Abbestellung eines Sachverständigen führt.

393 So bereits *Sarstedt*, NJW 1968, 177 (178 f.), der sogar hervorhebt, dass bei einer Entscheidung des Ermittlungsrichters über die Sachverständigenauswahl gegenüber einem (stets von diesem durchzuführenden) Haftbefehlserlass (§ 114 StPO) kein nennenswerter Mehraufwand bestehe, da nur eine kursorische Kenntnis der Sach- und Rechtslage notwendig sei.

394 Siehe hierzu bereits 6. Kapitel B.II.1.e).

395 Statt vieler *Kühne*, Strafprozessrecht, § 61 Rn. 1015.

C. Im Zwischen- und Hauptverfahren

Im Zwischen- und Hauptverfahren stehen andere Rechtsschutzmöglichkeiten als im Ermittlungsverfahren zur Verfügung, welche, obwohl bereits eine hinreichend gefestigte Beweislage besteht (§ 170 Abs. 2 StPO), nicht minder geeignet sind, um die Meinungsbildung des Gerichts oder die Begutachtung eines bestellten Sachverständigen noch zu beeinflussen.[396]

I. Verteidigungsmöglichkeiten *de lege lata*

1. Zwischenverfahren und Vorbereitung der Hauptverhandlung

Das Zwischenverfahren ist ein im Verhältnis zu den anderen Verfahrensstadien kurzer Abschnitt, in welchem das Gericht über die Eröffnung des Hauptverfahrens entscheidet und hierfür das Beweisprogramm absteckt. Der Angeschuldigte wird sowohl im Zwischenverfahren als auch in der darauffolgenden Vorbereitung der Hauptverhandlung aufgefordert, durch Beweisanträge hieran mitzuwirken. Die Anträge haben sich wegen der Filterfunktion des Strafverfahrens an unterschiedlichen Maßstäben zu orientieren. Während ein Beweisantrag im Zwischenverfahren (§ 201 Abs. 1 S. 1 StPO) noch allein auf die Ausräumung des in der Anklageschrift niedergelegten hinreichenden Tatverdachts gerichtet ist und die Beweisaufnahme nicht vorwegnehmen darf, dient ein Beweisantrag zur Vorbereitung (§ 219 StPO) der Ladung bzw. Herbeischaffung von Beweismitteln zur Durchführung der Hauptverhandlung.[397]

In diesen Verfahrensstadien kann ebenfalls mittels Beweisantrags versucht werden, einen Sachverständigen hinzuzuziehen. Auch zu diesem Zeitpunkt kann sich die zuständige Entität für sachkundig halten. Eine Rechtsunsicherheit für den Angeklagten besteht darin, dass umstritten ist, ob das Gericht gem. § 201 Abs. 2 S. 1 StPO bzw. der Vorsitzende gem. § 219 Abs. 1 StPO an die Ablehnungsgründe des § 244 Abs. 3–5 StPO gebunden sind. Von der wohl herrschenden Meinung wird i. R. v. § 201 Abs. 2 S. 1 StPO die Geltung der Ablehnungsgründe des § 244 Abs. 3–5 StPO nicht anerkannt.[398] Eine Ablehnung soll angesichts des o. g. Prüfungsmaßstabs möglich sein, wenn für die Beurteilung des hinreichenden Tatver-

---

[396] So *Barton*, StV 1983, 73 (80); *ders.*, StV 1988, 124 (128 ff.).

[397] Alsberg/*Tsambikakis*, Der Beweisantrag, Kap. 4 Rn. 34 ff., 53 ff.; LR-StPO/*Jäger* § 219 Rn. 2.

[398] Gegen eine Anwendbarkeit BGH, Urt. v. 24. 10. 2019 – III ZR 141/18 = NJW 2020, 1592 (1593); Meyer-Goßner/*Schmitt* StPO § 201 Rn. 8; KK-StPO/*Schneider* § 201 Rn. 18; MüKo-StPO/*Wenske* § 201 Rn. 31; LR-StPO/*Stuckenberg* § 201 Rn. 35; *Kretschmer*, StraFo 2013, 184 (187); KMR-StPO/*Mangalia* § 201 Rn. 8; für eine Anwendbarkeit hingegen Bockemühl/*Seidel*/*Staudinger*, Hdb. des FAStrafR, Abschn. 1, Kap. 2 Rn. 44.

dachts keine weiteren Beweiserhebungen erforderlich sind.[399] Damit dürfte der gleiche Maßstab wie bei § 163a Abs. 2 StPO gelten.[400]

Nach Eröffnung des Hauptverfahrens und Zustellung des Eröffnungsbeschlusses gelten für die Stellung von Beweisanträgen gem. § 219 Abs. 1 S. 1 StPO nach einer Ansicht die § 244 Abs. 3–5 StPO uneingeschränkt[401], während sie nach einer anderen Ansicht lediglich eine Richtlinienfunktion inne haben sollen[402]. Der Vorsitzende darf zu diesem Zeitpunkt die Sachkunde des Gerichts prospektiv einschätzen und einen Antrag i. S. d. § 219 StPO wegen § 244 Abs. 4 S. 1 StPO vorläufig ablehnen[403], wobei die endgültige Entscheidung über die Ablehnung in der Hauptverhandlung, bzgl. derer jedes Gerichtsmitglied sachkundig sein muss[404], beim gesamten Gericht verbleibt.

2. Hauptverhandlung: Verteidigung *mithilfe* von außerjuristischem Erfahrungswissen

In der ersten Konstellation des Hauptverfahrens hat sich das Gericht bereits entschieden, dass sein Wissensstand für die Beurteilung einer außerjuristischen Beweisfrage ausreicht oder es hat bereits einen Sachverständigen hinzugezogen. Falls die Verteidigung zu der Einschätzung gelangt, das Erfahrungswissen selbst oder die Anwendung seien für den Angeklagten ungünstig oder gar fehlerhaft, wird sie die Hinzuziehung eines (weiteren) Sachverständigen erwirken[405] oder sich gegen eine ablehnende Entscheidung des Gerichts wehren. Trotz der Option, Beweisanträge bereits vor Beginn der Hauptverhandlung zu stellen (vgl. §§ 201 Abs. 1 S. 1, 219 StPO), muss dies insbesondere auch während der Hauptverhandlung möglich bleiben, da Entscheidungen im Zwischenverfahren bloß temporärer Natur sind und wegen stetiger Änderung von Sach- und Rechtslage eine Erwirkung ggf. erst später notwendig werden kann.[406]

---

[399] Meyer-Goßner/*Schmitt* StPO § 201 Rn. 8.

[400] Siehe hierzu bereits 6. Kapitel B. I. 2. a).

[401] So OLG Köln, Urt. v. 06. 03. 1953 – Ss 342/52 = MDR 1953, 376; Meyer-Goßner/*Schmitt* StPO § 219 Rn. 3; LR-StPO/*Jäger* § 219 Rn. 11; KK-StPO/*Gmel* § 219 Rn. 6; MüKo-StPO/*Arnoldi* § 219 Rn. 9 f.; KMR-StPO/*Eschelbach* § 219 Rn. 43 f.

[402] So *Peters*, Strafprozeß (1985), S. 308; *Deiters*, in: FS Dencker (2003), 53 (62); SK-StPO/*Deiters* § 219 Rn. 17.

[403] LR-StPO/*Jäger* § 219 Rn. 15; KK-StPO/*Gmel* § 219 Rn. 6; Alsberg/*Tsambikakis*, Der Beweisantrag, Kap. 4 Rn. 69; Meyer-Goßner/*Schmitt* StPO § 219 Rn. 3.

[404] Siehe hierzu bereits 3. Kapitel A. II. 3. b).

[405] So bereits *Döhring*, JZ 1968, 641; *Lifschütz*, NJW 1969, 305; *Dahs*, Hdb. des Strafverteidigers Rn. 683.

[406] Alsberg/*Tsambikakis*, Der Beweisantrag, Kap. 4 Rn. 63; *Roxin/Schünemann*, Strafverfahrensrecht, § 43 Rn. 5; *Dahs*, Hdb. des Strafverteidigers Rn. 474.

a) Einführung von außerjuristischem Spezialwissen (§ 244 Abs. 3 StPO)

Zunächst kann ein Beweisantrag auf Vernehmung eines Sachverständigen gestellt werden, wobei die wesentlichen Voraussetzungen (Beweisbehauptung, Beweismittel und Konnexität) zu beachten sind, damit das Tatgericht zur Bescheidung verpflichtet ist (§ 244 Abs. 3 S. 1 StPO).[407] Das Stellen von Beweisanträgen wird zuweilen als ein „formalisierter Dialog"[408] zwischen Verteidigung und Gericht bezeichnet, weil das Gericht bei Vorliegen eines ordnungsgemäßen Beweisantrages i.S.v. § 244 Abs. 3 S. 1 StPO (sog. Beweisantrag im engeren Sinn[409]) für dessen Behandlung an die formalen Vorgaben der §§ 244 Abs. 3–6, 245 StPO gebunden ist.

Bei komplexen, außerjuristischen Beweisfragen gilt, dass je differenzierter ein Beweisantrag formuliert und begründet ist, desto weniger Anknüpfungspunkte erbieten sich dem Gericht für eine Ablehnung und desto höher soll die Wahrscheinlichkeit eines zwingenden Beweiserhebungsanspruchs[410] auf den – sogar benannten[411] – Sachverständigen ausfallen. Nach der allgemeinen Meinung besteht aber wegen der generellen Fungibilität des Sachverständigen kein Anspruch auf Hinzuziehung eines bestimmten, d.h. individuell benannten, Sachverständigen[412], da die Auswahlkompetenz des Gerichts (§ 73 Abs. 1 StPO) auch im Rahmen des Beweisantragsrechts Anwendung finden soll[413]. Bei Beantragung eines weiteren Sachverständigen sind die hohen[414] Anforderungen des § 244 Abs. 4 S. 2 StPO zu beachten.[415]

Sofern eine Person aufgrund ihrer Sachkunde Tatsachen wahrgenommen hat und hierzu nicht von der Staatsanwaltschaft oder dem Gericht bestellt worden ist, so

---

[407] *Hamm/Pauly*, Beweisantragsrecht Rn. 104 ff.

[408] BGHSt 45, 270 = NJW 2000, 443 (445); BGHSt 52, 284 = NJW 2008, 3446 (3447); *Basdorf*, StV 1995, 310 (319); *Malek*, Verteidigung in der Hauptverhandlung Rn. 424; *Hamm/Pauly*, Beweisantragsrecht Rn. 322; *Sommer*, Effektive Strafverteidigung, Kap. 3 Rn. 1330.

[409] Dazu *Alsberg*, in: FS Heinitz (1926), 416 (418 f.); Alsberg/*Dallmeyer*, Der Beweisantrag, Kap. 1 Rn. 46.

[410] *Hamm/Pauly*, Beweisantragsrecht Rn. 220; *Tondorf/Tondorf*, Psychologische Sachverständige, Rn. 304.

[411] *Tondorf/Tondorf*, Psychologische Sachverständige, Rn. 377.

[412] Siehe hierzu bereits 4. Kapitel D.II.3.b)aa).

[413] Alsberg/*Dallmeyer*, Der Beweisantrag, Kap. 3 Rn. 69. Dagegen *Schulz*, StV 1983, 341 (342 f.); *Zwiehoff*, Das Recht auf den Sachverständigen (2000), S. 256 ff.; *Pawlak*, Ablehnung des Sachverständigen (1998), S. 219.

[414] *Sarstedt*, NJW 1968, 177 (178); *Rasch*, StraFo 1989, 21 (23); *Deckers*, Der strafprozessuale Beweisantrag, S. 86; *Tondorf/Tondorf*, Psychologische Sachverständige, Rn. 306.

[415] Dazu Alsberg/*Dallmeyer*, Der Beweisantrag, Kap. 6 Rn. 37 ff.; *Dahs*, Hdb. des Strafverteidigers Rn. 684 ff.; *Sommer*, Effektive Strafverteidigung, Kap. 3 Rn. 1446; LR-StPO/*Becker* § 244 Rn. 324 ff.; *Geppert*, Jura 1993, 249 (251). Der – als zu eng beklagte Umfang von § 244 Abs. 4 S. 2 StPO – wurde von BVerfG, Beschl. v. 06.08.2003 – 2 BvR 1071/03 = NJW 2004, 209 (211) als „verfassungsrechtlich hinnehmbar" erklärt.

kann ihre Vernehmung bloß als (sachverständiger) Zeuge (§§ 48, 85 StPO i. V. m. § 244 Abs. 3 S. 1 StPO) erfolgen.[416] Gleiches gilt für einen als befangen abgelehnten Sachverständigen, der Befundtatsachen wahrgenommen hat.[417] Über einen Beweisantrag kann zudem versucht werden, außerjuristisches Erfahrungswissen mittels Urkunde in die Hauptverhandlung einzuführen, so z. B. durch die Verlesung von Vernehmungsniederschriften (§ 251 StPO) oder schriftlichen Gutachten eines Sachverständigen (§ 256 StPO).[418]

b) Anhörungsrecht (§ 33 StPO) und Gegenvorstellung

Sofern der Angeklagte bzw. die Verteidigung mit den einen Beweisantrag auf Sachverständigenvernehmung ablehnenden Beschlüssen nicht einverstanden ist, stehen ihnen wegen der Unanfechtbarkeit (§ 305 S. 1 StPO) nur wenige Rechte offen, um sich dagegen zu wehren. Neben dem Anhörungsrecht vor dem Erlass eines ablehnenden Beschlusses (§ 33 Abs. 1 StPO) – flankiert durch die subsidiäre Anhörungsrüge (§ 33a StPO) – kann nach dem Erlass eine gesetzlich nicht normierte, frist- und formlose Gegenvorstellung erhoben werden.[419] Mangels Devolutiv- und Suspensiveffekts folgt hieraus lediglich die Pflicht desselben Gerichts seine eigene Entscheidung, d. h. den abänderbaren Beschluss, erneut zu überprüfen.[420] Sinn und Zweck des Rechtsbehelfs ist, dass das Gericht die eigene Entscheidung aufgrund neuen Vortrags nochmalig überdenken und ggf. korrigieren kann.[421] Ein Erfolg wird diesem Rechtsbehelf jedoch nur beizumessen sein, wenn er mit neuen Tatsachen oder im Beweisantrag bislang nicht vorgebrachten Rechtsansichten verknüpft wird, denn er stellt quasi einen innerinstanzlichen „Nothelfer" dar.[422] Zur Vorbereitung der Gegenvorstellung ist ein vorangehender Antrag auf Überlassung einer schriftlichen Abschrift des ablehnenden Beschlusses (§ 35 Abs. 1 S. 2 StPO) hilfreich, um sich mit den Ablehnungsgründe des Gerichts auseinanderzusetzen.[423]

---

[416] So grundlegend BGH, Urt. v. 07.05.1965 – 2 StR 92/65 = JR 1966, 425 ff. m. Anm. *Hanack*; Meyer-Goßner/*Schmitt* StPO § 85 Rn. 2 f.

[417] So z. B. BGHSt 20, 222 (224) = NJW 1965, 1492.

[418] Dazu *Gössel*, DRiZ 1980, 363 (370, 373 f.); Meyer-Goßner/*Schmitt* StPO § 250 Rn. 12, § 251 Rn. 5 ff., § 256 Rn. 3 ff.; *Kühne*, Strafprozessrecht, § 55 Rn. 926 ff.

[419] Wird in der Lit. aus dem Petitionsrecht (Art. 17 GG), von der Rspr. aus dem Recht auf rechtliches Gehör (Art. 103 Abs. 1 GG) abgeleitet, dazu tiefergehend BVerfGE 9, 89 (106 ff.) = NJW 1959, 427 (430 ff.); BVerfGE 73, 322 (329) = NJW 1987, 1319. Für den Strafprozess *Woesner*, NJW 1960, 2129 (2130); *Matt*, MDR 1992, 820 ff.; *Wölfl*, StraFo 2003, 222 ff.

[420] *Woesner*, NJW 1960, 2129 (2130 f.); *Hohmann*, JR 1991, 10 (11); *Matt*, MDR 1992, 820 (824); *Wölfl*, StraFo 2003, 222; Meyer-Goßner/*Schmitt* Vor § 296 Rn. 23 ff.; *Dahs*, Hdb. des Strafverteidigers Rn. 1099.

[421] *Burhoff/Hunsmann*, Hdb. Rechtsmittel, Rn. 288 ff.

[422] *Hohmann*, JR 1991, 10 (11); *Wölfl*, StraFo 2003, 222.

[423] Alsberg/*Dallmeyer*, Der Beweisantrag, Kap. 6 Rn. 124 f.

c) *Selbstladungsrecht (§ 245 Abs. 2 StPO)*

Das Selbstladungsrecht gehört zum System des Beweisantragsrechts, da es die Erhebung von präsenten Beweismitteln umfasst, d.h. solchen, die die Prozessbeteiligten auf eigene Initiative herbeigeschafft bzw. geladen haben.[424] Es handelt sich um eine Art autonome Beweisvorführung.[425] Im Bereich des Sachverständigenbeweises bietet es die häufig einzige strategische Möglichkeit, eigenes Erfahrungswissen einzubringen bzw. ein Erstgutachten zu erschüttern[426], sofern die jeweilige Verfahrenssituation dies erfordert[427].

Insbesondere die gerichtliche Auswahlbefugnis (§ 73 Abs. 1 S. 1 StPO) findet in diesem Rahmen keine Anwendung, sodass der Angeklagte die Möglichkeit hat, einen individualisierten Sachverständigen seiner Wahl hinzuzuziehen.[428] Hierdurch ist zwar keinesfalls gesichert, dass das Gericht der Argumentation des Sachverständigen folgt[429], dennoch wird die Pflicht zur Berücksichtigung des Vortrags aus Art. 103 Abs. 2 GG ausgelöst[430].

Für die Norm des gilt ein reduzierter Katalog von Ablehnungsgründen (Unzulässigkeit, Erwiesenheit, Offenkundigkeit, Ungeeignetheit und fehlender Zusammenhang).[431] Es sticht dabei hervor, dass die Vernehmung eines von der Verteidigung geladenen Sachverständigen gerade *nicht* wegen „eigener Sachkunde" des Tatgerichts abgelehnt werden kann, denn der Ablehnungsgrund gilt in diesem Rahmen nicht.[432] Durch die Verengung der Relevanzprüfung gegenüber § 244 Abs. 4 S. 1 StPO ist § 245 Abs. 2 StPO das wohl stärkste Abwehrrecht gegen die

---

[424] Zur historischen Entwicklung *Hagemann*, Vorschrift über präsente Beweismittel (1980), S. 5 ff.

[425] Begriff geprägt durch *Köhler*, Inquisitionsprinzip (1979), passim.

[426] *Krekeler*, StraFo 1996, 5 (6); *Degenhard*, StV 1996, 491 (493); *Toepel*, Sachverständigenbeweis (2002), S. 330 ff.

[427] *Langkeit*, in: FS Feigen (2014), 129 f.; *Detter*, in: FS Meyer-Goßner (2001), 431 (444).

[428] RGSt 54, 257 (258); LR-StPO/*Becker* § 245 Rn. 57; *Schulz*, StV 1983, 341 (342); *Cabanis*, StV 1986, 451 (454); *Toepel*, Sachverständigenbeweis (2002), S. 330; Meyer-Goßner/*Schmitt* StPO § 245 Rn. 16. Zu den Auswahlkriterien *Tondorf/Tondorf*, Psychologische Sachverständige, Rn. 299 ff.

[429] *Hamm/Pauly*, Beweisantragsrecht Rn. 589.

[430] Siehe hierzu bereits 4. Kapitel B. II.

[431] Alsberg/*Tsambikakis*, Der Beweisantrag, Kap. 7 Rn. 92 ff.; ausführlich *Anders*, Beweiserhebungskontrollen (1998), S. 94 ff. Diese Beschränkungen wurden im Jahr 1979 laut BT-Drs. 8/976, S. 50 f. zur Verhinderung von Verfahrensmissbrauch und -verzögerungen eingeführt, so das Strafverfahrensänderungsgesetz (StVÄG) v. 05. 10. 1978 (BGBl. 1978 I, 1648).

[432] Dies ergibt sich bereits im Umkehrschluss aus dem Gesetzestext. Hervorgehoben von BGH, Beschl. v. 25. 03. 1994 – 2 StR 102/94 = NStZ 1994, 400; LR-StPO/*Becker* § 245 Rn. 57; *Toepel*, Sachverständigenbeweis (2002), S. 331; *Hagemann*, Vorschrift über präsente Beweismittel (1980), S. 108.

vermeintliche Sachkunde des Gerichts.[433] Die Offenkundigkeit, welche eine inhaltliche Nähe zur Sachkunde aufweist[434], ist als Ablehnungsgrund im Rahmen von § 245 Abs. 2 StPO zwar anwendbar, allerdings nicht wegen der Offenkundigkeit *des Gegenteils* der zu beweisenden Tatsache, sodass die Einbringung einer Entlastungstatsache nicht gesperrt wird.[435]

Das Selbstladungsrecht ist direkter Ausfluss des Konfrontationsgedankens in Art. 6 Abs. 3 lit. d EMRK („… die Ladung und Vernehmung von Entlastungszeugen unter denselben Bedingungen zu erwirken, wie sie für Belastungszeugen gelten"), da es trotz des geltenden Amtsermittlungsgrundsatzes und wegen der Fehleranfälligkeit „eigener Sachkunde" des Tatgerichts die von der Verteidigung initiierte Einbringung wissenschaftlicher Entlastungstatsachen mittels sachverständiger Beweisperson ermöglichen soll.[436] Trotz der Veranlassung durch die Verteidigung umfasst die Ausübung des § 245 Abs. 2 StPO – ebenso wie § 244 Abs. 3 S. 1 StPO – eine Erwirkungs- und keine Bewirkungshandlung, da die finale Entscheidung über die Beweiserhebung beim Gericht verbleibt.[437]

Der Angeklagte bzw. die Verteidigung haben vor einer Antragstellung gedankliche Vorüberlegungen anzustellen.[438] Die Selbstladung eines Sachverständigen ist am ehesten sinnvoll, wenn das Gutachtenergebnis vorher bekannt ist, da ansonsten die Gefahr eines unkontrollierten Beweisantrags „ins Blaue" mit belastendem Ergebnis droht.[439] Im Rahmen des Erkenntnistransfers übernimmt die Verteidigung

---

[433] So auch *Toepel*, Sachverständigenbeweis (2002), S. 332; *Arnoldi*, NStZ 2018, 305 (310).

[434] Siehe hierzu bereits 2. Kapitel B. III. 4.

[435] BT-Drs. 8/976, S. 53; LR-StPO/*Becker* § 245 Rn. 60; Meyer-Goßner/*Schmitt* StPO § 245 Rn. 24.

[436] Siehe hierzu bereits 4. Kapitel D. II. 3. b). So hat der Gesetzgeber unter folgender Ansicht die Geltung des Ablehnungsgrundes § 244 Abs. 4 StPO ausgeschlossen: „Erbietet sich der Antragsteller *durch Beibringung eines präsenten Sachverständigen, die eigene Sachkunde des Gerichts zu vergrößern oder den Gegenbeweis zu führen, so ist es nicht vertretbar, ihm dies abzuschneiden*", so BT-Drs. 8/976, S. 54 (Hervorhebungen d. Verf.).

[437] Zu den Begriffen *Kühne*, Strafprozessrecht, § 39 Rn. 672. Vor der Modifizierung des § 245 StPO durch das Strafverfahrensänderungsgesetz (StVÄG) v. 05. 10. 1978 (BGBl. 1978 I, 1648) war kein formeller Beweisantrag zur „Auslösung" der Beweiserhebung notwendig. Laut *Rieß*, NJW 1978, 2265 (2270) führte dies zur Integration von § 245 StPO in das Beweisantragsrecht.

[438] So *Bockemühl*, in: FS Breidling (2017), 31 (36). Zum Auffinden eines geeigneten Sachverständigen, der Kontaktaufnahme, weiteren Kommunikation aus Praxissicht im Einzelnen *Langkeit*, in: FS Feigen (2014), 129 (130 ff.).

[439] Laut *Dahs*, Hdb. des Strafverteidigers Rn. 217, 655; *ders.*, NStZ 1991, 354 (355) ist deswegen zumeist eine vorherige Besprechung mit oder außergerichtliche Befragung des Sachverständigen erforderlich. Ähnlich *Richter*, StraFo 1989, 7 (9); *Tondorf/Waider*, StV 1997, 493 (494); *Detter*, in: FS Meyer-Goßner (2001), 431 (446); *Eisenberg/Puschke*, JR 2003, 436 (437); *Schwenn*, in: FS Kröber (2023), 259 (261); *Langkeit*, in: FS Feigen (2014), 129 (130); *Anders*, ZStW 129 (2017), 82 (91). Zur Frage eines Zeugnisverweigerungsrechts

zur Vorbereitung des Gutachtens die inoffzielle Leitungsbefugnis bzgl. des Sachverständigen und die Formulierung konkrekter Beweisfragen.[440] Die Ausübung des Selbstladungsrechts ist an bestimmte formelle Voraussetzungen geknüpft, welche ein planvolles Vorgehen erfordern.[441]

Steht bereits in einem frühen Verfahrensstadium fest, dass ein Sachverständiger präsentiert werden soll, hat die förmliche Ladung bestenfalls zur Vorbereitung der Hauptverhandlung zu erfolgen (§ 220 Abs. 1 StPO).[442] Der Angeklagte hat dies mittels Zustellung der Ladung an den ausgewählten Sachverständigen durch einen Gerichtsvollzieher zu erwirken (§ 38 StPO).[443] Eine Erscheinens- und Gutachtenerstattungspflicht des Sachverständigen (§§ 75, 77 StPO) entsteht ausschließlich, sofern ihm seine voraussichtlichen Kosten bar angeboten oder die Hinterlegung des Betrags bei der Geschäftsstelle des Gerichts nachgewiesen wurde (§ 220 Abs. 2 StPO).[444]

Eine rechtzeitige Namhaftmachung des zu präsentierenden Sachverständigen gegenüber dem Gericht und der Staatsanwaltschaft (§ 222 Abs. 2 StPO) ist bloß notwendig, um ein (ggf. zeitraubendes) Aussetzungsrecht der Staatsanwaltschaft (§ 246 Abs. 2 StPO) zu blockieren; ansonsten ist die Unterlassung unschädlich (§ 246 Abs. 1 StPO). Die Beweiserhebungs*pflicht* des Gerichts wird erst ausgelöst, wenn der entsprechende Beweisantrag gestellt wurde und keine Ablehnungsgründe einschlägig sind.[445] Der *präsente*, d.h. sofort vernehmungsbereite, Sachverständige muss spätestens zum Zeitpunkt der Antragstellung zwecks Vernehmung zur Verfügung stehen.[446] Dies erfordert je nach Umfang und Art der Begutachtung nicht

---

des Sachverständigen (§ 53a Abs. 1 Nr. 3 StPO) siehe *Krause*, StraFo 1998, 1 ff.; *Detter*, in: FS Salger (1995), 231 (237).

[440] Siehe hierzu bereits 5. Kapitel A.II.

[441] Siehe zum folgenden Absatz z.B. *Hamm/Pauly*, Beweisantragsrecht Rn. 595 ff.; Alsberg/*Tsambikakis*, Der Beweisantrag, Kap. 7 Rn. 60 ff.; *Roxin/Schünemann*, Strafverfahrensrecht, § 45 Rn. 13c ff.; *Sommer*, Effektive Strafverteidigung, Kap. 3 Rn. 1460 ff.; *Kühne*, Strafprozessrecht, § 52 Rn. 788 ff.

[442] LR-StPO/*Becker* § 245 Rn. 46; *Widmaier*, StV 1985, 526 (527) weisen darauf hin, dass eine frühe Antragsstellung empfehlenswert ist, sodass das Gericht die Beweisaufnahme auf spätere Vernehmung ausrichten und dergestalt planen kann.

[443] BGH, Urt. v. 15.01.1952 – 2 StR 567/51 = NJW 1952, 836; BGH, Beschl. v. 14.07. 1981 – 1 StR 385/81 = NStZ 1981, 401. Zur Verfahrensweise im Einzelnen *Pauka/Daners*, StraFo 2015, 397 (405 ff.).

[444] Siehe hierzu näher 6. Kapitel C.II.2.c)aa)(1).

[445] *Widmaier*, StV 1985, 526 (527). Die Pflicht einen Beweisantrag zu stellen, wurde durch das Strafverfahrensänderungsgesetz (StVÄG) vom 05.10.1979 (BGBl. 1978 Nr. 57, S. 1645, 1648) eingeführt. Krit. zur Ausgliederung aus dem Beweisführungs- in das Beweisantragsrecht *Rieß*, NJW 1978, 2265 (2270); *Schulz*, StV 1991, 354; *Kühne*, Strafprozessrecht, § 52 Rn. 788.1; *Peters*, Strafprozeß (1985), S. 316.

[446] So in st.Rspr. BGHSt 6, 289 (291) = NJW 1954, 1656; BGHSt 23, 176 (183, 185) = NJW 1970, 523 (525); BGHSt 43, 171 (172) = NStZ 1998, 93 und Lit. *Widmaier*, StV 1985, 526 (528); *Pauka/Daners*, StraFo 2015, 397 (404); Alsberg/*Tsambikakis*, Der Beweisantrag, Kap. 7 Rn. 66.

selten eine Versorgung des Sachverständigen mit Informationen und Beweisobjekten durch die Verteidigung.[447] Erst mit Stattgabe des Beweisantrags erlangt der von der Verteidigung geladene Sachverständige den qualifizierten Status eines gerichtlichen Sachverständigen mit den aus §§ 75 ff. StPO resultierenden Rechten und Pflichten.[448] Sofern die Formalia der Ladung nicht eingehalten werden und der erstattungsbereite Sachverständige bloß zur Hauptverhandlung mitgebracht wird, gilt er nicht als präsentes Beweismittel i. S. v. § 245 StPO, sodass sich seine Hinzuziehung als sog. gestellter bzw. sistierter Sachverständiger nach allgemeinen Beweisantragsgrundsätzen richtet.[449]

3. Hauptverhandlung: Verteidigung *gegen* außerjuristisches Erfahrungswissen

In der zweiten Konstellation hat sich das Gericht bereits entschieden, dass sein Wissensstand für die Beurteilung einer außerjuristischen Beweisfrage nicht ausreicht und einen Sachverständigen bestellt bzw. aus dem Ermittlungsverfahren übernommen. Dieser wird in der Hauptverhandlung zu seinem vorbereitenden Gutachten vernommen (§§ 75 Abs. 1, 72, 48 Abs. 1 StPO). Sofern das belastende Gutachtenergebnis fehlerhaft erscheint oder sich eine unrechtmäßige Auswahl des Sachverständigen durch die Staatsanwaltschaft in das Hauptverfahren fortwirkt[450], muss das Augenmerk der Verteidigung auf der Korrektur der Sachverständigenbeweislage liegen.[451]

a) Rechte gegen die Person des Sachverständigen (§§ 74, 76, 79 StPO)

Es bestehen verschiedene Hebel, mit denen gegen die jeweilige Person des gerichtlich bestellten Sachverständigen vorgegangen werden kann.

Das – wegen seiner Nähe zur Richterablehnung durchaus fragwürdige[452] – Ablehnungsrecht (§ 74 StPO) gegenüber Sachverständigen eröffnet sich den Prozessbeteiligten nach der herrschenden Meinung erst mit dem gerichtlichen Bestel-

---

[447] Zum Untersuchungsrecht des selbstgeladenen Sachverständigen siehe 6. Kapitel B. I. 2. b) cc).

[448] *Eisenberg*, Beweisrecht StPO Rn. 1084; *Detter*, in: FS Salger (1995), 231 (237); *Langkeit*, in: FS Feigen (2014), 129 (142); *Widmaier*, StV 1985, 526 (527); Arbeitsgruppe 21. StV-Tag, StV 1997, 386 (389).

[449] BGH, Beschl. v. 14. 07. 1981 – 1 StR 385/81 = NStZ 1981, 401; LR-StPO/*Becker* § 245 Rn. 44.

[450] Siehe hierzu bereits 6. Kapitel B. II. 1. e).

[451] *Anders*, Beweiserhebungskontrollen (1998), S. 87.

[452] Vgl. *Pawlak*, Ablehnung des Sachverständigen (1998), S. 296 f.; *Erb*, ZStW 121 (2009), 882 (886).

lungsakt bzw. der angestrebten Vernehmung[453] und verengt den Anwendungsbereich damit auf das Hauptverfahren.[454] Dies ist angesichts des Wortlauts von § 74 Abs. 2 S. 1 StPO, welcher ausdrücklich den Beschuldigten erfasst, bereits zweifelhaft. Einer Anwendbarkeit von § 74 StPO im Ermittlungsverfahren ist aus dem Grund der Prävention beizupflichten.[455] So kann in konsequenter Fortführung des Verweises in § 161a Abs. 1 S. 2 StPO auf die allgemeinen Vorschriften nichts anderes gelten.[456]

Bei Besorgnis der Befangenheit des Sachverständigen, d.h. in den Fällen des § 22 Nrn. 1–4 StPO[457] kann dessen Ablehnung beantragt werden, wodurch primär eine vorurteilsfreie Wissensvermittlung ermöglicht werden soll.[458] Gleichzeitig gilt es zu verhindern, dass ein durch Befangenheit belastetes Gutachten auf die Auffassung des Gerichts übergreift.[459] Das Ablehnungsrecht nimmt insofern einen Sonderstatus in der Verteidigung gegen außerjuristisches Erfahrungswissen ein, als dass sich die Angriffsrichtung nur gegen persönliche bzw. individuelle Umstände des Sachverständigen, nicht jedoch gegen dessen Sachkunde als solche, die Methodik oder das Gutachtenergebnis richtet.[460] Zudem ist es möglich, einen Antrag auf Entbindung von der Verpflichtung zur Erstattung des Gutachtens zu stellen (§ 76 Abs. 1 S. 2 StPO), wenn die Gutachtenerstattung dem Sachverständigen körperlich unzumutbar oder zeitlich unmöglich ist[461] sowie diesem die Sachkunde fehlt oder er fachlich ungeeignet bzw. überfordert ist.[462]

---

[453] So BGH, Beschl. v. 13.02.2019 – 2 StR 485/18 = NJW 2019, 1391 (1392); OLG Düsseldorf, Beschl. v. 15.06.1983 – 1 Ws 506/83 = MDR 1984, 71; Meyer-Goßner/*Schmitt* StPO § 74 Rn. 11 f.; KK-StPO/*Hadamitzky* § 74 Rn. 7; *Toepel*, Sachverständigenbeweis (2002), S. 301; a.A. *Gössel*, DRiZ 1980, 363 (376 Fn. 120); *Eisenberg*, NStZ 2006, 368 (373 ff.); *Kühne*, Strafprozessrecht, § 52 Rn. 865; *Gerhold*, in: Hilgendorf/Kudlich/Valerius, HdBStR Bd. VIII (2022), § 51 Rn. 75; *Gerson*, HRRS 2019, 235 (242); *Ulrich*, Der gerichtliche Sachverständige (2007), Rn. 192 ff.

[454] Im Ermittlungsverfahren sollen stattdessen formlose Gegenvorstellungen möglich sein, so BGH, Beschl. v. 13.02.2019 – 2 StR 485/18 = NJW 2019, 1391 (1392); SK-StPO/*Rogall* § 74 Rn. 6.

[455] Siehe hierzu bereits 6. Kapitel B.III.2.c). Bejahend z.B. *Eisenberg*, NStZ 2006, 368 (374).

[456] So auch Meyer-Goßner/*Schmitt* StPO § 161a Rn. 11, der §§ 73–76 entsprechend anwendet.

[457] Vgl. Umkehrschluss aus § 74 Abs. 1 S. 2 StPO, so Meyer-Goßner/*Schmitt* StPO § 74 Rn. 3.

[458] MüKo-StPO/*Trück* § 74 Rn. 1.

[459] *Eb. Schmidt*, Lehrkommentar, Teil II, § 74 Rn. 3; *Hanack*, JR 1966, 425 (427).

[460] So grundlegend BGH, Beschl. v. 01.12.2006 – 2 StR 436/06 = NStZ-RR 2009, 1 (3 f.).

[461] *Bleutge*, DRiZ 1977, 170 (172); Meyer-Goßner/*Schmitt* StPO § 76 Rn. 3; KK-StPO/*Hadamitzky* § 76 Rn. 4; LR-StPO/*Krause* § 76 Rn. 4; *Eisenberg*, Beweisrecht StPO, Rn. 1586.

[462] LG Augsburg, Beschl. v. 16.07.2012 – Jug KLs 401 Js 107041/02 = BeckRS 2014, 3652; LR-StPO/*Krause* § 76 Rn. 4.

Außerdem kann ein Antrag auf Vereidigung des Sachverständigen gestellt werden (§ 79 Abs. 1 StPO). In der Praxis ist die Nichtvereidigung einer Beweisperson grundsätzlich die Regel.[463] Die Vereidigung konnte bis zu einer Gesetzesnovelle im Jahr 2004 noch durch die Verteidigung erzwungen werden[464], nunmehr liegt die Entscheidung hierüber allerdings im Ermessen des Gerichts.[465] Diejenigen Sachverständigen, welche öffentlich bestellt (§ 36 GewO) und aus diesem Grund bei der Beauftragung vorzuziehen (§ 73 Abs. 2 StPO) sind, wurden regelmäßig auch bereits allgemein vereidigt[466], sodass sich ein solcher Antrag erübrigt (§ 79 Abs. 3 StPO).

Somit kann ausschließlich für nicht allgemein vereidigte Sachverständige ein Vereidigungsantrag gestellt werden, wenn deren Gutachten ausschlaggebende Bedeutung zukommt[467] oder sie auf die Abgabe eines wahrheitsgemäßen Gutachtens hingwiesen werden sollen.[468] Dies kann z. B. erforderlich sein, sofern der Sachverständige Vorurteile hat, welche die Erheblichkeitsschwelle des § 74 StPO (noch) nicht erreichen, der Sachverständige seine Methoden nicht offenbart oder er oberflächlich arbeitet.[469] Infolge der Vereidigung eines Sachverständigen ist auch dessen fahrlässig fehlerhafte Begutachtung vor dem Gericht gem. §§ 154 Abs. 1, 161 Abs. 1 StGB strafbewehrt und bereitet dem Wiederaufnahmegrund des § 359 Nr. 2 StPO formell den Weg.[470]

b) Fragerecht gegenüber Sachverständigen (§ 240 Abs. 2 S. 1 StPO)

Das Fragerecht des Angeklagten bzw. der Verteidigung ist inhaltlich von der Vernehmung des Sachverständigen (§ 69 Abs. 1 StPO) dahingehend zu unterscheiden, dass ausschließlich Antworten auf klar umrissene Fragen und nicht die Erläuterung eines zusammenhängenden Tatsachenkomplexes erfasst sind.[471] Dem-

---

[463] Speziell für Sachverständige BGHSt 21, 227 (228) = NJW 1967, 1520; *Krekeler*, StraFo 1996, 5 (11).

[464] Durch das erste Gesetz zur Modernisierung der Justiz (1. JuMoG) v. 24.08.2004 (BGBl. I, S. 2198).

[465] Dazu *Kühne*, Strafprozessrecht, § 53 Rn. 864; Meyer-Goßner/*Schmitt* StPO § 79 Rn. 3; *Tondorf/Tondorf*, Psychologische Sachverständige, Rn. 14.

[466] Statt vieler *Bleutge*, DRiZ 1977, 170 (172).

[467] Hierfür reicht nicht die allgemeine verfahrensausschlaggebende Relevanz des Gutachtens (hierzu bereits 2. Kapitel C. I.), da dies zu einer Dauervereidigung führen würde, so auch *Eisenberg*, Beweisrecht StPO Rn. 1595.

[468] Meyer-Goßner/*Schmitt* StPO § 79 Rn. 3, § 72 Rn. 1, § 59 Rn. 2.

[469] So *Glaser*, Hdb. des Strafprozesses Bd. I (1883), S. 704 ff. Ebenso *Dahs*, Hdb. des Strafverteidigers Rn. 625; *Krekeler*, StraFo 1996, 5 (10, 11 f.); *Barton*, StV 1983, 73 (80); *Tondorf*, R&P 1984, 155 (157); *Sommer*, Effektive Strafverteidigung, Kap. 3 Rn. 1233; *Eisenberg*, Beweisrecht StPO, Rn. 1595.

[470] *Dahs*, Hdb. des Strafverteidigers Rn. 625.

[471] Zum Unterschied bereits RGSt 38, 57 (58); Meyer-Goßner/*Schmitt* StPO § 240 Rn. 5; KK-StPO/*Schneider* § 240 Rn. 5; LR-StPO/*Becker* § 240 Rn. 16; SK-StPO/*Frister* § 240 Rn. 5; SSW-StPO/*Franke* § 240 Rn. 6.

nach darf die Verteidigung nicht vom Sachverständigen verlangen, das Gutachten erneut vollständig oder in gleichen Teilen zu erstatten. Kennzeichnend für das *Frage*recht ist, dass es sich denknotwendig nicht in einer formalen Fragebefugnis erschöpft, sondern das Recht auf *Antwort* bzw. *Auskunft* – geschützt durch die Pflicht der Beweispersonen, wahrheitsgemäß auszusagen (§§ 48 Abs. 1 S. 2, 72 StPO) – enthält.[472]

Als kontradiktorisches Element soll das Fragerecht die Erkenntnismöglichkeiten der objektiven Wahrheitsfindung und die Transparenz des Beweiserhebungsvorgangs fördern.[473] Um diesem Ziel zu entsprechen, wird grundsätzlich ein unmittelbares Fragerecht, d.h. keine indirekte Zwischenschaltung des Gerichts – wie es u.a. der Wortlaut des Art. 6 Abs. 3 lit. d EMRK („*or have examined*") vorsieht – gewährleistet.[474] Eine Geltungseinbuße im Vergleich zu dem in Art. 6 Abs. 3 lit. d EMRK verbürgten Recht auf Examinierung von Belastungszeugen („*right to challenge and question*"), welches dogmatisch eher einem Vernehmungsrecht ähnelt[475], ist nicht zwangsläufig zu verzeichnen, soweit gleichwohl die Möglichkeit verbleibt, z.B. durch Vorhalte oder Erläuterungen in der Schilderung des Sachverständigen Widersprüche und Inkonsistenzen aufzudecken. Bei Sachverständigengutachten, die gegenüber Zeugenaussagen vielfach eine höhere Komplexität aufweisen, ist der Grundsatz, dass keine doppelte Vernehmung stattfinden darf, jedoch im Einzelfall zugunsten der Verständlichkeit teleologisch zu erweitern.[476]

Als Aufhänger für weitere erläuternde (Nach-)Fragen sollte eine Einordnung des Gutachtenergebnisses durch die Verteidigung in die vorläufige Beweiswürdigung nach dem aktuellen Stand der Hauptverhandlung unbeanstandet bleiben. Zwischen dem deskriptiven Teil des Frageberechtigten und der konkreten (Nach-)Frage muss jedoch ein Sachzusammenhang bestehen.[477] Sog. Generalfragen i.S.v. § 68 StPO dürfen einem Sachverständigen insbesondere hinsichtlich der Ausbildung, Qualifikationen und seiner Erfahrung mit der Methodik gestellt werden.[478] Soweit das Maß der Sachlichkeit nicht verlassen wird, darf die Verteidigung den gerichtlichen

---

[472] *Gollwitzer*, in: GS Meyer (1990), 147 (150).

[473] *Gollwitzer*, in: GS Meyer (1990), 147 (160, 164); *Degener*, StV 2002, 618 (621); SK-StPO/*Frister* § 240 Rn. 3; SSW-StPO/*Franke* § 257 Rn. 1.

[474] Meyer-Goßner/*Schmitt* StPO § 240 Rn. 9; *Degener*, StV 2002, 618 (624); LR-StPO/*Becker* § 240 Rn. 14; *Gollwitzer*, in: GS Meyer (1990), 147 (152); SK-StPO/*Frister* § 240 Rn. 5.

[475] So *Gaede*, StV 2012, 51 (56); MüKo-StPO/*ders.* § 240 Rn. 7. So auch in den Ausführungen von *Walther*, GA 2003, 204 (214 ff.); *Renzikowski*, in: FS Mehle (2009), 529 (535 f.).

[476] Ähnlich auch *Gaede*, StV 2012, 51 (56); MüKo-StPO/*ders.* § 240 Rn. 7; *Sommer*, StraFo 2010, 102 (108); HK-StPO/*Julius* § 240 Rn. 7; KMR-StPO/*Eschelbach* § 240 Rn. 4; SK-StPO/*Frister* § 240 Rn. 5.

[477] Ähnlich MüKo-StPO/*Gaede* § 240 Rn. 7: „nicht als allgemeines Plädoyer gestaltet, sondern als Teil des Kommunikationsversuchs".

[478] *Gollwitzer*, in: GS Meyer (1990), 147 (165).

Sachverständigen durchaus mit kritischen Fragen bedrängen.[479] Das Fragerecht untersteht der Sachleitung des Vorsitzenden (§ 238 Abs. 1 StPO), welches ein paralleles Eingriffsrecht garantiert (§ 241a Abs. 1 StPO).[480] Zumeist können Unzulänglichkeiten in der sachverständigen Begutachtung aus Sicht der übrigen fachlichen Laien lediglich aufgedeckt werden, wenn die Verteidigung gesondert die Anknüpfungs- und Befundtatsachen, die wissenschaftliche Hypothese und die Konklusion hinterfragt. Die Frage nach der Vorgehensweise bzw. Methodik des Sachverständigen sollte standardmäßig gestellt werden, um deren Schlüssigkeit und Konsistenz zu überprüfen.[481] Dabei ist es aus Sicht der Verteidigung empfehlenswert, eine Befragung ausgiebig vorzubereiten[482], denn je komplexer das Fachgebiet ist, desto relevanter ist die Einarbeitung in die Materie und desto größer die Chance, etwaige Fehler zu erkennen.[483]

c) Erklärungsrecht zu Gutachten (§ 257 Abs. 1, 2 StPO)

Das nach jeder Beweiserhebung bestehende Erklärungsrecht des Angeklagten (§ 257 Abs. 1 StPO) und der Verteidigung (§ 257 Abs. 2 StPO) unterscheidet sich gegenüber dem Fragerecht dahingehend, dass es vielmehr den Zweck verfolgt mittels analysierender, wertender bzw. kritischer Anmerkungen die Aufmerksamkeit des Gerichts auf bestimmte Gesichtspunkte (z. B. Widersprüche oder Zusammenhänge) zu lenken und dadurch Beweise in ihrem Wert zu relativieren.[484] Das Frage- und Erklärungsrecht wirken dergestalt zusammen, dass die Ausübung des ersten das zweite vorbereitet. Das Erklärungsrecht ist funktionell ein Äußerungsrecht und entspringt dem Recht auf rechtliches Gehör (Art. 103 Abs. 1 GG).[485] Das Gesetz sieht ausdrücklich vor, dass der Schlussvortrag nicht vorweggenommen werden darf (§ 257 Abs. 3 StPO), damit das Beweisergebnis nicht abschließend gewürdigt wird, wenn noch andere Beweiserhebungen bevorstehen.[486] Zwar soll

---

[479] So *Krekeler*, StraFo 1996, 5 (11 f.); *Barton*, StV 1983, 73 (81).

[480] *Alsberg*, GA 1917, 99 (102).

[481] *Tondorf/Tondorf*, Psychologische Sachverständige, Rn. 344 mit dem Hinweis auf den Psychosachverständigen *de Boor* (Forensia 1977, 55), der in dreißig Jahren Gutachtertätigkeit nie nach seiner Methodik gefragt wurde.

[482] Zu konkreten Befragungsstrategien für die Verteidigung siehe die praxisnahe Literatur wie z. B. *Sommer*, Effektive Strafverteidigung, Kap. 3 Rn. 1227 ff.; *Dahs*, Hdb. des Strafverteidigers Rn. 621 f.; MAH-Strafverteidigung/*Tsambikakis* § 81 Rn. 57 ff.; *Tondorf/Tondorf*, Psychologische Sachverständige, Rn. 339 ff.

[483] *Barton*, Psychowissenschaftliche Sachverständige (1983), S. 114; *Deckers*, in: FS Eisenberg (2009), 473 (496); *Dahs*, Hdb. des Strafverteidigers Rn. 621.

[484] *Hammerstein*, in: FS Rebmann (1989), 233 (237); LR-StPO/*Stuckenberg* § 257 Rn. 21; KK-StPO/*Diemer* § 257 Rn. 3; MüKo-StPO/*Cierniak/Niehaus* § 257 Rn. 13.

[485] MüKo-StPO/*Cierniak/Niehaus* § 257 Rn. 2; Meyer-Goßner/*Schmitt* StPO § 257 Rn. 1; KK-StPO/*Diemer* § 257 Rn. 1; SK-StPO/*Velten* § 257 Rn. 2. Siehe hierzu bereits 4. Kapitel B. II.

[486] BT-Drs. 7/2989, S. 8.

inhaltlich die unmittelbar vorangegangene Beweiserhebung in Bezug genommen werden[487], allerdings darf auch auf frühere Beweiserhebungen verwiesen werden, mit denen eine Synthese nicht auszuschließen ist.[488]

Die Befugnis sich zu einer Beweiserhebung zu erklären, umfasst es, gegensätzliche Tatsachen darzustellen, bisherige Tatsachen zu analysieren und zu bewerten oder gar Rechtsansichten vorzutragen.[489] Im Rahmen des Sachverständigenbeweises kann die Verteidigung auf alle in Betracht kommenden Fehlerquellen der Wissensanwendung, auf die Methodik der Begutachtung (z. B. unter- oder überlegene Forschungsmittel anderer Sachverständiger oder abweichende Meinungen), die Person des Sachverständigen sowie Widersprüche der Begutachtung zur bisherigen Tatsachenfeststellung oder Beweislage hinweisen.[490] Sofern das Gericht Gutachtenmängel nicht bereits selbst erkannt hat, können ihm auf diese Weise Tatsachen mitgeteilt werden, welche die weitere Amtsaufklärungspflicht (§ 244 Abs. 2 StPO) auslösen und ggf. einen von der Verteidigung anvisierten Beweisantrag obsolet werden lassen.

II. Erörterungs- und Kontrolldefizite sowie Änderungsvorschläge *de lege ferenda*

Selbst in der Hauptverhandlung als Kernstück des Strafverfahrens ergeben sich trotz der wesentlich stärker ausgeprägten Mitwirkungsmöglichkeiten als im Ermittlungsverfahren dennoch Defizite bei der Erörterung und Kontrolle von außerjuristischem Erfahrungswissen.

1. Im Rahmen des gerichtlichen Sonderwissens

a) Kein Kontrollmechanismus gegen gerichtliche Sachkunde

Die prozessuale Struktur der Anwendung von Erfahrungssätzen ermöglicht dem Angeklagten im laufenden Strafverfahren nur unzureichend zu erkennen, *ob* und *wie* außerjuristisches Sonderwissen ausgeübt wird. Fernab der formalisierten Prozessvorgänge, d. h. der Hinzuziehung eines Sachverständigen als Beweismittel (§ 72 StPO) und der Ablehnung eines Beweisantrags wegen „eigener Sachkunde" (§ 244 Abs. 4 S. 1 StPO), ist eine Gewissheit hierüber kaum zu erlangen. Aus der

---

[487] BT-Drs. 7/2989, S. 8; *Hammerstein*, in: FS Rebmann (1989), 233; *Rieß*, NJW 1975, 81 (95).

[488] LR-StPO/*Stuckenberg* § 257 Rn. 22; Meyer-Goßner/*Schmitt* StPO § 257 Rn. 8; a. A. *Burkhard*, StV 2004, 390 (393); *Rieß*, NJW 1975, 81 (94); *Hohmann*, StraFo 1999, 153 (154 f.).

[489] Statt vieler SK-StPO/*Velten* § 257 Rn. 6 ff.

[490] *Hammerstein*, in: FS Rebmann (1989), 233 (238). Siehe hierzu bereits 5. Kapitel A. V., 5. Kapitel A. VI.

vagen Rechtsprechungskasuistik, mithin der Abwesenheit klarer Kriterien, wann das Sonderwissen eines Gerichts gemeinhin überschritten ist und wann aus diesem Grund ein Sachverständiger hinzuziehen ist, folgt eine zusätzliche Rechtsunsicherheit für den Angeklagten.[491]

Der Verzicht auf die Erhebung des Sachverständigenbeweises, die sog. sachkundige Beweisantizipation[492] des Gerichts, erweist sich für den Angeklagten aufgrund der geltenden Rechtslage als kaum nachprüfbares Expertenwissen[493]. Zwar entspricht es der Rechtsprechung des BVerfG, dass Art. 103 Abs. 1 GG erfordere, die Ergebnisse eines Sachverständigengutachtens müssten den Prozessbeteiligten mitgeteilt und Möglichkeit zur Äußerung gegeben werden.[494] Sofern das Tatgericht jedoch seinem Beweiswürdigungsvorgang selbständig einen Erfahrungssatz zugrunde legt, bleibt dies hingegen verborgen[495] und es entsteht ein Transparenzdefizit.[496]

Sofern der Angeklagte fachlicher Laie ist, wird er den jeweiligen außerjuristischen Erfahrungssatz nicht kennen (können).[497] Die Nutzung von Sonderwissen durch das Tatgericht ist gegenüber den Prozessbeteiligten informationsbedürftig, da ansonsten das eingebrachte Wissen nicht kritisiert und potenzielle Fehler nicht aufgedeckt werden könnten.[498] Nur bei adäquatem Informationsstand des Angeklagten ist eine angemessene Verteidigung möglich.[499] Eine Ausnahme kann und muss gelten, wo das Gericht davon ausgehen kann, dass der Angeklagte bzw. stellvertretend für ihn die Verteidigung den außerjuristischen Erfahrungssatz tatsächlich kennt bzw. kennen muss.[500]

---

[491] *Wolschke*, Sachverständigenbeiziehung (1973), S. 115. Siehe hierzu bereits 3. Kapitel A. III.

[492] Siehe hierzu bereits 3. Kapitel A. I. 2.

[493] So *Keller*, ZStW 101 (1989), 382 (406) zur Annahme der parallel gelagerten Gerichtskundigkeit.

[494] In st.Rspr. BVerfGE 5, 22 (26) = NJW 1956, 1026; BVerfGE 6, 12 (14) = NJW 1957, 17; BVerfGE 7, 340 = NJW 1958, 666; BVerfGE 9, 303 = BeckRS 1959, 198; BVerfGE 15, 214 = BeckRS 1962, 103779. So auch *Tröndle*, JZ 1969, 374 (376); *Barton*, StV 1983, 73 (79); *Gössel*, DRiZ 1980, 368; *Krauß*, ZStW 85 (1973), 320 (332 f.). So für die Pflicht zur Erörterung der Ergebnisse von Sachverständigengutachten *Hamann*, AnwBl. 1958, 145; *Röhl*, NJW 1959, 286.

[495] *Wolschke*, Sachverständigenbeiziehung (1973), S. 190 f.; *Eisenberg*, Beweisrecht StPO Rn. 105.

[496] SK-StPO/*Velten* Vor § 261 Rn. 24, § 261 Rn. 51 ff.

[497] *Sommer*, Effektive Strafverteidigung, Kap. 3 Rn. 1445.

[498] *Sarstedt*, JR 1958, 350 (351); SK-StPO/*Velten* Vor § 261 Rn. 24.

[499] So bereits BGH, Urt. v. 22.02.2012 – 1 StR 378/11 = NStZ 2013, 120.

[500] SK-StPO/*Velten* § 261 Rn. 52. Vgl. der Beschuldigte, der sein Schweigerecht kennt, ist i. R. v. § 136 Abs. 1 StPO weniger schutzbedürftig als derjenige, der es nicht kennt, vgl. BGHSt 38, 214 ff. = NJW 1992, 1463 (1465).

Die diesseits hergeleitete Hinweispflicht bzgl. der Nutzung von „Ob“ und „Wie“ des Sonderwissens[501], ist (noch) kein derartiger Grundpfeiler der Hauptverhandlung, dass ihr flächendeckend und in dem geforderten Maß nachgekommen wird.[502] Falls das Tatgericht dieser Pflicht *nicht* nachkommt und einen dahingehenden Beweisantrag – mit der noch herrschenden Ansicht[503] – ohne Darlegung der Sachkundequelle und -tiefe ablehnt, besteht in der Tatsacheninstanz kein weiterer Kontrollmechanismus bzgl. des Sonderwissens.[504] Für den Angeklagten ist mitunter erst in der Urteilsverkündung (§ 260 Abs. 1 StPO) bzw. gar aus den schriftlich abgefassten Urteilsgründen (§ 267 Abs. 1 StPO) ersichtlich, ob und wenn, welcher Erfahrungssatz mit welchem Inhalt und Ergebnis, aufgrund welcher Qualifikationen und Methodik angewendet wurde. Dies ist jedoch problembehaftet, weil die Konklusion Tatsachenqualität aufweist[505] und sie Erörterungsgegenstand der Hauptverhandlung gewesen sein muss. Für Fälle der tatsächlich nicht vorhandenen oder gar fehlerhaft angewendeten Sachkunde durch das Tatgericht verbleibt damit lediglich die Revisionsinstanz, in der eine angemessene Korrektur ungleich schwerer ist.[506]

b) Optimierung der gerichtlichen Selbsteinschätzung

Das Ziel muss sein, den Gewinnungs- und Anwendungsprozess des Gerichts in außerjuristischen Fachgebieten zu optimieren. Für Richter gilt eine allgemeine Fortbildungspflicht (z. B. § 3b HmbRiG). Die Forderung nach einer vermehrten und verbesserten Aus- und Fortbildung von Richtern (und Staatsanwälten) durch gezielte Schulungen in strafrechtsnahen Wissenschaften wurde bereits vielfach aufgestellt.[507] Dabei muss ein – mehr als rudimentäres – Grundgerüst an strafrechts-

---

[501] Siehe hierzu bereits ausführlich 4. Kapitel B. III. 3.

[502] Trotz dessen in der justiziellen Standardliteratur Meyer-Goßner/*Schmitt* StPO § 244 Rn. 2 m. w. N. festgehalten wird: „Verwertet das Gericht offenkundige Tatsachen oder Erfahrungssätze, so muss es sie in der Hauptverhandlung zur Sprache bringen“. Über den konkreten Umfang dieser Pflicht und die Art der Mitteilung schweigt die Kommentarliteratur jedoch. Ob dies ferner für die Anwendung von Sachkunde gilt, bleibt offen.

[503] Siehe hierzu näher 6. Kapitel C. IV. 2.

[504] *Wolschke*, Sachverständigenbeiziehung (1973), S. 180 mit der Feststellung, dass die „Darlegung in den Urteilsgründen […] der einzige Nachweis für die überhaupt vorhandene Sachkunde“ des Gerichts ist.

[505] Siehe hierzu bereits Abbildung 1.

[506] Siehe hierzu näher 6. Kapitel C. IV. 3. e).

[507] So z. B. von *Sendler*, NJW 1986, 2907 (2910); *Boehme-Neßler*, RW 2014, 189 (217); *Gerhold*, in: Hilgendorf/Kudlich/Valerius, HdBStR Bd. VIII (2022), § 51 Rn. 168 ff.; Arbeitsgruppe 21. StV-Tag, StV 1997, 386 (390); LR-StPO/*Sarstedt* (22. Aufl. 1971) Vor § 72 Rn. 8, § 73 Rn. 1; *Göppinger*, in: FS Peters (1974), 519 (525 ff.); *Pieper*, ZZP 84 (1971), 1 (35 f.) empfehlen Aus- und Fortbildungen, z. B. durch Schwerpunktsetzungen in universitären Veranstaltungen, Aufbaustudiengänge. *Peters*, Fehlerquellen Bd. I, II (1970/1974), S. 331 ff. fordert eine Verlagerung des Stoffes in der bereits umfangreichen und langen Juristenausbildung.

nahen Kenntnissen gefordert werden[508], welches jedoch nicht durch mit der Berufsausübungsfreiheit (Art. 12 GG) unvereinbaren Anforderungen an den Richterberuf überspannt werden darf.[509] Das Verlangen nach einer kritischen Selbstreflexion der Einschätzung erschöpft sich zwar zunächst in einem Bewusstseinsappell[510], könnte jedoch durch die Bildung von richtungsweisenden Leitlinien, welche auf der bereits von der Rechtsprechung entwickelten Kasuistik[511] aufbauen und diese spezifizieren, vereinheitlicht werden. Diese Leitlinien können Richtern und Staatsanwälten eine Orientierung bzgl. der naturgemäßen Sachkundebegrenzung in unterschiedlichen strafrechtsnahen Wissenschaften bieten und ließen sich in den RiStBV, welche sich an beide Amtsträgergruppen richten, verankern.[512] Die Gefahren von Selbstüber- oder -unterschätzung richterlicher Sachkunde[513] könnten auf diese Art und Weise eingedämmt werden.

2. Im Rahmen des Sachverständigenbeweises

a) Anforderungen an die Sachverständigentätigkeit

Mit den Antragsrechten aus §§ 74, 76, 79 StPO lässt sich die fehlende Sachkunde eines Sachverständigen nicht direkt angreifen. Nur in den engen Grenzen des § 244 Abs. 4 S. 2 StPO ist ein Antrag auf Vernehmung eines weiteren Sachverständigen im Falle mangelnder Sachkunde des ersten Sachverständigen erfolgsversprechend.[514] Dies ist angesichts der prozessualen Relevanz von Sachverständigengutachten misslich, da ein grundsätzliches Bedürfnis nach Qualitätssicherung besteht, welches es zu befriedigen gilt. Dementsprechend gab es bereits Bestrebungen, – unabhängig von der öffentlichen Bestellung gem. § 36 GewO – konstitutive Anforderungen an die Qualifikationen von gerichtlich bestellten Sachver-

---

[508] So von *Sommer*, Effektive Strafverteidigung, Einl. Rn. 66 formuliert: „Ohne die Instrumente der Wahrheitsfindung, die Regeln der Logik und der Wahrscheinlichkeitsaussagen darf niemand mehr ins Richteramt. Ohne Wissen über die Erkenntnisse von Soziologie, Psychologie, Ökonomie und ihre Methoden darf kein Examen mehr möglich sein. Die Justiz braucht eine neue Wahrheitskultur".

[509] So z. B. von *Blomeyer*, ZRP 1970, 153 (156) vorgeschlagene zusätzliche Pflichtstudiengänge, wie z. B. Psychologiestudium für eine Jugendstrafkammer oder Medizinstudium für eine Schwurgerichtskammer.

[510] SK-StPO/*Rogall* Vor § 72 Rn. 133.

[511] Siehe hierzu bereits 3. Kapitel A. III.

[512] Aus Kapazitätsgründen muss auf konkrete Vorschläge verzichtet werden. Diese sollten vom Bundesjustizministerium in Zusammenarbeit mit den jeweiligen Fachwissenschaftlern entwickelt werden.

[513] Siehe hierzu bereits 5. Kapitel A. I. 1.

[514] *Dahs*, NStZ 1991, 354 (355): „Jeder Praktiker weiß, daß ein derartiges weiteres Gutachten mit Hilfe von Argumenten der Verteidigung, von seltenen Ausnahmefällen abgesehen, nicht zu erreichen ist".

ständigen gesetzlich zu normieren.[515] Dieser rechtspolitische Wunsch tangiert in nicht unerheblichem Maße die Berufsfreiheit (Art. 12 GG).[516]

Fraglich ist, ob es einer Normierung des Sachverständigenbegriffs mit Konkretisierung des erforderlichen Spezialwissens bedarf. Andere deutschsprachige Rechtsordnungen verfügen über Legaldefinitionen. Im Zuge einer Reformierung des Strafverfahrens in Österreich[517] wurde dem Sachverständigen eine Begriffsbestimmung zuteil[518], die sich lediglich auf die Art der sachverständigen Tätigkeit fokussiert. In der schweizerischen StPO[519] werden die Anforderungen an Sachverständige stark verallgemeinert, da nur besondere Kenntnisse in einer Wissenschaft gefordert werden.[520] In Anknüpfung an den im deutschen Recht herrschenden Sachverständigenbegriff[521] stimmen die drei Definitionen zwar dahingehend überein, dass sie natürliche Personen als Sachverständige voraussetzen.[522]

Die Definitionen unterscheiden sich allerdings in ihrem Inhalt dahingehend voneinander, dass sie abweichende Anknüpfungspunkte zur Qualifizierung als Sachverständiger wählen: Erstens die auferlegten Pflichten im deutschen Begriffsverständnis (z.B. Unabhängigkeit und Weisungsfreiheit), zweitens die geforderten Fähigkeiten in der schweizerischen Legaldefinition (homogen besondere Kenntnisse) und drittens die konkreten Tätigkeiten bzw. Aufgabenfelder in der österreichischen Legaldefinition (z.B. Tatsachenerhebung und Schlussfolgerung). Daher scheint allenfalls eine Verknüpfung der drei Definitionen einen Mehrwert für eine gesetzliche Qualitätssicherung zu bieten. Darüberhinaus ließen sich für wiederkehrende Beweisfragen (z.B. einer Erkrankung i.S.v. §§ 20, 21 StGB) explizite Anforderungen an Sachverständige stellen[523], sodass für Bereiche wie Humanme-

---

[515] So z.B. mit ausdrücklichen Vorschlägen *Jordan/Gresser*, DS 2014, 71 (82 f.).

[516] Dazu bereits BVerfG, Beschl. v. 25.03.1992 – 1 BvR 298/86 = NJW 1992, 2621 ff.

[517] Durch das Strafprozessreformgesetz v. 20.02.2004; in Kraft getreten – erst wesentlich später – am 01.01.2018 (ÖBGBl. I Nr. 19/2004).

[518] § 125 Nr. 1 öStPO: „Im Sinne dieses Gesetzes ist … ‚Sachverständiger' eine Person, die auf Grund besonderen Fachwissens in der Lage ist, beweiserhebliche Tatsachen festzustellen (Befundaufnahme) oder aus diesen rechtsrelevante Schlüsse zu ziehen und sie zu begründen (Gutachtenerstattung)."

[519] Erstmals für das gesamte Staatsgebiet am 01.01.2011 in Kraft getreten (SchwBBl. 2007, 6977).

[520] Art. 183 Abs. 1 schwStPO: „Als Sachverständige können natürliche Personen ernannt werden, die auf dem betreffenden Fachgebiet die erforderlichen besonderen Kenntnisse und Fähigkeiten besitzen."

[521] Siehe hierzu bereits 3. Kapitel B.I.

[522] Ausnahme sind Behördengutachten (§ 83 Abs. 3 StPO), Meyer-Goßner/*Schmitt* StPO Vor § 72 Rn. 2.

[523] So *Jordan/Gresser*, DS 2014, 71 (82 f.) für die Fachgebiete Medizin und Psychologie a) einen Hochschulabschluss zum Arzt, Zahnarzt oder Diplompsychologen, b) fünf Jahre Berufserfahrung in dem Gebiet, im Falle der Humanmedizin einen Facharztabschluss und c) der Nachweis von Fähigkeiten zum analytisch-wissenschaftlichen Arbeiten, z.B. über Promotion oder Tätigkeiten in Wissenschaft und/oder Lehre.

dizin, Psychowissenschaften, Kriminaltechnik und Forensik ein konkretisierender Katalog entstünde.

Ansonsten sollte wegen der offenen Entwicklung von strafrechtsnahen Wissenschaften ein dynamischer Sachverständigenbegriff beibehalten werden. Die Qualitätssicherung obliegt primär dem Auftraggeber, d.h. den Gerichten bzw. Staatsanwaltschaften. Als prozessualer Sicherungsmechanismus greifen die Vorschriften der §§ 73 Abs. 2 StPO, 36 GewO i.V.m. Nr. 70 Abs. 2, 3 RiStBV sowie die bei den Justizbehörden geführten Sachverständigenverzeichnisse. Die subsidiäre Qualitätskontrolle muss durch die Prozessbeteiligten erfolgen.

b) Unzureichende Prüfmöglichkeiten der Sachkunde eines Sachverständigen

Das erkenntnistheoretische Problem der Wissensasymmetrie ist dem Sachverständigenbeweis immanent.[524] Da viele Gerichte die Sachverständigen – entsprechend der abzulehnenden Auffassung[525] – noch als ihre „Gehilfen" ansehen, kann es dazu kommen, dass diesen ein gewisser Vertrauensvorsprung gewährt und dadurch an ihrer Unfehlbarkeit festgehalten wird. Während sich nach Ansicht der Rechtsprechung die Kontrolle des erkennenden Gerichts auf eine Plausibilitätsprüfung beschränkt[526], ist die Verteidigung im Mandanteninteresse angehalten, das Erfahrungswissen so umfassend und effektiv wie möglich zu kontrollieren.[527] Hierbei teilt die Verteidigung das „Leid" der Gerichte, denn auch sie verfügt meist schlichtweg über zu wenig Kenntnisse der außerjuristischen Wissenschaft.[528]

Soweit es möglich ist, wird die Verteidigung zur Kontrolle des gerichtlichen Sachverständigen daher einen externen Sachverständigen zu Rate zu ziehen. Hat der externe Sachverständige Mängel oder Widersprüche im Gutachten des gerichtlichen Sachverständigen gefunden, kann versucht werden, diese dem gerichtlichen Sachverständigen in dessen Befragung (§ 240 Abs. 2 S. 1 StPO) vorzuhalten[529], um das Erstgutachten mithilfe der Argumentation des selbstgeladenen Sachverständigen (§ 245 Abs. 2 StPO) zu erschüttern.[530] Je nach Verfahrenssituation kann der selbstgeladene Sachverständige bereits in seinem Gutachten Bezug auf das zeitlich zuvor erstattete Erstgutachten nehmen und dort Mängel aufzeigen oder es entspinnt sich im Rahmen der Vernehmung (§§ 69 Abs. 1, 75 Abs. 1 StPO) und Befragung der Sachverständigen durch das Gericht und die Prozessbeteiligten (§ 240 StPO) eine argumentative Diskussion.

---

[524] Siehe hierzu bereits 5. Kapitel A.II.1.

[525] Siehe hierzu bereits 3. Kapitel B.V.2.

[526] Siehe hierzu bereits 5. Kapitel A.IV.2.

[527] Siehe hierzu bereits 5. Kapitel A.VI.1.

[528] Statt vieler *Sommer*, Effektive Strafverteidigung, Kap. 3 Rn. 1229.

[529] Siehe hierzu bereits 6. Kapitel C.I.3.b).

[530] Siehe hierzu bereits 6. Kapitel C.I.2.c).

Der Erschütterungsversuch eines gerichtlichen Gutachtens gestaltet sich im Rahmen der Beweisaufnahme wie folgt: Der gerichtliche Sachverständige teilt bei seiner Befragung durch die Verteidigung (Befund-)Tatsachen bzw. Argumente mit. Die Verteidigung muss sich bei dem selbstgeladenen Sachverständigen – entweder während der Verhandlung[531] oder in einer Unterbrechung[532] – erkundigen, ob diese Aussage angreifbar ist. Der selbstgeladene Sachverständige erklärt der Verteidigung, ob und unter welchen Voraussetzungen dies möglich ist. Sodann muss wiederum die Verteidigung das fachliche Gegenargument in eine Frage bzw. einen Vorhalt umformulieren.[533] Sofern es sich um hochkomplexes Erfahrungswissen handelt, liegt der Nachteil dieser Vorgehensweise auf der Hand: Die Verteidigung wird aufgrund der formalisierten Verfahrensregeln (§§ 244 Abs. 1, 240 Abs. 2 S. 1 StPO) notgedrungen zum zwischengeschalteten Sprachrohr in der außerjuristischen Wissenschaftsdebatte, wodurch sich die Fehleranfälligkeit für Behauptungen und fachliche Argumente drastisch erhöht. Der Erkenntnistransfer wird stetig verkompliziert.[534]

Diese *indirekte* Befragung des gerichtlichen Sachverständigen *über* den selbstgeladenen Sachverständigen *durch* die Verteidigung ist der Wahrheitsfindung und der Beschleunigung daher insgesamt abträglich. Anders als im Bereich des gerichtlichen Sonderwissens, wo bereits keine innerinstanzlichen Kontrollrechte bestehen[535], sind im Bereich des Sachverständigenbeweises zwar durchaus Kontrollrechte – wie z.B. § 240 Abs. 2 S. 1 StPO – vorhanden, die Schwierigkeit ihrer Umsetzung steigt jedoch proportional mit der Komplexität der außerjuristischen Beweisfrage.

aa) Fragerecht des selbstgeladenen Sachverständigen gegenüber dem gerichtlichen Sachverständigen

Der Wortlaut des § 240 StPO sieht die Person des Sachverständigen zwar nicht ausdrücklich als frageberechtigt an, dennoch ist die Aufzählung der Frageberech-

---

[531] Dies setzt voraus, dass dem Sachverständigen vom Gericht die Anwesenheit in der Beweisaufnahme gestattet wurde. Dies kann – insbesondere mangels Anwendbarkeit des § 58 Abs. 1 StPO – wegen der Amtsaufklärungspflicht geboten sein, um dem Sachverständigen gerade die Aufdeckung von Widersprüchen zu ermöglichen, so RGSt 52, 161; BGHSt 19, 367 = NJW 1964, 2431; *Unger*, JW 1927, 2040; Meyer-Goßner/*Schmitt* StPO § 80 Rn. 5; *Widmaier*, StV 1985, 526 (527). Zu den Grenzen der Anwesenheit bei der Vernehmung des Angeklagten *Loos*, in: GS Kaufmann (1986), 961 ff.

[532] Dazu näher im 6. Kapitel C. II. 2. c) bb). *Schwaighofer*, ÖAnwBl. 2015, 342 (351) bezeichnet dieses nur mittelbare Befragungsrecht zutreffend als „Stille-Post-System".

[533] So auch die Schilderung bei *Widmaier*, StV 1985, 526.

[534] Siehe hierzu bereits Abbildung 2. Zu den Grenzen *Langkeit*, in: FS Feigen (2014), 129 (130).

[535] Siehe hierzu bereits 4. Kapitel B. III. 3. b) bb), 6. Kapitel C. II. 1. a).

tigten nicht erschöpfend.[536] Einem Sachverständigen kann, sobald er gerichtlich bestellt wurde[537], nach Ermessen des Gerichts in der Hauptverhandlung ein Fragerecht gegenüber Zeugen und Angeklagten gewährt werden (§ 80 Abs. 2 StPO).[538] Auf die Gewährung des Fragerechts hat weder der Sachverständige noch die Verteidigung, soweit sie ihn geladen hat, einen Anspruch.[539] Eine Möglichkeit, die – soweit ersichtlich – bislang für den Strafprozess keine bzw. wenig Beachtung erfahren hat[540], liegt darin, Sachverständigen ein Fragerecht nicht nur gegenüber Zeugen und Angeklagten, sondern vielmehr auch gegenüber anderen Sachverständigen einzuräumen. Der Wortlaut des § 80 Abs. 2 StPO soll hinsichtlich der weiteren Aufklärungstätigkeit von Sachverständigen nicht abschließend zu verstehen sein[541], sodass im Rahmen der Verhandlungsleitung des Vorsitzenden (§ 238 Abs. 1 StPO) auch weitere Beweispersonen Frageadressaten des Sachverständigen sein können. Dabei wird im Schrifttum vereinzelt wie selbstverständlich formuliert, dass sich das Fragerecht i.S.v. § 80 Abs. 2 StPO auch gegen andere Sachverständige richten könne[542], dies muss vom Gericht allerdings nicht verpflichtend gewährt werden.

Die Fragebefugnis des § 240 StPO ist grundsätzlich derart erweiterbar, dass ein Zeuge einen anderen Zeugen befragen oder diesem einen Vorhalt machen kann[543], wenn dies im Interesse der Wahrheitsfindung steht und die berechtigten Interessen der anderen Prozessbeteiligten dadurch nicht beeinträchtigt werden.[544] Im Zivil-

[536] Statt vieler Meyer-Goßner/*Schmitt* StPO § 240 Rn. 3; LR-StPO/*Becker* § 240 Rn. 8.

[537] Ein gem. § 245 Abs. 2 S. 1 StPO selbstgeladener Sachverständiger wird in dem Zeitpunkt gerichtlich bestellt, in welchem das Gericht dem Beweisantrag der Verteidigung stattgibt.

[538] So grundlegend RGSt 48, 247 (250); BGH, Urt. v. 12.11.1968 – 1 StR 358/68 = NJW 1969, 437.

[539] RGSt 2, 54; *Unger*, JW 1927, 2040; KK-StPO/*Hadamitzky* § 80 Rn. 6; LR-StPO/*Krause* § 80 Rn. 13.

[540] Die Standardkommentierung verhält sich hierzu – soweit ersichtlich – nicht.

[541] So *Eisenberg*, Beweisrecht StPO, Rn. 1592.

[542] So z.B. gefunden bei *Widmaier*, StV 1985, 526 (527); *Peters*, Strafprozeß (1985), S. 370; *Schwenn*, in: FS Kröber (2023), 259 (262); *Schlothauer/Wollschläger/Piel*, Verteidigung im Revisionsverfahren, Rn. 1145 f. Die Standardkommentierung, z.B. Meyer-Goßner/*Schmitt* § 80 Rn. 2, verhält sich hierzu nicht.

[543] So RG, Urt. v. 02.04.1903 – 1 D 1263/03 = GA 50 (1903), 274 f.; LR-StPO/*Becker* § 240 Rn. 9; KK-StPO/*Schneider* § 240 Rn. 4; Meyer-Goßner/*Schmitt* § 240 Rn. 3; SK-StPO/*Frister* § 240 Rn. 10; auf „absolute Ausnahmefälle" einschränkend SSW-StPO/*Franke* § 240 Rn. 5.

[544] Zur zulässigen Erweiterung des Fragerechts durch den Vorsitzenden auf andere als die in § 240 StPO genannten Personen siehe RGSt 48, 247 (250); BGH, Urt. v. 07.05.1968 – 1 StR 44/68 = GA 1968, 308; BGH, Urt. v. 12.11.1968 – 1 StR 358/68 = NJW 1969, 437 (438); BGH, Beschl. v. 11.11.2004 – 1 StR 424/04 = NStZ 2005, 222; OLG Celle, Urt. v. 13.02.1969 – 1 Ss 225/68 = MDR 1969, 780, 781; LR-StPO/*Becker* § 240 Rn. 9; KK-StPO/*Schneider* § 240 Rn. 4; Meyer-Goßner/*Schmitt* StPO § 240 Rn. 3; SK-StPO/*Frister* § 240 Rn. 10; MüKo-StPO/*Gaede* § 240 Rn. 17; KMR-StPO/*Eschelbach* § 240 Rn. 23.

prozess ist die Befragung eines gerichtlich bestellten Sachverständigen durch einen „Privatgutachter" als Surrogat bzw. Ergänzung des Fragerechts der Parteien i. S. v. § 397 ZPO anerkannt, wobei die Partei dem „Privatgutachter" ihr Fragerecht überträgt und das Gericht diesem das Wort erteilt.[545] Der wesentliche Vorteil besteht in der schnelleren und einfacheren Durchführung des Sachverständigenbeweises, wie das OLG München zusammengefasst hat:

> „Zutreffend hat der Richter auch Äußerungen des fachkundigen Beraters der Pt. zugelassen. Es wäre nicht nur eine *unnötige Förmelei und eine Zeitvergeudung für alle Bet.*, wenn man fordern würde, die *Pt. müsse jeweils Unterbrechung der Beweisaufnahme erwirken, damit sie sich in der Pause fachkundig beraten lassen kann*, um sodann bei Fortsetzung der Beweisaufnahme sachlich und fachlich richtige Fragen stellen oder solche Hinweise geben zu können. Es wäre vor allem eine *ungerechtfertigte Beeinträchtigung des rechtlichen Gehörs der Pt., die stets Gefahr laufen würde, bei der Übermittlung des sachkundigen Rats mangels eigener Sachkunde Fehler zu machen*".[546]

Der Zweck des übertragenen Fragerechts liegt mithin darin, eine *direkte* Kontrolle des Erstgutachtens durch den selbstgeladenen Sachverständigen zu erreichen.[547] Diese Befragung erfolgt – anders als durch die interessengebundene Verteidigung – durch den selbstgeladenen Sachverständigen insbesondere unvoreingenommen, da auch der von der Verteidigung geladene Sachverständige dem Objektivitätsgebot unterliegt.[548] Der Mehrwert dieser Übertragungsmöglichkeit besteht darin, dass die bereits als Fehlerquelle identifizierten Verständnisschwierigkeiten[549] kein Hindernis mehr für die Kontrolle der sachverständigen Begutachtung mittels Befragung durch die Verteidigung darstellen.[550]

---

[545] So z. B. ausdrücklich BGH, Beschl. v. 14. 10. 2008 – VI ZR 7/08 = NJW-RR 2009, 409: „[…] doch kann die Partei den Privatsachverständigen jedenfalls zu ihrer Unterstützung in der mündlichen Verhandlung hinzuziehen und sich von *ihm bei der Fragestellung beraten lassen*, falls sie ihm *nicht ohnehin ihr Fragerecht überträgt*" (Hervorhebungen d. Verf.); ebenso OLG München, Beschl. v. 25. 02. 1988 – 28 W 994/88 = MDR 1989, 71. Für eine Übertragbarkeit auf den Strafprozess *Geipel*, Handbuch der Beweiswürdigung (2017), S. 1268, 1402.

[546] OLG München, Beschl. v. 25. 02. 1988 – 28 W 994/88 = MDR 1989, 71 (Hervorhebungen d. Verf.).

[547] In eine ähnliche Richtung bereits MüKo-StPO/*Gaede* EMRK Art. 6 Rn. 311.

[548] Siehe hierzu bereits 3. Kapitel B. IV., 6. Kapitel C. I. 2. c).

[549] Siehe hierzu bereits 5. Kapitel A. II. 1.

[550] So OLG Karlsruhe, Urt. v. 20. 02. 2003 – 12 U 205/02 = BeckRS 2003, 30308069: „Es ist jeder Partei unbenommen, die fehlende eigene Sachkunde in der mündlichen Verhandlung dadurch auszugleichen, dass sie sich eines *Privatgutachters als Erklärungs-, Befragungs- und Darlegungshelfers* bedient" (Hervorhebung d. Verf.).

bb) Vergleich mit § 249 Abs. 3 öStPO

Ein Blick in die österreichische StPO offenbart, dass für diese Konstellation eine ähnliche Regelung existiert. In § 249 Abs. 3 öStPO[551] wird dem Angeklagten seit dem Jahr 2015[552] in der Hauptverhandlung bei Befragung eines Sachverständigen zugestanden, eine weitere Person mit Fachwissen hinzuzuziehen, welche neben dem Verteidiger Platz nehmen und selbständig Fragen an den Sachverständigen richten darf. Während § 249 Abs. 3 öStPO vor seiner gesetzlichen Aufwertung bloß ein indirektes Fragerecht des Sachverständigen, d.h. mit Zwischenschaltung des Verteidigers, vorsah, wird nunmehr ein direktes Fragerecht garantiert.[553]

Da die österreichische StPO kein Selbstladungsrecht kennt[554], spricht § 249 Abs. 3 öStPO nicht von der Beiziehung eines Sachverständigen, sondern einer „Person mit besonderem Fachwissen". Hierunter kann jede mit Spezialwissen ausgestattete Person, die sonst auch als gerichtlicher Sachverständiger auftritt, fallen. Die Terminologie ist auf die rein funktionelle Abgrenzung zum gerichtlichen Sachverständigen (§ 125 Z. 1 öStPO) zurückzuführen, sodass für die Person mit Fachwissen mitunter der Begriff des „Privatsachverständigen" gebraucht wird.[555]

Mittels § 249 Abs. 3 öStPO besteht zwar nicht die Möglichkeit, ein umfassendes Gegengutachten in die Hauptverhandlung einzubringen, jedoch wird dem Angeklagten die Möglichkeit gegeben, Unklarheiten und Unstimmigkeiten in Befund und Gutachten, deren Unvereinbarkeit mit bestimmten Verfahrensergebnissen, die vom Sachverständigen angewandte Methodik, das Vorhandensein verschiedener wissenschaftlicher Meinungen und Methoden sowie ihre Anwendbarkeit im vorliegenden Fall aufzuzeigen und aufzuklären.[556] Im österreichischen Strafverfahren kann allerdings die als „Gegenäußerung" bezeichnete Stellungnahme „einer Person

---

[551] So lautet § 249 öStPO: [...] „(3) Der Angeklagte kann zur Befragung eines Sachverständigen eine Person mit besonderem Fachwissen beiziehen, der ein Sitz neben dem Verteidiger zu gestatten ist. Diese darf den Verteidiger bei der Fragestellung unterstützen oder selbst Fragen zu Befund und Gutachten an den Sachverständigen richten".

[552] Durch das StPÄG 2014 (ÖBGBl. I 12014/71), welches sich laut Regierungsvorlage zum StPÄG 2014 Nr. 181 XXV. GP, S. 1 zum Ziel gesetzt hat, „Klarstellung der Objektivität und Unabhängigkeit von Sachverständigen sowie verstärkte Beteiligungsmöglichkeiten der Verteidigung im Bereich der Bestellung von Sachverständigen und der Kontrolle des Ergebnisses ihrer Tätigkeit" zu schaffen. Zur vorherigen Rechtslage *Oberlaber*, Sachverständige 2014, 23 (24); *Mayer/Haidenhofer*, ÖAnwBl. 2014, 100 (104 f.).

[553] Zur alten Rechtslage *Schwaighofer*, Der Sachverständigenbeweis im Strafverfahren (2014), S. 18 ff.

[554] Siehe hierzu bereits 6. Kapitel B. III. 2. a).

[555] So auch *Steininger*, Nichtigkeitsgründe im Strafverfahren (2015), S. 304 f.

[556] OGH Österreich, Urt. v. 10.05.2012 – 13 Os 141/11a; OGH, Beschl. v. 19.08.2010 – 13 Os 59/10s; OGH Österreich, Urt. v. 17.12.2008 – 13 Os 149/08y; Bertel/Venier/*Bertel*, Kommentar öStPO § 249 Rn. 2; Schmölzer/Mühlbacher/*Korschel*, Kommentar öStPO § 249 Rn. 12.

mit besonderem Fachwissen" zur Akte (§ 222 Abs. 3 öStPO)[557] gegeben werden, um einen darauf gestützten Beweisantrag auf Vernehmung eines weiteren Sachverständigen (§ 127 Abs. 3 öStPO) argumentativ zu verstärken.[558]

Ein solches „Privatgutachten" ist in der Hauptverhandlung zwar erörterungs*bedürftig*, nach der herrschenden Auffassung hingegen nicht verlesungs- oder erörterungs*pflichtig* und genießt keinen formellen Beweismittelstatus als Sachverständigengutachten oder Urkunde.[559] Das Ziehen von induktiven Schlüssen muss laut Rechtsprechung des OGH den gerichtlich bestellten Sachverständigen vorbehalten bleiben, sodass ein „Privatsachverständiger" ausschließlich als Zeuge zu seinen Befunden vernommen werden kann.[560] Sofern dadurch im österreichischen Strafverfahren die Möglichkeit der Einführung außerjuristischen Erfahrungswissens durch die Verteidigung beschränkt ist, verbleibt mit § 249 Abs. 3 öStPO die Chance, sich gegen bereits eingeführtes Erfahrungswissen zu wehren. Im österreichischen Strafprozess handelt es sich dabei nicht nur um eine bloße Ordnungsvorschrift, sondern um ein mit (revisionsrechtlicher) Nichtigkeit gem. § 281 Abs. 1 Z. 4 öStPO bewehrtes Verteidigungsrecht.[561]

Ein weiterer Vorteil der österreichischen Regelung ist das dazutretende Recht, während der Befragung einen Platz neben dem Verteidiger, d.h. im Verhandlungsraum und in Hör- und Sprechweite, einzunehmen.[562] Dadurch wird eine Involvierung des „Privatsachverständigen" in die Hauptverhandlung geschaffen, die den dargelegten Befragungsablauf nach der deutschen Rechtslage vereinfachen würde. Es bestünde ein gesetzlicher Anspruch des Angeklagten, eine effektive, da sachkundig beratene, Befragung des Sachverständigen i.S.v. Art. 6 Abs. 3 lit. d EMRK wahrnehmen zu können und nicht auf die Ausübung richterlichen Ermessens angewiesen zu sein. Etwaige Unterbrechungen der Hauptverhandlung (§ 228

---

[557] So lautet § 222 öStPO: „[...] (3) Dem Verteidiger steht es auch frei, eine schriftliche Gegenäußerung (§ 244 Abs. 3) zur Anklageschrift einzubringen, in die er die Anträge gemäß Abs. 1 [Anm.: Beweisanträge] aufzunehmen hat. Für eine solche Gegenäußerung gilt Abs. 1; stützt sich die Anklageschrift auf Befund und Gutachten eines Sachverständigen, so kann der Gegenäußerung eine Stellungnahme samt Schlussfolgerungen einer Person mit besonderem Fachwissen zur Begründung eines Beweisantrags nach Abs. 1 angeschlossen werden".

[558] *Schwaighofer*, ÖJZ 2020, 160 (161); *ders.*, ÖAnwBl. 2015, 342 (349 ff.); *Steininger*, Nichtigkeitsgründe im Strafverfahren (2015), S. 307.

[559] So die Begründung zum StPÄG 2014, BMJ-S578.028/0021-IV 3/2014, S. 29; *Ratz*, ÖJZ 2018, 951 (958 f.); *ders.*, in: FS Fuchs (2014), 377 (380 ff.); *Schwaighofer*, Der Sachverständigenbeweis im Strafverfahren (2014), S. 19 f.; *Steininger*, Nichtigkeitsgründe im Strafverfahren (2015), S. 306.

[560] So z.B. OGH Österreich, Urt. v. 06.10.2004 – 13 Os 135/03; OGH Österreich, Urt. v. 12.12.2006 – 15 Os 69/06w = JBl. 2007, 743 ff.; OGH Österreich, Beschl. v. 14.01.2004 – 13 Os 170/03 = SSt 2004/3.

[561] *Steininger*, Nichtigkeitsgründe im Strafverfahren (2015), S. 307; *Ratz*, ÖJZ 2018, 951 (958).

[562] Bertel/Venier/*Bertel*, Kommentar öStPO § 249 Rn. 2; Schmölzer/Mühlbacher/*Korschel*, Kommentar öStPO § 249 Rn. 8.

Abs. 1 S. 2 dStPO), die notwendig würden, um den selbstgeladenen Sachverständigen im Zuschauerraum aufzusuchen und dort mit ihm zu sprechen, entfielen.[563] Es genügte ein leises Zwiegespräch mit dem selbstgeladenen Sachverständigen als Sitznachbar, wodurch etwaige Verletzungen der Selbstbelastungsfreiheit und des Geheimhaltungsinteresses des Angeklagten durch Mithörende abgewendet würden und das Potenzial für etwaige Übersetzungsfehler zwischen der Fach- und Laienebene verringert würde.

Bei steigender Qualität wäre der Zeitfaktor der Befragung gleichbleibend oder würde gar sinken, da der argumentative Erkenntnis- und Rücktransfer ohne umständliche Zwischenschaltung kürzer ausfällt.[564] Die Befragungssituation wird so wesentlich verschlankt und entkompliziert.[565] Gerichtliche Sachverständige, deren Begutachtungsmängel nicht durch die Plausibilitätsprüfung des Gerichts aufgedeckt werden können, gerieten aufgrund der Befragung „auf Augenhöhe" mit dem selbstgeladenen Sachverständigen unter fachlichen Rechtfertigungsdruck.[566] Es würde zum komplexen Sachverständigenbeweis ein Kontroll- und Objektivierungselement hinzutreten, welches die Verteidigungsrechte angemessen stärkt.[567] Bezogen auf eine abschließende Erklärung i. S. v. § 257 StPO zur Sachverständigenvernehmung würde durch das optimierte Verständnis der Verteidigung von Struktur, Inhalt und Methodik des Erfahrungswissens eine vorbereitende Grundlage geschaffen, zu der Beweisfrage gem. Art. 103 Abs. 1 GG angemessen gehört zu werden.

cc) Ausgestaltung einer Regelung

Bei näherer Betrachtung der österreichischen Norm fällt auf, dass diese in Anlehnung an das deutsche Befragungsregime aufgebaut ist, denn § 249 Abs. 1 öStPO verkörpert das grundsätzliche Fragerecht i. S. v. § 240 Abs. 1 dStPO und § 249 Abs. 2 öStPO die Zurückweisungsbefugnis des Vorsitzenden i. S. v. § 241 dStPO.[568] Eine Norm wie § 249 Abs. 3 öStPO würde sich angesichts der Rechtsvergleich-

---

[563] *Schwaighofer*, ÖAnwBl. 2015, 342 (344) m. w. N.

[564] *Tanczos*, Sachverständige 2015, 66 (68 f.).

[565] So OGH Österreich, Beschl. v. 20. 06. 2007 – 13 Os 37/07a; *Schwaighofer*, ÖAnwBl. 2015, 342 (344).

[566] Ähnlich zum Zivilprozess *Sass*, DS 2007, 256 (263).

[567] So zum Zweck des § 249 Abs. 3 öStPO siehe Regierungsvorlage zum StPÄG 2014 Nr. 181 XXV. GP, S. 15 oben; *Tanczos*, Sachverständige 2015, 66 (70); *Steininger*, Nichtigkeitsgründe im Strafverfahren (2015), S. 307; *Ratz*, ÖJZ 2018, 951 (958).

[568] So lautet § 249 öStPO: „(1) Außer dem Vorsitzenden sind auch die übrigen Mitglieder des Schöffengerichts, die Beteiligten des Verfahrens und Opfer sowie deren Vertreter befugt, an jede zu vernehmende Person, nachdem sie das Wort hierzu vom Vorsitzenden erhalten haben, Fragen zu stellen. Bei großem Verfahrensumfang ist dies nach Tunlichkeit zu thematisch zusammenhängenden Abschnitten zu gewähren. (2) Der Vorsitzende hat unzulässige Fragen zurückzuweisen; Fragen, die sonst unangemessen erscheinen, kann er untersagen."

barkeit nahtlos in die deutsche StPO einfügen. Die offenen, nicht abschließenden Wortlaute von § 240 Abs. 2 S. 1 StPO und § 80 Abs. 2 StPO stehen dem nicht entgegen, sondern könnten bereits mittels teleologischer Auslegung ein Fragrecht von gerichtlichen Sachverständigen gegenüber selbstgeladenen Sachverständigen ergeben. Dennoch scheint diese Möglichkeit noch weitgehend ungenutzt bzw. -gewährt zu sein.

Um das gesetzliche Einfallstor des § 245 Abs. 2 S. 1 StPO nicht zu unterlaufen, erscheint es sinnvoll, das eigenständige Fragerecht ausschließlich dem von der Verteidigung gem. §§ 220, 38 StPO und von der Staatsanwaltschaft gem. § 214 Abs. 3 StPO geladenen Sachverständigen einzuräumen. Eine Erweiterung des § 240 StPO um einen Absatz 3 könnte wie folgt aussehen:

> „Im Rahmen der Befragung eines Sachverständigen dürfen sich der Angeklagte und die Staatsanwaltschaft bei der Fragestellung durch die von ihnen nach § 245 Abs. 2 S. 1 geladenen Sachverständigen unterstützen lassen oder ihr Fragerecht auf diese übertragen. Zu diesem Zweck ist den Sachverständigen ein Sitz neben dem Angeklagten, dem Verteidiger oder der Staatsanwaltschaft zu gewähren.“

Dieser Vorschlag würde den Anspruch der Prozessbeteiligten auf ermessensfehlerfreie Entscheidung des Vorsitzenden (§ 238 Abs. 1 StPO) über die Aufklärungstätigkeiten des selbstgeladenen Sachverständigen (§ 80 Abs. 2 StPO) in einen Anspruch auf Übertragung des Fragerechts und ein Sitzplatzrecht umwandeln. Einem eigenständigen Fragerecht ist ein übertragenes Fragerecht vorzuziehen, da dieses ausschließlich nach Zweckbestimmung des jeweiligen Prozessbeteiligten eingesetzt werden soll. Eine Missbrauchsmöglichkeit ist dahingehend zu vermeiden, dass Fragen entgegen dem jeweiligen Verteidigungsinteresse und -ziel des Auftraggebers gestellt werden. Fragen, die unangemessen oder verfahrensirrelevant sind, unterliegen der Zurückweisung durch den Vorsitzenden (§ 241 Abs. 2 StPO).

Eine deklaratorische Ergänzung des § 241 Abs. 2 StPO könnte lauten:

> „In den Fällen des § 239 Abs. 1, des § 240 Abs. 2 *und des § 240 Abs. 3* kann der Vorsitzende ungeeignete oder nicht zur Sache gehörende Fragen zurückweisen“.

Durch die gewählte Formulierung würden allerdings Sachverständige, die gem. § 73 Abs. 1 StPO (ggf. vorher gem. § 161a Abs. 1 S. 2 StPO) vom Gericht bzw. der Staatsanwaltschaft, d. h. ohne Veranlassung durch die Verteidigung, bestellt wurden, ausgeschlossen. Diese dürften zwar von den selbstgeladenen Sachverständigen befragt werden, diese jedoch wiederum selbst nicht befragen. Sofern man das eigenständige Fragerecht in überzeugender Weise nicht als ein-, sondern beidseitiges Kontrollinstrument sehen und diese Konstellation ausdrücklich erfassen möchte, ließe sich ein grundlegender Satz 1 einfügen:

> „Die unmittelbare Befragung eines Sachverständigen durch einen anderen Sachverständigen zu Befund und Gutachten ist zulässig.“

Eine Verselbständigung des Sachverständigen vom Beweismittel hin zum faktisch mitlenkenden Prozessbeteiligten sowie eine Ausuferung des Fragerechts können unterbunden werden.[569]

c) Ineffektivität des Selbstladungsrechts

Das Selbstladungsrecht wird zumeist ausschließlich bei anwaltlicher Vertretung wahrgenommen, da es strukturell komplex und juristischen Laien unbekannt ist.[570] Die gerichtliche Fürsorgepflicht erstreckt sich laut des Schrifttums ausschließlich auf Hinweise zur Beweisantragsstellung allgemein, aber nicht auf die konkrete Möglichkeit zur Selbstladung einer Beweisperson.[571] Das Selbstladungsrecht wird als notwendiges Gegengewicht zu den Mitwirkungsdefiziten im Ermittlungs- und Hauptverfahren angesehen.[572]

Die Voraussetzungen der unmittelbaren Ladung eines Sachverständigen sind für den Angeklagten mit den hohen Hürden der §§ 220, 38 StPO verbunden.[573] Demgegenüber kann die Staatsanwaltschaft im Hauptverfahren Sachverständige gem. § 214 Abs. 3 StPO ohne diese Voraussetzungen laden (vgl. Nr. 64 Abs. 3 S. 1 RiStBV). Es bedarf von ihrer Seite keiner formellen Ladung i. S. v. § 38 StPO sowie keiner vorherigen Entschädigung des Sachverständigen i. S. v. § 220 Abs. 2 StPO[574], obwohl sie bereits die privilegierte Position besitzt, aufgrund der Verfahrensherrschaft im Ermittlungsverfahren und der Erstellung der Anklageschrift den Beweismittelkatalog vorzuprägen (vgl. § 200 Abs. 1 S. 2 StPO). Dadurch ist es insgesamt kaum wahrscheinlich, dass die Staatsanwaltschaft i. R. v. § 245 Abs. 2 S. 1 StPO selbständig auf Sachverständige zurückgreifen muss, die das Gericht nicht geladen hat. Der deutsche Gesetzgeber verzichtet mithin auf ein strenges Verständnis der „gleichen Bedingungen" zwischen der Ladung von den sog. Entlastungszeugen

---

[569] Siehe hierzu tiefergehend 6. Kapitel D. III. 3.

[570] So *Dahs*, in: FS Schorn (1966), 14 (18 f.); *Detter*, in: FS für Salger (1995), 231 (245); *Sommer*, Effektive Strafverteidigung, Kap. 3 Rn. 1436; *Peters*, Strafprozeß (1985), S. 316; *Kühne*, Strafprozessrecht, § 37 Rn. 634; *Anders*, Beweiserhebungskontrollen (1998), S. 107 f.; mit Zahlen belegt von *Perron*, Beweisantragsrecht des Beschuldigten (1995), S. 230 Fn. 98.

[571] LR-StPO/*Becker* § 245 Rn. 71; Meyer-Goßner/*Schmitt* StPO § 219 Rn. 4; KK-StPO/*Gmel* § 219 Rn. 6; SK-StPO/*Deiters* § 219 Rn. 27; LR-StPO/*Jäger* § 219 Rn. 17; Alsberg/*Tsambikakis*, Der Beweisantrag, Kap. 7 Rn. 76; *Pauka/Daners*, StraFo 2015, 397 (405).

[572] *Hamm/Pauly*, Beweisantragsrecht Rn. 590; *Detter*, in: FS für Salger (1995), 231 (244); *Cabanis*, StV 1986, 451 (454); *Witting*, StV 1998, 174; Alsberg/*Tsambikakis*, Der Beweisantrag, Kap. 7 Rn. 60, 66.

[573] Siehe hierzu bereits 6. Kapitel C. I. 2. c).

[574] *Glaser*, Hdb. des Strafprozesses Bd. I (1883), S. 681; Meyer-Goßner/*Schmitt* StPO § 214 Rn. 13, § 245 Rn. 16; Alsberg/*Tsambikakis*, Der Beweisantrag, Kap. 7 Rn. 61 f.; LR-StPO/*Jäger* § 214 Rn. 17; SK-StPO/*Deiters* § 214 Rn. 19; *Arnoldi*, NStZ 2018, 305 (308). Zur Entwicklung der Vorschriften und Kritik an der Praxis näher bei *Toepel*, Sachverständigenbeweis (2002), S. 335; *Sarstedt*, NJW 1968, 177 (178).

durch den Angeklagten und der Ladung von sog. Belastungszeugen durch die Staatsanwaltschaft.[575]

In dieser Diskrepanz wird von einem Teil des Schrifttums eine Verletzung der prozessualen Waffengleichheit (Art. 6 Abs. 1 EMRK) erblickt.[576] Nach der Auffassung, welche für das Ermittlungsverfahren nur substanziell gleiche, aber für das Hauptverfahren formell gleiche Handlungsrechte von Angeklagten und Staatsanwaltschaft fordert[577], überzeugt diese Meinung, da eine formelle und eine formlose Ladung gerade nicht identisch sind. Aus diesem Grund wurde bereits mehrfach festgehalten, dass das Selbstladungsrecht in seiner jetzigen Form für den Angeklagten unzureichend sei.[578]

Ein überblicksartiger Vergleich mit den anderen Beweismitteln zeigt auf, dass für keinen Prozessbeteiligten bei keinem anderen Beweismittel die selbständige Herbeischaffung bzw. Ladung an derart hohe Voraussetzungen geknüpft ist.[579] Im Schrifttum wird daher betont, dass die hohen formellen Hürden des Selbstladungsrechts Ursache für dessen quantitiv seltene Ausübung seien.[580] Man könnte daher zu der Auffassung gelangen, dass das Selbstladungsrecht *de lege lata* ineffektiv ausgestaltet ist.[581] Bereits in der Vergangenheit wurde als Ausgleich der im Folgenden beschriebenen finanziellen, zeitlichen und ideellen Defizite ein Reformbedarf pro-

---

[575] Siehe hierzu bereits 4. Kapitel D. II. 3. b).

[576] So z.B. *Sarstedt*, NJW 1968, 177 (178); *Hamm/Pauly*, Beweisantragsrecht Rn. 593; *Peters*, Strafprozeß (1985), S. 316; *Köhler*, Inquisitionsprinzip (1979), S. 79; *ders.*, NJW 1979, 348 (349 f.); *Hagemann*, Vorschrift über präsente Beweismittel (1980), S. 120; *Zwiehoff*, Das Recht auf den Sachverständigen (2000), S. 332 ff.; *Dippel*, Stellung des Sachverständigen (1986), S. 85; *Toepel*, Sachverständigenbeweis (2002), S. 334 ff. für eine verfassungskonforme Auslegung oder die Verfassungswidrigkeit der Regelung des § 38 StPO. Dagegen geht z.B. *Schorn*, DRiZ 1963, 339 (340) – unter bloßem Verweis auf § 244 Abs. 2 StPO – von einer Vereinbarkeit des § 220 Abs. 2 StPO mit Art. 6 Abs. 3 lit. d EMRK aus.

[577] Siehe hierzu bereits 4. Kapitel C. II. 1.

[578] So *Wolschke*, Sachverständigenbeiziehung (1973), S. 83; *Quedenfeld*, in: FS Peters (1984), 215 (226); *Peters*, Strafprozeß (1985), S. 316; *Detter*, in: FS Salger (1995), 231 (244); *Tondorf/Waider*, StV 1997, 493.

[579] Die Herbeischaffung von Sachbeweismitteln erfolgt durch deren formlose Vorlage, so KK-StPO/*Krehl* § 245 Rn. 25; MüKo-StPO/*Trüg/Habetha* § 245 Rn. 41. Zeugen sind zwar ebenfalls gem. §§ 220 Abs. 2, 38 StPO zu laden, die für sie vorgesehene Entschädigung (§ 71 StPO i. V. m. §§ 19 ff. JVEG) dürfte mangels zeitintensiver Gutachtenerstattung im Vorfeld jedoch in den meisten Fällen geringer als die Vergütung eines Sachverständigen (§ 84 StPO i. V. m. §§ 8 ff. JVEG) ausfallen, sodass ein geringerer Geldbetrag anzubieten bzw. zu hinterlegen ist. So auch *Köhler*, NJW 1979, 348 (349); *Zwiehoff*, Das Recht auf den Sachverständigen (2000), S. 338.

[580] So *Dahs*, in: FS Schorn (1966), 14 (18 f.); Alsberg/*Tsambikakis*, Der Beweisantrag, Kap. 7 Rn. 60; *Sommer*, Effektive Strafverteidigung, Kap. 3 Rn. 1436; *Detter*, in: FS für Salger (1995), 231 (245); *Eisenberg/Puschke*, JR 2003, 436; Bockemühl/*Fischer*, Hdb. des FAStrafR, Abschn. 1, Kap. 3 Rn. 112; KMR-StPO/*Eschelbach* § 220 Rn. 2; *Fromm*, DAR 2019, 110 (112); *Kühne*, Strafprozessrecht, § 37 Rn. 634; *Hagemann*, Vorschrift über präsente Beweismittel (1980), S. 110; *Zwiehoff*, Das Recht auf den Sachverständigen (2000), S. 332 ff.

[581] So z.B. *Detter*, in: FS für Salger (1995), 231 ff.

klamiert.[582] Da das Selbstladungsrecht dem Grunde nach geeignet ist, die Entscheidungsfindung des Gerichts wesentlich zu beeinflussen[583], erscheint bloß die konkrete Ausgestaltung änderungsbedürftig.

aa) Finanzieller Faktor

Diejenigen Sachverständigen, welche nicht von der Justiz, sondern vom Angeklagten beauftragt wurden, haben gegen die Staatskasse grundsätzlich keinen Vergütungsanspruch (vgl. Umkehrschluss aus § 1 Abs. 1 Nr. 1 JVEG).[584] Demnach ist die vorbereitende und gerichtliche Tätigkeit des Sachverständigen (z. B. Recherche, Untersuchungen, Gutachtenerstellung, Terminsanwesenheit und Gutachtenerstattung vor Gericht i. S. d. §§ 72, 69 Abs. 1 StPO) als typengemischter Werkvertrag i. S. d. § 631 BGB zwischen ihm und dem Angeklagten zu bewerten.[585] Dadurch wird der Angeklagte auch vergütungspflichtig.[586] Da er mittels Selbstladung die Beweisperson allerdings zum Erscheinen vor Gericht verpflichten kann, sieht das Gesetz zu ihrem Schutz vor, dass diese vor der angestrebten Vernehmung eine finanzielle Entschädigung erhalten muss. Der Angeklagte hat als Sicherheit einen sog. Kostenvorschuss zu leisten (§ 220 Abs. 2 StPO), um das Kostenrisiko der Beweisperson abzuwenden. Soweit die Gutachtenerstattung sich als für die „Aufklärung der Sache dienlich" erwiesen hat, kann die Beweisperson ihre Entschädigung stattdessen aus der Staatskasse erhalten (§ 220 Abs. 3 StPO).

Das Kostenangebot bzw. die Kostenhinterlegung i. S. v. § 220 Abs. 2 StPO lösen die Erscheinens*pflicht* des Sachverständigen (§ 75 Abs. 1 StPO) aus, während er auch bei Nichtleistung der Entschädigung sein Gutachten erstatten *darf*.[587] Für die Verpflichtung des Gerichts, den erschienenen Sachverständigen zu vernehmen, sind nur der Nachweis der ordnungsgemäßen Ladung und der formelle Beweisantrag

---

[582] So z. B. Arbeitsgruppe 21. StV-Tag, StV 1997, 386 (390), ausgelöst durch BGHSt 43, 171 ff. = NStZ 1998, 93 ff. Ebenso *Witting*, StV 1998, 174; HK-StPO/*Reichling* § 220 Rn. 2.

[583] Krit. dazu Alsberg/*Tsambikakis*, Der Beweisantrag, Kap. 7 Rn. 60. Allerdings trifft das Tatgericht die Pflicht, sich mit einem derart eingebrachten Sachverständigengutachten inhaltlich auseinanderzusetzen.

[584] Zur historischen Entstehung der Kostenvorschusspflicht aus § 220 Abs. 2 StPO siehe *Hahn/Stegemann*, Die gesammten Matherialien zur Strafprozessordnung und dem Einführungsgesetz zu derselben (Erste Abteilung), S. 177 ff., 616, wo u. a. behauptet wird, dass „die Verbindlichkeit des Angeschuldigten zur Vorauserlage der Kosten den Missbrauch des Rechts, die Vernehmung seiner Zeugen und Sachverständigen zu fordern, verhüte" (Abg. *Bähr*), wobei dies von anderen Abgeordneten wiederum bestritten wird (Abg. *Kneift*).

[585] So auch *Ulrich*, Der gerichtliche Sachverständige (2007), Rn. 727; *Ulrich/Ulrich*, Die Sachverständigen und ihr Honorar (2018), S. 29; *Roeßner*, in: SV-HdB § 9 Rn. 15.

[586] LR-StPO/*Jäger* § 220 Rn. 13; *Kühne*, Strafprozessrecht, § 37 Rn. 634.

[587] So RGSt 54, 257 (258 f.); Alsberg/*Tsambikakis*, Der Beweisantrag, Kap. 7 Rn. 64; Meyer-Goßner/*Schmitt* StPO § 245 Rn. 16; LR-StPO/*Becker* § 245 Rn. 45; *Detter*, in: FS Meyer-Goßner (2001), 431 (435).

konstitutiv.[588] Sofern eine gute Kommunikationsbasis zwischen der Verteidigung und dem Sachverständigen besteht[589], hindert eine Absprache über die zeitlich später erfolgende Vergütung daher nicht die Vernehmung des Sachverständigen. Doch auch bei einer professionellen Beziehung zur Verteidigung werden viele Sachverständige je nach Umfang des Gutachtenauftrags erst nach vollständiger oder teilweiser Vergütung tätig.[590]

Im Schrifttum wird beklagt, dass die Ausgestaltung des § 220 StPO diejenigen Angeklagten, die der Vorschusspflicht aus finanziellen Gründen nicht nachkommen können, benachteilige und unverhältnismäßig in ihrem Beweisführungsrecht (Art. 6 Abs. 1, Art. 6 Abs. 3 lit. d EMRK) beschneide.[591] Die formellen Voraussetzungen, einen Sachverständigen selbst zu laden, sind seit dem Jahr 1979 durch engere Beweisantragsvorschriften angestiegen[592], während spiegelbildlich die Bedeutung von Sachverständigengutachten für strafgerichtliche Entscheidungen in diesem Zeitraum ebenfalls gewachsen ist.[593] Das Aufwand- und Bedarf-Verhältnis der „privat" veranlassten Sachverständigentätigkeit hat sich dadurch zulasten der Angeklagten verschoben.

(1) Vorschusspflicht des Angeklagten (§ 220 Abs. 2 StPO)

Das Kostenangebot bzw. die Kostenhinterlegung umfasst nach dem Wortlaut des § 220 Abs. 2 StPO „die gesetzliche Entschädigung für Reisekosten und Versäumnis". Der Maßstab ist die Sachverständigenvergütung gem. § 84 StPO i. V. m. dem JVEG.[594] Im JVEG finden sich die Begriffe der „Reisekosten und Versäumnis" hingegen nicht ausdrücklich wieder, sodass fraglich ist, welche Kostenpositionen unter § 220 Abs. 2 StPO fallen.[595] Dies hat Auswirkung darauf, in welcher Höhe die

[588] So Alsberg/*Tsambikakis*, Der Beweisantrag, Kap. 7 Rn. 61–64.

[589] Dies sollte aus strategischen Gründen Voraussetzung sein, da eine umsichtige Strafverteidigung die Einholung eines vorläufigen Gutachtenergebnisses erfordert, siehe hierzu 6. Kapitel C. I. 2. c).

[590] *Ulrich*, Der gerichtliche Sachverständige (2007), Rn. 804. Es ist i. E. gleichgültig, ob die Zahlung rechtlich einen Vorschuss gem. § 3 JVEG oder eine Abschlagszahlung gem. § 632a Abs. 1 BGB darstellt.

[591] So z. B. *Müller/Fleck*, ZRP 1969, 174; *Dölp*, ZRP 2004, 235; *Dahs*, Hdb. des Strafverteidigers Rn. 477; *ders.*, NStZ 1991, 354 (355); *Sommer*, Effektive Strafverteidigung, Kap. 3 Rn. 403; *Kühne*, Strafprozessrecht, § 37 Rn. 634; *Sarstedt*, NJW 1968, 177 (178); *Hagemann*, Vorschrift über präsente Beweismittel (1980), S. 110; *Detter*, in: FS Salger (1995), 231 (232, 242 f.); *ders.*, in: Reform oder Roll-Back – 21. StV-Tag (1997), 283; *Langkeit*, in: FS Feigen (2014), 145; *Widmaier*, StV 1985, 526 (527); *Fromm*, DAR 2019, 110 (112); a. A. *Schorn*, DRiZ 1963, 340; *Toepel*, Sachverständigenbeweis (2002), S. 336 f.

[592] *Peters* bei Weigend, ZStW 93 (1981), 1271 (1273); *Anders*, Beweiserhebungskontrollen (1998), S. 113; *Tondorf/Tondorf*, Psychologische Sachverständige, Rn. 250.

[593] Siehe hierzu bereits 1. Kapitel A.

[594] Hierzu tiefergehend *Ulrich*, Der gerichtliche Sachverständige (2007), Rn. 804 ff.

[595] *Jessnitzer*, NJW 1974, 1311 f.; *Rostek*, MDR 1976, 897 (899); KMR-StPO/*Eschelbach* § 220 Rn. 36.

Vorschusspflicht besteht und ob dieser finanzielle Faktor eine verfassungsrechtlich akzeptable Hürde darstellt.

Bei den „Reisekosten“ handelt es sich um den Fahrtkostenersatz (§ 8 Abs. 1 Nr. 2 i. V. m. § 5 JVEG), welcher die Nutzung von verschiedenen Transportmitteln im Rahmen des Auftrags und der Anreise zum Gerichtsort umfasst.[596] Dazu gehören die tatsächlich entstandenen, beruflich bedingten Mehraufwendungen in Höhe eines Tagegelds (§ 6 JVEG) nach der steuergesetzlichen Verpflegungspauschale, d. h. höchstens 28 Euro pro Tag (vgl. § 9 Abs. 4a EStG), sowie der Ersatz für sonstige Aufwendungen (§ 7 JVEG).

Bei der „Versäumnis“ ist der Bezugspunkt hingegen nicht offensichtlich. Die herrschende Meinung versteht unter „Versäumnis“ das nach voraussichtlichem Zeitaufwand zu bemessende Honorar (§ 8 Abs. 1 Nr. 1 i. V. m. §§ 9–11 JVEG).[597] Das Honorar ist regelmäßig der höchste Kostenfaktor der Sachverständigenvergütung. Es kann von 85 bis zu 155 Euro Stundensatz (§ 9 Abs. 1 JVEG i. V. m. Anlage 1) und bei schriftlicher Berichtsfassung zusätzlich bis zu 460 Euro (z. B. Obduktion) oder 1.000 Euro (z. B. Probenanalyse) reichen (§ 10 Abs. 1 JVEG i. V. m. Anlage 2). Dabei ist strittig, ob sich die „Versäumnis“ nur nach der Zeit bestimmt, die der Sachverständige an der Hauptverhandlung teilnimmt und damit seine sonstige Erwerbstätigkeit unterlässt[598], oder ob auch die Kosten der Vorbereitungszeit (z. B. Analysen, Untersuchungen und schriftliche Gutachtenabfassung) einzubeziehen sind.[599] Diese Kostenpositionen können in der Summe erheblich voneinander abweichen.

Es ist vom Wortlaut des § 220 Abs. 2 StPO gedeckt, unter die „Versäumnis“ bloß die Abwesenheit vom Wohn- bzw. Arbeitsort für den Zeitraum des durch die Ladung bewirkten Erscheinens anzunehmen. In begrifflicher Hinsicht umfasst die amtliche Überschrift des § 220 Abs. 2 StPO ausschließlich den Zeitverlust, welchen die Beweisperson erleidet, während sie an der Hauptverhandlung teilnimmt. Ein Zeitraum für etwaige Vorbereitungen i. S. v. § 80 StPO, d. h. eine Leistungsvergütung als Honorar (§ 9 Abs. 1 JVEG), wird durch die Norm nicht in Bezug genommen.[600]

---

[596] *Bleutge*, in: SV-HdB § 41 Rn. 59.

[597] *Jessnitzer*, NJW 1974, 1311; LR-StPO/*Jäger* § 220 Rn. 20; Meyer-Goßner/*Schmitt* StPO § 220 Rn. 6 f.

[598] So KK-StPO/*Gmel* § 220 Rn. 9; HK-StPO/*Reichling* § 220 Rn. 6. Auf Grundlage des Stundensatzes gem. § 9 JVEG *Jessnitzer*, NJW 1974, 1311; LR-StPO/*Gollwitzer* (22. Aufl.) § 220 Rn. 5; LR-StPO/*Jäger* § 220 Rn. 20; KMR-StPO/*Eschelbach* § 220 Rn. 36; *Zwiehoff*, Das Recht auf den Sachverständigen (2000), S. 333.

[599] So *Bleutge*, in: SV-HdB § 41 Rn. 41; MüKo-StPO/*Arnoldi* § 220 Rn. 15; BeckOK-StPO/*Ritscher* § 220 Rn. 9; SK-StPO/*Deiters* § 220 Rn. 18; wohl auch Arbeitsgruppe 21. StV-Tag, StV 1997, 386 (390).

[600] So auch *Eb. Schmidt*, Lehrkommentar, Teil II, § 220 Rn. 3a.

In systematischer Hinsicht suggeriert der Begriff der „gesetzlichen Entschädigung“ in § 220 Abs. 2 StPO und § 220 Abs. 3 StPO, dass derselbe Betrag erfasst werden soll.[601] Damit wäre die Zahlungs- bzw. Hinterlegungspflicht des Angeklagten spiegelbildlich zu dem Zahlungsanspruch der Beweisperson. Nach Ansicht des OLG München sei gem. § 220 Abs. 3 StPO nur derjenige Aufwand erstattungsfähig, der in zeitlicher Hinsicht *nach* ordnungsgemäßer Zustellung der Ladung angefallen ist.[602] Hierfür sei die nach dem Zeitpunkt der Ladung tatsächlich notwendig gewordene und erbrachte Leistung des Sachverständigen maßgeblich.[603]

Daraus würde jedoch folgen, dass im Einzelfall auch die Vorbereitungszeit des Sachverständigen, die dieser zeitlich *nach* der Zustellung i.S.v. § 38 StPO aufwendet, erstattungsfähig i.S.v. § 220 Abs. 3 StPO und vorschusspflichtig i.S.v. § 220 Abs. 2 StPO wäre. Das OLG München stellt auf die Parallelität zum gerichtlichen Auftrag ab, welcher in zeitlicher Hinsicht die Erstattungsfähigkeit (§ 1 Abs. 1 Nr. 1 JVEG) begründet. Dies ist jedoch ungenau, da die Ladung durch den Gerichtsvollzieher (§ 38 StPO) und das Surrogat des gerichtlichen Auftrags, d.h. die Stattgabe des Beweisantrags (§ 245 Abs. 2 S. 1 StPO), zeitlich auseinanderfallen.[604] Zumeist ist eine Selbstladung durch die Verteidigung erst möglich, wenn die Termine der Hauptverhandlung bekannt sind (§ 213 Abs. 1 StPO). Da eine Ladungsfrist von mindestens einer Woche eingehalten werden muss (§§ 216 Abs. 1, 217 Abs. 1 StPO), können je nach zeitlicher Kapazität noch Vorbereitungen durchgeführt werden. Danach kann sich die Vorleistungspflicht des Angeklagten sowohl auf die Teilnahme an der Hauptverhandlung als auch eine nach Ladung anfallende Vorbereitszeit beziehen.

Aus objektiv-historischer Sicht sollte der Vorschuss des Angeklagten lediglich als Sicherheitsleistung dienen, damit die Staatskasse nicht dem vom Angeklagten ausgelösten Entschädigungsanspruch der Beweisperson gem. § 220 Abs. 3 StPO ausgeliefert ist, ohne dass deren Vernehmung aus Sicht des Gerichts zur Wahrheitserforschung (§ 244 Abs. 2 StPO) auch sachdienlich war.[605] Dies spricht ebenso dafür, die Vorschusspflicht des Angeklagten als Spiegelbild der Entschädigungspflicht des Staates anzusehen. Die allgemeine Unklarheit, welche Kostenfaktoren unter die „Versäumnis“ fallen, lässt sich darauf zurückführen, dass der Gesetzestext des § 220 Abs. 2 StPO nicht an den Wandel der geltenden Gebührenordnung angepasst wurde. So sahen alte Fassungen (die GebOZuS bis zum 30.09.1957) eine Dreiteilung der Kosten (Vergütung für Zeitversäumnis gem. § 3 GebOZuS, Ver-

---

[601] *Zwiehoff*, Das Recht auf den Sachverständigen (2000), S. 332; *Tondorf/Tondorf*, Psychologische Sachverständige, Rn. 311.

[602] OLG München, Beschl. v. 30.07.1981 – 2 Ws 777/81 = NStZ 1981, 450. Im Anschluss hieran LR-StPO/*Jäger* § 220 Rn. 35; MüKo-StPO/*Arnoldi* § 220 Rn. 15; SK-StPO/*Deiters* § 220 Rn. 18; *Fromm*, DAR 2019, 110 (112).

[603] Vgl. OLG Bamberg, Beschl. v. 01.09.1969 – Ws 230/69 = FHZivR 16 Nr. 8372.

[604] Siehe hierzu bereits 6. Kapitel C.I.2.c).

[605] Vgl. LR-StPO/*Jäger* § 220 Rn. 24, 32; *Schmidt*, MDR 1967, 966; *Hagemann*, Vorschrift über präsente Beweismittel (1980), S. 109.

gütung nach üblichem Preis für Mühewaltung gem. § 4 GebOZuS und Kostenersatz gem. §§ 5 ff. GebOZuS) vor, während neue Fassungen (z. B. das ZuSEG bis zum 30.06.2004; das JVEG seit dem 01.07.2004) nunmehr bloß eine Zweiteilung der Kosten (Entschädigung gem. § 3 JVEG und Zeitaufwand gem. § 4 JVEG) vorsehen.[606] Nach dem ursprünglichen Willen des historischen Gesetzgebers sollte die Mühewaltung (nunmehr begrifflich das Honorar) aber nicht von der Versäumnis erfasst sein.

Ein teleologisches Verständnis des § 220 Abs. 2 StPO gibt Anlass dazu, das voraussichtliche Honorar des Sachverständigen insgesamt unter die „Versäumnis" zu fassen, da eine Aufspaltung der Kostenpositionen unnatürlich anmutet, weil sie aufeinander aufbauen.[607] So müsste auch eine in Auftrag gegebene Vorbereitungszeit einkalkuliert werden. Diese Auslegung stellt die für den Sachverständigen günstigste dar, weil die zivilrechtliche Gesamtbefriedigung seines Anspruchs durch *einen* Kostenschuldner im Voraus gesichert wäre. Grundsätzlich kann der Sachverständige *zwei* Kostenschuldner – und damit ein größeres Prozessrisiko – haben, da zwischen dem zivilrechtlichen Rechtsverhältnis zwischen Sachverständigen und Angeklagten (§ 631 BGB i. V. m. § 220 Abs. 2 StPO) und dem hoheitlichen Rechtsverhältnis zwischen Sachverständigen und Staatskasse (§ 220 Abs. 3 StPO) differenziert wird.[608] Die Hinterlegung des Geldbetrags (§ 372 BGB) durch den Angeklagten stellt nur ein Erfüllungssurrogat ohne finale Erfüllungswirkung, d. h. eine Sicherheitsleistung, dar.[609]

Im Ergebnis sprechen Wortlaut und Historie des § 220 Abs. 2 StPO eindeutig dafür, dass bloß Reise- und Teilnahmekosten, hingegen keine Vorbereitungskosten vorzuschießen sind, dagegen deuten Systematik und Teleologie das Gegenteil an. Angesichts der Tatsache, dass ein Werkunternehmer i. S. d. § 631 BGB grundsätzlich seinerseits in Vorleistungspflicht tritt und Abschlagszahlungen (§ 632a BGB) die Ausnahme bilden[610], regelt § 220 Abs. 2 StPO diese Fall ebenso. Soweit die staatliche Entschädigungspflicht (§ 220 Abs. 3 StPO) nur Reise- und Teilnahmekosten erfasst, kann wegen der Verknüpfung beider Absätze keine generelle Pflicht

---

[606] So *Jessnitzer*, NJW 1974, 1311 (1312); LR-StPO/*Gollwitzer* (22. Aufl.) § 220 Rn. 5; *Ulrich*, Der gerichtliche Sachverständige (2007), Rn. 804 f.; *Ulrich/Ulrich*, Die Sachverständigen und ihr Honorar (2018), S. 330; Laufs/Kern/Rehborn ArztR-Hdb/*Schmidt-Recla* § 125 Rn. 5.

[607] Ähnlich LG München I, Beschl. v. 12.02.1988 – 10 Qs 46/87 = StV 1988, 350: „Daß die *Gutachtertätigkeit des Sachverständigen in der Hauptverhandlung nur durch vorhergehende Untersuchungen möglich war, versteht sich von selbst*" (Hervorhebungen d. Verf.).

[608] Siehe zum hoheitlichen Rechtsverhältnis zwischen Sachverständigem und Staatskasse und zur Kostenfrage, d. h. dem hoheitlichen Rechtsverhältnis zwischen Staatskasse und Angeklagten instruktiv LR-StPO/*Jäger* § 220 Rn. 24 ff. Für etwaige Vorbereitungszeit der Begutachtung hat der Angeklagte den Sachverständigen im Innenverhältnis gem. §§ 631, 632 BGB zu vergüten.

[609] So auch HK-StPO/*Reichling* § 220 Rn. 6.

[610] MüKo-BGB/*Busche* § 631 Rn. 1, § 632a Rn. 3; *Roeßner*, in: SV-HdB § 42 Rn. 22.

des Angeklagten zur Vorleistung des Honorars für die Ladung i. S. v. § 220 Abs. 2 StPO bestehen. Im System des JVEG wird amtlich bestellten Sachverständigen ausschließlich auf Antrag ein Vorschuss für erhebliche Fahrtkosten und Aufwendungen sowie für das Honorar, soweit es für eine Teilleistung 1.000 Euro übersteigt, gewährt (§ 3 JVEG). Ein privat beauftragter Sachverständiger darf nicht bessergestellt werden als ein amtlich beauftragter Sachverständiger.

Wenn i. R. v. § 220 Abs. 2 StPO keine Kosten für etwaige Vorbereitungszeiten vorzuschießen sind, muss der Angeklagte diese sodann im Innenverhältnis zum Sachverständigen wirtschaftlich tragen, da sie – anders als die gesetzliche Entschädigung i. S. v. § 220 Abs. 3 StPO ab Ladung – nicht zu den Kosten des Verfahrens gem. § 464a Abs. 1 StPO gehören.[611] Die Kosten für vom Angeklagten privat in Auftrag gegebene Sachverständigengutachten (d. h. das Honorar i. S. v. §§ 9 ff. JVEG) sind im Fall eines Freispruchs oder einer Verfahrenseinstellung (§ 467 Abs. 1 StPO) *nach* Verfahrensabschluss als notwendige Auslagen i. S. d. nicht abschließenden Vorschrift § 464a Abs. 2 StPO[612] aus der Staatskasse grundsätzlich erstattungs*fähig*. Dies gilt auch im Falle eines Teilfreispruchs für diesen tragende Sachverständigengutachten[613], die zugunsten des Angeklagten ausgegangen sind (§ 465 Abs. 2 S. 1–3 StPO). Während Zeugenentschädigungen i. S. v. § 220 Abs. 2 StPO regelhaft als notwendige Auslagen erstattet werden (§ 464a Abs. 2 Nr. 1 StPO)[614], wird dies für zumeist wesentlich kostenintensivere „Privatgutachten" von der Rechtsprechung nur in „sehr seltenen Ausnahmefällen"[615] bewilligt und ansonsten abgelehnt, soweit nicht die Gutachteneinholung bei verständiger Würdigung des Sach- und Streitstandes für die Verteidigung gegen den Anklagevorwurf unbedingt notwendig war oder sich die Prozesslage andernfalls wesentlich verschlechtert hätte.[616] Die Erstattung wird u. a. daran geknüpft, dass das

---

[611] Vgl. aus dem Umkehrschluss, dass Beträge i. S. d. § 220 Abs. 3 StPO zu den Verfahrenskosten zählen, so RGSt 16, 212 (213); OLG Karlsruhe, Beschl. v. 26. 02. 1985 – 3 Ws 10/85 = MDR 1985, 694; Meyer-Goßner/*Schmitt* StPO § 220 Rn. 12.

[612] Meyer-Goßner/*Schmitt* StPO § 464a Rn. 5; *Ulrich*, Der gerichtliche Sachverständige (2007), Rn. 1074.

[613] So z. B. LG Freiburg, Beschl. v. 10. 02. 1998 – 11 Qs 3/98 = StV 1998, 611; LG Krefeld, Beschl. v. 04. 08. 2011 – 24 Qs-3 Js 306/09 – 82/11 = NStZ-RR 2012, 32.

[614] So auch RGSt 16, 212 (213); LR-StPO/*Hilger* § 464a Rn. 49.

[615] So ausdrücklich OLG Hamm, Beschl. v. 12. 09. 1989 – 2 Ws 394/89 = NStZ 1989, 588.

[616] Solche Gutachten zählen nach st.Rspr. zu eigenen Ermittlungen des Angeklagten, siehe OLG Düsseldorf, Beschl. v. 08. 01. 1990 – 2 Ws 608/89 = NStZ 1991, 353 (354); OLG Düsseldorf, Beschl. v. 21. 04. 1997 – 2 Ws 108/97 = NStZ 1997, 511; OLG Hamm, Beschl. v. 12. 09. 1989 – 2 Ws 394/89 = NStZ 1989, 588; OLG Koblenz, Beschl. v. 23. 06. 1999 – 1 Ws 209/99 = NStZ-RR 2000, 64; OLG Stuttgart, Beschl. v. 10. 01. 2003 – 4 Ws 274/02 = NStZ-RR 2003, 127 (128); LG Cottbus, Beschl. v. 08. 08. 2008 – 24 Qs 167/08 = VRR 2009, 155.

„Privatgutachten“ zu einem für den Angeklagten erfolgreichen Verfahrensabschluss beigetragen haben muss.[617]

Diese restriktive Kostenrechtsprechung[618] verweist auf einen ausreichenden Schutz des Angeklagten durch den Amtsaufklärungs- und Zweifelsgrundsatz sowie das Beweisantragsrecht.[619] Teilweise wird eine Erstattungsfähigkeit von „Privatgutachten“ daran geknüpft, dass vor dessen Einholung erfolglos ein regulärer Beweisantrag auf Vernehmung eines Sachverständigen i.S.v. § 244 Abs. 3 S. 1 StPO gestellt wurde.[620] Dieses Argument wirkt vor dem Hintergrund, dass die Selbstladung ihrem Wortlaut nach „ohne vorgängigen Antrag“ (§ 220 Abs. 1 S. 2 StPO) durchgeführt werden darf, missverständlich, soweit damit an die nachträgliche Kostenübernahme eine gesetzlich nicht vorgesehene Anforderung („*extra legem*“) gestellt wird. Der Rechtsprechungsansatz verkehrt das Regel-Ausnahme-Verhältnis der Vorschrift vielmehr ins Gegenteil.[621]

Das Qualifikationserfordernis zwischen dem „Privatgutachten“ und dem positiven Verfahrensergebnis ist nicht zwingend in der Notwendigkeit i.S.v. § 464a Abs. 2 Nr. 2 StPO angelegt, da die Anknüpfungsnorm des § 467 Abs. 1 StPO nur einen positiven Verfahrensausgang an sich (Freispruch oder Verfahrenseinstellung) voraussetzt.[622] Ob das „Privatgutachten“ die Überzeugungsbildung des Gerichts beeinflusst hat, lässt sich z.B. im Fall einer Verfahrenseinstellung durch Beschluss (§§ 153 Abs. 2, 153a Abs. 2 StPO) kaum feststellen und in einem freisprechenden Urteil auch nur dann, wenn die Gründe sich hiermit auseinandersetzen, wozu jedoch keine allumfassende Pflicht des Gerichts besteht.[623] Die Notwendigkeit sonstiger Auslagen wird vielmehr daran festgemacht, dass die Aufwendung einem berechtigten Schutzinteresse des Angeklagten entspricht.[624]

Dieses Schutzinteresse besteht angesichts des fehlenden Wissens bei einer komplexen außerjuristischen Beweisfrage durchaus[625], zumal die Veranlassung zur Beweiserhebung durch den Angeklagten im Strafverfahren eine gesetzgeberisch

---

[617] LG München I, Beschl. v. 12.02.1988 – 10 Qs 46/87 = StV 1988, 350; LG Marburg, Beschl. v. 12.02.1990 – 4 Qs 27/89 = StV 1990, 362 (363); Meyer-Goßner/*Schmitt* StPO § 465 Rn. 7.

[618] So auch *Langkeit*, in: FS Feigen (2014), 135.

[619] *Sarstedt*, NJW 1968, 177 (178) bezeichnet dies als „Scheingrund“.

[620] So OLG Hamburg, Beschl. v. 08.07.1974 – 1 Ws 66/74 = MDR 1975, 74; OLG Hamburg, Beschl. v. 18.02.1983 – 1 Ws 32/83 = juris (Leitsatz); LG Potsdam, Beschl. v. 05.06.2020 – 24 Qs 28/20 = juris Rn. 6.

[621] *Nix*, StV 1990, 363; *Eisenberg/Puschke*, JR 2003, 436 (437); *Jakubetz*, JurBüro 1999, 564 ff.

[622] *Nix*, StV 1990, 363; *Zwiehoff*, Das Recht auf den Sachverständigen (2000), S. 336.

[623] *Dahs*, NStZ 1991, 354 ff.

[624] So für Verteidigerkosten OLG Köln, Beschl. v. 04.11.1955 – Ws 449/55 = NJW 1956, 603.

[625] Siehe hierzu bereits 4. Kapitel B.III.3.a).

gewollte Reaktion auf Defizite der Wahrheitserforschungspflicht ist[626] und eine Waffengleichheit gegenüber amtlichen Sachverständigengutachten herbeiführen soll.[627] Es ist angemessen, die Erstattungsfähigkeit von „Privatgutachten" im Falle eines Freispruchs oder einer Verfahrenseinstellung zu bejahen, wenn dieses die formellen Hürden zur Einführung in die Hauptverhandlung (Beweisantrag, Form der Ladung i.S.v. § 38 StPO und keine Ablehnungsgründe i.S.v. § 245 Abs. 2 S. 2, 3 StPO) passiert hat.

(2) Staatliche Entschädigungspflicht (§ 220 Abs. 3 StPO)

Für die durch Teilnahme des Sachverständigen an der Hauptverhandlung entstandenen Kosten, d.h. Reise- und Versäumniskosten ohne Vorbereitungszeit, besteht eine Entschädigungspflicht des Staates bloß, sofern die Vernehmung des von der Verteidigung beauftragten Sachverständigen „zur Aufklärung der Sache dienlich war" (§ 220 Abs. 3 StPO).

§ 220 Abs. 3 StPO begründet ein hoheitliches Rechtsverhältnis zwischen der Beweisperson und der Staatskasse[628], welches den Angeklagten nicht involviert. Dies lässt die Bedeutung der Vorschrift auf den ersten Blick wenig klar erscheinen.[629] Dennoch wirkt sich die Kostenerstattung aus der Staatskasse mittelbar auch auf den Angeklagten aus, denn sobald die Entschädigungspflicht des Staates auf Antrag oder von Amts wegen festgestellt wurde, darf der vom Angeklagten gem. § 220 Abs. 2 StPO *hinterlegte* Betrag nicht mehr an den Sachverständigen herausgegeben, sondern muss an den Angeklagten ausgekehrt werden.[630]

Die wohl herrschende, aber im Ergebnis irritierende Meinung[631] geht im Falle des Barangebots durch den Angeklagten und der Barannahme durch den Sachverständigen davon aus, dass kein staatlicher Entschädigungsanspruch entstehen könne, weil bereits eine endgültige Erfüllungswirkung (vgl. § 362 BGB) eingetreten sei.[632] Damit kann die subsidiäre Entschädigungspflicht des Staates ausschließlich

---

[626] BT-Drs. 8/976, S. 50 f.: „§ 245 ist neben dem Beweisantragsrecht [...] nicht entbehrlich. Das *gegenwärtige Beweisantragsrecht sichert die berechtigten Beweiserhebungsinteressen nicht vollkommen*". Ebenso diene § 245 StPO „dem Vertrauensschutz der übrigen Prozeßbeteiligten und *sichert die Verpflichtung zur umfassenden Amtsaufklärung*" (Hervorhebungen d. Verf.).

[627] *Dahs*, NStZ 1991, 354. Siehe hierzu bereits 4. Kapitel C.II.2.

[628] So statt vieler RGSt 16, 212 (213); Meyer-Goßner/*Schmitt* StPO § 220 Rn. 13.

[629] So auch *Eb. Schmidt*, Lehrkommentar, Teil II, § 220 Rn. 5.

[630] Dazu LR-StPO/*Jäger* § 220 Rn. 42; *Eb. Schmidt*, Lehrkommentar, Teil II, § 220 Rn. 6.

[631] Kritik bei LR-StPO/*Gollwitzer* (22. Aufl.) § 220 Rn. 33 f.

[632] OLG Hamburg, Beschl. v. 05.12.1919 – Nr. 4688 = JW 1920, 917 sogar auch für die Variante der Hinterlegung; OLG Düsseldorf, Beschl. v. 13.12.1993 – 1 Ws 1076/93 = StV 1994, 492; Meyer-Goßner/*Schmitt* StPO § 220 Rn. 12; MüKo-StPO/*Arnoldi* § 220 Rn. 18; SK-StPO/*Deiters* § 220 Rn. 30; KK-StPO/*Gmel* § 220 Rn. 15; a.A. unter Hinweis auf den Wortlaut und die Entstehungsgeschichte für das reine Barangebot *Schmidt*, MDR 1967, 966; *Werthauer*, JW 1920, 916 f.; HK-StPO/*Reichling* § 220 Rn. 11.

in den Fällen ausgelöst werden, in denen als Form der Vorschussleistung die Hinterlegung (vgl. § 372 BGB) gewählt wurde.[633] Dieses Ergebnis macht dagegen die Alternative des Barangebots faktisch überflüssig[634], da eine Rückerstattung des Betrags abgeschnitten wird.[635] Es verbliebe bei der Alternative des Barangebots und der -annahme zur Rückerlangung des Vorschusses bloß der Weg über die reguläre Kostenentscheidung (§ 465 StPO).

Der Entschädigungsanspruch gem. § 220 Abs. 3 StPO wurde einst von der Reichstagskommission in das Gesetz aufgenommen, um das finanzielle Gefälle zwischen „armen“ und „reichen“ Angeklagten dahingehend auszugleichen, dass auch derjenige Zeuge, der für die Sache Dienliches wisse, im Hinblick auf diesen Anspruch bereit ist, ohne Kostenschutz durch den Angeklagten vor Gericht zu erscheinen, da er stattdessen vom Staat entschädigt wird.[636] Dieser historische Grund verfängt hingegen bloß für den Zeugenbeweis, dessen Umfang – im Gegensatz zum Sachverständigenbeweis – vielmehr die Qualität einer kurzweiligen Gefälligkeit denn einer langwierigen Werk- bzw. Dienstleistung aufweist. Der Unterschied liegt darin, dass Zeugen in der Hauptverhandlung bloß singulär wahrgenommene Tatsachen wiedergeben, während Sachverständige umfangreiche Geschehensabläufe fachlich beurteilen müssen[637], was zumeist ohne entsprechende, teils zeit- und kostenintensive Vorbereitung schlichtweg nicht möglich ist. Das Gros des Leistungsumfangs eines Sachverständigen, nämlich das Honorar (§ 9 JVEG), ist – spiegelbildlich zur Vorschusspflicht aus § 220 Abs. 2 StPO – nicht von diesem gesetzgeberischen Schutzmechanismus umfasst.[638]

Paradoxerweise kann gerade die Existenz der Vorschusspflicht (§ 220 Abs. 2 StPO) das finanzielle Gefälle zwischen „armen“ und „reichen“ Angeklagten für den Sachverständigenbeweis gerade begründen, welches im Einzelfall derart groß sein kann, dass es durch die *nachträgliche* staatliche Entschädigung (§ 464a Abs. 2 StPO) nicht kompensiert werden kann. Beispielsweise wird sich ein Sachverständiger, der von einem illiquiden Angeklagten ohne Kostenschutz des § 220 Abs. 2 StPO gebeten wird, vor Gericht ein Gutachten zu erstatten, gegen das Erscheinen

---

[633] So auch die überwiegende Meinung mit der teleologischen Auslegung, erläutert bei LR-StPO/*Jäger* § 220 Rn. 32–34. So auch *Schmidt*, MDR 1967, 966; Meyer-Goßner/*Schmitt* StPO § 220 Rn. 12; KK-StPO/*Gmel* § 220 Rn. 15. A. A. z. B. SK-StPO/*Deiters* § 220 Rn. 31, welche entsprechend dem historisch begründeten Zweck des § 220 Abs. 3 StPO ein Erlöschen des Anspruchs auch bei Hinterlegung sieht.

[634] So auch *Langkeit*, in: FS Feigen (2014), 134 f.

[635] Daher die Empfehlung in der Praxisliteratur, mit der Hinterlegung zu verfahren, siehe z. B. Bockemühl/*Fischer*, Hdb. des FAStrafR, Abschn. 1, Kap. 3 Rn. 111 Fn. 86; HK-StPO/*Reichling* § 220 Rn. 5; *Tondorf/Tondorf*, Psychologische Sachverständige, Rn. 383; *Bockemühl*, in: FS Breidling (2017), 31 (38).

[636] So Protokoll 327 der Reichstagskommission, zitiert nach OLG Hamburg, Beschl. v. 05. 12. 1919 Nr. 4688 = JW 1920, 917; LR-StPO/*Jäger* § 220 Rn. 24.

[637] Siehe hierzu bereits 3. Kapitel B. III.

[638] Siehe hierzu bereits 6. Kapitel C. II. 2. c) aa) (1).

zur Vernehmung entscheiden, da aus seiner Sicht unsicher ist, ob seine vorbereitungsintensive Vernehmung nach Ansicht des Gerichts „sachdienlich“ war und damit seine Kosten gem. § 220 Abs. 3 StPO erstattungsfähig sind.[639] Dieses Ergebnis, welches der historischen Intention der Vorschrift zuwiderläuft, ist insbesondere wegen der vagen[640] Rechtsprechung zum Umfang und den Grenzen der „Sachdienlichkeit“ gem. § 220 Abs. 3 StPO bei Sachverständigenvernehmungen zu besorgen. Die Sachdienlichkeit der Vernehmung hängt von einem objektiven Beurteilungsmaßstab ab[641], über dessen Perspektive Uneinigkeit herrscht.

Eine restriktive Ansicht betrachtet die Vernehmung eines Sachverständigen als „zur Aufklärung der Sache dienlich“, soweit sie das weitere Verfahren gefördert oder beeinflusst, d. h. die Beweislage wesentlich geändert, habe.[642] Hierfür genüge nicht bereits, dass einem Beweisantrag i. S. d. § 245 Abs. 2 S. 1 StPO stattgegeben wurde oder die Beweisperson bloß etwas Erhebliches zur Sache ausgesagt hat.[643] Eine Entschädigungspflicht gem. § 220 Abs. 3 StPO sei ausgeschlossen, wenn der „Privatgutachter“ lediglich das gerichtliche Gutachten bestätigt hat, wenn das Gericht dem „Privatgutachter“ inhaltlich nicht gefolgt ist oder seine Aussage keine ursächliche Auswirkung auf die gerichtliche Entscheidung hatte.[644] Das entscheidende Kriterium dieser Ansicht ist die kausal-modifizierende Verfahrensprägung aus *ex-post*-Sicht.

Eine extensivere Ansicht sieht die Vernehmung eines Sachverständigen dagegen bereits als sachdienlich an, sofern dessen Ausführungen die Diskussionsbasis in der Hauptverhandlung bzw. die Entscheidungsgrundlage des Gerichts[645] substanziell verbreitern, selbst wenn seine gutachterlichen Feststellungen im Ergebnis die des gerichtlich bestellten Sachverständigen bestätigen oder gar zu einem anderen Ergebnis führen.[646] Die Diskussionsbasis wird z. B. verbreitert, soweit der Sachver-

[639] In ähnliche Richtung *Hagemann*, Vorschrift über präsente Beweismittel (1980), S. 110; *Zwiehoff*, Das Recht auf den Sachverständigen (2000), S. 334.

[640] *Zwiehoff*, Das Recht auf den Sachverständigen (2000), S. 334; *Tondorf/Tondorf*, Psychologische Sachverständige, Rn. 311.

[641] So ausdrücklich KG Berlin, Beschl. v. 10.05.1999 – 4 Ws 80/99 = NStZ 1999, 476; SK-StPO/*Deiters* § 220 Rn. 26; *Langkeit*, in: FS Feigen (2014), 133 ff.; KMR-StPO/*Eschelbach* § 220 Rn. 31.

[642] BGH, Beschl. v. 18.08.1999 – 1 StR 186/99 = NStZ-RR 2000, 289 (290); OLG Hamburg, Beschl. v. 24.07.1978 – 1 Ws 269/78 = MDR 1978, 952; OLG Düsseldorf, Beschl. v. 23.04.1985 – 1 Ws 278/85 = MDR 1985, 1050; LR-StPO/*Gollwitzer* (22. Aufl.) § 220 Rn. 29.

[643] BGH, Beschl. v. 18.08.1999 – 1 StR 186/99 = NStZ-RR 2000, 289 (290); a. A. *Eb. Schmidt*, Lehrkommentar, Teil II, § 220 Rn. 9; *Detter*, in: FS Meyer-Goßner (2001), 431 (442); *Widmaier*, StV 1985, 526 (528).

[644] BGH, Beschl. v. 18.08.1999 – 1 StR 186/99 = NStZ-RR 2000, 289 (290).

[645] So die zutreffende Konkretisierung bei SK-StPO/*Deiters* § 220 Rn. 26.

[646] So die extensivere Ansicht OLG München, Beschl. v. 02.01.1996 – 2 Ws 1407/95 = StV 1996, 491 (492); KG Berlin, Beschl. v. 10.05.1999 – 4 Ws 80/99 = NStZ 1999, 476. Unter ausdrücklicher Ablehnung der restriktiven Ansicht AG Bottrop, Beschl. v. 09.01. 2023 – 28 Ls 24/21 = StV Spezial 2023, 80; *Ulrich*, Der gerichtliche Sachverständige (2007),

ständige inhaltliche Fragen des Gerichts beantwortet hat[647], sich das Gericht im Urteil inhaltlich mit dem Gutachten auseinandergesetzt hat[648] oder das Gutachten dazu beigetragen hat, den Kenntnisstand oder das Problembewusstsein bei einem schwierigen und abgelegenen Fachgebiet zu erweitern und zu vertiefen.[649] Dies wäre beispielsweise nicht der Fall, wenn der Sachverständige keine inhaltlichen Argumente abgeben oder seinen gesetzlichen Pflichten aus § 79 Abs. 2 StPO nicht nachkommen konnte.[650] Nach dieser Ansicht ist der Ausbau der Informations- und Entscheidungsbasis aus *ex-ante*-Sicht maßgeblich.

Es ist zunächst plausibel, dass die Voraussetzungen der Sachdienlichkeit weiter gefasst sind als diejenigen der Erstattung eines „Privatgutachtens" als notwendige Auslage (§§ 464a Abs. 2, 464c StPO), weil § 220 Abs. 3 StPO bloß die Reise- und Versäumniskosten (§§ 6, 7 JVEG) für die Teilnahme an der Hauptverhandlung erfasst, welche angesichts der JVEG-Gebührensätze zumeist geringer ausfallen als das zentrale Gutachtenhonorar (§§ 9 ff. JVEG). Die Sachdienlichkeit ist von der Amtsaufklärungspflicht (§ 244 Abs. 2 StPO) abzugrenzen, da deren Maßstäbe nicht übereinstimmen können.[651] Es käme in fast keinem hypothetischen Fall zu einer Kostenerstattung i. S. d. § 220 Abs. 3 StPO, wenn die Sachdienlichkeit mit der Amtsaufklärungspflicht identisch wäre, da ansonsten das sorgfältig arbeitende Tatgericht ohnehin den Beweis von Amts wegen hätte erheben und der Angeklagte nicht das Selbstladungsrecht hätte in Anspruch nehmen müssen.[652]

Die Gesetzessystematik statuiert, dass die Sachdienlichkeit gerade fehlt (vgl. § 244 Abs. 6 S. 2: „[...] wenn die beantragte Beweiserhebung *nichts Sachdienliches* zu Gunsten des Antragstellers erbringen kann"), wenn eine Beweiserhebung nicht ansatzweise zur Erforschung der Wahrheit beiträgt und damit gänzlich aussichts- oder nutzlos (und nicht bloß nicht entscheidungserheblich) ist.[653] Da der Gesetzge-

---

Rn. 1075; LR-StPO/*Jäger* § 220 Rn. 29; SK-StPO/*Deiters* § 220 Rn. 26; *Widmaier*, StV 1985, 526 (528); *Rasch*, StraFo 1989, 21 (23); *Detter*, in: FS Meyer-Goßner (2001), 431 (443); *Langkeit*, in: FS Feigen (2014), 133 ff.; *Eisenberg/Puschke*, JR 2003, 436 (437); KMR-StPO/*Eschelbach* § 220 Rn. 32; HK-StPO/*Reichling* § 220 Rn. 10.

[647] *Langkeit*, in: FS Feigen (2014), 135.

[648] SK-StPO/*Deiters* § 220 Rn. 24; KMR-StPO/*Eschelbach* § 220 Rn. 32; LR-StPO/*Jäger* § 220 Rn. 29; *Pauka/Daners*, StraFo 2015, 397 (407).

[649] LG München, Beschl. v. 12.02.1988 – 10 Qs 46/87 = StV 1988, 350; *Widmaier*, StV 1985, 526 (528).

[650] OLG Hamm, Beschl. v. 13.11.2014 – 1 Ws 467/14 = BeckRS 2015, 4968; *Eb. Schmidt*, Lehrkommentar, Teil II, § 220 Rn. 9. Zum Pflichtenkatalog des § 79 Abs. 2 StPO siehe bereits 6. Kapitel C. I. 3. a).

[651] LR-StPO/*Jäger* § 220 Rn. 29; a. A. BGH, Urt. v. 11.05.1976 – 1 StR 168/76 = *Holtz*, MDR 1976, 814 f.

[652] SK-StPO/*Deiters* § 220 Rn. 26; *Widmaier*, StV 1985, 526 (528); *Detter*, in: FS Meyer-Goßner (2001), 431 (443); *Ulrich*, Der gerichtliche Sachverständige (2007), Rn. 1076.

[653] So in st.Rspr. BGH, Urt. v. 21.04.1982 – 2 StR 657/81 = NJW 1982, 2201 (2202); BGH, Beschl. v. 07.03.2001 – 1 StR 2/01 = NJW 2001, 1956; BGHSt 51, 333 (336) = NStZ 2007, 659; BGH, Beschl. v. 18.09.2008 – 4 StR 353/08 = NStZ-RR 2009, 21; Meyer-Goßner/

ber sich mit dieser Kategorisierung festgelegt hat, muss im Umkehrschluss („*argumentum e contrario*") wegen der Einheitlichkeit der Rechtsordnung jede Beweiserhebung als sachdienlich gelten, die aus nicht fernliegender Sicht die Wahrheitserforschung objektiv fördert. Der Gesetzestext markiert aus sich heraus den äußersten Maßstab des möglichen Beweisprogramms auf das Maß der Sachdienlichkeit[654], während die Entscheidungserheblichkeit enger gefasst ist.[655]

Die ausschließliche Bejahung der Sachdienlichkeit für Fälle, in denen das Gutachten einen den Angeklagten begünstigenden Umstand vorgebracht hat, von dem das Gericht nunmehr überzeugt ist, würde den Anwendungsbereich des § 220 Abs. 3 StPO stark verengen.[656] Es kann nicht ausschließlich auf die Einordnung des Beweisergebnisses aus *ex-post*-Perspektive ankommen[657], denn auch überraschend belastende oder nicht die Schwelle der subjektiven Überzeugung erreichende Gutachtenergebnisse können das Verfahren objektiv fördern. Die Sachdienlichkeit muss nach dem „*telos*" der Vorschrift zwingend aus *ex-ante*-Sicht betrachtet werden, da die Beweislage sich zwischenzeitlich ändern kann und eine alleinige *ex-post*-Betrachtung diesen Aspekt unberücksichtigt ließe.[658] Es muss eine ergebnisoffene Beweiserhebung gewährleistet werden, da vielmehr entscheidend ist, dass der Antragsteller aus der *ex-ante*-Perspektive die Erhebung eines real in Betracht kommenden Entlastungsbeweises angestrebt hat.[659] Obwohl es für die Verteidigung selbstverständlich aus eigenem Interesse taktisch sicherer ist, das Gutachtenergebnis *vor* Einführung des Beweismittels zu kennen[660], können weitere im Verfahrensablauf hinzutretende Faktoren dazu führen, dass der Sachverständige sein Gutachtenergebnis ändert. Die Sachdienlichkeit eines Gutachtens entfällt nicht schon, wenn andere Beweismittel die Beweisbehauptung ebenfalls stützen, aber wenn die Beweiserhebung stark überschießend wäre.[661] Soweit die Grenze des zweckwidrigen Verteidigungsverhaltens[662] nicht überschritten ist, muss dem

---

Schmitt StPO § 244 Rn. 93a; MüKo-StPO/*Trüg/Habetha* § 244 Rn. 322; KK-StPO/*Krehl* § 244 Rn. 27; LR-StPO/*Becker* § 244 Rn. 269.

[654] So auch *Anders*, Beweiserhebungskontrollen (1998), S. 233 f.

[655] Siehe hierzu bereits 2. Kapitel A. I. 1.

[656] *Pauka/Daners*, StraFo 2015, 397 (407).

[657] LR-StPO/*Jäger* § 220 Rn. 29; KMR-StPO/*Eschelbach* § 220 Rn. 32.

[658] *Langkeit*, in: FS Feigen (2014), 133 ff.

[659] KK-StPO/*Krehl* § 244 Rn. 126; LR-StPO/*Becker* § 244 Rn. 269.

[660] Hierzu bereits 6. Kapitel C. I. 2. c).

[661] LR-StPO/*Jäger* § 220 Rn. 29. Siehe hierzu bereits 2. Kapitel A. I. 3.

[662] Zum Rechtsmissbrauch BGHSt 38, 111 (112 f.) = NJW 1992, 1245 (1246); BGHSt 51, 88 (92) = NStZ 2007, 49 f.; *Niemöller*, StV 1996, 501 (502); *Thomas*, StV 2010, 428 (430 f.); *Fischer*, NStZ 1997, 212 (215); *Peters*, JR 1971, 340; *Rüping/Dornseifer*, JZ 1977, 417; *Kühne*, Strafprozessrecht, § 15 Rn. 290 ff.

Selbstladungsrecht als quasi-parteiliche Ermittlungstätigkeit ein gewisser Ausforschungsgrad zugestanden werden.[663]

Die extensive Ansicht ist vorzugswürdig, da sie dem Verständnis des Konfrontationsrechts (Art. 6 Abs. 3 lit. d EMRK) als Türöffner für den wissenschaftlichen Diskurs entspricht.[664] Es muss sich in der Kostenrechtsprechung niederschlagen, dass „ein Sachverständiger auch dann zur Wahrheitsfindung beitragen kann, wenn er zwar keine sicheren und eindeutigen Schlüsse zu ziehen vermag, seine Schlußfolgerungen die zu beweisenden Tatsachen aber mehr oder weniger wahrscheinlich machen“[665], und damit zur Erhärtung der Beweislage und zum Anstieg der richterlichen Überzeugung i. S. v. § 261 StPO beiträgt. Es wäre unangemessen, die nützliche Verbreiterung der Informations- und Entscheidungsbasis des Tatgerichts durch eine Versagung der Entschädigung für die jeweilige Beweisperson zu „sanktionieren“.

(3) Verletzung der Rechtsschutzgleichheit mittelloser Angeklagter

Es ist begrüßenswert, dass die neuere Auffassung großzügiger bei der Erstattungsfähigkeit der Vernehmung von Sachverständigen i. R. v. § 220 Abs. 3 StPO ausfällt.[666] Unabhängig von einer *rechtlichen* Erstattungspflicht gem. § 220 Abs. 3 StPO[667] bleibt jedoch die *sozialfaktische* Problematik der Vorschusspflicht des Angeklagten für die Auslösung des Selbstladungsrechts bestehen. Selbst wenn i. R. v. § 220 Abs. 2 StPO nur Reise- und Versäumniskosten vorzuschießen sind, ist die Höhe für den Angeklagten, der die Kosten zur Stellung des Beweisantrags selbst auszurechnen hat, ohnehin schwer einzuschätzen.[668] Soweit eine Hauptverhandlung mehrere Tage umfasst[669], ist nicht stets absehbar, wann der Sachverständige vernommen wird, sodass er ggf. zu allen Hauptverhandlungstagen geladen werden oder sowieso an diesen teilnehmen müsste, soweit seine Begutachtung dies erfordert. Durch eine dauerhafte Ladung können sich Reise- und Teilnahmekosten gem. § 84

---

[663] *Köhler*, Inquisitionsprinzip (1979), S. 51, 75; *ders.*, StV 1992, 4 (5); *Anders*, Beweiserhebungskontrollen (1998), S. 236.

[664] Siehe hierzu bereits 4. Kapitel D. II. 3.

[665] So BGH, Urt. v. 02. 08. 1995 – 2 StR 221/94 = NStZ 1995, 590.

[666] So bereits *Kühne*, Strafprozessrecht, § 37 Rn. 634; *Dahs*, NStZ 1991, 354; *Burhoff*, VRR 2009, 155.

[667] Zur Trennung zwischen vorläufiger und endgültiger Kostentragung vgl. RGSt 16, 212 (213).

[668] So z. B. *Jessnitzer*, NJW 1974, 1311; *Dahs*, Hdb. des Strafverteidigers Rn. 477; LR-StPO/*Jäger* § 220 Rn. 20 f.; MüKo-StPO/*Arnoldi* § 220 Rn. 15; KK-StPO/*Gmel* § 220 Rn. 9; *Hamm/Pauly*, Beweisantragsrecht Rn. 598; KMR-StPO/*Eschelbach* § 220 Rn. 36; *Ulrich*, DS 2011, 15.

[669] Angesichts der Statistik zur Sachverständigenhinzuziehung, die in erstinstanzlichen Landgerichtsverfahren bei ca. 56 % liegt, sind die Verfahren wegen der schwereren Tatvorwürfe häufig komplexer und dauern länger.

StPO i.V.m. §§ 5, 6 JVEG mitunter stark aufsummieren[670] und – nach o.g. Bemessungswerten – mehrere Hundert bis gar mehrere Tausend Euro umfassen.[671] Eine Absicherung besteht für den Angeklagten zumindest darin, dass ein unwesentlich zu niedriger Vorschuss nicht die Erscheinenspflicht des Sachverständigen entfallen lässt.[672]

Die Höhe der vorläufigen Kostentragung kann der Grund dafür sein, dass trotz der objektiven Notwendigkeit außerjuristisches Erfahrungswissen – auch gegen die sorgfältige Einschätzung des Gerichts[673] – einzubringen, kein Sachverständiger beauftragt werden kann und ein Entlastungsbeweis verloren geht.[674] Insbesondere für finanziell schwach aufgestellte oder gar mittellose Angeklagte und im Rahmen der notwendigen Verteidigung (§§ 140 ff. StPO) wird ein solcher Vorschuss kaum aufzubringen sein.[675] Eine ähnliche Situation besteht für in Untersuchungshaft befindliche Angeklagte oder diejenigen Inhaftierten, welche ein Wiederaufnahmeverfahren anstreben, da diese ihrer regulären Erwerbstätigkeit nicht nachgehen können, in der Haft wenig Erwerbslohn erhalten[676], über kein weiteres Privatvermögen verfügen oder im zivilrechtlichen Sinn nicht kreditwürdig[677] sind.

---

[670] *Detter*, in: FS für Salger (1995), 231 (233 f.); *Widmaier*, StV 1985, 526; *Dahs*, Hdb. des Strafverteidigers Rn. 477; *Hagemann*, Vorschrift über präsente Beweismittel (1980), S. 109.

[671] So auch *Dölp*, ZRP 2004, 235.

[672] LR-StPO/*Jäger* § 220 Rn. 35; Meyer-Goßner/*Schmitt* StPO § 220 Rn. 7; MüKo-StPO/*Arnoldi* § 220 Rn. 15; KK-StPO/*Gmel* § 220 Rn. 9.

[673] Richterliche bzw. menschliche Erkenntnisfähigkeiten sind begrenzt und nicht unfehlbar, so *Kühne*, Strafprozessrecht, § 61 Rn. 1011; *Köhler*, Inquisitionsprinzip (1979), S. 41 ff. In diese Richtung bereits RGSt 65, 304 (305): „Die Bindung des Gerichts beruht auf der Erwägung, daß der Gebrauch der herbeigeschafften Beweismittel *im Gegensatz zu der Anschauung des Gerichts, auch wenn diese auf einer sorgfältigen Würdigung beruht, doch unerwarteterweise etwas ergeben kann, das erheblich ist oder noch mehr zugunsten des Angeklagten wirkt* als das, was zuvor für wahr oder unwiderlegbar erachtet worden ist" (Hervorhebung d. Verf.).

[674] *Detter*, in: FS Salger (1995), 231 (242); *Müller/Fleck*, ZRP 1969, 174; *Lürken*, NJW 1968, 1163; *Rostek*, MDR 1976, 897 (899); HK-StPO/*Reichling* § 220 Rn. 2; *Anders*, Beweiserhebungskontrollen (1998), S. 251.

[675] So der überzeugende Hinweis von *Lürken*, NJW 1968, 1161 (1163); *Tondorf*, R&P 1984, 155 (161). Auf denselben Aspekt abstellend auch *Dahs*, Hdb. des Strafverteidigers Rn. 477; *ders.*, NStZ 1991, 354 (355); *Detter*, in: FS Meyer-Goßner (2001), 431 (442); *Eisenberg/Puschke*, JR 2003, 436; *Zwiehoff*, Das Recht auf den Sachverständigen (2000), S. 333. Grundsätzliche Kritik an den Kosten bei *Müller/Fleck*, ZRP 1969, 174; *Dölp*, ZRP 2004, 235; *Sarstedt*, NJW 1968, 177 (178); *Kohlhaas*, NJW 1962, 1329 (1332); *Quedenfeld*, in: FG Peters (1984), 215 (226); *Detter*, in: FS Salger (1995), 231 (232, 242 f.); Arbeitsgruppe 21. StV-Tag, StV 1997, 386 (389); *Langkeit*, in: FS Feigen (2014), 145; *Widmaier*, StV 1985, 526 (527); *Pauka/Daners*, StraFo 2015, 397 (403); *Dippel*, Stellung des Sachverständigen (1986), S. 85; HK-StPO/*Reichling* § 220 Rn. 2; *Tondorf/Tondorf*, Psychologische Sachverständige, Rn. 311.

[676] In den meisten Bundesländern beträgt die Gefangenenvergütung für (Zwangs-)Arbeit im Untersuchungshaft- und Strafvollzug ca. ein bis drei Euro pro Stunde, vgl. *Galli*, Weggesperrt – Warum Gefängnisse niemandem nützen (2020), S. 88. Durch die Entscheidung des BVerfG, Urt. v. 20.06.2023 – 2 BvR 166/16, 2 BvR 1683/17 = NJW 2023, 2405 wurde dieser

Überzeugend weist Kühne in diesem Rahmen darauf hin, dass im Lichte der Rechtsprechung des BVerfG das Kostenrecht keine faktische Sperre für die Rechtsverfolgung durch wirtschaftlich nicht leistungsfähige Personen sein dürfe.[678] Die Aspekte der Gleichheit vor dem Strafgesetz (Art. 3 Abs. 1, 103 Abs. 2 GG)[679] und der Rechtsschutzweggarantie (Art. 19 Abs. 4 GG) sehen vor, dass die Festsetzung von Verfahrenskosten nicht in einer Weise erfolgen dürfe, die es dem Betroffenen praktisch unmöglich macht, das zuständige Gericht anzurufen.[680]

In der hiesigen Konstellation geht es zwar statt der Rechtsverfolgung um die Rechtsverteidigung und statt einer Verfahrenseinleitung um eine Beweiserhebung, dennoch sind die Grundsätze übertragbar. Die sog. Rechtsschutzgleichheit beschränkt sich nicht nur auf Verfahren, die der Betroffene selbst anstrengen muss (z. B. Zivil- und Verwaltungsverfahren), sondern in Strafverfahren neben der aktiven Rechts*verfolgung* auch auf die Rechts*verteidigung.*[681] Darunter ist nicht nur eine *passive* Rechtsverteidigung als absolutes Mindestmaß (z. B. durch die Hinzuziehung eines Verteidigers), sondern auch eine *aktive* Rechtsverteidigung (z. B. durch Herbeischaffung eines neuen Beweismittels) zu verstehen.

Die Finanzkraft des Betroffenen darf nach Ansicht des BVerfG nicht zur Maßgabe für den Rechtsschutz werden, da ansonsten faktische Zugangsbeschränkungen zum Rechtssystem entstünden.[682] Dennoch verlangt die Rechtsschutzweggarantie nicht, dass Gerichtskosten bis zur endgültigen Kostenentscheidung von der Staatskasse auszulegen wären; vielmehr ist das Bestehen von Kostenvorschusspflichten des Rechtssuchenden – wie z. B. § 220 Abs. 2 StPO – zulässig.[683] Um allerdings im Sinne des Gleichheitsgedankens keine vollständige, aber eine weitgehende Angleichung der Situation von liquiden und illiquiden Rechtssuchenden zu schaffen,

Betrag als für unvereinbar mit dem Resozialisierungsgebot (Art. 2 Abs. 1 i. V. m. Art. 1 Abs. 1 GG) erklärt. Das Land Nordrhein-Westfalen plant eine Erhöhung der Vergütung um ca. – verblüffende – 6 %, vgl. NRW-LT-Drs. 18/10750, S. 2 f.

677 So auch *Kühne*, Strafprozessrecht, § 37 Rn. 634.

678 *Kühne*, Strafprozessrecht, § 37 Rn. 634 unter Verweis auf BVerfGE 11, 139 (143) = NJW 1960, 1563; BVerfGE 50, 217 (213) = NJW 1979, 1345 (1346 f.); BVerfGE 54, 39 (41) = NJW 1980, 1511; BVerfG, Beschl. v. 12.09.2005 – 2 BvR 277/05 = NJW 2006, 136.

679 Dazu Dürig/Herzog/Scholz/*Kirchhof*, GG Art. 3 Abs. 1 Rn. 326 f.

680 BVerfGE 54, 39 (41) = NJW 1980, 1511; BVerfG, Beschl. v. 12.09.2005 – 2 BvR 277/05 = NJW 2006, 136.

681 So in st.Rspr. zur Hinzuziehung von Rechtsanwälten als Berater oder Prozessvertreter BVerfGE 122, 39 (49) = BeckRS 2008, 40229 Rn. 22 f.; BVerfGE 9, 124 (130 f.) = NJW 1959, 715 (716); BVerfGE 22, 83 (86) = NJW 1967, 1267; BVerfGE 63, 380 (394 f.) = NJW 1983, 1599 (1600).

682 BVerfGE 50, 217 (213) = NJW 1979, 1345 (1346 f.); BVerfGE 54, 39 (41) = NJW 1980, 1511; BVerfG, Beschl. v. 12.09.2005 – 2 BvR 277/05 = NJW 2006, 136.

683 Dürig/Herzog/Scholz/*Schmidt-Aßmann*, GG Art. 19 Abs. 4 Rn. 242 unter Verweis auf BVerfGE 10, 262 (268) = BeckRS 1959, 103660.

muss entsprechende Unterstützung, wie z. B. durch Prozesskostenhilfe, vorgehalten werden.[684]

Das BVerfG hat zwar in einer Entscheidung zur Kostenerstattung für ein in Auftrag gegebenes „Privatgutachten" ausgeführt, dass der Angeklagte wegen der Unschuldsvermutung strukturell nicht derart auf die gestaltende Teilnahme am Strafverfahren angewiesen sei wie z. B. der Nebenkläger, um sein Strafinteresse durchzusetzen.[685] Zutreffend ist jedoch, dass das Recht auf Verteidigung (Art. 6 Abs. 1 EMRK) nicht nur das Schweigen gegenüber den Tatvorwürfen, sondern nach mittlerweile anerkannter Ansicht auch das aktive Vorgehen, d. h. eigene Ermittlungen zur Sachaufklärung, umfasst.[686]

Sofern ein Strafverfahren einen außerjuristischen Schwerpunkt aufweist, muss das Recht auf (Kontroll-)Ermittlungen mittels fremden Spezialwissens umfassender ausfallen. Die StPO verfügt hinsichtlich der Rechtsverteidigung mittels *juristischen* Beistands über mehrere Art. 3 Abs. 1 GG, Art. 6 Abs. 1 EMRK absichernde Institute für mittellose Angeklagte.[687] Für einen *außerjuristischen* Beistand, der angesichts der steigenden Bedeutung strafrechtsnaher Wissenschaften in den Fokus des Verfahrens rückt[688], existieren keine Regelungen, welche das Defizit des § 220 Abs. 2 StPO ausgleichen.

Obwohl der BGH hierin vor nahezu fünfzig Jahren keine Verletzung des Gleichheitsgrundsatzes gesehen hat[689], muss dieses Ergebnis heutzutage bezweifelt werden.[690] Es liegt bereits eine Ungleichbehandlung von wesentlich Gleichem darin, dass lediglich den Angeklagten – und nicht die Staatsanwaltschaft – eine Vorleistungspflicht bzgl. der Sachverständigenkosten trifft. Diese Schlechterstellung des Angeklagten gegenüber der Staatsanwaltschaft ist gesetzlich beabsichtigt und

---

[684] Dürig/Herzog/Scholz/*Schmidt-Aßmann*, GG Art. 19 Abs. 4 Rn. 242 unter Verweis auf BVerfGE 81, 347 (356 f.) = NJW 1991, 413 f.; BVerfGE 92, 122 (124) = NJW 1995, 1415 f.; BVerfGE 122, 39 (49) = BeckRS 2008, 40229; *Jarass*/Pieroth, GG Art. 3 Rn. 85 ff.

[685] BVerfG, Beschl. v. 12.09.2005 – 2 BvR 277/05 = NJW 2006, 136.

[686] So *Dahs*, NStZ 1991, 354; *Zwiehoff*, Das Recht auf den Sachverständigen (2000), S. 336; speziell zur Verteidigungsteilhabe durch Sachverständige MüKo-StPO/*Gaede* EMRK Art. 6 Rn. 308 ff. Darauf beruht auch das anerkannte Recht des Verteidigers auf eigene Ermittlungen, so z. B. *Dahs*, Hdb. des Strafverteidigers Rn. 313 ff.; *Sommer*, Effektive Strafverteidigung, Kap. 1 Rn. 277 ff.; Bockemühl/*Bockemühl*, Hdb. des FAStrafR, Abschn. 1, Kap. 1 Rn. 83 ff.

[687] *Jarass*/Pieroth, GG Art. 3 Rn. 90. So z. B. die notwendige Verteidigung (§§ 140 ff. StPO), die Prozesskostenhilfe für Nebenkläger (§ 397a StPO) oder auch anwaltliche Notdienste (§ 136 Abs. 1 S. 4 StPO).

[688] Siehe hierzu bereits 1. Kapitel A.

[689] So BGH, Urt. v. 11.05.1976 – 1 StR 168/76 = MDR 1976, 814 f.; *Pauka/Daners*, StraFo 2015, 397 (404) (kein „in der Sphäre der Justiz liegender Umstand"); KMR-StPO/*Eschelbach* § 220 Rn. 21 (Defizitäre Lage sei „noch hinnehmbar").

[690] So bereits *Müller/Fleck*, ZRP 1969, 174 f.; Alsberg/*Tsambikakis*, Der Beweisantrag, Kap. 7 Rn. 62.

damit nicht willkürlich.[691] Die entscheidenden Vergleichsgruppen sind jedoch nicht die Staatsanwaltschaft und der Angeklagte, sondern *liquide* und *illiquide* Angeklagte, deren Unterschied „einigermaßen" ausgeglichen sein sollte[692], was jedoch vor dem Hintergrund der Rechtsschutzgleichheit nicht gelungen ist.[693]

Der BGH hat zwar betont, dass ein „Vermögender bei Sachdienlichkeit des angebotenen Beweismittels sachlich nicht besser gestellt [ist], während es bei fehlender Sachdienlichkeit nur ein Scheinvorteil sei, wenn er Zeugen und Sachverständige laden könne, die das Gericht als präsente Beweismittel verwerten müsse".[694] Diese Entscheidung verkennt jedoch die sozialfaktische Vorschussproblematik und statuiert, dass die Existenz der Entschädigungspflicht des Staates (§ 220 Abs. 3 StPO)[695] und der Amtsaufklärungspflicht (§ 244 Abs. 2 StPO) einen angemessenen Ausgleich zum Eingriff in die Rechtsschutzgleichheit darstellen.

Sofern man die Existenz der Vorschusspflicht des Angeklagten zu rechtfertigen versucht, indem man auf die umfassende Wahrheitserforschungspflicht der Justizbehörden und ihre Einschränkung durch die gesetzlichen Ablehnungsgründe (§ 244 Abs. 3–5 StPO) verweist[696], ist daran zu zweifeln. Das Argument, der Angeklagte sei durch die Amtsaufklärungspflicht hinreichend geschützt, eröffnet sich vor dem Hintergrund, dass das Selbstladungsrecht nach Ansicht des Gesetzgebers eine notwendige Ergänzung des Beweisantragsrechts darstellt[697], beinahe als Zirkelschluss („*petitio principii*"), denn das Beweisantragsrecht geht – auch nach Ansicht des BGH – bereits inhaltlich über die Amtsaufklärungspflicht hinaus.[698] Es stellt vielmehr einen faktischen Vorteil des Angeklagten dar, das Gericht zu einer nur fakultativ-sachdienlichen Beweiserhebung zu „zwingen", während es selbst aufgrund der Amtsaufklärungspflicht bloß zur Durchführung einer obligatorisch-erforderlichen Beweiserhebung verpflichtet ist. Der für die Vorschusspflicht angeführte sachliche Grund der Missbrauchsprävention[699] lässt sich durch den Verweis auf die

---

[691] *Müller/Fleck*, ZRP 1969, 174; Alsberg/*Tsambikakis*, Der Beweisantrag, Kap. 7 Rn. 62; *Köhler*, NJW 1979, 348 (349); *Pauka/Daners*, StraFo 2015, 397 (403).

[692] So *Hahn/Stegemann*, Die gesammten Matherialien zur Strafprozessordnung und dem Einführungsgesetz zu derselben (Erste Abteilung), S. 337.

[693] *Müller/Fleck*, ZRP 1969, 174 (175).

[694] So BGH, Urt. v. 11.05.1976 – 1 StR 168/76 = MDR 1976, 814 f.

[695] Siehe hierzu bereits 6. Kapitel C. II. 2. c) aa) (2).

[696] So z. B. noch *Schorn*, DRiZ 1963, 339 (340).

[697] BT-Drs. 8/976, S. 50 f.; *Köhler*, Inquisitionsprinzip (1979), S. 79 f. Siehe hierzu bereits 6. Kapitel C. I. 2. c).

[698] Siehe hierzu bereits 3. Kapitel A. II. 2. Dagegen formuliert der BGH, dass die Amtsaufklärungspflicht umgekehrt ausschließlich in besonders gelagerten Fällen „ausnahmsweise" über das Beweisantragsrecht hinausgehen könne, so z. B. in BGHSt 10, 116 (119) = NJW 1957, 598 (599); BGHSt 23, 176 (187) = NJW 1970, 523 ff.

[699] So bei BGH, Urt. v. 11.05.1976 – 1 StR 168/76 = MDR 1976, 814 f. mit Verweis auf *Hahn/Stegemann*, Die gesammten Matherialien zur Strafprozessordnung und dem Einführungsgesetz zu derselben (Zweite Abteilung), S. 1559. So auch für die Voraussetzung der

Ablehnungsgründe in § 245 Abs. 2 S. 3 StPO als primären Filter einer unzulässigen Rechtsausübung ausräumen[700], denn über die Geltung des § 244 Abs. 6 S. 2 StPO kann das Gericht einen Beweisantrag i. S. v. § 245 Abs. 2 S. 1 StPO aufgrund Prozessverschleppungsabsicht des Antragstellers ablehnen.[701]

(4) Ausgestaltung einer Regelung

Damit drängt es sich auf, die sozialfaktische Problematik der Vorschusspflicht aufzulösen, um mittellosen Angeklagten in den Fällen, in denen die Amtsaufklärungspflicht versagt, eine notwendige Beweiserhebung zu ermöglichen. Der Reichsgesetzgeber hat das Ungleichgewicht erkannt und angemerkt, dass gerade wegen des Entschädigungsanspruchs aus § 220 Abs. 3 StPO der „Verteidiger [...] sich eher bereit finden [werde], Kosten zur Zeugenladung vorzuschießen".[702] Sofern hiermit gemeint ist, dass im Zweifel die Verteidigung die vorläufige Vorschusspflicht und damit das wirtschaftliche Risiko hierfür tragen soll, ist der Ansatz gänzlich destruktiv. Es existiert keine berufsrechtliche Pflicht, Mandanten für justizielle Kostenvorschüsse Darlehen zu gewähren noch wäre es eine berufsrechtliche Pflichtverletzung, dies zu unterlassen.

Etwaige Lösungsansätze wie z. B. die Kosten als Auslagen des Pflichtverteidigers im Sinne der §§ 97 Abs. 2, 126 Abs. 1 BRAGebO als erstattungsfähig zu betrachten[703] oder die Option durch einen Rechtsanwalt die Feststellung der Erforderlichkeit der Auslage mit der Bindung des Gerichts im Kostenfestsetzungsverfahren hieran, zu beantragen (vgl. § 46 Abs. 2 S. 3 RVG)[704], verlagern die Problematik bloß dahingehend, dass der Zugang zur Rechtsverteidigung mittels Sachverständigen in den Fällen des § 220 Abs. 2 StPO von der Zahlungsfähigkeit

---

Ladung gem. § 38 StPO vgl. RGSt 23, 400; BGH, Urt. v. 15.01.1952 – 2 StR 567/51 = NJW 1952, 836.

[700] So auch *Köhler*, NJW 1979, 348 (349); *Eisenberg/Puschke*, JR 2003, 436 (437); *Detter*, in: FS Salger (1995), 231 (242); *Zwiehoff*, Das Recht auf den Sachverständigen (2000), S. 338; *Langkeit*, in: FS Feigen (2014), 135; *Anders*, Beweiserhebungskontrollen (1998), S. 233 ff.; *ders.*, ZStW 129 (2017), 82 (101); KMR-StPO/*Eschelbach* § 220 Rn. 30; HK-StPO/*Reichling* § 220 Rn. 11. Siehe hierzu BT-Drs. 8/354, S. 9; BT-Drs. 8/976, S. 24, 50 f.

[701] So bereits *Zwiehoff*, Das Recht auf den Sachverständigen (2000), S. 340; *Detter*, in: FS Salger (1995), 231 (242); LR-StPO/*Becker* § 245 Rn. 66. Insbesondere an der Geltung des Ablehnungsgrundes „Prozessverschleppungsabsicht" hat sich durch das StraVMoG v. 10.12. 2019 (BGBl. I S. 2121, Nr. 46) bis auf den Verlust der formellen Beweisantragsqualität nichts geändert, so BT-Drs. 19/14747, S. 35.

[702] *Hahn/Stegemann*, Die gesammten Matherialien zur Strafprozessordnung und dem Einführungsgesetz zu derselben (Erste Abteilung), S. 337.

[703] So *Detter*, in: FS Salger (1995), 231 (243); *ders.*, in: Reform oder Roll-Back – 21. StV-Tag (1997), 283; a. A. BVerfG, Beschl. v. 16.12.2002 – 2 BvR 2099/01 = NJW 2003, 1443 (1444), welches die gleichen Argumente anführt, auf die sich die st.Rspr. bei Erstattung von „Privatgutachten" i. R. d. §§ 464a Abs. 2, 464c StPO bezieht.

[704] So für den Anwendungsbereich der notwendigen Verteidigung siehe *Burhoff*, VRR 2009, 155.

und -bereitschaft des (Pflicht-)Verteidigers abhängig und damit ggf. gesetzlich beschränkt (§ 140 StPO) ist.[705] Hierdurch würden unverteidigte Angeklagte schlechter gestellt als verteidigte Angeklagte.

Der Ansatzpunkt muss stattdessen in einem staatlichen Verzicht auf die Vorschussleistung bzw. einer Kostenumverteilung auf die Staatskasse liegen. Ein allgemeines Vorschlagsrecht des Angeklagten dahingehend, das Gericht habe von ihm benannte Sachverständige von Amts wegen zu laden, widerspricht sowohl dem Willen des historischen Gesetzgebers[706] als auch der herrschenden Rechtsauslegung des § 73 Abs. 1 StPO.[707] Der Entfall der vorläufigen Kostenlast soll den Angeklagten nicht auch von den notwendigen, formellen Hürden zur Einführung in die Hauptverhandlung (wie Beweisantrag und Form der Ladung i. S. v. § 38 StPO) entbinden.

Es wäre möglich, den vom mittellosen Angeklagten gem. §§ 245 Abs. 2 S. 1, 38 StPO formell geladenen Sachverständigen als von Amts wegen geladen zu *fingieren*, sodass für diese der reguläre Vergütungsanspruch aus der Staatskasse gilt (vgl. § 1 Abs. 1 Nr. 1 JVEG).[708] Bei einer solchen Ladungsfiktion muss entscheidend sein, dass die Sachverständigenkosten, welche ihren Ursprung im privatrechtlichen Auftrag haben, nunmehr Teil der öffentlich-rechtlichen Verfahrenskosten werden (§ 464a Abs. 1 StPO).[709] Sofern bloß auf die Vorschussleistung aus § 220 Abs. 2 StPO verzichtet würde, wäre ein „Privatsachverständiger" schlechter gestellt, da seine Hinterlegungssicherheit entfiele und die Sachdienlichkeit aus § 220 Abs. 3 StPO unwägbar ist. Für eine solche auch kostenrechtliche Gleichbehandlung spricht, dass „Privatsachverständige" ab Stattgabe eines Beweisantrags i. S. v. § 245 Abs. 2 S. 1 StPO die gleiche Rechts- und Pflichtenstellung erlangen wie amtliche Sachverständige.[710] Ohne gesetzliche Verankerung dürfte dieses Vorgehen allerdings als bloßer Appell an die Gerichte zu werten sein, da die Etablierung einer neuen Rechtsauslegung nicht klar prognostizierbar und unsicher ist.

Um keine faktische Gleichstellung von „Privatsachverständigen" und amtlichen Sachverständigen zu bewirken, könnte angelehnt[711] an die schon bestehenden Re-

---

[705] Ebenfalls ablehnend *Zwiehoff*, Das Recht auf den Sachverständigen (2000), S. 334.

[706] Auf *Hahn/Stegemann*, Die gesammten Matherialien zur Strafprozessordnung und dem Einführungsgesetz zu derselben (Erste Abteilung), S. 177 hinweisend, so *Müller/Fleck*, ZRP 1969, 174 (175).

[707] Siehe hierzu bereits 4. Kapitel D. II. 3. b) aa), 6. Kapitel B. II. 1. e).

[708] So bereits *Müller/Fleck*, ZRP 1969, 174 (175); *Anders*, Beweiserhebungskontrollen (1998), S. 251; *ders.*, ZStW 129 (2017), 82 (102); *Kühne*, Strafprozessrecht, § 37 Rn. 634; ähnlich *Tondorf/Waider*, StV 1997, 493 (496) mit dem Hinweis auf eine Diskussion auf dem 16. StV-Tag im Jahr 1992.

[709] So für Sachverständigenkosten, vgl. OLG Koblenz, Beschl. v. 04. 12. 1997 – 1 Ws 719/97 = NStZ-RR 1998, 127.

[710] Siehe hierzu bereits 6. Kapitel C. I. 2. c).

[711] Entscheidender Unterschied ist – so *Müller/Fleck*, ZRP 1969, 174 (175) –, dass die reguläre Prozesskostenhilfe gem. §§ 114 ff. ZPO einen Verzicht auf die Sicherung des staat-

gelungen zur Prozesskostenhilfe[712] ein Anspruch des Angeklagten auf den staatlichen Kostenvorschuss i. S. v. § 220 Abs. 2 StPO etabliert werden, welcher direkt zweckgebunden an den Sachverständigen als Barangebot weitergeleitet wird. Sofern der Sachverständige das Barangebot annimmt, gilt er als befriedigt und eine Entschädigung aus § 220 Abs. 3 StPO wird obsolet.[713] Der Vorteil gegenüber der Ladungsfiktion besteht darin, dass eine zivilrechtliche Rückabwicklung, z. B. wegen Schlechtleistung der Begutachtung (§§ 634, 839a BGB), nur das zivilrechtliche Verhältnis von Angeklagten (Besteller) und Sachverständigen (Unternehmer) betrifft, ohne dabei den Staat zu tangieren.[714]

Ein unterstützender staatlicher Kostenvorschuss wäre bloß vorläufiger Natur und würde als Auslage der Staatskasse (§ 464a Abs. 1 S. 1 StPO) in das Gesamtkostenverhältnis miteinfließen, sodass der Angeklagte bei negativem Verfahrensausgang (Verurteilung gem. § 465 Abs. 1 StPO) die Sachverständigenkosten ohnehin wirtschaftlich zu tragen hätte, wenn nicht das Gericht ausnahmsweise von einer Unbilligkeit dieser Kostentragung ausgeht (§ 465 Abs. 2 S. 1, 2 StPO). Der Anspruch des Angeklagten muss an die nachgewiesene Mittellosigkeit und eine hinreichende Erfolgsaussicht der Beweiserhebung geknüpft werden. Die hinreichende Erfolgsaussicht der Rechtsverteidigung (vgl. § 114 Abs. 1 ZPO) sollte sich an der extensiven Ansicht zur Sachdienlichkeit der Beweiserhebung aus *ex-ante*-Sicht orientieren. Bei der Beurteilung ist ein großzügiger Maßstab anzusetzen, soweit es sich um eine schwierige oder wissenschaftlich unterschiedlich bewertete außerjuristische Beweisfrage handelt.[715] Da sich die Vorschusspflicht des Angeklagten aus § 220 Abs. 2 StPO nicht auf das für Vorbereitungen anfallende Honorar i. S. v. § 9 JVEG (also das „Privatgutachten" als solches) erstreckt, aber eine solche Vorbereitung für eine umfassende Gutachtenerstattung vor Gericht zumeist konstitutiv ist[716], sollte der Anspruch hierauf – beschränkt auf die JVEG-Tarife[717] – erweitert

---

lichen Kostenanspruchs (Gerichtskosten) darstellt, der Vorschuss gem. § 220 Abs. 2 StPO allerdings das Rechtsverhältnis Angeklagter–Sachverständiger betrifft.

[712] So z. B. §§ 114 ff. ZPO, § 166 VwGO, § 397a Abs. 2, 3 StPO. Für die Rechtsübertragung *Anders*, ZStW 129 (2017), 82 (102); a. A. *Müller/Fleck*, ZRP 1969, 174 (175). Für eine vollständige Kostenübernahme scheinbar *Tondorf/Waider*, StV 1997, 493 (496); Arbeitsgruppe 16. StV-Tag, StV 1992, 345 (346).

[713] Siehe hierzu bereits 6. Kapitel C. II. 2. c) aa) (2).

[714] Ansonsten bestünde im Fall der Schlechtleistung ein Schadensersatzanspruch beim Angeklagten und ein Schaden bei der Staatskasse, was in der Abwicklung eine Drittschadensliquidation zur Folge hätte.

[715] Vgl. die Rspr. des BVerfG, Beschl. v. 13. 03. 1990 – 2 BvR 94/88 = NJW 1991, 413 zur zivilrechtlichen Prozesskostenhilfe, wonach sich die Erfolgsaussicht der Rechtsverfolgung am Maßstab Schwierigkeit und dem Grad der wissenschaftlichen Klärung einer Rechtsfrage orientiert.

[716] So die Feststellung des LG München I, Beschl. v. 12. 02. 1988 – 10 Qs 46/87 = StV 1988, 350: „Daß die *Gutachtertätigkeit des Sachverständigen in der Hauptverhandlung nur durch vorhergehende Untersuchungen möglich war, versteht sich von selbst.* Es sind daher nicht nur die durch die Gutachtenserstattung in der Hauptverhandlung, sondern auch die durch die Vorbereitung entstandenen Kosten zu erstatten" (Hervorhebung d. Verf.).

werden, soweit auch ein amtlicher Sachverständiger einen Honorarvorschuss verlangen könnte (vgl. § 3 JVEG: für bereits erbrachte Teilleistungen i.H.v. 1.000 Euro).

Eine inflationäre oder gar uferlose Beanspruchung des Selbstladungsrechts wäre auch bei einer für den Angeklagten – im Vergleich zur Rechtslage *de lege lata* – vorteilhafteren Regelung nicht zu befürchten.[718] Als Sicherungsmechanismen fungieren weiterhin das Beweisantrags- (§ 245 Abs. 2 S. 1 StPO) und Ladungserfordernis i.S.d. § 38 StPO. Die Mittellosigkeit des Angeklagten muss indes vom Rechtspfleger positiv festgestellt werden (vgl. § 20 Abs. 1 Nr. 4 RPflG). Eine missbräuchliche Mutwilligkeit wird durch den Ablehnungsgrund der Prozessverschleppungsabsicht abgegolten.

Der staatliche Kostenvorschuss sollte dagegen nicht für Bagatellverfahren bzw. „einfache" Sachverständigenbegutachtungen (z.B. Geschwindigkeits- oder Blutalkoholmessungen) gelten. Dies beruht auf dem Rechtsgedanken, dass selbst *juristischer* Beistand auf staatliche Kosten nicht allen nachgewiesen mittellosen Angeklagten eingeräumt wird, sondern nur in bestimmten Situationen. Als Parallele zur Gewährung eines juristischen Beistands (§§ 140 ff. StPO) können die Katalogfälle übertragen werden. Ein Bedarf nach einem *außer*juristischen Beistand besteht dort, wo die Schwere der Tat oder der zu erwartenden Rechtsfolge oder eine Schwierigkeit der Sach- und Rechtslage (§ 140 Abs. 2, speziell § 140 Abs. 1 Nrn. 1–3 StPO) wegen einer komplizierten Beweisfrage bestehen.

Zu diesem Zweck ist § 220 StPO um einen Absatz 4 zu erweitern:

> „In den Fällen des § 140 Abs. 1 Nrn. 1–3, Abs. 2 hat der Betroffene, der einen Sachverständigen laden lässt (§ 245 Abs. 2 S. 1), Anspruch auf den staatlichen Vorschuss der gem. § 220 Abs. 2 vorzustreckenden Reise- und Zeitversäumniskosten des Sachverständigen i.S.v. § 84 i.V.m. §§ 5, 6, 7 JVEG, soweit er nachgewiesen mittellos ist und eine hinreichende Erfolgsaussicht der Vernehmung besteht (vgl. § 114 ZPO). Soweit vorbereitende Teilleistungen erforderlich sind, um die Vernehmung des Sachverständigen zu gewährleisten, gilt § 3 JVEG beschränkt auf die gesetzlichen Tarife entsprechend."

bb) Zeitlicher Faktor

Die zeitlichen Hürden des Selbstladungsrechts betreffen nicht den Akt der formellen Ladung i.S.v. § 38 StPO[719], sondern vielmehr das in § 245 Abs. 2 StPO normierte Präsenzerfordernis. Während ein Zeuge, der bloß über eigene Wahrnehmungen berichtet, zumeist *„ad hoc"* vernehmungsbereit ist, trifft dies auf einen Sachverständigen je nach Begutachtungsart und -aufwand im Regelfall nicht zu,

---

717 *Ulrich*, Der gerichtliche Sachverständige (2007), Rn. 1075.

718 So überzeugend *Anders*, ZStW 129 (2017), 82 (101 f.).

719 Zu § 38 StPO krit. *Köhler*, Inquisitionsprinzip (1979), S. 79; *ders.*, NJW 1979, 348 (349 f.); *Hagemann*, Vorschrift über präsente Beweismittel (1980), S. 89 ff.; *Anders*, Beweiserhebungskontrollen (1998), S. 232 f.

soweit er entsprechende Vorbereitungszeit benötigt. Da die Selbstladung eines Sachverständigen im Regelfall nicht spontan in der Hauptverhandlung erfüllt werden kann, muss die Verteidigung frühzeitig Vorkehrungen treffen[720], so z.B. ihm den Tatsachenstoff unterbreiten oder ihn Untersuchungen durchführen lassen.

Diese Notwendigkeit steht in Friktion dazu, dass der Sachverständige erst mit gerichtlicher Bestellung, d.h. nach Stattgabe des Beweisantrags und zumeist direkt vor der Vernehmung, eine umfassende Rechtsstellung erlangt.[721] Zuvor kann er aus §§ 73 Abs. 1 S. 2, 80 StPO keine Rechte herleiten[722], weswegen der selbstgeladene Sachverständige auch nicht dazu verpflichtet sein soll, etwaige Vorarbeiten zu leisten.[723] Sofern eine Vorbereitung für die Vernehmung hingegen konstitutiv ist und diese einen über der Mindestladungsfrist von einer Woche (vgl. § 217 Abs. 1 StPO) liegenden Zeitraum in Anspruch nimmt, verengt sich die Realisierung des Selbstladungsrechts faktisch auf wenige Konstellationen. Die Effektivität des Art. 6 Abs. 1, Abs. 3 lit. d EMRK verkörpernden Selbstladungsrechts darf jedoch nicht unterlaufen werden.[724]

(1) Notwendigkeit von Vorbereitungszeit

Dem Defizit, dass der zur Verfügung stehende Zeitraum zwecks Vorbereitung der Begutachtung zu gering ausfällt[725], wirkt die Praxis bereits in Teilen entgegen. Nach Ansicht der Rechtsprechung dürfe das jeweilige Gericht dem „Privatsachverständigen" vor der Vernehmung eine Vorbereitungszeit einräumen, sofern dadurch ein gerichtlich bestellter Sachverständiger nicht beeinträchtigt wird und keine Verzögerung der Hauptverhandlung eintritt[726]; hierzu sei das Gericht jedoch nicht verpflichtet.[727]

Der sich damit eröffnende Ermessensspielraum des Gerichts muss für verschiedene Arten von Begutachtungen[728] differenziert ausfallen und wird vor Beginn der Hauptverhandlung, d.h. im Anwendungsbereich des § 219 StPO, geringer als nach Beginn der Hauptverhandlung sein, da eine Verzögerung des Verfahrens in einem frühen Stadium unwahrscheinlicher ist.

---

[720] *Anders*, Beweiserhebungskontrollen (1998), S. 93; *Bockemühl*, in: FS Breidling (2017), 31 (36); *Pauka/Daners*, StraFo 2015, 397 (404); *Tondorf/Tondorf*, Psychologische Sachverständige, Rn. 381.

[721] Siehe hierzu bereits 6. Kapitel C.I.2.c).

[722] Statt vieler LR-StPO/*Krause* § 80 Rn. 4.

[723] *Pauka/Daners*, StraFo 2015, 397 (404); Meyer-Goßner/*Schmitt* StPO § 220 Rn. 7.

[724] Alsberg/*Tsambikakis*, Der Beweisantrag, Kap. 7 Rn. 66.

[725] So auch die Feststellung bei KMR-StPO/*Eschelbach* § 220 Rn. 3; LR-StPO/*Gollwitzer* § 220 Rn. 2; *Widmaier*, StV 1985, 526 (527); *Detter*, in: FS Salger (1995), 231 (241).

[726] Statt vieler BGHSt 43, 171 (173) = NStZ 1998, 93 f.

[727] BGHSt 6, 289 = NJW 1954, 1656; BGHSt 23, 176 (185) = NJW 1970, 523 (525); BGH, Urt. v. 04.03.1993 – 2 StR 503/92 = NStZ 1993, 395 (397).

[728] Siehe hierzu bereits 3. Kapitel B.III.

Sofern der Sachverständige *abstrakte Erfahrungssätze* eines Wissensgebiets unabhängig von einem konkret-einzelfallbezogenen Sachverhalt vermitteln soll, ist der Bedarf nach Vorbereitungszeit gering bzw. nicht vorhanden, da es bloß um den sofortigen Abruf bereits vorhandenen Erfahrungswissens geht.

Wenn der Sachverständige für einen konkret-einzelfallbezogenen Sachverhalt vorgegebene *Anknüpfungstatsachen mittels Anwendung von Erfahrungssätzen* des jeweiligen Wissensgebiets *beurteilen* soll, sind ihm mindestens die entsprechenden Informationen hierzu zugänglich zu machen. Die Weitergabe einer Aktenkopie[729] an einen bislang bloß im Innenverhältnis beauftragten Sachverständigen muss für die Verteidigung i.R.v. § 203 Abs. 1 Nr. 3 StGB[730] und § 353d Nr. 2 StGB durch den zivilrechtlichen Gutachtenauftrag strafrechtlich privilegiert und damit prozessual zulässig[731] sein. So sah auch der EGMR darin, dass dem von der Verteidigung geladenen Sachverständigen nicht die gleiche Aktenkenntnis wie dem von der Staatsanwaltschaft bestellten Sachverständigen vermittelt wurde, eine Verletzung von Art. 6 Abs. 1, Abs. 3 lit. d EMRK.[732] Falls ein schriftliches Erstgutachten vorhanden oder bereits aktenkundig ist, muss dieses dem von der Verteidigung geladenen Sachverständigen zwecks Kontrolle zur Verfügung gestellt werden.[733]

[729] Zur streitigen Frage, ob vollständige Akteneinsicht den Sachverständigen (vor-)beeinflusst, siehe bereits *Sarstedt*, NJW 1968, 177 (180); *Lürken*, NJW 1968, 1161 ff.; *Karpinski*, NJW 1968, 1173 (1175).

[730] Intern hinzugezogene Sachverständige sind laut Fischer-StGB/*Fischer/Anstötz* § 203 Rn. 41 keine „Gehilfen" i.S.d. § 203 Abs. 3 S. 1 StGB. Das Einverständnis des Angeklagten in die Begutachtung hebt jedoch die Unbefugtheit auf. Ansonsten gilt wie für gerichtliche Sachverständige: Der Gutachtenauftrag (wenn auch *vor* Stattgabe des Beweisantrags gem. § 245 Abs. 2 S. 1 StPO nicht ein solcher i.S.d. § 75 StPO) fungiert als Rechtfertigungsgrund, so BGH, Beschl. v. 21.10.2008 – 1 StR 536/08 = NStZ-RR 2009, 15.

[731] So *Dahs*, Hdb. des Strafverteidigers Rn. 283, 478; *Eisenberg*, Beweisrecht StPO Rn. 1591; LR-StPO/*Krause* § 80 Rn. 4. Hiervon geht auch die Rspr. aus, so z.B. BGH, Urt. v. 04.03.1993 – 2 StR 503/92 = NStZ 1993, 395 (397): „Der gestellte Sachverständige muß sein Gutachten auf Grund seines, meist vom Angekl. und Verteidiger vermittelten Wissens, wobei letzterer die entsprechende Aktenkenntnis besitzt, und den Erörterungen in der Hauptverhandlung erstatten"; ebenso BGHSt 43, 171 (173) = NStZ 1998, 93 (94). Für eine Übertragung des Akteneinsichtsrechts des Verteidigers auf den Sachverständigen sogar OLG Brandenburg, Beschl. v. 20.09.1995 – 2 Ws 174/95 = NJW 1996, 67 (68).

[732] EGMR, Urt. v. 25.07.2013 – 11082/06 und 13772/05 Rn. 734 f. (*Khodorkovskiy und Lebedev/Russland*) = BeckRS 2013, 202699: „Finally, as transpires from the Meshchanskiy District Court's reasoning, ‚specialists' invited by the defence, unlike ‚experts' for the prosecution, did not have direct access to the original copy of the case file, and the court was not prepared to admit their conclusions based on the copies of materials of the case provided to them by the defence. In the circumstances the Court concludes that the CCrP, as interpreted by the Meshchanskiy District Court, created a disbalance between the defence and the prosecution in the area of collecting and adducing ‚expert evidence', thus breaching the equality of arms between the parties. There was, therefore, a violation of Article 6 §§ 1 and 3 (d) on that account".

[733] So BGHSt 43, 171 (173) = NStZ 1998, 93 (94); Alsberg/*Tsambikakis*, Der Beweisantrag, Kap. 7 Rn. 66.

Sobald es um die *Erhebung von Befundtatsachen* mittels fachlicher Expertise, z.B. durch Untersuchungen oder Analysen geht, ist dies meistens (sehr) zeitaufwendig und mit noch weiter verzögernden Zugangshürden verbunden. Grundsätzlich ist dem „Privatsachverständigen" zur Wahrung der Art. 6 Abs. 1, Abs. 3 lit. d EMRK ein eigenes Untersuchungsrecht in den einfachgesetzlichen Grenzen des § 168d Abs. 2 S. 2 StPO zu gestatten, d.h. sofern dieser nicht den gerichtlichen Sachverständigen behindert oder eine Substanzzerstörung von amtlich verwahrten Beweisgegenständen herbeizuführen droht.[734]

(2) Menschenrechtskonforme Auslegung der Unterbrechung

Selbst wenn der Sachverständige Zugang zu allen wesentlichen Informationen, Explorationspersonen und Untersuchungsgegenständen erhält, benötigt er zwischen dem frühestmöglichen Zeitpunkt der Beauftragung durch die Verteidigung und seiner Vernehmung in der Hauptverhandlung je nach Art und Umfang der Beweisfrage im Einzelfall einen angemessenen Zeitraum zur sorgsamen Vorbereitung des Gutachtens. Dies ist jedenfalls auch im Interesse des Sachverständigen, da ein aus Zeitgründen mangelhaft vorbereitetes Gutachten eine fahrlässige Haftung begründen kann.[735] Liegt keine verschuldete Verzögerung der Verteidigung vor, muss ihr entsprechend der kombinierten Rechtsgarantien aus Art. 6 Abs. 1, Abs. 3 lit. b, lit. d EMRK ausreichend Zeit gewährt werden, um die strenge Voraussetzung der Präsenz i.S.v. § 245 Abs. 2 S. 1 StPO in den Fällen, die zeitintensive Untersuchungen erfordern, herzustellen. Ein erneuter Rekurs auf die Handhabung des selbständigen Fragerechts des „Privatsachverständigen" in Österreich (§ 249 Abs. 3 öStPO) zeigt, dass die vom Angeklagten unverschuldete Verhinderung des Sachverständigen wegen der dortigen Verfassungsgarantie des Art. 6 Abs. 3 lit. d EMRK eine Pflicht des Gerichts zur Vertagung der Hauptverhandlung auslöst.[736]

Eine Unterbrechung der Hauptverhandlung wird zumeist nur dort notwendig sein, wo die Verteidigung erst kurz vor oder nach Beginn der Hauptverhandlung aufgrund von Veränderungen der Sach- oder Rechtslage entscheidet, das Selbstladungsrecht auszuüben. Dem Sachverständigen grundsätzlich ausreichende Zeit zur Vorbereitung des Gutachtens zu gestatten, ist der StPO nicht fremd (vgl. §§ 73 Abs. 1 S. 2, 264 Abs. 2, 246a Abs. 3 StPO). Daher sollte der Verteidigung für diese Konstellationen in menschenrechtskonformer Auslegung ein Unterbrechungs- bzw. Vertagungsrecht gewährt werden. Dieses kann z.B. der gerichtlichen Fürsorge-

[734] Siehe hierzu 6. Kapitel B.I.2.b)cc). Gegen die Einschränkung der Behinderung *Witting*, StV 1998, 174.

[735] *Ulrich*, Der gerichtliche Sachverständige (2007), Rn. 755; *Richter*, StraFo 1989, 7 (11).

[736] Bertel/Venier/*Bertel*, Kommentar öStPO § 249 Rn. 2; Schmölzer/Mühlbacher/*Kroschl*, Kommentar öStPO § 249 Rn. 11; OGH Österreich, Urt. v. 05.11.2008 – 13 Os 132/08y: „Zur Ermöglichung effizienter Ausübung des grundrechtlich garantierten Fragerechts des Angeklagten hätte dem Verlegungsantrag daher stattgegeben werden müssen".

pflicht aus §§ 228 Abs. 1 S. 1 Alt. 1, 229 StPO (analog) folgen[737], welche es gebietet, im Hauptverhandlungsplan auf die Vernehmung des gem. § 245 Abs. 2 S. 1 StPO geladenen Sachverständigen Rücksicht zu nehmen.[738]

Ein Recht auf Unterbrechung – als „*argumentum a maiore ad minus*" zur Aussetzung – des Angeklagten kann sich zur Vorbereitung einer angemessenen Verteidigung aber auch aus § 265 Abs. 4 StPO ergeben, wenn das Gericht erst kurzfristig in der Hauptverhandlung einen Sachverständigen hinzuzieht, der sodann direkt mündlich sein Gutachten erstattet[739] und die Verteidigung hierauf mit einem „Gegengutachten" reagieren möchte. Spiegelbildlich ähnelt aber auch die „*ad hoc*"-Verteidigung *mit* einem Gutachten – vor dem Hintergrund des Ladungsrechts aus Art. 6 Abs. 3 lit. d EMRK – der „*ad hoc*"-Verteidigung *gegen* ein Gutachten, soweit beides aufgrund einer Veränderung der Sachlage erforderlich und durch die Verteidigung nicht schuldhaft verzögert geworden ist. Eine schuldhafte Verzögerung kann z. B. darin liegen, dass die Verteidigung das Gericht nicht frühzeitig auf die Selbstladung hinweist, um den Terminplan abzustimmen[740] oder der Antrag erst wesentlich später gestellt wird als die Veränderung der Sachlage eintritt.

Sofern ein Sachverständiger durch die Verteidigung bereits im Ermittlungsverfahren zugezogen worden ist (z. B. über § 168d Abs. 2 StPO[741]), hatte dieser bereits eine entsprechende Vorbereitungszeit für seine Begutachtung, sodass der Ermessensspielraum des Gerichts grundsätzlich weiter ausfallen dürfte als bei einem erst im Hauptverfahren kurzfristig hinzugezogenen Sachverständigen.[742] Die Länge einer Unterbrechung sollte je nach Einzelfall in Absprache mit dem von der Verteidigung geladenen Sachverständigen bestimmt werden, darf – ohne formelle Gesetzesänderung – jedoch nicht länger als drei Wochen ausfallen (§ 229 Abs. 1 StPO). Diese Zeit kann jedoch bereits ausreichen, um dem Beweismittel zur Präsenz zu verhelfen.[743]

---

[737] Ähnlich *Gössel*, Gutachten 60. DJT (1994), C 71, C 76 für eine Neuformulierung des § 229 Abs. 2 StPO mit Erweiterung der Unterbrechungsfrist: „Zur Einführung eines nicht präsenten Beweismittels durch einen zulässigen Beweisantrag darf das Verfahren auch bis zu 30 Tagen unterbrochen werden […]".

[738] So *Widmaier*, StV 1985, 526 (527); *Tondorf/Tondorf*, Psychologische Sachverständige, Rn. 311.

[739] OLG Koblenz, Beschl. v. 30. 07. 1980 – 2 Ss 358/80 = VRS 60, 119; MüKo-StPO/*Norouzi* § 265 Rn. 67.

[740] Ähnlich *Tondorf/Tondorf*, Psychologische Sachverständige, Rn. 311.

[741] Siehe hierzu 6. Kapitel B. I. 2. b).

[742] Zu den Grundsätzen des pflichtgemäßen Ermessens gem. § 228 Abs. 1 StPO LR-StPO/*Becker* § 228 Rn. 11; *Roxin/Schünemann*, Strafverfahrensrecht, § 44 Rn. 8 ff.; Meyer-Goßner/*Schmitt* StPO § 228 Rn. 9; MüKo-StPO/*Arnoldi* § 228 Rn. 6 f.; KK-StPO/*Gmel/Peterson* § 228 Rn. 4; SK-StPO/*Deiters/Albrecht* § 228 Rn. 14.

[743] *Tondorf/Tondorf*, Psychologische Sachverständige, Rn. 308.

cc) Ideeller Faktor

Eine ausschließlich ideelle, aber in ihrer Wirkung nicht zu unterschätzende Hürde liegt in etwaigen Vorbehalten, die einem von der Verteidigung geladenen Sachverständigen von anderen Prozessbeteiligten entgegengebracht werden können. Es kann zu Situationen kommen, in denen „Privatsachverständigen" Stigmata anhafteten[744], z.B. dergestalt, dass die Beauftragung durch die Verteidigung zum Verlust ihrer Objektivität und Unvoreingenommenheit führen würde.[745] Nicht selten dürften sich Gerichte durch die autonome Beweisführung in ihrer geplanten Verfahrensabwicklung gestört sehen und ggf. von einer Befragung des selbstgeladenen Sachverständigen absehen[746] oder diesem eine – untechnische – Bedeutungslosigkeit attestieren[747]. Ein Sachverständiger hat exemplarisch darüber berichtet, prinzipiell keine Gutachtenaufträge der Verteidigung anzunehmen, um sich derartigen Vorurteilen nicht auszusetzen.[748] Andere Sachverständige setzen sich hingegen bewusst über solche Vorurteile hinweg.[749]

Zwar kann es gewiss voreingenommene „Privatsachverständige" – wie auch voreingenommene amtliche Sachverständige – geben, dennoch begründen weder die Veranlassung der Ladung noch die Zahlung eines Honorars von Seiten des Angeklagten eine Befangenheit i.S.v. § 74 Abs. 1 StPO.[750] Die Begriffe des „Parteigutachters" oder des „Privatsachverständigen" kennt die StPO generell nicht und wegen des Amtsaufklärungsgrundsatzes besteht für eine derartige Unterscheidung auch kein Bedarf.[751] Der i.S.v. § 245 Abs. 2 S. 1 StPO präsente Sachverständige ist

---

[744] *Dahs*, in: FS Schorn (1966), 14 (18 f.); *Lürken*, NJW 1968, 1161 (1163); *Schreiber* bei Weigend, ZStW 93 (1981), 1278; *Cabanis*, StV 1986, 451 (453); *Detter*, in: FS für Salger (1995), 231 (237 ff.); *Widmaier*, StV 1985, 526; Arbeitsgruppe 21. StV-Tag, StV 1997, 386 (389); *Sommer*, Effektive Strafverteidigung, Kap. 3 Rn. 403, 1436; *Dahs*, Hdb. des Strafverteidigers Rn. 317, 480; Alsberg/*Tsambikakis*, Der Beweisantrag, Kap. 7 Rn. 60; MüKo-StPO/*Trüg/Habetha* § 245 Rn. 9; *Schwenn*, in: FS Kröber (2023), 259 (261).

[745] So explizit LG München I, Beschl. v. 12.05.1995, zitiert nach *Grabow*, StV 1999, 465. Ebenso *Widmaier*, StV 1985, 526; *Detter*, in: FS Meyer-Goßner (2001), 431 (437). Hiergegen kann die allgemeine (§ 79 Abs. 3 StPO) oder besondere (§ 79 Abs. 1 StPO) Vereidigung helfen, so *Krekeler*, StraFo 1996, 5 (6).

[746] *Widmaier*, StV 1985, 526; *Sommer*, Effektive Strafverteidigung, Kap. 3 Rn. 1465; *Hamm/Pauly*, Beweisantragsrecht Rn. 589; *Pauka/Daners*, StraFo 2015, 397.

[747] *Sommer*, Effektive Strafverteidigung, Kap. 3 Rn. 1465.

[748] So z.B. die Kontroverse von *Rasch/Jungfer*, StV 1999, 513 ff.

[749] So *Hartmann/Rubach*, StV 1990, 425 (428): „Zwar ist mir klar, daß ich im Verfahren als ‚Gutachter der Verteidigung' gelten werde, aber diese Unterstellung hat mich schon früher nicht berührt"; so auch die rechtswissenschaftliche Lit. z.B. *Detter*, in: FS Meyer-Goßner (2001), 431 (440).

[750] OLG Koblenz, Beschl. v. 23.05.1986 – 1 Ss 143/86 = VRS 71, 200 (201); *Brammsen*, ZStW 119 (2007), 93 (102); LR-StPO/*Krause* § 74 Rn. 14; *Detter*, in: FS Meyer-Goßner (2001), 431 (439).

[751] *Cabanis*, StV 1986, 451 (453); *Widmaier*, StV 1985, 526; *Karpinski*, NJW 1968, 1173; *Tondorf/Tondorf*, Psychologische Sachverständige, Rn. 311.

funktionell ebenso wenig ein „Gehilfe der Verteidigung“ wie der gerichtliche Sachverständige ein „Gehilfe des Gerichts“ ist.[752] Es handelt sich beim Sachverständigen um ein reguläres Beweismittel, welches nach den Grundsätzen der StPO keinem Prozessbeteiligten zugeordnet wird.[753]

Derartige Vorbehalte tragen zu einer destruktiven Verfahrensdynamik bei, sodass ihr Abbau die einzige Lösung der ideellen Problematik darstellt.[754] Gewiss erschöpft sich dies in einer bloßen Appellfunktion an alle Prozessbeteiligten, dennoch können die vorgeschlagenen, herabgesetzten Hürden des Selbstladungsrechts beim Sachverständigenbeweis dazu beitragen, dass durch eine vermehrte Ausübung eine breitere Akzeptanz für den „Privatsachverständigen“ geschaffen wird und dessen negative Konnotation sodann verschwindet.[755] Um die Objektivität des selbstgeladenen Sachverständigen – über deren Notwendigkeit hinaus als Symbolwert – zu versichern, kann es sich z. B. anbieten, dessen Vereidigung anzubieten bzw. zu beantragen.[756]

III. Zwischenergebnis

Die Defizite im Zwischen- bzw. Hauptverfahren liegen für die Verteidigung sowohl in der Erörterung richterlicher Sachkunde (Sonderwissen) als auch in der Kontrolle eines gerichtlich bestellten Sachverständigen (Spezialwissen).

Für die Planung der Verteidigungsstrategie und -handlungen ist es wichtig Kenntnis davon zu haben, über welchen außerjuristischen Sonderwissensstand das Tatgericht verfügt, sofern es diesen zu nutzen beabsichtigt. Die einzige aktive Möglichkeit der Einflussnahme auf die Entscheidungsfindung besteht in der Tatsacheninstanz, sodass eine gerichtliche Hinweispflicht für die Nutzung von Sonderwissen bzgl. der Anwendung („*Ob*“), Genese und Herkunft („*Wie*“) mit spiegelbildlichem Äußerungsrecht der Prozessbeteiligten aus Art. 103 Abs. 1 GG bestehen muss. Die Selbsteinschätzung des Gerichts kann durch Aus- und Fortbildungen in strafrechtsnahen Wissenschaften sowie richtungsweisende Leitlinien in den RiStBV optimiert werden.

Die Qualität der Gerichtsachverständigen muss gesichert sein, aber der Sachverständigenbegriff muss wegen der Vielschichtigkeit der Wissenschaften flexibel bleiben. Die Vorführung präsenter Beweispersonen (§ 245 Abs. 2 S. 1 StPO) ge-

---

[752] *Widmaier*, StV 1985, 526; *Tondorf/Waider*, StV 1997, 493; *Krause*, StraFo 1998, 1 (5).

[753] *Detter*, in: FS Meyer-Goßner (2001), 431 (440); MüKo-StPO/*Trüg/Habetha* § 245 Rn. 9.

[754] Für mehr „Fairness“ ebenso Alsberg/*Tsambikakis*, Der Beweisantrag, Kap. 7 Rn. 60; *Tondorf/Tondorf*, Psychologische Sachverständige, Rn. 287; *Cabanis*, StV 1986, 451 (454).

[755] Ähnlich bereits *Schreiber* bei Weigend, ZStW 93 (1981), 1278 f.

[756] *Tondorf/Tondorf*, Psychologische Sachverständige, Rn. 382.

nießt im Strafprozess kaum praktische Präsenz[757], weil das Recht an sich zwar abstrakt geeignet ist, die gerichtliche Entscheidungsfindung zu beeinflussen, es ihm hingegen in finanzieller, zeitlicher und ideeller Hinsicht jedoch an Umsetzbarkeit mangelt. Die finanziellen und zeitlichen Hürden sind für diejenigen Angeklagten, denen eine Realisierung des Rechts ansonsten im Einzelfall verwehrt bliebe, durch eine vorläufige Kostenunterstützung und menschenrechtskonforme Auslegung eines Unterbrechungs- bzw. Verlegungsrechts abbaubar.

Um im Fall zweier, sich zumeist im Ergebnis entgegenstehender Sachverständiger wegen der beschränkten Überprüfbarkeit der Gutachten zu einer umfassenden Entscheidungsgrundlage in der außerjuristischen Beweisfrage zu gelangen, sollte eine direkte fachliche Auseinandersetzung zwischen den Sachverständigen ermöglicht werden. Hierzu muss es dem von der Verteidigung geladenen Sachverständigen (§ 245 Abs. 2 S. 1 StPO) gesetzlich ermöglicht werden, das Fragerecht des Angeklagten bzw. der Verteidigung übertragen zu bekommen.

IV. Darlegungs- und Begründungsdefizite bei der Ablehnung eines Beweisantrags auf Hinzuziehung eines Sachverständigen wegen „eigener Sachkunde" des Tatgerichts (§ 244 Abs. 4 S. 1 StPO)

Im Rahmen der Anwendung von Sonderwissen herrscht ein Darlegungs- und Begründungsdefizit, welches die fehlende Kontrolle der Verteidigung und damit die Unbeeinflussbarkeit des gerichtlichen Sonderwissens zusätzlich verstärkt.[758] Ein Teil der Rechtsprechung und der Literatur weichen bei der Behandlung des Ablehnungsgrundes „eigener Sachkunde" (§ 244 Abs. 4 S. 1 StPO) von wesentlichen Grundsätzen des Beweisantragsrechts ab.

1. Inhalt und Umfang eines Ablehnungsbeschlusses

Die Ablehnung eines Beweisantrags auf Vernehmung eines Sachverständigen ist zulässig, „wenn das Gericht selbst die erforderliche Sachkunde besitzt" (§ 244 Abs. 4 S. 1 StPO). Bei der Ablehnung eines Beweisantrags handelt es sich um eine gerichtliche Entscheidung i. S. v. § 34 Alt. 2 StPO.[759] Der Maßstab des § 34 Alt. 2

[757] So exemplarisch *Sommer*, Effektive Strafverteidigung, Kap. 3 Rn. 1465: „Die Praxis hat das Selbstladungsrecht (wie Kreuzverhör) ins Abseits gedrängt"; *Pauka/Daners*, StraFo 2015, 397: „Das Selbstladungsrecht des Angeklagten – eine Blume, die im Verborgenen blüht"; *Anders*, ZStW 129 (2017), 82 (91): „[...] da § 245 StPO a. F. in der Praxis ein ‚Mauerblümchendasein' fristete".

[758] So bereits das Ergebnis von *Wolschke*, Sachverständigenbeiziehung (1973), S. 187.

[759] So ausdrücklich KK-StPO/*Schneider-Glockzin* § 34 Rn. 4; MüKo-StPO/*Valerius* § 34 Rn. 7; LR-StPO/*Graalmann-Scheerer* § 34 Rn. 7.

StPO setzt für den Ablehnungsbeschluss voraus, dass der Inhalt der Begründung[760] zwar nicht alle Einzelheiten der Entscheidung, sondern diejenigen rechtlichen und tatsächlichen Erwägungen erkennen lassen muss, auf denen sie beruht.[761] Das Gericht muss sich nicht mit jedem, sondern nur demjenigen Vorbringen der Prozessbeteiligten auseinandersetzen, welches für die Entscheidung relevant ist und nicht gänzlich abwegig erscheint[762], aber im Einzelnen die Gründe angeben, aus denen es entnimmt, dass ein gesetzlicher Ablehnungsgrund bestimmter Art durchgreift.[763]

Die bloße Wiedergabe des Gesetzeswortlauts genügt hierfür ebenso wenig wie die Verwendung floskelhafter Formulierungen.[764] Ein Ablehnungsbeschluss, der ausschließlich lautet „Der Beweisantrag vom (...) wird angesichts der in der Hauptverhandlung getroffenen Feststellungen zurückgewiesen, weil die Kammer die erforderliche Sachkunde besitzt"[765], entbehrt daher einer über den Wortlaut hinausgehenden Begründung und erfüllt nicht die Anforderungen eines zulässigen Ablehnungsbeschlusses.[766]

Da die Ablehnung i.S.v. § 244 Abs. 4 S. 1 StPO eine Ermessensentscheidung darstellt, bedarf es generell einer Darlegung derjenigen Umstände, die das Ermessen des Gerichts geprägt haben.[767] Aus der Funktion des Ablehnungsbeschlusses, als Antragsteller hierauf angemessen reagieren zu können, folgt bereits im Umkehrschluss, dass der Beschluss eine hinreichende Substantiierung aufweisen muss. Die Pflicht zur Begründung ablehnender Entscheidungen (§ 34 StPO) ist ein Ausfluss des Rechts auf rechtliches Gehör (Art. 103 Abs. 1 GG), sodass sich der Begründungsmaßstab aus der diesem Prinzip folgenden Erörterungspflicht ergibt.[768] Der im 4. Kapitel erarbeitete Maßstab zur gerichtlichen Hinweispflicht bei der Nutzung von Sonderwissen[769] gilt somit auch für die Begründung eines deckungsgleichen Ablehnungsbeschlusses. Zwar muss ein Beweisantrag spätestens bis zum Schluss der

[760] Sowohl in mündlicher als auch schriftlicher Form, so Meyer-Goßner/*Schmitt* StPO § 34 Rn. 4.

[761] So übereinstimmend Rspr. BGHSt 40, 60 (63) = NStZ 1994, 351 (352); BGH, Beschl. v. 02.10.1997 – 4 StR 410/97 = NStZ 1998, 158 und Lit. Meyer-Goßner/*Schmitt* StPO § 34 Rn. 4; HK-StPO/*Pollähne* § 34 Rn. 5; MüKo-StPO/*Valerius* § 34 Rn. 9; KK-StPO/*Schneider-Glockzin* § 34 Rn. 5; *Herdegen*, in: GS Meyer (1990), 187 (195 f.).

[762] Siehe hierzu bereits 4. Kapitel B.II.

[763] *Eb. Schmidt*, Lehrkommentar, Teil II, § 244 Rn. 27.

[764] BayObLGSt 52, 257 (258) = NJW 1953, 233; OLG Hamm, Beschl. v. 04.12.1950 – 2 Ws 184/50 = NJW 1951, 166; OLG Köln, Beschl. v. 15.03.1988 – Ss 82/88(Z) = StV 1988, 335 (336).

[765] So Ablehnung des Tatgerichts in BGH, Beschl. v. 26.04.2000 – 3 StR 152/00 = NStZ-RR 2000, 332.

[766] Mit ähnlicher Argumentation *Herdegen*, in: GS Meyer (1990), 187 (195 f.).

[767] MüKo-StPO/*Valerius* § 34 Rn. 12.

[768] So statt vieler Meyer-Goßner/*Schmitt* StPO § 34 Rn. 4.

[769] Siehe hierzu bereits 4. Kapitel B.III.3.a).

Beweisaufnahme (§ 258 Abs. 1 StPO) beschieden werden[770], dennoch ist der Beschluss billigerweise „so rechtzeitig bekannt zu geben, dass es dem Antragsteller möglich ist, seine weitere Verteidigung nach den Ablehnungsgründen einzustellen“.[771] Die Sachkundeerwägungen haben für den Angeklagten erst mit Mitteilung durch das Gericht bzw. möglicher Kenntnisnahme einen verfahrensfördernden Nutzen. Daher sinkt dieser Nutzen mit fortlaufender Nichtbescheidung.[772]

2. Abweichende Rechtsprechung der Strafsenate des BGH

Die obergerichtliche Rechtsprechung weicht von diesen Grundsätzen ab, indem sie es genügen lässt, dass das Gericht im Ablehnungsbeschluss i. S. d. § 244 Abs. 6 S. 1 StPO (noch) nicht darlegen muss, aus welchen tatsächlichen Gründen es sich die erforderliche Sachkunde zutraut und welchen Umfang diese haben soll, sondern dass dies erst in den schriftlichen Urteilsgründen i. S. d. § 260 StPO erfolgen müsse.[773] Dieser Auffassung hat sich ein Teil der Literatur angeschlossen.[774] Eine vermittelnde Ansicht lässt es noch genügen, dass die Darlegung der eigenen Sachkunde durch das Tatgericht wahlweise entweder im Ablehnungsbeschluss oder in den Urteilsgründen erfolgt.[775] Das Reichsgericht, welches noch die lediglich entfernte Möglichkeit der Sachkunde des Tatgerichts für die Ablehnung gem. § 244 Abs. 4 S. 1 StPO ausreichen ließ[776], hat sich zur Verortung eines etwaig darzulegenden Sachkundeumfangs nicht verhalten.[777]

---

[770] Meyer-Goßner/*Schmitt* StPO § 244 Rn. 90 ff.; LR-StPO/*Becker* § 244 Rn. 133. Laut RGSt 1, 170 (172); RG, Urt. v. 24.01.1922 – 4 D 1096/21 = JW 1922, 1037 hingegen nicht unmittelbar vor der Urteilsverkündung (§ 260 Abs. 1 StPO), da noch eine Äußerungs- und Stellungnahmemöglichkeit gem. Art. 103 Abs. 1 GG verbleiben muss.

[771] Alsberg/*Dallmeyer*, Der Beweisantrag, Kap. 6 Rn. 122 ff.

[772] Zur allgemeinen Kritik an der Praxis des „Zurückstellens“ von Beweisanträgen *Sommer*, Effektive Strafverteidigung, Kap. 3 Rn. 744 ff., 756, 1378 f.; *ders.*, StV 2019, 352; *Dahs*, Hdb. des Strafverteidigers Rn. 667; *Hamm/Pauly*, Beweisantragsrecht Rn. 301 ff.

[773] So in überwiegender Rspr. BGHSt 12, 18 (20) = NJW 1958, 1596 f.; BGH, Urt. v. 15.12.1982 – 2 StR 83/82 = NStZ 1983, 325; BGH, Beschl. v. 11.04.2007 – 3 StR 114/07 = BeckRS 2007, 9491.

[774] So z. B. *Eb. Schmidt*, JR 1959, 132; *Hanack*, JZ 1972, 114 (116); LR-StPO/*Becker* § 244 Rn. 134, 339; Meyer-Goßner/*Schmitt* StPO § 244 Rn. 73, 77a; SSW-StPO/*Sättele* § 244 Rn. 247; *Kühne*, Strafprozessrecht, § 52 Rn. 786.2; *Kraatz*, Einfluss der Erfahrung (2011), S. 387; *Walther*, NStZ 2019, 329 (337).

[775] So BGH, Beschl. v. 28.10.2008 – 3 StR 364/08 = NStZ 2009, 346 (347); wohl auch BGH, Beschl. v. 21.12.1983 – 3 StR 437/83 = StV 1984, 232; BGH, Beschl. v. 26.04.2000 – 3 StR 152/00 = NStZ-RR 2000, 332; Bockemühl/*Detter/Becker*, Hdb. des FAStrafR, Abschn. 8, Kap. 37 Rn. 69; KMR-StPO/*Paulus* § 244 Rn. 468.

[776] Siehe hierzu bereits 3. Kapitel A. II.

[777] Exemplarisch RGSt 51, 42: „Die Ablehnung eines auf die Vernehmung eines Sachverständigen gerichteten Beweisantrags erfordert indes stets nach § 243 StPO *ausdrückliche Bescheidung.* Die Ablehnung muß *begründet* sein derart, daß dem *Antragsteller die Gesichtspunkte erkennbar werden, aus denen das Gericht die Vernehmung als nicht erforderlich*

In einer neueren – soweit ersichtlich singulär gebliebenen[778] – Entscheidung hat sich der 2. Strafsenat des BGH der restlichen Rechtsprechung entgegengesetzt und hervorgehoben, dass eine Darlegung der eigenen Sachkunde des Tatgerichts „nach § 244 Abs. 6 StPO *zunächst* im Ablehnungsbeschluss vorzunehmen gewesen [wäre], um der Verteidigung eine Reaktion hierauf noch in der Hauptverhandlung zu ermöglichen".[779] Während das Begründungserfordernis im Ablehnungsbeschluss vereinzelt noch davon abhängig gemacht wird, ob es sich um spezielles Fachwissen handelt[780], befürwortet zumindest ein vordringender Teil des Schrifttums die generelle Begründung von außerjuristischem Sonderwissen im Ablehnungsbeschluss i. S. d. § 244 Abs. 4 S. 1 StPO.[781]

Demnach herrscht hinsichtlich der zeitlichen Darlegungs- und Begründungspflicht der „eigenen Sachkunde" (§ 244 Abs. 4 S. 1 StPO) eines Tatgerichts keine einheitliche Linie. Es ist aus Sicht der Verteidigung unbefriedigend, dem Tatgericht eine alternative Wahlmöglichkeit, welche sich an keinen klaren Kriterien orientiert, einzuräumen. Der Zustand ist äußerst misslich, da für den Angeklagten Rechtsunsicherheit besteht, ob ihm die tatsächlichen Umstände von Sachkundeerwerb, -besitz oder -vermittlung der Gerichtsmitglieder noch in der laufenden Hauptverhandlung oder erst nach dessen Abschluss mitgeteilt werden. Ohne entsprechende Mitteilung verbleibt in der Tatsacheninstanz keine angemessene Möglichkeit der Verteidigung, das vom Gericht angenommene Sonderwissen zu überprüfen, anzuzweifeln und eine entlastende Erkenntnisquelle einzuführen. Dies ist aber gerade eine zentrale Aufgabe der Strafverteidigung.[782] Das Ergebnis der überwiegenden Rechtsprechung überrascht, weil es vom Wortlaut, der Systematik sowie dem „*telos*" von §§ 244 Abs. 6, 34 Alt. 2 StPO abweicht.

---

erachtet" (Hervorhebungen d. Verf.); ebenso RG, Urt. v. 06.07.1928 – 1 D 586/28 = JW 1928, 2988 (2989).

[778] So die Feststellung von *Walther*, NStZ 2019, 329 (337), die als Grund für die Ablehnung dieser konträren Senatsansicht schlicht anführt, diese „wird in der Rspr. des BGH nicht geteilt" und ist „seitdem nicht wiederholt worden". Allenfalls noch im Kern ähnlich BGH, Beschl. v. 26.04.2000 – 3 StR 152/00 = NStZ-RR 2000, 332.

[779] BGH, Beschl. v. 24.01.2017 – 2 StR 509/16 = NStZ 2017, 300 m. zust. Anm. *Ventzke*.

[780] Alsberg/*Dallmeyer*, Der Beweisantrag, Kap. 6 Rn. 117, wenn Sachkunde „nicht auf der Hand liegt"; KMR-StPO/*Paulus* § 244 Rn. 468; KK-StPO/*Krehl* § 244 Rn. 198 differenzieren danach, wie speziell oder allgemein verfügbar das Anwendungswissen ist.

[781] *Conen/Tsambikakis*, GA 2000, 372 (379); *Deckers*, in: FS Rissing-van Saan (2011), 87 (94); *ders.*, Der strafprozessuale Beweisantrag, S. 82; *Niemöller*, NStZ 2015, 15 (18); *Ventzke*, NStZ 2017, 301; *Eisenberg*, Beweisrecht StPO Rn. 255; SK-StPO/*Frister* § 244 Rn. 220, 70 ff.; MüKo-StPO/*Trüg/Habetha* § 244 Rn. 366; BeckOK-StPO/*Bachler* § 244 Rn. 100; HK-StPO/*Julius* § 244 Rn. 60. Dies muss unabhängig davon gelten, ob der gestellte Beweisantrag auf Einholung eines Erst- oder Zweitgutachtens lautet.

[782] Siehe hierzu bereits 6. Kapitel A.

3. Fundament für eine Begründungspflicht im Ablehnungsbeschluss

Trotz uneinheitlicher Rechtsprechung besteht kein Raum für eine – soweit ersichtlich auch nicht erfolgte – Divergenzvorlage gem. § 132 Abs. 2 GVG[783], da sich die Rechtslage eindeutig aus dem Zusammenspiel der Normen §§ 244 Abs. 6, 34 Alt. 2 StPO ergibt. Da das Judikat des 2. Strafsenats keine tiefergehende Argumentation erfahren hat, wird hierfür an dieser Stelle ein dogmatisches Fundament entwickelt.

a) Im Ablehnungsbeschluss fehlende Begründung („contra legem")

Mit der Ansicht, ein Ablehnungsbeschluss i. S. d. § 244 Abs. 4 S. 1 StPO bedürfe keiner tatsächlichen Begründung i. S. v. § 34 StPO, übersteigt die überwiegende Ansicht die Grenzen der Gesetzesauslegung („*contra legem*").[784] Die Rechtsprechung ist an Recht und Gesetz gebunden (Art. 20 Abs. 3 GG). Diejenigen Tatgerichte, welche der herrschenden Rechtsprechungsansicht nachkommen, verstoßen ohne gesetzliche Grundlage gegen die Pflicht zur Begründung eines einen Antrag ablehnenden Gerichtsbeschlusses (§§ 244 Abs. 6 S. 1, 34 Alt. 2 StPO) und die ihnen obliegende Fürsorgepflicht. Der gerichtlichen Darlegung von Sachkunde kommt eine entscheidende prozessuale Bedeutung zu, denn sie ist der einzige objektive Nachweis, den das Tatgericht hinsichtlich des von ihm subjektiv behaupteten Sonderwissens, für dessen Existenz weder eine Vermutung noch ein Anschein streitet, erbringen muss.[785]

aa) Verstoß gegen die Pflicht zur Begründung eines Gerichtsbeschlusses

Die gesetzlichen Pflichten zur Begründung gerichtlicher Entscheidungen sind ein wesentlicher Grundpfeiler des Rechtsstaatsprinzips (Art. 20 Abs. 3 GG), da jeder Staatsbürger ein Recht auf die Mitteilung der Gründe einer ihn benachteiligenden Grundrechtsverkürzung hat.[786] Begründungspflichten sichern ab, dass die vom Rechtssuchenden vorgetragenen Tatsachen und Rechtsansichten durch das

---

[783] Siehe zu Divergenzvorlagen *Hamm/Pauly*, Die Revision in Strafsachen, Rn. 141 ff.

[784] Siehe hierzu *Larenz*, Methodenlehre (1991), S. 426 f.

[785] *Wolschke*, Sachverständigenbeiziehung (1973), S. 180. Siehe hierzu bereits 3. Kapitel A. I. 2.

[786] So in st.Rspr. BVerfGE 6, 32 (44 ff.) = NJW 1957, 297 (298); BVerfGE 40, 276 (286) = NJW 1976, 37 (38); BVerfGE 49, 24 (66) = NJW 1978, 2235 (2239); RGSt 1, 189 (190); *Wagner*, ZStW 106 (1994), 259 (274); *Eschelbach*, GA 2004, 228 (238); *Pohlreich*, Das rechtliche Gehör (2016), S. 246. Andere Autoren wie z. B. *Kroitzsch*, NJW 1994, 1032 f.; *Fezer*, HRRS 2010, 281 (287) leiten Begründungspflichten ebenfalls aus der richterlichen Unabhängigkeit (Art. 97 Abs. 1 GG) ab. Zur menschenrechtlichen Dimension LR-StPO/*Esser* EMRK Art. 6 Rn. 231 ff.

Gericht berücksichtigt werden.[787] Selbst wenn dem Grundgesetz nach Ansicht des BVerfG keine Pflicht zu entnehmen sei, dass jede gerichtliche Entscheidung begründungspflichtig ist[788], kann eine solche jedoch für bestimmte Situationen einfachgesetzlich – wie z.B. in §§ 244 Abs. 6 S. 1, 34 Alt. 2 StPO – bestimmt sein.

Das vor einer gerichtlichen Entscheidung zu gewährende Gehör (Art. 103 Abs. 1 GG i.V.m. § 33 StPO) ist nahezu wertlos, wenn ein Antragsteller nicht erfährt, warum das Gericht seinen Anträgen nicht folgt.[789] Der Anspruch des Antragstellers auf Begründung eines Beschlusses, welcher einen Antrag ablehnt, folgt nach unbestrittener Ansicht aus § 34 Alt. 2 StPO.[790] Insbesondere steht die Abgabe einer Begründung nicht im Ermessen des Gerichts, da es sich bei §§ 34 Alt. 2, 244 Abs. 6 S. 1 StPO um gebundene Entscheidungen handelt (vgl. Wortlaut: „*sind* mit Gründen zu versehen"; „*bedarf* eines Gerichtsbeschlusses").

Eine Fehlannahme liegt darin, dass ausschließlich solche gerichtlichen Entscheidungen begründungs*pflichtig* seien, die mit ordentlichen Rechtsmitteln *anfechtbar* sind.[791] Die ständige Rechtsprechung ist der Ansicht, dass sich im Rahmen nicht mehr angreifbarer Entscheidungen die Pflicht des Gerichts, sich in den Entscheidungsgründen mit jedwedem Vorbringen des Angeklagten auseinanderzusetzen, wesentlich verenge.[792] Allein die fehlende Anfechtbarkeit einer gerichtlichen Entscheidung führt jedoch nicht direkt zur Entbehrlichkeit ihrer Begründung.[793] Anders als den schriftlichen Urteilsgründen[794] wird den schriftlichen Beschlussgründen i.S.v. § 244 Abs. 6 S. 1 StPO kraft gesetzlicher Systematik und mangels verfahrensabschließender Wirkung die Funktion eines punktuellen Zwischenstandberichts über die Hauptverhandlung zuteil. Da nicht nur anfechtbare Beschlüsse begründungspflichtig sind, sondern auch unanfechtbare Entscheidungen, mit welchen ein Antrag abgelehnt wird (vgl. Wortlaut des § 34 StPO), hat der

---

[787] Dazu Dürig/Herzog/Scholz/*Remmert*, GG Art. 103 Abs. 1 Rn. 96 ff.; Jarass/Pieroth/*Kment*, GG Art. 103 Abs. 1 Rn. 45 ff. Siehe hierzu bereits 4. Kapitel B. II.

[788] So z.B. nicht letztinstanzliche Entscheidungen BVerfGE 50, 287 (289) = NJW 1979, 1161; BVerfGE 71, 122 (135) = NJW 1987, 1619 (1620); BVerfGE 81, 97 (106) = NJW 1990, 566 (567).

[789] *Hamm/Pauly*, Beweisantragsrecht Rn. 285; *Eschelbach*, GA 2004, 228 (238).

[790] *Herdegen*, in: GS Meyer (1990), 187 (194); Alsberg/*Tsambikakis*, Der Beweisantrag, Kap. 2 Rn. 42; *Dahs*, Hdb. des Strafverteidigers Rn. 662.

[791] So liest sich Meyer-Goßner/*Schmitt* StPO § 34 Rn. 1.

[792] So BVerfGE 13, 132 (149) = VerwRspr 1962, 394 (398); BVerfGE 47, 182 (187) = NJW 1978, 989; BVerfGE 50, 287 (289) = NJW 1979, 1161; BVerfGE 65, 293 (295) = BeckRS 1983, 5898; BVerfG, Beschl. v. 02.02.1995 – 2 BvR 37/95 = NJW 1995, 2912; BVerfG, Beschl. v. 06.09.1996 – 1 BvR 1485/89 = NJW 1997, 1693.

[793] So *Fezer*, HRRS 2010, 281 (287); SK-StPO/*Weßlau/Weißer* § 34 Rn. 2. Gleichwohl existieren umgekehrt nicht angreifbare Entscheidungen, für die das Gesetz keine Begründung verlangt, so z.B. der Verwerfungsbeschluss gem. § 349 Abs. 2 StPO, so *Eschelbach*, GA 2004, 228 (241); Meyer-Goßner/*Schmitt* StPO § 349 Rn. 20.

[794] Dazu ausführlich *Wagner*, ZStW 106 (1994), 259 ff.

Gesetzgeber diese Wirkung gerade impliziert.[795] Die Entkoppelung von Anfechtbarkeit und Begründungspflicht verdeutlicht, dass der „*telos*“ der Begründung eines Beschlusses nicht ausschließlich in der Kontrollmöglichkeit durch die Rechtsüberprüfungsinstanz liegt, denn in der Hauptverhandlung erfüllt ein ablehnender Gerichtsbeschluss ebenfalls eine Kommunikations- und Transparenzfunktion.[796]

Die besondere Bedeutung, welche der Begründung einer Antragsablehnung i. S. d. § 244 Abs. 6 S. 1 StPO zukommt, wird an einer weiteren Maxime deutlich. Die Ablehnungsgründe dürfen nach gefestigter Rechtsprechung in den Urteilsgründen ohne vorherige Anhörungsmöglichkeit weder nachgeschoben, ausgetauscht noch umgestaltet werden, d. h. sie müssen zwingend in der Hauptverhandlung bekanntgegeben werden und entfalten eine Quasi-Bindungswirkung, um für Rechtsklarheit zu sorgen und die Verteidigung nicht in die Irre zu führen.[797] Dieser strenge Maßstab gilt nicht nur für die Art des Ablehnungsgrundes, sondern auch für seine tatsächlichen und rechtlichen Erwägungen. Der Verstoß hiergegen stellt einen reversiblen Verfahrensfehler dar.[798] Dabei muss angesichts des Grundsatzes, dass „eine unzulängliche Begründung des Beschlusses nicht durch eine weitere Begründung im Urteil geheilt werden kann“[799], die herrschende Ansicht zur zeitlichen Darlegung der Sachkunde erst in den Urteilsgründen gar verblüffen, denn schließlich besteht diese Bereichsausnahme gerade in der Durchbrechung dieser Maxime.

Vielmehr ist die Begründungsnotwendigkeit eines Ablehnungsbeschlusses i. S. v. § 34 StPO eine derart essenzielle und zwingende Vorschrift, dass die Prozessbeteiligten auf die Beachtung dieser Regelung nicht einmal verzichten können.[800] Wenn aber bereits die gerichtliche Begründung, welche dem Informations- und Rechtskontrollinteresse des Angeklagten dient, nicht zu seiner Disposition steht, kann sie unter dem Aspekt des vorrangigen Rechtsschutzinteresses des Angeklagten

---

[795] *Sommer*, Effektive Strafverteidigung, Kap. 3 Rn. 1330: „Informationen über den Verfahrensstand im Ablehnungsbeschluss sind von der Gesetzeskonzeption gewollt“; so auch *Kühne*, Strafprozessrecht, § 51 Rn. 761.

[796] *Sommer*, Effektive Strafverteidigung, Kap. 3 Rn. 1376 ff.

[797] So in st.Rspr. bereits RGSt 74, 147 (151); RG, Urt. v. 04.01.1929 – 1 D 847/28 = JW 1929, 1046; BGH, Urt. v. 27.02.1951 – 2 StR 18/50 = NJW 1951, 368; BGH, Beschl. v. 20.12.2006 – 2 StR 444/06 = StV 2007, 176; LR-StPO/*Becker* § 244 Rn. 138; *Eb. Schmidt*, Lehrkommentar, Teil II, § 244 Rn. 28.

[798] *Hamm/Pauly*, Die Revision in Strafsachen, Rn. 836 f., 410; *Eisenberg*, Beweisrecht StPO Rn. 323.

[799] BGH, Beschl. v. 20.12.2006 – 2 StR 444/06 = StV 2007, 176 (Leitsatz der Redaktion).

[800] So RGSt 75, 165 (168); BGH, Urt. v. 08.01.1957 – 5 StR 370/56 = *Dallinger*, MDR 1957, 268; BGH, Beschl. v. 10.05.1983 – 5 StR 221/83 = NStZ 1983, 422; Alsberg/*Güntge*, Der Beweisantrag, Kap. 6 Rn. 100; LR-StPO/*Becker* § 244 Rn. 132; SK-StPO/*Frister* § 244 Rn. 70. Dagegen können die Prozessbeteiligten sehr wohl auf den bloßen Akt der Bescheidung eines Beweisantrags (nicht aber die Begründung des ablehnenden Beschlusses!) während der Hauptverhandlung verzichten, indem sie beispielsweise einen Hilfsbeweisantrag stellen, der erst im Urteil beschieden wird, so *Conen/Tsambikakis*, GA 2000, 372 (379); *Kühne*, Strafprozessrecht, § 52 Rn. 768.

ebenfalls nicht zur Disposition der Rechtsprechung bzw. -fortbildung durch Gerichte stehen.

Die Verkürzung einer geschützten Rechtsposition, so auch eine Einschränkung des formellen Begründungszwanges i. S. v. §§ 244 Abs. 6 S. 1, 34 Alt. 2 StPO, muss wegen des Vorbehalts des Gesetzes[801] stattdessen ausdrücklich gesetzlich geregelt werden. So ist es in § 77 Abs. 3 OWiG[802] für das Ordnungswidrigkeitenverfahren geschehen, wo ausdrücklich festgelegt ist, dass sich die Begründung des Beschlusses regelhaft in der bloßen Nennung des im Absatz 2 genannten Ablehnungsgrundes erschöpfen darf. Ein Äquivalent dessen existiert für § 244 Abs. 4 S. 1, Abs. 6 S. 1 StPO nicht. Vielmehr ist eine solche Ausnahme im Strafverfahren zweifelhaft, da sich der Begründungsverzicht durch den wesentlich geringeren Unrechtsgehalt[803] des Ordnungswidrigkeitenrechts gegenüber dem Kriminalstrafrecht rechtfertigt, sodass von einzelnen Art. 103 Abs. 1 GG absichernden Verfahrensvorschriften zugunsten der Verfahrensbeschleunigung abgesehen werden kann.

Grundsätzlich gilt nach Ansicht des BVerfG auch im Strafprozessrecht über den allgemeinen Bestimmtheitsgrundsatz (Art. 20 Abs. 3 GG) das Gebot der Normenbestimmtheit und -klarheit.[804] Danach muss für den Betroffenen erkennbar sein, welche Rechtsfolge bei welchem Tatbestand eintritt oder ob eine vom Grundsatz abweichende Rechtsfolge eintritt. Aus der StPO heraus ist für den Angeklagten gerade nicht ersichtlich, dass die tatsächliche Begründung der Sachkunde des Gerichts in der Praxis nicht im Ablehnungsbeschluss, sondern erst in den schriftlichen Urteilsgründen erfolgt. Zwar handelt es sich hierbei um eine verfahrensinterne Rechtsverkürzung, d. h. neben Art. 103 Abs. 1 GG, § 34 Alt. 2 StPO und Art. 6 Abs. 1 EMRK wird in kein anderes Freiheits- oder Gleichheitsgrundrecht eingegriffen, dennoch fehlt es auch an Normenklarheit, wenn eine Beschränkung von Justizgrundrechten im Gesetz nicht erkennbar ist.

Es existieren außerdem keine Anhaltspunkte dafür, dass der Gesetzgeber bei der Schaffung und stetigen Veränderung der Vorschriften zum Beweisantragsrecht eine

---

801 Dürig/Herzog/Scholz/*Grzeszick/Remmert*, GG Art. 20 Rn. 97, Art. 103 Abs. 2 Rn. 104.

802 § 77 OWiG: „(2) Hält das Gericht den Sachverhalt nach dem bisherigen Ergebnis der Beweisaufnahme für geklärt, so kann es außer in den Fällen des § 244 Abs. 3 der Strafprozeßordnung einen Beweisantrag auch dann ablehnen, wenn 1. nach seinem pflichtgemäßen Ermessen die Beweiserhebung zur Erforschung der Wahrheit nicht erforderlich ist oder […] (3) *Die Begründung für die Ablehnung eines Beweisantrages nach Absatz 2 Nr. 1 kann in dem Gerichtsbeschluß (§ 244 Abs. 6 der Strafprozeßordnung) in der Regel darauf beschränkt werden*, daß die Beweiserhebung zur Erforschung der Wahrheit nicht erforderlich ist“ (Hervorhebung d. Verf.).

803 Zur Abgrenzung zwischen Ordnungswidrigkeiten- und Kriminalstrafrecht exemplarisch BVerfGE 22, 125 (132) = NJW 1967, 1748 (1749 f.); BVerfGE 90, 145 (172) = NJW 1994, 1577 ff.

804 So *Ziemann*, ZStW 130 (2018), 762 (789). In st.Rspr. für strafprozessuale Ermittlungsmaßnahmen BVerfGE 100, 313 (359 f.) = NJW 2000, 55 (60 f.); BVerfGE 113, 348 (375) = NJW 2005, 2603 (2607 f.); BVerfGE 125, 260 (328) = NJW 2010, 833 (854); BVerfGE 130, 151 = NJW 2012, 1419 (1428).

Beschränkung des Begründungszwangs bei der Ablehnung wegen eigener Sachkunde intendiert hat. Einen gesetzlichen Ausschluss der Wahrung von §§ 244 Abs. 6 S. 1, 34 Alt. 2 StPO hat der Gesetzgeber dagegen z. B. bei der Modifikation des Beweisantragsrechts im Jahr 2019[805] für reine Beweisermittlungsanträge (vgl. § 244 Abs. 3 S. 1 StPO) und solchen, die mit Prozessverschleppungsabsicht (vgl. § 244 Abs. 6 S. 2 StPO) gestellt wurden, vorgesehen. Vielmehr kann in der Missachtung der §§ 244 Abs. 6 S. 1, 34 Alt. 2 StPO sogar ein absoluter Revisionsgrund in Gestalt der unzulässigen Beschränkung der Verteidigung (§ 338 Nr. 8 StPO) gegeben sein, wenn ein Ablehnungsbeschluss fehlerhaft oder unzureichend formuliert war.[806]

bb) Verstoß gegen die gerichtliche Fürsorgepflicht

Der Begriff der gerichtlichen Fürsorgepflicht umfasst ein Konglomerat von Nebenpflichten, die darauf abzielen, den Verfahrensablauf transparent zu halten und allen Verfahrensbeteiligten die Wahrnehmung ihrer prozessualen Befugnisse zu ermöglichen.[807] Dies umfasst insbesondere Hinweis- und Belehrungs- sowie Unterstützungspflichten bei der Stellung von Beweisanträgen.[808] Sinn und Zweck dieser Obliegenheit ist es, den Angeklagten in tatsächlicher und rechtlicher Hinsicht in die Lage der Rechtsausübung zu versetzen und verfassungsrechtlich untersagte Überraschungsentscheidungen[809] zu vermeiden. Es besteht eine enge Verbindung mit der aus Art. 6 Abs. 1 EMRK erwachsenden Subjektstellung[810] des Angeklagten, entsprechend welcher er nur agieren kann, wenn er über die Sach- und Rechtslage informiert ist.

Sofern das Gericht die hiesig geformte Hinweispflicht und das spiegelbildliche Äußerungsrecht bzgl. der Anwendung von gerichtlichem Sonderwissen missachtet[811], besteht – soweit man der Handlungsvorgabe der überwiegenden Rechtspre-

---

[805] Durch das Gesetz zur Modernisierung des Strafverfahrens (StraVMoG) v. 10.12.2019 (BGBl. I, S. 2121 Nr. 46). Siehe hierzu BT-Drs. 19/14747, S. 33, 34 f.

[806] *Eb. Schmidt*, JZ 1959, 129 (132) für den Fall, dass die Sachkunde des Tatgerichts unzureichend war.

[807] *Gössel*, Strafverfahrensrecht (1977), S. 166; *Kühne*, Strafprozessrecht, § 15 Rn. 286 ff.; LR-StPO/*ders.* Einl. I Rn. 212 ff.; *Roxin/Schünemann*, Strafverfahrensrecht, § 11 Rn. 11; KK-StPO/*Fischer* Einl. Rn. 133 f.; Meyer-Goßner/*Schmitt* StPO Einl. Rn. 155 ff. Damit ist sie sowohl ein Teilaspekt des Rechts auf rechtliches Gehör (Art. 103 Abs. 1 GG) als auch des Rechts auf ein faires Verfahren (Art. 6 Abs. 1 EMRK).

[808] LR-StPO/*Becker* § 233 Rn. 115; Alsberg/*Güntge*, Der Beweisantrag, Kap. 5 Rn. 54 f.

[809] Dazu BVerfGE 84, 188 (190) = NJW 1991, 2823, wonach Rechtsansichten und Tatsachen, d. h. auch solche die mittels Erfahrungssatzes induktiv erschlossen wurden, erfasst sind.

[810] So z. B. *Kühne*, Strafprozessrecht, § 15 Rn. 286.2. *Conen/Tsambikakis*, GA 2000, 372 (379) sehen die Subjektstellung des Angeklagten in der Rspr. des BGHSt 12, 18 (20) zurecht verletzt.

[811] So die Beobachtung bei *Dahs*, Hdb. des Strafverteidigers Rn. 659. Siehe hierzu bereits 4. Kapitel B. III. 3.

chung folgt – gerade kein das Informationsdefizit abfedernder Kontrollmechanismus über die formale Dialogkette „Beweisantrag-Ablehnungsbeschluss“. Es fehlt gänzlich an Transparenz bzgl. der Anwendung von außerjuristischem Erfahrungswissen: Der Angeklagte hätte bis zur Zustellung der schriftlichen Urteilsgründe (§ 267 Abs. 1 StPO i. V. m. § 36 StPO) keine Möglichkeit zu bemerken, welchen Erfahrungssatz das Gericht angewendet und ob es sich zurecht für sachkundig gehalten hat.[812]

Hieraus folgt, dass die Verteidigung nicht einschätzen kann, ob elementare Gegenmaßnahmen wie z. B. das Selbstladungsrecht (§ 245 Abs. 2 S. 1 StPO) erforderlich sind. Da die überwiegende Rechtsprechung für die Darlegung der Sachkunde die *schriftlichen* Urteilsgründe und nicht die *mündliche* Urteilsverkündung (§ 268 StPO) vorsieht, liegt der Zeitpunkt der Kenntnisnahme durch die Verteidigung wegen der Absetzungsfrist (§ 275 StPO) im zeitlichen Fortgang sogar noch später. Die nachträgliche Heilung[813] dieses Gehörsfehlers durch Darlegung in den schriftlichen Urteilsgründen bleibt in ihrer Zulässigkeit generell fraglich, wenn die Verletzung des rechtlichen Gehörs ein regelhaftes Vorgehen der Justiz darstellt.

b) Systematischer Vergleich mit anderen Ablehnungsgründen

Ein systematischer Vergleich mit den Anforderungen, welche von der Rechtsprechung an die anderen Ablehnungsgründe des § 244 Abs. 3, Abs. 5 StPO gestellt werden, ergibt, dass bei diesen keine Einschränkung an die Darlegung einer tatsächlichen Begründung erfolgt.[814] Insbesondere beim Ablehnungsgrund der Gerichtskundigkeit in Form der Offenkundigkeit (§ 244 Abs. 3 S. 3 Nr. 1 StPO) gehen Stimmen, die die Notwendigkeit der Darlegung der Sachkundeherkunft im Ablehnungsbeschluss verneint haben, davon aus, dass wiederum die Quelle gerichtskundiger Tatsachen dem Antragsteller im Ablehnungsbeschluss stets zur Kenntnis gebracht werden müsse.[815] Hierin liegt ein Widerspruch, da gerichtskundige Tatsachen

---

[812] So bereits *Wolschke*, Sachverständigenbeiziehung (1973), S. 185 f.

[813] *Wolschke*, Sachverständigenbeiziehung (1973), S. 185 f. interpretiert, aus BGHSt 12, 18 (20) folge, dass die Rechtsprechung als Zeitpunkt für die Einhaltung des rechtlichen Gehörs die Urteilsgründe ausreichen würde, d. h. Art. 103 Abs. 1 GG sich mit entsprechender Heilungsmöglichkeit auf gesamten Instanzenzug erstrecken könne. Eine Heilungsmöglichkeit verneint *Wolschke.* Ähnlich RG, Urt. v. 04. 01. 1929 – 1 D 847/28 = JW 1929, 1046: „Eben deshalb wird das Fehlen eines verkündeten Beschlusses in der Regel auch dadurch nicht geheilt, daß die Ablehnung des Beweisantrags in den Urteilsgründen gerechtfertigt wird“.

[814] Siehe hierzu die Übersichten bei *Hamm/Pauly*, Beweisantragsrecht Rn. 287 ff.; Alsberg/*Dallmeyer*, Der Beweisantrag, Kap. 6 Rn. 109 ff.; Meyer-Goßner/*Schmitt* StPO § 244 Rn. 56a, 66a, 78c; LR-StPO/*Becker* § 244 Rn. 201 (Unzulässigkeit), Rn. 214 (Offenkundigkeit), Rn. 225 (Bedeutungslosigkeit), Rn. 243 (Ungeeignetheit), Rn. 264 (Unerreichbarkeit), Rn. 305 (Wahrunterstellung).

[815] So exemplarisch LR-StPO/*Becker* § 244 Rn. 214, der anführt, dass der Antragsteller sich mit gerichtskundigen Tatsachen argumentativ auseinandersetzen und gegenläufige Be-

und aus Erfahrungssätzen induktiv hergeleitete Konklusionen rechtsähnlich sind sowie die Anwendungsbereiche der Ablehnungsgründe § 244 Abs. 3 S. 3 Nr. 1 StPO und § 244 Abs. 4 S. 1 StPO sich deutlich überschneiden.[816]

Zwar ist den Ablehnungsgründen des § 244 Abs. 3 StPO gemein, dass entweder die Erhebung der behaupteten Beweistatsache oder das Beweismittel an sich nicht wahrheitsfördernd sind, weshalb zu deren Beurteilung mittels prognostischer Würdigung der Beweislage eine Vorwegwürdigung des Beweisergebnisses erfolgt.[817] Trotzdem erklärt sich der Ablehnungsgrund der eigenen Sachkunde gerade nicht von selbst[818], stellt er doch ein folgenreiches Surrogat des Sachverständigenbeweises dar. In der Annahme eigener Sachkunde liegt bereits eine Durchbrechung des Beweisantizipationsverbots, weil das Gericht aufgrund seiner vermeintlichen Sachkunde das Gegenteil der unter Beweis gestellten Tatsache für erwiesen erachtet, obwohl Ursprung hierfür statt einer zu beweisenden Tatsache bloß das menschliche Erfahrungswissen ist.[819] Der Angeklagte ist i.R.v. § 244 Abs. 4 S. 1 StPO ebenso schutzbedürftig wie bei Anwendung der anderen Ablehnungsgründe[820], da seine geplante Einwirkung auf die Entscheidungsfindung des Gerichts mittels Beweisantrags fehlgeschlagen ist, der angestrebte Aufklärungseffekt verloren ist und ihm eine angemessene Handlungsalternative eingeräumt werden muss.

c) Teleologie der §§ 244 Abs. 6 S. 1, 34 Alt. 2 StPO

Ein Maxime des Beweisantragsrechts besteht – wie bereits aufgezeigt – darin, dass die Ablehnung eines formell ordnungsgemäßen Beweisantrags einen Gerichtsbeschluss erfordert (vgl. § 244 Abs. 6 S. 1 StPO), welcher mit tatsächlichen und rechtlichen Gründen zu versehen ist (vgl. § 34 Alt. 2 StPO).[821] Dieser soll nach der allgemeinen Meinung insbesondere[822] absichern, dass der Antragsteller die Entscheidung rechtlich überprüfen lassen kann, weil das Revisionsgericht mittels Beschlussbegründung in der Lage sein muss, zu beurteilen, ob die Ablehnung des Beweisantrags rechtmäßig war und eine erhobene Verfahrensrüge Erfolg hat oder

---

weisanträge stellen können müsse. So auch Alsberg/*Dallmeyer*, Der Beweisantrag, Kap. 6 Rn. 111.

[816] Siehe hierzu bereits 2. Kapitel B.III.4., 4. Kapitel B.III.2.

[817] *Walther*, NStZ 2019, 329 (337).

[818] So aber *Walther*, NStZ 2019, 329 (337).

[819] So SK-StPO/*Frister* § 244 Rn. 206.

[820] MüKo-StPO/*Trüg/Habetha* § 244 Rn. 366; *Conen/Tsambikakis*, GA 2000, 372 (379 f.); SK-StPO/*Frister* § 244 Rn. 221; KMR-StPO/*Paulus* § 244 Rn. 465; *Eisenberg*, Beweisrecht StPO Rn. 255.

[821] Meyer-Goßner/*Schmitt* StPO § 34 Rn. 4; MüKo-StPO/*Valerius* § 34 Rn. 9; *Wessels*, JuS 1969, 1 (3).

[822] So Meyer-Goßner/*Schmitt* StPO § 34 Rn. 1. Dieser Grund wirkt jedoch keineswegs abschließend.

nicht.[823] Ohne Dokumentation derjenigen Umstände, welche zur Ablehnung der Beweiserhebung geführt haben, käme der Rechtsmittelführer in der Rechtsmittelinstanz in Darlegungsnot.

Der mit tatsächlichen und rechtlichen Gründen versehene Beschluss kann dem Antragsteller aber zusätzlich noch in der Tatsacheninstanz bei der Früherkennung der richterlichen Beweiswürdigung helfen.[824] Je nachdem, wie weit das Gericht seiner Informationspflicht bzgl. der Nutzung von Sonderwissen nachgekommen ist, kann die Verteidigung durch Erwirkung eines Ablehnungsbeschlusses herausfinden, ob dieses plant, „eigene Sachkunde" anzuwenden (§ 244 Abs. 4 S. 1 StPO). Obwohl Gerichte im Rahmen der Gewährung rechtlichen Gehörs (Art. 103 Abs. 1 GG) nach überzeugender Auffassung nicht verpflichtet sind, ihre vorläufige Beweiswürdigung mitzuteilen[825], kann die Verteidigung das Gericht durch eine strategische Antragstellung dazu veranlassen kann, seine bisherige Beweisbewertung und -prognose offenzulegen, um ihr weiteres prozessuales Verhalten danach auszurichten.[826]

Mit der groben Kenntnis von der vorläufigen Beweislage ist die Verteidigung sodann in der Lage, zu erkennen, aus welchen Gründen beantragte Entlastungsbeweisbegehren verweigert wurden und kann daraufhin gezielter weitere Prozesshandlungen (z.B. Anträge, Erklärungen und Einlassungen) ausüben, um noch auf die Entscheidungsfindung des Gerichts Einfluss zu nehmen. Hinsichtlich der Beweislage – anders bzgl. der Rechtslage (vgl. z.B. § 265 StPO) – ist die gezielte Beweisantragsstellung oft die einzige Möglichkeit, eine vorläufige Beurteilung des Gerichts zu erlangen.[827] Eine Erfolgsaussicht dieses Vorgehens besteht zumeist nur im entsprechenden Umfang der gerichtlichen Beschlussbegründung.[828]

---

[823] So in st.Rspr. RGSt 1, 189 (190); RGSt 1, 417; BGHSt 2, 284 (286) = NJW 1952, 714; BGH, Urt. v. 18.01.1994 – 1 StR 745/93 = NJW 1994, 1484.

[824] *Alsberg*, in: FS Heinitz (1926), 416 ff.; *Hamm/Pauly*, Beweisantragsrecht Rn. 70; MAH-Strafverteidigung/*Krause* § 7 Rn. 146; *Dahs*, Hdb. des Strafverteidigers Rn. 662; LR-StPO/*Becker* § 244 Rn. 181; SK-StPO/*Frister* § 244 Rn. 47; *Hamm*, in: FS Peters (1984), 169; *Perron*, Beweisantragsrecht des Beschuldigten (1995), S. 226; *Quedenfeld*, in: FG Peters (1984), 215 (227); *Ventzke*, NStZ 2017, 300 (301).

[825] Siehe hierzu bereits 4. Kapitel B. III. 1. a).

[826] So in st.Rspr. RGSt 51, 42; RG, Urt. v. 04.01.1929 – 1 D 847/28 = JW 1929, 1046; BGHSt 2, 284 (286) = NJW 1952, 714; BGH, Beschl. v. 04.08.1983 – 1 StR 341/83 = NStZ 1983, 568; BGH, Beschl. v. 20.12.2006 – 2 StR 444/06 = StV 2007, 176; BGH, Beschl. v. 07.08.2023 – 5 StR 550/22, 5 StR 39/23 = NStZ 2024, 439 (440); ebenso SK-StPO/*Frister* § 244 Rn. 47; *Herdegen*, in: GS Meyer (1990), 187 (194). *Schulz*, StV 1991, 354 (360); *ders.*, GA 1981, 301 (308) sieht hierin eine von erfahrenen Verteidigern herbeiführbare „Minderung des Informationsdefizits"; *Hamm*, in: FS Peters (1984), 169 (170) empfindet die Nutzung dieser „Informationsmöglichkeit" gar als „lebenswichtig", um aus Sicht der Verteidigung „das weitere Vorgehen darauf einzurichten"; *Widmaier*, StraFo 2006, 437 visualisiert, die Verteidigung könne einen „Blick in das Beratungszimmer" des Gerichts werfen.

[827] *Dahs*, Hdb. des Strafverteidigers Rn. 662.

[828] *Malek*, Verteidigung in der Hauptverhandlung Rn. 422 zweifelt an den Erfolgsaussichten.

d) Darlegungslast beim Beweisantrag (Konnexität)

Die gesteigerte Notwendigkeit auch im Falle der Ablehnung wegen „eigener Sachkunde“ (§ 244 Abs. 4 S. 1 StPO) den Beschluss in tatsächlicher und rechtlicher Hinsicht zu begründen, ergibt sich insbesondere aus dem von der Rechtsprechung entwickelten[829] und seit dem Jahr 2019[830] gesetzlich verankerten Konnexitätserfordernis. Dieses sieht als zusätzliche Voraussetzung für die Qualifizierung als Beweisantrag voraus, dass der Antragsteller den Kausalzusammenhang zwischen der Beweisbehauptung und dem Beweismittel darlegt, um dem Gericht die Erheblichkeitsprüfung zu vereinfachen.[831] Nun sind die Anforderungen an den darzulegenden Kausalzusammenhang stetig gestiegen[832], sodass dieser vereinzelt gar als Begründungspflicht statt als bloße Obliegenheit des Antragstellers bezeichnet wird.[833] Unabhängig von den konkreten Anforderungen an die Konnexität, welche selbst innerhalb der Rechtsprechung und des Schrifttums voneinander abweichen[834], liegt die vorrangige Argumentations- und Darlegungslast mit Etablierung dieses Kriteriums gleichwohl beim Antragsteller.[835]

Da die formale Kette „Beweisantrag-Ablehnungsbeschluss“ gleichsam rechtsgeschäftliche Elemente[836] aufweist, drängt sich einem allgemeinen Rechtsgedanken[837] folgend auf, dass das als Konnexität bezeichnete substantiierte Vorbringen des Antragstellers spiegelbildlich zu einer ebenfalls substantiierten Antragsablehnung des Gerichts führen muss. Wenn der Antragsteller bereits dazu verpflichtet ist, ausführlich darzulegen, welcher Kausalzusammenhang zwischen der Beweisbehauptung (Konklusion des Erfahrungssatzes [r=p]) und dem Beweismittel (Sachverständiger) besteht (z.B. aus welchen fachlichen Gründen ausschließlich ein

---

[829] So z.B. begründet und fortgeführt in BGHSt 39, 251 = NStZ 1993, 550; BGHSt 40, 3 (6) = NJW 1994, 1294 f.; BGHSt 52, 284 = NJW 2008, 3446 (3447); BGH, Urt. v. 10.06. 2008 – 5 StR 38/08 = NStZ 2009, 49 (Leitsatz).

[830] Gesetz zur Modernisierung des Strafverfahrens (StraVMoG) v. 10.12.2019 (BGBl. I, S. 2121 Nr. 46).

[831] Hierzu BT-Drs. 19/14747, S. 33 f.; Alsberg/*Dallmeyer*, Der Beweisantrag, Kap. 1 Rn. 87 ff.

[832] Hierzu Alsberg/*Dallmeyer*, Der Beweisantrag, Kap. 1 Rn. 95; *Jahn*, StV 2009, 663 (664 f.); *Ventzke*, NStZ 2011, 301 insbesondere zum „qualifizierten Konnexitätserfordernis“.

[833] *Hamm/Pauly*, Beweisantragsrecht Kap. 1 Rn. 199 ff., 209.

[834] Vgl. LR-StPO/*Becker* § 244 Rn. 109 ff.; Alsberg/*Dallmeyer*, Der Beweisantrag, Kap. 1 Rn. 97 ff.

[835] *Herdegen*, NStZ 1999, 176 (180 f.); *Anders*, Beweiserhebungskontrollen (1998), S. 145; *Fezer*, in: 50 Jahre BGH Band IV (2000), 847 (871).

[836] So *Hamm*, in: FS Peters (1984), 169 (177). Als „formalisierter Dialog“ bezeichnet von BGHSt 45, 270 = NJW 2000, 443 (445); BGHSt 52, 284 = NJW 2008, 3446 (3447); *Basdorf*, StV 1995, 310 (319); *Malek*, Verteidigung in der Hauptverhandlung Rn. 424; *Hamm/Pauly*, Beweisantragsrecht Rn. 322; *Sommer*, Effektive Strafverteidigung, Kap. 3 Rn. 1330.

[837] Vgl. Gedanke bei LR-StPO/*Becker* § 244 Rn. 340 zur Ablehnung eines Beweisantrags auf Vernehmung eines weiteren Sachverständigen (§ 244 Abs. 4 S. 2 StPO), soweit sich Antragsteller mit Erstgutachten auseinandersetzt.

spezieller, individuell-benannter Sachverständiger diese Tatsache feststellen kann), gebietet die formale Kongruenz zwischen „Antrag-Ablehnung" die Existenz eines Beschlusses, der diese Aspekte aufgreift. Der Beschluss kann sich mithin nicht in der schlichten Feststellung, das Gericht besitze selbst die erforderliche Sachkunde, erschöpfen[838], da dies keine hinreichende Substantiierung darstellt.

e) Nachteile des Angeklagten durch Verweis auf die Revisionsinstanz

Die Darlegung der Sachkunde im Zeitraum der laufenden Hauptverhandlung wird von der überwiegenden Rechtsprechung wegen einer ausreichenden Absicherung des Angeklagten durch die Revisionsinstanz für entbehrlich gehalten.[839] Im Folgenden wird aufgezeigt, dass der pauschale Verweis auf die Revisionsinstanz die Einflussnahme- und Rügemöglichkeiten des Angeklagten unverhältnismäßig verkürzt.

aa) Erfolgschance von Gegenmaßnahmen in der Tatsacheninstanz

Unabhängig davon, dass durch den Informationsverzicht in der Tatsacheninstanz die Kontrolle des vorhandenen Sonderwissens verhindert wird, erhöhen sich mit dem Übergang in die Revisionsinstanz die formellen Anforderungen, das Sonderwissen zu rügen im Vergleich dazu, in der Tatsacheninstanz hierauf schlicht durch Prozesshandlungen Einfluss zu nehmen. Während im Fall der Darlegung der Sachkunde im Ablehnungsbeschluss in der Hauptverhandlung – mangels ordentlichen Rechtsbehelfs – durch eine Gegenvorstellung[840] oder die Selbstladung eines Sachverständigen (§ 245 Abs. 2 S. 1 StPO)[841] noch auf die Entscheidungsfindung des Gerichts eingewirkt werden kann, ist eine Rüge fehlerhaft angenommener Sachkunde an die formellen Voraussetzungen der Revision (§§ 333 ff. StPO) geknüpft. Der gerichtliche Verzicht, die Sachkunde im Ablehnungsbeschluss darzulegen, schneidet dem Angeklagten damit faktisch die Erwiderungsmöglichkeiten in der Tatsacheninstanz mit etwaigem Gegenvortrag bzw. Gegenhandlungen ab.[842]

---

[838] Siehe hierzu bereits das Negativbeispiel im 6. Kapitel C. IV. 1.

[839] So BGHSt 12, 18 (20) = NJW 1958, 1596 f.: „Ob die Sachkunde seines Mitglieds ausreicht, kann das Tatgericht bei der Beratung auch ohne die Anwesenheit der anderen Prozeßbeteiligten feststellen und nach pflichtmäßigem Ermessen beurteilen. *In diesem Falle kann der Angekl. die etwa mangelnde Sachkunde des Gerichts zwar nicht schon in der Hauptverhandlung rügen* und die Hinzuziehung eines weiteren Sachverständigen beantragen. *Seine Rechtsstellung wird aber dadurch gesichert, daß das RevGer. nachprüfen muß, ob der Tatrichter sich die erforderliche Sachkunde etwa zu Unrecht zugetraut hat*" (Hervorhebungen d. Verf.). Ebenso *Eb. Schmidt*, JZ 1959, 129 (132); *Walther*, NStZ 2019, 329 (337).

[840] Siehe hierzu bereits 6. Kapitel C. I. 2. b).

[841] Siehe hierzu bereits 6. Kapitel C. I. 2. c).

[842] *Wolschke*, Sachverständigenbeiziehung (1973), S. 185, 201; ähnlich KMR-StPO/*Paulus* § 244 Rn. 465.

Damit wird eine wesentliche Funktion der §§ 34 Alt. 2, 244 Abs. 6 S. 1 StPO, die Reaktionsmöglichkeit der Verteidigung, gänzlich unterlaufen.

Die Gegenmaßnahmen in der laufenden Hauptverhandlung sind als solche für den Angeklagten niedrigschwelliger wahrnehm- und umsetzbar als die Revision. Die formellen (§§ 333, 341, 345 StPO) und materiellen (§§ 337, 344 StPO) Anforderungen an das Vorbringen des Rechtsmittelführers sind – gemessen an den niedrigen Darlegungspflichten des Gerichts[843] – vergleichsweise hoch.[844] Zudem sind die Erfolgschancen von Revisionen bereits statistisch äußerst gering.[845] Demgegenüber weisen die Gegenmaßnahmen eine durchaus höhere Erfolgschance dahingehend auf, die Beurteilung der Beweisfrage durch das Gericht noch in eine für den Angeklagten günstige Richtung zu lenken, da das Gericht im laufenden Hauptverfahren noch keine endgültige Beweiswürdigung getroffen haben darf und damit empfangsbereiter für Gegenargumente ist.[846]

Einen Ablehnungsbeschluss, in welchem die Sachkundeerwägungen dargelegt wurden, kann das Tatgericht nach dem Erlass in der Hauptverhandlung noch rückwirkend unter den Voraussetzungen des Art. 103 Abs. 1 GG i. V. m. § 265 Abs. 2 Nr. 2 StPO ändern[847], sofern es seine Beurteilung in Bezug auf das Beweiserhebungsbegehren ändern will. Mithin sind die Erfolgschancen, die rechtswidrige Bescheidung von Beweiserhebungsbegehren umzukehren, in der Tatsacheninstanz höher als in der Revisionsinstanz.

[843] So *Hamm/Pauly*, Beweisantragsrecht Rn. 523 für § 244 Abs. 6 S. 1 StPO.

[844] Alsberg/*Güntge*, Der Beweisantrag, Kap. 9 Rn. 1 f.; *Fezer*, in: FS BGH Bd. IV (2000), 847 (860 f.).

[845] Zu den Erfolgschancen der Revisionen beim BGH dargestellt bei MüKo-StPO/*Knauer/Kudlich* Vor § 333 Rn. 12 ff.; *Geipel*, Handbuch der Beweiswürdigung (2017), S. 1410; *Sommer*, Effektive Strafverteidigung, Kap. 1 Rn. 102: 1 % Erfolgschance bei Verfahrensrügen; *Barton*, in: FS Fezer (2008), 333 (339): 1,3 % Erfolgschance; *Dahs*, Hdb. des Strafverteidigers Rn. 887: 90 % Verwerfung gem. § 349 Abs. 2 StPO. Dabei wird laut aktueller Statistik in ca. 66 % der Fälle die Revision auf Antrag der GBA vom zuständigen Senat gem. § 349 Abs. 2 StPO als offensichtlich unbegründet abgewiesen, vgl. Übersicht über den Geschäftsgang bei den Strafsenaten des BGH im Jahre 2023 – Jahresstatistik, S. 5 (online abrufbar unter: https://www.bundesgerichtshof.de/DE/Service/Statistik/StatistikStraf/Archiv/StatistikStraf2023/statistikStraf2023_node.html).

[846] So speziell für den Bereich des Erfahrungswissens *Barton*, StV 1983, 73 (80); *ders.*, StV 1988, 124 (128 ff.); *Köhler*, Inquisitionsprinzip (1979), S. 52 f.

[847] So in st.Rspr. BGHSt 21, 38 f. = NJW 1966, 989; BGHSt 32, 44 (47) = NJW 1984, 2228 (2229) und Lit. Alsberg/*Dallmeyer*, Der Beweisantrag, Kap. 6 Rn. 135 ff.

bb) Formell eingeschränkte Reversibilität gerichtlichen Sonderwissens

Wenn das Tatgericht in seiner Entscheidung einen bestehenden Erfahrungssatz missachtet, von einem nicht bestehenden Erfahrungssatz ausgeht oder einen Erfahrungssatz fehlerhaft anwendet, ist die Beweiswürdigung (§ 261 StPO) rechtsfehlerhaft.[848] Die Rüge, das Tatgericht habe sich unzutreffend für sachkundig gehalten oder Sachkunde fehlerhaft angewendet, wird jedoch bereits durch den Grundsatz, dass das Revisionsgericht keine eigene Beweiswürdigung – anstelle derer des Tatgerichts – anstellen darf, beschränkt.[849]

Eine Aufweichung des Rekonstruktionsverbots gilt dennoch für die Tatsachenfeststellung mittels wissenschaftlicher Erkenntnisse, Logik und Denk- und Erfahrungssätze. So hat das Revisionsgericht u. a. zu kontrollieren, ob das Tatgericht gegen Erfahrungssätze verstoßen hat.[850] Der Umstand, ob das Tatgericht überhaupt sachkundig war (vgl. § 244 Abs. 4 S. 1 StPO), ist indes eine Rechtsfrage[851] und fällt im weiteren Sinne unter den Systematisierungspunkt der (Nicht-)Existenz bzw. Falsifikation von wissenschaftlichen Hypothesen, da ein Unsachkundiger regelmäßig irrtümlich einen „falschen" Erfahrungssatz anwendet oder einen einschlägigen Erfahrungssatz unbeachtet lässt.[852]

Die Hürde, einen Verstoß des Tatgerichts gegen einen Erfahrungssatz mittels Revision zu rügen, war insbesondere in der Vergangenheit höher, als dies bloß mit der – gegenüber der Sachrüge – formell aufwendigeren Verfahrensrüge zu beanstanden war.[853] Für Verfahrensrügen gilt das Erfordernis, die den Urteilsmangel begründenden Tatsachen bestimmt zu behaupten (§ 344 Abs. 2 S. 2 StPO) und ohne Bezugnahmen und Verweisungen derart wiederzugeben, dass das Revisionsgericht ohne weitere Hinzuziehung der Aktenbestandteile eine Entscheidung treffen kann.[854] Der Verstoß gegen einen Erfahrungssatz ist seit der Erweiterung der Re-

[848] So in st.Rspr. BGHSt 6, 70 (72) = NJW 1954, 1336 f.; BGHSt 17, 382 (385) = NJW 1962, 1876 (1877); BGHSt 29, 18 (20) = NJW 1979, 2318 (2319); BGHSt 31, 86 (89) = NJW 1982, 2455 (2456); BGH, Urt. v. 03.08.1982 – 1 StR 371/82 = NStZ 1982, 478 f.; BGH, Beschl. v. 27.09.2001 – 1 StR 349/01 = NStZ-RR 2002, 39.

[849] Zum Rekonstruktionsverbot siehe *Hamm/Pauly*, Die Revision in Strafsachen, Rn. 342 ff.

[850] So in st.Rspr. BGH, Beschl. v. 04.08.2022 – 5 StR 175/22 = NStZ 2023, 156 (159) und Lit. Meyer-Goßner/*Schmitt* StPO § 337 Rn. 20, 21; *Hamm/Pauly*, Die Revision in Strafsachen, Rn. 356 ff.

[851] So *Wolschke*, Sachverständigenbeiziehung (1973), S. 194.

[852] *Hamm/Pauly*, Die Revision in Strafsachen, Rn. 1223.

[853] Hierzu die – mittlerweile veraltete – Kritik bei *Wolschke*, Sachverständigenbeiziehung (1973), S. 183 f., welche vor Schaffung der sog. Darstellungsrüge in den späten 1970er-Jahren nachvollziehbar war.

[854] BGHSt 3, 213 = NJW 1952, 1386; BGHSt 29, 203 = NJW 1980, 1292; BGH, Urt. v. 31.01.1991 – 1 StR 652/90 = NStZ 1992, 29 f.; BGH, Urt. v. 22.09.1993 – 2 StR 170/93 = NStZ 1994, 47; BGH, Beschl. v. 09.03.1995 – 4 StR 77/95 = NStZ 1995, 462; BGH, Beschl.

vision um die sog. Darstellungsrüge jedoch auch über die allgemeine – und vor allem begründungsärmere – Sachrüge zu beanstanden.[855] Zwar wurde damit die revisionsrechtliche Klaviatur, fehlerhaftes Sonderwissen rügen zu können, erweitert.

Die Konsequenz aus der Rechtsprechung, welche eine Begründungspflicht im Ablehnungsbeschluss verneint, ist jedoch, dass die Verfahrensrüge des unzureichend begründeten Beschlusses (§ 244 Abs. 6 S. 1 StPO) abgeschnitten wird[856], denn wo laut überwiegender Rechtsprechung keine Begründung erfolgen muss, kann ihr Fehlen bzw. Inhalt nicht gerügt werden. Anders als bei den anderen Ablehnungsgründen fällt bei § 244 Abs. 4 S. 1 StPO somit ein möglicher Angriffspunkt der gerichtlichen Entscheidung weg, sodass dem Rechtsmittelführer diesbzgl. nur die Aufklärungs- und Darstellungsrüge verbleiben.[857]

Zwar haben die Aufklärungs- und Darstellungsrüge andere Angriffspunkte als die Verfahrensrüge i. S. v. § 244 Abs. 6 S. 1 StPO, welche lediglich die Rechtmäßigkeit der Antragsablehnung erfasst. Der Begründungsaufwand der Aufklärungs- und Darstellungsrüge ist für den Rechtsmittelführer jedoch ungleich höher als bei einer Verfahrensrüge i. S. v. § 244 Abs. 6 S. 1 StPO. Die Rüge eines unzureichend begründeten Beschlusses (§ 244 Abs. 6 S. 1 StPO) kann durch die bloße Zitierung des Beweisantrags und des ablehnenden Beschlusses in der Revisionsbegründungsschrift relativ simpel erhoben werden.[858] Ob Antrag und Beschluss kongruent sind bzw. die Begründung des Beschlusses genügt, kann das Revisionsgericht anhand der zitierten Inhalte feststellen.

Soll dagegen gerügt werden, dass das Tatgericht es bei der Annahme eigener Sachkunde versäumt hat, entsprechend seiner Amtsaufklärungspflicht spiegelbildlich einen Sachverständigen hinzuzuziehen (Aufklärungsrüge i. S. v. § 244 Abs. 2 StPO), bedarf dies wegen der strengen Darlegungsanforderungen des § 344 Abs. 2 S. 2 StPO einer genauen Festlegung des Aufklärungsmaßstabs sowie einer umfassenden Auseinandersetzung mit der außerjuristischen Beweisfrage, so z. B. warum das jeweilige Erfahrungswissen nicht zum gerichtlichen Allgemein- oder Sonderwissen gehört.[859] Trotz Nichtgeltung des § 344 Abs. 2 S. 2 StPO im Rahmen der

---

v. 20. 07. 1995 – 1 StR 338/95 = NStZ 1996, 145; BGH, Urt. v. 15. 11. 2001 – 4 StR 215/01 = NStZ 2002, 216.

[855] *Dahs*, Die Revision im Strafprozess (2012), Rn. 465, 538; MAH-Strafverteidigung/*Dahs/Müssig* § 12 Rn. 351 ff.; KK-StPO/*Tiemann* § 261 Rn. 212. Zur Entwicklung der erweiterten Revision vgl. *Schneider*, NStZ 2019, 324 (326 f.).

[856] So ausdrücklich *Ventzke*, NStZ 2017, 301. Ähnlich andeutend bereits BGHSt 12, 18 (20) = NJW 1958, 1596 f.

[857] Dazu Alsberg/*Dallmeyer*, Der Beweisantrag, Kap. 1 Rn. 11 f.; *Dahs*, Hdb. des Strafverteidigers Rn. 946 f.; *ders.*, Die Revision im Strafprozess (2012), Rn. 292; LR-StPO/*Becker* § 244 Rn. 59 ff.

[858] MüKo-StPO/*Trüg/Habetha* § 244 Rn. 403 ff.; *Ventzke*, NStZ 2017, 301 (302).

[859] *Hamm/Pauly*, Die Revision in Strafsachen, Rn. 779 ff., 801 ff.

Sachrüge[860] dürfte aber auch die Erfolgschance einer Darstellungsrüge, d.h. weshalb das Tatgericht einen „falschen" Erfahrungssatz angewendet oder einen einschlägigen Erfahrungssatz nicht angewendet hat, von dem Substantiierungs- und Begründungsgrad des Revisionsvorbringens abhängen. Da Erfahrungswissen grundsätzlich partikular ist, wird das Revisionsgericht auf einen Fehler in der Sachkundeanwendung, der dem Tatgericht unterlaufen ist, womöglich erst stoßen, sofern es hierauf vom Revisionsführer hingewiesen wurde (sog. Signaleffekt).[861]

Die Möglichkeiten des Revisionsgerichts, das Vorhandensein von Sachkunde beim Tatgericht zu überprüfen, bestehen hauptsächlich darin, die schriftlichen Urteilsgründe mit dem eigenen Erfahrungswissensschatz zu vergleichen.[862] Das Revisionsgericht kann allgemein das Bestehen oder Fehlen von Erfahrungssätzen in dem ihm ausschließlich zur Verfügung stehenden Freibeweisverfahren feststellen[863], so z.B. durch die Einholung schriftlicher Auskünfte oder die Anhörung von Sachverständigen.[864] Da eine Urteilsbegründung des Tatgerichts – auch in Bezug auf eine außerjuristische Beweisfrage – zwar einen hinreichenden Umfang aufweisen muss, dieser jedoch begrenzt sein darf, kann sie zulässigerweise kürzer als ein parallel-hypothetisches Sachverständigengutachten ausfallen.

Sofern der Vertiefungsgrad der außerjuristischen Beweisbeurteilung gering ist, besteht für die Revisionsrichter, welche als Juristen zumeist ebenfalls fachliche Laien seien werden, eine ähnliche Hürde, Fehler zu erkennen.[865] Vertypte Mängel[866] können auf diese Weise womöglich übersehen werden. Falls die Verteidigung hierauf – je nach Rügeart sogar trotz Fehlen einer Begründungsanforderung i.S.v. § 344 Abs. 2 S. 2 StPO – hinweist und diese auflöst, steigt die Erfolgschance der Revision, da der Blick des Revisionsgerichts hierauf gelenkt wird. Sofern neben

---

860 *Hamm/Pauly*, Die Revision in Strafsachen, Rn. 1600 f.

861 *Wolschke*, Sachverständigenbeiziehung (1973), S. 183.

862 *Hamm/Pauly*, Die Revision in Strafsachen, Rn. 356.

863 Meyer-Goßner/*Schmitt* StPO § 351 Rn. 3; HK-StPO/*Julius* § 244 Rn. 60.

864 So ausdrücklich in OLG Braunschweig, Urt. v. 29.04.1955 – Ss 251/54 = NJW 1955, 1201 (1202): „Das Revisionsgericht kann sich die *Kenntnis von Erfahrungssätzen* auf jede mögliche Weise nach den Regeln des Freibeweises verschaffen, durch *eigene Nachforschungen*, unter *Benutzung von Büchern und Fachliteratur*, aber auch durch *Anhörung von Sachverständigen*, wenn die eigene Sachkunde zur Erforschung der vorhandenen Quellen nicht ausreicht. Es handelt sich dann nicht um einen Sachverständigenbeweis zur Feststellung von Tatsachen, wie er in der Revisionsinstanz unzulässig ist, sondern darum, das Bestehen von Rechtsnormen im weiteren Sinne festzustellen" (Hervorhebungen d. Verf.). Bsp. in BGHSt 7, 82 (83) = NJW 1955, 599 (Glaubwürdigkeitsanzeichen in Aussagen von Minderjährigen); BGHSt 23, 156 (164) = NJW 1970, 520 (523) (Übermüdungserscheinungen eines KfZ-Fahrers); BGHSt 25, 246 (249) = NJW 1974, 246 ff. (Bestimmung des stündlichen Abbauwertes von Alkohol in der Blutbahn); BGHSt 33, 133 (136) = NJW 1985, 2771 ff. (Bestimmung der „nicht geringen Menge" im BtMG).

865 So zieht sich die Wissensasymmetrie zwischen Juristen und Sachverständigen fort, 5. Kapitel A.III.

866 Siehe hierzu bereits 5. Kapitel A.IV.2.

einer Sachrüge auch eine Verfahrensrüge erhoben wird, darf das Revisionsgericht sodann auch die Verfahrensakten als Erkenntnisquelle nutzen und der Kreis des zur Verfügung stehenden Kontrollmaterials wächst.[867]

Ob die jeweiligen Gerichtsmitglieder *tatsächlich* über dasjenige Sonderwissen verfügen, dessen Umfang sie im Ablehnungsbeschluss oder in den Urteilsgründen angegeben haben, lässt sich für das Revisionsgericht kaum erschöpfend feststellen. Im Gros der revisionsrechtlichen Entscheidungen zu Erfahrungssätzen geht es nicht um die prozessuale Frage, ob ein individueller Richter über einen *speziell*-behaupteten Kenntnisstand *tatsächlich verfügt*, sondern ob ein durchschnittlicher Richter den *generell*-notwendigen Kenntnisstand *überhaupt aufweisen kann.*[868] Zwar bleibt durch diese Prüfungsverengung das tatsächliche Vorhandensein von lediglich behauptetem Sonderwissen des Gerichts im Dunkeln[869], jedoch wird eine Verlängerung der – sonst schier unendlichen – Kontrollkette abgebrochen: Aufgrund der immanenten Wissensasymmetrie ist die Prüfung durch das ggf. selbst nicht sachkundige Revisionsgericht dahingehend, ob das Tatgericht seinerseits sachkundig war, nur begrenzt eigenständig oder wiederum ausschließlich mittels Sachverständigen durchzuführen.[870]

cc) Vermeidbare Kostenentstehung

Würden die Sachkundeerwägungen vom Tatgericht erst in den schriftlichen Urteilsgründen dargelegt, hätte die Verteidigung die Zustellung (§§ 36, 37 Abs. 1 StPO) der schriftlichen Urteilsgründe (§ 267 StPO) abzuwarten, um angemessen prüfen zu können, ob das Tatgericht die behauptete Sachkunde tatsächlich besitzt bzw. besitzen kann. Je nach Absetzungsfrist kann dieser Zeitraum bis zu fünf Wochen ab mündlicher Verkündung betragen (§ 275 Abs. 1 S. 2 StPO). Um dem Eintritt der Rechtskraft des Urteils und damit einer Präklusion der fehlerhaften Sachkunde zu entgehen, hätte die Verteidigung in Fällen fraglichen Sonderwissens wegen der einwöchigen Revisionseinlegungsfrist (§ 341 Abs. 1 StPO) stets vorsorglich Rechtsmittel zu einzulegen.[871] Bei aus den Urteilsgründen erkannter Un-

---

[867] *Wolschke*, Sachverständigenbeiziehung (1973), S. 184.

[868] Vgl. hierzu die von der Rechtsprechung entwickelte Kasuistik, wann richterliches Wissen naturgemäß endet, siehe hierzu bereits 3. Kapitel A. III.

[869] Diesen Umstand bedauert verständlicherweise *Wolschke*, Sachverständigenbeiziehung (1973), S. 180 ff., der zutreffend darauf hinweist, dass eine umfassende Überprüfung tatrichterlicher Sachkunde durch das Revisionsgericht sich auch darauf erstrecken müsste, ob das Tatgericht von vornherein sachkundig genug war, auf die Feststellung aller in Frage kommender Anknüpfungstatsachen hinzuwirken.

[870] Siehe hierzu 5. Kapitel A. IV. *Anders*, Beweiserhebungskontrollen (1998), S. 86 bezeichnet diese Problematik als Zirkelschluss („*petitio principii*").

[871] *Wolschke*, Sachverständigenbeiziehung (1973), S. 185. Eine vorsorgliche Revisionseinlegung ist zwar häufig als Berufspflicht geboten, sofern allein aus der mündlichen Urteilsverkündung und dem Verfahrensgang an sich (noch) keine Rechtsfehler ersichtlich sind.

begründetheit der Rüge muss die Revision sodann von der Verteidigung zurückgenommen werden, um weitere Kostennachteile abzuwenden. Dies stellt zwar einen unkomplizierten Vorgang dar[872], für die Einlegung und Rücknahme des Rechtsmittels werden allerdings bereits Rechtsanwaltskosten[873] und ggf. Gerichtsgebühren[874] fällig, ohne dass es zu einer Entscheidung des Revisionsgerichts kommt. Da für die Revisionsbegründung ein faktischer Anwaltszwang herrscht (vgl. § 345 Abs. 2 StPO), muss der Rechtsmittelführer in diesem Verfahrensstadium – auch für Einlegung und Rücknahme – anwaltlich vertreten sein. Bei gar unerkannt gebliebener Anwendung von Sonderwissen durch das Tatgericht drohen die Rechtskraft des Urteils und damit ein vollständiger Rügeverlust einzutreten, sofern die Sachkundeerwägungen erst in den Urteilsgründen dargelegt werden.[875]

Die Rechtsfolge einer begründeten Revision ist – statt der eigenen Entscheidung in der Sache[876] – in den allermeisten Fällen eine Zurückweisung mit anschließender Neuverhandlung der Sache an einen anderen Spruchkörper des Gerichts aus voriger Instanz (§ 354 Abs. 2 StPO). Mithin läuft es im Fall der anfänglich fraglichen und erfolgreich gerügten Sachkunde des Tatgerichts darauf hinaus, dass in einer zweiten Hauptverhandlung erneut die Gewinnung und Verwertung von Erfahrungswissen im Raum steht. Hätte die Verteidigung hingegen noch in der ersten Hauptverhandlung nach einem Hinweis[877] oder nach Darlegung der Sachkundeerwägungen im Ablehnungsbeschluss[878] die Möglichkeit gehabt, etwaige Gegenäußerungen und -maßnahmen anzubringen oder sich bewusst dagegen entschieden, weil sie das Sonderwissen des Tatgerichts als ausreichend bewertet hat, wäre einer diesbzgl. Revisionsrüge bereits der Nährboden entzogen worden.

Der von der überwiegenden Ansicht praktizierte Verzicht, die Sachkundeerwägungen im Ablehnungsbeschluss darzulegen, kann damit zu einer unökonomischen Verlagerung in die Revisionsinstanz und ggf. einer aus *ex-ante*-Sicht nicht not-

---

Bei Sonderwissen, welches in der Hauptverhandlung nicht thematisiert wurde und in der mündlichen Urteilsverkündung nicht dargelegt werden muss, ist dies jedoch der Standardfall.

[872] Siehe die Voraussetzungen bei *Hamm/Pauly*, Die Revision in Strafsachen, Rn. 193 ff.

[873] Durch die Revisionseinlegung kann ggf. eine Verfahrensgebühr VV 4130 Anl. I RVG entstehen, soweit die Tätigkeit nicht mit dem erstinstanzlichen Verfahren zusammenhängt (§ 19 Abs. 1 S. 1 Nr. 10 RVG). Durch die Rücknahme der Revision entsteht eine Erledigungsgebühr VV 4141 Anl. I RVG. Beide Gebühren können bis zu ca. 1.200 Euro betragen.

[874] Sofern die eingelegte Revision nicht vor Ablauf der Begründungsfrist, sondern erst danach zurückgenommen wird, entsteht eine Erledigungsgebühr i. H. v. 1,0 % des Streitwerts (KV Nr. 3131 Anl. 1 GKG).

[875] *Wolschke*, Sachverständigenbeiziehung (1973), S. 186.

[876] Das Verfahren nach § 354 Abs. 1 StPO erfolgt in ca. 5 % aller beim BGH eingelegter Revisionen (die eigene Entscheidung inklusive), vgl. Übersicht über den Geschäftsgang bei den Strafsenaten des BGH im Jahre 2023 – Jahresstatistik, S. 5 (online abrufbar unter: https://www.bundesgerichtshof.de/DE/Service/Statistik/StatistikStraf/StatistikStraf2023/statistikStraf2023_node.html.).

[877] Siehe hierzu bereits 4. Kapitel B. III. 3. a).

[878] Siehe hierzu bereits 6. Kapitel C. IV. 2.

wendigen und kostenintensiven Neuverhandlung führen.[879] Der Verweis der überwiegenden Ansicht, die Darlegung der Sachkundeerwägungen im Ablehnungsbeschluss sei entbehrlich, weil die „Rechtsstellung [des Angeklagten] aber dadurch gesichert [wird], daß das RevGer. nachprüfen muß, ob der Tatrichter sich die erforderliche Sachkunde etwa zu Unrecht zugetraut hat“[880], lässt – entgegen jedwedem Kostenbewusstsein – zusätzliche Gerichts- und Rechtsanwaltsgebühren zulasten des Rechtsmittelführers entstehen, die ggf. bereits vermeidbar gewesen wären.

f) Keine Sinnhaftigkeit eines unbegründeten Beschlusses

Neben den dogmatischen Aspekten, weshalb eine Begründung bereits im Ablehnungsbeschluss erfolgen muss, ist ausschlaggebend, dass umgekehrt kein sinnvolles Argument für die überwiegende Ansicht, dass – abweichend von § 244 Abs. 6 S. 1 StPO – eine Begründung in den schriftlichen Urteilsgründen ausreichen soll, existiert.[881] Die Vertreter dieser Ansicht nennen hierfür – soweit ersichtlich – keinen belastbaren Grund. Damit grenzt die Beschränkung der §§ 34 Alt. 2, 244 Abs. 6 S. 1 StPO nahezu an Willkür, da beim Antragsteller durch das Transparenzdefizit der negative Eindruck einer unerreichbaren „Geheimjustiz“ entsteht. Auch denkbare hypothetische Gründe sind für die herrschende Ansicht nicht anzuführen.

Zunächst hat das Gericht im Zeitpunkt der Antragsablehnung diejenigen Erwägungen, welche es zur Annahme eigener Sachkunde geleitet haben, denknotwendig bereits durchdacht und sich festgelegt, da es ansonsten zu keiner abschließenden Entscheidung hätte gelangen können. Nicht bloß das Ergebnis (d.h. die Sachkundeanwendung als solches), sondern auch die Basis der Entscheidung (z.B. Anzahl der sachkundigen Gerichtsmitglieder, deren formelle Qualifikationen und Kenntnis des aktuellen Standes der Wissenschaft) müssen als ausreichend bewertet worden sein. Daher erschließt sich nicht, weshalb die Mitteilung dieser Erwägungen bis zu den schriftlichen Urteilsgründen hinausgezögert werden soll. Hierdurch eröffnet sich die Gefahr, dass entgegen der Maxime, dass Antragsablehnungen i.S.d. § 244 Abs. 3–5 StPO nur eingeschränkt nachträglich modifiziert werden dürfen[882], eine Änderung der tragenden Erwägungen nicht dokumentiert und damit faktisch einer Nachprüfung durch die Prozessbeteiligten entzogen wird.

Zudem träte durch den Verzicht auf die Begründung des Ablehnungsbeschlusses keine nennenswerte Beschleunigung und umgekehrt durch die Mitteilung einer ausführlichen Begründung keine nennenswerte Verzögerung des Verfahrens ein.

---

[879] So bereits *Wolschke*, Sachverständigenbeiziehung (1973), S. 174 ff.; HK-StPO/*Julius* § 244 Rn. 60.

[880] So BGHSt 12, 18 (20) = NJW 1958, 1596 f.

[881] So auch die Feststellung bei MüKo-StPO/*Trüg/Habetha* § 244 Rn. 366; *Ventzke*, NStZ 2017, 301 (302).

[882] Siehe hierzu bereits 6. Kapitel C. IV. 3. a) aa).

Gegen den Ablehnungsbeschluss ist kein inzidenter Rechtsbehelf statthaft (vgl. § 305 S. 1 StPO), welcher durch Suspensiv- und Devolutiveffekt das Verfahren verlängern würde. Die Ausübung der genannten Gegenmaßnahmen muss hiervon ausgenommen werden, da diese eine zulässige Wahrnehmung des Rechts auf Verteidigungsteilhabe (Art. 6 Abs. 1 EMRK) darstellen. Dies gilt insbesondere für das Selbstladungsrecht (§ 245 Abs. 2 S. 1 StPO), dessen Zweck gerade in einer reaktiven Beweiserhebung besteht.[883] Eine Gegendarstellung der Prozessbeteiligten fällt zeitlich nicht ins Gewicht, da das Gericht – ähnlich dem Grundsatz zum Rechtsgespräch[884] – nicht dazu verpflichtet ist, mit den Prozessbeteiligten in Rede und Gegenrede zu treten, sondern nur die Äußerung des Angeklagten bei der Entscheidungsfindung zu berücksichtigen.[885] Die herrschende Ansicht wird damit nicht einmal durch den – inflationär genutzten[886] – Beschleunigungsgrundsatz gestützt.

Einige Stimmen betonen, die Darlegung der Sachkunde müsse erst in den schriftlichen Urteilsgründen erfolgen, da im Rahmen der Aufklärungsrüge (§ 244 Abs. 2 StPO) dem Revisionsgericht die Überprüfungshoheit dahingehend zustehe, ob und in welchem Umfang das Tatgericht einen Sachverständigen hätte hören müssen.[887] Diesem Aspekt ist zwar zuzustimmen, stellt er jedoch keinen unmittelbar-kausalen Grund dar, auf eine Darlegung bereits im Ablehnungsbeschluss zu verzichten. Die Kontrolle des Revisionsgerichts besteht, soweit der Rechtsmittelführer dies – wie alle nicht von Amts wegen zu prüfenden Rügen[888] – formell ordnungsgemäß rügt, auch in Bezug auf unanfechtbare Beschlüsse der Tatsacheninstanz, da diese der Urteilsfällung inhaltlich vorausgehen.[889] Durch die Darlegung der relevanten Erwägungen im Ablehnungsbeschluss wird die Kontrollkompetenz des Revisionsgerichts mithin nicht beschnitten. Vielmehr muss das Tatgericht die Sachkunde ebenfalls in den schriftlichen Urteilsgründen darlegen, weil die nicht begründungsbedürftige Sachrüge auch die Prüfung des Revisionsgerichts umfasst, ob gegen Denk- oder Erfahrungssätze verstoßen wurde.[890]

Das Argument, eine Begründung der Sachkunde erst in den schriftlichen Urteilsgründen genüge, weil bei der Hinzuziehung eines Sachverständigen auch an dieser Stelle erstmalig vom Gericht dessen Überzeugung bzgl. des Gutachtens

---

[883] Siehe hierzu bereits 6. Kapitel C. I. 2. c).

[884] Siehe hierzu bereits 4. Kapitel B. III. 1. a).

[885] Siehe hierzu bereits 6. Kapitel C. I. 2. b).

[886] Siehe hierzu näher 6. Kapitel D. II. 1.

[887] So z. B. *Walther*, NStZ 2019, 329 (337); LR-StPO/*Becker* § 244 Rn. 73.

[888] So zumindest für die tatsächlich und rechtlich zu begründenden Rügen gem. § 344 Abs. 2 StPO (nicht für Prozessvoraussetzungen), siehe hierzu *Hamm/Pauly*, Die Revision in Strafsachen, Rn. 290; Alsberg/*Güntge*, Der Beweisantrag, Kap. 11 Rn. 49 ff.

[889] So zur Überprüfung der §§ 244 Abs. 3–6 StPO durch das Revisionsgericht *Hamm/Pauly*, Die Revision in Strafsachen, Rn. 811 ff.; zum inneren Zusammenhang der ablehnenden Zwischenentscheidung mit der Urteilsfällung siehe Meyer-Goßner/*Schmitt* StPO § 305 Rn. 1.

[890] Meyer-Goßner/*Schmitt* StPO § 337 Rn. 20 f.; *Hamm/Pauly*, Die Revision in Strafsachen, Rn. 1619.

dargelegt würde, verkennt, dass die Anwendung gerichtlicher Sachkunde ein *un*gleichartiges Surrogat des Sachverständigenbeweises darstellt. Ein Sachverständiger wird – vor der abschließenden Würdigung des Gerichts – als Beweismittelperson vernommen (§ 69 StPO), befragt (§ 240 StPO) und die Prozessbeteiligten können sich zu seiner Begutachtung erklären (§ 257 StPO). Da diese Möglichkeiten bei der Anwendung von Sonderwissen durch das Gericht aber gerade fehlen[891], sind die Verfahrenssituationen in ihrer Rechtsfolge keineswegs gleichwertig zu behandeln. Ein Ausgleich würde dagegen durch die ausführliche Begründung des Ablehnungsbeschlusses herbeigeführt.

Schlussendlich erfolgt durch die Darlegung der Sachkundeerwägungen im Ablehnungsbeschluss auch keine Vorwegnahme der richterlichen Beweiswürdigung i. S. v. § 261 StPO. Eine etwaige Befürchtung, dass ein (Teil-)Beweisergebnis vorab preisgegeben würde, ist unbegründet. Die Darlegung der Sachkundeerwägungen umfasst gerade *nicht* das jeweilige Beweisergebnis (s), sondern den Inhalt des Erfahrungssatzes und auf welche Art bzw. Weise die Person diesen erworben hat.[892] Selbst die Darlegung der Konklusion (r = p) stellt keine Vorwegnahme der richterlichen Beweis*würdigung* dar, weil die Konklusion vielmehr bloß Tatsachenqualität aufweist und sich ein Beweisergebnis erst im Zusammenhang mit anderen Indizien ergibt.[893] Wäre die jeweilige Konklusion im Prozess direkt feststellbar und müsste nicht mittels Erfahrungssatzes induktiv erschlossen werden, müsste sie ebenfalls offengelegt werden. Hieran wird erneut deutlich, dass die Anwendung von Erfahrungswissen ein Teil der Tatsachenfeststellung denn ein Teil der Beweiswürdigung ist.[894]

g) Vorteile einer umfassenden gerichtlichen Begründung

Die Darlegung der Sachkundeerwägungen verfolgt – entgegen der überwiegenden Ansicht – *nicht ausschließlich* den Zweck, deren revisionsrechtliche Überprüfung zu ermöglichen.[895] Im Schrifttum wird häufig als einzige Funktion der gerichtlichen Begründungspflicht die Anfechtbarkeit der zugrunde liegenden Entscheidung gesehen.[896] Die Pflicht zur Begründung eigenen Sonderwissens in der Tatsacheninstanz soll jedoch weitere essenzielle Zwecke erfüllen, welche einen ordnungsmäßen Verlauf des Strafverfahrens absichern.

---

[891] Siehe hierzu bereits ausführlich 4. Kapitel B. III. 3. b) bb).

[892] Siehe hierzu bereits ausführlich 4. Kapitel B. III. 3. a).

[893] Siehe hierzu bereits ausführlich Abbildung 1 und 3. Kapitel B. V. 2. b) bb).

[894] Siehe hierzu bereits ausführlich 3. Kapitel A. II. 2.

[895] So aber BGHSt 12, 18 (20) = NJW 1958, 1596 f.; *Walther*, NStZ 2019, 329 (337).

[896] So die Feststellung von *Wagner*, ZStW 106 (1994), 259 (274 ff.).

aa) Selbstkontrolle und -korrektur des Tatgerichts

Zunächst wird dem Tatgericht durch die Darlegung der Sachkundeerwägungen und eine daraufhin mögliche Gegendarstellung des Angeklagten eine retrospektive Selbstkontrolle und ggf. -korrektur seiner Entscheidung ermöglicht.[897] Bereits die Beratung, Ausformulierung und Verschriftlichung von Herkunft und Umfang der Sachkunde tragen zur Reflexion des jeweiligen Judikats bei.[898] Das Begründungserfordernis in § 244 Abs. 6 S. 1 StPO soll gerade die Qualität der gerichtlichen Entscheidung gewährleisten.[899] Eine gerichtliche Eigenkontrolle bewirkt ferner, dass eine erneute, zumindest gedankliche Prüfung erfolgt.[900] Insbesondere gebietet die Amtsaufklärungspflicht angesichts etwaiger Änderungen der Sach- und Verfahrenslage im Sinne des Kongruenzgebots eine stetige Überprüfung der Richtigkeit von Entscheidungen, welche dem Urteil zeitlich vorausgehen, um einen rechtsgemäßen Zustand aufrecht zu erhalten.[901] Dieser Zweck kann auch nach Erlass eines Ablehnungsbeschlusses noch verwirklicht werden, da eine nachträgliche Änderung des Beschlusses mit der Gewährung rechtlichen Gehörs der Prozessbeteiligten möglich ist.[902]

bb) Anpassung der Verteidigungsstrategie

Ein wichtiger Zweck besteht darin, dass die Darlegung der Sachkundeerwägungen im Ablehnungsbeschluss eine Anpassung der Verteidigungsstrategie an die aktuelle Sach- und Verfahrenslage gestattet.[903] Der Ablehnungsbeschluss erfüllt daher sowohl eine Kontroll- als auch eine Reaktionsfunktion.[904] Die gerichtliche Begründungspflicht soll den Antragsteller in die Lage versetzen, eine sachgemäße

---

[897] So auch SK-StPO/*Weßlau/Weißer* § 34 Rn. 2; LR-StPO/*Graalmann-Scheerer* § 34 Rn. 1; *Herdegen*, in: GS Meyer (1990), 187 (196); *Eschelbach*, GA 2004, 228 (238); *Hamm/Pauly*, Die Revision in Strafsachen, Rn. 935. Allgemein für gerichtliche Begründungspflichten *Lücke*, Begründungszwang (1987), S. 39 ff.; *Kroitzsch*, NJW 1994, 1032 (1033); *Wagner*, ZStW 106 (1994), 259 (279); LR-StPO/*Stuckenberg* § 267 Rn. 4; *Pohlreich*, Das rechtliche Gehör (2016), S. 286 f.

[898] Ähnlich bereits *Krehl*, GA 1987, 162 (170); *Wagner*, ZStW 106 (1994), 259 (280); *Mannheim*, JW 1931, 2823: „Allein durch ein strenges Festhalten an dem Begründungszwange können die Gerichte genötigt werden, sich selbst und den Prozeßparteien völlige Klarheit über die ihren Entscheidungen zugrunde liegenden Gedankengänge zu verschaffen".

[899] So *Ventzke*, NStZ 2017, 301.

[900] Dazu instruktiv *Lücke*, Begründungszwang (1987), S. 92 ff.; *Brink*, Entscheidungsbegründung (1999), S. 29; *Pohlreich*, Das rechtliche Gehör (2016), S. 294 f.

[901] *Eb. Schmidt*, Lehrkommentar, Teil II, § 244 Rn. 30.

[902] Siehe hierzu bereits 6. Kapitel C. IV. 3. e) aa).

[903] Dies kann z. B. den entscheidenden Sprung von Freispruch- zu Strafzumessungsverteidigung betreffen, siehe *Dahs*, Hdb. des Strafverteidigers Rn. 449, 652.

[904] Dazu *Lücke*, Begründungszwang (1987), S. 84 f.; *Brink*, Entscheidungsbegründung (1999), S. 37 f.

Entscheidung über sein weiteres prozessuales Vorgehen zu treffen.[905] Eine Darlegung der Sachkundeerwägungen erst in den schriftlichen Urteilsgründen ist zeitlich zu spät, um in die Entscheidungsfindung des Tatgerichts bzgl. des Erfahrungswissens noch mittels weiterer Teilhabemöglichkeiten einzugreifen[906], wodurch das Recht auf Verteidigungsteilhabe (Art. 6 Abs. 1 EMRK) tangiert wird. Die Gebotenheit und Erfolgsaussichten von Gegenmaßnahmen sind ausschließlich zu beurteilen, wenn auf einer hinreichenden Informationsbasis überprüfbar ist, ob das Tatgericht die behauptete Sachkunde besitzt oder besitzen konnte, d.h. ob man es als ausreichend betrachtet oder angreifen will.[907] Die aufwendige und kostenintensive Selbstladung eines Sachverständigen „ins Blaue hinein" ist nicht nur risikohaft, sondern widerspricht gar den Grundsätzen einer gewissenhaften Verteidigung (vgl. § 43 Abs. 1 S. 1 BRAO).

Das etwaige Gegenargument, das Selbstladungsrecht könne ja bereits vor der Hauptverhandlung vorbereitet werden[908] und sei damit nicht von der Darlegung der Sachkundeerwägungen in der Hauptverhandlung abhängig, verfängt nicht, denn die Situation, dass das Gericht einen Beweisantrag auf Vernehmung eines Sachverständigen wegen eigener Sachkunde ablehnt, kann bereits zuvor auftreten. Es ist zwar umstritten, ob der Ablehnungsgrund des § 244 Abs. 4 S. 1 StPO im Rahmen von § 219 StPO oder § 201 Abs. 1 S. 1 StPO gilt[909], dennoch darf sich der Vorsitzende bei der Bescheidung an diesem Maßstab orientieren. Angesichts der weiteren Anforderungen von §§ 201 Abs. 1 S. 1, 219 StPO im Vergleich zu § 244 StPO müsste – in Fortführung der überwiegenden Ansicht – bei der Ablehnung eines Beweisantrages auf Hinzuziehung eines Sachverständigen im Zwischenverfahren oder zur Vorbereitung der Hauptverhandlung wegen eigener Sachkunde des Gerichts ebenfalls keine ausführliche Begründung erfolgen[910], was merkwürdig erscheint, da auch für diese förmlichen Beschlüsse § 34 Alt. 2 StPO greift.[911] Damit wäre die Verteidigung auch vor Beginn der Hauptverhandlung nicht in der Lage, die Angriffsfläche des gerichtlichen Sonderwissens und die Ausübung des Selbstladungsrechts einzuschätzen.

---

[905] Statt vieler Meyer-Goßner/*Schmitt* StPO § 34 Rn. 1.

[906] *Dahs*, Hdb. des Strafverteidigers Rn. 683; *Conen/Tsambikakis*, GA 2000, 372 (379).

[907] Zur Fremdkontroll- und Rechtsschutzfunktion gerichtlicher Begründungspflichten bereits *Pohlreich*, Das rechtliche Gehör (2016), S. 288 ff., 292.

[908] Das wäre der – nicht stets zu erreichende – Idealfall, so auch *Hamm/Pauly*, Beweisantragsrecht Rn. 636.

[909] Siehe hierzu bereits 6. Kapitel C. I. 1.

[910] So z.B. für § 201 Abs. 1 S. 1 StPO Meyer-Goßner/*Schmitt* StPO § 201 Rn. 8; MüKo-StPO/*Wenske* § 201 Rn. 31; für § 219 StPO MüKo-StPO/*Arnoldi* § 219 Rn. 9; *Hamm/Pauly*, Beweisantragsrecht Rn. 639.

[911] So auch Alsberg/*Tsambikakis*, Der Beweisantrag, Kap. 4 Rn. 73.

cc) Gesetzgeberische Konzeption der §§ 244, 245 StPO

Vielmehr existieren einige Gründe dafür, die Wahrnehmung des Selbstladungsrechts noch in der laufenden Hauptverhandlung zu ermöglichen. Es ist aus Sicht der Verteidigung legitim, zuvorderst zu versuchen, einen Sachverständigen mittels Beweisantrags i. S. v. § 244 Abs. 3 S. 1 StPO durch das Gericht laden zu lassen, da hierdurch kein Handlungsmehraufwand und keine Kostennachteile für den Angeklagten entstehen. In zeitlicher Hinsicht kann es dazu kommen, dass das Ermittlungs- und Zwischenverfahren sehr zügig durchlaufen wurden oder die Verteidigung erst kurz vor Beginn der Hauptverhandlung konsultiert bzw. beigeordnet wurde. In diesen Fällen bestand entweder kaum Zeit oder noch keine ausreichende juristische Expertise zur Vorbereitung der aufwendigen Selbstladung (vgl. §§ 220, 38 StPO). In inhaltlicher Hinsicht ist es möglich, dass es erst nach Ablauf mehrerer Verhandlungstage zu einer Änderung der Beweislage kommt, die die Hinzuziehung eines Sachverständigen erforderlich werden lässt.

Hervorzuheben ist, dass die Ausübung des Selbstladungsrechts nicht auf den Zeitpunkt der §§ 219, 220 StPO beschränkt ist, sodass ein Beweisantrag i. S. d. § 245 Abs. 2 S. 1 StPO in zulässiger Weise bis zum Schluss der Beweisaufnahme gestellt werden darf.[912] Das Gesetz enthält bereits in § 246 Abs. 1 StPO den Grundgedanken, dass Beweisanträge – abgesehen von der neueren Regelung des § 244 Abs. 6 S. 4 StPO – nicht wegen Verspätung abgelehnt werden dürfen und damit Antragstellungen über den gesamten Zeitraum der Hauptverhandlung zulässig sind. Vielmehr besteht der *„telos“* des § 245 StPO gerade darin, der Verteidigung die Möglichkeit zu bieten, (un-)zulässig abgelehnte Beweiserhebungen i. S. d. § 244 Abs. 3 StPO anschließend über die Selbstladung der Beweisperson zu „erzwingen“[913], um dem gerichtlichen Bedeutsamkeitsurteil ein parteiliches Bedeutsamkeitsurteil[914] entgegenzusetzen. Durch die überwiegende Ansicht werden aber erforderliche Informationen zur Bildung dieses parteilichen Bedeutsamkeitsurteils zurückgehalten, sodass die Wirkung des Selbstladungsrechts vereitelt und das gesetzgeberische Gefüge von Beweisantrags- und -präsentationsrecht[915] unterlaufen wird.

---

[912] Statt vieler Meyer-Goßner/*Schmitt* StPO § 245 Rn. 20. Vereinzelt wird dagegen (noch später) auf den Zeitpunkt der Urteilsverkündung abgestellt, so z. B. LR-StPO/*Becker* § 245 Rn. 53.

[913] Alsberg/*Güntge*, Der Beweisantrag, Kap. 7 Rn. 74.

[914] Begriffe bei *Köhler*, Inquisitionsprinzip (1979), S. 51.

[915] So hebt BT-Drs. 8/976, S. 50 f. den Bedarf nach adversatorischen Elementen im deutschen Strafprozess hervor: „§ 245 ist neben dem Beweisantragsrecht [...] *nicht entbehrlich.* Das gegenwärtige Beweisantragsrecht sichert die berechtigten Beweiserhebungsinteressen nicht vollkommen“ (Hervorhebung d. Verf.). Ebenso LR-StPO/*Becker* § 245 Rn. 6; *Rieß*, NJW 1978, 2265 (2270).

dd) Akzeptanz-, Befriedungs- und Entlastungsfunktion

Ein weiterer Vorteil der Darlegung der Sachkundeerwägungen im Ablehnungsbeschluss besteht darin, dass die kausale Kette von Akzeptanz der Prozessbeteiligten, Stärkung des Rechtsfriedens und Entlastung der Revisionsgerichte ihre volle Wirkung entfalten kann. Sofern ein Beschluss transparent und objektiv-nachvollziehbar ist, steigt beim Antragsteller als Adressat die psychologische Akzeptanz, d.h. die Überzeugung von der tatsächlichen Richtigkeit bzw. rechtlichen Vertretbarkeit, für die gerichtliche Entscheidung.[916] Sowohl beim Antragsteller als auch den übrigen Prozessbeteiligten vermag dadurch eine Befriedung im Rechtssinne einzutreten[917], sodass eine geringere Angriffsfläche für Rügen besteht und auf Gegenmaßnahmen oder Rechtsmittel verzichtet wird. Als Folge hiervon wird das Tatgericht in der laufenden Hauptverhandlung seltener Rügen der Prozessbeteiligten ausgesetzt sein, welche primär aus der fehlenden Nachvollziehbarkeit gerichtlichen Handelns resultieren.[918] Die transparente Information und dadurch entstehende Akzeptanz der Entscheidung dürften sich positiv auf die Belastung der Revisionsgerichte auswirken.[919]

4. Zwischenergebnis

Die überwiegende Ansicht, welche die Pflicht des Tatgerichts zur Darlegung von Sachkundeerwägungen erst in den schriftlichen Urteilsgründen bejaht, begegnet durchgreifenden rechtlichen und tatsächlichen Bedenken. Diejenigen Nachteile, die sich durch den Verlust der aufgezählten Funktionen eines Ablehnungsbeschlusses ergeben, können nicht durch die Darlegung in den schriftlichen Urteilsgründen kompensiert werden.[920] Zuvorderst sprechen die Systematik der § 244 Abs. 3–5 StPO sowie der Wortlaut und die Teleologie der §§ 244 Abs. 6 S. 1, 34 Alt. 2 StPO für eine Pflicht zur Begründung bereits im Ablehnungsbeschluss. Die Funktionen des Gehörsrechts (Art. 103 Abs. 1 GG) und des darauf fußenden Beweisantragsrechts stützen dieses Ergebnis. In kriminalpolitischer Hinsicht ist ferner entscheidend, dass kein stichhaltiger Grund für einen Verzicht auf den gesetzlichen Grundsatz der §§ 244 Abs. 6 S. 1, 34 Alt. 2 StPO vorliegt, währenddessen mit einer umfassenden Begründungspflicht bereits im Ablehnungsbeschluss wesentliche

---

[916] *Wagner*, ZStW 106 (1994), 259 (277 f.); *Pohlreich*, Das rechtliche Gehör (2016), S. 248.

[917] Dazu *Lücke*, Begründungszwang (1987), S. 72 f.; *Brink*, Entscheidungsbegründung (1999), S. 31 ff.; *Pohlreich*, Das rechtliche Gehör (2016), S. 281 f.

[918] Hierunter kann man eine Reihe von Verhaltensweisen, die landläufig polarisierend als „Konfliktverteidigung" verstanden werden, fassen, siehe z.B. *Dahs*, Hdb. des Strafverteidigers Rn. 450. Hierzu gehört das zulässig ausgeübte Selbstladungsrecht nicht, so zutreffend *Detter*, in: FS Meyer-Goßner (2001), 431 (445).

[919] Dazu *Lücke*, Begründungszwang (1987), S. 84 f.; *Brink*, Entscheidungsbegründung (1999), S. 39; *Pohlreich*, Das rechtliche Gehör (2016), S. 293 f.

[920] *Conen/Tsambikakis*, GA 2000, 372 (379).

Vorteile für den Angeklagten und die Strafrechtspflege sowie keine nennenswerten Nachteile für letztere einhergehen.

Insgesamt stellt es für den Angeklagten *ausschließlich* eine angemessene Sicherung seiner Rechtsposition aus Art. 6 Abs. 1 EMRK dar, wenn er nach Darlegung der Sachkundeerwägungen *im Ablehnungsbeschluss* (§ 244 Abs. 6 S. 1 StPO) entsprechende Gegenmaßnahmen noch in der laufenden Hauptverhandlung ergreifen kann, als wenn er schlicht darauf verwiesen wird, erst anhand der schriftlichen Urteilsgründe (§ 267 Abs. 1 StPO) die fehlende Sachkunde des Gerichts mittels Revision zu rügen. Aufgrund der Feststellung, dass das gerichtliche Handeln, welches der überwiegenden Ansicht nachkommt, den Normen der §§ 244 Abs. 6 S. 1, 34 Alt. 2 StPO widerspricht, d. h. „*contra legem*" erfolgt, liegt bereits denklogisch nahe, dass eine sinnvolle Abhilfe nicht durch eine Gesetzesänderung geschaffen werden kann[921], denn die Rechtslage ist bereits eindeutig. Vielmehr bedarf es einer Anpassung der Rechtsprechung dahingehend, den Geltungsgehalt der §§ 244 Abs. 6 S. 1, 34 Alt. 2 StPO voll auszuschöpfen, so wie es bereits in der neueren Entscheidung des 2. Strafsenats des BGH erfolgt ist.

D. Vereinbarkeit der Änderungsvorschläge mit strafprozessualen Prinzipien

Die im hiesigen Kapitel vorgebrachten Änderungsvorschläge verfolgen eine Verwirklichung bzw. Stärkung der im 4. Kapitel dargestellten Rechtspositionen des Angeklagten. Es lassen sich jedoch nicht alle Rechtspositionen in ihrem Geltungsgehalt grenzen- und schrankenlos oder gar bis zur Absolutheit realisieren. Dem stehen wesentliche Grundpfeiler eines geordneten Strafverfahrens, allen voran die Funktionsfähigkeit und Effektivität der Strafrechtspflege bzw. -verfolgung[922], entgegen. Da die für jedes Verfahrensstadium aufgezeigten Defizite einen Anpassungsbedarf nahelegen, gilt es abschließend, die sich entgegenstehenden Rechtspositionen und strafprozessualen Prinzipien miteinander abzuwägen und in einen angemessenen Einklang zu bringen.[923]

---

[921] Dennoch der – aus anderen Gründen erhobene – Vorschlag von *Gössel*, Gutachten 60. DJT (1994), C 72, C 75 die Norm § 244 Abs. 6 (S. 1) StPO zu ergänzen: „Die Ablehnung eines Beweisantrages bedarf *stets* eines Gerichtsbeschlusses". Eine solche Änderung wäre allenfalls deklaratorischer Natur.

[922] Begründet durch BVerfGE 33, 367 (383) = NJW 1972, 2214 (2216); BVerfGE 38, 105 (115) = NJW 1975, 103 (104); BVerfGE 34, 238 (248) = NJW 1973, 891 (893); fortgeführt unter dem abgewandelten Begriff der „an rechtsstaatlichen Garantien ausgerichteten Strafrechtspflege" u. a. in BVerfGE 80, 367 (375) = NJW 1990, 563 (564). Näher zum Umfang des Begriffes bei *Jarass*/Pieroth, GG Art. 20 Rn. 142; *Laue*, GA 2005, 648 (653); *Landau*, NStZ 2007, 121 (124 ff.); *Roxin/Schünemann*, Strafverfahrensrecht, § 1 Rn. 7 f.

[923] Zum Spannungsverhältnis bereits BVerfGE 47, 239 (250) = NJW 1978, 1149 (1150).

Da das Strafprozessrecht nach allgemeiner Ansicht als angewandtes Verfassungsrecht verstanden und ausgelegt wird[924], kann das von Hesse entwickelte Konstrukt der praktischen Konkordanz herangezogen werden:

„Verfassungsrechtlich geschützte Rechtsgüter müssen in der Problemlösung einander so zugeordnet werden, daß jedes von ihnen *Wirklichkeit gewinnt.* Wo *Kollisionen* entstehen, darf *nicht eines auf Kosten des anderen realisiert werden.* Vielmehr stellt das Prinzip der Einheit der Verfassung die Aufgabe einer Optimierung: *beiden Gütern müssen Grenzen gesetzt* werden, damit *beide zu optimaler Wirksamkeit gelangen* können. Die Grenzziehungen müssen daher im jeweiligen konkreten Falle verhältnismäßig sein; sie dürfen nicht weiter gehen als es notwendig ist, um die Konkordanz beider Rechtsgüter herzustellen."[925]

Diesem Konstrukt folgend werden zunächst die jeweiligen Änderungsvorschläge demjenigen strafprozessualen Prinzip gegenübergestellt, mit welchem sie kollidieren. Sodann ist zu untersuchen, welchen qualitativen Geltungsgehalt das strafprozessuale Prinzip aufweist und ob überhaupt eine Einschränkung des jeweiligen Prinzips durch eine der Rechtspositionen besteht. Schließlich soll der Versuch unternommen werden, die jeweilige Kollision aufzulösen.

I. „Nur dem Gesetz (oder auch dem Erfahrungswissen) unterworfen?" – Richterliche Unabhängigkeit und Beweiswürdigung

1. Grundsatz: Keine Bindung an Beweisregeln

Die Struktur der richterlichen Entscheidungsfindung kennzeichnet sich durch das Prinzip der freien Beweiswürdigung.[926] Eine Ausnahme von dieser Freiheit muss im Bereich des faktisch-normativen Erfahrungswissens erblickt werden. Eine Rechtsordnung als Summe der gesellschaftlich-geschaffenen *„Sollensnormen"*, die im Widerspruch zu den wissenschaftlich-festgestellten *„Seinsnormen"* steht, entbehrt jeder Logik und kann keine hinreichende Legitimation für darauf ergehende Judikate darstellen.[927] Es würde zu einem Systembruch innerhalb der Verständniswelten der Normadressaten führen, wenn ein in der Lebenswirklichkeit feststehender Geschehensablauf oder Wirkungszusammenhang in einer gerichtlichen Entscheidung abweichend oder gar konträr beurteilt würde.

Die Prozessbeteiligten haben den nachvollziehbaren Wunsch, durch Kongruenz mit der Wissenschaft die größtmögliche Rechtssicherheit zu erlangen. Angesichts

[924] So BGHSt 19, 325 (330) = NJW 1964, 1139 (1142 f.); BVerfGE 32, 373 (383) = NJW 1972, 1123 (1125); *Sax*, in: Bettermann/Nipperdey/Scheuner, Die Grundrechte, Bd. III/II, S. 967; *Eschelbach/Gieg/Schulz*, NStZ 2000, 565; Meyer-Goßner/*Schmitt* StPO Einl. Rn. 218; *Jahn*, JuS 2005, 1057 ff. („geronnenes Verfassungsrecht"); *Roxin/Schünemann*, Strafverfahrensrecht, § 2 Rn. 8 („Seismograph der Staatsverfassung").

[925] *Hesse*, Grundzüge des Verfassungsrechts, Rn. 72 (Hervorhebungen d. Verf.).

[926] Siehe hierzu 2. Kapitel A. II.

[927] Siehe hierzu 3. Kapitel B. V. 2. b) bb).

sich ausspezialisierender Wissenschaften und der damit einhergehenden „Verwissenschaftlichung“ des Strafprozesses könnte diesem Wunsch auf dem Feld der schier unübersichtlichen Einzelkasuistik[928] zum außerjuristischen Erfahrungswissen durch Verfahrensvereinheitlichungen entsprochen werden. Fraglich ist, ob dies für Erfahrungssätze, an die das Tatgericht ohnehin gebunden ist, umsetzbar wäre oder ob dabei Friktionen zum Grundsatz der „freien“ Beweiswürdigung entstünden.

2. Schranke: Faktische Bindung an Erfahrungssätze

Das Tatgericht hat seine Beweiswürdigung (§ 261 StPO) an Logik, Denkgesetzen, Erfahrungssätzen und wissenschaftlichen Erkenntnisse zu orientieren. Erfahrungssätze wurden als empirische entwickelte Allgemeinurteile definiert, die für eine unbegrenzte Vielzahl vergleichbarer Fälle Geltung entfalten und der indiziellen Erschließung von (Beweis-)Tatsachen dienen.[929] Entscheidend ist, dass die indizielle Schlussfolgerung (Konklusion) gerade nicht zwingend im Sinne der bloßen Logik oder Denkgesetze ist[930], sondern auf fehlbarer „Erfahrung“, so z. B. den falsifizierbaren Erkenntnissen des jeweiligen Wissenszweiges[931], beruht. Eine Pflicht zur Anwendung von Erfahrungssätzen besteht nur dort, wo diese als „wissenschaftlich gesichert“ gelten[932], d. h. bei allgemeingültigen Naturgesetzen. Zur Anwendung probabilistischer Erfahrungssätze ist das Gericht im Rahmen der Beweiswürdigung grundsätzlich befugt, d. h. es entscheidet aufgrund eigener Überzeugung von Wahrscheinlichkeit, Plausibilität und Schlüssigkeit.[933]

Die Intensität der Bindungswirkung des Tatgerichts an Erfahrungswissen wird im Schrifttum differenzierter beurteilt, wobei sich Nuancen erkennen lassen. Nach einer frühen Ansicht von Mezger sei der Tatrichter an das jeweilige Erfahrungswissen seiner Zeit rechtlich gebunden und habe dabei in wissenschaftlicher Hinsicht wie ein „Geschichtsforscher“ vorzugehen.[934] Geerds meint, „Freiheit“ bedeute nicht, dass die Beweiswürdigung dem Belieben der Richter überlassen werde, sondern sie sei vielmehr strukturell mit dem Ermessensbegriff vergleichbar.[935]

---

[928] Siehe hierzu 3. Kapitel A. III.

[929] Siehe hierzu 2. Kapitel B. III. 1. b).

[930] *Grünwald*, Beweisrecht der StPO (1993), S. 87; *Gleß*, Beweisrechtsgrundsätze (2006), S. 383.

[931] LR-StPO/*Sander* § 261 Rn. 45.

[932] Grundlegend BGH, Urt. v. 09. 02. 1957 – 2 StR 508/56 = NJW 1957, 1039 (anknüpfend an BGHSt 5, 34 = NJW 1954, 83 ff.; BGHSt 6, 70 = NJW 1954, 1336 ff.): „Denn der Tatrichter ist den Gesetzen des Denkens und der Erfahrung unterstellt; wo eine Tatsache auf Grund wissenschaftlicher Erkenntnis feststeht, ist für eine richterliche Feststellung und Überzeugungsbildung naturgemäß kein Raum mehr.“

[933] LR-StPO/*Becker* § 244 Rn. 6.

[934] *Mezger*, Psychiatrische Sachverständige (1918), S. 26 ff.; krit. *Eb. Schmidt*, Lehrkommentar, Teil I, Rn. 472.

[935] *Geerds*, in: FS Peters (1974), 267 (274 f.).

Keller ist der Meinung, dass die Anwendung von Erfahrungssätzen in der Selbständigkeit und Unabhängigkeit der Rechtsprechung (Art. 92, 97 Abs. 1 GG) liege, weil sich wissenschaftliche Ergebnisse im Strafprozess gar nicht ausreichend valide ermitteln ließen.[936] Laut Köhler sei die Beweiswürdigung des Tatrichters zwar in dem Sinne „frei", dass sie grundsätzlich nicht an abstrakte Beweisregeln im gemeinrechtlichen Sinn gebunden sei, wohl aber an eine „gemeinschaftliche Richtigkeitserfahrung".[937] Peters gibt an, die Beweiswürdigung unterliege wissenschaftlichen Erkenntnissen und habe sich daran messen zu lassen.[938] Bartel formuliert, Tatgerichte haben sich bei der Entscheidungsfindung von den Regeln der Erfahrung „leiten" zu lassen.[939] Hamm/Pauly meinen wiederum, Erfahrungssätze seien die „wichtigsten […] Regeln, an die der Tatrichter genauso wie an die im Bundesgesetzblatt verkündeten Gesetze gebunden ist".[940]

Die Rechtsprechung und Literatur gehen zumindest einheitlich davon aus, dass das Tatgericht – in Abgrenzung zu früheren Rechtsquellen wie z. B. der CCC – an keine *formal-gesetzlichen* Beweisregeln gebunden sei[941], da der Kernbereich der verfassungsrechtlich garantierten Unabhängigkeit des Gerichts (Art. 97 Abs. 1 GG) nicht ausgehöhlt werden dürfe.[942] Die Mitte des 19. Jahrhunderts etablierte „Freiheit" des Tatrichters lege aber auch die Annahme nahe, dass es sich bei der Beweiswürdigung um einen hochkomplexen, individuellen und psychologischen Erkenntnisprozess handelt, der beim entscheidenden Organ teilweise unbewusst abläuft und nur begrenzt kontrollierbar ist.[943] Es existieren trotz dessen zulässige Beweisregeln als Ausnahmen von diesem Grundsatz[944], wozu z. B. die Obergerichte ihre legalisierten wissenschaftlichen Standards zählen.[945] Damit beschränkt Erfahrungswissen bereits faktisch die Freiheit der Beweiswürdigung. Da Erfahrungssätze ferner in der Kontrollkompetenz des Revisionsgerichts liegen, ist das Tatgericht nur insoweit „frei", als es die Reversibilitätsgrenze nicht überschreitet; dahinter ist es ebenfalls an die (zumeist deterministischen) Hypothesen nach dem aktuellen Stand der Wissenschaft faktisch gebunden.

---

[936] *Keller*, GA 1999, 255 (259); *ders.*, ZStW 101 (1989), 382 (411).

[937] *Köhler*, Inquisitionsprinzip (1979), S. 49.

[938] *Peters*, Strafprozeß (1985), S. 301.

[939] MüKo-StPO/*Bartel* § 261 Rn. 1.

[940] *Hamm/Pauly*, Die Revision in Strafsachen, Rn. 1619.

[941] *Glaser*, Hdb. des Strafprozesses Bd. I (1883), S. 78 ff.; *Dezza*, Geschichte des Strafprozesses (2017), S. 51.

[942] So in st.Rspr. BGHSt 10, 208 (210) = NJW 1957, 1039; BGHSt 39, 291 (295) = NJW 1993, 3081 (3082); BGHSt 60, 227 (230) = NJW 2015, 1834 und Lit. Meyer-Goßner/*Schmitt* StPO § 261 Rn. 3, 11; MüKo-StPO/*Bartel* § 261 Rn. 1; KK-StPO/*Tiemann* § 261 Rn. 2; LR-StPO/*Sander* § 261 Rn. 4.

[943] SK-StPO/*Velten* Vor § 261 Rn. 5; *Sommer*, Effektive Strafverteidigung, Kap. 1 Rn. 37.

[944] Übersicht bei LR-StPO/*Sander* § 261 Rn. 99.

[945] Siehe hierzu bereits 5. Kapitel A. V. 1.

Fraglich ist, ob verschriftlichte Leitlinien der freien Beweiswürdigung entgegenstünden. Zunächst würde es sich bei Vorgaben dazu, ob und für welche Art von strafrechtsnahen Wissenschaften ein durchschnittlicher Tatrichter als grundsätzlich nicht sachkundig gilt und welche Qualifikationen bzw. Fähigkeiten für die Annahme einer Sachkunde erforderlich sind, nicht um formal-gesetzliche Beweisregeln handeln. Einerseits liegt eine Beweisregel nur vor, wenn eine bindende Aussage über die Beweiskraft einer Tatsache für eine rechtliche Bewertung getroffen wird.[946] Dies ist für die Fülle von Erfahrungssätzen nicht leistbar. Die beschriebenen Leitlinien betreffen vielmehr das prozessuale Vorgehen des Gerichts und sind daher – wie in Verwaltungsvorschriften üblich – als Ermessenslenkung zu klassifizieren. Andererseits würde ihnen mangels formeller Gesetzesqualität keine Bindung über den verpflichtenden Gesetzesvollzugs (Art. 92 i. V. m. Art. 20 Abs. 3 GG) zukommen, da die Leitlinien als Verwaltungsvorschriften in den RiStBV verankert wären, sodass sie vielmehr als nichtverpflichtende Orientierungshilfe für Tatgerichte zu verstehen sind und die ohnehin bereits geltende Rechtslage konkretisieren würden. Damit können sie zulässige Konkretisierungen des § 261 StPO darstellen.

II. „Schnell (oder gut?)" – Beschleunigungsgrundsatz

Der Großteil der Änderungsvorschläge scheint auf den ersten Blick mit dem Beschleunigungsgrundsatz zu konkurrieren, da die Erweiterung bestehender und Einräumung neuer Mitwirkungsrechte grundsätzlich ein Zuwarten und damit eine Verlängerung des Strafverfahrens mit sich bringen.

Die Gewährung eines formalgesetzlichen Anhörungsrechts vor der Sachverständigenauswahl (§ 73 Abs. 1 S. 3 StPO-E)[947] wird das Ermittlungsverfahren außerhalb der weit gefassten Ausnahmegründe insoweit verlängern, wie dem Beschuldigten und der Verteidigung eine angemessene Frist von ein bis zwei Wochen zur Stellungnahme gesetzt wird.

Die Beschwerdemöglichkeit gegen die Auswahl des Sachverständigen durch die Staatsanwaltschaft (§ 161a Abs. 3 S. 5 ff. StPO-E)[948] kann das Ermittlungsverfahren um das Abwarten einer gerichtlichen Entscheidung verlängern, sofern der Vollzug

[946] In der CCC bildete ein einziges belastendes Zeugnis zwingend nur einen „halben Beweis" und erst die übereinstimmende Aussage von mindestens „zweyen oder dreien glaubhafftigen guten zeugen, die von eynem waren wissen sagen, bewiesen wirdt" gem. Art. 67 CCC einen „vollen Beweis", vgl. *Ignor*, Geschichte des Strafprozesses (2002), S. 62; *Sarstedt*, in: FS Hirsch (1968), 171. Sowie die absoluten Grenzwerte zur Fahruntüchtigkeit, BGHSt 60, 227 (229) = NJW 2015, 1834.

[947] Siehe hierzu bereits 6. Kapitel B. II. 2. d).

[948] Siehe hierzu bereits 6. Kapitel B. III. 2. c).

der Beweiserhebung gehemmt ist (§ 307 Abs. 2 StPO).[949] Andererseits würde die ohnehin greifende Kompetenz des Gerichts der Hauptsache (§ 73 Abs. 1 S. 1 StPO) in diesen eingegrenzten, vom Beschuldigten gerügten Fällen lediglich vorverlagert und so etwaige Verzögerungen, die durch einen späteren Wechsel des Sachverständigen entstünden, vermieden.

Die Anwendbarkeit des Informations-, Anwesenheits- und Ladungsrechts mit Bezug zum Sachverständigenbeweis (§§ 168c, 168d StPO) von richterlichen auf nichtrichterliche Vernehmungen zu erweitern (§ 161a Abs. 1 S. 4 StPO-E)[950], würde zwar zusätzliche Benachrichtigungen an den Beschuldigten bzw. die Verteidigung erfordern (vgl. § 168c Abs. 5 S. 1 StPO), da diesen allerdings kein Verlegungsrecht zusteht (vgl. § 168c Abs. 5 S. 3 StPO), träte keine wesentliche Verzögerung ein. Die Wahrnehmung der entsprechenden Frage- und Erklärungsrechte (vgl. § 168c Abs. 2 S. 2 StPO) bzw. das eigene Untersuchungsrecht des geladenen Sachverständigen kann allerdings zu zeitlichen Verlängerungen der Ermittlungshandlungen führen. Diese Verlängerungen können durch entsprechende Fristsetzungen eingedämmt werden.

Sofern im Falle der Ladung eines Sachverständigen durch die Verteidigung (§ 245 Abs. 2 S. 1 StPO) kurz vor Beginn oder erst während der Hauptverhandlung ein Unterbrechungs- bzw. Verlegungsrechts (§ 228 Abs. 1 StPO analog, § 265 Abs. 4 StPO) in menschenrechtskonformer Auslegung des Art. 6 Abs. 1, Abs. 3 lit. d EMRK gewährt wird[951], wird die Hauptverhandlung auf mehrere Tage aufgespalten und dadurch in die Länge gezogen.

Damit gehen die Vorschläge auf den ersten Blick diametral entgegen der bereits seit einigen Jahrzehnten andauernden Entwicklung, in welcher „die allgemeine Rationalisierungstendenz […] auch das Strafverfahren erfaßt“[952] hat mit der Folge, dass „Verfahrensbeschleunigung und Verfahrensstraffung der vorrangige Leitgedanke verfahrensrechtlicher Gesetzgebung geworden sind“[953]. Wegen der Ausdehnung des Strafrechts auf neue Lebensbereiche und der damit höheren Komplexität von Geschehensabläufen steigt auch die zeitliche Dauer von Strafverfahren stetig an.[954] Daher liegt dessen zügige und effektive Durchführung im Interesse aller

---

[949] Durch die Einholung von (Gegen-)Gutachten verzögert sich das Strafverfahren stets, so bereits die österreichische Lit., vgl. *Oberlaber*, Sachverständige 2014, 23 (25); *Schwaighofer*, ÖAnwBl. 2015, 342 (347).

[950] Siehe hierzu bereits 6. Kapitel B. III. 1. d).

[951] Siehe hierzu bereits 6. Kapitel C. II. 2. c) bb) (2). Wobei die Aussetzungs- und Unterbrechungsdauer durch das Justizmodernisierungsgesetz v. 24. 08. 2004 (BGBl. I S. 2198) bereits von drei bzw. zehn Tagen auf drei Wochen zulässiger Länge erweitert wurde, vgl. LR-StPO/*Kühne* Einl. I Rn. 69.

[952] *Schroeder*, NJW 1983, 137.

[953] *Quedenfeld*, in: FG Peters (1984), 215 (232). So auch *Wohlers*, NJW 2010, 2470.

[954] Statt vieler *Roxin/Schünemann*, Strafverfahrensrecht, § 16 Rn. 6.

Prozessbeteiligten und ist zu beachten, solange die Zielrichtung nicht unverhältnismäßig zulasten der Wahrheitsermittlung und der Verteidigungsrechte geht.[955]

1. Rechtliche Grundlagen

Der sog. Beschleunigungsgrundsatz wird als eigenständige Prozessmaxime anerkannt[956] und leitet sich aus dem Rechtsstaatsprinzip (Art. 20 Abs. 3 GG), der gerichtlichen Fürsorgepflicht und dem Übermaßverbot ab.[957] In ausdrücklicher Formulierung wird in Art. 6 Abs. 1 EMRK garantiert, dass der Betroffene ein *Recht* bzw. einen *Anspruch*[958] („*is entitled*") darauf hat, dass eine gegen ihn erhobene strafrechtliche Anklage innerhalb einer angemessenen Frist („*within a reasonable time*") verhandelt wird. Darüber hinaus wird der übergreifende Beschleunigungsgrundsatz für das Stadium der Hauptverhandlung durch die sog. Konzentrationsmaxime konkretisiert. Diese verfolgt die Durchführung der Hauptverhandlung in einem bestenfalls ununterbrochenen Zuge, um beim Entscheidungsorgan einen unmittelbaren und frischen Eindruck der Hauptverhandlung zu erhalten.[959] Das BVerfG versteht unter einer zeitlich angemessenen Verfahrensführung insbesondere *keine maximale* Beschleunigung.[960] Sofern der Beschleunigungsgrundsatz Gegenstand von Judikaten ist, geht es in den allermeisten Fällen um rechtsstaatswidrige Verfahrensverzögerungen *zulasten* des Angeklagten. Dabei ist für die Prüfung der Angemessenheit laut EGMR eine umfassende Einzelfallbetrachtung maßgeblich.[961] Wenn nun dem Beschleunigungsgrundsatz i. S. d. Art. 6 Abs. 1 EMRK – ähnlich dem „*fair-trial*"-Grundsatz – primär die Funktion eines gesamtbetrachtenden Individualkorrektivs zukommt, kann er in seinem nationalen Kerngehalt aber nicht wesentlich hiervon abweichen.[962] Aus diesem Umstand folgen bereits berechtigte Zweifel, ob das Prinzip als solches überhaupt geeignet ist, die generelle Beschränkung und Erweiterung von Verfahrensrechten zu begründen bzw. dieser entgegenzustehen.

---

[955] *Kühne*, Strafprozessrecht, § 13 Rn. 268; *Hillenkamp*, JR 1975, 133 (134); *I. Roxin*, GA 2010, 425 (426); *Piel*, in: FS Widmaier (2008), 429 (436).

[956] So nunmehr BGHSt 52, 349 (355) = NStZ 2009, 228 (229); *Peters*, Strafprozeß (1985), S. 552; *Kühne*, Strafprozessrecht, § 13 Rn. 269.

[957] So in st.Rspr. BVerfGE 122, 248 (273) = NJW 2009, 1469 (1474); BGHSt 21, 81 (84) = NJW 1966, 2023 f.; BGHSt 24, 239 (240) = NJW 1972, 402; BGHSt 26, 1 (4) = NJW 1975, 63; Meyer-Goßner/*Schmitt* StPO Einl. Rn. 160; *Gössel*, Strafverfahrensrecht (1977), S. 166.

[958] Diese Klassifizierung ausdrücklich bei Meyer-Goßner/*Schmitt* StPO EMRK Art. 6 Rn. 7; KK-StPO/*Fischer* Einl. Rn. 31; *Laue*, GA 2005, 648; *Mansdörfer*, GA 2010, 153.

[959] BGH, Urt. v. 25.07.1996 – 4 StR 172/96 = NJW 1996, 3019 f.; LR-StPO/*Kühne* Einl. I Rn. 67; *Roxin/Schünemann*, Strafverfahrensrecht, § 44 Rn. 7; KK-StPO/*Fischer* Einl. Rn. 24.

[960] BVerfG, Beschl. v. 21.01.2004 – 2 BvR 1471/03 = BeckRS 2004, 20975; BVerfG, Beschl. v. 24.01.2009 – 2 BvR 1182/08 = BeckRS 2010, 54364.

[961] Übersicht bei Meyer-Goßner/*Schmitt* StPO EMRK Art. 6 Rn. 7a; *Paeffgen*, GA 2014, 275 (286 ff.).

[962] So i. E. auch *Fezer*, in: FS Widmaier (2008), 177 (189).

2. Zweidimensionale Schutzrichtung

Nach mittlerweile ganz herrschender Ansicht dient der Beschleunigungsgrundsatz *primär* dem subjektiven Interesse des Angeklagten daran, nicht unnötig lange von den Einschränkungen des Strafverfahrens betroffen zu sein und allenfalls *sekundär* dem öffentlichen Interesse bzw. der Allgemeinheit an der Durchsetzung des Strafanspruchs.[963] Neben der betroffenenschützenden Dimension ergibt sich also auch eine verfahrensökonomische Dimension dahingehend, dass die zügige Durchführung des Verfahrens ebenfalls die Wahrheitsfindung, einen angemessenen Opferschutz und die Strafzwecke hinreichend verwirklichen soll.[964] Damit ist der Beschleunigungsgrundsatz nicht nur ein-, sondern zweidimensional ausgerichtet.

3. Beschleunigung und Mitwirkungsrechte – Ein (un-)lösbarer Widerspruch?

Der Beschleunigungsgrundsatz wird insbesondere in umfangreichen Strafverfahren und solchen, die detaillierte Sachverständigengutachten erfordern, relevant.[965] Gerade in diesen Sachverhaltskonstellationen haben der Angeklagte bzw. die Verteidigung ein großes Interesse daran, an der strafbegründenden Tatsachenfeststellung – zulasten einer schnellen Durchführung des Strafverfahrens – mitzuwirken, sodass sich die Frage stellt, ob die Verfahrensbeschleunigung und etwaige Mitwirkungsrechte in einem (un-)lösbaren Widerspruch zueinander stehen.[966]

Zunächst ist festzuhalten, dass der Angeklagte kein Adressat des Beschleunigungsgrundsatzes ist[967], d.h. dieser verpflichtet ihn nicht, sondern soll ihn vielmehr schützen. Stattdessen ist der Staat als Grundrechtsverpflichteter zu einer zügigen und angemessenen Förderung der Rechtssache in jedem Verfahrensstadium verpflichtet.[968] Damit weist der Beschleunigungsgrundsatz vielmehr den Charakter eines nicht normierten Justizgewährungsanspruchs denn einer Prozessmaxime auf.

Vielfach wird daher festgehalten, der Topos der Verfahrensbeschleunigung würde missverstanden: Er sei von einem Verfahrensgrund*recht* des Beschuldigten

---

[963] BVerfG, Beschl. v. 21.06.2006 – 2 BvR 750, 752; 761/06 = NStZ 2006, 680 (681); BGHSt 26, 228 (232) = NJW 1976, 116; *Hillenkamp*, JR 1975, 133 (134 f.); *Piel*, in: FS Widmaier (2008), 429 (431 ff.); *Beulke*, StV 2009, 554 (556); *Tepperwien*, NStZ 2009, 1 (5); *Kudlich*, NJW-Beil. 2010, 86; *Mansdörfer*, GA 2010, 153 (162); *Landau*, NStZ 2011, 537 (545).

[964] *Wohlers*, NJW 2010, 2470 (2471); *Laue*, GA 2005, 648 (657 ff.); *Liebhart*, NStZ 2017, 254 (255 ff.).

[965] *Paeffgen*, GA 2014, 275 (279, 282); *Detter*, in: FS Meyer-Goßner (2001), 431 (442 f.).

[966] Bereits *Gössel*, in: Gutachten zum 60. DJT (1994), C 22 f. spricht von einem „Spannungsverhältnis".

[967] *I. Roxin*, GA 2010, 425 (433).

[968] *Tepperwien*, NStZ 2009, 1 (2).

„zu einem umfassenden Verfahrensgrund*satz* mutiert".[969] Der Beschleunigungsgrundsatz konkurriert offensichtlich mit der stetigen Überlastung und dem fiskalisch bedingten Personalmangel der Justiz[970] und wird daher vom Gesetzgeber als Motiv für Rechtsbeschränkungen genutzt.[971] Entsprechend seinem rechtsdogmatischen Auftreten handelt es sich aber vielmehr um eine Art Ordnungsprinzip, welches die äußersten, zeitlichen Grenzen des staatlichen Eingriffs absteckt. Ein Verständnis als „Verfahrensverschlankung um jeden Preis" (soweit begrifflich auf die Amtsaufklärungspflicht Rekurs genommen wird[972]) ist streng abzulehnen.[973] Daher wird von vielen Stimmen im Schrifttum überzeugend der alternative Begriff des Verzögerungsverbots bevorzugt.[974]

Ginge man streng mit dem Wortlaut des Art. 6 Abs. 1 EMRK, welcher dem Angeklagten ein Recht bzw. einen Anspruch garantiert, könnte man zu dem Ergebnis gelangen, dass der Angeklagte hierauf spiegelbildlich – zugunsten weiterer Mitwirkungsrechte – verzichten kann. Ob der Beschleunigungsgrundsatz allerdings zur Disposition des Angeklagten steht, ist umstritten.[975] Eine Dispositionsbefugnis des Angeklagten wird mit dem Argument der *zwei*dimensionalen Schutzrichtung abgelehnt.[976] Andererseits suggeriert die grammatische Betrachtung den alleinigen bzw. zumindest vorherrschenden Zweck des Betroffeneninteresses.[977]

Ohne diese Diskussion zu vertiefen, kann hierdurch jedoch ein wesentlicher Rechtsgedanke für die gesetzgeberische Interessenabwägung zwischen beiden Di-

---

[969] *Fezer*, in: FS Widmaier (2008), 177 (189); *Wohlers*, NJW 2010, 2470 (2474) („allgemeiner Auslegungstopos").

[970] So z. B. insbesondere in Haftsachen siehe BVerfG, Beschl. v. 06. 05. 2003 – 2 BvR 530/03 = NStZ 2004, 49 ff.; *Piel*, in: FS Widmaier (2008), 429 (433); *Kudlich*, NJW-Beil. 2010, 86.

[971] *Fezer*, in: FS Widmaier (2008), 177 (188); *Tepperwien*, in: FS Widmaier (2008), 583 (595); *Wohlers*, NJW 2010, 2470; *Sommer*, Effektive Strafverteidigung, Kap. 3 Rn. 1470. Hier ist eine Vielzahl von strafprozessualen Gesetzesänderungen zu nennen, welche die Realisierung des Beschleunigungsgrundsatzes für sich proklamieren, so z. B. das Rechtspflegeentlastungsgesetz v. 11. 01. 1993 (BGBl. 1993 I, S. 50; BT-Drs. 12/1217, S. 37), das Verbrechensbekämpfungsgesetz v. 28. 10. 1994 (BGBl. 1994 I, S. 3186; BT-Drs. 12/6853, S. 34 ff.), das Gesetz zur effektiveren und praxistauglicheren Ausgestaltung des Strafverfahrens v. 17. 08. 2017 (BGBl. 2017 I, S. 3202; BT-Drs. 18/11277, S. 1) und das Gesetz zur Modernisierung des Strafverfahrens v. 10. 12. 2019 (BGBl. I 2019 I, S. 212; BT-Drs. 19/14747, S. 1).

[972] Siehe hierzu bereits 2. Kapitel A. I. 3.

[973] *Kühne*, Strafprozessrecht, § 13 Rn. 268; *Tepperwien*, NStZ 2009, 1; *Kudlich*, NJW-Beil. 2010, 86 (89).

[974] Exemplarisch *Laue*, GA 2005, 648 (661); *Fezer*, in: FS Widmaier (2008), 177 (179); *Beulke*, StV 2009, 554 (556); *Paeffgen*, GA 2014, 275 (278 Fn. 13) m. w. N.

[975] Gewiss betrifft dies keinen Vollverzicht für das ganze Verfahren, sondern einen Teilverzicht für Einzelsituationen (so auch *Mansdörfer*, GA 2010, 153 [161]), z. B. zugunsten der Vernehmung eines Sachverständigen.

[976] Meyer-Goßner/*Schmitt* Einl. Rn. 160; *Laue*, GA 2005, 648 f.

[977] *Gaede*, Fairness als Teilhabe (2007), S. 741 f.; *Wohlers*, NJW 2010, 2470 f.; *Mansdörfer*, GA 2010, 153 (161).

mensionen des Beschleunigungsgrundsatzes gewonnen werden: Aus der Dominanz der betroffenenschützenden Dimension folgt gleichzeitig, dass der Beschleunigungsgrundsatz nicht als tragfähige Grundlage für die gesetzgeberische Beschränkung von Verfahrensrechten herangezogen werden kann.[978] Dieses Ergebnis überzeugt, da im Falle einer – hypothetischen – gleichwertigen zweidimensionalen Schutzrichtung weder dem einen Rechtsgutsinhaber noch dem anderen Rechtsgutsinhaber die alleinige Dispositionsbefugnis zustünde. Wenn nun aber bei der Ausübung des Beschleunigungsrundsatzes der Schutz des Angeklagten im Vordergrund steht, kann eine Beschränkung des übergeordneten Schutzgutes (Betroffener) zugunsten des untergeordneten Schutzgutes (Verfahrensökonomie) bloß aufgrund eines deutlich schwerer wiegenden Interesses am untergeordneten Schutzgut überzeugen. Mithin kann der Gesetzgeber nicht Verfahrensrechte des Angeklagten beschränken, ohne hierdurch eine das Allgemeininteresse repräsentierende Wahrheitsförderung erreichen zu wollen bzw. können.[979]

Im Umkehrschluss vermag der Beschleunigungsgrundsatz allerdings auch nicht der Erweiterung von Verfahrensrechten entgegenzustehen, soweit die eingeräumten Rechtspositionen ebenso eine Wahrheitsförderung bezwecken sollen. Stattdessen muss einer unzulässigen Wahrnehmung solcher Verfahrensrechte mit den Grundsätzen zum Rechtsmissbrauch begegnet werden.[980] Im Ergebnis sind daher die Ziele der unzulässigen Verzögerungs- bzw. Verschleppungsabsicht einerseits und der wahrheitsfördernden Selbstverteidigung andererseits voneinander zu trennen. Gegenüber der wahrheitsfördernden Selbstverteidigung ist die Verfahrensbeschleunigung bloß eine „untergeordnete Wertkategorie".[981]

Der Sachverständigenbeweis ist gewiss eine der zeitintensivsten Beweismittelformen.[982] Dennoch darf der Beschleunigungsgrundsatz in diesem Rahmen nicht zum Selbstzweck werden.[983] Beschränkungen des Sachverständigenbeweises in Auswahl und Durchführung können zu Qualitätsverlusten für die Tatsachenfeststellung führen. Der Beschleunigungsgrundsatz, welcher primär als *Recht* des Angeklagten zu verstehen ist, steht den wahrheitsfördernden Änderungsvorschlägen nicht entgegen, weil diese bereits in ihrer Ausgestaltung eine angemessene Begrenzung (z. B. durch Ermessensspielräume, Ausnahmegründe oder Fristen) finden. Zu Gunsten der Wahrheitserforschung ist der vermeintliche Widerspruch zwischen Verfahrensbeschleunigung und Mitwirkungsrechten aufzulösen.

---

[978] *Hamm/Pauly*, Beweisantragsrecht Rn. 363.

[979] Ähnlich *Piel*, in: FS Widmaier (2008), 429 (444 f.).

[980] So auch *Tepperwien*, in: FS Widmaier (2008), 583 (596); *I. Roxin*, GA 2010, 425 (440).

[981] *Köhler*, Inquisitionsprinzip (1979), S. 57 f., 77; ähnlich *Laue*, GA 2005, 648 (663).

[982] Ähnlich bereits *Mansdörfer*, GA 2010, 153 (158).

[983] *Oberlaber*, Sachverständige 2014, 23 (25).

III. „Privatsachverständige" – Inquisitions- und Wirtschaftlichkeitsmaxime

Die Änderungsvorschläge zur vereinfachten Wahrnehmung und Durchführung des Selbstladungsrechts (§ 220 Abs. 4 StPO-E[984], § 240 Abs. 3 StPO-E[985]) scheinen vom in der StPO geltenden Verfahrensmodell abzurücken und eine größere Kostenlast für die Staatskasse zu bergen. Es stellt sich die Frage, ob diese Änderungsvorschläge überhaupt sinnvoll implementiert werden können.

1. Kompetenz der Beweismittelbeschaffung

In der Rechtstradition sind „inquisitorische" und „adversatorische" Verfahrensmodelle bekannt.[986] Vom Mittelalter, über die frühe Neuzeit bis ins 18. Jahrhundert wurde im kontinental-europäischen Raum das sog. geheime Inquisitionsverfahren praktiziert, welches von einer amtlichen Autorität geführt wurde, die sowohl die ermittelnde als auch richtende Rolle bekleidet hat.[987] Auf die hieran aufkeimende Kritik der Voreingenommenheit des „Inquisitors" wurde die Verfahrensstruktur reformiert und u. a. durch die Einrichtung der anklagenden Strafverfolgungsbehörde eine Rollentrennung herbeigeführt (sog. reformiertes Inquisitionsverfahren).[988] Im angelsächsischen und anglo-amerikanischen Rechtskreis hat sich dagegen das sog. adversatorische Verfahrensmodell etabliert.[989] Ein maßgeblicher Unterschied zwischen den Modellen besteht in der Beschaffungskompetenz für Beweismittel: Die Beweiserforschung und -erhebung liegen beim adversatorischen Verfahrensmodell in der Verantwortung der sich gegenüberstehenden Parteien (Anklagebehörde und Angeklagter), während das Gericht lediglich eine moderierende Verfahrensleitung und Zulässigkeitskontrolle innehat, d.h. sich insgesamt mit dem Umfang der präsentierten Beweismitteln begnügt; im inquisitorischen Verfahrensmodell fallen hingegen Beweiserforschung und -erhebung grundsätzlich in die Amtsaufklärungspflicht des erkennenden Gerichts, wobei den Prozessbeteiligten als Ausgleich Mitwirkungsrechte eingeräumt werden.[990]

---

[984] Siehe hierzu bereits 6. Kapitel C. II. 2. c) aa) (4).

[985] Siehe hierzu bereits 6. Kapitel C. II. 2. b) cc).

[986] *Weigend*, ZStW 113 (2001), 271 ff.; *Dezza*, Geschichte des Strafprozesses (2017), S.1 ff.

[987] *Glaser*, Hdb. des Strafprozesses Bd. I (1883), S. 18 ff.; *Dezza*, Geschichte des Strafprozesses (2017), S. 4; *Heger*, in: Konfliktlösung im 19. und 20. Jahrhundert (2021), 165 (171); *Weigend*, ZStW 113 (2001), 271; *Ignor*, Geschichte des Strafprozesses (2002), S. 147 f.; *Rüping/Jerouschek*, Strafrechtsgeschichte, Rn. 243.

[988] *Ignor*, Geschichte des Strafprozesses (2002), S. 153 ff., 231; *Vormbaum*, Strafrechtsgeschichte (2019), S. 87.

[989] *Eser*, Inquisitorisches und adversatorisches Modell (2014), S. 1 ff.; *Vormbaum*, Strafrechtsgeschichte (2019), S. 87.

[990] *Eser*, Inquisitorisches und adversatorisches Modell (2014), S. 12 ff.; *Vormbaum*, Strafrechtsgeschichte (2019), S. 91 f., 110.

Während beide Verfahrensmodelle diverse Vor- und Nachteile aufweisen[991], wird insbesondere die Möglichkeit der parteilichen Beweisvorführung[992] durch den Angeklagten bzw. die Verteidigung als Gewinn des adversatorischen Verfahrens verstanden und mitunter zum Ausgleich justizieller Ermittlungsmängel[993] in das inquisitorische Verfahren übertragen. Reinformen der dargestellten Modelle gibt es aber in keiner nationalen Strafprozessordnung, da lediglich Modelle mit mehr oder weniger starken Ausformungen der fundamentalen Grundsätze existieren.[994] Im Gegensatz zur Bestellung eines Sachverständigen durch das Gericht verkörpert die Selbstladung eines Sachverständigen durch den Angeklagten bzw. die Verteidigung gleichsam eine Art (teil-)adversatorisches Element[995] in der ansonsten weiterhin reformiert-inquisitorischen StPO, da sie von der Beweisdetermination durch das verfahrensleitende Gericht – zumindest bzgl. der Veranlassung der Beweiserhebung – abweicht.

2. Außerjuristischer Beistand als elementarer Teil der Beweisführung

Die prozessuale Bedeutung des von der Verteidigung geladenen Sachverständigen hat bereits Glaser vor nahezu 150 Jahren hervorgehoben:

> „Das *Bedürfniss nach Unterstützung des Angeschuldigten in seiner Vertheidigung durch einen Sachverständigen ist in der Natur der Sache gegründet*: so wie der Richter in seiner parteilosen Thätigkeit, vermöge der *unvermeidlichen Beschränkung seiner Kenntnisse auf bestimmte Gebiete, der Unterstützung durch Kenner* der ihm fremden bedarf, so auch der Staatsanwalt und der Vertheidiger bei seiner Parteithätigkeit. Dem Staatsanwalt fehlen die Mittel dazu ohnehin nicht.“[996]

Während § 245 Abs. 2 StPO seine Daseinsberechtigung nach Ansicht des Gesetzgebers bereits in der notwendigen Ergänzung des Beweisantragsrechts (welches wiederum die Amtsaufklärungspflicht ergänzt) findet, ist seine derzeitige Ausgestaltung defizitär und kann das Schutzbedürfnis nach außerjuristischem Beistand nicht angemessen erfüllen.[997]

---

[991] Dazu ausführlich bei *Eser*, Inquisitorisches und adversatorisches Modell (2014), S. 11 ff.

[992] Begriff bereits bei *Goldschmidt*, Der Prozess als Rechtslage (1925), S. 432; *Peters*, Strafprozeß (1985), S. 286; *Köhler*, Inquisitionsprinzip (1979), passim.

[993] *Sommer*, Effektive Strafverteidigung, Kap. 1 Rn. 280 ff.; *Dahs*, Hdb. des Strafverteidigers Rn. 472; MAH-Strafverteidigung/*Neuhaus* § 15 Rn. 12.

[994] *Eser*, Inquisitorisches und adversatorisches Modell (2014), S. 14.

[995] *Köhler*, Inquisitionsprinzip (1979), S. 12; *Hagemann*, Vorschrift über präsente Beweismittel (1980), S. 98; *Toepel*, Sachverständigenbeweis (2002), S. 331 ff. Laut *Anders*, Beweiserhebungskontrollen (1998), S. 110 gar „systemfremd“.

[996] So bereits *Glaser*, Hdb. des Strafprozesses Bd. I (1883), S. 681 (Hervorhebungen d. Verf.). Ähnlich *Rieß*, in: BKA-Vortragsreihe, Bd. 24 (1979), S. 151; *Tondorf/Waider*, StV 1997, 493 (496).

[997] Siehe hierzu bereits 6. Kapitel C. I. 2. c), 6. Kapitel C. II. 2. c) aa) (3).

Eine vertiefende inquisitorisch-adversatorische Mischform als Zukunft der StPO wird in der Strafrechtswissenschaft rege diskutiert und Verfahrenselemente zur Stärkung der proaktiven Beweisführung des Angeklagten werden von vielen Stimmen im Schrifttum begrüßt.[998] Dabei ist jedoch der kriminalpolitische Aspekt zu beachten. Kritische Stimmen[999], die eine Abkehr von der Inquisitionsmaxime und eine schleichende, dogmatische Änderung des deutschen Strafprozesssystems befürchten, müssen darauf hingewiesen werden, dass die StPO bereits eine Typenmischung mit adversatorischen Elementen verkörpert. So existieren einige konsensuale Elemente, die sich in der Praxis gefestigt und bewährt haben (z.B. die Widerspruchslösung des BGH gem. § 238 Abs. 2 StPO [analog], das Absehen von Verfolgung unter Auflagen und Weisungen gem. § 153a StPO und die Verfahrensabsprache gem. § 257c StPO). Es fällt allerdings auf, dass diese Elemente primär verfahrens*verkürzend* wirken, während bereits vorhandene adversatorische Rechtspositionen, die das Verfahren zeitlich und inhaltlich *erweitern* würden, faktisch unterdrückt werden (z.B. das Kreuzverhör gem. § 239 StPO).[1000]

Es ist jedoch zu berücksichtigen, dass eine ausführliche Verfahrensmitwirkung zur steigenden Akzeptanz des verfahrensabschließenden Judikats beiträgt.[1001] Da das Inquisitionsprinzip nur von einer vorläufigen Bedeutsamkeitsbeurteilung des Gerichts ausgeht, ist es zur Annäherung an die Wahrheit ohne die Beweisvorführung des Angeklagten bzw. der Verteidigung als notwendige Ergänzung kaum geeignet.[1002]

Die Bearbeitung hat aufgezeigt, dass neben dem Bedarf nach juristischem Beistand auch der Bedarf nach *außer*juristischem Beistand stetig größer wird[1003], um den Herausforderungen des außerjuristischen Erfahrungswissens gemessen an Art. 6 Abs. 1, Abs. 3 lit. d EMRK adäquat begegnen zu können. Die Ausspezialisierung verschiedener Wissenschaften führt dazu, dass diese von fachlichen Laien nicht mehr beherrsch- und kontrollierbar sind. Die strafprozessualen Instrumente weisen Defizite auf, die einer angemessenen Ausübung der Verteidigungsinteresses teilweise entgegenstehen.[1004] Es ist nicht hinnehmbar, dass aufgrund unzureichender

---

[998] So z.B. *Köhler*, Inquisitionsprinzip (1979), S. 79f.; *Perron*, Beweisantragsrecht des Beschuldigten (1995), S. 473; *Gaede*, StV 2012, 51 (59); *Eser*, Inquisitorisches und adversatorisches Modell (2014), S. 24; *Jahn*, ZStW 127 (2015), 549 (578); *Anders*, ZStW 129 (2017), 82 (93, 107).

[999] So z.B. *Schreiber* bei Weigend, ZStW 93 (1981), 1278.

[1000] Zum in der Verfahrensrealität nicht existierenden § 239 StPO instruktiv *Gaede*, StV 2012, 51 (55f.).

[1001] *Köhler*, Inquisitionsprinzip (1979), S. 45.

[1002] *Köhler*, Inquisitionsprinzip (1979), S. 43ff.; *ders.*, StV 1992, 4 (5); *Anders*, Beweiserhebungskontrollen (1998), S. 232ff.; *ders.*, ZStW 129 (2017), 82 (93), die das „Mischmodell" bzw. „integrierende Modell" aus Amtsermittlung und parteilicher Beweisvorführung favorisieren.

[1003] Siehe hierzu bereits 1. Kapitel A., 2. Kapitel C.III., 5. Kapitel A.

[1004] Siehe hierzu bereits 6. Kapitel B.II., 6. Kapitel C.II., 6. Kapitel C.IV.

Möglichkeiten zur Einführung oder Bezweifelung von außerjuristischem Erfahrungswissen unerkannt bleibende und nur schwerlich angreifbare Fehlurteile – wie z. B. im Fall des sog. Badewannen-Mords[1005] – ergehen.

3. Gefahr des infinitiven Gutachterdisputs

Das übertragbare Fragerecht des selbstgeladenen Sachverständigen gegenüber dem gerichtlichen Sachverständigen und umgekehrt (§ 240 Abs. 3 StPO-E) kann in der Realität dazu führen, dass der Verfahrensfokus vermehrt auf außerjuristischen Diskussionen liegt. Dem von der Verteidigung geladenen Sachverständigen wird dadurch eine starke Position eingeräumt. Jedoch können neben den aufgezählten Vorteilen[1006] auch unerwünschte Nachteile eintreten. Sofern die sich hieraus entwickelnde Diskussion um eine außerjuristische Beweisfrage auf einem sehr hohen abstrakt-fachlichen Niveau stattfindet, ist einerseits fraglich, ob und inwieweit Diskussionen, welche die juristische Sphäre verlassen haben und sich in einer *außer*juristischen Sphäre bewegen, für Juristen und andere Prozessbeteiligte verständlich bleiben und noch einen Mehrwert für das strafprozessuale Ziel der objektiven Wahrheitsfindung i. S. v. § 244 Abs. 2 StPO darstellen.

Grundsätzlich darf das Strafverfahren nicht zu einem Forum avancieren, in welchem vorrangig wissenschaftliche Meinungen „ausgekämpft“ werden[1007], denn es ist als solches funktionell nicht dazu geeignet, wissenschaftliche Erkenntnisse auf ihre Validität zu überprüfen.[1008] Mit dem Vorschlag zur Erweiterung des Fragerechts würde ein solcher fachlicher Austausch ggf. forciert. Die gegenseitige Befragungsmöglichkeit von Sachverständigen könnte gar zu einem infinitiven Gutachterdisput führen. Es wird aus Sicht von Sachverständigen befürchtet, dass diese sich untereinander ausschließlich streiten oder gar beleidigen und dadurch – im Strafprozess scheinbar kollektiv ungewollte – „amerikanische Verhältnisse“ eintreten würden.[1009]

Dabei bleibt weitgehend unberücksichtigt, dass gerade ein konträres Streitgespräch eine hilfreiche Basis für die objektive Meinungsbildung Dritter bildet. So hat das Reichsgericht festgestellt, dass sich bereits aus der bloßen Anwesenheit eines

---

[1005] Siehe hierzu bereits 5. Kapitel A. VI. 2.

[1006] Siehe hierzu bereits 6. Kapitel C. II. 2. b) aa).

[1007] So *Detter*, in: Reform oder Roll-Back – 21. StV-Tag (1997), 283 (287 f.); LR-StPO/*Sarstedt* (22. Aufl. 1971) Vor § 72 Rn. 3 f.; SK-StPO/*Velten* Vor § 261 Rn. 22; *Fischer*, in: FS Widmaier (2008), 191 (220); *Peters*, Fehlerquellen Bd. I (1970/1974), S. 167 f.; *Sendler*, NJW 1986, 2907 (2912).

[1008] Instruktiv *Puppe*, JZ 1994, 1147 (1150); SK-StPO/*Velten* Vor § 261 Rn. 22. Siehe bereits 2. Kapitel C. III. 3.

[1009] Rückmeldungen von Rechtsmedizinern und Radiologen, die regelmäßig als Gerichtssachverständige tätig sind, eingeholt auf einer Veranstaltung zur Nutzung von 3D-Techniken im Strafprozess am 23./24. 10. 2024 (veranstaltet von AGFB und DGRM), auf welcher d. Verf. einen Vortrag zum Sachverständigenbeweis gehalten hat.

Sachverständigen bei der Vernehmung eines anderen Sachverständigen ein Nutzen für die objektive Wahrheitsfindung ergeben kann.[1010] Dieser Nutzen muss sich in Fortführung des Gedankens noch verstärken, wenn ein Austausch zwischen den Sachverständigen stattfindet. Die Anhörung mehrerer Sachverständiger zu einer außerjuristischen Beweisfrage kann durchaus – auch wenn dies häufig pauschal bezweifelt wird – die objektive Wahrheitserforschung fördern statt diese zu behindern.[1011]

Dies gilt selbst dann, wenn beim Tatgericht die Überzeugung für die Richtigkeit eines Begutachtungsergebnisses wächst, da der Ausschluss von Alternativhypothesen ein zentraler Schritt zur Annäherung an die Wahrheit ist.[1012] Wegen der stetigen Forschungsentwicklung müssen wissenschaftliche Grundsätze und Hypothesen von den Forschenden ständig auf ihre Validität überprüft, angepasst oder verworfen werden.[1013] Das Wahrnehmen, Verarbeiten und Einordnen von gegensätzlichen Aussagen in die eigene Argumentationsstruktur vermag mitunter erst, im wissenschaftlichen Kontext (un-)logische oder widersprüchliche Strukturen zu offenbaren.[1014] Es wird aus der Zivilverfahrenspraxis berichtet, dass das aus dem direkten Fragerecht entstehende Streitgespräch zwischen Sachverständigen selbst für fachliche Laien erkennen lasse, welche Begutachtung inhaltlich überzeugender ist.[1015]

Der Mehrwert des direkten Fragerechts hängt stark von dessen Umsetzung und der jeweiligen Beweisfrage ab. Ein solcher ist gewiss nur zu erreichen, wenn eine sachliche Form der Interaktion stattfindet und die emotionale Komponente ausgeblendet wird.[1016] Es ist Teil des freien wissenschaftlichen Diskurses (Art. 5 Abs. 3 S. 1 GG), andere Ansichten auf den Prüfstand zu stellen, kritisch zu beurteilen und ggf. zu falsifizieren, denn eine gute Wissenschaft zeichnet sich gerade durch eine ernsthafte, methodische und offene Fehlerkultur aus[1017], welche von den Beteiligten zugelassen werden muss. Persönliche Vorbehalte und Befindlichkeiten der Sach-

---

[1010] So RGSt 52, 161 (162): „Zudem lässt sich *nicht wohl in Zweifel ziehen*, daß *gerade auch die Vernehmung des einen Sachverständigen in Gegenwart des anderen (Anm.: Sachverständigen) für die Aufklärung von Nutzen sein kann*" (Hervorhebungen d. Verf.).

[1011] BGH, Urt. v. 16.03.1993 – 1 StR 829/92 = NStZ 1993, 395 (397); BGHSt 44, 26 (32) = NStZ 1998, 422 (424); *Detter*, in: FS Meyer-Goßner (2001), 431 (442 f.); *Rasch*, StraFo 1989, 21 (23).

[1012] Siehe hierzu bereits 2. Kapitel C. III. 2. b).

[1013] *Kraatz*, Einfluss der Erfahrung (2011), S. 385 f.

[1014] Ähnlich *Tondorf/Tondorf*, Psychologische Sachverständige, Rn. 250.

[1015] So laut *Franzki*, DRiZ 1991, 314 (319): „Selbst bei einander widersprechenden (Gerichts- und Privat-)Gutachten ist vielfach kein weiterer Sachverständiger (Anm. d. Verf.: Obergutachten) erforderlich. *Das Streitgespräch der Gutachter vor dem Gericht läßt in der Mehrzahl der Fälle auch für den Laien erkennen, wer die überlegene Autorität und Fachkunde (nicht Rhetorik!) besitzt*" (Hervorhebung d. Verf.).

[1016] Ähnlich auch *Westphal*, in: SV-HdB § 22 Rn. 30.

[1017] Dürig/Herzog/Scholz/*Gärditz*, GG Art. 5 Abs. 3 Rn. 68.

verständigen sind fehl am Platz. Soweit die Grenze der Angemessenheit überschritten ist, d.h. bei verbalen „Attacken“ oder gar Beleidigungen eines Sachverständigen gegen den anderen, kann für die Prozessbeteiligten vielmehr offensichtlich werden, dass gegen das jeweilige Gutachten keine sachlichen Einwendungen mehr entgegengebracht werden können.[1018]

Ein unerwünschter oder gar infinitiver Streit der Wissenschaften kann vermieden werden, indem – entsprechend dem herrschenden Verständnis des § 240 StPO – nur klar umrissene Fragen gestellt und keine in der Breite Stellung beziehenden „Gegen“-Ausführungen gehalten werden dürfen.[1019] Der Vorsitzende hat hierüber innerhalb der Verhandlungsleitung zu wachen und ungeeignete und nicht zur Sache gehörende Fragen zurückzuweisen sowie im äußersten Fall das Fragerecht zu entziehen, wenn hiergegen wiederholt verstoßen wird oder die Sachverständigen gar unsachlich werden (§§ 238 Abs. 1, 241 Abs. 2 StPO).

Es hat sowohl der Vorsitzende im Rahmen seiner Verhandlungsleitung als auch derjenige Prozessbeteiligte, der sein Fragerecht übertragen hat, auf eine allgemeinverständliche Terminologie sowie das Herunterbrechen von Abstrahierungen hinzuwirken.[1020] Ein das Fragerecht überschreitendes Erklärungsrecht i.S.v. § 257 StPO wird dem kontrollierenden Sachverständigen gerade nicht eingeräumt; erläuternde und bewertende Aussagen waren ihm im Rahmen seiner Gutachtenerstattung (vgl. § 69 StPO) möglich. Konträre Thesen sollen die Sachverständigen vielmehr als Ausgangspunkt in ihre Fragestellung einbauen. Das Verständnis der außerjuristischen Thematik bleibt wegen der Wissensasymmetrie das größte Problem des Sachverständigenbeweises.[1021]

4. Vorschussleistung als fiskalische Belastung

Die staatliche Prozesskostenhilfe für die Vorschussleistung eines mittellosen Angeklagten (§ 220 Abs. 4 StPO-E) ist mit den Interessen der Strafrechtspflege an der Wirtschaftlichkeit und Sparsamkeit abzuwägen. Das Strafverfahren ist von der Justiz grundsätzlich so durchzuführen, dass unnötige Kosten vermieden werden (vgl. Nr. 5a RiStBV). Dieses Postulat ist einfachgesetzlich nicht geregelt, es findet seinen mittelbaren Ausfluss jedoch in einzelnen Vorschriften, so z.B. dem Verbot der überschießenden Beweiserhebung (§ 244 Abs. 2 StPO)[1022] oder dem Maßstab, einen Sachverständigen „nur“ hinzuzuziehen, wenn sein Gutachten unentbehrlich

---

[1018] So *Grossam*, in: SV-HdB § 18 Rn. 46.

[1019] Siehe hierzu bereits 6. Kapitel C.I.3.b).

[1020] Siehe hierzu bereits 5. Kapitel A.II.1.

[1021] Siehe hierzu bereits ausführlich 5. Kapitel A.IV.1.

[1022] Siehe hierzu bereits 2. Kapitel A.I.3.

ist (Nr. 69 RiStBV)[1023]. Gegenüber anderen Strafverfahrensprinzipien sind Wirtschaftlichkeitserwägungen von eher untergeordnetem Rang.[1024]

Die Vorteile einer sachkundigen Klärung und Verfahrenserleichterung, wie sie das Selbstladungsrecht (§ 245 Abs. 2 S. 1 StPO) für komplexe und schwierige Strafverfahren bezweckt, müssen den nachteiligen Kostenfolgen gegenübergestellt werden.[1025] Bereits bei allgemeiner Betrachtung ist die Rechtsschutzgleichheit (Art. 3 Abs. 1 i.V.m. Art. 19 Abs. 4 GG) von höherwertiger Natur als der Wirtschaftlichkeits- und Sparsamkeitsgrundsatz. Es ist hervorzuheben, dass die staatliche Vorleistungspflicht dem Angeklagten keine gänzlich neue Rechtsposition einräumt, sondern in verfassungsgemäßer Art und Weise an das bereits bestehende Selbstladungsrecht anknüpft, indem es dessen Wahrnehmung für mittellose Angeklagte erst ermöglicht. Dennoch bewirkt diese Rechtsauslegung einen quantitativ erweiterten Zugang zum Sachverständigenbeweis durch den Angeklagten als zuvor. Es ist zwar im Ansatz nachvollziehbar, dass entsprechend dem Veranlassungsgedanken das selbständige Einbringen von Beweismitteln ein selbständiges Tätigwerden des Angeklagten[1026] und damit auch eine Kostentragungspflicht erfordere, dennoch ist eine derartige Vorleistung im Rahmen des Sachverständigenbeweises in der Praxis aus sozialfaktischen Gründen nicht von jedem Angeklagten leistbar.

Mangels Beschaffbarkeit der Vorleistung droht wie bei aktuell geltender Rechtslage vielmehr eine Art „Zwei-Klassen"-Justiz[1027] zu entstehen. Die Auswirkungen der Finanzkraft des Angeklagten auf dessen Erfolgschancen im Strafverfahren (z.B. Qualität der Verteidigung, Umfang eigener Ermittlungen und Sanktionsempfindlichkeit) sind ein selten thematisierter Faktor in einem Verfahrensmodell, welches für sich das Gelingen der staatlichen Wahrheitsfindung postuliert. Dennoch werden die finanziellen Hürden der Beiziehung von *außer*juristischem Beistand in besonderen Fällen sichtbar. Im hiesig dargestellten Strafverfahren um den sog. Badewannen-Mord[1028] hat die Erstellung der wahrheitsaufdeckenden Gutachten „mehrere zehntausend Euro" gekostet und musste durch Spenden finanziert werden.[1029] Auf eine andere Weise hätte der seit dreizehn Jahren im Strafvollzug zu Unrecht Inhaftierte, der – weitgehend unabhängig von seinen Qualifikationen – durch die einzig im Strafvollzug erlaubte Erwerbstätigkeit gerade einmal ca. 10,32

1023 Siehe hierzu bereits 6. Kapitel B. I. 1. a).

1024 *Kühne*, Strafprozessrecht, § 14 Rn. 280, 285; *Schroeder*, NJW 1983, 137 ff.; *Nestler*, JA 2012, 88 f.

1025 Dürig/Herzog/Scholz/*Schmidt-Aßmann*, GG Art. 19 Abs. 4 Rn. 242.

1026 So die Argumentation von *Toepel*, Sachverständigenbeweis (2002), S. 337.

1027 Begriff auch bei *Schwaighofer*, Der Sachverständigenbeweis im Strafverfahren (2014), S. 49, 52.

1028 Siehe hierzu bereits 5. Kapitel A. VI. 2.

1029 Angabe der RAin Rick zitiert bei *Verschwele*, TAZ v. 15./16.08.2020 „Im Zweifel lebenslänglich".

bis 17,20 Euro pro Tag bundesweit[1030] verdienen kann, die entscheidenden Entlastungsbeweise nicht erbringen können.

Auch bei Betrachtung des hier im Speziellen formulierten Kostenvorschusses für Reise- und Zeitversäumniskosten des Sachverständigen aus der Staatskasse überwiegt die Rechtsschutzgleichheit für mittellose Angeklagte die Wirtschaftlichkeitserwägungen, da eine unangemessene Belastung des Fiskus durch wesentliche Elemente des § 220 Abs. 4 StPO-E eingedämmt wird. Die Problematik der notwendigen Selbstladung ist bereits auf eine abgrenzbare Art von Strafverfahren beschränkt[1031], sodass auch die Norm einen sehr engen Anwendungsbereich aufweist (nur bei nachgewiesener Mittellosigkeit i. S. v. § 114 ZPO *und* in den Fällen des § 140 Abs. 2, Abs. 1 Nrn. 1–3 StPO) und damit für liquide Angeklagte weiterhin regelhaft der Wirtschaftlichkeits- und Sparsamkeitsgrundsatz in der Interessenabwägung deutlich überwiegt. Dass durch diese Regelung kein universelles Recht auf eine beliebige Sachverständigenbeiziehung für den Fall, dass das gerichtliche Gutachten dem Angeklagten schlichtweg „nicht genehm“ ist, eingeführt wird, zeigt sich an daran, dass zumindest eine hinreichende Erfolgsaussicht der Sachverständigenvernehmung bestehen muss. Als Absicherung der Staatskasse vor ausufernder oder missbräuchlicher Wahrnehmung ist der Kostenvorschuss gewiss nur *vorläufiger* Natur mit der Rechtsfolge der allgemeinen Verfahrenskostenregelungen, so z. B. der endgültigen Kostentragung des Angeklagten im Fall einer Verurteilung gem. § 465 Abs. 1 StPO. Um die Staatskasse nicht unverhältnismäßig zu überstrapazieren, muss der vorläufige Vorschuss stets auf die JVEG-Sätze beschränkt sein.[1032]

IV. Ergebnis des 6. Kapitels

Die abschließende Abwägung zwischen den Änderungsvorschlägen und den strafprozessualen Prinzipien hat ergeben, dass letztere durch erstere nicht unverhältnismäßig eingeschränkt werden. Vielmehr stellen die Änderungsvorschläge eine Optimierung der Rechtspositionen des Angeklagten für die Verteidigung gegen und mit außerjuristischem Erfahrungswissen dar, welche gleichzeitig die Prinzipien angemessen wahren und damit – wie das Eingangszitat Alsbergs[1033] bekräftigt hat – einen beweisrechtlichen Lösungsweg für einen partizipatorischen Umgang mit Erfahrungssätzen innerhalb der geltenden StPO darstellen.

[1030] Basierend auf einem Stundenlohn von ein bis drei Euro, vgl. *Galli*, Weggesperrt – Warum Gefängnisse niemandem nutzen (2020), S. 88.

[1031] *Köhler*, Inquisitionsprinzip (1979), S. 12: „§ 245 StPO ist praktisch die eher seltene, namentlich in schwerwiegenderen, ohnehin konfliktträchtigeren Strafsachen zum Zuge kommende Ausnahme, wenn auf Ebene des Beweisantragsrechts nichts mehr geht“.

[1032] So *Ulrich*, Der gerichtliche Sachverständige (2007), Rn. 1075 für § 3 JVEG.

[1033] Siehe hierzu 1. Kapitel A.

7. Kapitel

Fazit der Bearbeitung

A. Zusammenfassung und Änderungsvorschläge

1. Kapitel

Der Strafprozess ist aufgrund der rasanten Wissenschaftsentwicklung des 20. und 21. Jahrhunderts stetig wissenschaftsakzessorisch geprägt. Im Bereich der Tatsachenfeststellung lässt sich eine zunehmende Verzahnung des Strafprozesses mit anderen strafrechtsnahen Wissenschaften (z.B. Human-, Geistes- und Naturwissenschaften) beobachten. Da laut aktueller Statistik im Jahr 2023 in mindestens jeder zweiten erstinstanzlichen Hauptverhandlung vor einem Landgericht in Strafsachen ein Sachverständiger hinzugezogen wurde, kommt außerjuristischen Beweisfragen, die den Wissensstand des Gerichts überschreiten, eine praktisch große Bedeutung zu.

2. Kapitel

Unter dem Begriff „Sachkunde" wird ein gegenüber anderen Vergleichsgruppen durchschnittlich hoher Wissensstand verstanden. Die Anwendung von Sachkunde ist gleichbedeutend mit der Anwendung von sog. Erfahrungswissen. Das beruflich institutionalisierte Erfahrungswissen des Sachverständigen ist sog. Spezialwissen. Das durch Berufsausbildung, dienstliche Berufseinübung oder außerdienstlich privat erworbene Wissen von Richtern ist sog. Sonderwissen.

Sofern das Gericht nicht selbst sachkundig ist, besteht aufgrund des Amtsaufklärungsgrundsatzes die Pflicht, Beweise zu erheben, so z.B. Sachverständige zu beauftragen (§§ 72 ff. StPO). Beide Entitäten sind zur Anwendung von Sachkunde im Strafprozess zwar theoretisch parallel befähigt, praktisch allerdings exklusiv befugt.

Erfahrungssätze sind induktiv erschlossene Allgemeinurteile, die Geltung für eine Vielzahl von Fällen beanspruchen. Kein Erfahrungssatz – weder probabilistisch noch deterministisch – ist jedoch absolut valide, d.h. er bildet lediglich eine Wahrscheinlichkeitsaussage und damit ein theoretisches Restrisiko für die objektive Wahrheitsfindung ab. Die Nutzung von Erfahrungswissen ist für die Tatsachenfeststellung im Strafprozess allerdings unabdingbar, sodass die Ansätze zur Lösung dieses Spannungsverhältnisses (Hypothesenbewährungsgrad, „Alternativenausschlussmodell“ und numerische Bezifferung der Wahrscheinlichkeit) vom Tatgericht zu kombinieren sind.

3. Kapitel A.

Die Gewinnung und Verwertung von Erfahrungswissen ist durch die Regeln des Strengbeweisverfahrens beschränkt. Der Erwerb tatrichterlicher Sachkunde ist vor Beginn der Hauptverhandlung schrankenlos möglich (sog. freier Quellengrundsatz). Mit Beginn der Hauptverhandlung (§ 243 StPO) müssen jedoch die Förmlichkeiten der Strengbeweisaufnahme (§§ 244, 261 StPO) gewahrt werden. Ab diesem Zeitpunkt ist eine richterliche Verschaffung von Sachkunde außerhalb der Hauptverhandlung oder freibeweislich innerhalb der Hauptverhandlung unzulässig, da sie einen Verstoß gegen das Inbegriffserfordernis darstellt.

Die „Sachkunde“-Vermittlung innerhalb von Kollegialgerichten, wie sie von der herrschenden Rechtsprechung praktiziert wird, ist aufgrund von Bedenken aus erkenntnistheoretischer Sicht, zulasten rechtsstaatlicher Grundsätze (speziell dem Grundsatz der Mündlichkeit, der richterlichen Unabhängigkeit und der Garantie des gesetzlichen Richters) und ohne ausgleichende Mitwirkungsrechte des Angeklagten ein unzulässiger Kunstgriff.

In welchen Wissenschaften (z.B. Psychologie, Kriminalistik und Wirtschaft) und für welche Beweisfragen ein Strafgericht sich ausreichende Sachkunde zutrauen darf, hängt von der Schwierigkeit der Materie ab und ist eine Einzelfallbeurteilung, zu der sich eine umfangreiche Rechtsprechungskasuistik entwickelt hat.

3. Kapitel B.

Die Bezeichnung des Sachverständigen als „Gehilfe des Gerichts“ suggeriert eine nicht vorhandene Nähebeziehung zum Richter und ist aus dogmatischen und systematischen Gründen abzulehnen. Der Sachverständige ist weder an inhaltliche Weisungen des Gerichts gebunden noch verfügt er über eine formelle Entscheidungshoheit für die Schuld- oder Straffrage. Der Sachverständige wendet kein Recht an und spricht auch kein Recht, da sich Rechts- und Erfahrungssätze strukturell in wesentlichen Aspekten voneinander unterscheiden. Der Sachverständige nimmt keine amtliche bzw. hoheitliche Funktion wahr, da die Sachverständigentätigkeit eine staatsbürgerliche Pflicht (§§ 72, 48 Abs. 1 StPO) ist. Die Gesetzessystematik trennt die Positionen des Richters als Entscheidungsfinder (Art. 92, 97 Abs. 1 GG) und des Sachverständigen als Beweismittel (§§ 72 ff. StPO) deutlich.

4. Kapitel A.

Die einschlägigen Menschen- und Verfassungsrechte gebieten in ihrem Umfang hinreichende Mitwirkungsmöglichkeiten der Prozessbeteiligten am Gewinnungs- und Verwertungsprozess von außerjuristischem Erfahrungswissen. Das Recht auf ein faires Strafverfahren bietet hierfür den Ausgangspunkt.

4. Kapitel B.

Aus dem Recht des Angeklagten auf rechtliches Gehör (Art. 103 Abs. 1 GG) resultiert im Falle der Nutzung von Sonderwissen eine umfassende Hinweispflicht des Tatgerichts mit voller Informationslast für die Anwendung (das „*Ob*“) und die Genese des Erfahrungssatzes (das „*Wie*“, d. h. die Anknüpfungstatsache [p], den Inhalt bzw. die Struktur des Erfahrungssatzes bzw. der Hypothese [q] sowie die Konklusion [r = p]) sowie die Herkunft der Sachkunde (das „*Woher*“, d. h. Fähigkeiten und Qualifikationen der Richter). Da die Nutzung von Sonderwissen ein ungleichartiges Surrogat des Sachverständigenbeweises darstellt, ist die Hinweispflicht zum Ausgleich entfallender Mitwirkungsrechte am Sachverständigenbeweis erforderlich.

4. Kapitel C.

Das Gebot der Waffengleichheit (Art. 6 Abs. 1 EMRK) fordert im Ermittlungsverfahren substanziell gleiche Handlungsrechte des Beschuldigten und der Anklagebehörde. Aufgrund der Superiorität der Staatsanwaltschaft bei der Beweismittelbeschaffung (§ 200 Abs. 1 S. 2 StPO) müssen Handlungsrechte des Beschuldigten abstrakt geeignet sein, Entscheidungen der Staatsanwaltschaft bzw. des Gerichts zu beeinflussen und mit verhältnismäßigen Mitteln konkret durchsetzbar sein, sodass keine zeitlichen, finanziellen oder inhaltlichen Hürden entgegenstehen. Dies ist der Prüfungsmaßstab für die Analyse der Verteidigungsrechte *de lege lata.*

4. Kapitel D.

Das Ladungs- und Konfrontationsrecht (Art. 6 Abs. 3 lit. d EMRK) muss dem Angeklagten eine angemessene Möglichkeit bieten, Belastungszeugen zu befragen und Entlastungszeugen zu laden. Die Rechtsprechung des EGMR dahingehend, dass der Anwendungsbereich nur für nicht objektive bzw. neutrale Sachverständige gelte, ist von der Normauslegung nicht gedeckt. Die Konfrontation mit einem gerichtlich bestellten Sachverständigen muss in jedem Fall gewährleistet werden, wenn dem nicht überwiegende Gründe rechtlicher oder tatsächlicher Art entgegenstehen. Die Ladung eines „eigenen“ Sachverständigen durch den Angeklagten darf nicht mit einem pauschalen Hinweis auf die Fungibilität von Sachverständigen abgelehnt werden, sondern muss unter dem Aspekt der wissenschaftlichen Diskursfreiheit betrachtet werden.

5. Kapitel A.

Das im Bereich des Erfahrungswissens dualistisch konzipierte Strafprozesssystem (Gericht und Sachverständiger) führt wegen der systemimmanenten Wissensasymmetrie zwischen den Entitäten zu dogmatischen und praktischen Herausforderungen. Die folgenden Parameter tragen ein Fehlverurteilungsrisiko für den Angeklagten in sich.

5. Kapitel A. I.

Die Selbsteinschätzung „eigener Sachkunde“ (§ 244 Abs. 4 S. 1 StPO) erfordert eine objektive, normativ-reduzierte und gewissenhafte Herangehensweise des Gerichts. Spezialspruchkörper können zwar fachgebietsgebunden Sonderwissen von Richtern konzentrieren, jedoch nicht der Fülle außerjuristischer Wissenschaften erschöpfend begegnen.

5. Kapitel A. II.

Der interdisziplinäre Erkenntnistransfer zwischen Gericht und Sachverständigen gliedert sich in drei Transferschritte [a) von rechtlicher Beweisfrage zu außerjuristischer Beweisfrage, b) von außerjuristischer Beweisfrage zu außerjuristischer Antwort und c) von außerjuristischer Antwort zu rechtlicher Antwort]. Er ist wegen der divergierenden Methodik von normativer Rechtswissenschaft und anderen empirischen Wissenschaften mit wesentlichen Verständnisschwierigkeiten behaftet. Der mitunter komplexe Inhalt von Sachverständigenvernehmungen (§ 69 StPO) wird nach aktueller Rechtslage in erstinstanzlichen Strafverfahren vor dem Landgericht nicht regelhaft protokolliert. Durch die vom Gesetzgeber geplante digitale Dokumentation der strafprozessualen Hauptverhandlung (DokHVG) und damit auch der Ton-Aufzeichnung der Vernehmung könnten zukünftig Transferfehler sowohl durch das Gericht als auch die Prozessbeteiligten präventiv vermieden bzw. nachträglich identifiziert und korrigiert werden.

5. Kapitel A. III., IV.

Dem Sachverständigen kommt – entgegen vielfach geäußerten Bedenken – keine faktische Entscheidungshoheit für die Schuld- oder Straffrage zu, bloß weil die vollständige Überprüfung des Gutachtens für das Tatgericht utopisch ist. Die gerichtlichen Kontrollinstrumente sind keineswegs per se insuffizient, da Juristen universelle Logik- und Denkmuster beherrschen, welche bei lückenloser Darlegung des außerjuristischen Erfahrungswissens durchaus Mängel, Fehler und Widersprüche des Gutachtens aufdecken können. An die – gleichwohl beschränkte – Überprüfung durch das Tatgericht ist mit der Ansicht der Rechtsprechung ein Vollständigkeits- und Plausibilitätspostulat mit Darlegungspflicht zu stellen.

5. Kapitel A. V.

Stehen sich wissenschaftliche Meinungen bzw. Methoden im Strafprozess konträr gegenüber oder bestehen in der jeweiligen Wissenschaft Forschungslücken, die zu unsicheren Tatsachenzuständen führen, ist der häufig vorgeschlagene Weg über ein sog. Obergutachten kein Garant für das „richtige“ Gutachtenergebnis und geht am Kerngehalt der richterlichen Überzeugungsbildung (§ 261 StPO) vorbei.

Eine generell-übergreifende Entscheidungskompetenz des Tatgerichts für außerjuristische Beweisfragen ist wegen der originären Sachzuständigkeit der jeweiligen Wissenschaft abzulehnen. Vielmehr muss das Tatgericht anhand der allgemeinen Beweisgrundsätze mit rein normativer Wirkung über eine wissenschaftliche Vorfrage entscheiden. Die Abwesenheit einer Meinungsmehrheit in der Fachwissenschaft führt zu keiner regelhaften Anwendung des Zweifelsgrundsatzes, da hierfür allein die persönliche Überzeugung des Tatgerichts maßgeblich ist.

5. Kapitel A. VI.

Der Sachverständigenbeweis ist trotz seiner hohen Objektivität nicht gänzlich unfehlbar. Mängel, Fehler und Widersprüche in der sachverständigen Begutachtung können aus der Person des Sachverständigen selbst oder dem Prozess der Wissensanwendung resultieren und sind anhand des „Mehr-Augen-Prinzips" durch die Prozessbeteiligten zu identifizieren.

6. Kapitel A.

Soweit Sachkunde im Strafprozess als Erkenntnis- bzw. Beweisquelle herangezogen wird, gilt es aus Sicht der Verteidigung, außerjuristisches Erfahrungswissen inhaltlich anzugreifen bzw. als Gegenbeweis einzuführen, um der Pflicht, im Mandanteninteresse entlastende Umstände vorzutragen, nachzukommen. Die aktuelle Rechtsprechung und die geltende Rechtslage weisen jedoch gerade im Bereich des außerjuristischen Erfahrungswissens Defizite auf, welche die proaktive Mitwirkung des Angeklagten bzw. der Verteidigung an der Wahrheitsfindung erschweren.

Im Ermittlungs-, Zwischen- und Hauptverfahren besteht bei der Gewinnung, der Verwertung von sowie der Verteidigung gegen und mithilfe von außerjuristischem Erfahrungswissen ein Autonomiedefizit des Angeklagten, welches durch die Mitwirkungsrechte *de lege lata* nicht ausreichend kompensiert werden kann. Es existieren einige systemische Erschwernisse im prozessualen Umgang mit außerjuristischem Erfahrungswissen, die bis *dato* ungelöst bzw. für den Betroffenen unzureichend ausgestaltet sind. Es bedarf daher einer entsprechenden Stärkung der Mitwirkungsrechte innerhalb des geltenden Prozesssystems in der Tatsacheninstanz, um die Abwesenheit absoluter Validität von Erfahrungswissen auszugleichen.

6. Kapitel B.

Im Ermittlungsverfahren bestehen Mitwirkungsdefizite für den Beschuldigten.

6. Kapitel B. II. 1.

Die Befugnis zur Auswahl eines Sachverständigen durch die Staatsanwaltschaft im Ermittlungsverfahren wird durch die Historie, den Willen des Gesetzgebers und den Sinn und Zweck der Kompetenznormen §§ 161a Abs. 1 S. 2, 73 Abs. 1 StPO gestützt. Der Wortlaut der Vorschriften im Zusammenspiel ist dagegen missverständlich.

6. Kapitel B. II. 2.

Das Recht des Beschuldigten, vor der Auswahl eines Sachverständigen durch die Staatsanwaltschaft angehört zu werden (Nr. 70 Abs. 1 RiStBV), unterliegt einem systematischen Vollzugsdefizit. Die Missachtung der Anhörung kann mittels Dienstaufsichtsbeschwerde gerügt werden, wobei eine Nachholung nicht äquivalent zur Anhörung selbst ist. Die Missachtung der Anhörung ist dagegen keine erfolgreiche Einwendung gegen die Anklageschrift, da sie als Verfahrensfehler nicht geeignet ist, den hinreichenden Tatverdacht an sich entfallen zu lassen.

Aus der Verletzung der Beweiserhebungsvorschrift Nr. 70 Abs. 1 RiStBV kann grundsätzlich ein Beweisverwertungsverbot folgen. Dem steht die Rechtsnatur als Verwaltungsvorschrift nicht prinzipiell entgegen, da Beweisverwertungsverbote nach der Rechtsprechung keine Verstöße gegen formelle Gesetze, sondern nur Rechtsverstöße irgendeiner Art fordern. Das Anhörungsrecht ist auch keine bloße Ordnungsvorschrift, da ihm als Ausfluss des Gehörsrechts (Art. 103 Abs. 1 GG) ein höherer Regelungswert als derjenige einer bloß organisatorischen Norm zukommt. Zwar kann es nach der Missachtung der Anhörung bei der faktischen Fortwirkung des Gehörsfehlers bleiben, dennoch existieren kompensatorische Einwirkungsmöglichkeiten im Hauptverfahren, sodass der Verfahrensverstoß regelmäßig nicht das für ein Beweisverwertungsverbot nach der BGH-Rechtsprechung notwendige Gewicht erreichen wird.

Um das Anhörungsrecht in seiner Geltung dennoch zu stärken, soll es formelle Gesetzesqualität erlangen, da Nr. 70 Abs. 1 RiStBV durch die Staatsanwaltschaften ein zu geringer Stellenwert beigemessen wird. § 73 Abs. 1 StPO ist daher um einen Satz 3 zu erweitern:

> „Vor der Auswahl des Sachverständigen ist dem Beschuldigten und dem Verteidiger die Gelegenheit zur Stellungnahme zu geben, es sei denn, dass Gegenstand der Untersuchung ein häufig wiederkehrender, tatsächlich gleichartiger Sachverhalt (z. B. Blutalkoholgutachten) ist oder eine Gefährdung des Untersuchungszwecks oder eine unverhältnismäßige Verzögerung des Verfahrens zu besorgen ist".

6. Kapitel B. III. 1.

Die vorverfahrensrechtliche Beteiligung an der Erhebung des Sachverständigenbeweises (§§ 168c Abs. 2, 168d Abs. 2 StPO) ist nach der aktuellen Rechtslage auf richterliche Beweiserhebungen beschränkt. Die Gründe für einen Ausschluss des Beschuldigten und der Verteidigung von polizeilichen und staatsanwaltschaftlichen Personalbeweiserhebungen greifen für den Sachverständigenbeweis hingegen nicht durch.

Der Stellenwert der privilegierten Verlesbarkeit von richterlichen Vernehmungen des Sachverständigen (§ 251 Abs. 2 StPO) ist durch den formfrei zulässigen Vorhalt mittlerweile niedrig. Das Strafbarkeitsrisiko eines Sachverständigen wegen Falschaussage sowie dessen Schutzbedürftigkeit sind mangels persönlicher Involvierung in das Tatgeschehen deutlich geringer als beim Zeugen. Das staatliche

Geheimhaltungsinteresse am Inhalt des gerichtlich in Auftrag gegebenen Gutachtens entfällt, sobald dieses aktenkundig ist, da die Verteidigung für diese Aktenbestandteile ohnehin über ein absolutes Einsichtsrecht (§ 147 Abs. 3 StPO) verfügt.

Die Informations-, Anwesenheits- und Ladungsrechte in §§ 168c Abs. 2, 168d Abs. 2 StPO sollen daher auch für nichtrichterliche Vernehmungen eines Sachverständigen und nichtrichterliche Augenscheinseinnahmen mithilfe eines Sachverständigen gelten, um den Beschuldigten bzw. die Verteidigung bereits frühmöglich am Gewinnungs- und Anwendungsprozess von Spezialwissen zu beteiligen. § 161a Abs. 1 StPO, der u. a. die Vernehmung von Sachverständigen durch die Staatsanwaltschaft und ihre Ermittlungspersonen (§ 152 GVG) regelt, ist um einen Satz 4 zu erweitern:

„§§ 168c, 168d gelten für die Vernehmung und Zuziehung von Sachverständigen entsprechend".

6. Kapitel B. III. 2.

Im Ermittlungsverfahren ist die (Sachverständigen-)Auswahlentscheidung der Staatsanwaltschaft nicht gesondert anfechtbar und eine mittels Beweisantrags begehrte Sachverständigenvernehmung kann wegen der extensiv gefassten Ablehnungsbefugnis (§ 163a Abs. 2 StPO) nicht in dem Umfang wie im Hauptverfahren (§ 244 Abs. 3–5 StPO) erzwungen werden. Nicht durchgeführte Sachverständigenvernehmungen können nur mit allgemeinen Rechtsbehelfen, so der jeweils form- und fristlosen Dienstaufsichtsbeschwerde und Gegenvorstellung (Art. 17 GG) angefochten werden. Das Zugangsrecht zur Überprüfung von Ermessensentscheidungen (Art. 19 Abs. 4 GG), die Eindämmung von Fehlerfortwirkungen und daraus resultierende Verfahrensverkürzungen sprechen jedoch für eine Anfechtbarkeit der Entscheidung über die Auswahl eines Sachverständigen.

Für das Ermittlungsverfahren soll dem Beschuldigten – in Anlehnung an §§ 126 Abs. 3–5, 104 Abs. 1 öStPO – eine Beschwerdemöglichkeit gegen die Auswahl eines Sachverständigen durch die Staatsanwaltschaft eingeräumt werden. § 161a Abs. 3 StPO ist hierzu um weitere Sätze zu erweitern:

„Gegen eine unter Gesetzesverletzung erfolgte Auswahlentscheidung der Staatsanwaltschaft im Sinne des § 73 Abs. 1 S. 1, namentlich

a) die Nichtgewährung des Anhörungsrechts (vgl. § 73 Abs. 1 S. 3),

b) die Nichtbeteiligung des Beschuldigten und der Verteidigung an der Erhebung des Sachverständigenbeweises durch die Staatsanwaltschaft (vgl. §§ 168c Abs. 2, 168d Abs. 2),

c) die Befangenheit (vgl. § 74 Abs. 1) oder fehlende Sachkunde des Sachverständigen,

kann der Beschuldigte gerichtliche Entscheidung durch das in der Hauptsache zuständige Gericht innerhalb von zwei Wochen nach Zustellung der Ausfertigung der Bestellung beantragen. Der Beschuldigte ist über die Bestellung, die Person und die Qualifikationen des Sachverständigen schriftlich zu informieren. § 307 Abs. 2 findet Anwendung."

6. Kapitel C.

Im Hauptverfahren bestehen Informations-, Erörterungs- und Kontrolldefizite für den Angeklagten.

6. Kapitel C. II. 1.

Bei der Anwendung von gerichtlichem Sonderwissen existieren auf Seiten des Angeklagten bzw. der Verteidigung keine rechtlichen Hebel, um dieses Erfahrungswissen noch inzident in der Hauptverhandlung zu kontrollieren. Für das Hauptverfahren muss der tatrichterliche Gewinnungs- und Anwendungsprozess von Erfahrungswissen durch Schulungen, Ausbildung und richtungsweisende Leitlinien optimiert werden, um die Gefahren der Selbsteinschätzung und Fehlanwendung abzuwenden. Die groben Eckpunkte der Rechtsprechungskasuistik zur Anwendung des Sonderwissens durch die Staatsanwaltschaft bzw. das Gericht sollten als richtungsweisende Leitlinien in den RiStBV übernommen und spezifiziert werden.

Sofern das Tatgericht die Art. 103 Abs. 1 GG entspringende Hinweispflicht in Bezug auf die Anwendung von Sonderwissen missachtet, wird der Angeklagte nicht über den Umstand der Verwertung von außerjuristischem Sonderwissen informiert und kann dieses nicht mittels Stellungnahme noch in der Tatsacheninstanz anzweifeln. Dadurch entsteht ein Transparenzdefizit, welches durch den Verweis auf die Revisionsinstanz nicht hinreichend kompensiert werden kann.

6. Kapitel C. II. 2. a)

Bei der Hinzuziehung von Sachverständigen muss das jeweilige Bestellungsorgan die qualitätssichernden Vorschriften (§§ 73 Abs. 2 StPO, 36 GewO, Nr. 70 Abs. 2, 3 RiStBV) beachten, da die StPO keine Legaldefinition des Sachverständigen vorsieht und die mangelhafte Sachkunde eines Sachverständigen nicht direkt mit den vorhandenen Rechten (§§ 74, 76, 79 StPO) angreifbar ist. Der herrschende Sachverständigenbegriff bedarf keiner inhaltlichen Reduktion, da er angesichts der Vielzahl strafrechtsnaher Wissenschaften flexibel bleiben muss.

6. Kapitel C. II. 2. b)

Da die Wissensasymmetrie zwischen Sachverständigen und Juristen dem Sachverständigenbeweis unlösbar anhaftet, ist es für die Verteidigung nur auf umständliche und formalistische Weise möglich, die Fremdsachkunde eines gerichtlich bestellten Sachverständigen zu kontrollieren. Die effektive Wahrnehmung des Fragerechts (§ 240 Abs. 2 S. 1 StPO) scheitert zumeist an fehlenden eigenen außerjuristischen Kenntnissen der Verteidigung bzw. der Entfernung zum und den Umweg über den selbstgeladenen Sachverständigen, der den gerichtlichen Sachverständigen mittelbar kontrollieren soll.

Um das Verfahrenssystem von dieser störenden und verzögernden Zwischenschaltung zu befreien, soll den gerichtlich bestellten (vgl. § 73 Abs. 1 StPO) und selbstgeladenen (vgl. § 245 Abs. 2 S. 1 StPO) Sachverständigen – in Anlehnung an

§ 249 Abs. 3 öStPO – das Fragerecht an den jeweils anderen Sachverständigen vom jeweilig frageberechtigten Prozessbeteiligten übertragen werden können. Hierdurch entstehen bei überwachter Leitung durch das Gericht (vgl. § 241 Abs. 2 StPO) hauptsächlich Verständnis- und Kontrollvorteile für den interdisziplinären Erkenntnistransfer.

§ 240 StPO ist um einen Absatz 3 zu erweitern:

„Die unmittelbare Befragung eines Sachverständigen durch einen anderen Sachverständigen zu Befund und Gutachten ist zulässig. Im Rahmen der Befragung eines Sachverständigen dürfen sich der Angeklagte und die Staatsanwaltschaft bei der Fragestellung durch die von ihnen nach § 245 Abs. 2 S. 1 geladenen Sachverständigen unterstützen lassen oder ihr Fragerecht auf diese übertragen. Zu diesem Zweck ist den Sachverständigen ein Sitz neben dem Angeklagten, dem Verteidiger oder der Staatsanwaltschaft zu gewähren."

Eine deklaratorische Ergänzung des § 241 Abs. 2 StPO sollte lauten: „In den Fällen des § 239 Abs. 1, des § 240 Abs. 2 *und des § 240 Abs. 3* kann der Vorsitzende ungeeignete oder nicht zur Sache gehörende Fragen zurückweisen".

6. Kapitel C. II. 2. c)

Das Selbstladungsrecht der Verteidigung (§ 245 Abs. 2 S. 1 StPO) weist in seiner derzeitigen Ausgestaltung für den Sachverständigenbeweis drei zentrale Mängel auf.

Der Angeklagte muss – nach der Auslegung des § 220 Abs. 2 StPO – die Reise- und Zeitversäumniskosten des Sachverständigen als Sicherheitsleistung hinterlegen, damit für diesen eine Erscheinenspflicht i. S. d. § 75 Abs. 1 StPO ausgelöst wird. Es ist jedoch unsicher, ob der Hinterlegungsbeitrag wieder an den Angeklagten ausgekehrt werden kann, da ein Teil der Rechtsprechung zur Sachdienlichkeit (§ 220 Abs. 3 StPO) der Beweiserhebung restriktiv ist und die *ex-ante*-Perspektive ausblendet. Etwaige Vorbereitungskosten des Sachverständigen i. H. v. bis zu mehreren Tausend Euro muss der Angeklagte im Innenverhältnis zum Sachverständigen tragen, da diese nur unter den Voraussetzungen des § 464a Abs. 2 StPO erstattungsfähig sind.

Die Rechtsschutzgleichheit (vgl. Art. 3 Abs. 1 i. V. m. Art. 19 Abs. 4 GG) zwischen mittellosen und vermögenden Angeklagten erfordert für die Fälle nachgewiesener Mittellosigkeit eine staatliche Prozesskostenhilfe für die Vorschussleistung an den Sachverständigen, soweit die Beweiserhebung eine hinreichende Erfolgsaussicht aufweist. Eine Kostenrisikoverlagerung auf die Verteidigung ist dagegen nicht zielführend. Der Vorschuss soll die Reise- und Zeitversäumniskosten (§ 84 StPO i. V. m. §§ 5, 6, 7 JVEG) erfassen sowie ggf. Teile des Honorars (§ 84 StPO i. V. m. §§ 3, 9 JVEG), soweit für die Vernehmung vor Gericht notwendigerweise Voruntersuchungen bzw. -analysen zu tätigen sind, für die mehr als 1.000 Euro Kosten anfallen.

Der Kostenvorschuss ist auf die JVEG-Sätze zu beschränken und hat sich – zum Ausschluss von Bagatellfällen – am Katalog des § 140 Abs. 1–3, Abs. 2 StPO zu orientieren. Der Vorschuss ist rein vorläufiger Natur, da er als Auslage der Staatskasse zu den Verfahrenskosten gehört (§ 464a Abs. 1 S. 1 StPO) und z.B. im Fall einer Verurteilung endgültig vom Angeklagten zu tragen ist (§ 465 Abs. 1 StPO).

Zu diesem Zweck ist § 220 StPO um einen Absatz 4 zu erweitern:

> „In den Fällen des § 140 Abs. 1 Nrn. 1–3, Abs. 2 hat der Betroffene, der einen Sachverständigen laden lässt (§ 245 Abs. 2 S. 1), Anspruch auf den staatlichen Vorschuss der gem. § 220 Abs. 2 vorzustreckenden Reise- und Zeitversäumniskosten des Sachverständigen i.S.v. § 84 i.V.m. §§ 5, 6, 7 JVEG, soweit er nachgewiesen mittellos ist und eine hinreichende Erfolgsaussicht der Vernehmung besteht (vgl. § 114 ZPO). Soweit Teilleistungen erforderlich sind, um die Vernehmung des Sachverständigen zu gewährleisten, gilt § 3 JVEG beschränkt auf die Tarife entsprechend."

Die Anfertigung eines Gutachtens *„de lege artis"*, d.h. die Beurteilung von Anknüpfungstatsachen mittels Erfahrungssätze oder die Erhebung von Befundtatsachen, erfordert eine angemessene Vorbereitungszeit des Sachverständigen vor dessen gerichtlicher Vernehmung. Sofern das Selbstladungsrecht zulässigerweise erst innerhalb der Hauptverhandlung ausgeübt wird und nicht mehr genügend Vorbereitungszeit besteht, muss dem Angeklagten in menschenrechtskonformer Auslegung des Art. 6 Abs. 1, Abs. 3 lit. d EMRK ein Unterbrechungs- bzw. Verlegungsrecht gem. § 228 Abs. 1 StPO (analog) oder § 265 Abs. 4 StPO gewährt werden.

Etwaige, nicht selten anzutreffende Vorbehalte gegenüber – tendenziös – als „Privatsachverständigen" betitelten selbstgeladenen Sachverständigen müssen im Bestreben aller Prozessbeteiligten abgebaut werden. Der Begriff existiert in der reformiert-inquisitorischen StPO zu Recht nicht, da mit gerichtlicher Stattgabe eines Beweisantrags i.S.v. § 245 Abs. 2 StPO den selbstgeladenen Sachverständigen der gleiche Rechte- und Pflichtenkatalog wie den von Beginn an amtlich bestellten Sachverständigen trifft und sie gleichwertige Beweismittel sind.

6. Kapitel C.IV.

Die Strafsenate des BGH äußern sich unterschiedlich dazu, an welcher Stelle des Verfahrens das Tatgericht im Falle der Ablehnung eines Beweisantrags auf Vernehmung eines Sachverständigen (§ 244 Abs. 4 S. 1 StPO) seine Sachkundeerwägungen (das *„Wie"* und *„Woher"* des Sonderwissens) darzulegen hat. Die Begründung der eigenen Sachkunde hat – entgegen der überwiegenden Ansicht – bereits erschöpfend im Ablehnungsbeschluss (§ 244 Abs. 6 S. 1 StPO), d.h. noch während der Hauptverhandlung, zu erfolgen.

Sofern die Begründung der eigenen Sachkunde erst in den schriftlichen Urteilsgründen erfolgt, verstößt dies gegen den Wortlaut von §§ 244 Abs. 6 S. 1, 34 Alt. 2 StPO, die Systematik des § 244 Abs. 3–5 StPO und den *„telos"* der gerichtlichen Begründungs- und Fürsorgepflicht. Während kein Grund für eine solche verzögerte

Begründung existiert, streiten gleich mehrere Aspekte (Selbstkontrolle und -korrektur des Tatgerichts, Anpassung der Verteidigungsstrategie, gesetzgeberische Konzeption der §§ 244, 245 StPO und Akzeptanz-, Befriedungs- und Entlastungsfunktion) für eine frühzeitige Begründung im Ablehnungsbeschluss. Eine Gesetzesänderung ist nicht angezeigt, da die überwiegende Rechtsprechung „*contra legem*" agiert.

6. Kapitel D.

Die Änderungsvorschläge schränken kein strafprozessuales Prinzip unverhältnismäßig ein.

Trotz der Beweiswürdigungsfreiheit ist das Gericht faktisch an empirisch begründetes Erfahrungswissen gebunden, da es sich hierbei nicht um gesetzliche, sondern tatsächliche Beweisregeln handelt.

Der Ausbau von Mitwirkungsrechten am Sachverständigenbeweis steht dem Beschleunigungsgrundsatz nicht entgegen, da dieses Prinzip in den Judikaten des EGMR ein Individualkorrektiv darstellt, aber wegen seiner primär betroffenenschützenden Dimension nicht zur Begründung von generellen Rechtsverkürzungen bzw. der Ablehnung von Rechtserweiterungen geeignet ist.

Der Bedarf nach *außer*juristischem Beistand wird angesichts der „Verwissenschaftlichung" des Strafprozesses stetig größer. Die normative Verfestigung eines *außer*juristischen Beistands für den Angeklagten entspricht der aktuellen Anreicherung der überwiegend inquisitorischen StPO mit adversatorischen Elementen.

Die Übertragung des Fragerechts auf den Sachverständigen kann zu einem Gutachterdisput führen, der aus Sicht Dritter nicht nur die Präsentation, sondern auch das Standhalten bzw. Fallen einer Meinung bei entsprechender Kritik bewirkt und damit die Überzeugungsbildung konstruktiv fördert. Ein solcher Disput ist zwar konfliktträchtig, droht aber nicht infinitiv zu werden, soweit das Gericht seine Leitungsbefugnis angemessen ausübt.

Der Wirtschaftlichkeits- und Sparsamkeitsgrundsatz muss gegenüber der auf bestimmte Verfahrenskonstellationen beschränkten Vorschussleistung im Rahmen des Selbstladungsrechts zurücktreten, da insoweit die Rechtsschutzgleichheit für mittellose Angeklagte überwiegt.

B. Schlussbetrachtung

Außerjuristisches Erfahrungswissen ist und bleibt ein unwägbarer Faktor im Strafprozess. Da es sich bei Erfahrungssätzen in dogmatischer Hinsicht um reine Indizienbeweise handelt, wird ihnen unter dem Etikett der Wissenschaftlichkeit vielfach eine zu große oder gar zu geringe Geltung beigemessen. Erfahrungssätze sind dennoch fester und unerlässlicher Bestandteil der Tatsachenfeststellung. Sie fördern grundsätzlich die Wahrheitsfindung, können jedoch hierfür auch eine Verfälschungsgefahr bergen.

Der Gesetzgeber steht aufgrund eines durch die Wissenschaftsentwicklung erhöhten Legitimationsbedarfs justizieller Entscheidungen in der allgemeinen Nachbesserungspflicht von Mitwirkungsrechten: Das Verfahrensrecht muss für die Einbringung und Anzweifelung von Erfahrungswissen flexibler ausgestaltet werden. Etwaige Reformvorschläge, die versucht haben, das Gewalten- und Kräfteverhältnis zwischen Gericht und Sachverständigen zu modifizieren bzw. gar neu anzuordnen, sind zurecht verebbt, soweit sie elementare Grundsätze des Strafprozesses herausfordern. Erfahrungswissen erzeugt urteilsbildenden Tatsachenstoff und bedarf daher in jeder Hinsicht Transparenz für den Angeklagten bzw. die Verteidigung. Die dargestellten Mitwirkungsdefizite liegen allerdings nicht im Strafprozesssystem an sich, sondern in der Rechtsauslegung, Rechtsanwendung und Rechtsprechung der entscheidenden Normen begründet.

Die Bearbeitung konnte einen Beitrag zur Bewusstseinsschärfung im Umgang mit außerjuristischem Erfahrungswissen leisten, indem sie die Rechtslage kritisch hinterfragt und systeminterne Lösungsansätze über die erkenntnistheoretischen und rechtsdogmatischen Grundsätze entwickelt hat. Abschließend wird der Appell an ein pluralistisches, wissenschaftlich-basiertes und diskursoffenes Strafverfahren ausgesprochen. Der umstrittenen These einer „Krise des Sachverständigenbeweises“[1] kann sich diesseits nicht angeschlossen werden. Vielmehr ist eine Krise der Verfahrensteilhabe zu verzeichnen, soweit die Verfahrenswirklichkeit nicht dem Umfang der verfassungs- und menschenrechtlichen Mitwirkungsstandards von Angeklagten nachkommt. Die Änderungsvorschläge geben konkrete, wenn auch nur theoretisch und (noch) nicht in der Praxis erprobte, Anregungen dazu, dem außerjuristischen Erfahrungswissen denjenigen Stellenwert im Strafprozess einzuräumen, der ihm aus Sicht der Rechtsstaatlichkeit zukommt.

---

[1] Siehe hierzu 5. Kapitel A. III.

Literaturverzeichnis

Neuerscheinungen konnten bis einschließlich März 2025 berücksichtigt werden.

Adorno, Theodor W./*Albert*, Hans/*Dahrendorf*, Ralf/*Habermas*, Jürgen/*Pilot*, Harald/*Popper*, Karl R.: Der Positivismusstreit in der deutschen Soziologie, 13. Auflage, Darmstadt 1989.

Albrecht, Hans-Jörg: Rechtstatsachenforschung zum Strafverfahren: empirische Untersuchungen zu Fragestellungen des Strafverfahrens zwischen 1990 und 2003, München 2005.

Albrecht, Peter-Alexis: Überzeugungsbildung und Sachverständigenbeweis in der neueren strafrechtlichen Judikatur zur freien Beweiswürdigung (§ 261 StPO), NStZ 1983, S. 486–493.

Alsberg, Max: Das Vernehmungs- und Fragerecht der Parteien im Strafprozeß, GA 1917, S. 99–108.

Alsberg, Max: Anmerkung zu RG, Urt. v. 16.06.1922 – 1 D 197/22, JW 1923, S. 758.

Alsberg, Max: Der Beweisantrag im Strafprozeß, in: Anwaltskammer zu Berlin (Hrsg.), Festschrift Herrn Rechtsanwalt Ernst Heinitz zu seinem 50jährigen Dienstjubiläum 22. Nov. 1926, Berlin 1926, S. 416–445.

Alsberg, Max: Anmerkung zu RG, Urt. v. 04.01.1929 – 1 D 847/28, JW 1929, S. 1046.

Alsberg, Max: Der Beweisantrag im Strafprozeß, 1. Auflage, Berlin 1930 (zitiert: *Alsberg*, Der Beweisantrag, S. …).

Alsberg, Max/*Nüse*, Karl-Heinz: Der Beweisantrag im Strafprozeß, 2. und 3. Auflage, Berlin 1956/1967 (zitiert: Alsberg/*Nüse*, Der Beweisantrag (Aufl. Jahr), S. …).

Ambos, Kai: Der Europäische Gerichtshof für Menschenrechte und die Verfahrensrechte, ZStW 115 (2003), S. 583–637.

Anders, Ralf Peter: Beweiserhebungskontrollen des Tatgerichts und Autonomie der Verteidigung durch Präsentation von Entlastungsbeweisen in der Hauptverhandlung des Strafprozesses, Berlin 1998.

Anders, Ralf Peter: Die „fruchtbare Spannung" zwischen gerichtlichem Instruktionsermessen und parteilicher Beweisvorführung (§ 245 StPO a. F.) als Ausweg aus der Krise der Sachverhaltsfeststellung im deutschen Strafprozess, ZStW 129 (2017), S. 82–107.

Arbab-Zadeh, Amir: Des Richters eigene Sachkunde und das Gutachterproblem im Strafprozess, NJW 1970, S. 1214–1219.

Arndt, Adolf: Das rechtliche Gehör, NJW 1959, S. 6–8.

Arndt, Adolf: Die Verfassungsbeschwerde wegen Verletzung des rechtlichen Gehörs, NJW 1959, S. 1297–1301.

Arndt, Adolf: 1. Der Fall Rohrbach als Mahnung – 2. Fragen des rechtlichen Gehörs, NJW 1962, S. 25–27.

Arndt, Adolf: Anmerkung zu BayVerfGH, Entsch. v. 15.05.1962 – 139/VI/61, JZ 1963, S. 65–67.

Arnold, Jörg: Verteidigung in grenzüberschreitenden Strafverfahren in Europa, StV 2015, S. 588–597.

Arnoldi, Olaf: Präsente Beweismittel in der Praxis, NStZ 2018, S. 305–312.

Arzt, Gunther: Der befangene Strafrichter: zugleich eine Kritik an der Beschränkung der Befangenheit auf die Parteilichkeit, Tübingen 1969.

Arzt, Gunther: Zum Verhältnis von Strengbeweis und freier Beweiswürdigung, in: Baumann, Jürgen (Hrsg.), Einheit und Vielfalt des Strafrechts: Festschrift für Karl Peters zum 70. Geburtstag, Tübingen 1974, S. 223–237.

Arzt, Gunther: Salomonische Wahrheit – heute, in: Hassemer, Winfried/Kempf, Eberhard/Moccia, Sergio, In dubio pro libertate, Festschrift für Klaus Volk zum 65. Geburtstag, München 2009, S. 19–32.

Barthe, Christoph/*Gericke*, Jan (Hrsg.): Karlsruher Kommentar zur Strafprozessordnung, 9. Auflage 2023 (zitiert: KK-StPO/*Bearbeiter* § … Rn. …).

Barton, Stephan: Der psychowissenschaftliche Sachverständige im Strafverfahren, Heidelberg 1983.

Barton, Stephan: Sachverständiger und Verteidiger, StV 1983, S. 73–81.

Barton, Stephan: Strafverteidigung und Kriminaltechnik, StV 1988, S. 124–130.

Barton, Stephan: Redlich, aber falsch: die Fragwürdigkeit des Zeugenbeweises, Baden-Baden 1995.

Barton, Stephan: Anwesenheit des Verteidigers bei Exploration durch Sachverständigen, StV 2003, S. 537–540.

Barton, Stephan: Die erweiterte Revision in der Rechtsprechung des Bundesgerichtshofes: rechtstatsächliche Befunde: 1970 und 2005, in: Weßlau, Edda/Wohlers, Wolfgang (Hrsg.), Festschrift für Gerhard Fezer zum 70. Geburtstag am 29. Oktober 2008, Berlin 2008, S. 333–352.

Barton, Stephan/*Dubelaar*, Marieke/*Kölbel*, Ralf/*Lindemann*, Michael (Hrsg.): Vom hochgemuten, voreiligen Griff nach der Wahrheit: Fehlurteile im Strafprozess – Bielefelder Verfahrenstage, Baden-Baden 2017.

Basdorf, Clemens: Änderungen des Beweisantragsrechtes und Revision, StV 1995, S. 310–320.

Bauer, Manfred/*Thoss*, Peter: Die Schuldunfähigkeit des Straftäters als interdisziplinäres Problem – Eine Orientierungshilfe für den Strafrechtspraktiker, NJW 1983, S. 305–311.

Becker, Jörg-Peter/*Erb*, Volker/*Esser*, Robert/*Graalmann-Scheerer*, Kirsten/*Hilger*, Hans/*Ignor*, Alexander (Hrsg.): Die Strafprozessordnung und das Gerichtsverfassungsgesetz. Großkommentar, begr. von Löwe, Ewald/Rosenberg, Werner, 27. Auflage, Band 2 §§ 48–93, 2018; Band 4/2 §§ 137–150, 2021; Band 5/2 §§ 158–211, 2018; Band 6 §§ 212–255a, 2019; Band 7 §§ 256–295, 2021; Band 11 GVG, EGGVG, 2022; Band 12 EMRK, IPBPR, 2024 (zitiert: LR-StPO/*Bearbeiter* § … Rn. …).

Bender, Rolf/*Nack*, Armin: Grundzüge einer Allgemeinen Beweislehre, DRiZ 1980, S. 121–127.

Bendler, Wolfgang: Der psychowissenschaftliche Sachverständige im Strafverfahren, in: Strafverteidigervereinigungen (Hrsg.), Reform oder Roll-Back?: Weichenstellung für das Straf- und Strafprozeßrecht/21. Strafverteidigertag vom 11.–13. April 1997 in Kassel, Köln 1997, S. 297–311.

Bergmann, Karl Otto: Die Beweisanregung im Strafverfahren, MDR 1976, S. 888–892.

Bernsmann, Klaus: Zur Stellung des Strafverteidigers im deutschen Strafverfahren, StraFo 1999, S. 226–230.

Bertel, Christian/*Venier*, Andreas/*Flora*, Margarethe: StPO Strafprozessordnung Kommentar, 2. Auflage, Wien 2022 (zitiert: Bertel/Venier/*Bearbeiter*, Kommentar öStPO § … Rn. …).

Bettermann, Karl August/*Nipperdey*, Hans Carl/*Scheuner*, Ulrich (Hrsg.): Die Grundrechte: Handbuch der Theorie und Praxis der Grundrechte, Band III, Teilband II, 2. Auflage, Berlin 1972.

Beulke, Werner: Der Verteidiger im Strafverfahren: Funktionen und Rechtsstellung, Frankfurt a. M. 1980.

Beulke, Werner: Konfrontation und Strafprozessreform – Art. 6 Abs. 3 lit. d EMRK und ein „partizipatorisches" Vorverfahren anstelle einer Hauptverhandlung in ihrer bisherigen kontradiktorischen Struktur, in: Hanack, Ernst-Walter (Hrsg.), Festschrift für Peter Rieß zum 70. Geburtstag am 4. Juni 2002, Berlin 2002, S. 3–29.

Beulke, Werner: Rechtsmißbrauch im Strafprozeß – Eine Erwiderung auf Pfister, StV 2009, S. 554–557.

Beulke, Werner/*Swoboda*, Sabine: Strafprozessrecht, 16. Auflage, Heidelberg 2022.

Blau, Günter: Zur Zulässigkeit und Zweckmäßigkeit psychologischer Glaubwürdigkeitsgutachten in Jugendschutzsachen, GA 1959, S. 293–305.

Blau, Günter: Anmerkung zu BGH, Beschluß vom 25.09.1990 – 5 StR 401/90, StV 1991, S. 405–408.

Bleutge, Katharina: Nachweis der besonderen Sachkunde, DS 2006, S. 264.

Bleutge, Katharina/*Roeßner*, Wolfgang (Hrsg.), begr. von *Bayerlein*, Walter: Praxishandbuch Sachverständigenrecht, 6. Auflage, München 2021 (zitiert: *Bearbeiter*, in: SV-HdB § … Rn. …).

Bleutge, Peter: Der öffentlich bestellte Sachverständige, DRiZ 1977, S. 170–173.

Bleutge, Peter: Die Hilfskräfte des Sachverständigen – Mitarbeiter ohne Verantwortung?, NJW 1985, S. 1185–1191.

Blomeyer, Jürgen: Der Ruf nach dem spezialisierten und sachverständigen Richter, ZRP 1970, S. 153–156.

Bockelmann, Paul: Strafrichter und psychologischer Sachverständiger, GA 1955, S. 321–335.

Bockemühl, Jan: Selbstladungsrecht – ein stiefmütterliches „Zwangsmittel" einer aktiven Verteidigung, in: ders./v. Heintschel-Heinegg, Bernd/Lang, Ricarda/Nagler, Axel (Hrsg.), Festschrift für Ottmar Breidling zum 70. Geburtstag am 15. Februar 2017, Berlin 2017, S. 31–41.

Bockemühl, Jan: Handbuch des Fachanwalts Strafrecht, 9. Auflage, Hürth 2024 (zitiert: Bockemühl/*Bearbeiter*, Hdb. des FAStrafR, Abschn. …, Kap. … Rn. …).

Boehme-Neßler, Volker: Prekäre Balance: Überlegungen zum heiklen Verhältnis von Richtern und Gutachtern, RW 2014, S. 189–227.

Boetticher, Axel/*Kröber*, Hans-Ludwig/*Müller-Isberner*, Rüdiger/*Böhm*, Klaus/*Müller-Metz*, Reinhard/*Wolf*, Thomas: Mindestanforderungen für Prognosegutachten, NStZ 2006, S. 537–544.

Boetticher, Axel/*Nedopil*, Norbert/*Bosinski*, Hartmut/*Saß*, Henning: Mindestanforderungen für Schuldfähigkeitsgutachten, NStZ 2005, S. 57–62.

Böhme, Toni: Das strafgerichtliche Fehlurteil – Systemimmanenz oder vermeidbares Unrecht?: eine Untersuchung zu den Ursachen von Fehlurteilen im Strafprozess und den Möglichkeiten ihrer Vermeidung, Baden-Baden 2018.

Bohne, Gotthold: Anmerkung zu RG, Urt. v. 08.01.1932 – 1 D 1111/31, JW 1932, S. 3358–3360.

Bohnert, Joachim: Ordnungsvorschriften im Strafverfahren, NStZ 1982, S. 5–10.

Bollnow, Otto Friedrich: Die Philosophie der Erkenntnis, Das Vorverständnis und die Erfahrung des Neuen, Stuttgart 1970.

Böttger, Andreas/*Kury*, Helmut/*Martens*, René/*Pelster*, Christoph: „Richter in Weiß" oder Gehilfe des Gerichts?, MSchrKrim 1991, S. 369–381.

Bottke, Wilfried: Strafprozedurale Fairneß und Bindung an eine für den Fall des Geständnisses genannte Strafmaßobergrenze, in: Gössel, Karl Heinz (Hrsg.), Gedächtnisschrift für Heinz Zipf, Heidelberg 1999, S. 451–467.

Brammsen, Jörg: Der abgelehnte vorbefasste Privatgutachter: zweierlei Maß im Strafprozess?, ZStW 119 (2007), S. 93–119.

Braum, Stefan: Strafrechtliche Produkthaftung: Anmerkung zum Urteil im sogenannten Holzschutzmittelverfahren, KritV 1994, S. 179–186.

Braun, Stefan: Die Geschichte des öffentlich bestellten und vereidigten Sachverständigen, DS 2014, S. 52–53.

Bremer, Heinz: Der Sachverständige: seine Stellung im privaten und öffentlichen Recht, Heidelberg 1973.

Bresser, Paul: Probleme bei der Schuldfähigkeitsbeurteilung, NJW 1978, S. 1186–1192.

Brink, Stefan: Über die richterliche Entscheidungsbegründung: Funktion – Position – Methodik, Frankfurt a. M. 1999.

Brüning, Berthold: Die Revisibilität der Erfahrungssätze, Diez/Lahn 1954.

Brüning, Janique: Privatisierungstendenzen im Strafprozeß – Chancen und Risiken der Mitwirkung sachverständiger Privatpersonen im strafrechtlichen Ermittlungsverfahren, StV 2008, S. 101–104.

Bruns, Rudolf: Rechtvergleichende Bemerkungen zu neuen Lehrsystemen des Zivilprozeßrechts, JZ 1964, S. 542–546.

Bundeskriminalamt (Hrsg.): Der Sachbeweis im Strafverfahren – Arbeitstagung des Bundeskriminalamtes Wiesbaden vom 23. bis 26. Oktober 1978, Wiesbaden 1979 (zitiert: *Bearbeiter*, in: BKA-Vortragsreihe, Bd. 24, S. …).

Burhoff, Detlef: Anmerkung zu LG Cottbus, Beschl. v. 08.08.2008 – 24 Qs 167/08 – Erstattung von privat veranlassten Sachverständigenkosten nach Freispruch, VRR 2009, S. 155.

Burhoff, Detlef (Hrsg.): Handbuch für die strafrechtlichen Rechtsmittel und Rechtsbehelfe, 3. Auflage, Köln 2024 (zitiert: *Burhoff/Bearbeiter*, Hdb. Rechtsmittel, Rn. …).

Burkhard, Jörg: Erklärungsrecht des Verteidigers, § 257 Abs. 2 StPO, StV 2004, S. 390–399.

Cabanis, Detlef: Richter und Arzt, in: Lüttger, Hans (Hrsg.), Festschrift für Ernst Heinitz zum 70. Geburtstag am 1. Januar 1972, Berlin 1972, S. 639–648.

Cabanis, Detlef: Glaubwürdigkeitsuntersuchungen, NJW 1978, S. 2329–2331.

Cabanis, Detlef: Gerichts- und „Privatgutachten", StV 1986, S. 451–455.

Carnap, Rudolf/*Stegmüller*, Wolfgang: Induktive Logik und Wahrscheinlichkeit, Wien 1959.

Conen, Stefan/*Tsambikakis*, Michael: Strafprozessuale Wahrheitsfindung mittels Sachverständiger im Spannungsfeld zwischen Aufklärungspflicht und Beweisantragsrecht, GA 2000, S. 372–380.

Cornelius, Kai: Konfrontationsrecht und Unmittelbarkeitsgrundsatz, NStZ 2008, S. 244–248.

Dahs, Hans: Das rechtliche Gehör im Strafprozeß, München 1965.

Dahs, Hans: Reform der Hauptverhandlung, in: Aktuelle Rechtsprobleme, Hubert Schorn zum 75. Geburtstag, Frankfurt a.M. 1966, S. 14–40.

Dahs, Hans: Anmerkung zu OLG Düsseldorf, Beschl. v. 08.01.1990 – 2 Ws 608/89, NStZ 1991, S. 354–355.

Dahs, Hans: Handbuch des Strafverteidigers, 8. Auflage, Köln 2015.

Dahs, Hans: Die Revision im Strafprozess: Bedeutung für die Praxis der Tatsacheninstanz, 9. Auflage, München 2017.

Dallmeyer, Jens/*Güntge*, Georg-Friedrich/*Tsambikakis*, Michael (Hrsg.), begr. von *Alsberg*, Max: Der Beweisantrag im Strafprozess, 8. Auflage, Hürth 2022 (zitiert: Alsberg/*Bearbeiter*, Der Beweisantrag, Kap. … Rn. …).

Darnstädt, Thomas: Der Richter und sein Opfer – Wenn die Justiz sich irrt, München 2013.

Däubler-Gmelin, Herta: Überlegungen zur Reform des Strafprozesses, StV 2001, S. 359–363.

Deckers, Rüdiger: Der strafprozessuale Beweisantrag, 2. Auflage, Berlin 2007.

Deckers, Rüdiger: Fehlerquellen in Sexualstrafverfahren, in: Müller, Henning Ernst/Sander, Günther M./Válková, Helena (Hrsg.), Festschrift für Ulrich Eisenberg zum 70. Geburtstag, München 2009, S. 473–497.

Deckers, Rüdiger: Zur Zurückweisung eines Beweisantrages auf Einholung eines Sachverständigengutachtens wegen eigener Sachkunde des Gerichts – § 244 Abs. 4 S. 1 StPO – bei der Beurteilung der Glaubhaftigkeit einer Zeugenaussage: zugleich eine Besprechung von BGH, Beschl. v. 27.01.2010 – 2 StR 535/09, in: Bernsmann, Klaus/Fischer, Thomas (Hrsg.), Festschrift für Ruth Rissing-van Saan zum 65. Geburtstag am 25. Januar 2011, Berlin 2011, S. 87–96.

Degener, Wilhelm: Zum Fragerecht des Strafverteidigers gem. § 240 Abs. 2 StPO, StV 2002, S. 618–626.

Degenhard, Karl: Anmerkung zu OLG München, Beschl. v. 02.01.1996 – 2 Ws 1407, 1408/95, StV 1996, S. 491–493.

Dencker, Friedrich: Zum Geständnis im Straf- und Strafprozeßrecht, ZStW 102 (1990), S. 51–79.

Detter, Klaus: Der von der Verteidigung geladene Sachverständige – Probleme des § 245 Abs. 2 StPO, in: Eser, Albin (Hrsg.), Straf- und Strafverfahrensrecht, Recht und Verkehr, Recht und Medizin: Festschrift für Hannskarl Salger zum Abschied aus dem Amt als Vizepräsident des Bundesgerichtshofes, Köln 1995, S. 231–245.

Detter, Klaus: Der Sachverständige im Spannungsfeld zwischen Staatsanwaltschaft, Verteidigung und Gericht, in: Strafverteidigervereinigungen (Hrsg.), Reform oder Roll-Back?: Weichenstellung für das Straf- und Strafprozeßrecht/21. Strafverteidigertag vom 11.–13. April 1997 in Kassel, Köln 1997, S. 283–296.

Detter, Klaus: Der Sachverständige im Strafverfahren – eine Bestandsaufnahme, NStZ 1998, S. 57–61.

Detter, Klaus: Der von der Verteidigung geladene psychiatrische Sachverständige: Konfliktverteidigung oder Ohnmacht der Tatgerichte?, in: Eser, Albin (Hrsg.), Strafverfahrensrecht in Theorie und Praxis: Festschrift für Lutz Meyer-Goßner zum 65. Geburtstag, München 2001, S. 431–446.

Detterbeck, Steffen: Allgemeines Verwaltungsrecht: mit Verwaltungsprozessrecht, 22. Auflage, München 2024.

Dezza, Ettore: Geschichte des Strafprozessrechts in der Frühen Neuzeit, übers. von Vormbaum, Thomas (Hrsg.), Berlin 2017.

Dierlamm, Alfred: Das rechtliche Gehör vor der Auswahl eines Sachverständigen im Ermittlungsverfahren, in: Jung, Heike/Luxenburger, Bernd/Wahle, Eberhard (Hrsg.), Festschrift für Egon Müller, Baden-Baden 2008, S. 117–124.

Dippel, Karlhans: Die Stellung des Sachverständigen im Strafprozeß, Heidelberg 1986.

Dippel, Karlhans: Ausgewählte Themen des Beweises durch Sachverständige im Strafverfahren, in: Jung, Heike/Luxenburger, Bernd/Wahle, Eberhard (Hrsg.), Festschrift für Egon Müller, Baden-Baden 2008, S. 125–145.

Döhring, Erich: Die Erforschung des Sachverhalts im Prozess: Beweiserhebung und Beweiswürdigung; ein Lehrbuch, Berlin 1964.

Döhring, Erich: Fachliche Kenntnisse des Richters und ihre Bewertung im Prozeß, JZ 1968, S. 641–647.

Dölp, Michael: Der Sachverständige im Strafprozess: Gedanken über eine nachhaltige strukturelle Veränderung im Verfahrensrecht, ZRP 2004, S. 235–237.

Dreher, Eduard: Staatsanwalt und Verteidiger: eine Gegenüberstellung in: Gössel, Karl Heinz (Hrsg.), Strafverfahren im Rechtsstaat: Festschrift für Theodor Kleinknecht zum 75. Geburtstag am 18. August 1985, München 1985, S. 91–112.

Driest, Dagmar: Befangenheitsablehnung eines Sachverständigen, StV 1990, S. 389–391.

Dünnebier, Hanns (Hrsg.): Die Strafprozessordnung und das Gerichtsverfassungsgesetz. Großkommentar, begr. von Löwe, Ewald/Rosenberg, Werner, verschiedene Bände, §§ 72 bis 93 StPO, 22.–24. Auflage, Berlin 1976–1996 (zitiert: LR-StPO/*Bearbeiter* (Aufl. Jahr) § ... Rn. ...).

Duttge, Gunnar: Befangenheitsantrag und Schuldfähigkeitsbegutachtung, NStZ 2003, S. 375–378.

Ehricke, Ulrich: Spezialisierung als Rechtsprinzip für die Zuständigkeit im deutschen Zivilverfahrensrecht?, NJW 1996, S. 812–817.

Eisenberg, Ulrich: Zur Ablehnung des Sachverständigen im Strafverfahren wegen Besorgnis der Befangenheit, NStZ 2006, S. 368–374.

Eisenberg, Ulrich: Rekrutenbefragung und beweisrechtlicher Erfahrungssatz, NStZ 2010, S. 125–127.

Eisenberg, Ulrich: Dysfunktionales Verhältnis zwischen Sachverständigem und (Jugend-) Strafjustiz, HRRS 2012, S. 466–476.

Eisenberg, Ulrich: Beweisrecht der StPO, 10. Auflage, München 2017.

Eisenberg, Ulrich/*Puschke*, Jens: Anmerkung zu OLG Stuttgart, Beschl. v. 10.01.2003 – 4 Ws 274/02, JR 2003, S. 436–437.

Endriß, Rainer: Vom Fragerecht des Beschuldigten im Vorverfahren, in: Hanack, Ernst-Walter (Hrsg.), Festschrift für Peter Rieß zum 70. Geburtstag am 4. Juni 2002, Berlin 2002, S. 65–75.

Engels, Dieter: Beweisantizipationsverbot und Beweiserhebungsumfang im Strafprozeß, GA 1981, S. 21–36.

Engisch, Karl: Logische Studien zur Gesetzesanwendung, 3. Auflage, Heidelberg 1963.

Erb, Volker: Die Abhängigkeit des Richters vom Sachverständigen, ZStW 121 (2009), S. 882–918.

Eschelbach, Ralf: Praxis – Gehör vor Gericht, GA 2004, S. 228–245.

Eschelbach, Ralf/*Gieg*, Georg/*Schulz*, Hansjürgen: Begründungsanforderungen an die Urteilsverfassungsbeschwerde in Strafsachen, NStZ 2000, S. 565–574.

Eser, Albin: Adversatorische und inquisitorische Verfahrensmodelle: Ein kritischer Vergleich mit Strukturalternativen, in: Schroeder, Friedrich-Christian/Kudtratov, Manuchehr (Hrsg.), Die strafprozessuale Hauptverhandlung zwischen inquisitorischem und adversatorischem Modell: eine rechtsvergleichende Analyse am Beispiel des deutschen und des zentralasiatischen Strafprozessrechts, Frankfurt a.M. 2014, S. 11–29 (zitiert: *Eser*, Inquisitorisches und adversatorisches Modell, S. ...).

Esser, Josef: Vorverständnis und Methodenwahl in der Rechtsfindung – Rationalitätsgrundlagen richterlicher Entscheidungspraxis, Frankfurt a.M. 1970.

Esser, Robert: Auf dem Weg zu einem europäischen Strafverfahrensrecht: die Grundlagen im Spiegel der Rechtsprechung des Europäischen Gerichtshofs für Menschenrechte (EGMR) in Straßburg, Berlin 2002 (zitiert: *Esser*, Europäisches Strafverfahrensrecht, S. ...).

Essler, Wilhelm K.: Induktive Logik: Grundlagen und Voraussetzungen, Freiburg 1970.

Fabian, Thomas/*Greuel*, Luise/*Stadler*, Michael: Möglichkeiten und Grenzen aussagepsychologischer Glaubwürdigkeitsbegutachtung, StV 1996, S. 347–351.

Farthofer, Hilde: Der Sachverständige und der Verrat von Wirtschaftsgeheimnissen, HRRS 2021, S. 313–318.

Feldmann, Mirja: Bloße Audio-Dokumentation der Hauptverhandlung: vertane Chance für die Justiz, ZRP 2023, S. 165–168.

Feuerbach, Paul Johann Anselm Ritter v.: Lehrbuch des gemeinen in Deutschland gültigen peinlichen Rechts, Gießen 1826.

Fezer, Gerhard: Richterliche Kontrolle der Ermittlungstätigkeit der Staatsanwaltschaft vor der Anklageerhebung?, in: Stree, Walter (Hrsg.), Gedächtnisschrift für Horst Schröder, München 1978, S. 407–423.

Fezer, Gerhard: Tatrichterlicher Erkenntnisprozeß – „Freiheit der Beweiswürdigung“ in: Tatsachenerfassung, Verteidigung und erweiterte Anwaltsaufgaben im Strafprozeß, Tagungsband 18. Strafverteidigertag (1994), S. 87–102.

Fezer, Gerhard: Amtsaufklärungsgrundsatz und Beweisantragsrecht, in: 50 Jahre Bundesgerichtshof; Bd. 4: Strafrecht, Strafprozeßrecht, München 2000, S. 847–881.

Fezer, Gerhard: Anforderungen an die Begründung revisionsgerichtlicher Entscheidungen: Verfahrenswirklichkeit und normativer Anspruch, HRRS 2010, S. 281–288.

Fincke, Martin: Die Gewißheit als hochgradige Wahrscheinlichkeit, GA 1973, S. 266–272.

Fincke, Martin: Die Pflicht des Sachverständigen zur Belehrung des Beschuldigten, ZStW 86 (1974), S. 656–675.

Fischer, Thomas: Glaubwürdigkeitsbeurteilung und Beweiswürdigung – Von der Last der „ureigenen Aufgabe“, NStZ 1994, S. 1–5.

Fischer, Thomas: Rechtsmißbrauch und Überforderung der Strafjustiz, NStZ 1997, S. 212–217.

Fischer, Thomas: Aussagewahrheit und Glaubhaftigkeitsbegutachtung: Anmerkungen zum Beweiswert von Glaubhaftigkeitsgutachten im Strafverfahren, in: Schöch, Heinz/Satzger, Helmut/Schäfer, Gerhard/Ignor, Alexander/Knauer, Christoph (Hrsg.), Strafverteidigung, Revision und die gesamten Strafrechtswissenschaften, Festschrift für Gunter Widmaier zum 70. Geburtstag, Köln 2018, S. 191–222.

Fischer, Thomas/*Anstötz*, Stephan/*Lutz*, Hans-Joachim (Hrsg.): Strafgesetzbuch mit Nebengesetzen, 72. Auflage, München 2025 (zitiert: Fischer-StGB/*Bearbeiter* § … Rn. …).

Foerster, Klaus: Von der Verantwortung des psychiatrischen Sachverständigen, in: Amelung, Knut (Hrsg.), Strafrecht, Biorecht, Rechtsphilosophie: Festschrift für Hans-Ludwig Schreiber zum 70. Geburtstag am 10. Mai 2003, Heidelberg 2003, S. 81–89.

Foth, Eberhard: „Der falsche Weg zum richtigen Ziel?“: Bemerkungen zu Gössel, JR 1995, 364, JR 1996, S. 99–100.

Foth, Eberhard/*Karcher*, Walter: Überlegungen zur Behandlung des Sachbeweises im Strafverfahren, NStZ 1989, S. 166–173.

Franzki, Harald: Über den Umgang mit Sachverständigen, DRiZ 1974, S. 305–308.

Franzki, Harald: Die Reform des Sachverständigenbeweises in Zivilsachen, DRiZ 1976, S. 97–101.

Franzki, Harald: Der Sachverständige – Diener oder Herr des Richters?, DRiZ 1991, S. 314–320.

Freund, Georg: Normative Probleme der „Tatsachenfeststellung“, Heidelberg 1987.

Friederichs, Helmut: Sicherheit medizinischer Gutachten, NJW 1972, S. 1114–1117.

Frister, Helmut: Das Verhältnis von Beweisantragsrecht und gerichtlicher Aufklärungspflicht im Strafprozeß, ZStW 105 (1993), S. 340–363.

Frister, Helmut: Der Anspruch des Beschuldigten auf Mitteilung der Beschuldigung aus Art. 6 Abs. 3 lit. a EMRK, StV 1998, S. 159–164.

Frister, Helmut: Die persönliche Gewißheit als Verurteilungsvoraussetzung im Strafprozeß, in: ders./Reiß, Wolfram (Hrsg.), Festschrift für Gerald Grünwald zum siebzigsten Geburtstag, Baden-Baden 1999, S. 169–195.

Fromm, Ingo: Privatgutachten und Selbstladeverfahren im Straf- und Bußgeldverfahren, DAR 2019, S. 110–113.

Frowein, Jochen/*Peukert*, Wolfgang: Europäische Menschenrechtskonvention: EMRK-Kommentar, 3. Auflage, Kehl am Rhein 2009 (zitiert: Frowein/Peukert/*Bearbeiter*, EMRK Art. … Rn. …).

Fuchs, Eva: Gerichtliche Stoffsammlung im Ermittlungsverfahren, ÖJZ 2008, S. 102–104.

Fuhrmann, Hans: Die Befugnisse des Amtsrichters bei der Prüfung eines Antrages der Staatsanwaltschaft auf Vernehmung des Beschuldigten, JR 1965, S. 253.

Gadamer, Hans-Georg: Grundzüge einer philosophischen Hermeneutik: Wahrheit und Methode, Tübingen 1986.

Gaede, Karsten: Fairness als Teilhabe – Das Recht auf konkrete und wirksame Teilhabe durch Verteidigung gemäß Art. 6 EMRK: Ein Beitrag zur Dogmatik des fairen Verfahrens in europäischen Strafverfahren und zur wirksamkeitsverpflichteten Konventionsauslegung unter besonderer Berücksichtigung des Rechts auf Verteidigerbeistand, Berlin 2007.

Gaede, Karsten: Parteirechte der Verteidigung im deutschen Inquisitionsprozess – das Beispiel des Vernehmungs- und Fragerechts, StV 2012, S. 51–59.

Galli, Thomas: Weggesperrt – Warum Gefängnisse niemandem nutzen, Hamburg 2020.

Gatzweiler, Norbert: Der Sachverständige zur Beurteilung der Verhandlungsfähigkeit bzw. Verhandlungsunfähigkeit, StV 1989, S. 167–172.

Geerds, Friedrich: Juristische Probleme des Sachverständigenbeweises, ArchKrim 137 (1966), S. 61–70.

Geerds, Friedrich: Revision bei Verstoß gegen Denkgesetze oder Erfahrungssätze? Ein Beitrag zum Umfang und zur Art richterlicher Kontrolle, in: Baumann, Jürgen (Hrsg.), Einheit und Vielfalt des Strafrechts: Festschrift für Karl Peters zum 70. Geburtstag, Tübingen 1974, S. 267–283.

Geerds, Friedrich: Aufgaben und Probleme des Rechtsmediziners in Strafsachen, ArchKrim 162 (1991), S. 28–38.

Geipel, Andreas: Handbuch der Beweiswürdigung, 3. Auflage, Köln 2017.

Geppert, Klaus: Der Grundsatz der Unmittelbarkeit im deutschen Strafverfahren, Berlin 1979.

Geppert, Klaus: Die Stellung des medizinischen Sachverständigen im Verkehrsstrafprozeß, DAR 1980, S. 315–323.

Geppert, Klaus: Zur Stellung des ärztlichen Sachverständigen im Spannungsverhältnis zwischen Strafgericht und Proband (Rollenprobleme beim strafgerichtlichen Sachverständigenbeweis), in: Harder, Manfred (Hrsg.), De iustitia et iure: Festgabe für Ulrich von Lübtow zum 80. Geburtstag, Berlin 1980, S. 773–796.

Geppert, Klaus: Kontroll- und Förderungspflicht des Ermittlungsrichters, DRiZ 1992, S. 405–414.

Geppert, Klaus: Der Sachverständigenbeweis, Jura 1993, S. 249–256.

Gerchow, Joachim: Bemerkungen zur sog. Krise des Sachverständigenbeweises, ArchKrim 134 (1964), S. 125–136.

Gercke, Björn/*Temming*, Dieter/*Zöller*, Mark A. (Hrsg.): Strafprozessordnung, Heidelberger Kommentar, 7. Auflage, Heidelberg 2023 (zitiert: HK-StPO/*Bearbeiter* § … Rn. …).

Gerland, Heinrich: Der deutsche Strafprozeß: eine systematische Darstellung, Mannheim 1977.

Gerson, Oliver Harry: Ablehnung eines ausschließlich im Ermittlungsverfahren tätig gewordenen Sachverständigen wegen Besorgnis der Befangenheit: „Person vor Papier" vs. „Heilung durch Hauptverhandlung" – zugleich Besprechung von BGH, Beschl. v. 13.02. 2019 – 2 StR 485/18, HRRS 2019, S. 235–244.

Gerson, Oliver Harry: Übermächtiger Richter in Weiß? Zu den Mindestanforderungen an Fairness und Teilhabe i. S. d. Art. 6 EMRK bei der „Verteidigung gegen den Sachverständigen" im medizinstrafrechtlichen Verfahren, medstra 2023, S. 18–26.

Glaser, Julius, begr. von *Binding*, Karl: Systematisches Handbuch der deutschen Rechtswissenschaft, Band I Strafprozess, Leipzig 1883 (zitiert: Hdb. des Strafprozesses Bd. I, S. …).

Gleß, Sabine: Beweisrechtsgrundsätze einer grenzüberschreitenden Strafverfolgung, Baden-Baden 2006.

Gleß, Sabine: OHN(E)MACHT – Abschied von der Fiktion einer Waffengleichheit gegenüber europäischer Strafverfolgung?, StV 2013, S. 317–324.

Goldschmidt, James: Der Prozess als Rechtslage: eine Kritik des prozessualen Denkens, Berlin 1925.

Gollwitzer, Walter: Das Fragerecht des Angeklagten, in: Geppert, Klaus (Hrsg.), Gedächtnisschrift für Karlheinz Meyer, Berlin 1990, S. 147–170.

Göppinger, Hans: Möglichkeiten und Grenzen kriminologischer Ausbildung der Juristen, in: Baumann, Jürgen (Hrsg.), Einheit und Vielfalt des Strafrechts: Festschrift für Karl Peters zum 70. Geburtstag, Tübingen 1974, S. 519–529.

Göppinger, Hans: Beobachtungen eines Sachverständigen in der Hauptverhandlung, in: Jescheck, Hans-Heinrich/Vogler, Theo (Hrsg.), Festschrift für Herbert Tröndle zum 70. Geburtstag am 24. August 1989, Berlin 1989, S. 473–484.

Gössel, Karl Heinz: Strafverfahrensrecht, Stuttgart 1977.

Gössel, Karl Heinz: Behörden und Behördenangehörige als Sachverständige vor Gericht, DRiZ 1980, S. 363–376.

Gössel, Karl Heinz: Einführung gesetzlicher Normen zur Modernisierung des Beweisrechts und zudem zum notwendigen Ersatz von „Richterrecht“, in: Ständige Deputation des Deutschen Juristentages (Hrsg.), Verhandlungen des sechzigsten Deutschen Juristentages Hamburg, München 1994, Gutachten C57–C94.

Gössel, Karl Heinz: Über Beweis, Amtsaufklärung und die Pflicht zur Beweiserhebung, in: Eser, Albin (Hrsg.), Festschrift für Haruo Nishihara zum 70. Geburtstag, Baden-Baden 1998, S. 215–225.

Grabenwarter, Christoph/*Pabel*, Katharina: Europäische Menschenrechtskonvention – Ein Studienbuch, 7. Auflage, München 2021 (zitiert: *Grabenwarter/Pabel*, EMRK § … Rn. …).

Grabow, Rolf: Anmerkung zu BGH, Urt. v. 12.02.1998 – 1 StR 588/97, StV 1999, S. 465–467.

Graf, Jürgen (Hrsg.): Beck'scher Online Kommentar Strafprozessordnung, Stand: 53. Edition, 01.10.2024, München 2024 (zitiert: BeckOK-StPO/*Bearbeiter* § … Rn. …).

Graul, Eva: Systematische Untersuchungen zur Offenkundigkeit im Strafprozess, Marburg 1993.

Graul, Eva: Können auch Erfahrungssätze und Rechtssätze Tatsachen i. S. des § 263 StGB sein? Insbesondere zur Tatsachenqualität des Marktpreises beim sog. Preisgestaltungsbetrug, JZ 1995, S. 596–603.

Greuel, Luise: Qualitätsstandards aussagepsychologischer Gutachten zur Glaubhaftigkeit von Zeugenaussagen, MSchKrim 2000, S. 59–69.

Grünwald, Gerald: Empfiehlt es sich, besondere strafprozessuale Vorschriften für Großverfahren einzuführen?: Gutachten für den 50. Deutschen Juristentag, in: Ständige Deputation des Deutschen Juristentages (Hrsg.), Verhandlungen des fünfzigsten Deutschen Juristentages Hamburg, München 1974, Gutachten C.

Grünwald, Gerald: Das Beweisrecht der Strafprozessordnung, Baden-Baden 1993.

Guckelberger, Annette: Zum methodischen Umgang mit Verwaltungsvorschriften, Die Verwaltung 2002, S. 61–89.

Gusy, Christoph: Die Pflicht zur Veröffentlichung von Verwaltungsvorschriften, DVwBl. 1979, S. 720–724.

Habersack, Mathias (Bandredakteur): Münchener Kommentar zum Bürgerlichen Gesetzbuch, Band 6: Schuldrecht BT III, Band 7: Schuldrecht BT IV, 9. Auflage 2024 (zitiert: MüKo-BGB/*Bearbeiter* § … Rn. …).

Habetha, Jörg: Übergehen „unwahrscheinlicher“ Beweisanträge ohne Ablehnungsgrund – Zugleich Anmerkung zu BGH, Beschl. v. 03.11.2010 – 1 StR 497/1, StV 2011, S. 239–245.

Habetha, Jörg/*Trüg*, Gerson: Erosion des Beweisantragsrechts, GA 2009, S. 406–428.

Häcker, Robert/*Schwarz*, Volker (Hrsg.), begr. von *Bender*, Rolf/*Nack*, Armin/*Treuer*, Wolf-Dieter: Tatsachenfeststellung vor Gericht: Glaubhaftigkeits- und Beweislehre, Vernehmungslehre, 5. Auflage, München 2021.

Hagedorn, Axel: Die Bestellung des Sachverständigen im Strafverfahren wegen Wirtschaftskriminalität, StV 2004, S. 217–221.

Hagemann, Sigrid: Entstehung, Entwicklung und Bedeutung der Vorschrift über die präsenten Beweismittel im Strafprozessrecht (§ 245 StPO), Tübingen 1980.

Hahn, Karl/*Stegemann*, Eduard: Die gesammten Matherialien zur Strafprozessordnung und dem Einführungsgesetz zu derselben, Erste und Zweite Abteilung, 2. Auflage, Aalen 1881.

Hamann, Andreas: Rechtliches Gehör, AnwBl. 1958, S. 141–148.

Hamm, Rainer: Wert und Möglichkeiten der „Früherkennung" richterlicher Beweiswürdigung durch den Strafverteidiger, in: Wasserburg, Klaus (Hrsg.), Wahrheit und Gerechtigkeit im Strafverfahren: Festgabe für Karl Peters aus Anlaß seines 80. Geburtstages, Heidelberg 1984, S. 169–178.

Hamm, Rainer: Beweis als Rechtsbegriff und seine revisionsrechtliche Kontrolle, in: Weßlau, Edda/Wohlers, Wolfgang, Festschrift für Gerhard Fezer zum 70. Geburtstag am 29. Oktober 2008, Berlin 2008, S. 393–412.

Hamm, Rainer: Das Ende des formalisierten Dialogs im Beweisantragsrecht, StV 2018, S. 525–532.

Hamm, Rainer/*Leipold*, Klaus (Hrsg.): Beck'sches Formularbuch für den Strafverteidiger, 6. Auflage, München 2018 (zitiert: *Bearbeiter*, Beck'sches Formularbuch für den Strafverteidiger, Teil … Nr. …).

Hamm, Rainer/*Pauly*, Jürgen: Beweisantragsrecht, 3. Auflage, Heidelberg 2019.

Hamm, Rainer/*Pauly*, Jürgen: Die Revision in Strafsachen, 8. Auflage, Berlin 2020.

Hammerstein, Gerhard: Die Grenzen des Erklärungsrechts nach § 257 StPO, in: Eyrich, Heinz (Hrsg.), Festschrift für Kurt Rebmann zum 65. Geburtstag, München 1989, S. 233–239.

Hanack, Ernst-Walter: Anmerkung zu BGH, Urt. v. 07.05.1965 – 2 StR 92/65, JR 1966, S. 424–427.

Hanack, Ernst-Walter: Zur Austauschbarkeit von Beweismitteln im Strafprozeß, JZ 1970, S. 561–564.

Hanack, Ernst-Walter: Die Rechtsprechung des Bundesgerichtshofs zum Strafverfahrensrecht (Bd. 11–22 der Amtlichen Sammlung), JZ 1971, S. 168–171.

Hanack, Ernst-Walter: Die Rechtsprechung des Bundesgerichtshofs zum Strafverfahrensrecht (Bd. 11–22 der Amtlichen Sammlung) Fortsetzung, JZ 1972, S. 114–116.

Hartmann, Hans/*Rubach*, Walter: Verteidiger und Sachverständiger, StV 1990, S. 425–429.

Hassemer, Winfried: Tatbestand und Typus: Untersuchungen zur strafrechtlichen Hermeneutik, Köln u.w. 1968.

Heger, Martin: Der kontinentaleuropäische Strafprozess, in: Collin, Peter (Hrsg.), Konfliktlösung im 19. und 20. Jahrhundert, Berlin 2021, S. 165–184.

Hegler, August: Die Unterscheidung des Sachverständigen vom Zeugen im Prozeß, AcP 104 (1909), S. 151–291.

Heinitz, Ernst: Grenzen der Zulässigkeit eigener Ermittlungstätigkeit des Sachverständigen im Strafprozeß, in: Bockelmann, Paul (Hrsg.), Festschrift für Karl Engisch zum 70. Geburtstag, Frankfurt a. M. 1969, S. 693–707.

Heinsheimer, Karl: Die Freiheit der richterlichen Überzeugung und die Aufgaben der Revisionsinstanz, in: Kohler, Josef (Hrsg.), Festschrift für Franz Klein zu seinem 60. Geburtstage, Wien 1914, S. 133–146.

Heintschel-Heinegg, Bernd v./*Bockemühl*, Jan (Hrsg.): KMR Kommentar zur Strafprozessordnung (Stand: 133. Lieferung Dezember 2024) (zitiert: KMR-StPO/*Bearbeiter* § … Rn. …).

Herdegen, Gerhard: Bemerkungen zur Beweiswürdigung, NStZ 1987, S. 193–199.

Herdegen, Gerhard: Aufklärungspflicht – Beweisantragsrecht – Beweisantrag – Beweisermittlungsantrag, in: Geppert, Klaus (Hrsg.), Gedächtnisschrift für Karlheinz Meyer, Berlin 1990, S. 187–207.

Herdegen, Gerhard: Feststellungen durch das Revisionsgericht auf Grund der Sachrüge, StV 1992, S. 527–534.

Herdegen, Gerhard: Das Beweisantragsrecht im rechtsstaatlichen Strafverfahren, in: ders. (Hrsg.), Beweisantragsrecht, Beweiswürdigung, strafprozessuale Revision, Baden-Baden 1995.

Herdegen, Gerhard: Das Beweisantragsrecht, Betrachtungen anhand von und zur Rechtsprechung – Teil II, NStZ 1999, S. 176–181.

Herzog, Felix: Die Stellung zum Beweisantragsrecht als Indikator autokratischer und korporatistischer Vorstellungen vom Strafverfahren, StV 1994, S. 166–168.

Herzog, Roman/*Scholz*, Rupert/*Herdegen*, Matthias/*Klein*, Hans (Hrsg.), begr. von *Maunz*, Theodor/*Dürig*, Günter: Grundgesetz Kommentar, Stand: 105. Lieferung, August 2024, München 2024 (zitiert: Dürig/Herzog/Scholz/*Bearbeiter*, GG Art. … Rn. …).

Hesse, Konrad: Grundzüge des Verfassungsrechts der Bundesrepublik Deutschland, 20. Auflage, Heidelberg 1999.

Hilgendorf, Eric: Strafprozessuale Probleme im Licht der modernen Kausallehre am Beispiel der jüngsten Produkthaftungsfälle, in: Eser, Albin (Hrsg.), Festschrift für Theodor Lenckner zum 70. Geburtstag, München 1998, S. 699–719.

Hilgendorf, Eric/*Kudlich*, Hans/*Valerius*, Brian (Hrsg.): Handbuch des Strafrechts; Band 7, Band 8; Heidelberg 2020/2022 (zitiert: *Bearbeiter*, in: Hilgendorf/Kudlich/Valerius, HdB-StR Bd. VII (I), § … Rn. …).

Hillenkamp, Thomas: Verwirkung des Strafanspruchs durch Verfahrensverzögerung?, JR 1975, S. 133–140.

Hirschberg, Max: Das Fehlurteil im Strafprozeß: zur Pathologie der Rechtsprechung, Stuttgart 1960.

Hohmann, Ralf: Die Gegenvorstellung – „Stiefkind" des Strafverfahrens?, JR 1991, S. 10–13.

Holzer, Anja/*Cornelius*, Kai/*Labudde*, Dirk: Die „Gefahren" der Verwendung von 3D-Techniken im Strafverfahren, Kriminalistik 2025, S. 139–143.

Hommerich, Christoph: Vertrauenssicherung in Experten, DS 2014, S. 43–49.

Hopt, Klaus: Anmerkung zu BGH, Urt. v. 18.12.1973 – VI ZR 113/71, JZ 1974, S. 548–555.

Hörner, Walter/*Liebau*, Karin/*Förster*, Klaus: Die Berücksichtigung des forensisch-psychiatrischen Gutachtens im Strafverfahren und im rechtskräftigen Urteil, MSchKrim 1988, S. 395–399.

Hoyer, Andreas: Der Konflikt zwischen richterlicher Beweiswürdigungsfreiheit und dem Prinzip „in dubio pro reo", ZStW 105 (1993), S. 523–556.

Hume, David: Ein Traktat über die menschliche Natur, Buch I: Über den Verstand, 1. Auflage 1739, Reprint Hamburg 2013.

Ignor, Alexander: Geschichte des Strafprozesses in Deutschland 1532–1846: Von der Carolina Karls V. bis zu den Reformen des Vormärz, Paderborn 2002.

Ignor, Alexander/*Matt*, Holger: Integration und Offenheit im Strafprozeß, StV 2002, S. 102–109.

Jagusch, Heinrich: Über das rechtliche Gehör im Strafverfahren, NJW 1959, S. 265–269.

Jahn, Matthias: Strafprozessrecht als geronnenes Verfassungsrecht: Hauptprobleme und Streitfragen des § 136a StPO, JuS 2005, S. 1057–1062.

Jahn, Matthias: Fair trial als strafprozessuales Leitprinzip im Mehrebenensystem, ZStW 127 (2015), S. 549–615.

Jakubetz, Tobias: Die Rechtsprechung zur Erstattungsfähigkeit von Kosten für ein Privatgutachten im Strafprozeß: der Versuch einer Systematisierung unter besonderer Berücksichtigung der in anderen Verfahrensordnungen, JurBüro 1999, S. 564–572.

Jarass, Hans/*Kment*, Martin (Hrsg.), begr. von *Pieroth*, Bodo: Grundgesetz für die Bundesrepublik Deutschland Kommentar, 18. Auflage, München 2024 (zitiert: Jarass/Pieroth/*Bearbeiter*, GG Art. … Rn. …).

Jessnitzer, Kurt: Reformbedürftigkeit des § 220 Abs. 2 StPO, NJW 1974, S. 1311–1312.

Jessnitzer, Kurt: Strafverteidiger und Sachverständiger, StV 1982, S. 177–181.

Joachim, Norbert: Anonyme Zeugen im Strafverfahren – Neue Tendenzen in der Rechtsprechung, StV 1992, S. 245–249.

Jordan, Benedikt/*Gresser*, Ursula: Wie unabhängig sind Gutachter?, DS 2014, S. 71–82.

Jung, Heike: Neues zum Konfrontationsrecht? Zugleich Besprechung von EGMR, Urt. v. 20.01.2009, GA 2009, S. 235–240.

Jüttner, Julia/*Altrogge*, Gudrun: Der Spiegel, „Ich kriege keine Minute zurück", Printausgabe vom 22.04.2023, S. 40–43.

Kahlo, Michael: Anmerkung zu BGH, Beschl. v. 06.02.1990 – 2 StR 29/89, StV 1991, S. 51–57.

Karpenstein, Ulrich/*Mayer*, Franz: Konvention zum Schutz der Menschenrechte und Grundfreiheiten Kommentar, 3. Auflage, München 2022 (zitiert: *Karpenstein/Mayer*, EMRK Art. … Rn. …).

Karpinski, Kurt: Der Sachverständige im Strafprozeß, NJW 1968, S. 1173.

Käßer, Wolfgang: Wahrheitserforschung im Strafprozeß, München 1974.

Kaufmann, Arthur: Das Problem der Abhängigkeit des Strafrichters vom medizinischen Sachverständigen, JZ 1985, S. 1065–1072.

Keller, Rainer: Offenkundigkeit und Beweisbedürftigkeit im Strafprozeß, ZStW 101 (1989), S. 382–418.

Keller, Rainer: Verwissenschaftlichung versus Rationalität der strafprozessualen Beweiswürdigung?, GA 1999, S. 255–271.

Kelsen, Hans: Reine Rechtslehre: Einleitung in die rechtswissenschaftliche Problematik, Leipzig 1934.

Kempf, Eberhard: Rechtliches Gehör im Ermittlungsverfahren, in: Arbeitsgemeinschaft Strafrecht des Deutschen Anwaltvereins (Hrsg.), Strafverteidigung im Rechtsstaat: 25 Jahre Arbeitsgemeinschaft Strafrecht des Deutschen Anwaltvereins, Baden-Baden 2009, S. 592–604.

Kern, Bernd-Rüdiger/*Rehborn*, Martin (Hrsg.), begr. von *Laufs*, Adolf/*Uhlenbruck*, Wilhelm: Handbuch des Arztrechts, 5. Auflage, München 2019 (zitiert: Laufs/Kern/Rehborn ArztR-Hdb/*Bearbeiter* § … Rn. …).

Kinzig, Jörg: Umfassender Schutz vor dem gefährlichen Straftäter? – Das Gesetz zur Einführung der nachträglichen Sicherungsverwahrung, NStZ 2004, S. 655–660.

Kiwit, Walter: Fehlurteile im Strafrecht: Entstehung, Gesetzmäßigkeiten und Möglichkeiten zur Vermeidung untersucht an Wiederaufnahmeverfahren im Oberlandesgerichtsbezirk Hamm aus der Zeit von 1950 bis 1958, Münster 1965.

Kleinknecht, Theodor: Das Fehlurteil im Strafprozeß, GA 1961, S. 45–54.

Knauer, Christoph/*Kudlich*, Hans/*Schneider*, Hartmut (Hrsg.): Münchener Kommentar zur Strafprozessordnung, Band 1 §§ 1–150, 2. Auflage, München 2023; Band 2 §§ 151–331, 2. Auflage, München 2024; Band 3 §§ 333–500, 2. Auflage, München 2024; Band 4 GVG, EGGVG, EMRK u.w., 2. Auflage, München 2025 (zitiert: MüKo-StPO/*Bearbeiter* § … Rn. …).

Koch, Hans-Jörg: Sachverständige oder Spezialgerichtsbarkeit, JR 1956, S. 369–372.

Koenig, Alexander/*Pilnacek*, Christian: Das neue Strafverfahren – Überblick und Begriffe, ÖJZ 2008, S. 10–17.

Kohler, Josef: Der Prozeß als Rechtsverhältnis: Prolegomena zu einem System des Civilprozesses, Mannheim 1888.

Kohler, Josef: Gesammelte Beiträge zum Civilprocess, Berlin 1894.

Köhler, Michael: Das präsente Beweismittel nach dem Strafverfahrensänderungsgesetz 1979, NJW 1979, S. 348–352.

Köhler, Michael: Inquisitionsprinzip und autonome Beweisvorführung (§ 245 StPO), Heidelberg/Hamburg 1979.

Köhler, Michael: Anmerkung zu BGH, Urt. v. 30.08.1990 – 3 StR 459/87, StV 1992, S. 3–6.

Kohlhaas, Max: Änderung des Sachverständigenbeweises im Strafprozeß?, NJW 1962, S. 1329–1333.

Kohlmann, Günter: Waffengleichheit im Strafprozess?, in: Baumann, Jürgen (Hrsg.), Einheit und Vielfalt des Strafrechts: Festschrift für Karl Peters zum 70. Geburtstag, Tübingen 1974, S. 311–321.

Kontusch, Oliver: Haftung für fehlerhafte Gutachten – Grundlagen und Vermeidungsstrategien, DS 2023, S. 238–248.

Korte, Kattrin: Gerichtskundigkeit im Strafprozess, Baden-Baden 2007.

Kraatz, Erik: Der Einfluss der Erfahrung auf die tatrichterliche Sachverhaltsfeststellung: Zum „strafprozessualen" Anscheinsbeweis, Berlin 2011.

Krausbeck, Matthias: Konfrontative Zeugenbefragung: Vorgaben des Art. 6 Abs. 3 lit. d EMRK für das deutsche Strafrecht, Tübingen 2010.

Krause, Daniel M.: Der „Gehilfe" der Verteidigung und sein Schweigerecht (§ 53a StPO): zur Einbeziehung Dritter in die Verteidigungstätigkeit, StraFo 1998, S. 1–8.

Krauß, Detlef: Richter und Sachverständiger im Strafverfahren, ZStW 85 (1973), S. 320–359.

Krekeler, Wilhelm: Wehret auch den „kleinen" Angriffen oder § 273 Abs. 3 Satz 2 StPO muß bleiben, AnwBl. 8 und 9/1984, S. 417–418.

Krekeler, Wilhelm: Der Beweiserhebungsanspruch der Verteidigung im Ermittlungsverfahren unter besonderer Berücksichtigung des Sachverständigenbeweises, AnwBl. 2/1986, S. 62–65.

Krekeler, Wilhelm: Der Sachverständige im Strafverfahren, insbesondere im Wirtschaftsstrafverfahren, wistra 1989, S. 52–56.

Krekeler, Wilhelm: Der Beweiserhebungsanspruch des Beschuldigten im Ermittlungsverfahren, Bonn 1990.

Krekeler, Wilhelm: Der Beweiserhebungsanspruch des Beschuldigten im Ermittlungsverfahren, NStZ 1991, S. 367–372.

Krekeler, Wilhelm: Strafverteidigung mit einem und gegen einen Sachverständigen, StraFo 1996, S. 5–12.

Kretschmer, Joachim: Begriff und Bedeutung des Beweisantrags außerhalb der Hauptverhandlung, StraFo 2013, S. 184–191.

Kröber, Hans-Ludwig: Gang und Gesichtspunkte der kriminalprognostischen psychiatrischen Begutachtung, NStZ 1999, S. 593–599.

Kroitzsch, Hermann: Wegfall der Begründungspflicht – Wandel der Staatsform der Bundesrepublik, NJW 1994, S. 1032–1035.

Kronenberger, Matthias: Der Parasit der Überzeugungsbildung, Berlin 2010.

Kudlich, Hans: Erfordert das Beschleunigungsgebot eine Umgestaltung des Strafverfahrens? Verständigung im Strafverfahren – Fristsetzung für Beweisanträge – Beschränkung der Geltendmachung von Verfahrensgarantien, NJW-Beil. 2010, S. 86–89.

Kuhlen, Lothar: Strafhaftung bei unterlassenem Rückruf gesundheitsgefährdender Produkte – Zugleich Anmerkung zu BGH, Urt. v. 06.07.1990 – 2 StR 549/89, NStZ 1990, S. 566–570.

Kuhn, Roswitha: Der psychiatrische Sachverständige – ein Fremdkörper im System des Strafverfahrens?: Versuch einer Analyse anhand von Aktenauszügen aus den Prozessen gegen Jürgen Bartsch und Manfred Wittmann, Saarbrücken 1977 (zitiert: *Kuhn*, Sachverständige als Fremdkörper, S. …).

Kühne, Hans-Heiner: Strafprozessrecht, Eine systematische Darstellung des deutschen und europäischen Strafverfahrensrechts, 9. Auflage, Heidelberg 2015.

Lagrèze, Hans Eberhart: Die Erfahrungssätze im Zivil- und Strafprozeß, Halle-Wittenberg 1938.

Landau, Herbert: Die Pflicht des Staates zum Erhalt einer funktionstüchtigen Strafrechtspflege, NStZ 2007, S. 121–129.

Lange, Jan: Intelligenzminderung und Schuldfähigkeit, Forensische Psychiatrie, Psychologie, Kriminologie 2020, S. 419–429.

Langkeit, Jochen: Der von der Verteidigung beauftragte Sachverständige im Strafprozess, in: Livonius, Barbara/Wolter, Jürgen/Zöller, Mark A. (Hrsg.), Strafverteidigung im Wirtschaftsleben: Festgabe für Hanns W. Feigen zum 65. Geburtstag am 13. März 2014, Köln 2014, S. 129–145.

Larenz, Karl: Methodenlehre der Rechtswissenschaft, 6. Auflage, Berlin u.w. 1991.

Laue, Christian: Das öffentliche Interesse an der Beschleunigung des Strafverfahrens, GA 2005, S. 648–665.

Laufhütte, Heinrich Wilhelm/*Rissing-van Saan*, Ruth/*Tiedemann*, Klaus (Hrsg.): Strafgesetzbuch Leipziger Kommentar, Band 1: Einleitung, §§ 1–18, 13. Auflage, Berlin 2020 (zitiert: LK-StGB/*Bearbeiter* § … Rn. …).

Lehmann, Jens: Notwendige Verteidigung bei ambulanter psychiatrischer Begutachtung, StV 2003, S. 356–358.

Lehmann, Jens: Der Anspruch auf Einsicht in die Unterlagen des Sachverständigen, GA 2005, S. 639–647.

Leß, Günter: Zur Stellung des Staatsanwalts, JR 1951, S. 193–195.

Leygraf, Norbert: Was ist ein guter Sachverständiger?, in: Strafverteidigervereinigungen (Hrsg.), Reform oder Roll-Back?: Weichenstellung für das Straf- und Strafprozeßrecht/ 21. Strafverteidigertag vom 11.–13. April 1997 in Kassel, Köln 1997, S. 267–278.

Liebhart, Christian: Das Beschleunigungsgebot in Strafsachen – Grundlagen und Auswirkungen, NStZ 2017, S. 254–262.

Lifschütz, Alexander: Das Sonder-Fachwissen des Richters, NJW 1969, S. 305–307.

Lobe, Adolf: Richter und Sachverständiger, DRiZ 1913, S. 362–363.

Loos, Fritz: Beschränkung der Verteidigung durch Daueranwesenheit des Sachverständigen zur Schuldfähigkeitsbegutachtung in der Hauptverhandlung?, in: Hirsch, Hans Joachim (Hrsg.), Gedächtnisschrift für Hilde Kaufmann, Berlin 1986, S. 961–976.

Lücke, Jörg: Begründungszwang und Verfassung: zur Begründungspflicht der Gerichte, Behörden und Parlamente, Tübingen 1987.

Lürken, Günter: Auswahl und Leitung des Sachverständigen im Strafprozeß (§§ 73, 78 StPO), NJW 1968, S. 1161–1165.

Luthe, Rainer: Bemerkungen zur „Krise der Begutachtung", NJW 1975, S. 1446–1450.

Maatz, Kurt Rüdiger: §§ 20, 21 StGB, Privilegierung der Süchtigen?, StV 1998, S. 279–285.

Maisch, Herbert: Methodische Aspekte psychologisch-psychiatrischer Täterbegutachtung – Zur Rolle des Sachverständigen im Strafprozeß, MSchKrim 1973, S. 189–198.

Maisch, Herbert: Fehlerquellen psychologisch-psychiatrischer Begutachtung im Strafprozeß, StV 1985, S. 517–522.

Malek, Klaus: Abschied von der Wahrheitssuche, StV 2011, S. 559–567.

Malek, Klaus: Verteidigung in der Hauptverhandlung, 5. Auflage, Heidelberg 2017.

Manigk, Alfred: Die Revisibilität der Auslegung von Willenserklärungen, in: Schreiber, Otto (Hrsg.), Die Reichsgerichtspraxis im deutschen Rechtsleben: Festgabe der juristischen Fakultäten zum 50jährigen Bestehen des Reichsgerichts, Band VI, Berlin 1929, S. 94–210.

Mansdörfer, Marco: Das Recht des Beschuldigten auf ein unverzögertes Ermittlungsverfahren, GA 2010, S. 153–168.

Marcks, Peter/*Neumann*, Dirk/*Bleutge*, Peter (Hrsg.), begr. von v. *Landmann*, Robert/*Rohmer*, Gustav: Gewerbeordnung und ergänzende Vorschriften: Kommentar, Stand: 92. Lieferung, Dezember 2023, München 2024 (zitiert: Landmann/Rohmer/*Bearbeiter*, GewO § … Rn. …).

Marmann, Hans: Aufklärungspflicht durch Sachverständigengutachten und freie Beweiswürdigung, GA 1953, S. 136–149.

Matt, Holger: Die Gegenvorstellung im Strafverfahren, MDR 1992, S. 820–826.

Maurer, Hartmut/*Waldhoff*, Christian: Allgemeines Verwaltungsrecht, 21. Auflage, München 2024.

Mayer, Heinz/*Haidenhofer*, Gernot: Der Sachverständige als Gehilfe des Staatsanwalts im Strafprozess, ÖAnwBl. 2014, S. 100–105.

Mayer, Hellmuth: Der Sachverständige im Strafprozeß, in: Engisch, Karl/Maurach, Reinhart (Hrsg.), Festschrift für Edmund Mezger zum 70. Geburtstag, 15. 10. 1953, München 1954, S. 455–476.

Mayr, Dietrich: Gestaltung von Sachverständigengutachten, DS 2013, S. 128–131.

Mergen, Armand: Vom Sachverstand des Experten und von der Unwissenheit des Richters, in: Kürzinger, Josef (Hrsg.), Festschrift für Wolf Middendorff zum 70. Geburtstag, Bielefeld 1986, S. 193–197.

Meurer, Dieter: Denkgesetze und Erfahrungsregeln, in: Bickel, Dietrich (Hrsg.), Recht und Rechtserkenntnis: Festschrift für Ernst Wolf zum 70. Geburtstag, Köln u.w. 1985, S. 483–499.

Meyer-Goßner, Lutz: Über die „Gerichtskundigkeit", in: Jescheck, Hans-Heinrich/Vogler, Theo (Hrsg.), Festschrift für Herbert Tröndle zum 70. Geburtstag am 24. August 1989, Berlin 1989, S. 551–565.

Meyer-Ladewig, Jens/*Nettesheim*, Martin/*von Raumer*, Stefan (Hrsg.): EMRK Europäische Menschenrechtskonvention Handkommentar, 5. Auflage, Baden-Baden 2023 (zitiert: HK-EMRK Art. … Rn. …).

Mezger, Edmund: Der psychiatrische Sachverständige im Prozeß, Tübingen 1918 (zitiert: *Mezger*, Psychiatrische Sachverständige, S. …).

Mittermaier, Carl Joseph Anton: Beiträge zur Lehre vom Beweise durch Sachverständige, AcP 2 (1819), S. 119–140.

Mittermaier, Carl Joseph Anton: Die Lehre vom Beweis im deutschen Strafprozesse nach der Fortbildung durch Gerichtsgebrauch und deutsche Gesetzbücher in Vergleichung mit den Ansichten des englischen und französischen Strafverfahrens, Darmstadt 1834.

Montenbruck, Axel: In dubio pro reo: aus normtheoretischer, straf- und strafverfahrensrechtlicher Sicht, Berlin 1985.

Mösl, Albert: Sachverständigengutachten und freie Beweiswürdigung im Strafprozeß, DRiZ 1980, S. 110–114.

Müller, Christoph Markus: Anscheinsbeweis im Strafprozeß: am Beispiel der Feststellung von Kausalität und von Dispositionsprädikaten, Berlin 1998.

Müller, Eckhart/*Schlothauer*, Reinhold/*Knauer*, Christoph (Hrsg.), begr. von *Widmaier*, Gunter: Münchener Anwaltshandbuch Strafverteidigung, 3. Auflage, München 2022 (zitiert: MAH-Strafverteidigung/*Bearbeiter* § ... Rn. ...).

Müller, Egon: Der Grundsatz der Waffengleichheit im Strafverfahren, NJW 1976, S. 1063–1067.

Müller, Egon: Über Probleme des Sachverständigenbeweises im staatsanwaltschaftlichen Ermittlungsverfahren, in: Prütting, Hanns (Hrsg.), Verfahrensrecht am Ausgang des 20. Jahrhunderts: Festschrift für Gerhard Lüke zum 70. Geburtstag, München 1997, S. 493–502.

Müller, Egon/*Fleck*, Georg: Der arme Angeklagte und § 245 StPO, ZRP 1969, S. 174–175.

Müllerhoff, Detlev: Zulässigkeit einer Beschwerde gegen Ablehnung der Durchführung einer richterlichen Zeugenvernehmung – Anmerkung zu LG Berlin, Beschl. v. 10.03.2003 – 521 Qs 11/03, StV 2004, S. 10–11.

Müller-Luckmann, Elisabeth: Übermacht des Sachverständigen?, DRiZ 1993, S. 71–74.

Mummenhoff, Winfried: Erfahrungssätze im Beweis der Kausalität, Köln 1997.

Murrie, Daniel C./*Boccaccini*, Marcus T./*Guarnera*, Lucy A./*Rufino*, Katrina A.: Are Forensic Experts Biased by the Side That Retained Them?, Psychological Science 2013, S. 1889–1897.

Nedopil, Norbert: Verständnisschwierigkeiten zwischen dem Juristen und dem psychiatrischen Sachverständigen, NStZ 1999, S. 433–439.

Nedopil, Norbert: Das Risiko des/der Sachverständigen bei Risikoeinschätzung, in: Lammel, Matthias/Lau, Steffen/Rückert, Sabine/Voß, Tatjana/Wendt, Frank, Forensische Psychiatrie – Erfahrungswissenschaft und Menschenkunde: Festschrift für Hans-Ludwig Kröber, Berlin 2023, S. 321–329.

Nell, Ernst-Ludwig: Wahrscheinlichkeitsurteile in juristischen Entscheidungen, Berlin 1983.

Nelles, Ursula: Der Einfluß der Verteidigung auf Beweiserhebungen im Ermittlungsverfahren, StV 1986, S. 74–80.

Nemec, Martin/*Wess*, Norbert: Die neue Vorschlagsmöglichkeit eines Sachverständigen durch den Beschuldigten gem. § 126 Abs. 5, ZWF 2016, S. 94–99.

Niemöller, Martin: Rechtsmißbrauch im Strafprozeß, StV 1996, S. 501–506.

Niemöller, Martin: Zur Ablehnung des Sachverständigenbeweises wegen eigener Sachkunde des Tatrichters (§ 244 IV 1 StPO) – zugleich Besprechung von BGH, Beschl. v. 26.03. 2014 – 2 StR 274/13, NStZ 2015, S. 16–20.

Niethammer, Emil (Hrsg.): Die Strafprozessordnung und das Gerichtsverfassungsgesetz. Großkommentar, begr. von Löwe, Ewald/Rosenberg, Werner, Band 2, §§ 72 bis 93 StPO, 20. Auflage, Berlin 1958, Reprint 2019 (zitiert: LR-StPO/*Bearbeiter* (Aufl. Jahr) § … Rn. …).

Nix, Christoph: Anmerkung zu LG Marburg, Beschl. v. 12.02.1990 – 4 Qs 27/89 – Kosten eines Privatgutachtens als notwendige Auslagen, StV 1990, S. 362–363.

Norouzi, Ali B./*Killmer*, Dieter: Dokumentation der Hauptverhandlung Pro und Contra, AnwBl. 2023, S. 668–669.

Nüse, Karl-Heinz: Zur Ablehnung von Beweisanträgen wegen Offenkundigkeit, GA 1955, S. 72–75.

Oberlaber, Johannes: Die gerichtliche Verwertung von Privatgutachten, Sachverständige 2014, S. 23–27.

Oberlander, Willi/*Wießner*, Frank: Zunehmend komplex – freiberuflich oder gewerblich, DS 2006, S. 176–180.

Oehler, Klaus: Zur Problematik der Sachverständigenauswahl, ZRP 1999, S. 285–288.

Ossenbühl, Fritz: Zur Außenwirkung von Verwaltungsvorschriften, in: Bachof, Otto/Heigl, Ludwig (Hrsg.), Verwaltungsrecht zwischen Freiheit, Teilhabe und Bindung: Festgabe aus Anlaß des 25jährigen Bestehens des Bundesverwaltungsgerichts, München 1978, S. 433–450.

Paeffgen, Hans-Ullrich: Zur historischen Entwicklung des „Beschleunigungsdenkens" im Straf(prozeß)recht, GA 2014, S. 275–293.

Partsch, Karl Josef: Die Rechte und Freiheiten der EMRK, Berlin 1966.

Pauka, Benedikt/*Daners*, Johannes: Das Selbstladungsrecht des Angeklagten – eine Blume, die im Verborgenen blüht, StraFo 2015, S. 397–409.

Paul, Tobias: Unselbständige Beweisverwertungsverbote in der Rechtsprechung, NStZ 2013, S. 489–497.

Pawlak, Klaus: Ablehnung des Sachverständigen im Strafverfahren wegen Befangenheit?: eine Untersuchung zur Berechtigung des § 74 StPO, Hamburg 1998.

Perron, Walter: Das Beweisantragsrecht des Beschuldigten im deutschen Strafprozeß, Berlin 1995.

Perron, Walter: Das Beweisantragsrecht des Beschuldigten – Ursache oder Symptom der Krise des deutschen Strafprozesses?, ZStW 108 (1996), S. 128–154.

Peters, Karl: Fehlerquellen im Strafprozeß: eine Untersuchung der Wiederaufnahmeverfahren in der Bundesrepublik Deutschland, Einführung und Dokumentation, Band I, Karlsruhe 1970/1974 (zitiert: *Peters*, Fehlerquellen Bd. I, S. …).

Peters, Karl: Fehlerquellen im Strafprozeß: eine Untersuchung der Wiederaufnahmeverfahren in der Bundesrepublik Deutschland, Systematische Untersuchungen und Folgerungen, Band II, Karlsruhe 1972 (zitiert: *Peters*, Fehlerquellen Bd. II, S. …).

Peters, Karl: Strafprozeß, Ein Lehrbuch, 4. Auflage, Heidelberg 1985.

Peukert, Wolfgang: Die Bedeutung der Europäischen Menschenrechtskonvention (EMRK) für den Strafprozeß, in: Strafverteidigervereinigungen (Hrsg.), Reform oder Roll-Back?: Weichenstellung für das Straf- und Strafprozeßrecht/21. Strafverteidigertag vom 11.–13. April 1997 in Kassel, Köln 1997, S. 231–246.

Peukert, Wolfgang: Die Garantie des „fair trial" in der Straßburger Rechtsprechung – Die Auslegung des Art. 6 EMRK durch die Organe der Europäischen Menschenrechtskonvention, EUGRZ 1980, S. 247–269.

Pfeiffer, Gerd: Aus der (vom BGH nichtveröffentlichten) Rechtsprechung des Bundesgerichtshofs in Strafsachen zum Verfahrensrecht, NStZ 1982, S. 188–191.

Pfister, Wolfgang: Der Strafrichter und sein Gehilfe, der psychiatrische Sachverständige – Anmerkungen aus der Sicht eines Revisionsrichters, in: Lammel, Matthias/Lau, Steffen/Rückert, Sabine/Voß, Tatjana/Wendt, Frank, Forensische Psychiatrie – Erfahrungswissenschaft und Menschenkunde: Festschrift für Hans-Ludwig Kröber, Berlin 2023, S. 245–259.

Piel, Hannah Milena: Beschleunigungsgebot und wirksame Verteidigung, in: Schöch, Heinz/Satzger, Helmut/Schäfer, Gerhard/Ignor, Alexander/Knauer, Christoph (Hrsg.), Strafverteidigung, Revision und die gesamten Strafrechtswissenschaften, Festschrift für Gunter Widmaier zum 70. Geburtstag, Köln 2018, S. 429–445.

Pieper, Helmut: Richter und Sachverständiger im Zivilprozeßrecht, ZZP 84 (1971), S. 1–40.

Plewig, Hans-Joachim: Funktion und Rolle des Sachverständigen aus der Sicht des Strafrichters, München 1982.

Pohlreich, Erol: Das rechtliche Gehör im Strafverfahren, Tübingen 2016 (zitiert: *Pohlreich*, Das rechtliche Gehör, S. …).

Popper, Karl R.: Die beiden Grundprobleme der Erkenntnistheorie, 2. Auflage, Tübingen 1994.

Popper, Karl R.: Vermutungen und Widerlegungen, Teilband I, Tübingen 1994.

Popper, Karl R.: Logik der Forschung, 10. Auflage Reprint, Tübingen 2002.

Prittwitz, Cornelius: Waffengleichheit im Ermittlungsverfahren, zu teuer bezahlt mit der „Entleerung" der Hauptverhandlung?: zur Strafverteidigung in der verstrafrechtlichten Gesellschaft, in: Schulz, Joachim/Vormbaum, Thomas, Festschrift für Günter Bemmann zum 70. Geburtstag am 15. Dezember 1997, Baden-Baden 1997, S. 596–613.

Prüfer, Hans: Der Realitätsgehalt unbeständiger Aussagen im Strafprozeß, DRiZ 1977, S. 41–46.

Puppe, Ingeborg: Zurechnung und Wahrscheinlichkeit, ZStW 95 (1983), S. 287–315.

Puppe, Ingeborg: „Naturgesetze" vor Gericht: Die sogenannte generelle Kausalität und ihr Beweis, dargestellt an Fällen strafrechtlicher Produkthaftung, JZ 1994, S. 1147–1151.

Quedenfeld, Hans-Dietrich: Beweisantrag und Verteidigung in den Abschnitten des Strafverfahrens bis zum erstinstanzlichen Urteil, in: Baumann, Jürgen (Hrsg.), Einheit und Vielfalt des Strafrechts: Festschrift für Karl Peters zum 70. Geburtstag, Tübingen 1974, S. 215–233.

Ramsauer, Ulrich (Hrsg.), begr. von *Kopp*, Ferdinand O.: Verwaltungsverfahrensgesetz: Kommentar, 25. Auflage, München 2024 (zitiert: *Kopp/Ramsauer*, VwVfG § ... Rn. ...).

Rasch, Wilfried: Richtige und falsche psychiatrische Gutachten MSchrKrim 1982, S. 257–269.

Rasch, Wilfried: Der psychiatrische Sachverständige im Strafverfahren – Rolle, Auswahl, Kommunikation, StraFo 1989, S. 21–24.

Rasch, Wilfried: Die Auswahl des richtigen Psycho-Sachverständigen im Strafverfahren, NStZ 1992, S. 257–264.

Rasch, Wilfried/*Jungfer*, Gerhard: Die Ladung des psychiatrisch-psychologischen Sachverständigen nach § 220 StPO – Ein Disput, StV 1999, S. 513–515.

Ratz, Eckart: Brauchen wir Privatsachverständige im Strafverfahren?, in: Reindl-Krauskopf, Susanne/Zerbes, Ingeborg/Brandstetter, Wolfgang/Lewisch, Peter/Tipold, Alexander, Festschrift für Helmut Fuchs, Wien 2014, S. 377–395.

Ratz, Eckart: Was gilt mit Inkrafttreten des StRÄG 2015 für Sachverständige im Strafprozess?, ÖJZ 2015, S. 835–839.

Ratz, Eckart: Initiative, Bestellung und Führung beim Sachverständigenbeweis der StPO, ÖJZ 2018, S. 951–959.

Rauch, Hans-Jürgen: Auswahl und Leitung des Sachverständigen im Strafprozeß, NJW 1968, S. 1173–1175.

Rauscher, Thomas/*Krüger*, Wolfgang (Hrsg.): Münchener Kommentar zur Zivilprozessordnung mit Gerichtsverfassungsgesetz und Nebengesetzen, Band 1 §§ 1–354 ZPO, Band 2 §§ 355–945b ZPO, 6. Auflage, München 2020 (zitiert: MüKo-ZPO/*Bearbeiter* § ... Rn. ...).

Rechberger, Walter H.: Aktuelle Fragen des Sachverständigenbeweises, in: Reindl-Krauskopf, Susanne/Zerbes, Ingeborg/Brandstetter, Wolfgang/Lewisch, Peter/Tipold, Alexander, Festschrift für Helmut Fuchs, Wien 2014, S. 397–414.

Reimer, Philipp: Grundfragen der Verwaltungsvorschriften, Jura 2014, S. 678–688.

Renzikowski, Joachim: „Fair trial" im Strafprozeß, in: Dölling, Dieter (Hrsg.), Jus humanum: Grundlagen des Rechts und Strafrecht; Festschrift für Ernst-Joachim Lampe zum 70. Geburtstag, Berlin 2003, S. 791–804.

Richter, Christian: Zum Bedeutungswandel des Ermittlungsverfahrens, StV 1985, S. 382–389.

Richter, Christian: Der Sachverständige im Strafprozeß aus der Sicht der Verteidigung, StraFo 1989, S. 7–11.

Rieß, Peter: Der Hauptinhalt des Ersten Gesetzes zur Reform des Strafverfahrensrechts, NJW 1975, S. 81–94.

Rieß, Peter: Das Strafverfahrensänderungsgesetz 1979, NJW 1978, S. 2265–2272.

Rieß, Peter: Prolegomena zu einer Gesamtreform des Strafverfahrensrechts, in: Hassenpflug, Helwig (Hrsg.), Festschrift für Karl Schäfer zum 80. Geburtstag am 11. Dezember 1979, Berlin 1980, S. 155–221.

Rieß, Peter: Die Prüfungskompetenz des Ermittlungsrichters, NStZ 1991, S. 513–517.

Riffel, Robert: Der Sachverständigenbeweis und die diesbezüglichen Garantien der aktuellen StPO zur Wahrung der Verfahrensfairness, Österreichische RZ 2013, S. 232–242.

Riffel, Robert: Die Sachverständigen-Vorschlagsmöglichkeit des Beschuldigten nach § 126 Abs. 5 StPO idF StPRÄG 2014, Österreichische RZ 2016, S. 26–34.

Rode, Irmgard/*Legnaro*, Aldo: Psychiatrische Sachverständige im Strafverfahren: subjektive Aspekte der Begutachtung, München 1994.

Röhl, Helmut: Das rechtliche Gehör, NJW 1964, S. 275–279.

Rössner, Dieter: Der psychowissenschaftliche Sachverständige als notwendiger Subsumtionspartner der Juristen bei der Herstellung der Fallnorm, in: Schöch, Heinz/Satzger, Helmut/Schäfer, Gerhard/Ignor, Alexander/Knauer, Christoph (Hrsg.), Strafverteidigung, Revision und die gesamten Strafrechtswissenschaften, Festschrift für Gunter Widmaier zum 70. Geburtstag, Köln 2018, S. 941–949.

Rostek, Holger: Soziologisches Gutachten als „präsentes" Beweismittel im Sinne des § 245 StPO, MDR 1976, S. 897–900.

Roxin, Claus/*Greco*, Luís: Strafrecht – Allgemeiner Teil, Band 1, 5. Auflage, München 2020.

Roxin, Claus/*Schünemann*, Bernd: Strafverfahrensrecht, 30. Auflage, München 2022.

Roxin, Imme: Ambivalente Wirkungen des Beschleunigungsgebotes, GA 2010, S. 425–440.

Rüping, Hinrich: Der Grundsatz des rechtlichen Gehörs und seine Bedeutung im Strafverfahren, Berlin 1976.

Rüping, Hinrich: Der Schutz der Menschenrechte im Strafverfahren – Wesentliche Erfordernisse eines gerechten Strafverfahrens, ZStW 91 (1979), S. 351–363.

Rüping, Hinrich/*Dornseifer*, Gerhard: Dysfunktionales Verhalten im Prozeß, JZ 1977, S. 417–420.

Rüping, Hinrich/*Jerouschek*, Günter: Grundriss der Strafrechtsgeschichte, 6. Auflage, München 2011.

Safferling, Christoph: Audiatur et altera pars – die prozessuale Waffengleichheit als Prozessprinzip, NStZ 2004, S. 181–188.

Safferling, Christoph: Internationales Strafrecht: Strafanwendungsrecht – Völkerstrafrecht – Europäisches Strafrecht, Berlin 2010.

Sarstedt, Werner: Anmerkung zu OLG Köln, Urt. v. 03.01.1958 – Ss 434/57, JR 1958, S. 350–352.

Sarstedt, Werner: Auswahl und Leitung des Sachverständigen im Strafprozeß (§§ 73, 78 StPO), NJW 1968, S. 177–182.

Sarstedt, Werner: Beweisregeln im Strafprozeß, in: Berliner Festschrift für Ernst E. Hirsch, dargebracht von Mitgliedern der Juristischen Fakultät zum 65. Geburtstag, Berlin 1968, S. 171–186.

Sarstedt, Werner/*Hamm*, Rainer: Die Revision in Strafsachen, 5. Auflage, Berlin 1983.

Sass, Wolfgang: Der Sachverständige – weiterhin ein prozessuales Problemfeld, DS 2007, S. 256–265.

Satzger, Helmut: Chancen und Risiken einer Reform des strafrechtlichen Ermittlungsverfahrens, in: Ständige Deputation des deutschen Juristentages (Hrsg.), Verhandlungen des Fünfundsechzigsten Deutschen Juristentages, Band I, Bonn 2004, Gutachten C.

Satzger, Helmut: Internationales und europäisches Strafrecht: Strafanwendungsrecht, europäisches Straf- und Strafverfahrensrecht, Völkerstrafrecht, 10. Auflage, Baden-Baden 2022.

Satzger, Helmut/*Schluckebier*, Wilhelm/*Werner*, Raik (Hrsg.): Strafprozessordnung Kommentar, 6. Auflage, Hürth 2024 (zitiert: SSW-StPO/*Bearbeiter* § … Rn. …).

Sauerland, Thomas: Die Verwaltungsvorschrift im System der Rechtsquellen, Berlin 2005.

Savigny, Friedrich Karl v.: Ueber Schwurgerichte und Beweistheorie im Strafprozesse, GA 1858, S. 469–486.

Schaefer, Hans-Christian: Die Neufassung der Richtlinien für das Straf- und Bußgeldverfahren, NJW 1977, S. 21–24.

Schäfer, Helmut: Die Einsicht in Strafakten durch Verfahrensbeteiligte und Dritte, NStZ 1985, S. 198–204.

Schaunig, Günther: Vom „Störfaktor“: Gedanken zum strafprozessualen Sachverständigenbeweis, JSt 2022, S. 115–126.

Schewe, Günter: Die „mögliche“ Blutalkoholkonzentration von 2 Promille als „Grenzwert der absoluten verminderten Schuldfähigkeit“?, JR 1987, S. 179–185.

Schewe, Günter: Anmerkung zu BGH, Urt. v. 22.11.1990 – 4 StR 117/90, Blutalkohol 1991, S. 259–268.

Schlag, Margit: Beweisstücke – unnutzbares oder ungenutztes Verteidigungspotential?, in: Brüssow, Rainer (Hrsg.), Strafverteidigung und Strafprozess: Festgabe für Ludwig Koch, Heidelberg 1989, S. 229–239.

Schlothauer, Reinhold: Verteidigungsmöglichkeiten in der Revisions- und Tatsacheninstanz, StV 1992, S. 134–141.

Schlothauer, Reinhold: Der Beweiserhebungsanspruch des Beschuldigten gegenüber dem Ermittlungsrichter, StV 1995, S. 158–165.

Schlothauer, Reinhold/*Wollschläger*, Sebastian/*Piel*, Hannah Milena: Verteidigung im Revisionsverfahren – Praxis der Strafverteidigung, Band 23, 4. Auflage, Heidelberg 2024 (zitiert: *Schlothauer/Wollschläger/Piel*, Verteidigung im Revisionsverfahren, Rn. …).

Schmidhäuser, Eberhard: Zeuge, Sachverständiger und Augenscheinsgehilfe, ZZP 72 (1959), S. 366–402.

Schmidt, Eberhard: Lehrkommentar zur Strafprozessordnung Teil II, Göttingen 1957 (zitiert: *Eb. Schmidt*, Lehrkommentar, Teil II, § … Rn. …).

Schmidt, Eberhard: Anmerkung zu BGH, Urt. v. 10.07.1958 – 4 StR 211/58, JZ 1959, S. 130–132.

Schmidt, Eberhard: Gehört der Sachverständige auf die Richterbank? Ein Beitrag zur Problematik des Sachverständigenbeweises, JZ 1961, S. 585–588.

Schmidt, Eberhard: Richter und Sachverständiger in ihrem Zusammenwirken bei kriminologischen Problemen, in: Kranz, Heinrich (Hrsg.), Psychopathologie heute, Kurt Schneider zum 75. Geburtstag, Stuttgart 1962, S. 258–273.

Schmidt, Eberhard: Lehrkommentar zur Strafprozessordnung, Teil I, 2. Auflage, Göttingen 1964 (zitiert: *Eb. Schmidt*, Lehrkommentar, Teil I, § … Rn. …).

Schmidt, Herbert: Die Entschädigung der unmittelbar geladenen Zeugen und Sachverständigen – Zur Auslegung des § 220 Abs. 3 StPO, MDR 1967, S. 966–967.

Schmidt-Hieber, Werner: Der Beweisantrag im Strafprozeß, JuS 1985, S. 291–297.

Schmidt-Ränsch, Johanna: Deutsches Richtergesetz Kommentar, 6. Auflage, München 2009 (zitiert: *Schmidt-Ränsch*, DRiG § … Rn. …).

Schmitt, Bertram: Die Dokumentation der Hauptverhandlung – Ein Diskussionsbeitrag, NStZ 2019, S. 1–10.

Schmitt, Bertram/*Köhler*, Markus: Strafprozessordnung Kommentar, begr. von Schwarz, Otto, in der 40.–60. Auflage bearbeitet von Meyer-Goßner, Lutz, 67. Auflage, München 2024 (zitiert: Meyer-Goßner/*Bearbeiter* StPO § … Rn. …).

Schmoller, Kurt: Neues Strafprozessrecht in Österreich, GA 2009, S. 505–528.

Schmölzer, Gabriele/*Mühlbacher*, Thomas: Strafprozessordnung Kommentar, Band 1: Ermittlungsverfahren, Band 2: Hauptverfahren, 2. Auflage, Wien 2021 (zitiert: Schmölzer/Mühlbacher/*Bearbeiter*, Kommentar öStPO § … Rn. …).

Schneider, Hartmut: Bemerkungen zu einigen ausgewählten Rechtsfragen aus dem Anwendungsbereich des § 244 Abs. 6 S. 2–4 StPO, NStZ 2019, S. 489–500.

Schorn, Hubert: Die Europäische Konvention zum Schutze der Menschenrechte und Grundfreiheiten in strafgerichtlicher Praxis, DRiZ 1963, S. 339–342.

Schorsch, Eberhard/*Pfäfflin*, Friedemann: Wider den Schulenstreit in der forensischen Psychiatrie, MSchKrim 1981, S. 234–236.

Schreiber, Hans-Ludwig: Zur Rolle des psychiatrisch-psychologischen Sachverständigen im Strafverfahren, in: Broda, Christian (Hrsg.), Festschrift für Rudolf Wassermann zum sechzigsten Geburtstag, Darmstadt 1985, S. 1007–1020.

Schreiber, Hans-Ludwig: Zum Beweisantragsrecht im Ermittlungsverfahren, in: Arzt, Gunter (Hrsg.), Festschrift für Jürgen Baumann zum 70. Geburtstag, 22. Juni 1992, Bielefeld 1992, S. 383–394.

Schroth, Ulrich: Beweisverwertungsverbote im Strafverfahren: Überblick, Strukturen und Thesen zu einem umstrittenen Thema, JuS 1998, S. 969–980.

Schulz, Joachim: Die Prozessuale Behandlung des Beweisermittlungsantrags, GA 1981, S. 301–320.

Schulz, Joachim: Die Austauschbarkeit von Beweismitteln oder die Folgen apokrypher Beweismittel, StV 1983, S. 341–350.

Schulz, Joachim: Gerichtliche Hinweispflicht vor Behandlung eines Antrages als Beweisermittlungsantrag, Anmerkung zu BGH, Urt. v. 06.12.1983 – 5 StR 677/83, StV 1985, S. 311–314.

Schulz, Joachim: Die Erosion des Beweisantragsrechts, StV 1991, S. 354–362.

Schünemann, Bernd: Die Regeln der Technik im Strafrecht, in: Küper, Wilfried (Hrsg.), Festschrift für Karl Lackner zum 70. Geburtstag am 18. Februar 1987, Berlin 1987, S. 367–397.

Schünemann, Bernd: Der deutsche Strafprozeß im Spannungsfeld von Zeugenschutz und materieller Wahrheit, StV 1998, S. 391–401.

Schünemann, Hans-Wilhelm, Richterliche Tatsachenermittlung und Kritischer Rationalismus, JuS 1976, S. 560–565.

Schwaighofer, Klaus: Der Sachverständigenbeweis im Strafverfahren, Wien 2014.

Schwaighofer, Klaus: Never ending story: Unreformierbarer „reformierter" Sachverständigenbeweis, ÖAnwBl. 2015, S. 342–352.

Schwaighofer, Klaus: Die Pflicht zur Beiziehung eines weiteren Sachverständigen gem. § 127 Abs. 3 StPO, ÖJZ 2020, S. 160–162.

Schweling, Otto: Die Revisibilität der Erfahrung, ZStW 83 (1971), S. 435–467.

Schwenn, Johann: Was wird aus dem Fragerecht?, StraFo 2008, S. 225–229.

Schwenn, Johann: Der Sachverständige im Auftrag der Verteidigung, in: Lammel, Matthias/Lau, Steffen/Rückert, Sabine/Voß, Tatjana/Wendt, Frank, Forensische Psychiatrie – Erfahrungswissenschaft und Menschenkunde: Festschrift für Hans-Ludwig Kröber, Berlin 2023, S. 259–262.

Schwinge, Erich: Grundlagen des Revisionsrechts: rechtsdogmatisch, rechtsvergleichend, rechtspolitisch, Bonn 1935 (zitiert: *Schwinge*, Grundlagen des Revisionsrechts, S. …).

Sendler, Horst: Richter und Sachverständige, NJW 1986, S. 2907–2915.

Simmert, Sebastian: Probabilismus und Wahrheit: Eine historische und systematische Analyse zum Wahrscheinlichkeitsbegriff, Wiesbaden 2017.

Simon, Oliver: Die Beschuldigtenrechte nach Art. 6 Abs. 3 EMRK: ein Vergleich zur StPO im Hinblick auf die Auswirkungen der Konventionsrechte auf die deutsche Strafrechtsprechung, Tübingen 1998.

Sommer, Ulrich: Lebenserfahrung – Gedanken über ein Kriterium richterlicher Beweiswürdigung, in: Hanack, Ernst-Walter (Hrsg.), Festschrift für Peter Rieß zum 70. Geburtstag am 4. Juni 2002, Berlin 2002, S. 585–610.

Sommer, Ulrich: Das Fragerecht der Verteidigung, seine Verletzung und die Konsequenzen, NJW 2005, S. 1240–1242.

Sommer, Ulrich: Effektive Strafverteidigung: Recht – Psychologie – Überzeugungsarbeit der Verteidigung, 5. Auflage, Hürth 2023.

Spranger, Eduard: Lebensformen: geisteswissenschaftliche Psychologie und Ethik der Persönlichkeit, 8. Auflage, Tübingen 1950.

Stein, Friedrich: Das private Wissen des Richters, Tübingen 1893.

Stein, Ulrich: „Gewißheit" und „Wahrscheinlichkeit" im Strafverfahren, in: Wolter, Jürgen (Hrsg.), Zur Theorie und Systematik des Strafprozeßrechts: Symposium zu Ehren von Hans-Joachim Rudolphi, Neuwied 1995, S. 233–264.

Steiner, Dirk: Das Fairneßprinzip im Strafprozess, Frankfurt a. M. 1995 (zitiert: *Steiner*, Das Fairneßprinzip, S. …).

Steininger, Einhard: Nichtigkeitsgründe im Strafverfahren, 6. Auflage, Österreich 2015.

Stober, Rolf: Der öffentlich bestellte Sachverständige zwischen beruflicher Bindung und Deregulierung, Köln u.w. 1991 (zitiert: *Stober*, Der öffentlich bestellte Sachverständige, S. ...).

Stoffers, Kristian: Anwesenheitsrechte des Verteidigers bei Zeugenvernehmungen im Ermittlungsverfahren, NJW 2013, S. 1496–1497.

Strate, Gerhard: Der Fall Mollath: vom Versagen der Justiz und Psychiatrie, Zürich 2014.

Streng, Franz: Psychowissenschaftler und Strafjuristen – Verständigungsebenen und Kompetenzkonflikte bei der Schuldfähigkeitsentscheidung, NStZ 1995, S. 12–16.

Tanczos, Alfred: Sinnvoller Einsatz von Privatgutachten vor Gericht, Sachverständige 2015, S. 66–72.

Täschner, Karl-Ludwig: Bemerkungen zur „Auswahl des richtigen Psycho-Sachverständigen im Strafverfahren", NStZ 1994, S. 221–222.

Tepperwien, Ingeborg: Beschleunigung über alles? Das Beschleunigungsgebot im Straf- und Ordnungswidrigkeitenverfahren, NStZ 2009, S. 1–7.

Thielmann, Jochen: Von promovierten habilitierten oberflächlichen Sachverständigen, StraFo 2004, S. 5–9.

Thomas, Sven: „Konfliktverteidigung", Mißbrauch von Verteidigungsrechten und das Beweisantragsrecht, StV 2010, S. 428–432.

Többens, Hans Werrier: Der Freibeweis und die Prozeßvoraussetzungen im Strafprozeß, NStZ 1982, S. 184–187.

Toepel, Friedrich: Grundstrukturen des Sachverständigenbeweises im Strafprozeß, Tübingen 2002.

Tondorf, Günter: Der „aufgedrängte" Sachverständige – ein Ärgernis für die Verteidigung, R&P 1984, S. 155–162.

Tondorf, Günter: Konflikte in der Hauptverhandlung wegen Nichteinhaltung der Vernehmungsvorschriften, StraFo 1996, S. 136–140.

Tondorf, Günter/*Tondorf*, Babette: Psychologische und psychiatrische Sachverständige im Strafverfahren – Verteidigung bei Schuldfähigkeits- und Prognosebegutachtungen, 3. Auflage, Heidelberg 2011.

Tondorf, Günter/*Waider*, Heribert: Der Sachverständige, ein „Gehilfe" auch des Strafverteidigers?, StV 1997, S. 493–497.

Trechsel, Stefan: Abweichende Meinung Trechsel zu Art. 6 Abs. 3d der Konvention, Sondervotum Fall Unterpertinger, EUGRZ 1987, S. 153–154.

Tröndle, Herbert: Der Sachverständigenbeweis: Eine Betrachtung aus der Praxis über die Mitwirkung und die Verantwortung des Juristen, JZ 1969, S. 374–378.

Tröndle, Herbert: Die Aufgabe des Gerichts bei der Anwendung der Strafen, ZStW 81 (1969), S. 84–113.

Trück, Thomas: Die Rechtsprechung des BGH zur Ablehnung von Beweisanträgen auf Vernehmung eines Sachverständigen, NStZ 2007, S. 377–385.

Ulrich, Jürgen, begr. von *Jessnitzer*, Kurt/*Frieling*, Günter: Der gerichtliche Sachverständige – Ein Handbuch für die Praxis, 12. Auflage, Köln 2007.

Ulrich, Jürgen: Ab wann hat der gerichtliche Sachverständige das als „Vergütung“ an ihn geflossene Geld eigentlich sicher?, DS 2011, S. 15–25.

Ulrich, Jürgen/*Ulrich*, Martin: Die Sachverständigen und ihr Honorar – vom Privatauftrag zum JVEG und zurück: Details und Rechtsprechung – Handbuch für die Praxis, Köln 2018.

Ulsenheimer, Klaus: Die Verletzung der Protokollierungspflicht im Strafprozeß und ihre revisionsrechtliche Bedeutung, NJW 1980, S. 2273–2278.

Unger, Josef: Anmerkung zu RG, Urt. v. 11.01.1927 – 1 D 846/26, JW 1927, S. 2040–2042.

Ventzke, Klaus-Ulrich: Anmerkung zu BGH, Beschl. v. 24.01.2017 – 2 StR 509/16, NStZ 2017, S. 301–302.

Vogel, Sebastian T./*Volkmann*, Viktor: Die Sachverständigenauswahl und -beauftragung in Medizinstrafverfahren, GesR 2021, S. 758.

Vormbaum, Thomas: Einführung in die moderne Strafrechtsgeschichte, 4. Auflage, Berlin 2019.

Vries, Hinrich de: Rechtssätze und Erfahrungssätze: das Verhältnis von Strafrecht und Kriminalistik, Kriminalistik 2017, S. 477–482.

Wagner, Heinz: Die Beweiswürdigungspflicht im tatrichterlichen Urteil im Falle der Verurteilung, ZStW 106 (1994), S. 259–301.

Wagner, Heinz: Anmerkung zu OLG Schleswig, Beschl. v. 16.04.1999 – 2Ws 117/99, StV 2000, S. 544–546.

Walter, Actuarius: Zur Lehre vom sogenannten Beweis durch Kunst- und Sach-Verständige, insbesondere aber über deren von Amtswegen verfügte Beiziehung im Civilprozeß, AcP 26 (1843), S. 249–295.

Walther, Angelika: Die Rechtsprechung des BGH zum Beweisantragsrecht, NStZ 2019, S. 329–340.

Walther, Susanne: Zur Frage eines Rechts des Beschuldigten auf „Konfrontation von Belastungszeugen“, GA 2003, S. 204–225.

Weber, Klaus (Hrsg.): Rechtswörterbuch, 32. Edition, Stand: März 2024, München 2024 (zitiert: *Bearbeiter*, in: Weber, Rechtswörterbuch, *Stichwort*).

Weber-Petras, Doris: Ordnungs- und Sollvorschriften im Strafprozeßrecht, Frankfurt a. M. 1992.

Weigend, Thomas: Tagungsbericht – Diskussionsbeiträge der Strafrechtslehrertagung 1981, ZStW 93 (1981), S. 1271–1289 (zitiert: *Referent* bei Weigend, ZStW 93 [1981], …).

Weigend, Thomas: Unverzichtbares im Strafverfahrensrecht, ZStW 113 (2001), S. 271–304.

Weigend, Thomas: Das Konfrontationsrecht des Angeklagten: wesentliches Element eines fairen Verfahrens oder Fremdkörper im deutschen Strafprozess?, in: Küper, Wilfried/Zöller, Mark A. (Hrsg.), Gesamte Strafrechtswissenschaft in internationaler Dimension: Festschrift für Jürgen Wolter zum 70. Geburtstag am 7. September 2013, Berlin 2013, S. 1145–1165.

Weihmann, Robert: Kriminalistik Curriculum, Kriminalistik 2015, S. 628–632.

Werner, Fritz: Das Problem des Richterstaates: Vortrag gehalten vor d. Berliner Juristischen Ges. am 4. Nov. 1959, Berlin 1960.

Werthauer, Johannes: Anmerkung zu OLG Hamburg, Beschl. v. 05.12.1919 – Nr. 4688, JW 1920, S. 916–917.

Wess, Norbert/*Rohregger*, Michael: Der Sachverständige im Strafverfahren – Jüngste Entwicklungen in der Rechtsprechung des OGH, JSt 2014, S. 200–208.

Wessels, Johannes: Die Aufklärungsrüge im Strafprozeß, JuS 1969, S. 1–10.

Widmaier, Gunter: Zur Rechtsstellung des nach §§ 220, 38 StPO vom Verteidiger geladenen Sachverständigen, StV 1985, S. 526–528.

Widmaier, Gunter: Anmerkung zu BGH, Urt. v. 08.12.1993 – 3 StR 446/93, NStZ 1994, S. 247–250.

Widmaier, Gunter: Anforderungen an die Verfahrensrüge nach § 344 Abs. 2 S. 2 StPO, StraFo 2006, S. 437–440.

Winterfeld, Achim v.: Das Verfassungsprinzip des rechtlichen Gehörs, NJW 1961, S. 849–853.

Witter, Hermann: Grundriss der gerichtlichen Psychologie und Psychiatrie, Berlin 1970.

Witter, Hermann: Der psychologisch-psychiatrische Sachverständige im Strafverfahren, in: Göppinger, Hans (Hrsg.), Kriminologie und Strafverfahren: neuere Ergebnisse zur Dunkelfeldforschung in Deutschland; Bericht über d. 18. Tagung d. Ges. für d. Gesamte Kriminologie vom 9. bis 12. Okt. 1975 in Freiburg, Stuttgart 1976, S. 116–122.

Witting, Peter: Anmerkung zu BGH, Urt. v. 24.07.1997 – 1 StR 214/97, StV 1998, S. 174.

Woesner, Horst: Die Gegenvorstellung im Strafverfahren, NJW 1960, S. 2129–2132.

Wölfl, Bernd: Die Gegenvorstellung im Strafprozess, StraFo 2003, S. 222–228.

Wolschke, Heinz Günther: Leitgesichtspunkte der Sachverständigenhinzuziehung, Berlin 1973 (zitiert: *Wolschke*, Sachverständigenbeiziehung, S. …).

Wolter, Jürgen: Aspekte einer Strafprozeßreform bis 2007 (Vortrag gehalten vor der Juristischen Studiengesellschaft Regensburg am 21. November 1989), München 1991.

Wolter, Jürgen (Hrsg.): Systematischer Kommentar zur Strafprozessordnung, Band I, §§ 1–93 StPO, 5. Auflage, Köln 2018; Band III, §§ 137–197 StPO, 6. Auflage, Hürth 2025; Band IV §§ 198–246 StPO, 6. Auflage, Hürth 2024; Band V, §§ 246a–295 StPO, 5. Auflage, Köln 2016; Band VII, §§ 333–373a StPO, 5. Auflage, Hürth 2018 (zitiert: SK-StPO/*Bearbeiter* § … Rn. …).

Ziemann, Sascha: Strafprozessualer Eingriff und Gesetzesbindung: ein Beitrag zur Lehre von der Annexkompetenz im Strafverfahrensrecht, ZStW 130 (2018), S. 762–803.

Zwiehoff, Gabriele: Das Recht auf den Sachverständigen, Baden-Baden 2000.

Onlinequellen

Bundesgerichtshof: Übersicht über den Geschäftsgang bei den Strafsenaten im Jahr 2023 – Jahresstatistik, S. 5, https://www.bundesgerichtshof.de/DE/Service/Statistik/StatistikStraf/Archiv/StatistikStraf2023/statistikStraf2023_node.html (zuletzt zugegriffen am 20.03.2025, 14:10 Uhr).

Bundeskriminalamt: Erklärung des Begriffs „Kriminaltechnik“: Spurendaktyloskopie, https://www.bka.de/DE/UnsereAufgaben/Ermittlungsunterstuetzung/Kriminaltechnik/Biometrie/Daktyloskopie/daktyloskopie_node.html; DNA-Analytik, https://www.bka.de/DE/UnsereAufgaben/Ermittlungsunterstuetzung/Kriminaltechnik/Biometrie/DNAAnalytik/dnaAnalytik_node.html (zuletzt zugegriffen am 20.03.2025, 14:11 Uhr).

Bundeskriminalamt: Aufgabengebiet der „Kriminaltechnik“, https://www.bka.de/DE/UnsereAufgaben/Ermittlungsunterstuetzung/Kriminaltechnik/kriminaltechnik_node.html (zuletzt zugegriffen am 20.03.2025, 14:11 Uhr).

Bundeskriminalamt: Erklärung des Begriffes Schmauchspuren, https://www.bka.de/DE/UnsereAufgaben/Ermittlungsunterstuetzung/Kriminaltechnik/SchusswaffenUndFormspuren/Schmauchspuren/schmauchspuren_node.html (zuletzt zugegriffen am 20.03.2025, 14:12 Uhr).

Bundeskriminalamt: Erklärung des Begriffes IT-Forensik, https://www.bka.de/DE/UnsereAufgaben/Ermittlungsunterstuetzung/Technologien/IT-Forensik/it_forensik_node.html (zuletzt zugegriffen am 20.03.2025, 14:12 Uhr).

DESTATIS – Statistisches Bundesamt: Statistischer Bericht – Strafgerichte – 2023, erschienen am 25.07.2024, Nr. 24221 – 17, https://www.destatis.de/DE/Themen/Staat/Justiz-Rechtspflege/Publikationen/_publikationen-innen-gerichte-straf-anwaltschaft.html (zuletzt zugegriffen am 20.03.2025, 14:12 Uhr).

Duden Wörterbuch online: Stichwort: Sachkunde, https://www.duden.de/rechtschreibung/Sachkunde); Stichwort: Sachkenntnis, https://www.duden.de/rechtschreibung/Sachkenntnis (zuletzt zugegriffen am 20.03.2025, 14:16 Uhr).

Europäischer Gerichtshof für Menschenrechte: „Guide on Article 6 of the European Convention on Human Rights“ des EGMR vom Stand 31.08.2024, https://ks.echr.coe.int/documents/d/echr-ks/guide_art_6_criminal_eng (zuletzt zugegriffen am 20.03.2025, 14:13 Uhr).

Föderation Deutscher Psychologenvereinigungen: Qualitätsstandards für psychologische Gutachten vom 18.10.2017, https://www.dgps.de/fileadmin/user_upload/PDF/Empfehlungen/GA_Standards_DTK_10_Sep_2017_Final.pdf (zuletzt zugegriffen am 20.03.2025, 14:13 Uhr).

Holzhaider, Hans: Süddeutsche Zeitung v. 07.11.2011, „Badewannen-Mord“ von Rottach-Egern: „Der Tod einer alten Dame“, https://www.sueddeutsche.de/bayern/badewannen-mord-von-rottach-egern-der-tod-einer-alten-dame-1.1182191 (zuletzt zugegriffen am 20.03.2025, 14:13 Uhr).

Holzhaider, Hans: Süddeutsche Zeitung v. 12.01.2012, Bayern: Hausmeister unter Tatverdacht: „Der Mord, der keiner war“, https://www.sueddeutsche.de/bayern/hausmeister-unter-tatverdacht-der-mord-der-keiner-war-1.1255739 (zuletzt zugegriffen am 20.03.2025, 14:13 Uhr).

Holzhaider, Hans: Süddeutsche Zeitung v. 11./12.03.2017, Fall Genditzki: „Im Zweifel gegen den Angeklagten", https://www.sueddeutsche.de/panorama/fall-genditzki-im-zweifel-gegen-den-angeklagten-1.3413985?reduced=true (zuletzt zugegriffen am 20.03.2025, 14:13 Uhr).

Holzhaider, Hans: Süddeutsche Zeitung v. 13.06.2019, Fall Genditzki: „Was, wenn alles anders war?", https://www.sueddeutsche.de/bayern/genditzki-mord-rentnerin-badewanne-1.4483738?reduced=true (zuletzt zugegriffen am 20.03.2025, 14:13 Uhr).

Holzhaider, Hans: Süddeutsche Zeitung v. 07.07.2023, Urteil „Richterin spricht von einer ‚Kumulation von Fehlleistungen'", https://www.sueddeutsche.de/bayern/bayern-freispruch-unschuld-manfred-genditzki-1.6006615?reduced=true (zuletzt zugegriffen am 20.03.2025, 14:14 Uhr).

Landgericht München: Pressemitteilung Nr. 40 v. 12.08.2022, https://www.justiz.bayern.de/gerichte-und-behoerden/oberlandesgerichte/muenchen/presse/2022/40.php (zuletzt zugegriffen am 20.03.2025, 14:15 Uhr).

Reichsminister der Justiz: Richtlinien für das Strafverfahren: Allgemeine Verfügung vom 13.04.1935, https://portal.dnb.de/bookviewer/view/1142793087#page/n2/mode/1up (zuletzt zugegriffen am 20.03.2025, 14:15 Uhr).

Siller, Helmut, in: Wirtschaftslexikon Gabler, Definition Forensik, https://wirtschaftslexikon.gabler.de/definition/forensik-53390/version-276483 (zuletzt zugegriffen am 20.03.2025, 14:15 Uhr).

Vermittlungsausschuss des Bundestages und Bundesrates: Laufende Vermittlungsverfahren, https://www.vermittlungsausschuss.de/SharedDocs/beratungsvorgaengeva/DE/20wp/603-23.html (zuletzt zugegriffen am 20.03.2025, 14:16 Uhr).

Verschwele, Lina: Die Tageszeitung v. 15./16.08.2020, Unschuldig im Gefängnis? „Im Zweifel lebenslänglich", https://taz.de/Unschuldig-im-Gefaengnis/!5703214/ (zuletzt zugegriffen am 20.03.2025, 14:16 Uhr).

Sachwortverzeichnis